U0627596

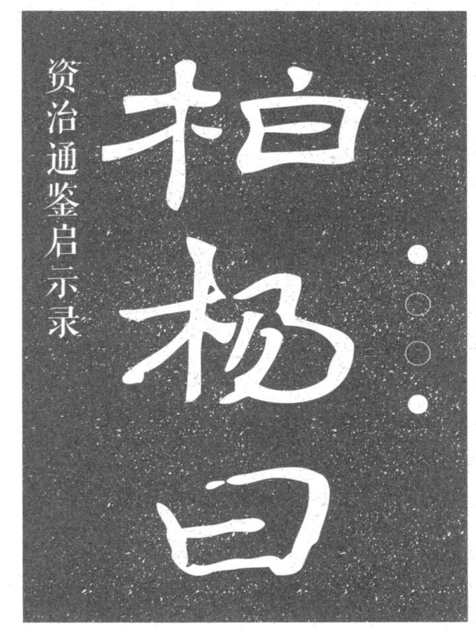

【上册】

人民东方出版传媒
東方出版社

图书在版编目（CIP）数据

柏杨曰：资治通鉴启示录 / 柏杨著 . — 北京：东方出版社，2020.10
ISBN 978-7-5207-1448-8

I. ①柏… II. ①柏… III. ①中国历史－古代史－编年体②《资治通鉴》－译文 IV. ① K204.3

中国版本图书馆 CIP 数据核字 (2020) 第 182179 号

柏杨曰：资治通鉴启示录
（BOYANGYUE:ZIZHITONGJIAN QISHILU）

作　　者：柏　杨
选题策划：王莉莉
责任编辑：王莉莉 张彦君 张　伟
产品经理：张　旭
出　　版：东方出版社
发　　行：人民东方出版传媒有限公司
地　　址：北京市朝阳区西坝河北里 51 号
邮　　编：100028
印　　刷：鸿博昊天科技有限公司
版　　次：2020 年 10 月第 1 版
印　　次：2020 年 10 月第 1 次印刷
印　　数：1—10000 套
开　　本：710 毫米 × 1000 毫米 1/16
印　　张：71.5
字　　数：762 千字
书　　号：ISBN 978-7-5207-1448-8
定　　价：136.00 元
发行电话：（010）85924663 85924644 85924641

提 要

史之有“太史公曰”“臣光曰”，有“论曰”，有“赞曰”，无非是史家在相对客观的史事陈述之后，明确表达他的史观、史识，《柏杨白话版资治通鉴》的“柏杨曰”亦然，柏杨语译司马光《资治通鉴》，十年有成，八百六十二则“柏杨曰”是另一项更重要的成就，辑录成书，以“柏杨曰：资治通鉴启示录”为名，“通鉴学”在二十世纪再添成果，与王船山《读通鉴论》前后相互辉映。

但诚如唐德刚先生所说，过去的史论家论史，从“太史公曰”到“臣光曰”，就只是孔门一家的框框之见，而柏杨在翻译《资治通鉴》时，从他本身的现代多元文化背景，读不下去而痛批之，是为“柏杨曰”，它为传统的论赞学打下了句点。所谓“读不下去”，约有以下数端，一是司马光所述的那个史事本身，其次是司马光之“所述”或隐或显表达的褒贬议论，最后是“臣光曰”的史论所存有的价值。而司马光所代表的正是传统的儒家，因此柏杨通过“柏杨曰”除了和历史对话，和司马光对话，也和众多的儒家菁英对话。

柏杨所标举的是现代的民主、法治以及人权的新价值。柏杨说，抚今思昔，历史也就不再是舞台上的往事陈迹，因此他试图从历史着手，去了解我们这一代苦难的根源；他以古为鉴，要表达的是他作为一个现代人的领悟与感受。

序

——诚实地面对历史

人类与其他动物最大的不同是：人类发明了文字，能够把自己的生活记载下来，成为历史。使后代的人，可以凭借这些记载，寻觅自己的归属，作生存的依据，不但精神上得到支持，还可以身历其境，感受祖先的言行举止、音容笑貌，倾听他们从旷古的空山，传下来高亢飞扬的言论，揣摩他们在深宫内院窃窃私语的权谋术数。历史让我们分享前人沙场上激烈的战斗，搏命的厮杀，也让我们分享闺房内儿女情长的悱恻缠绵。有了历史的记载，我们短短的人生一世，才不致是一场没有背景、没有剧本，不知前因后果的荒唐的独幕剧。

就在我们惊心动魄阅读历史的同时，面对当前的人事、景物，抚今思昔，有时不得不击节赞叹，有时又不免低头沉思，无限感慨。于是，这些历史就不再是舞台上的往事陈迹，而是活生生地和我们血肉相连，让我们产生深入了解、透视、分析，和批判议论的兴趣。

自从白色恐怖压顶，身系绿岛，我就试图从历史着手，去了解这一代苦难的根源，最后，非常震惊地发现，不仅对我们这一代，而是对几千年中国历史，作出的总结是："中国人，你活得没有尊严！"因为，在几千年的历史时光隧道中，我们看到的全是统治阶层永无休止的权力恶斗，口口声声仁义道德、诗书礼乐，却根本不顾人民的生死；绝大多数的中国人，活得像虫豸、像罪犯、像奴隶一般。活着，不过是等待被囚、被辱、被杀、被驯服。统治者的暴政之下，有些人被彻底摧残，有些人为了苟且人世，不得不附庸权贵，成为统治者的帮凶打手。中国人民唯一盼望的就是出现英明领袖——明君，以德治天下，天下自然太平。从来没有人思考过：人，可以创造出一个人人可以遵行的制度，和人人有机会争取到尊严，却没有一个人可以为所欲为的合理的社会。结果，几千年来层出不穷的领袖人物，都在玩弄欺骗的把戏，一旦权力在握，马上百毒并发，无所顾忌地发挥个人贪婪邪恶的欲望。勉强称得上英明的，不过苻坚、李世民、玄烨，三数人而已。前代研究历史的人司马光，本来就是皇家的史官或代言人，维护帝王的立场，是他的本分。如王夫之，则是在统治者之前，乞讨一点残茶剩饭的士大夫之流，终其一生，全副精力集中在狭隘的族群和儒家主流利益之上。哀哀无告、受苦受难、辗转呻吟的小民疾苦，全被隔绝在他们的认知之外。

我不认为我的评论能概括全局，司马光和王夫之的治史，有他们的历史意义和地位。但我庆幸生在这个时代，让我对事实的真相，能从更宽广的角度，和更多资讯中去观察。我尊重前人治史的勤奋，但大多数时候不认同他们的史观，而且，如果一千多年，和三百多年之后的我们，对历史上的事件，仍采取与一千多年，和三百多年之前同样的看法，那无疑地是对人类文明的亵渎，和良知的无能。今天从历史时光隧道一路走来，自有我们这个时代的领悟与感受。

历史的教训，因为人类的健忘和野心家的篡改，而微乎其微，但我们应该有诚实地面对历史的勇气，才能掌握一个崭新时代的脉动。

1998 年 7 月于台北

再版序

常常被问起一个问题：读历史，人能够从中取得教训吗？

我在1998年7月台北远流出版公司出版的《柏杨曰》第一集序中曾说：历史的教训，因为人类的健忘和野心家的篡改，而微乎其微……现在我补充：原因是经验无法传承，事非经过不知难。这是上帝创造人类开的一项最大的玩笑。尽管人性古今一致、中外不分，可是每一个人的生存基因中都同样有非常顽强的自我毁灭因子，既无法从历史借镜，也很不容易自我克制。世界文明能向前迈进一步，才会有这么艰巨的工程，这里面牵涉到大自然的生态环境、牵涉到国民性与文化的累积，更决定于一个族群政策与制度的抉择。文明的更上层楼，是一个民族救危存亡的里程碑。

历史的功能如果纯粹从以上的角度来衡量，不但可读性大减，连值不值得书写都令人质疑。事实上，历史的借镜固然微弱，但，人类的历史实在是世界进化的卷标，让你知道我们从怎么样的原点出发，历经的路程以及终将要奔赴的方向。如果没有历史，人类的生存就茫茫无所归依，所有生存中的颠簸、匍匐、挣扎、奋斗都是汹涌波涛中的一叶扁舟，没有舵手，也没有彼岸。从这个角度认知，历史的功能就不同于“使用手册”，它不可能告诉你如何开机、如何操作、如何修复、如何换新零件……但，却是整个世界的文明生产制作不可或缺的原创力。

中国是世界文明古国之一，有绵长丰富的历史，在整个世界文明发展的进程中，她不只是汪洋大海中的一叶扁舟，简直是一艘惊动四海的航空母舰。人类能不能振衰起弊，和中国历史能不能创造新猷息息相关。可是，中国历史上封建制度太长，暴君暴行接连不断。人民唯一能期待的就是遇到“明君”“以德化民”，这实在是天大的骗术。可怜，我们善良的人民几千年来都眼巴巴地在被剐、被杀、被黥、被刖、被磔……之余，叩首仰望“明君”由天而降。我用“柏杨曰”来读历史，提出我对传统历史不同角度的分析和批判，除了锻炼自己诚实面对自己国家的历史之外，也要设法使读历史的人摆脱以往士大夫附庸权贵，为执掌大权的皇帝老爷张目、护短，甚至为他们的酷虐暴行提供最没有良心的合理化理论的习行。我仍然要说我的史观，未必能掌握历史的全貌，而我摆脱传统文化的包袱，不为君王唱赞美歌，而只为苍生、为一个“人”的立场和尊严，说“人”话，从“以人为本”的角度来重新审视历史。

2006 年 9 月于台北

目录

柏杨曰：

目录

柏杨曰：

目录

柏杨曰：

目录

柏杨曰：

目录

柏杨曰：

目录

柏杨曰：

目录

柏杨曰：

目录

柏杨曰：

目录

柏杨曰：

目录

柏杨曰：

目录

柏杨曰：

目录

正名主义

春秋时代晋国（首府新田【山西曲沃】），长期以来都在魏、赵、韩三大家族控制之下，国君不过徒拥虚名。但形式上，晋国仍是一个完整的独立封国，魏、赵、韩不过三大豪门。公元前 403 年，周王国（首都洛阳【河南洛阳东白马寺东】）国王（三十八任威烈王）姬午，下令擢升三大家族族长，瓜分晋国领土，分别建立封国，成为国君。晋国在被瓜分后，只剩下一小片国土。司马光认为这是历史上一件大事，所著《资治通鉴》就从这一年开始；又写出长长的一篇评论，指出姬午破坏礼教，不能正名，导致圣贤后裔当国君的封国，全部消灭；人民受到涂炭，几乎死绝。

司马光从没有一本专书或一篇专文，完整地表达他的政治思想和政治立场，却在《资治通鉴》“臣光曰”评语里，陆陆续续、零零星星地透露无遗（这是写给皇帝看的，所以称“臣光”）。当十一世纪宋王朝宰相王安石先生推行政治改革，以图拯救正奔向死亡之谷的帝国之时，司马光率领传统保守的知识分子群，坚决抵制。结果改革失败，腐烂加速，半个中国，丧失在北方新崛起的金帝国之手。

在“臣光曰”中，可以充分看出司马光的意识形态，他有一种崇古的狂热，和一种维持现状的固执。他关心的是官僚群和大地主群的利益，远超过关心人民的利益。我们了解他的基本立场后，才能了解他苦口婆心全力以赴的目的何在。

司马光最服膺的是孔丘的正名主义，现代人对正名的认知是：“是什么就是什么。”当选总统还没有就职，是“总统当选人”；就职之后，则是“总统”；下台摆地摊，则是“小贩”。而孔丘的正名认知，却恰恰相反：“是什么偏不是什么。”具体地说：“曾经是什么，就永远是什么。”楚王国早就是一个王国，身为首领的酋长早就是自称和被称国王，可是《春秋》却咬定牙关，硬称楚国王是“楚子”，你不是说你是国王么，我偏偏称你五百年前周国王初封你时的那个官位——“子爵”，因为你本来就是“子爵”！这种胶柱鼓瑟式讲礼教、定名分的正名主义，在当时不过是为了对抗动乱的一种手段，然而，发展下来却成为一种政治意淫，不切实际，而且把自己陷入一个被嘲笑的困局。

公元前478年，齐国国君（三十任平公）姜骜先生，跟鲁国国君（二十八任哀公）姬蒋先生，在蒙邑（山东蒙阴）举行高阶层会议，二人见面时，姜骜向姬蒋叩头（八世纪之前，中国人席地而坐——正确地说，是坐在自己的小腿上，所谓叩头，只是深深地把头俯下。这跟八世纪后必须屈辱地先行双膝跪地的叩头不同），这是所有礼节中最尊敬的一种。可是，鲁国国君姬蒋，却双手一拱，只作了一个揖。这情形跟现代社会交际场合，你先伸手，对方却不伸手，只微微地点一下头一样。姜骜跟他的随从大臣，都怒不可遏。鲁国宰相引经据典地说："依照礼教的规定，国君见国君，不过作揖，国君只有见国王时才叩头，你们怎么连这都不懂？"齐国确实不懂，不过不久就懂了。四年后的公元前474年，两国国君在顾邑（山东鄄城）再度会盟，齐国早就准备妥当，届时一声令下，跳出几个壮士，抓住姬蒋，强迫他向姜骜叩头。这时礼教派不上用场，姬蒋只好叩头。齐国为这件事，还编了一首诗歌："鲁国人冥顽不灵 / 多少年都不清醒 / 使我们难以为情 / 他们死守着儒书 / 引起无谓的纷争。"

公元前五世纪二十年代就成为笑柄的这种礼教，司马光不但用来评论同为公元前五世纪九十年代的三家分晋，还在该笑柄发生后一千五百年的十一世纪，拿到桌面上膜拜。

司马光是一位正统的儒家学派学者，竭力反对古代所没有的任何东西和任何改革现状的措施。他跟宋王朝六任帝（神宗）赵顼先生之间，有一段生动的对话，充分表露出这种思想。赵顼曾经问他："西汉王朝，如果一直守着它第一任宰相萧何制定的法律规章，不加改变，你以为可以吗？"司马光回答说："当然可以，岂止守着西汉王朝可以，即令夏、商、周王朝所制定的法律规章，一直用到今天（十一世纪）的话，也都十分适当。刘彻（七任武帝）改变祖宗的法，盗匪遂遍中国。刘奭（十一任元帝）改变父亲的法，西汉王朝因之衰弱。所以，祖宗所制定的法律规章，绝对不可有任何改变。"

司马光的政治思想是一项狂热偏执的时代反动，跟鲁国国君（二十八任哀公）姬蒋先生一样，只能把事情搞得更糟。赵、魏、韩三大家族，瓜分晋国，司马光断定，如果周国王不加封爵，他们如果自称为封国国君，那就是叛逆，遇到像姜小白（齐国十六任国君桓公）或姬重耳（晋国二十四任国君文公）这样的人，就会兴兵讨伐。然而事实俱在，楚王国首领早就自称和被称国王，并没有人封他，那可是最早的和最典型的叛逆，而且跟姜小白、姬重耳同一个时代，撞了个正着，姜、姬二人岂敢给楚王一记耳光？对称“国王”的叛逆，都干瞪眼，怎么能预卜对不过称“国君”的叛逆，就动手把他干掉？封国林立下的国君们，他们自己互相攻杀，大吃小、强吃弱，从没有人因为谁是国王加封过的“圣贤的后裔”而饶了对方的。怎么偏偏赵、魏、韩会由于是国王加封的而没人敢碰？而且恰恰相反，碰他们的人可多的是，就在加封后的第二年（公元前 402 年），秦国就攻击魏国。

司马光还犯了举证的错误。周王国所以残存，不是因为他们国王遵守名分——仅只遵守名分，便可保持政权不坠，天下没有这回事。而是它太弱太小，不构成力量，而又有残余的利用价值。卫国比周王国生存更久，难道卫国比周王国更为美妙？至于子启先生之宁愿国亡也不愿当君王，不知道是听谁说的。史实是：子受辛先生以嫡子身份继承帝位时，根本没有人拥护庶子子启夺权！不是他不敢，而是他不能。犹如柏杨先生，不是我不敢当美国总统，而是我不能当美国总统。吴季札是另一种情势，他如果当了国王，才是遵守礼教；拒绝当国王，反而破坏礼教，因为老爹下令兄终弟及，哥哥们都严格遵守，只有吴季札公然背叛“君”“父”，以致引起流血政变。

司马光这位儒家学派大师，所代表的儒家思想中，没有民主观念，更没有人权观念，只有强烈的维护既得利益阶层的奴性。他要求的是，平民必须安于被统治的现状。等级不可改变，名分不可改变；君王永远是君王，平民永远是平民，夹在当中的司马光所属的以做官为唯一职业的知识分子——士大夫阶层，永远是士大夫。赵、魏、韩三大家族瓜分晋国，是一项可能促使平民惊醒的巨响，拆穿了礼教的，和等级、名分不可改变的神话。因为礼教、等级、名分，全部来自官位和权力。姬发先生如果不使朝歌（河南淇县）“血流漂杵”，他和他爹姬昌先生，哪里来的礼教？哪里来的尊严等级？哪里来的高贵名分？当平民觉醒，了解礼教只是保护既得利益阶层的铁丝网，尊严的等级、高贵的名分，自己同样可以争取到手时，士大夫才发生真正的恐慌。司马光看出平民借着三家分晋这件事的启示，可能培养出独立思考能力，不禁又气又惧，遂在“臣光曰”中，要求皇帝重建统治者和既得利益者永恒的权威。不过，连司马光自己，也不能坚守他的立场，《资治通鉴》中，对叛逆的楚王国头目，只好仍称“楚王”，不敢称“楚子”。

赵无恤狡狯

晋国赵姓家族族长赵鞅（简子）有两个儿子，长子赵伯鲁，幼子赵无恤。赵鞅将决定继承人时，不知道哪个儿子最好，于是在两块竹简上，刻一段普通训诫的话，交给他们研读收藏。吩咐说："要切记在心！"三年之后，再问他们，赵伯鲁张口结舌，忘了个净光，而且连竹简也无影无踪，赵无恤却背诵如流。问他要竹简，立刻从袖子里掏出来（古人宽衣大袖）。于是老爹赵鞅对赵无恤留下深刻印象，指定他当继承人。

赵无恤的才干，毋庸置疑。但立刻从袖子里掏出竹简，却有点蹊跷。竹简是笨重之物，放在袖子里长达三年之久，天下岂有这种怪事。似乎只有一项可能，赵无恤在老爹身旁埋有暗探，早就得到消息。只能证明他的狡狯，不能证明所预期的他一定能忍辱负重。

君子和小人

三家分晋前，晋国（首府新田【山西曲沃】）本有四大家族：魏、赵、韩、智。赵姓族长赵鞅逝世后，智姓族长智瑶掌握晋国政府大权，向赵姓新任族长赵无恤索取皋郎（山西离石）等地，赵无恤拒绝，智瑶遂联合魏韩，围攻赵家根据地晋阳（山西太原），并掘开汾水灌城，距城头仅有三块木板的惊险差距。困守孤城的赵无恤，派出密使张孟谈，策动魏韩两家改变立场。两家遂向智家军反击，掘开堤防，大水汹涌，倒灌智家军阵地，生擒智瑶，立即斩首，把智姓家族全部屠灭。

司马光曰："智瑶所以覆亡，在于他的才能胜过他的品德。才能和品德是两码子事，才能品德兼备是圣人，才能和品德全部没有是愚人，品德胜过才能是君子，才能胜过品德是小人。"

司马光把人性当成一个无机体，所以对才能和品德所作的界说，似是而非。"强毅"，固是才能，也是品德；"公正"，固是品德，也是才能。尤其在实际的政治操作中，判断一个人到底是"才能"胜过"品德"或是"品德"胜过"才能"，根本无法办到。哪一个君王领袖，不是肯定他的亲信部属，都是天下第一贤明兼天下第一忠心？如果早就知道他是一个邪恶小人，岂肯赋以重任？中国传统上的用人行政，一直绕着这种"才能""品德""君子""小人"的圈圈打转，连诸葛亮都强调要"亲君子""远小人"。咦，芸芸众生，挤挤群官，模样都差不多，谁是"君子"？谁是"小人"？结果形成一项"我是君子，你是小人"定律，互相指控。几个著名的王朝，如宋王朝和明王朝，就是在这种互相指控中，使中央政府陷于瘫痪，终于灭亡。而且，纯理论上，"愚人"比"小人"更糟，俗话说："昏官之害，胜于贪官。"贪官在无赃可贪，或刀架到脖子上不敢贪的时候，他的才能还足以做出有利于人民的事。而昏官，无论什么时候，他都不能运转。司马光这种论调，使历届王朝政府，都拼命强调"品德"，结果大多数都毁于庸才之手。因为人心复杂，二分法既天真而又简单，一个人身上的邪恶与高贵，固同时并存，在盖棺之前，无法化验，也无法提出分析报告。

只有一个方法可以防止邪恶，那就是民主制度和法治精神，用选举和法律来控制他的邪恶程度，同时也用选举和法律激发他高贵的品德。然而司马光那个时代，却没有民主，法律更没有力量，使司马光只好诉诸抽象原则。于是，我们困惑（不是责备）：以司马光学问的渊博，为什么没有冒出一点民主法治的构思？

田文当宰相

魏国（首府安邑）国君（二任武侯）魏击，任命田文当宰相，大将吴起不高兴。田文说："当君王年纪还小，有权势的重要官员互相猜忌，随时可能发动政变，民心恐慌。这个时候，宰相位置，应该属于你，还是属于我？"吴起沉默良久，抱歉说："我承认应该属于你。"

当政治的运转有一定的秩序，人们也习惯并接受这种秩序时，压根不会产生"主少国疑，大臣未附，百姓不信"的危机。只有腐烂的政权，在运转时才有这种特殊现象。

吴起

公元前 381 年，楚王国（首都郢城【湖北江陵】）国王（十七任悼王）芈疑逝世。从魏国逃到楚王国，在楚王国又被赋重任的大将吴起，厉行政治革新。而丧失既得利益的皇亲国戚，乘丧暴动。吴起逃到灵堂，趴在芈疑尸体旁边，暴徒们乱箭齐发，射死吴起，但同时也射中芈疑的尸体。下葬既毕，太子芈臧即位（十八任肃王），逮捕作乱的暴徒，屠杀七十余家。

吴起何负于鲁国（首府曲阜【山东曲阜】）？被疑逃亡。何负于魏国（首府安邑【山西夏县】）？又被疑逃亡。何负于楚王国（首都郢城）？更遭杀身之祸。吴起的遭遇，正是一个封建社会中，心直口快，胸无城府，却既有能力，而又正直的知识分子的悲剧。杀妻求将，从稍后再没有人抓这个小辫子，可证明只不过是政客们所使用的一种斗臭手段。鲁国在他手中不再受侵略，魏国在他手中强大，衰老的楚王国在他手中得到重生。忠心耿耿，才干之高，历史上很难找到匹敌，竟不容于当世，不禁为吴起悲，也为那些国家悲。伏到国王尸体之旁，能在死后复仇，这种智谋，也无人可及。如果有一个国家能对他始终重用，历史可能重写。

田因齐晋谒周王

公元前 370 年，齐国（首府临淄【山东淄博东临淄区】）国君（四任）田因齐，前往洛阳晋见周王国国王（四十任烈王）姬喜。周王国衰弱不堪，封国国君们早把它忘到脑后，田因齐突然有此举动，各封国都感惊讶，认为是他贤明之处。

齐国（首府临淄）国君田因齐先生突然晋谒那个长久以来都没有人把他放在眼里的周王国（首都洛阳）国王，是一种政治手段，用以发人思古的幽情，提高自己的形象。各封国赞扬他高明，在意料之中。但赞扬他贤明，便太离谱。

司马光原文是："齐威王来朝……天下以此益贤威王。"事实上，田因齐要到三十六年后的公元前 334 年，才宣布称王。本年（公元前 370 年）的身份，仍不过一个封国国君而已。根据我们的正名主义："是什么就是什么。"此时压根不能说他就是国王。提前称呼官衔，是中国传统史书最使人困扰的特点之一，读起来好像掉到云雾之中。仅以这项记事而论，封国国君跟王国的国王，距离相差十万里。既不知道"威王"在哪里，更不知道"威王"在何方。世界上还没有这种东西时，传统史学家却硬说有这种东西。

司马光曾严厉谴责三大家族瓜分晋国（首府新田【山西侯马】）是破坏礼教。孔丘的《春秋》，还固执地把"楚王"称为"楚子"，而司马光连这点固执都没有。对"叛逆"田因齐的头衔，不但倍加尊重，反而提前使用，把他最重视的"等级""名分"，先自己砸个稀烂。

这至少证明传统的史笔史观，已无法立足，孔丘如果现在写《春秋》，他也不能坚持"楚子"。形势比人强，一个只站在少数统治立场的主观盼望，绝不可能动摇事实。司马光已尽了全力，但仍不能不屈服。

不可思议

公元前 371 年，魏国（首府安邑【山西夏县】）国君（二任武侯）魏击逝世，生前没有指定继承人，他的儿子魏罃跟公中缓，为夺取宝座，斗争激烈，内乱历时三年，韩国（首府新郑【河南新郑】）国君韩若山，及赵国（首府晋阳【山西太原】）国君赵种，于公元前 369 年，联合包围安邑。赵种主张："杀掉魏罃，立公中缓当魏国国君，割一部分土地给我们；我们就退兵。"韩若山说："杀掉魏罃，我们落得一个残暴的名声。割让土地，又落得一个贪心的名声。不如把魏国一分为二，二人都当国君。魏国一分为二之后，就成了小国，我们就可以摆脱魏国的压力。"赵种不同意，韩若山大不高兴，撤军而去，赵种人单势孤，也只好撤军而去。魏罃遂趁机击斩他的对头，继任国君。

魏国（首府安邑）在大军溃败之后，只有静等敌人宰割的分，那是一个连神仙都救不了的危局。可是，敌人却于刹那间拔营班师，意外得不可思议。课题就在这里，世界上偏偏多的是这种不可思议，脱险脱得不可思议，受害也受得不可思议。韩若山、赵种，都是当时的大人物，不要以为大人物每一项决定都是有道理的，遇到庸碌之辈或凶暴之徒，就有可能发生不可思议的变局。

桂陵战役

齐国（首府临淄）人孙膑，和魏国（首府安邑）人庞涓，同时学习兵法。后来庞涓返魏国谋职，担任三军统帅，自以为才能不如孙膑，遂把孙膑邀到魏国，然后诬以谋反，砍掉孙膑的双脚，又在孙膑脸部刺上花纹（黥刑）。齐国派人把孙膑救回。公元前 354 年，魏国攻击赵国，包围赵国首府邯郸（河北邯郸）。明年（公元前 353 年），齐国任命田忌当统帅，孙膑当参谋长，挥军深入魏国国境，庞涓得到后方告急警报，急行撤军堵截，走到桂陵（河南长垣西北），跟齐军发生遭遇战，魏军大败。

原文叙述简略，事实上历程复杂，里面还包括一桩著名的卖友求荣的故事。庞涓和孙膑同是鬼谷子的门徒，也是感情最亲密的朋友。庞涓先离开老师，当上魏国（首府安邑）大将，最初还怀着纯洁的友情，向魏国国君魏罃，推荐孙膑。可是庞涓不久就发现孙膑的才干远超过自己，可能受到国君的赏识，而夺走自己的位置。他没有鲍叔牙对国家和对管仲那种高贵的情操，最后决心采用冤狱手段，排除孙膑。于是，他命人告发孙膑谋反，当然是证据确凿，然后庞涓再虚情假意地一再哀求，国君魏罃才勉强赦免孙膑一死，但仍砍断他的双足，以防逃亡。从此孙膑不能走路，只能在地上爬。庞涓所以没有杀他，是为了要他写出记忆中鬼谷子所传授的一部兵法。孙膑感谢老友救命之恩，当然愿意写出。但写了一半，发现被陷害的真相，就伪装疯狂，啼笑无常，有时连屎尿都吃下去。等到庞涓的防范稍微松懈，孙膑就逃回他的祖国——齐国（首府临淄），被齐国最高军事首长田忌，任命为参谋长（军师），作战时不能骑马，就坐在特制的车子上指挥。

马陵战役

公元前 341 年，魏国（首府安邑【山西夏县】）大将庞涓，再率军攻击韩国（首府新郑【河南新郑】）。齐国（首府临淄）任命田忌当统帅，孙膑当参谋长，用老战略直击魏国陪都大梁（河南开封），庞涓急撤军回堵。孙膑计算庞涓行程：某一天黄昏，当抵达马陵（河北大名），遂命削下一棵大树上的树皮，写上："庞涓死此树下！"派一万余名弓箭手，夹道埋伏。下令说："看见火光，集中射击！"时候终于来到，天已入夜，庞涓驰经树下，见树干一片雪白，上面有字，命举火观看，还没有看完，伏兵万箭俱发，魏军溃散，庞涓自知难逃罗网，拔刀自杀，临死时说："竟然让白痴成名！"

庞涓真是一个典型的卑鄙无耻的瘪三，直到临死，都没有对自己的负义行为，感到丝毫内疚，反而诟骂孙膑侥幸成名。

田忌

公元前 341 年，齐国（首府临淄）宰相邹忌，嫉妒大将田忌威震国际，企图栽赃陷害，派人手拿三百四十两黄金，到街上请人算卦，向卜卦先生说："我是田忌的随从，我家将军作战，三战三胜，他打算进行大事，请看一下吉凶。"等卜卦先生出门，邹忌叫人把他逮捕，眼看就要掀起大狱，田忌无法澄清，又气又急，率领他的卫队发动攻击，打算逮捕邹忌。可是邹忌早有准备，田忌无法取胜，只好出奔楚王国（首都郢城）。

"诬以谋反"是中国传统政治中一件其效如神的法宝，强悍的头目要排除他有实力的政敌时，习惯使用，当之者无不粉碎。因为它是政治的和法律的结合物，政治是内容，法律不过形式，所以无罪不能无刑，至为狠毒，无人能解。田忌身为民族英雄、三军统帅，对国家有盖世功勋，跟国王的关系也十分密切，可是，一旦陷入"诬以谋反"诛杀大阵，立刻束手无策。

公叔痤的话座

公孙鞅，是卫国（首府卫丘【河南淇县】）国君庶子的孙儿，法家学派巨子，在魏国（首府安邑）宰相府充当一名职员，宰相公叔痤知道他有才干，正准备推荐，却染病在床。魏国国君魏罃前往探病，十分悲痛说：“人，夭寿有命，谁能不死？然而你大去之后，国家大事，我跟谁磋商？”公叔痤说：“我的随从官公孙鞅，年纪虽轻，却胸有奇才，盼望你信任他，把国家交给他治理。”魏罃大吃一惊。公叔痤接着说：“如果你不能用他，那么，请马上把他杀掉，别叫他离境，否则投奔别的国家，魏国必有后患。”魏罃又是一惊，支吾几句，起身告辞。公叔痤把公孙鞅找来，据实相告，劝他逃走。公孙鞅说：“领袖既不能听你的话用我，又怎能听你的话杀我？”魏罃出了相府，对左右说：“宰相语无伦次，一会儿叫我用公孙鞅当宰相，一会儿又叫我把公孙鞅杀掉，他自己都不晓得他在说什么。”公孙鞅遂投奔秦国（首府咸阳【陕西咸阳】），受到重用。公元前 340 年，公孙鞅率秦军攻击魏国，生擒魏军统帅魏卬，魏军溃败。魏罃心胆俱裂，请求和解，并把首府迁到大梁（河南开封），叹息说：“我恨不听公叔痤的话！”

人在大失败之后，关键性的往事，常会在脑海升起。魏罃先生的叹息，内容不明，可能后悔没有听公叔痤的话重用公孙鞅，但也更可能后悔没有听公叔痤的话杀了公孙鞅。历史上这种叹息，不绝如缕，显示错误的决策，必然付出错误决策的代价。问题只在于反省的内涵，智能型的，检讨错误后承认自己不够智慧：“我该重用他！”顽劣型的，检讨错误后显示自己更为顽劣：“我该杀了他！”庞涓就是顽劣之尤，临死时对孙膑仍咬牙切齿，他没有后悔不该那样对待老友。

魏国（首府安邑）在战国时代初期，是唯一的超级强国，位置恰恰坐落在物产最富饶的中原地带，文化水平极高。可惜，国家领导人不断伤害自己的国家，逼走吴起，逼反孙膑，最后又轻易丧失可以旋乾转坤的公孙鞅。到了下世纪（公元前 3 世纪），更变本加厉，用冤狱和酷刑，把另两位可以旋乾转坤的人物范雎、张仪，驱逐到敌人阵营，于是，魏国就成了烈日下的冰块。人才决定国家的命运，而政府领导人又决定人才的命运。政治虽不属自然科学，小环节也不能丝丝入扣，但大的发展，却是因果不爽。

义利并不冲突

邹国（首府邹邑【山东邹城东南】）人孟轲，晋见魏国（首府大梁【河南开封】）国君（三任）魏罃。魏罃问说：“老先生，你不嫌遥远，跋涉千里而来，有什么有利于我们国家的建议？”孟轲说：“你为什么总是把利挂到嘴上？我所追求的，只有仁义。你说：有什么利于我们国家？官员（大夫）们说：有什么利于我们家族？平民们说：有什么利于我个人？为了追求自己的利益，上下互相斗争，国家就发生危险。而追求仁义则不然，从来没有充满爱心的人会忘掉他的亲人，也从来没有充满道义精神的人会把他的君王放到脑后。”魏罃回答：“你说的对。”

当初，孟轲是孔伋的学生，曾经提出问题说：“教育民众，第一件要先做的事是什么？”孔伋说：“先训练民众追求利益。”孟轲说：“高贵人士教育民众，应教育民众仁义，你为什么会有这种主张？”孔伋说：“仁义是最高最大的利益。官员没有爱心，人民便无法过平安日子；人民没有道义，则大家崇尚诈骗，就成了最大的‘不利’。《易经》说：‘利益，是仁义的最后目标。’（利者，义之和也。）又说：‘追求利益，才可以使生活安定，培养更高的品德。’（利用安身，以崇德也。）这正是最大的利益。”

司马光曰：“孔伋、孟轲的话，看似相反，其实相成。只有仁义的人知道仁义是最高利益，不仁不义的人却不知道。孟轲对魏罃率直地褒扬仁义，而贬谪利益，对象不同而已。”

司马光认为孔伋的说法跟孟轲的说法，是一样的，我们不以为然。孔伋认为最高的利益，就是最高的仁义，二者浑然一体。元首追求国家的利益，他就是一个仁义的君王，追求国家利益如果不是仁义的君王，难道是残暴的君王？孟轲大刀一挥，劈成两半，一半是“利益”，一半是“仁义”，使二者互相排斥、尖锐对立。什么叫“仁义”？又什么叫“利益”？修桥筑路是仁义还是利益？发展商业是仁义还是利益？从孟轲跟孔伋的对话上，可看出孟轲并没有被说服，反而一直坚持；孔伋虽然是老师，却没有学生吃香。孟轲的思想——强调“义利”之辨，以及简单粗糙的二分法思考模式，影响中国知识分子至巨。

齐魏称王

齐国（首府临淄【山东淄博东临淄区】）国君（四任）田因齐、魏国（首府大梁【河南开封】）国君（三任）魏罃，在徐州（山东滕州南）会晤，互相承认对方是国王（自此，齐、魏分别建立王国。田因齐即一任威王，魏罃即一任惠王）。

司马光认为三家瓜分晋国（首府新田【山西侯马】）是一大巨变，礼教、等级、名分，全部崩毁。事实上当然不是那回事，因为他们仍然都在周国王统御之下，而周国王本来就有权擢升任何一个人当国君。但依司马光的标准来评论，本年（公元前334年），齐国和魏国国君忽然宣称自己成了国王，才是真正的巨变。从此以后，两国国君跟周国王一般高，平起平坐，公然成为可怕的叛逆，却并没有产生司马光所预料的效应，反而这种当国王的风气，使其他封国纷纷跟进。战国时代，遂进入跑道。

合纵瓦解

秦国（首府咸阳【陕西咸阳】）国君（二十六任）嬴驷，命客卿公孙衍用诈术驱使齐王国（首都临淄【山东淄博东临淄区】）和魏王国（首都大梁【河南开封】），向赵国（首府邯郸【河北邯郸】）发动攻击，希望破坏合纵同盟。赵国国君（五任肃侯）赵语，责备苏秦，苏秦惊恐，请求出使燕国（首府蓟城【北京】），以便对齐王国报复。苏秦既离开赵国，合纵同盟遂告瓦解。赵国决河水灌入齐、魏联军阵地，齐、魏联军才行撤退。

依当时情势，苏秦的合纵同盟阵线，是拯救各国的唯一法宝。可是秦国（首府咸阳）稍用诈术，向魏王国（首都大梁）表示愿归还前所占领的襄陵（参考公元前352年）等七个城市，魏王国那个蠢材君王，和那些蠢材官员，竟然兴高采烈地吞下钓饵。短视、贪婪、只看见眼前三寸利益，是造成悲剧的一大动力。杜牧说：“灭六国者，六国也，非秦也。”事实上绝大多数国家的覆亡，都覆亡在自己手上，岂止六国而已。

一段奇异鬼话

卫国（首府濮阳【河南濮阳】）国君（四十四任）平侯（名不详）逝世，子嗣君（名不详）继位（四十五任）。卫国有一个逃犯，逃到魏王国（首都大梁【河南开封】），因精通医术，给魏国王（一任惠王）魏罃的王后妻子治病。卫嗣君要求用一千二百两黄金交换逃犯，经过五次交涉，魏国王五次拒绝。最后，卫嗣君不提赎金，而愿以左氏城（山东定陶东）交换，官员们阻止说："用一个城买一个逃犯，实在不值。"卫嗣君说："这你就不知道了。治理国家，不能因小事就疏忽它，不能因扰乱不大就轻视它。法律的尊严如果不建立，刑罚如果不能执行，虽有十个左氏城有什么用？法律尊严得以确保，刑罚得以贯彻，就是失去十个左氏城，又有什么关系？"魏罃说："人主的欲望，不满足他，必有灾殃。"下令把逃犯交还卫国。

卫嗣君这一番话，掷地有金石声，必须有此观念，法治才能建立。然而，我怀疑未发生过这种怪事。卫国当时已衰弱到连侯爵都不敢亮相，而自贬为"君"，"君"跟魏王国的"王"，相差十万八千里。真有逃犯，而且该逃犯又给王后治病，卫嗣君就不可能提出这个要求。只因卫国不过一粒绿豆，此时只剩下首府所在地的濮阳（河南濮阳）一个大城，左氏（山东定陶东）不过城外一个小镇，用来换一个逃犯，并不符合国家利益，只符合卫嗣君一个人的利益。他跟逃犯之间，恐怕有什么不可告人的私仇，必欲得之而后快。没有抓回逃犯，卫国还是卫国。卫国不过几个左氏城大小，恐怕不断泄愤之后，世界上便没有了卫国。这是流氓的斗气态度，不应是掌握国家命运人物的斗志态度。而且，即令卫嗣君发了疯，非要得到逃犯不可，魏罃也不会在乎他这个小头目，竟认为拒绝了他，他会带给魏王国什么灾难，卫国泥菩萨过河，自身难保，魏王国不带给他灾难，已是上帝保佑。

然而，魏罃先生的话，却是一种暗示。暗示中国人如果不能满足"人主"的欲望，无论该"人主"是什么东西，都铁定不祥。有此一念，"人主"就福如东海，平民就只好为了满足"人主"的欲望而活，代代当奴。

把错误反而说成美德

燕王（三任）子之统治三年，全国大乱。高级将领（将军）市被，跟太子姬平，密谋攻击子之。齐王（二任宣王）田辟强派人告诉姬平说：“我听说你要整顿纲纪，使君臣父子名分，恢复正常。我佩服你的勇气作为。现在，齐王国就是你的，你叫我做什么，我就做什么。”姬平受到鼓励，集结英雄豪杰，由市被率领，进攻皇宫，子之党羽在皇宫奋力抵抗，不能攻陷。不知道什么缘故，忽然间，市被改变主意，反过来攻击他的统帅姬平，混战几个月，死难军民好几万人，全城恐慌。

齐王国（首都临淄）大军，乘此机会，长驱直入燕王国首都蓟城（北京），生擒子之，剁成肉酱，并顺便杀掉前任王（二任）姬哙。田辟强向孟轲征求意见说：“有人劝我不要吞并燕王国（首都蓟城），有人劝我吞并，你以为如何？”孟轲回答说：“吞并它而燕王国人民快乐，就吞并它。吞并它而燕王国人民不快乐，就不吞并它。”此时，各国正在加速会商如何支持燕王国对抗侵略，田辟强再征询孟轲的意见说：“国际情势紧张，有些国家可能向我发动攻击，我应该如何反应？”孟轲说：“我听说过仅有七十华里土地，却统一了中国的故事。还没有听说过一个拥有一千华里的国家，却怕别人怕得要命。现在燕王国君王虐待他们的人民，你发兵前往，人民认为你拯救他们于水深火热之中，所以夹道欢呼，迎接仁义的军队。到了后来，仁义的军队忽然变了模样，你已成了吸铁石，吸引天下所有的武器，向你集中攻击。不过，现在还来得及补救，立刻下令释放被捕的老人和儿童，停止掠夺，跟燕王国有影响力的人士接触，恢复他们的独立，为他们设立新的君王，然后光荣撤退。这样，仍有希望维持齐王国的威信。”田辟强拒绝接受。不久，燕王国到处发生抗暴战争。田辟强后悔说：“我真没脸再见孟轲。”陈贾说：“大王不必如此，谁能一生永远不犯错误？”于是前往拜访孟轲，问说：“姬旦（周公）是什么人？”孟轲说：“古代圣人。”陈贾说：“姬旦曾经命令他老哥姬鲜（管叔），监视商王朝遗民首领子武庚，结果姬鲜却跟子武庚联合起来叛变，反抗中央政府（参考公元前1115年），请问，是不是姬旦知道姬鲜将来会叛变而仍任用他？”孟轲说：“当然不知道。”陈贾说：“好啦，圣人也有犯错误的时候。”孟轲说：“姬旦是老弟，姬鲜是老哥。老哥有过失，老弟的责任并不严重。但主要的还是古代的人，有过失的时候就改正过失。现代的人，有过失的时候反

而错误到底。古代的人不隐瞒过失，好像日蚀，人人都看得见。当他改过以后，人民莫不钦敬。现代的人岂止继续错误而已，反而制造出许多理由，把错误说成美德。”

原文对燕王国（首都蓟城）这项大灾难的记载，含糊不清。尤其看不出孟轲发表了这段言论之后，田辟强有什么反应。司马光主要的目的不在于报导史实，只在于介绍孟轲的言论。史实是，田辟强终于放弃吞并燕王国的雄心壮志，在遍地抗暴的战火中，仓促撤退，带走了燕王国的金银财宝，并种下了两国之间的深仇大恨。

孟轲的言论，说明儒家学派所以在战国时代，始终被排斥的原因。苏秦、张仪的身价，比孟轲低得多，苏秦和张仪不过一介贫苦的知识分子，孟轲却是大富之辈。但苏秦和张仪提出的是一项可以执行的方案，而孟轲只能诉诸原则。燕王国人民高兴不高兴，如何分辨？人民虽然高兴，手握杀人大权的统治集团却不高兴，又该怎么处理？所举的两个例子，更混淆视听，姬发之取代子受辛，全靠一番苦战。姬昌之没有取代子受辛，只因他那时还没有力量。教条派的学者，往往把复杂的社会现象，强塞进一个预铸的模式之中。

然而孟轲对于死不认错的痛心指责，两千年后的今天，读起来仍不陌生。

芈槐轻浮

秦王国（首都咸阳）准备攻击齐王国（首都临淄），考虑到楚王国跟齐王国邦交敦睦，订有共同抵抗外患的盟约。于是派宰相张仪到楚王国（首都郢城），向楚王（二十一任怀王）芈槐进言说：“假如你采纳我的意见，跟齐王国（首都临淄）断绝邦交，敝国愿把商（陕西丹凤）、于（河南西峡）地区六百华里的土地，割让给贵国，而且挑选秦王国（首都咸阳）最漂亮的美女，当你的小老婆和婢女。”芈槐大喜过望，立刻承诺，政府所有官员都为这场丰收的外交谈判祝贺。于是，宣布跟齐王国绝交，下令关闭边界关卡，派一位将领，随张仪到秦王国办理割地手续。到了秦王国，张仪忽然从车上摔下来，闭门养伤，三月之久，不肯露面。芈槐思量说：“张仪莫非认为我跟齐王国绝交绝得不够彻底？”于是派勇士宋遗，拿宋王国的护照到齐王国，辱骂齐王（二任宣王）田辟强。田辟强气得眼冒火星，立即改变一向跟秦王国（首都咸阳）敌对的立场，转过来跟秦王国结盟。

等这件事发生之后，张仪才召见楚王国（首都郢都）使节，一脸惊讶，说：“你待在这里干什么？还不去接收我承诺的土地，从某处到某处，六华里。”楚王国使节急急回报芈槐，芈槐眼冒火星。下令向秦王国（首都咸阳）攻击。秦王国（首都咸阳）起兵迎战。

芈槐的反应在常情之中，一个壮汉受到刺激，提刀就上，是武氓；一个知识分子受到刺激，提笔就写，是文痞。成功不过出了口气，失败顶多赔上性命或尊严，血流三尺，影响还小。国家领导人如果不能自我克制，怒火不但可能焚身，也可能焚国。

国家之间，充满诡诈，只有利害，没有道义。英国人自己就说：“英国没有永远的朋友，也没有永远的敌人。”岂止英国如此，任何一个国家，只要它是一个国家，而不是街头小贩摆的地摊，它就受这项定律支配。楚王国没有实力翻云覆雨，却硬去翻云覆雨，灾难一定兜回来砸到自己头上。国与国之间，弱者总是倒霉。

张仪、苏秦的贡献

秦王国（首都咸阳）宰相张仪，向秦王（二任武王）嬴荡进言说：“为了秦王国的利益，必须要东方国际发生变化，大王才可以得到更多土地。人人皆知，齐王国（首都临淄【山东淄博东临淄区】）恨透了我，我在哪一个国家，它就会攻击哪一个国家。请大王准许我前往魏王国（首都大梁【河南开封】），则齐王国必然向魏王国进攻。齐、魏交兵，陷于缠斗，一时难解难分，大王就可以乘虚而上，攻击韩王国（首都新郑【河南新郑】），挟持周王国（首都洛阳【河南洛阳东白马寺东】）国王（四十三任赧王姬延），搜集天下地图户籍图册，这是统一天下的大业。”嬴荡同意。

果然，齐王国（首都临淄）攻击魏王国（首都大梁），魏王（二任襄王）魏嗣，大起恐慌。张仪说：“大王不必担心，我会叫齐军自己撤退。”于是派他的随从（舍人）前往楚王国（首都郢城【湖北江陵】），聘请楚王国的人充当使节，晋见齐王（二任宣王）田辟强，假装惊讶说：“大王，真是糟透了，你竟用这种手段加强秦王国对张仪的信任？”田辟强说：“你怎么会有这种想法？”使节说：“这是很明显的事，张仪跟秦王国是何等深厚的关系？怎会那么洒脱地说走就走？一定有什么阴谋，正要齐、魏爆发战争，而使秦军袭取三川（大洛阳地区）。而今你果然挑起大战，使自己的国力疲惫，又背上攻击盟友的恶名，反而更加强秦王国对张仪的信任。”田辟强即下令班师。张仪担任魏王国的宰相一年，病逝。

张仪跟苏秦，以纵横奇才，为各国设计谋略，夺得高位和财富，天下知识分子纷纷效法，其中有魏王国人公孙衍，号犀首，也以谋略名满国际。还有苏代、苏厉、周最、楼缓之辈，足迹遍天下，以辩才和诈术说动君王。为数太多，记不胜记。而以张仪、苏秦、公孙衍，最为高竿。

《孟子》曰：“有人说：‘公孙衍、张仪，岂不是大丈夫，一怒而各国恐惧，不怒则天下战火全熄？’孟轲说：‘那算什么大丈夫？一个人坐的是正当的位置，做的是正当的事情。当权时跟人民同甘苦，无权时自己修身：富贵不能淫，贫贱不能移，威武不能屈，这才是大丈夫。’”

《法言》曰：“有人说：‘张仪、苏秦在鬼谷子那里学习纵横之术，各使中国维持十余年的和平，是不是有这回事？’扬雄说：‘一群骗徒而已，圣人对他们深恶痛绝。’那人说：‘表

面上信仰孔丘的学说，实际上却做张仪、苏秦所做的事，怎么样？’扬雄说：‘这就好像听起来是凤凰美丽的鸣声，却长着一身凶禽的羽毛。’那人说：‘可是，端木赐（子贡）也干过这种勾当。’（公元前 484 年，齐国【首府临淄】攻击鲁国【首府曲阜】，孔丘派他的学生端木赐，到吴王国【首都姑苏，今江苏苏州】请求救助，吴、鲁联军大败齐军。《史记》赞扬说：“端木赐一出，使鲁国生存，齐国败乱，吴王国力竭残破，晋国坐以强大，越王国【首都会稽，今浙江绍兴】奠立霸权基础。”）扬雄说：‘端木赐的动机是追求和平，张仪、苏秦的动机是追求富贵，两者并不一样。’那人说：‘张仪、苏秦，真是难得的奇才，抛弃传统的管道，用他独立的奋斗方式。’扬雄说：‘对于巧言令色的佞幸之辈，有见识的人才能辨别。并不是不看重他的才能，而是那种所谓的才能，不为我们所认同。’”

孟轲跟张仪、苏秦一样，也是周游列国，推销政治理想的高级知识分子之一。可是，司马光和扬雄，对此却只字不提。战国时代，各国危急，犹如一家正在大火熊熊，张仪、苏秦教他们如何汲取山涧里的水扑救。而孟轲却教他们事先防火，和平时挖井；而又没有指出如何防火，和如何挖井。对于运转庞大的专制政治，儒家学派唯一的法宝是“圣君贤相”，一旦君不圣、相不贤，可就只好干瞪眼。在这种情形下，只有傻子才相信儒家那一套——偏偏就出了一个傻子：燕王国（首都蓟城【北京】）二任王姬哙，他照葫芦画瓢，效法禅让童话，把王位禅让给子之，结果带来千万人死亡。大家不但不同情他、不支持他，反而因为他搞砸了锅，破坏了“禅让”美好的形象，纷纷大骂。

孟轲惨败在实务性的高级知识分子之手，一肚子气。所以当人们一致公认张仪、苏秦是大丈夫的时候，他坚决反对。什么叫“正位”？国王任命的宰相，是不是正位？什么是“正道”？有计划地追求和平，是不是正道？如果那还不是“正位”“正道”，那么，孟轲仆仆风尘，东奔西跑，难道想当天子或想当国王？难道想要屠杀人民？至于“富贵不能淫，贫贱不能移，威武不能屈”，确实是人生最高的质量，也确实是大丈夫，但那仅是个人的修养，只可以作为最高的道德指标，不能用来衡量对国家社会的贡献。孟轲幸亏已不在人世，否则，我们就要求他开一个“大丈夫”名单，看看哪些人可以上榜。

扬雄是动机论者，指出端木赐追求的是和平，张仪、苏秦追求的是富贵。他有什么积极证据，证明端木赐不追求富贵？又有什么积极证据，证明苏秦、张仪并不追求和平？如果我们认定苏秦、张仪是追求和平，端木赐是追求富贵，扬雄又如何反驳？孔丘和孟轲，就曾仆仆风尘，东奔西走，说破唇舌，希望二者全都到手。问题只看你追求时用的方法，和追求到手后做些什么，能够“安中国者，各十余年”，已经够人民顶礼。

我们并不歌颂张仪、苏秦，理由跟儒家系统不同。他们主要的缺点是他们根本没有立场，也没有理想，不过是官场上，靠条陈过日子的两大政客。但他们毫无凭借，唯一的凭借是自己的能力。笼罩中国数千年之久的封建社会，司马光所赞誉的礼教——贵者恒贵，贱者恒贱，到此被这一群不安于礼教的小人物突破，而且还发生实质上的影响。

赵雍“胡服骑射”

赵国（首府邯郸【河北邯郸】）国君（六任）赵雍，跟肥义讨论“胡服骑射”方案（战国时代，华人宽袍大袖，不但浪费资源，行动也不方便，在战场上拖泥带水，等于自杀。当时作战，仍以战车为主，车用马牵引，车上载战士，运转迟钝，无论追击或逃跑，都不灵活。赵雍主张改穿蛮族部落战士们穿的短衣窄袖，抛弃战车，改乘战马，近则用刀枪，远则用弓箭，这是战术上一项空前突破。但基于社会惰性，赵雍不得不谨慎从事），赵雍说：“顽劣之辈会嘲笑，贤明的人会明白。即令全世界的人都反对，北方胡部落（内蒙古西辽河上游）的土地，和中山王国（首都顾城），我一定夺取到手。”于是积极准备。贵族们果然反对，赵雍的叔父赵成，更宣称病情沉重，在家躺床，拒绝参加中央政府会议。

赵国（首府邯郸）自胡服骑射后，国力陡增，成为战国时代后期唯一可以跟秦王国（首都咸阳）对抗的强权，如果不是错用了赵括（参考公元前260年），秦王国不可能东进。然而，利益这么明显的一项改革，而又不伤害任何人的既得利益，都这么困难。停滞的力量，似乎永远超过进步的力量，正是中国人苦难的源头。

天下第一脓包

被诱骗囚禁在秦王国的楚王（二十一任怀王）芈槐，病势沉重，于公元前 296 年，死在咸阳（陕西咸阳）。秦王国送回他的灵柩，楚王国人民夹道祭奠，不胜悲痛，各国对秦王国这种恶霸行径，印象强烈。

西洋有句谚语："第一次被骗，错在对方；第二次再被骗，错在自己。"芈槐先生真是天下第一脓包，脑袋像一个糨糊罐，被张仪、嬴稷之辈，玩得团团而转。叫他爬，他就爬；叫他跳，他就跳。这种糨糊罐政治领袖，历史上车载斗量，十个巴掌都数不完。他阁下的所有遭遇，都咎由自取。可是，死伤的那些军民，却又何辜？他们唯一的罪状只是因为有一个昏庸的糨糊领袖。芈槐的灵柩回国，人民悲不自胜，这是人民的厚道，忘了所有苦难，都来自他一人。芈槐事实上被他所宠爱的郑袖、靳尚所控制，以郑袖、靳尚为首的鲨鱼群，日夜猛噬，芈槐要想不死都不可能，这只是一个信号，警告楚王国（首都郢都）：再不补救，船即下沉。可惜，芈槐之死毫无意义，并不能唤醒国人，也不能消除鲨鱼，因为楚王国已腐朽到完全丧失改革的能力。

人人都知团结好

各国对秦王国（首都咸阳）诱骗芈槐的卑劣行径，再起反应，重组南北合纵同盟。公元前296年，齐王国（首都临淄【山东淄博东临淄区】）、韩王国（首都新郑【河南新郑】）、魏王国（首都大梁【河南开封】）、赵王国（首都邯郸【河北邯郸】）、宋国（首府睢阳【河南商丘】），五国联军攻击秦王国（首都咸阳），军抵盐氏（山西运城），即行撤退。秦王国把武遂（山西垣曲东南）归还韩王国，把封陵（山西芮城风陵渡）归还魏王国，谋求和解。

人人都知道团结好，然而，只要有一个人是近视眼，就可以破坏团结。战国时代的合纵抗秦同盟，是各国唯一的救命仙丹，功效立竿见影。不过，只要秦王国抛出一块骨头，团结即行粉碎。这是人类最可悲的一面，也是野心家最兴奋的一面。

第一个饿死的君王

赵王国(首都邯郸)国王赵雍,罢黜长子赵章,而命幼子赵何继承王位,自称太上皇(主父)。再把赵章封到代郡(河北蔚县),号安阳君。赵章本来应该继承王位的,现在只封一个"君",自然耿耿于怀。他又一向挥霍奢侈,赵雍任命田不礼当他的秘书长(相)。李兑告诉宰相肥义说:"赵章年轻力壮,态度傲慢,党羽多而欲望大。田不礼生性好斗,而且骄傲不可一世,喜爱杀戮。两个人聚在一起,必然产生阴谋。小人物一旦有了大欲望,就不可能深思远虑,看到的全是利益,却看不到灾难,巨变将要爆发。"

赵雍携同赵何,出游沙丘(河北平乡,首都邯郸东北航空距离八十公里),分别住在两座行宫。赵章跟田不礼认为时机成熟,采取行动。假传太上皇(赵雍)命令,召唤赵何进宫。信期通知肥义,肥义先行,中伏被杀。信期立刻动员戒备,双方血战。恰巧赵成、李兑,从首都邯郸率军赶到,再火急征调附近驻军参战,斩赵章跟田不礼,屠灭他们的党羽。赵成出任宰相,号安平君。李兑出任国家安全部部长(司寇)。这时候,赵何年纪还小,赵成、李兑完全控制政府。

赵章战败时,投奔老爹赵雍,赵雍把他藏在行宫之内。大军进入行宫,搜出赵章处决。赵成、李兑警觉到自己的危险,商量说:"我们为了逮捕赵章,竟然包围太上皇(赵雍)的行宫。事情过后,太上皇(赵雍)追究围宫杀子的罪状,我们全家恐怕就要死光。"索性一不做、二不休,下令行宫人员:"先出来的有赏,后出来的格杀。"宫人们霎时间一哄而散。赵雍也想出宫,却被阻在宫门之内。广大的行宫之中,只剩他一个人,没有伴侣、没有饮食,饥饿难忍之际,只好爬到屋檐树上,搜索鸟蛋或刚孵出的雏鸟下肚。这样支持了三个多月,凡是可以吃的东西,全都吃光,最后竟活活饿死。赵王国政府(首都邯郸)一直等到确定赵雍死亡,才向各国报丧。

赵雍是一代传奇人物,从他坚持变更服装、更新装备一事,可看出他观察力之强和意志力之坚。赵王国(首都邯郸)疆土,在他手中倍增,战斗力也倍增。如果他能再活二十年,秦王国(首都咸阳)可能受到严重威胁,历史如何发展,难以预料。然而,凡是英雄,都儿女情长,一个美丽的吴娃,就把他搞得神魂颠倒,一误再误。

李兑和赵成，平常受赵雍的尊敬，而他们也对赵雍忠心耿耿，可是一旦事变，涉及切身利害，却不惜把君王置之死地。中国政治上的领导人物，似乎都在斤斤计较对方的忠心，而忘了忠心不能孤立，它含有太多的变数。形势逼面，猪忠难以持久，刹那之间，猪化为狼。赵雍如果不自乱章法，赵章如果再有耐心，李兑、赵成之辈，何致竟成弑君凶手？

宋偃和希特勒

宋王国首都睢阳（河南商丘）城墙拐角处麻雀巢里，发现一只刚孵出来的雏鹰，巫法师说：“小生大，乃反弱为强，成为霸主的先兆。”宋国王（一任康王）宋偃，大为兴奋，挥军出击，把滕国（山东滕州）灭掉，并顺道攻打薛国（山东枣庄南薛城）。然后四面扬威：一连串惊人的军事胜利，使他提高称霸世界的自信。他用弓箭射天、长鞭扑地，表示敢向神灵挑战。把祭祀天地祖先的祭坛（社稷）摧毁，表示他连鬼也不在乎。在皇宫中长夜饮酒，房子里侍从人员喊“万岁”，大厅中官员们随口响应，宫门外的人群，也同声高呼。于是，全城一片“万岁”之声。齐王国国王（三任湣王）田地首先发动攻击，宋军溃散，宋偃逃奔魏王国，死在温城（河南温县西）。

宋偃在首都睢阳（河南商丘）陷落前开溜，逃到温城（河南温县西），终于被齐王国（首都临淄）追兵捕获。这位年已八十岁的皓首匹夫，跳神农涧（河南温县西）不死，被拉上来斩首。他似乎是二十世纪恶棍之一的希特勒的前身。二人相似之处，至少有下列数项：

——他们都是国家的领袖。

——他们的国家都有悠久而光荣的历史。

——他们的国家都被列强密密包围，动弹不得。

——他们都搞个人崇拜，迫害自己的国民。

——他们都灭掉一些较小的国家，使自己的声望，达到巅峰。

——他们都同样横挑强邻，并把强邻击败，领土大幅膨胀。

——他们都大言不惭，没有自我克制能力。

——他们发疯的时间都不太长。

——他们都把国家驱入灾难，受到大包围反击，千万人死亡。

——最后，他们都在敌前丧生。

——他们都留下万世恶名，为人不齿。

田地之死

公元前 284 年，燕王国集结倾国兵力，任命乐毅当远征军总司令。赵王国同时任命乐毅兼任赵王国宰相；秦王国将领（尉）斯离，也率军抵达，跟赵、魏、韩军会合。乐毅兼五国联军总指挥官，以泰山压顶的威力，向齐王国进攻。齐国王（三任）田地，征召全国武装部队，在济西会战（济河以西，今济河已经不在，则指黄河以西地区，战场当在山东阳信附近），齐军大败。乐毅请秦军、韩军先行班师。请魏军占领原来宋王国的领土，请赵军夺取河间（山东高唐、堂邑一带）。乐毅亲自率领燕王国远征军，深入齐王国国土，捕捉齐王国野战军主力。齐王国人心崩溃。田地逃走，乐毅进入首都临淄（山东临淄），把齐王国的金银财宝和贵重的祭祀用具（包括公元前 314 年从燕王国抢夺来的），运回燕王国。 田地投奔卫国（河南濮阳），卫国国君（四十五任）卫嗣君（名不详），让出皇宫给他下榻，自己称“臣”，供应他所有的用品。然而田地口出恶言，卫国官员反唇相讥。田地住不下去，再投奔邹国（山东邹城）、鲁国（山东曲阜），仍然一副傲慢脸色，两国拒绝入境。最后，田地逃到莒城（山东莒县）。 楚王国派大将淖齿，率军援齐，田地任命淖齿当齐王国宰相。淖齿阴谋跟燕王国瓜分齐王国。于是，逮捕田地，数落他说：“千乘（山东高青）、博昌（山东博兴）之间，地方数百里，天降血雨，衣服都被污染，你可知道？”田地说：“知道。”淖齿说：“嬴邑（山东莱芜）、博邑（山东泰安）之间，土地崩裂下陷，看到泉水，你可知道？”田地说：“知道。”淖齿说：“有人伏在宫门外大哭，找人找不到，不找时又听到哭声，你可知道？”田地说：“知道。”淖齿说：“天降血雨，是天警告你。地崩下陷，是地警告你。有人在宫门大哭，是人警告你。天地人都警告你，而你却满不在乎，怎能不杀？”就在鼓里（莒县附近），把田地处死。

田地之死，原文记载太过简略，冲淡了事情的严重性，也剥夺了读者获得真相的权利。田地之被淖齿处决，可不是大刀一砍，人头落地，而用的却是一种残忍的酷刑。淖齿把田地悬挂在屋梁之上，活生生地剥皮抽筋。这个颟顸傲慢的老汉，在

酷刑之下，哀号两天两夜，才行气绝。我们不了解的是，淖齿跟他相处的时间很短，不可能有血海深仇。即令利害冲突，当场格毙，也就足够，何致下此毒手？不要说对付一个君主，即令对付一个盗匪，用此酷刑，也是一件骇人听闻的暴行。

只有一个解释是合理的，那就是田地的颟顸傲慢态度，超过淖齿所能忍受的上限，才引起残忍杀机——淖齿要看看田地被吊到梁上剥皮抽筋时，露出什么模样的面孔。原文记载淖齿数落田地："你可知道？"田地的回答，一律是："知道。"但在《战国策》上，田地的回答，却一律是："不知道。"司马光把"不知道"改作"知道"，原因不明，但却削弱了田地的暴戾气焰。当他回答"不知道"时，显然没有料到淖齿会那样对付他，所以一问三不知，看你又奈我何？恶棍口吻，跃然纸上。

田地之所以被卫国（首府濮阳）驱逐，是他根本没有把卫国国君放到眼里，对卫国高级官员，更当作奴仆，迫使对方切断供应，他就不能不逃。然而他并没有接受教训，当他到达鲁国（首府曲阜）边境时，他要鲁国以天子的礼节侍奉他，鲁国国君必须早晚到厨房察看烹调，站在台阶下面伺候他阁下进餐，等田地吃罢，鲁国国君才能告退，办他自己的事，鲁国终于把他赶走。到邹国（山东邹城东南）时，恰恰邹国国君逝世，田地要以天子的身份吊丧，新任国君要背向棺木，站在西面台阶上，向北哀哭。田地却坐在北面祭坛那里，一面接受新任国君的哭，一面举手表示慰问。邹国也终于把他赶走。

身在逃亡途中，国家已破，吉凶未卜，还在端架子、耍派头。后来到了莒城（山东莒县），莒城可是自己的领土，淖齿又是自己任命的宰相，他展示给淖齿，使淖齿留下强烈印象的嘴脸，一定可观，那正是残忍报复的能源。

小聪明与小动作

卫国（首府濮阳【河南濮阳】）国君（四十五任）卫嗣君（名不详）好刺探别人隐私，有位廉洁的县长，一次收拾褥子时，露出破席。第二天，卫嗣君就送给他一条新席，县长大吃一惊，认为他的国君真如神明。卫嗣君又派人在经过关卡时，故意向税务人员行贿，既而召见税务人员，叫他把贿赂送还，税务人员吓得魂不附体。卫嗣君宠爱他的小老婆泄姬，信任他的大臣如耳。为了避免自己受蒙蔽，故意尊崇大老婆魏妃，使跟泄姬平衡；并擢升另一位大臣薄疑的官职，使与如耳对抗。卫嗣君解释说：“我要他们之间，互相牵制监视。” 荀况曰：“卫邀（卫国四十三任国君成侯），以及卫嗣君（四十五任国君），不过是小家子气、聚敛小财的人物，谈不到收揽民心。郑国（首府新郑【河南新郑】）大臣公孙侨（子产），虽然可以收揽民心，却谈不到治理国家。管仲虽然可以治理国家，却谈不到建立礼义。能够建立礼义的，才能够成为圣王。能够治理国家的，才能够成为霸主。能够收揽民心的，才能够获得安全保障。小家子气、聚敛小财的，只有灭亡一条路。”

卫嗣君不过小聪明多如牛毛，沾沾自喜于他的小动作，认为那一套就是治理国家的正规，三家村的地头蛇而已。但荀况的议论，却一连串抨击公孙侨、管仲，重提他的“圣王”。中国历史悠久，元首成群结队，够“圣王”的，能有几个？儒家学派眼眶里，只伊祁放勋（尧）、姚重华（舜）、姒文命（禹）、子天乙（汤）、姬昌（周文王）、姬发（周武王），屈指可数，事实上不过托古改制，造神运动下的产品。圣王跟耶和华先生一样，是一个根本不存在的形象。但基督教并没有教人去当耶和华，儒家学派却一味瞧不起一切被认为当不了“圣王”的人，拼命教人去当根本不存在的圣王。结果三千年以降，除了上述的六位活宝外，再没有别的活宝，政治理念遂成为一堆空话。

司马错与汉尼拔

公元前 280 年，秦王国（首都咸阳【陕西咸阳】）大将司马错，征召陇西（陇山以西）地区民兵及驻军，在蜀国（首府成都【四川成都】）协助下，攻击楚王国黔中郡（湖南沅陵），完全占领（黔中郡约包括今湖南西部及贵州北部）。楚王国震动，献出汉水以北及上庸（湖北竹溪）土地。

秦王国（首都咸阳）于公元前 280 年向楚王国（首都郢城）发动的迂回攻击，是空前冒险的军事行动。秦王国首都咸阳（陕西咸阳）到陇西（陇山以西），航空距离三百公里，从陇西到蜀国（首府四川成都）航空距离五百五十公里。自蜀国到黔中郡（湖南沅陵），航空距离六百五十公里。当中横亘着千万穷山恶水，包括岷山山脉、摩天岭山脉、长江和“地无三里平”的云贵高原，以及像章鱼一样狰狞的武陵山脉。公元前三世纪时，沿途还是一片蛮荒，烟瘴虫蛇，鸟道险苦。司马错的伟绩，跟汉尼拔进击罗马帝国，先后辉映，都是直捣敌国后门。

秦军此次出击，战争升高到另一种形态，使六国同时面对随时都会覆灭的厄运。然而，六国互斗不但不息，反而更烈。只不过为了贪图眼前的一点小便宜，使战斗力完全消耗。最后秦王国轻轻一击，大家一齐粉碎。

英雄行径

> **秦国王嬴稷与赵国王赵何，在渑池（河南渑池。渑，音 miǎn【免】）会面。二人对饮，嬴稷请赵何弹瑟，赵何不敢不从。蔺相如立刻要求嬴稷敲缶（缶，音 fǒu【否】，大肚小口，状如花瓶的乐器），嬴稷拒绝，认为有损尊严，蔺相如警告说："五步之内，我脖子的血可要溅到大王身上！"侍卫正要拔刀相救，蔺相如怒目大喝，侍卫唯恐伤及嬴稷，不敢再动。嬴稷一肚子不高兴，勉强敲了一下，不欢而散。嬴稷始终无法占得上风，赵王国（首都邯郸）方面也严密戒备，秦王国（首都咸阳）不敢再无理取闹。**
>
> **赵何回国，擢升蔺相如当首席国务官（上卿），位在大将廉颇之上。廉颇喊叫说："我是赵王国（首都邯郸）大将，攻城略地，功在国家。蔺相如出身贫贱，只靠一片舌头，却坐在我前面，这算什么话，怎能甘心？"扬言说："等我们碰了头，一定要他好看。"蔺相如想尽办法不跟廉颇碰头，每逢朝见或御前会议，总是称病，避免跟廉颇发生上位下位的争执。路上偶尔相遇，远远望见，就早早绕道。随从们（舍人）深以为耻。蔺相如说："以嬴稷的威风，我都敢当众呼喝他，羞辱他的部属。我虽然差劲，难道反而害怕廉将军？只是因为秦王国（首都咸阳）所以不敢大规模攻击赵王国（首都邯郸）的原因，不过为了有我跟廉将军二人在。两虎相斗，不能同时都还活着。我所以躲避，不过把国家大事放在第一位，把私人恩怨放在其次。"廉颇顿然惊悟，脱下上衣，背着荆条（荆条，刑罚用的藤条），到蔺相如门前请求宽恕，二人遂成为刎颈之交。**

蔺相如和廉颇，为世人留下英雄人物的行事典型。换一个瘪三角色，宁愿国家受到伤害，也要私斗到底。蔺相如的容忍能力可贵，廉颇的反省能力和弥补过失的能力，更为可贵。两千余年后的今天，人们的敬意，历久弥新。

论乐毅

燕王国大军包围齐王国即墨(山东平度)三年,不能攻克。公元前279年,燕国王(四任平王)姬平逝世,儿子姬乐资继位(五任)。姬乐资在当太子时,就对乐毅不满意。田单得到这项情报,遂用反间手段,在燕王国传播一项谣言:“田地已经死掉,齐王国仅只剩下两座孤城。乐毅跟新王(姬乐资)早有嫌隙,恐惧受到处分,不敢回国,所以一直借口进攻两个孤城,实际上却是想当齐王国国王。只因齐王国人民还没有全部心服,不得不减缓对即墨(山东平度)的攻击。即墨最恐惧的是,如果一旦发动认真的攻击,一定陷落。”(这段反间的话,跟被姬平杀掉的那位鲨鱼分子所讲的一样,没有新奇之处,似乎不能发挥打击力量,但反间内容尚有:“老王在,乐毅不忍心叛变。”这才击中要害。)姬乐资派大将骑劫,前往接任远征军统帅,征召乐毅返国。乐毅不敢回燕,径行投奔赵王国。燕军将士既痛恨领袖昏庸,又惋惜统帅狼狈离去,群情不平,军心激愤。

公元前279年,田单收集城里所有的牛只,有一千余头,披上土黄色绸缎,画上五彩花纹,牛角绑扎钢刀,牛尾绑扎苇草,苇草经过油浸,然后燃烧。事先早在城墙上秘密凿出数十个洞口,当攻击开始时,正逢夜半,纵牛出洞,战士五千人紧跟牛后(像步兵紧跟在坦克车之后一样)。牛尾燃烧,痛不可当,同时狂奔,一直冲向燕军营垒。燕军梦中惊醒,发现满身花纹的怪物成群结队,践踏触杀,霎时崩溃,四散逃命,大混战中,骑劫被杀。齐王国陷落六年之久的七十余座城市,全部光复。

直到二十世纪末叶,中国仍酱在个人崇拜的思想里,政治的操作,不靠对国家的尽责,而靠对个人的驯服。偏偏对个人的驯服,可靠度最低,所以每个君王都充满猜忌。姬平的胸襟和智慧,使人动容,可惜最多见到的,却是姬乐资之辈。以乐毅之忠,都不能摆脱鲨鱼群的狂噬。普通人一旦陷入鲨鱼之口,只有被撕成碎片的分。于是,效忠和背叛往往相通,田单起兵反击,乐毅“畏罪逃亡”,使国家的菁英,尽丧于一味要求对个人效忠的政治头目之手。

乐毅是最幸运的，他没有死于刑场，而骑劫的溃败，证明乐毅三年不对即墨（山东平度）采取猛攻的策略正确。问题是，假如骑劫不是一条猪，而是一条龙，竟然夺取了即墨，甚至更进一步夺取了莒城（山东莒县），乐毅恐怕无法为他的缓攻辩解。他之不敢回燕王国（首都蓟城），而径行逃往赵王国（首都邯郸），可能由于这个原因。骑劫惨败，使乐毅更增光彩。陷害他的人，反而成全他。人生命运，有时如此。

形势比人强

公元前 273 年，赵王国（首都邯郸【河北邯郸】）、魏王国（首都大梁【河南开封】），联合攻击韩王国（首都新郑【河南新郑】），包围华阳（河南新郑北）。韩王国派国际闻名的元老陈筮前往秦王国（首都咸阳【陕西咸阳】）求救，秦王国宰相魏冉说："局势一定火急，所以连你也亲自出马。"陈筮说："局势并不紧急。"魏冉怒火冲天，说："你们还不紧急？"陈筮说："如果真的紧急，韩王国（首都新郑）早就投降了。正因为还没有十分紧急，才再派我来。"魏冉跳起来说："我们立即发兵。"率大军赴援，急行军八天，即到战场。就在华阳（河南新郑北）大败魏军，击败芒卯，俘虏三员大将，杀十三万人。白起继续攻击赵军统帅贾偃所部，把赵军二万人驱入黄河。

魏王国（首都大梁）大臣段干子请割让南阳（指河南修武以西，黄河以北及太行山以南之间，非今河南省南阳市，今河南省南阳市，明年【公元前 272 年】，秦王国才设郡）给秦王国（首都咸阳）求和。苏代反对，告诉魏国王（四任安釐王）魏圉说："想得到官印的是段干子，想得到土地的是秦王国。如果使想得到土地的人控制想得到官印的人，想得到官印的人却控制土地，魏王国的土地就会割让净光。用割让土地的手段讨好秦王国，好像抱着木柴救火，木柴不烧光，火不熄灭。"魏圉说："你说的对。然而，事已经决定，无法变更。"苏代叹息说："这就好像玩扑克牌，大家所以都重视'艾司'（A），因为形势允许时，他是老大。形势不允许时，他是老幺。大王用头脑，还没有用'艾司'（A）灵光。"魏圉仍不接受，终于割让南阳求和。

苏代的真知灼见，千古犹新，没有人可以反驳。然而，形势比人强，谁愿投降？绳子拴到脖子上，不得不降。谁愿割地？战火烧到首都，不得不割。魏王国（首都大梁）如果拒绝割让南阳（河南修武以西），大梁（河南开封）可能会被连根拔除。当有实力做后盾时，苏代的意见是一种当头棒喝，当没有实力做后盾时，任何意气轩昂的陈词，都足以坏事。事到如今，拒绝割让比承诺割让的伤害更大。应该忍耐的时候，必须忍耐，才是负责态度。苏代才华如昔，只国际形势已不如昔。

然而，魏王国（首都大梁）国家领导人的愚蠢，使人捶胸，自己已不堪一击，却先出拳击人、横挑强邻，灾祸都是自找。一场侵略战争，落得灰头土脸，十三万人的生命，作为愚蠢的代价。魏王国能有多少十三万人，经得起如此消耗？

互相出卖

公元前273年，韩、魏既然屈服，沦为秦王国的尾巴国，秦王（三任昭襄王）嬴稷，准备派白起率韩魏两国军队，攻击楚王国（首都陈丘【河南淮阳】），还没有出发，楚王国的使节黄歇，恰巧抵达咸阳（陕西咸阳），听到消息，向嬴稷呈递一份条陈，建议与楚结盟，改而攻击韩王国，当可势如破竹，统一东方。嬴稷立刻转变立场，全部接受。

战国时代末期，各国成了一群羔羊，面对着巨狼秦王国张大的血口，每天颤抖，君王和官员们从没有人想到改革内政、培养战力，只想到能过一天舒服日子，就过一天舒服日子。他们借着互相出卖的卑鄙行为，利用国际关系的矛盾，尽量拖延自己被吞食的时间，典型的“等我死了再天塌地陷”世界末日思想，连上帝都无法拯救。

赵胜

赵王国（首都邯郸）农业部（田部）职员（吏）赵奢，征收租税，平原君赵胜家拒绝缴纳，赵奢依照法律规定，诛杀赵胜家的管事九人。赵胜怒不可遏，反过来要斩赵奢。赵奢说："你是赵王国尊贵的贵族，如果任凭你家逃税玩法，法律力量必然削弱，法律力量削弱，则国家力量会跟着削弱。国家力量削弱，则各国大军压境。到那时候，赵王国就没有了，你还有什么富贵？以你崇高的地位，如果奉公守法，上下才能一片祥和，上下一片祥和，国家才能强大，国家强大，政权才能稳固。你身为国王的弟弟，难道有人敢轻视你？"赵胜大为惭愧，认为赵奢是一位了不起的奇才，向国王（二任惠文王）赵何推荐，赵何任命赵奢负责整理全国赋税，建立公正常规。赵王国人民开始富足，国库也跟着充实。

赵奢指出："法律力量削弱，国家力量也跟着削弱。"这话说于公元前三世纪，想不到公元后二十世纪，还有些当权人士，咬定法律并不重要，官僚和政府的面子才重要，不惜于破坏法律，去维护面子。赵奢固是奇才，既有见识又有胆量。但赵胜的反应，更使人起敬，他不但没有暴怒不息，反而提拔冒犯他的人升迁。不要以为高位的人都头脑清晰，会向理性低头。事实上，高位的人往往昏庸得可观。换了另外一人，赵王国（首都邯郸）亡了没有关系，我的财富要紧；何况我不缴那几个钱，赵王国并亡不了！

魏齐与须贾

魏王国（首都大梁【河南开封】）人范雎，随从中级国务官（中大夫）须贾，出使齐王国（首都临淄），齐国王（四任襄王）田法章因范雎口才敏捷，十分欣赏，赠送他一些贵重礼物，包括黄金和饮食。须贾认为一定是范雎泄露了国家机密。回国之后，禀告宰相魏齐，魏齐发现用别人的痛苦表现自己忠贞的机会已到，于是大宴宾客，把范雎摔倒在地，乱棍捶打，任何呼冤辩解，都不置理。范雎肋骨被打断，牙齿被打脱落，奄奄一息。用竹席包起来，像丢死狗一样丢到粪坑旁边。魏齐为了展示爱国的愤怒情操，还叫宾客们轮流往他身上撒尿，范雎受尿素刺激，悠悠苏醒，魏齐已喝得大醉，命抬到野外。魏齐不久酒醒，下令通缉。

魏王国（首都大梁）小市民郑安平，窝藏范雎，更改姓名叫张禄。这时，秦王国（首都咸阳）礼宾官（谒者）王稽，正在魏王国，范雎趁夜晋见王稽，王稽惊为奇才，把他秘密载回秦王国，推荐给国王（三任昭襄王）嬴稷，嬴稷在行宫中接见，大喜，任命范雎当外籍顾问官（客卿），磋商军务。

范雎一席谈话，为秦王国（首都咸阳）制定“远交近攻”的全方位外交政策，直到今天，仍是所有侵略者奉行唯谨、誓守不渝的神圣经典。秦王国自崛起以来，东征西讨，收获有限，在于全凭蛮力，与全世界为敌。远交近攻大战略确定之后，兵力所及，就成了摧枯拉朽之势，无人可当。

范雎是被魏王国（首都大梁）逼反的最后一个人才。我们不能想象：如果公孙鞅、张仪和范雎，在魏王国得到重用，历史会演变成什么模样。魏王国当权人物化友为敌、化忠为叛的手段，实在高竿。一个有趣的课题是，魏王国政府中每人都能言善道，要计划有计划，要方案有方案，要爱国情操，如魏齐、须贾之辈，更比驴毛都多，哪个不是人才？至于公孙鞅不过一个想升官想疯了的小职员，张仪不过一个不切实际的贫寒书生，范雎不过一个油腔滑舌、大言不惭、里通外国的卖国贼。他们既没有参加某一派，又没有被接纳为某一帮，能逃一死，已是皇恩浩荡。在鲨鱼的血口之下，人才不是被吞噬，便是变成敌人，强烈反弹。政权盛衰和国家兴亡，轨迹十分明显。

丝袍之情

魏王国（首都大梁）派须贾出使秦王国（首都咸阳），范睢穿着破旧的衣服，到宾馆拜访。须贾既惊讶他竟然没有死，又怜悯他落魄异域，忍不住说："范叔，分手后你还好吧。"（"叔"的意义不明，可能是须贾陷害范睢前，二人尚是好友时的昵称"老三"，也可能是战国时代人们互相招呼时的一种普通称谓"范老弟"。）留范睢坐下进餐饮酒，发现范睢身上寒冷，又送给他一件丝袍。范睢遂充当他的车夫，同到宰相府，对须贾说："我先进去找我的朋友，请他引见你晋谒宰相。"须贾等了又等，不见范睢出来，到门房询问，侍卫说："什么范睢？我不认识他。刚才进来身穿破衣服、手拿丝袍的，是我们宰相，他叫张禄。"须贾一听，好像巨雷击中他的头顶，轰然一声，几乎昏倒，他知道堕入陷阱，已在监视之下，跑绝跑不掉。于是，双膝下跪，用膝盖匍匐爬行而进，请求宽恕。范睢也大宴宾客，对须贾出卖朋友的不义行为，痛加责备，最后告诉他："你今天之所以还能保全性命，只因你送给我这一件丝袍，多少还有一点老友的旧情。"请宾客们上座，叫须贾坐在下方，把一盘供给马吃的饲料——碎草拌黑豆，放到须贾面前，叫他吞下去。范睢命他带给魏王（四任安釐王）魏圉一项警告："把魏齐的人头砍下送来，如果你拒绝，我们攻下大梁（魏首都，河南开封），可要屠城。"须贾回国后，告诉魏齐。魏齐吓得魂不附体，宰相也不干了，逃到赵王国（首都邯郸），投靠赵胜（平原君）。

须贾虽然是一位大使，地位很高，其实也不过官场中一个混混。他出卖范睢并不是因为他真的疑心范睢泄露国家机密，而是他对范睢妒火中烧。身为大使的都没有得到国王的礼遇，而一个随员却获得荣耀，不仅使自己没面子，而且范睢经此锦上添花，势将危及自己的前途。这才暗下毒手，诬以谋反。一则拔除潜在的政敌，二则加强忠贞的厚度，可以说一举两得。再见范睢时，那一星点未泯的天良救了他。以秦王国（首都咸阳）之强之蛮，诛杀一个外国使节，不会眨眼。

司马光语无伦次

公元前 265 年，秦王国（首都咸阳）皇太后（宣太后）芈八子逝世。九月，芈八子的弟弟魏冉被解除所有政府职务，返回他的封地陶邑（山西永济北）。

司马光曰："魏冉倾全力拥立嬴稷，诛杀所有政敌，推荐白起当大将，向南攻取鄢城（湖北宜城南）、郢城（湖北江陵。参考公元前 279 年、公元前 278 年），向东跟齐王国（首都临淄【山东淄博东临淄区】）和解，使列国君王屈膝归附。秦王国（首都咸阳）所以更为强大，都是魏冉的功劳。虽然他专权横行、骄傲贪暴，足以使他招来大祸，但也并不像范雎所形容的那样恶劣。范雎这个人，可不是真正地效忠秦王国，为秦王国利益打算，不过要夺取魏冉的高位而已，所以一有机会扼住对方咽喉，就不放手。结果使嬴稷断绝了母子之情，也断绝了舅父跟外甥间的恩义。总而言之，范雎是一个危险人物。"

我们同意范雎是一位危险人物的看法，问题是，在专制政体下参与政治斗争的每一个人，没有一个不是危险人物。范雎必须夺取魏冉的高位，才能实施他的外交政策。犹如司马光必须夺取王安石的高位，才能废除新法一样。魏冉对秦王国（首都咸阳）开疆拓土，诚然有很大贡献，然而，再大的贡献都不能允许他"专权横行，骄傲贪暴"。司马光却认为只要看他拥立国王和烜赫功业的分上，他的官位就应该是铁铸的，神圣不可侵犯。而我们认为，一位女大亨加上四位男大亨，当权四十二年之久，也应该欠起屁股了。司马光所以有如此想法，只因为"专权横行，骄傲贪暴"的直接受害人，都是无权无势的普通平民，而当权派竟被一个小人物赶下台，打破"贵者恒贵，贱者恒贱"铁律，司马光就忍不住兔死狐悲，物伤其类。

即以纯私情而言，嬴稷并没有杀了亲娘，不过请她老人家不再干涉政治，也没有杀了老舅，不过请他老人家退休，这就叫"绝母子之义、失舅甥之恩"？难道眼睁睁看着他继续"专权横行，骄傲贪暴"，不闻不问，才合乎礼教纲常？如果这就是礼教纲常，礼教纲常可是毒药，平民可不希望永远被踩在皇亲国戚的御脚之下。

诚如司马光所言，唯有官位和权力，不可以随便给人，也不应是私人报恩或复仇的工具。事实上，嬴稷请老舅掌握了四十二年的权柄，酬佣不可谓薄。如果把国家断送，司马光又要责备他乱把官位和权力给人了。司马光在评论田文时，曾说："只要他的意见是正确的，即令本意奸诈，都应该采纳。"（参考公元前 321 年。）然而面对嬴稷的改革，却忘了这段自己的话。范雎对一女四男的抨击，是不是公正？如果他说的是真的，嬴稷采纳，便应赞扬。如果他信口雌黄，嬴稷采纳，才应谴责。而司马光也承认一女四男"专权横行，骄傲贪暴"，那么，为什么就在这节骨眼上，却去探讨他"奸诈"的动机？

司马光总是忘记自己说过的话，但永不忘记既得利益的士大夫立场。

福气和灾难

秦王国（首都咸阳）武安君白起，大举攻击韩王国（首都新郑【河南新郑】），陷野王（河南沁阳）。韩王国首都新郑（河南新郑）和北方的上党郡（山西长子）之间的交通，被拦腰切断。上党郡长（上党守）冯亭，派使节到邯郸（河北邯郸）说："韩王国不能守上党（山西长子），势必被秦王国攫取，然而我们宁愿成为赵王国的臣民。上党郡所属大小十七个城市，谨呈献在大王面前。"赵王（三任惠文王）赵丹向平阳君赵豹征求意见，赵豹说："圣人有句话：无缘无故，平空降临的好处，是一种灾难。"赵丹说："上党军民都愿意归附我们，怎么能叫无缘无故，平空降临？"赵豹说："秦王国对邻国采取的是蚕食政策，一口一口地下肚。它把韩王国拦腰砍断，使韩王国领土南北隔绝，难道目的只在占领野王（河南沁阳）一个地方？很显然的，他们的目标是上党，认为自然会掉到他们口袋里。韩王国驻守上党的那些官员，所以不向秦王国投降的原因，是想把灾难转嫁到我们赵王国头上。秦王国辛辛苦苦耕种，赵王国却去快快活活收割，即令我们强大，也不能从弱小手中夺取。何况我们弱小，怎么能从强大手中夺取？我建议，千万不可以接受。"赵丹再问平原君赵胜的意见，赵胜赞成接受。

上党（山西长子）不但是个烫手的山芋，简直是个点燃了引信的炸弹，抛出去都来不及，赵王国却紧搂入怀，认为天纵奇福。赵豹的分析，入骨三分。而赵胜却像一个白痴，这个以"江湖义气"自豪的贵族，不过一个普通的浮夸之徒，眼睛只看到蝉，没看到黄雀；只看到土地，没看到秦王国大军。弱小国家，有弱小国家的立国之道，千千万万，不可横挑强邻。违犯这个原则，一定挫败，甚至覆亡。接受上党，是一项错误的决策。可怜的战士和人民——多达四十五万之众，为高级官员这项错误的决策，付出生命。

白起杀降

公元前260年，秦王国大军围攻上党，赵军已四十六日没有粮食供应，官兵们饥饿难忍，在营垒里互相谋杀吞食。秦军包围圈越缩越小，而且不断挑战。赵军统帅赵括遴选精锐，组成四队，同时向四面冲杀。秦军阵地防卫森严，坚固得好像铜墙铁壁，赵军反复冲杀四五次，死伤遍地，仍不能动摇秦军一根毫毛。赵括决心孤注一掷，以统帅身份，亲自率领大军，发动最凶猛惨烈的一次突围。然而秦军拒绝肉搏，只以强弓对付，箭如雨下，赵括中箭而死。

统帅阵亡，赵军崩溃，四十万疲惫的官兵，向秦军投降。他们正在庆幸终于逃出浩劫，想不到更悲惨的浩劫还在后面。白起说：“秦王国（首都咸阳）已占领上党（山西长子），上党人却归顺赵王国。赵王国军队一向强悍，绝不会甘心当俘虏，如果不当机立断，将来可能发生大乱。”于是使用诈术，先使赵军安心，然后全部坑杀，只留下年轻军官二百四十人，放回赵王国，使他们报导凶信。这次战役，秦王国获空前胜利，前后总共杀四十五万人，赵王国野战军主力全灭，全国震恐。

任何一个具有高贵心灵的将领，绝不杀降。俗云：“杀降者不祥。”杀降的功效是立竿见影的，但杀降造成的伤害，却长久不愈。白起虽然两年后就被诛杀，但我们并不认为那是杀降的报应。因为杀降的报应要严重得多，国家、社会，甚至全国人民的道德品质，都要为杀降付出代价。历史上从没有一个准许杀降的政府付得起这种代价。白起固然是名将，竟做出这种残忍的事，也不过一条恶狗而已，我们乐于看到他在杜邮（陕西咸阳东北）所担任的角色（参考公元前257年）。

中途跳楼

孔斌，是孔丘的六世孙。魏国王（四任安釐王）魏圉敬慕孔斌贤能，请孔斌担任宰相。可是，九个月之久，凡是涉及国家大计方针的建议，魏圉都听不进去。孔斌于是辞职，说："对一个身患必死绝症的病人而言，世界上没有良医。从前，伊尹在夏王朝，姜子牙在商王朝，两个王朝仍然灭亡，难道伊尹、姜子牙不打算救他们？当然不是，而是形势不允许。不出二十年，天下将全被秦王国吞没。"

孔斌引用的燕雀之喻，发人深省。他指出：有些人的见解跟燕雀一样，不知道大祸就要临头！那种颟顸恍惚态度，使人惊讶。然而，两千余年的历史，我们却看到更多这样的镜头。一个人从六十层高楼摔下来，经过五十层窗口时，他说："我活得很好。"经过四十层窗口时，他说："我活得很好。"经过三十层窗口时，他说："我活得很好。"平安讯息连续传出。太多时候的芸芸众生，都是在这种自以为"活得很好"声中，欢天喜地，甚至还争权夺利，掀起茶杯风波。

太浓的忧患意识使人变成惊弓之鸟，太淡的忧患意识使人麻木不仁。中国人分趋两个极端，使灾难更惨重，更难摆脱。

魏齐

秦国王（三任昭襄王）嬴稷，决心用国家力量为范雎复仇。情报说，魏齐躲到赵王国（首都邯郸）平原君赵胜住所，嬴稷于是邀请赵胜到秦王国（首都咸阳）访问。等赵胜抵达，立即囚禁。派人告诉赵国王（三任孝成王）赵丹说："不砍下魏齐的头，你的叔父（赵胜）就出不了函谷关（河南灵宝东北）。"魏齐只好逃出赵胜住所，投奔宰相虞卿。虞卿立即辞职，跟魏齐逃到魏王国（首都大梁），打算请王弟魏无忌帮助，再逃向楚王国（首都陈丘）。魏无忌考虑到国家利益，不敢马上见面。魏齐一气之下，自杀。赵丹砍下他的人头，送给秦王国，秦王国才把赵胜送回。

魏齐虽贵为宰相，但本质上跟须贾一样，不过官场混混，他在流别人的血、使别人痛苦，来展示他的忠义时，慷慨激昂，神采飞扬。等到需要流自己的血维护国家的安全，却卑劣地弃职潜逃。凡是残暴的人，没有一个不胆小如鼠，想当年他危坐高堂，下令对范雎苦刑拷打，何等凛然，再也想不到会有今日。胆小如鼠之辈，因为坚信对手不能翻身，才忽然胆大包天。魏齐直到临死，都没有一句话对自己过去诬陷忠良的行为，表示歉意，反而愤怒地斥责别人不够朋友。咦，他竟要天下人都为他一个人的罪恶去送命受苦，可算是中国历史上最古老的一个人渣。他的下场，使天下所有负屈受冤的孤苦灵魂，都扬眉吐气。读者先生如有酒在手，请干一大杯。

杜邮之祸

公元前 257 年，秦王国（首都咸阳【陕西咸阳】）国王（三任昭襄王）嬴稷，免除白起所有爵位和职务，贬作士兵，放逐到阴密（甘肃灵台）。

十二月，秦王国再度动员兵力，增援前方，先锋抵达汾城（山西新绛）。白起因病，不能启程。时各国援军攻击王龁，王龁屡次战败，向政府紧急求救的使节，络绎于途。这使嬴稷更为火爆，下令强迫白起出发，不准在首都咸阳（陕西咸阳）片刻逗留。白起只好离开，出咸阳西门十里，到了杜邮（陕西咸阳东北【秦首都咸阳城西南小镇】）。嬴稷跟范雎，以及高级官员商议："白起对加到他身上的处罚，表示不满，而且还发牢骚！"嬴稷派人送给白起一把宝剑，白起接剑后，知道君王的用意，遂举剑自杀。

白起最大的罪恶，是长平（山西高平西北）杀降。然而，对秦王国（首都咸阳）而言，他功勋盖世。他之拒绝担任大军统帅，可能是在斗气，也可能确实预见到必不能胜。秦王国对败军之将，处分严厉，他不敢冒这个险。但更有一种可能是，他真的患病。问题是，专制体制之下，不允许任何人有个性。白起胆敢拒绝君王恩赐的高官，已犯了大忌（轻视官爵就是轻视君王，君王全凭这个法宝维持他的权威），而在被贬逐之后，竟然仍不满意，还发牢骚，这种行为，谓之"怨望"。因此，官场中的狡猾之辈，一旦受到迫害或委屈，不但不敢表示不满、口吐真言，反而诚惶诚恐，自认"臣罪当诛"和"天王圣明"，希望首领肯定他的忠贞不贰。重罪或可免死，轻罪或可重新出头。

横挑强邻

公元前 256 年，秦王国攻击韩王国，杀四万人；又攻击赵王国，斩杀及俘虏九万人。位于洛阳（河南洛阳白马寺东）的周王国国王（四十三任赧王）姬延，大起恐慌，秘密跟各王国联络，企图重组南北合纵同盟，由姬延亲自率领联军，出伊阙（河南洛阳南五公里），切断秦军粮道，使它再不能进入阳城（河南登封东南）。秦军的反应迅速而猛烈，大将拾（姓不详）率军直抵洛阳，生擒姬延，掳往秦王国献俘。周王国所属三十六个城市，人口总计三万，全部并入秦王国。稍后，又把姬延放回，贬作平民，死于洛阳。

周王朝自公元前 1134 年一任王姬发（周武王）即位，到本年（公元前 256 年）四十三任王姬延（周赧王）死亡，共立国八百七十九年，悄悄消失，没有引起一丝涟漪和一声抗议。“共主”“天子”，何等神圣，时候来到时，不值一文。周王国到了只剩下三十六个城市和三万人口，已没有资格过问国际政治，甚至连“大起恐慌”的资格都不具备。唯一的一条路，只有静观待变。而姬延却忽然大展宏图，我们虽不在场，但可以想象：慷慨激昂，“有土一城，有众一旅”，如少康中兴的话，一定说了一箩筐。等到国亡家破，那些大言不惭之徒，当然不知去向。

荀况呓语

楚王国（首都陈丘【河南淮阳】）春申君黄歇，任命荀况当兰陵（山东苍山）县长。荀况，是赵王国（首都邯郸【河北邯郸】）人，曾经跟临武君（名不详）在赵国王（三任孝成王）赵丹之前，讨论军事，一场辩论后，陈嚣问说："先生谈论军事，总是认为仁义才是根本。问题就出来了，仁者有爱心，义者有理性、有法则，怎么能统军作战？统军作战，就是为了争取胜利。"荀况说："这就不是你所能了解的了。仁者有爱心，正因为有爱心，才厌恶害人的人。义者有理性有法则，正因为有理性有法则，才厌恶摧残理性、摧残法则的人。军事行动的目的，是除暴安良，不是夺取权力和财产。"

司马光用六七千字的巨大篇幅，引述荀况的论点，对这项论点，显然认同。荀况是儒家学派的修正主义者，在他思想中，已透露法家学派的信息。他跟孟轲一样，是一位雄辩家，但他没有孟轲可爱。孟轲虽然有时陷于举证和逻辑的错误，但他热情洋溢、气势澎湃，现场的说服力很强。荀况却一副冷冰面孔，好为人师。这篇跟临武君的辩论，洋洋洒洒，不过一场闹剧，因为临武君谈的是战术，荀况谈的是政略，根本是两码子事。不但不冲突，而且相辅相成。荀况后来谈到战术时，还不也是临武君那一套。文中频频提示临武君大为佩服的表情，使人怀疑。

荀况的见解，有时候荒唐得离谱太远，竟然幻想出来敌国人民喜爱我们如同喜爱爹娘，而视他们的统治者如同仇寇。所以一旦战争爆发，他们绝不会站在暴君的一边，绝不会攻击被当作爹娘的我们这一边！这可是午夜奇谈，再了不起的仁政，可能使敌国人民羡慕，不可能使敌国人民把入侵者当成爹娘，更不可能促使敌人全国背叛。交锋一旦开始，战士完全被杀人的行动和被杀的恐惧所控制，还管什么谁是"义师"，谁是"盗兵"？自从人类有历史以来，从没有出现过的"仁人"，和从没有具体实现过的"仁政"，被儒家系统无限制地扩大它的效果，竟成为一个无往不利的符咒。

事实上，荀况崇拜诈术、暴力，他阁下以“莫邪”宝剑自喻，喊出“顺我者生，逆我者死”的血腥口号。对于稍后归附的，一律：“冒犯的衰落，叛变的灭亡。”这种“仁人”的军队，可是够凶恶的了。最难堪的是：“仁政”之下，还有冒犯、叛变之事，“仁政”的力量就并不如所形容的万能，也要靠封爵升官奖赏维持，怎么有资格讥刺别国的军队如此？荀况说，诛杀姒履癸和子受辛，像诛杀两个地痞流氓，未免轻松过度，他应该知道那是两场血战，千万人死亡。《书经》文献俱在，怎能当作一首抒情诗篇？这是一种不负责任的态度。而“六术”“五权”，不过一些肤浅的知识分子对他一知半解的事物，所作的纸上作业，漏洞百出。幸亏没有把军队交给他，否则，另一位赵括先生出场。

然而，荀况的见解，有他的价值，至少“三至”，是做将领的铁则。掌握权柄的人如果明令或暗示欺虐人民，将领如果执行，应叫他付出代价。集中营魔头艾希曼在以色列绞死，谷寿夫在南京枪决，说明“上级命令”已不能使凶手逃避责任。

年号制度造成混乱

公元前 255 年，楚王国（首都陈丘）军队占领鲁国（首府曲阜【山东曲阜】），把鲁国国君（三十七任）顷公姬雠，放逐到莒城（山东莒县）。

去年（公元前 256 年），《通鉴》纪年为“周赧王五十九年”。今年（公元前 255 年），《通鉴》纪年为“秦昭襄王五十二年”。五十九年的次年，竟是五十二年，年号制度造成的混乱，在通史上第一次显示。而我们去年用“公元前 256 年”，今年用“公元前 255 年”，不但一目了然，也免得查年号的读者先生，活活累死。

“人主”的威力

卫国（首府濮阳【河南濮阳】）国君（四十六任）卫怀君（名不详），于公元前 252 年，到魏王国首都大梁（河南开封）朝见，魏政府把他诛杀，另立他的老弟（名不详）继位（四十七任），是为卫元君。卫元君是魏国王（四任安釐王）魏圉（音 yǔ【雨】）的女婿。

史书并没有说明卫怀君先生犯了什么罪，非处死不可，但却指出新君是魏王国皇家姻亲，这明显的是一场借助外力的政治斗争。魏王国的凶暴，不亚于秦王国，一高兴或一不高兴，就把跟自己毫不相干的另一个国家的元首，像囚犯一样地处决。卫国（首府濮阳）是周王朝（首都镐京【陕西西安西】）封的，并不是魏王国封的，只不过国小民弱而已。魏王国碰见秦王国，就心惊胆战，碰到小邻居，就另一副态度。

这件事使我们想到上世纪（前四世纪）发生的另一件事，魏王国一任王（惠王魏罃），强调卫国国君是“人主”，声称：“不听人主的话不祥。”（参考前 325 年。）现在魏国王不但不听“人主”的话而已，甚至还把“人主”的人头砍掉，却没有一点不祥。充分证明当年交还逃犯的理由，不是真正的理由。不知道专制魔王又要发明什么别的理由，再来证明“人主不同凡品”？

弱者有时更凶暴

燕王国（首都蓟城【北京】）国王（八任）姬喜，派大臣栗腹担任亲善大使，晋见赵王国（首都邯郸）国王（三任孝成王）赵丹，呈献黄金十二万两，作为祝福，誓言两国永结同盟。栗腹回国后，向姬喜报告说："赵王国壮年人都死在长平（山西高平西北。参考公元前 260 年），少年人还没有成长，这个国家已没有人力资源，可以攻击。"姬喜询问昌国君乐闲（乐毅的儿子）的意见，乐闲说："赵王国四面都是强敌，无险可守，全靠武装部队捍卫国家，人人都是强悍的战士，绝不可轻视。"姬喜说："我用压倒性五倍的力量，赵王国无法抵挡。"乐闲坚决反对，姬喜勃然大怒，立刻板起面孔。所有高级官员都支持国王的正确判断，姬喜遂下令出动战车一千辆，南下进攻。大臣将渠说："跟人家缔约盟誓，永结友好，又用黄金十二万两的隆重礼品，向人家君王祝福。使节一回国，就翻脸无情，要灭人国，这不是一件高贵的行为，不可能获得战果。"姬喜不听，并且亲自率领一支援军，在大军之后出发。将渠情急，抓住姬喜佩挂印信的锦带，姬喜更加光火，一脚把他踢开，将渠垂泪说："我不是为自己打算，而是为大王打算。"

燕军抵达宋子（河北赵县），赵王国大将廉颇迎战，在鄗城（河北柏乡北）击败栗腹，赵王国另一大将乐乘在代郡（河北蔚县）击败卿秦，向北追击五百余华里，包围燕王国首都蓟城（北京）。姬喜束手无策，只有请求和解，赵王国表示："我们只跟将渠谈判。"姬喜任命将渠当宰相和谈，赵军方才撤退。

燕国王的不信不义，凶暴残忍，又岂亚于秦王国？姬喜只看见眼前的骨头，硬看不见骨头下面的钢刀。正因为这种唯利是图的近视眼太多，人间的悲剧和丑剧，才层出不穷。战国时代已近尾声，大家都将同归于尽，却仍勇于互相残杀。世人只注意强者的不信不义、凶暴残忍，忽略了弱者往往更不信不义，更凶暴残忍。

孔斌论高士

魏王国（首都大梁【河南开封】）国王（四任安釐王）魏圉（音 yǔ【雨】），询问孔斌：“谁是天下的高士？”孔斌说：“世界上没有这种人，假使一定要指出的话，那就是鲁仲连。”魏圉说：“鲁仲连故意做作，不是天生的高贵气质。”孔斌说：“一个人拼命去实践，从不懈怠，就成了君子人物。一直故意做作到底，不中途改变，那就是天生的高贵气质。”

美德是逐渐培养出来的，大人物是自我训练出来的。世界上从没有一个人纯靠天赋，在娘亲肚子里便与众不同，生下更胸怀大志，只有摇尾分子才敢这么认定他的主子就是这样。魏圉先生不相信他所看到的事实，目的只在贬低对方身价，这种反应，如果不是妒火中烧，一定是政治挂帅。

传统史学的特征

魏王国（首都大梁）安陵（河南鄢陵）人缩高的儿子，在秦王国（首都咸阳）供职，充当管城（河南郑州）守将。魏无忌无法攻下，派人晋见安陵君（名不详），说："请你遣送缩高到我这里来，我打算任命他当五大夫（文官第十二级），充全权执法官（执节尉）。"安陵君说："我这里是一个小小的封国，所发号令，人民不见得听从，请使节直接告诉他。"叫人引导使节到缩高那里，宣读魏无忌的书信。缩高说："王子之所以看重我，是要用我攻击管城（河南郑州）——使做父亲的攻打儿子坚守的城市，天下人都会讥笑。如果我的儿子为了我而投降，是背叛他的主人。做父亲的鼓励儿子背叛主人，魏无忌先生也不会喜欢，所以，请原谅我不敢接受任命。"使节回报后，魏无忌怒火上升，再派人通知安陵君说："安陵虽是封国，却也是魏王国领土。我现在不能攻陷管城，秦王国就会利用管城作为基地，对我们反扑，魏王国将面临危险（管城【河南郑州】大梁【河南开封】间航空距离六十公里）。盼望你能把活着的缩高送来，如果你不能或不肯，我将率领十万大军到你城下。"安陵君说："我父亲成侯（名不详）奉我祖父（二任襄王魏嗣）的命令，镇守此城，亲手把刑事法规交给他。刑事法规上最重的条款是：'臣属谋杀君王，子女谋杀父母，绝不赦免。即令大赦，凡举城投降敌人，或临阵逃亡的将领，也绝不赦免。'现在缩高拒绝你赐给他的高位，用以解除他们父子面对的困境，你却要我生擒他。这使我违背襄王（二任王魏嗣）的诏令，废除国家的刑法，宁可以死，不敢接受你的指示。"缩高听到消息，说："魏无忌性情刚猛，而且自信心很强，使节回去，如果把安陵君这段话原封转告，大祸立即临头。我已经尽了我当臣属的信义，不可以叫我的国君被自己祖国的军队攻打。"于是，缩高到使节官舍，刎颈自杀。魏无忌没有料到会演变到这个地步，立刻改穿丧服，迁住厢房（缟素辟舍，表示最高的哀悼），派人向安陵君致歉说："我真是一个小人物，思虑不周，在你面前说了些不该说的话，请你宽恕。"

这段史迹的重点应在管城（河南郑州），可是，原文却全力描述缩高和安陵君的对话。管城是否攻陷，或是解围而去，却没有交代。中国传统的史学家，习惯于这种僵硬的机会教育。于是，事实不重要，意识形态才重要。管城不重要，缩高、安陵君的言论才重要，历史不成为历史，而成了儒家学派的传道书。

魏无忌死于内斗

秦王国（首都咸阳）对魏王国强人魏无忌的强大实力，感到震恐。国王（五任庄襄王）嬴异人（嬴楚）抛出黄金二十万两，在魏王国（首都大梁）制造耳语运动，透过晋鄙的宾客，向魏国王（四任安釐王）魏圉（音 yǔ【雨】）提出警告说：“魏无忌在外国流亡十年，擢升他当最高统帅之后，全世界国家都甘愿听他的指示，这是一个明显的危机。普天之下，大家都只知道魏无忌，而不知道你国王。”嬴异人（嬴楚）又屡次派出使节，向魏无忌致敬，问他什么时候登极。魏圉日夜听到的全是不利于魏无忌的情报，不能不信以为真，于是派人接任他统帅的职务。魏无忌了解他的处境，声称有病，不再出席朝会，日夜喝酒和沉湎在美女群里，只求速死。四年（公元前 243 年）后，果然逝世。

使魏圉决心排除魏无忌的，有两句话：“人们只知道有他，不知道有你！”这是“知他不知你”模式。范雎刚用它打击过皇太后芈八子和魏冉（参考公元前 266 年），魏无忌能保全性命，真是奇迹。因为，随着历史演进，这两句话越来越有杀伤力。

魏无忌忠义震天下，万众钦敬。何以魏圉所听到的，全是谗言？这固然是秦王国（首都咸阳）的银子厉害，也是魏无忌的一种错误。以他的权势和能力，足可以切断国王与外界的交通，至少也可以在国王左右，安置自己亲信——像田单在国王田法章左右安置貂勃一样（参考公元前 279 年），然而魏无忌却没有这样做，只缘他认为跟国王是亲兄弟，不可以待以机心，更不可以怀疑对方会心狠手辣。他缺少保护自己的行动，而终于使大局全非。仅只忠心没有用，必须使主子相信你忠心才有用。而又如何使主子相信你的忠心，那要看官场手段。然而一个人的精力有限，全部投入工作之后，已没有时间供他逢迎。中国历史上魏无忌故事一再重演，原因恐怕在此。

世界第一奇计

韩王国（首都新郑【河南新郑】）发动一项使秦王国（首都咸阳）民疲财尽的攻势。水利工程师郑国，假装逃亡，投奔秦王国，说服秦政府，在仲山（东仲山，陕西泾阳西北境）开山掘道，引导泾水，沿着北山（北方诸山）南麓，注入洛河（郑国渠于陕西蒲城东南，注入洛河，东西长达一百五十余公里。而今，两千年后，郑国渠旧道大多湮没，只泾阳县西北一段尚存，作为泾惠渠的一部分）。在这项庞大水利工程进行途中，阴谋被发现。秦王国要诛杀郑国，郑国说："我为了延长韩王国几年生命，才来投效。然而，水渠落成，秦王国将享受万世的福利。"秦王国认为他的话合理，命他仍主持这项工程。用挖出的泥土，填高低洼地区，并覆盖在咸质土地上，使寸草不生的土地，变成肥沃良田，多达四万余顷（一顷是一百亩），每亩收获高达六斛四升，秦王国更加富庶。

韩王国（首都新郑）当权头目这种头脑，属于世界一奇。苏秦打算叫齐王国（首都临淄【山东淄博东临淄区】）没落，用的是使他们把国力浪费在堕落性的消费行为上，诸如盖皇宫宝殿，开辟御花园、动物园等。而韩王国干的勾当，却是使敌国投资到建设性工程上，实在不可思议。犹如一只老虎逼门，不想办法擦枪磨刀，反而每天引他去五里路外去吃一条小羊，希望它跑得疲倦，没有力气再吃，却没有想到它会一天比一天更为雄壮。一个国家拥有这样智商的统治阶层，如果不亡，简直没有天理。

英雄不敌鲨鱼

赵王国（首都邯郸【河北邯郸】）任命廉颇当名誉宰相（假相国），率军攻击魏王国（首都大梁），占领繁阳（河南内黄）。正在此时，赵王（三任孝成王）赵丹逝世，儿子赵偃继位（四任悼襄王）。赵偃在当太子时，就不喜欢廉颇，于是派武襄君乐乘（乐毅的儿子），接替廉颇。廉颇怒不可遏，攻击乐乘，乐乘走避，廉颇不能再留，遂投奔魏王国（首都大梁），可是魏王国对他不能信任。 赵军屡被秦军击败，赵偃又想请廉颇出任统帅，廉颇也愿意继续为祖国效力。赵偃派遣使节前往拜访，考察有没有复出的可能性。廉颇的仇人郭开，用重金买通那位使节，要使节想办法阻挠。廉颇接见使节，当场展示他的体力，一顿饭吃下一斗米、十斤肉，然后披甲上马。可是使节回去后，却报告说："廉颇将军虽然已老，饭量尚好。可是他陪我坐的那段时间，却去拉了三次屎。"赵偃认为廉颇已不堪担负重任。 廉颇久候不见召回，大为失望。楚王国（首都陈丘【河南淮阳】）派人秘密迎接，叫他担任大将。可是，楚王国武装部队的腐败，已不堪救药，完全丧失战斗能力，无法建立功勋。廉颇感叹说："我思念赵王国（首都邯郸）战士。"最后，在寿春（安徽寿县）逝世。

郭开所担任的角色，十分重要，这位在国王面前一脸忠贞的鲨鱼，宁愿国家灭亡，也要公报私仇，正是敌人最欣赏、最容易收买的对象。赵王国（首都邯郸）亡后，秦王国（首都咸阳）发现：郭开制造冤狱之多，打击民心士气之重，挖政府墙基之努力，其他卖国贼给他提鞋都不配，论功行赏，封他当高级国务官（上卿）。历史上，郭开这类人物不少。他们唯一的危险不是被人唾骂，而是新主子万一不领这份情。

剧辛与庞煖

最初，在赵王国（首都邯郸【河北邯郸】），剧辛跟庞煖相交，友情深厚。后来，剧辛到燕王国（首都蓟城【北京】）做官（参考公元前312年）。燕国王（八任）姬喜眼见赵王国衰落，对秦王国（首都咸阳）作战，又不断失败，而名将廉颇又客死外国，由庞煖担任统帅，打算乘人之危，发动侵略。询问剧辛的意见，剧辛高兴说：“我了解庞煖，容易对付得很。”姬喜遂任命剧辛当远征军统帅，大举攻击赵王国。赵王国三军统帅庞煖，率军迎击，格杀剧辛，俘虏燕军二万人。

战国时代七国之中，燕王国（首都蓟城）最为脓包。俗云：“燕赵自古多慷慨悲歌之士。”似乎有赵无燕。只有乐毅当统帅时，燕军才能一战，其他时候，几乎战无不败。而所有君王，也只有姬平（四任昭王）一人，可称豪杰。自姬乐资（五任惠王）以降，虽不知道自己振作，却整天打赵王国（首都邯郸）领土的主意，而又不堪赵王国一击。宏观地看，燕王国应该诚心诚意，尽其全力帮助赵王国才对，赵王国像座大山，全力挡住秦王国（首都咸阳）的暴风。一旦大山倒塌，燕王国也就被席卷一空。想不到燕王国一再爆破那座大山，唯恐怕爆破不垮。有些人的脑筋，确实是粪做的。

警觉太迟

公元前 242 年，各王国警觉到秦王国（首都咸阳）不断侵略，危险日深，谋求对策。

直到今天，重组南北合纵同盟，仍不为晚。问题在于各国统治阶层的腐败，已入骨髓。掌握权柄的人，口袋里装满秦王国（首都咸阳）贿赂的金银财宝。没有好的政治，就没有好的作战部队。将领都是用不尊严的手段获取高位，士兵则全来自穷苦人家，在军中半饱半饥。于是官也好、兵也好，全无斗志，一旦投入战场，自然溃散。各国不知道改革政治，加强战力，却想靠那些离心离德的军队，保护自己的特权并创造奇迹，可真正成了异想天开。

茅焦神话

秦王国国王（六任）嬴政最初即位时，年纪还小，太后赵姬与嫪毐（音 lào ǎi【涝矮】）通奸，生下两个儿子。嬴政因娘亲的缘故，把太原（山西太原）封给嫪毐，并且委任他主持国家大事，权倾中外。有人向嬴政揭发真相，嬴政下令调查。嫪毐发动兵变，使用御玺，征调军队，攻击嬴政度假所在地雍县（陕西凤翔）蕲年宫（雍县城内东南角），企图捕杀嬴政。嬴政命宰相昌平君、昌国君（均是贵族，名不详）集结部队迎击，嫪毐兵败逃走，被追兵生擒，屠灭三族（父族、母族、妻族），车裂他和他的党羽。嬴政把娘亲囚禁在雍县萯阳宫（陕西户县西南。萯，音 bèi【贝】），把她所生的两个儿子杀掉。下令说："跟我谈话时，胆敢涉及皇太后的，立即斩首，砍断四肢，堆到宫门之外。"于是，二十七个进言规劝的人，被当场处死。齐王国宾客茅焦要求晋见，嬴政坐在高堂，手按宝剑，口吐白沫。茅焦慢慢地走到跟前说："大王的行为，十分狂悖，难道自己竟不知道？车裂假父、扑杀二弟、放逐娘亲、屠杀进谏的忠臣，即令是姒履癸（桀）、子受辛（纣），也不至这么残暴。一旦传遍天下，向心力立刻瓦解，没有人再向往秦王国。我为大王担忧，言尽于此。"嬴政顿然醒悟，急急下殿，用手扶他起身，说："我接受你的忠告。"前往萯阳宫（陕西户县西南），迎接赵太后返回咸阳，母子感情，恢复往昔。

嬴政之诛杀嫪毐，并不违反善良风俗，也不违反国法。嫪毐不过娘亲的情人、奸夫而已，怎么能称"假父"？茅焦每一句话都在刺激嬴政发疯，而嬴政竟没有发疯，简直不可思议。可能嬴政正在寻觅一个下台阶梯，而茅焦适逢其会。无论怎么吧，茅焦的言论并没有说服力量，而只有激怒力量，竟然发生说服效果，以致使我们怀疑事件经过的真实性，假定是真的，我们则怀疑是不是出于嬴政的安排。

最精彩的鲨鱼

楚王国（首都郢城【安徽寿县】）国王（二十三任考烈王）芈完，没有儿子。赵王国（首都邯郸【河北邯郸】）人李园，正准备把妹妹献给芈完，听说芈完没有生育能力，不敢贸然行事，恐怕进宫之后，也不能生儿子，就会失宠。春申君黄歇遂把李园妹妹迎接入府当小老婆。不久，她怀了身孕。黄歇把她送回哥哥李园家，然后向芈完推荐。芈完果然迎接她进宫，最后生下一个男孩（芈悍），封为太子。母以子贵，李园的妹妹也成了王后，舅爷李园遂进入政府。

李园既爬上高枝，不再需要黄歇，同时又害怕黄歇泄露机密，遂秘密结交亡命之徒，准备杀人灭口，消息逐渐传开。不久，芈完卧病，十七天后逝世，李园第一个被召入皇宫，李园在宫门设下埋伏，黄歇冒冒失失进去，伏兵突起，乱刀砍死，把头颅投到宫门外，派遣官员搜捕黄歇家属，全体诛杀。太子芈悍继位（二十四任），是为幽王。

芈完、黄歇、李园、李园的妹妹，四边关系筑成楚王国高阶层政治舞台。短兵夺权，无情无义，变化莫测。三寸之外，一片黑暗，谁都不知道黑暗中埋伏着什么。战国时代所谓“四大王子”之一的黄歇，他的高位不是他的小聪明能够承当得住的，这从他率领五国联军在函谷关外，没有交锋，就告溃败，可得到证明。站在社会史立场，李园的地位，十分重要，他是一个标准“腻人”，他要拍你马屁时，连漂亮的妹妹都双手送上，那种忠心和温情，以及善体人意的媚态，使你无法拒绝。可是翻脸时的疾如闪电和回报的酷烈，更使人发抖。在李园之前，还有一个人跟他相似，那就是夏王朝第七任帝寒浞。在李园之后，数目可就更多，直到今天二十世纪，随时都有人登台亮相。不过时代不同，方式稍异。寒浞、李园，是鲨鱼群中最精彩的两只，最好不要遇上。遇上必被缠住，轻者遍体鳞伤，重者全盘覆没。

赵王赵偃之蠢

公元前 236 年，赵王国（首都邯郸【河北邯郸】）攻击燕王国（首都蓟城【北京市】），占领狸阳（河北任丘东北），战役还没有结束，秦王国（首都咸阳【陕西咸阳】）大将王翦、桓齮（音 yǐ【椅】）、杨端和，率大军攻击赵王国，包围邺城（河北临漳南），占领九个城市。王翦继续攻阏与（山西和顺）、轑阳（山西左权。轑，音 liáo【聊】）。桓齮攻陷邺城、安阳（河南省安阳市）。

六国之间，这是最后一次互相撕咬。赵王国即令有充分的理由发动攻击，可是，国家领导人如果有一星点智慧，就应该自我克制。国家领导人不是黑道小瘪三，动则拔刀而上。

吕不韦是一代奇才

公元前 235 年，秦王国（首都咸阳【陕西咸阳】）文信侯吕不韦服毒自杀，家人把他埋葬，秦政府着手调查，凡是参加吊丧的随从和宾客，一律逐出国境。嬴政下令说："从今之后，凡主持政府，像嫪毐（音 lào ǎi【涝矮】）、吕不韦一样荒唐的，财产没收，以此为例。"

《法言》曰："有人说：'吕不韦岂不是大智大慧之人，他把人当作货物，拿出来交易。'扬雄说：'谁说吕不韦大智大慧？为了贪图官爵，付出他的家族。我认为吕不韦不过是个大一点的小偷。小偷的意义是：眼睛只看见瓦罐，却看不见洛阳城。'"

传统史学家习惯于以成败论英雄，照扬雄所言，吕不韦如果能够善终，岂不就成了大智大慧！耶稣告诉他的门徒，为了传教的缘故，"应该灵活得像条蛇"。吕不韦不过灵活得像条蛇而已，他并没有伤天害理。一个平民到掌握国家权柄，现在可以诉诸选举，古时候并没有固定的管道。吕不韦深谋远虑，节节衔扣，智慧过人，无疑问地是一代豪杰。他唯一不能掌握的，是他的旧情人赵姬是那么淫荡，索取没有止境，而嬉戏在他怀中肩上的嬴政小娃，又是如此彻底地翻脸无情。

司马光诬陷韩非

公元前233年，秦王国（首都咸阳【陕西咸阳】）大将桓齮，再攻赵王国（首都邯郸【河北邯郸】），韩国王（五任）韩安恐慌，割让土地，献出国王印信，请降格作秦王国的附庸，派韩非到秦王国晋见。

韩非，是韩王国（首都新郑【河南新郑】）的王子之一，法家学派巨子。眼看祖国日益衰弱，忧心如焚，屡次向国王提出书面建议，国王都一笑置之。韩非对当权官员的颟顸，至为痛心。当权官员平常日子，优待御用的摇尾学者；当国家紧急时，却依靠平时瞧不起的武士。培养出来的人才不用，用的又不是培养出来的人才。目睹廉洁正直的人，被邪恶的当权分子排斥，考察过去的得失变化，韩非著《孤愤》《五蠹》《内储》《外储》《说林》《说难》，共五十六篇。

嬴政崇拜韩非的学问和才能，打算会见他。于是，韩非抓住出使秦王国（首都咸阳）的机会，上书给嬴政，说："秦王国拥有数千华里广大领土，武装部队号称一百万，纪律森严，赏罚公平，号令分明，天下无人可及。我冒死请求大王赐予接见，将贡献破坏合纵同盟的具体方案。大王如用我的方案，不能一举成功——赵王国不投降，韩王国不灭亡，楚王国、魏王国不屈服，齐王国、燕王国不归顺，霸王之名不能建立，四邻所有封国国君不来朝觐，就请大王把我诛杀，作为对大王不够忠心的惩罚。"嬴政怦然心动，还没有任用，李斯已妒火中烧，打小报告说："韩非，是韩王国的王子。大王的目的是在并吞天下，而韩非不可能忘情祖国，而全心全意效忠秦王国，这是人之常情。但送他回国也不是办法，以他的才能，万一韩王国重用他，将成为我们的后患，不如用法律除掉他。"嬴政认为合理，遂把韩非逮捕监禁。李斯派人送去毒药，叫韩非自杀。

《法言》曰："有人问：'韩非作《说难》大文，却死于"说难"，为什么他不能实践他的理论？'扬雄说：'正因为"说难"，他才牺牲。'那人问：'为什么？'扬雄说：'君子以礼教支配行动，以信义克制自己。意志相合就合作，意志不相合就分开，而根本不忧虑会不会相合！假如企图说服别人而担心合不合对方的心意，那可是什么事都做得出来。'那人问：'韩非忧虑的正是合不合对方心意，难道不对？'扬雄说：'说服工作不采取正当手段，才值得忧虑。方案是不是被接受，不值得忧虑。'"

司马光曰："君子爱他的亲人，也爱别人的亲人；爱自己的国家，也爱别人的国家。所以勋业伟大，美名照耀宇寰。而韩非向秦王国献策，第一就是要先覆灭他的祖国，目的只在证实他的学问和才能。他的罪恶并不是一死就可了之的，不必怜悯他的遭遇。"

韩非这份卖国上书，十分蹊跷。司马光跟他的编辑群，似乎在故意抹杀真相。据其他史书记载：嬴政拜读韩非的大作，佩服得五体投地，自怨自艾说："我能够跟这个人做朋友，死而无恨。"当李斯告诉他韩非是韩王国（首都新郑）的王子后，嬴政遂对韩王国发动攻击，这次侵略行动，是传奇性的，不是为了土地，而是为了人才。这种情形下，韩非到了咸阳（秦首都，陕西咸阳），嬴政当然迫不及待地立刻接见，恐怕连撒尿的时间都无法等待。但该信语气，好像是韩非压根见不到嬴政，才哀哀上告。而且韩非有口吃的毛病，他顶多呈上他的大作，那就够了，不可能要求会面，以韩非的智慧，不致坚持自暴其短。即令韩非要求会面，也不可能写出那种幼稚言论，提出一连串灭国保证。韩非大作《韩非子》，每一句话都是一个钉锤，完全诉诸理性，字不虚发。而这份卖国上书，却像江湖郎中在卖包治百病的狗皮膏药，岂不低估了他的对手？《史记》不载这封信，《战国策》不但不载这封信，还指出另一桩公案（被姚贾陷害）。司马光所以如此，只是一桩政治上的小把戏。因为在现实政治上，司马光的对手王安石，是一位披着儒家外衣的法家，而韩非却是法家学派代表人物。正好利用这封卖国上书，把法家丑化，使人们产生"法家就是卖国贼"的印象。

诬以谋反的威力

公元前 229 年，秦王国（首都咸阳【陕西咸阳】）向赵王国（首都邯郸【河北邯郸】）作灭国性攻击。赵王国大将李牧、司马尚，竭力抵抗，秦军不能前进。秦王国（首都咸阳）间谍给赵国王（五任）赵迁的宠臣郭开更多的金银珠宝，于是郭开向赵迁警告说：李牧、司马尚即将叛变。赵迁大起恐慌，派赵葱跟齐王国（首都临淄【山东淄博东临淄区】）将领颜聚，接替李牧、司马尚职务。李牧悲愤，拒绝交出兵权，抵抗失败，在逃亡途中被杀，司马尚也被罢黜。

“诬以谋反”的铁帽，法力无边。天下多少忠臣义士和国家栋梁，丧生在这个铁帽之下，自古忠良多枉死，长使英雄泪满襟。赵王国（首都邯郸）亡在眉睫，还替敌人诛杀最后一员名将。郭开属于一脸忠贞分子，历史自有定论。而国王赵迁，这位摧毁赵王国的凶手，可真是名副其实婊子养的。

贪污的学问

公元前 225 年，秦王国（首都咸阳）大军进入楚王国（首都郢城【安徽寿县】），大败而回。嬴政亲自去频阳（陕西富平）探望王翦，致歉说：“我没有采用将军的建议，果然为秦王国带来羞辱，将军虽然有病，怎么忍心抛下我？”王翦说：“大王一定要用我的话，非六十万人不行。”嬴政说：“一切听你的。”王翦率六十万大军，向楚王国发动灭国性攻击，嬴政亲自送到霸上（陕西西安东，灞水河畔）。王翦向嬴政要求赏赐相当数目的美宅良田，嬴政说：“你只管出发，怎么还怕穷呀！”王翦说：“当大王的将领，功劳再大，也不能晋封侯爵。所以趁着大王还喜爱的时候，请求赏赐，不过为子孙打算罢了。”嬴政忍不住大笑起来。大军既出发，到了武关（陕西商南东南），又陆续派出五个使节，向嬴政请求继续赏赐。朋友说：“你这种贪得无厌的行为，岂不太过分。”王翦说：“不然，国王（嬴政）性格猜忌，从不信任别人，如今挖空全国的武装部队，交到我手里。我之大量请求赏赐，只不过为了表示眷恋子孙家财，用来保护自己。否则，他可能疑心我胸怀大志。”

在专制体制下，从没有过真正的精诚团结，领袖每天都在担心部下背叛，部下也每天都在担心被领袖怀疑背叛。这种心理状态构成的政治舞台，自然充满吊诡欺诈。因为这种缘故，贪污腐败不能绝迹！领袖希望部属贪污腐败，以转移他对政权的野心；部下也用贪污腐败，表示志仅于此，来保命保家。当然，必须有背叛能力的官员，才能这样。否则，一旦贪污案发，还是要吃官司。其中自有微妙的分际，不投入实际官场，不易明了。

论荆轲

公元前222年，秦王国出动大军，急攻辽东（辽宁辽阳），生擒燕王国（首都襄平【辽宁辽阳】）国王（八任）姬喜（燕王国自公元前333年至公元前222年，共立国一百一十一年，至此灭亡）。

司马光曰："燕王国太子姬丹，不能忍一时激忿，去冒犯如虎似狼的秦王国（首都咸阳），思虑不周，谋略肤浅，使燕国第一任国君姬奭（召公）的祭祀，突然中断，这是一项大罪。竟然有人认为姬丹是一位贤才，未免过分。对一个国家领导人而言，主要的工作在于选拔有才干的人担任官职，把政治行为纳入礼教范围，以仁爱之心待人民，以信义之心待邻邦，这样才能使官员都是人才，干部都可安分守己，人民都怀感激之情，邻邦也愿意亲善。到了这种时候，国家自然安如磐石，发出火光，碰它的一定粉碎，撞它的一定被烧得焦头烂额。虽然有强暴的敌人，也没有害怕的理由。姬丹不走这条路，反而以一万辆战车的国家，用小偷大盗手段，去为他一个人泄愤。结果失败身死，国家摧毁，难道没有悲痛？双膝跪地，匍伏而前，不是恭敬。对自己的承诺，全部履行，不是信义。送人金银财宝，不是恩惠。自砍头颅，自剖腹肚，不是勇敢。盖只顾眼前，不管它的后遗症，不过是芈胜之辈（楚王国【首都郢城，湖北江陵】十二任王平王芈弃疾，因霸占儿子芈建的妻子，要杀芈建，芈建逃亡到郑国【首府新郑，河南新郑】，卷入郑国一场内斗，被郑国格杀。当时尚在怀抱中的儿子芈胜，后来回到楚王国，要求复仇，得不到允许，发动政变，失败丧生）。荆轲只为了酬报姬丹豢养的一点私情，竟不顾他的七族家属，企图用一尺八寸的小小匕首，使燕王国强大、秦王国衰弱，岂不是愚蠢无比。所以扬雄评论他时，认为："要离不过是一个蜘蛛角色（要离，吴王国【首都吴城，江苏苏州】勇士，公元前514年，吴国王吴光，派要离刺杀前王吴僚的儿子吴庆忌），聂政不过一个壮士角色，荆轲不过一个刺客角色，都不能算是行义。'又说：'荆轲，以君子的眼光看来，一个强盗而已！'确实如此。"

司马迁曰："人们谈论荆轲，总提到燕王国太子姬丹'天雨粟''马生角'故事（传说，姬丹在秦王国充当人质时，要求回国，他的老友嬴政不准，宣称：'除非是乌鸦头白，马头生角。'姬丹仰天长叹，乌鸦竟然头白，马也长出角来），太过夸张。又提到荆轲曾砍伤了嬴政，

也不是事实。最初，公孙季功、董生，跟夏无且是好朋友，告诉我经过情形如此。自曹沫到荆轲，总共五个人（曹沫、专诸、豫让、聂政、荆轲），他们行义，或完成、或失败，但他们的立场，光明磊落，不掩饰自己的志向，声誉永垂后世，却是真实事实。”

对荆轲的评价，司马光跟司马迁，恰恰相反。司马迁胸襟开朗，气吞八荒。司马光不过一个拥有万贯家财的乡村绅士，兢兢业业，谨谨慎慎，听见一个铁锅掉到地上的声音，都会吓一大跳，唯恐怕那是一颗使他这个士大夫阶层失去既得利益的核子弹。

时势到了公元前三世纪的七十年代，秦王国吞并六国的力量，已达到巅峰，六国灭亡的条件已完全成熟，没有荆轲的一击，嬴政难道就饶了燕王国？如果一口咬定燕王国是因荆轲的一击才亡的，不是白痴，便是栽赃。至于说荆轲为了私情，竟然不顾他的家族，司马光更是在那里信口开河。一击而中，家族荣耀，一击不中，国都亡了，家族受苦受难的，又何止荆轲？而且，问题不在家族不家族，而在荆轲的行为。儒家系统一直在教导人：以家族的利益为标准，去计算什么事划得来，或什么事划不来。以致若干"君子"在大庭广众间都表演得非常忠心报国，可是一旦回家，就变了模样。

荆轲是为燕王国献身，他不为一己利益，他如果为一己利益，早就跟扬雄一样，关着门写《法言》去了。扬雄是一世纪一二十年代高级知识分子，在他眼目中，新王朝是一个叛逆集团。可是面对叛逆集团，他不但没有荆轲的勇气，挺身而起，反而为了保护他的家族，接受叛逆集团的官位。而就在叛逆集团的官位上，诋毁荆轲是一个强盗。自己没有道德勇气，反而讥讽有道德勇气的人，这种正人君子，布满官场，促使中国文化，一天比一天堕落。

司马光用一个最恶毒的字汇形容荆轲，说姬丹"豢养"他，完全否定荆轲的人格，荆轲岂是金钱美女可以收买的？如果豢养的意义就是雇佣，司马光可是宋王朝赵姓皇家豢养的文化打手，扬雄可是新王朝王姓皇家豢养的帮凶了。荆轲代表中国社会"士为知己者死"的侠义情操，固然图报知遇之恩，同时也向燕王国效忠。在荒郊诀别时，荆轲高声悲歌："风萧萧兮易水寒，壮士一去兮不复还！"这是国家危机时，英雄豪杰们无可奈何的一次自杀性的拯救，人生艰难唯一死，而荆轲从容赴死。悲壮苍凉，千载之下，仍使人动容。竟有人坐在清风徐来的书桌之前，心旷神怡地说他："岂不是愚蠢无比！"看起来，聪明人太多，正是中国苦难之源。

即墨城主

齐王国（首都临淄【山东淄博东临淄区】）亡国前夕，即墨（山东平度）城主晋见国王田建说："齐王国土地有数千华里，战士将近一百万。现在，三晋（魏、赵、韩）的官员们，不愿接受秦王国统治，逃亡在阿邑（山东东阿）、鄄邑（山东鄄城）之间的有好几百人。大王如果把他们集结起来，交给他们一百万战士，叫他们收复故国疆土，即令临晋关（陕西大荔东），也可以攻进去。鄢郢（楚首都，安徽寿县）人士，不愿接受秦王国统治，逃亡在首都临淄城南的，也有好几百人，大王把他们集结起来，交给他们一百万战士，使他们收复楚王国的故土，即令武关（陕西商南东南），也可以攻进去。如果这样，齐王国的威望可以建立，秦王国可以消灭，岂仅只保持国家安全而已。"田建拒绝接受。

幸亏田建不采纳这位即墨（山东平度）城主的意见，否则徒使人民受到更大的苦难。知识分子谈论政治，往往跟赵括谈论军事一样，千难万难的千症万结，信口发飙，都易如反掌。秦王国（首都咸阳）倾全国之力，可用之于战场的，不过六十万。即墨城主却要齐国王一下子交给三晋官员一百万，一下子又交给故楚人士一百万，好不热闹，不知道哪里来的两百万？武装部队不由自己将领率领，却交给那些流亡之徒，天下从没有这种可能。而四十余年没有经过严格训练的军队，一旦投入战场，面对百战百胜的秦军，恐怕又要劳动对方活埋降卒。即令稍稍胜利，要想一口气打到咸阳（陕西咸阳），又是一份美丽的纸上作业。齐王国唯一的生路是支持它的邻邦抵抗强秦。事到如今，只剩下齐王国一个孤雏，即令玉皇大帝下凡，也无法挽救。四十余年目光短浅，必须付出四十余年目光短浅的代价。

司马光承认国家利益在道义之上

> **公元前 221 年，秦王国（首都咸阳【陕西咸阳】）大将王贲向齐王国（首都临淄【山东淄博东临淄区】）进发，突袭临淄。齐王国军民，没有一人抵抗。秦军承诺给齐王田建五百华里土地，田建遂投降（公元前 359 年至公元前 221 年，齐王国立国一百三十九年，到此灭亡）。**
>
> **秦王国（首都咸阳）对亡国之君，当然不履行承诺，改把田建放逐到共邑（河南辉县），软禁在松柏树林之中，衣食不继，终于饿死。齐王国人民曾为他作了一首悼歌，表示对他信任外籍人士的不满："满耳松树的涛声／满目柏树林／饥饿的时候不能吃／口渴的时候不能饮／谁使田建落得如此结局／是不是那些／围绕着他的客卿大臣。"**
>
> **司马光曰："南北合纵和东西连横的大战略，虽然反复百端，但明显地可以看出，南北合纵，符合六国利益。最初，周王朝的君王，建立千万封国，使他们交通来往，相亲相爱，用宴会增进感情，用会盟加强团结。无他，只不过要他们同心合力，保卫国家。如果六国都能以信义互相亲善，秦王国（首都咸阳）即令再为强大，怎么能被它灭亡？三晋（魏、赵、韩），是齐王国（首都临淄）、楚王国（首都郢城【湖北江陵】）的屏障，齐王国、楚王国，又是三晋（魏、赵、韩）的根基，形势上互相依靠，表面跟实质不可划分。三晋（魏、赵、韩）攻齐楚，是自挖根基，齐楚攻三晋，是自己动手拆毁屏障，天下竟有用拆毁屏障的手段，去向强盗献媚，说：'强盗爱我，不会攻我！'真是荒谬到了家。"**

司马光这段评论中，赞扬苏秦的大战略："南北合纵，符合六国利益。"似乎是露了底。因司马光和孟轲二位大亨，一向只谈仁义，不谈利益的，而今司马光也不得不把国家利益，列为第一。但他又主张"六国如果都能以信义互相亲善"，夫国与国之间，只有利益才能使他们永久结合。所谓信义，也必须建立在利益基础之上。最大的信义往往是最大的利益，最大的利益往往也是最大的信义。团体的立场和个人的立场并不一样，儒家学派一直在其中搅和不清，所以总是不断地捉襟见肘，不能自圆其说。

嬴政意淫

公元前 221 年，秦王国（首都咸阳）已吞并六国，统一当时已知的世界，国王（六任）嬴政洋洋得意，自以为品德超过三皇（天皇、地皇、人皇），功勋超过五帝（姬轩辕、姬颛顼、姬夋、伊祁放勋、姚重华），于是不再称国王，改称"皇帝"（这是"皇"和"帝"二字第一次结合，以后遂成为固定名词，连续使用两千年）。皇帝颁布的文告称"制"，皇帝下达的命令称"诏"（圣旨），皇帝自称"朕"（从前每个平民都自称朕，嬴政之后，只有皇帝才自称朕，人民只好自称"我"了）；追尊老爹嬴异人（五任庄襄王）当太上皇（以后只有仍活着的老爹才称"太上皇"），下令说："元首死了之后，所加的绰号（谥法），是儿子议论父亲、臣属议论君王，无聊透顶。从今天开始，废除谥法。我是始皇帝，后世以数目字顺序计算：二世、三世，以至于万世，传到无穷。"

嬴政搞出了一大套个人崇拜的玩意儿，诸如"制""诏""朕""皇帝"之类，说明他的智商平平，不过废除谥法，却是一项真知灼见。谥法是儒家系统中最无聊的专门给死亡贵族起绰号的一种文字游戏。可惜秦王朝瓦解后，谥法复活，直到二十世纪清王朝末期，知识分子还乐此不疲，把人与人间的称呼，搞得其乱如麻、乌烟瘴气。

建立郡县

秦王朝（首都咸阳【陕西咸阳】）把全国分为三十六郡。

秦王国废止封建，设立郡县，是一个划时代的突破，和最使人惊骇的一种新政治结构。当时没有一个人敢于想象皇帝的儿子竟会跟平民的儿子一样，没有土地，没有封国。尤其是崇古的儒家学派的学者，面对这么大的巨变，大惑不解，而且不久就大起恐慌，因为这简直是敲了他们的饭碗。

嬴政坟墓

公元前210年，秦王朝一任帝（始皇帝）嬴政，东巡国土，因身体不适，折回京师（首都咸阳），在中途逝世，幼子嬴胡亥篡夺帝位。把嬴政安葬骊山（陕西临潼东南），墓穴极深，熔化铜汁，灌入地下，堵塞泉水，内部填满奇物珍宝。又命工匠在各处装置可以自动发射的强弓，对接近的人，立即射杀。墓穴中兴建江河海洋，用水银灌成小溪，设置机械使它流动运转。墓顶如同天空，星辰排列；墓底完全依照风水格局。凡是没有生儿子的小老婆，全部驱入墓穴殉葬。棺木入土之后，有人提醒说，制造机械的工匠，可是知道怎么破解的，一旦泄漏，仍有被掘被盗危险。于是，再把所有工匠驱入墓穴殉葬。

两千一百年后，嬴政先生的坟墓，开始从外围被挖掘，水银已涸，强弓已枯，专制帝王自认为铁打的地下江山，成为虚话。迄今挖掘出土的，虽不过一小部分，但仅只充当嬴政卫士的“秦俑”，已引起世界瞩目。等到有一天，把嬴政本人的老骨头挖出来，当另有一番启示。而那么多被活埋的美女，以及被谋杀的工匠，可以想象，他们在封闭的墓穴中挣扎哀号，而最后纷纷窒息倒地，尸体纵横，千古含冤。人权被如此摧残，带给我们江海般悲愤。

谁建万里长城

> **秦王朝一任帝（始皇帝）嬴政在沙丘逝世时，遗命由长子嬴扶苏继位，而宦官赵高勾结宰相李斯，矫诏立嬴政的幼子嬴胡亥当太子，又矫诏谴责嬴扶苏颟顸无能，赐死。**
>
> **在赵高教唆下，嬴胡亥决心诛杀老爹最宠爱的将领蒙氏兄弟。嬴扶苏的儿子嬴婴劝阻说："赵国王赵迁杀李牧而用颜聚，齐国王田建杀他数世的忠臣而用后胜，最后终于亡国。蒙家累世都是我们的重臣和智囊，陛下却打算一次铲除。杀忠良而任用奸佞，后遗症是：在内使官员对政府失去信心，在外使将士们丧失斗志。"嬴胡亥听不进去，遂处决蒙毅、蒙恬。**
>
> **《法言》曰："或许有人问：'蒙恬忠心耿耿，而仍冤死，忠心又有什么用？'扬雄说：'开山填谷，西起临洮（甘肃岷县），东接辽水（辽宁辽阳），死伤狼藉。他的忠心不能抵消他的罪行。'"**
>
> **司马光曰："嬴政正在荼毒天下，而蒙恬接受驱使，他的残暴，可想而知。然而，蒙恬深切了解当臣属的本分，虽然没有罪而被诛杀，而仍忠贞不移，不生贰心，实在足以称道。"**

秦王朝长城，西起临洮（甘肃岷县），中经高阙（内蒙古乌拉特后旗），东到辽东（辽宁辽阳），全长约二千四百公里。是一个伟大而骇人的工程，但它由"秦王国长城""赵王国长城""燕王国长城"接连而成，并不是秦王朝从东筑到西，从头筑到尾。蒙恬先生仅只从事接连工程而已，依当时三国长城位置计算，蒙恬兴建的，不过三四百公里。嬴政统一中国后，各王国高级知识分子——诸如贵族们的食客，和王室的皇亲国戚，全都失业，而嬴政又特别垂青法家学派，以致失势的儒家系统，把他恨入骨髓，诟骂、诽谤，最后更索性昧尽天良，诬陷栽赃，一口咬定嬴政和他的部属蒙恬，共同兴建万里长城，就是一个例证。

扬雄这个酸腐兼备的可怜秀才，大笔一挥，轻松地"西起临洮，东接辽水"，把两千四百公里的账，全部扣到蒙恬头上，这是一种下流手段。然而，问题还在于，即令真的兴筑了两千四百公里长城，也是在为国家抵御外侮，并不是盖皇帝一个人玩乐的花园！蒙恬之忠，连司马光都击节赞叹，扬雄却肆意诬蔑。他这个人曾投降王莽，向王莽歌功颂德，依照儒家法则，可是一项严重的变节。自己奸诈，反而诋毁忠良。当他伏案撰写《法言》时，不知道脸烧不烧，心跳不跳？何以司马光硬把他搬上台盘，让他丢丑！

司马光因蒙恬是嬴政的大将，而予以抨击，说明六国反动的残余情绪，是如何地强烈。嬴政不比战国时代其他国王更坏，但他建立统一中国大业。统一大业如果是一种罪行，则司马光一定赞成四分五裂、群雄割据了。宋王朝向西夏帝国用兵，向辽帝国用兵，岂不也是“荼毒天下”？何以不敢发一字抨击赵家皇上？

在儒家系统中，秦王朝和嬴政成为罪恶箭靶，一有机会，不经过大脑，随手就是一箭。

嬴胡亥恐怖

赵高害怕沙丘矫诏的阴谋被揭发，向二世皇帝嬴胡亥建议制造恐怖，使用最严厉的法条和最残忍的手段，凡是有罪嫌的人，都扩大他们的案情，叫他们在口供中尽量说出他们亲友的名字，逮捕那些亲友后，再如法炮制，然后一网打尽，这样就可以把重要大臣和重要皇族，全部诛杀。嬴胡亥完全同意，于是，在法律外衣下，屠杀开始。任何大臣或王子，只要涉及一件微小的事，就立即逮捕审讯，审讯时扩大打击面。不久，十二位王子在咸阳街头被处决，十位公主在杜邮（陕西西安西境小镇，白起死处）被车裂（五马分尸），家产全被没收。因口供中出现名字而被逮捕的人，更不可胜数。王子嬴将闾跟同母兄弟三人，囚禁在皇宫内院，最后才定罪。三人拔剑自刎。另一位王子嬴高想逃亡，但又怕家人被屠，只好上奏章请求赐死，嬴胡亥全部批准。

政治性冤狱是恐怖政治中最极致的一种手段，把恐怖推向人生尽头，中国传统权力运作中，冤狱比屠杀更能发挥镇压功能。但有计划地大规模推动，却由嬴胡亥首开其端。我们不相信嬴胡亥全无人性，只是无限权力使他的人性丧失。这种人不会尊敬蒙恬之忠，只会嘲笑蒙恬之蠢。嬴将闾显然跟嬴胡亥感情至笃，所以才囚禁内宫。最后审判已定，嬴将闾申诉他并未犯罪，当然不会发生作用，政治性冤狱最大的特征是：无罪不能无刑。不过，任何错误的决策，和任何人为的罪恶，都有个终结，都要付出代价。只是谁也没有嬴胡亥终结之日和付出代价之日，来得那么迅雷不及掩耳。

李斯之死

公元前 208 年，历史上最早和最大一宗冤狱，在秦王朝政府演出。宦官赵高仗恃皇帝嬴胡亥对他的宠爱，专权横行，各地变乱蜂起，宰相李斯颇为焦虑。赵高遂决定摧毁李斯，于是向嬴胡亥打小报告说："当初沙丘密谋，李斯是重要角色。而今陛下已即位皇帝，而宰相不过仍是宰相，他的愿望很明显，要陛下割给他土地，封他当王。另外，他的长子李由任三川郡长，故楚王国领土上的那群盗匪，像陈胜之流，都是宰相家乡邻县的子弟，双方有浓厚的乡情。所以盗匪公然横行。经过三川城下，李由都不攻击。"正巧，李斯与右相冯去疾、大将军冯劫联名上书，请求暂停阿房宫工程，削减边防军的轮调次数，减轻各种苛捐杂税与苦役。嬴胡亥阅后，大怒若狂，下令逮捕三人。冯去疾与冯劫闻讯自杀，李斯不肯自杀，独自到监狱报到，嬴胡亥任命赵高进行审判。赵高审判李斯，苦刑拷打达千余次，李斯不堪刑求，只好承认罪状（即现代的"突破心防""坦承不讳""自动招认"）。李斯所以自诬，因他自信他对国家的贡献和他的辩才，终可以恢复清白，获得昭雪。诬服之后，再上奏章，希望嬴胡亥醒悟赦免。奏章呈递上去，当然先到赵高之手，赵高把它扔到垃圾堆里，冷笑说："囚犯有什么资格表达意见！"然而也使他提高警觉，决定堵塞最后一个漏洞。于是派遣他部下十余位门客，冒充皇家检察官（御史）、宫廷礼宾官（谒者）、宫廷侍从（侍中）之类，宣称奉皇上命令，覆查李斯案情。李斯以为他的奏章发挥效力，据实回答。冒牌官员回报后，赵高责备李斯不肯合作，再加苦刑拷打。若干次之后，李斯畏惧痛苦，再有人来询问时，只好继续自诬。后来，有一天，嬴胡亥果然派遣亲信前来覆查，李斯无法辨识真假，不敢更改口供。嬴胡亥得到报告，感谢上苍说："要不是赵高，几乎被李斯出卖。"于是李斯被判处五刑（一、先在面上刺字。二、削鼻。三、砍下双脚脚趾。四、用鞭捶死。五、斩首，剁成肉酱），在咸阳街上腰斩（可能代替鞭死）。李斯死后，屠灭三族。

李斯被处决，不是中国历史上第一件冤狱，却是中国历史上最早和最大的一件冤狱。男主角竟是缔造秦帝国的巨头，担任宰相三十年，身兼法家学派巨子。这场冤狱为中国政治性冤狱政策，立下典范，被以后两千年间的暴君暴官，谨慎奉行。最主要的手段是“诬以谋反”，对有些人，如果不诬以谋反，简直无法铲除。这顶铁帽，即令是宰相，也无力承当。以致发展到最后，甚至还有强臣指控君王谋反的怪事，它是一种锐利的诛杀武器，对宰相固可以使用，对君王同样可以使用，对手无寸铁的文化人跟平民，其效更是如神。

次要的手段是“苦刑拷打”，它除了摧毁肉体的抵抗力外，还同时摧毁对手的尊严。于是产生了“攻破心防”“自动招认”“坦承不讳”专业术语，铁帽遂成为孙悟空头上的金箍，怎么拿都拿不掉。李斯自恃他的忠心和辩才，赵高何尝不知道李斯忠心！至于辩才，李斯的奏章即令到了嬴胡亥面前，也不能救他一命。从奏章上看，秦王朝的建立，仿佛李斯一手完成，那么，置嬴政于何地？专制封建政体下，天下只有一个人才，就是“领袖”。功归于上，或许还可自保；功归于己，纵在平时，也会招祸，何况缧绁之中？李斯对官场如此陌生，三十年宰相，可是白干。即令不会激起反感，嬴胡亥成见已深，岂会采信一个囚犯的一面之词？哪一个囚犯不喊冤枉？谁敢推翻案卷里调查所得的“确凿”证据？嬴胡亥真想了解真相，何必派人覆查？和李斯亲自面对就行了，但嬴胡亥岂是肯面对之人？

冤狱政策中最毒辣的一招是运用诈术，使李斯不敢翻供。诈术日新月异，再有智慧的人，都很难抵挡；以致李斯第一等英才，竟栽在三流狱吏之手。而嬴胡亥明知赵高是李斯的死敌，却把李斯交他审讯，结果当然可以预卜。但这一点却给后世的暴君暴官们，一个很大启发。

从发生冤狱的多寡大小，可以衡量一个政权的质量。了解这项因果，对中国人的苦难，当会获得深刻的感受。

宋义

公元前三世纪九十年代，中国内战激烈，新兴的楚国（芈心）大将项梁连续于东阿（山东阳谷东北河城镇）、定陶（山东定陶），获得胜利，开始骄狂轻敌，士兵也呈懈怠，故楚国宰相宋义进谏无效后，断言其必败，不久项梁果然覆亡。秦政府大将章邯乘击斩项梁的余威，攻击赵国，包围巨鹿（河北平乡）。楚怀王芈心任命宋义当上将军，项羽任次将军，引兵赴援。宋义率军进至安阳（山东曹县），逗留四十六天不进。项羽催促说："在秦军重重包围下，赵国十分危急，我们应该率大军北渡黄河，楚军由外，赵军由内，前后夹击，一定大破秦军。"宋义说："不然！秦军击赵，如果胜利，兵力已衰，我们可利用它的疲惫。如果不胜，则我们擂鼓西征，尾追进击，必能大获全胜。所以不如先使秦赵互斗，我们坐收其利。要说冲锋陷阵，我不如你。要说运用谋略，你不如我。"于是颁布军令说："凡是猛如虎，狠如狼，贪如羊，桀骜不驯，不服从命令之辈，一律诛杀！"更派他的儿子宋襄前往齐国担任宰相，亲自送到无盐（山东东平东南），举行盛大宴会，饮酒取乐。项羽决定采取激烈反应，他告诉亲信说："我们正应该同心合力，打击秦军，却逗留在这里，不肯前进一寸。竟说'利用他们疲惫'。以强大的秦军，攻击新建立的赵国，一定全部并吞，赵国消灭后，秦军将更强大，有什么'疲惫'可以'利用'？如今不管士兵的死活，专心经营私事（指宋义送儿子前往齐国担任宰相），不能算是国家栋梁。"于是在军营朝会时，项羽进谒上将军，就在虎帐中，击杀宋义。

宋义的才干如何，我们没有更多资料。他预言项梁失败，而项梁果然失败，只能表示他有观察能力，不能证明他有指挥大兵团作战能力。尤其他以智囊自居，竟颁布了那种除了把对手激怒，毫无其他意义的军令。为什么没有想到：项羽岂是被文字吓倒之辈？既已激怒对手，而又不防备反击，所谓谋略，恐怕不会太高。项羽指摘他的那些论点，深中要害。若非项羽发动兵变，宋义准成赵括二世，秦王朝可能削平群雄，再定江山。

张耳与陈余

司马迁评论张耳、陈余说："张耳、陈余，举世称为贤才，他们的门客，甚至仆役，也都是天下的俊杰，在他们所在的国家里，全取得宰相级的高官。张耳、陈余贫贱时，互相誓言为对方效死，并不是一句虚话，他们都有那种情操。可是，一旦身踞高位，争权夺利，竟至两败俱伤。为什么从前相爱如彼之深，现在却相恨如此之苛？岂不仍是势利之徒？"

人际的关系，亲密易，信任难，谅解尤难。张耳和陈余的友情，并不虚假，但他们并没有发展到绝对信任和绝对相谅的程度。所以，巨鹿被围之日，也就是张、陈二人友情瓦解之时。张耳日守危城，城随时会破，人随时会死，唯一的盼望就是陈余那支军力，而陈余却按兵不动，张耳岂不愤懑？可是陈余了解，只要出击，军必溃，身必亡，对局势毫无补益。从张黡、陈泽的例证，可说明他的乌合之众，确不堪秦军一击。张耳独责备陈余不死，而他的儿子张敖，也率军在外，同样一动都不敢动，置老爹的生死不顾，张耳对儿子为什么不发一言？如果说陈余背叛老友，张敖岂不是背叛老爹？形势犹如山崩，张黡、陈泽之事，不过火上加油。司马迁称二人是势利朋友，那么，张耳、张敖，难道是势利父子？

张耳即令相信陈余绝不会背叛（犹如他相信他儿子张敖绝不会背叛一样），纵然没有人从中挑拨，纵然不把印信收回，二人的友谊，也已无法恢复原状。相爱越深，一旦不信不谅时，谴责也越烈。此时如果张耳拒收印信，表面上还有和解可能。然而，二人当初不过两个光棍，如今各有各的摇尾系统，摇尾系统"效忠"到极致，一定会煽动主子之间互相仇恨，甚至火并，以便从中取点小利。所谓主子，在摇尾系统掇弄下，身不由己，父子都能被掇弄得反目，何况已经互相生疑的朋友？

秦王朝覆灭

楚怀王芈心任命大将刘邦，于公元前 207 年攻陷武关，战火已接近秦王朝心脏，宦官赵高怕二世皇帝嬴胡亥翻脸，遂诛杀嬴胡亥，改立嬴扶苏之子嬴婴登极（三世皇帝）。公元前 206 年，嬴婴坐着白马拉的丧车，脖子上套着绳索，把皇帝用的各种印信，包括“玺”“符”“节”（玉玺，皇帝印信。符信，或用金属，或用玉石，上面刻着文字，中分为二，一留中央，一交在外官员，参考前 257 年。符节，形状像一根竹竿，竿头有毛缨，使臣拿着它，表示君王亲临），在轵道（陕西西安东北）路旁，下车迎降，秦亡。

贾谊曰：“秦王国以那么一小块土地，夺取天下最高权力，胁迫八州（古中国分九州，秦王国居九州之一的雍州，六国则居八州）朝拜它这个同等地位的国家，凡百有余年。然后统一天下，化世界为一家，崤山和函谷关都成了宫殿，声势盖世。想不到一个人冒险犯难，庞大帝国的祖宗七庙（儒家礼制，从老爹上溯到高祖父的祖父，各建一座祭庙。加上创立政权那位祖先的祭庙，共七座庙。统称“太庙”），全部摧毁，身虽死而仍被天下讥笑，原因何在？在于不知道推行仁义。同时，攻守形势，恰恰相反。”

杜牧《阿房宫赋》，道出六国覆灭的真相：“灭六国者，六国也，非秦也。”贾谊强调仁义，仁义当然重要，但并不是唯一主宰。嬴政的仁义何在？还不是消灭六国，建立空前未有的大一统江山。至于攻守形势相反，战国时代，几次南北合纵同盟，秦王国都居于挨打地位，为什么不垮于当时各国训练有素的正规军，却垮于以后的乌合之众？刘邦的军队，不会强过赵括，为什么赵括攻不进秦军营垒，而刘邦一下子就击溃峣关防线？

这不是一项纯军事问题，即令白起复活，他的结局也不会比章邯更好。军事是政治的延长，秦政府首领如果不是嬴胡亥，而是嬴扶苏；不是赵高，而是李斯，章邯何至叛变？峣关守将何至阵前受贿停战？政治是人际关系的不断调整，治和乱、叛和忠，往往决定于这项调整是不是恰当和公平。赵高之流的鲨鱼群，最大的盲点是始终看不见当头劈下来的钢刀，他们高估了豢养他们的那个政权的能力，认为无论他们怎么伤害，那个政权仍能保护他们，所以对任何人都不珍惜。包括李斯在内的三公，一夕之间，歼灭无遗。国家唯一的栋梁章邯，也要扑杀。最后甚至认为，连他的保护神嬴胡亥，也可铲除，另换新人。

秦政府之亡，亡于最高领袖昏暴得出奇，当权官员冥顽得出奇，以及窝里斗惨烈而凶猛得出奇。

猕猴与蠢驴

公元前206年，刘邦既攻陷秦王朝首都咸阳，金银美女，一无所取，在与人民"约法三章"（杀人者死，伤人及盗抵罪）后，仍然返回霸上军营。不久，项羽率军抵达咸阳，屠城。把囚禁在监狱里的嬴婴（秦王朝三任帝）处决，焚烧宫殿，大火三个月不灭。大肆劫掠金银财宝和美女，撤退东返。韩先生（名不详）向项羽建议："关中（陕西省中部）地区，拥有险要的山川形势，在四座要塞保护之下（四塞就是四关：北方萧关，南方武关，东方函谷关，西方散关），土地肥沃。在此建都，可以称霸天下。"项羽一则看见秦王朝宫殿已被烧成一片焦土，二则又急于回到东方，回答说："富贵不归故乡，好像穿着锦绣漂亮的衣裳，却在黑夜里走路，怎能显示荣耀？"韩先生退出后，扼腕说："人家都说楚国人肤浅暴躁，虽然戴着人的帽子，却仍是一只猕猴（Macacus Monkey），果然不错。"这话被项羽听到，逮捕韩先生，投入大锅煮死。

开凿隧道，山前山后同时动工，在精确测量下，高低相同，方向针对，然后双方才能衔接贯通。如果一边高一边低，一边向左一边向右，就永不能筑成，不但没有利益，反而造成损失。人际关系，也是如此，价值标准跟利害判断，以及智慧的和知识的层面，必须相差无几，才容易契合。如果悬殊太大，就成了闽南语所形容的"鸡同鸭讲"，世界固然因此而多彩多姿，但也因此产生悲剧。

项羽不过一个头脑简单、肌肉发达的粗汉，有战场上的厮杀力，却没有政治上的思考力。韩先生所作的分析，项羽既看不出，也不了解，远超过他的智商。所以他只能做一件事：向天下人挺身证明他果然是一只戴着人帽的猕猴。韩先生对他的批评，有人信，有人不信，但经过项羽自己作证，人们就无法不信。项羽开端之后，历史上遂层出不穷这种挺身自证的镜头。一直延伸到近代，人世间不断有猕猴，也不断有烹刑，使人哀伤。

向蠢驴提出只有龙驹才可以了解的建议，一定碰壁；如果愤而指出他真是蠢驴，结果一定严重。韩先生就是一个榜样。

政治头脑贫乏

项羽进入咸阳后，尊芈心为义帝，把他迁往江南郴县（湖南郴州）。接着瓜分天下，大批封王。项羽自封西楚霸王，都彭城；封刘邦当汉王，都南郑（陕西汉中）。又封章邯当雍王、司马欣当塞王、董翳当翟王、魏豹当西魏王、申阳当河南王、韩成当韩王、司马卬当殷王、赵歇当代王、张耳当常山王、英布当九江王、吴芮当衡山王、共敖当临江王、韩广当辽东王、臧荼当燕王、田福当胶东王、田都当齐王、田安当济北王，另将南皮三个县封给陈余。

仔细研究项羽这份封王的名单，不禁叹息他的政治头脑，竟贫乏到这种程度，简直难以置信。他建立的不是一个统一的国家，连“邦联”的资格都够不上，不过一个地位互相平等的国际联盟。在制度上，项羽这个国王并不高过别的国王。项羽这次分封，完全被自己的喜怒和他左右政客们的喜怒所操纵，为自己制造出原本绝不可能发生的严重危机。像芈心，一个无权无势的小朝廷，项羽把他迁到一千华里外蛮荒地带郴县（湖南郴州），芈心也顺服地听命，项羽仍不容他存在，而于明年（公元前 205 年），竟派人把他刺死。像刘邦，项羽应该依芈心的指示，封他当秦王的，至少也应把他封到距家乡较近的地区，满足刘邦跟他部下的思乡之情，这对项羽并没有损失。但项羽仍记得刘邦比他先入咸阳，夺了风光，而把他驱逐到当时人们一致认为是蛮荒地带的汉中（陕西汉中）。像燕王韩广，派遣他的大将臧荼，率领军队参加项羽的联军西征，臧荼即令有功，正常的情形应由项羽对臧荼加以赏赐，遣送回国，再由国王韩广酌予擢升。可是项羽却卖弄他的权威，把臧荼封燕王，反而把顶头上司本来的燕王韩广，逐出首府蓟县（北京），贬到偏僻的无终（天津蓟州）当辽东王。对齐国（田福）和赵国（赵歇），也都如此。后来，更把韩王韩成当作罪犯一样地诛杀，韩成的智囊张良，遂被逼入刘邦阵营，跟项羽作对到底。

中国有句谚语：“天下本来太平无事，都是蠢材把它搞乱。”正是项羽的写照。

井陉关之役

公元前 204 年，汉王国大将韩信、张耳，率军东进，赵王赵歇与陈余在井陉口（井陉关，河北井陉西）集结重兵防守，广武君李左车向陈余说：“韩信、张耳，乘胜而前，离开他们的本土，在远远的外国战斗。进则生、退则死，势不可当。不过，粮秣转运，要经过千里之遥，士兵必然面露饥色。每到一个地方，都要先砍柴抢粮，才可以煮饭，显示大军没有隔宿之食，井陉关出入一线，不能同时通过两辆车和两匹马。汉军粮秣必然在大军之后。你交给我三万人，从小道出击，断绝他们的补给。你则坚守要塞，拒绝迎战。他们向前不能厮杀，向后不能撤退，而又抢不到东西，不出十天，韩信、张耳两颗人头，就可以放在我们的军旗之下。”陈余一向自称他的军队是“仁义之师”，不肯使用诡计。回答说：“韩信军队既少，又十分疲惫，对这样的敌人，不给他一个迎头痛击，各国都会看不起我们。”韩信得知陈余拒绝采用李左车的建议，大喜。于是直入井陉险道，会战不久开始，赵军惊恐震骇，不但不能再战，而且不能成列。霎时，大家狂奔，四散逃命。赵军将领截杀，已不能阻止。汉军乘势夹击，赵军崩溃。在泊水（即井陉水，注入绵蔓水）水滨，斩陈余，生擒赵王赵歇。

再精密的作战计划，都不能保证胜利，还需要另一个因素的介入，才能成功，那就是敌人必须犯下致命的错误：错误的决策，或错误的判断。对这种不能控制的因素，我们称之为“运气”。韩信的军事能力，举世无双，可是，如果他的运气不佳，碰上的对手不是迂腐的陈余，而是天才李左车，千万汉军，势将在井陉丧生，所谓登台拜将，徒留笑柄。

公元前七世纪，出了一个子滋甫（宋国二十任国君襄公）；公元前三世纪，出了一个陈余，使我们又多了一份研究儒家学说的资料。荀况在跟临武君那场洋洋洒洒辩论中，特别强调仁义之师。而儒家心目中的仁义之师，据说只有三次：姒文命（禹）建立夏王朝、子天乙（汤）建立商王朝，以及姬发（周武王）建立周王朝。而三次灭国兴邦的大战，却无一不靠诡诈的战略和战术。保卫国家的战斗，跟侵略掠夺的战斗，性质上虽然不同，但短兵相接，血肉相搏的时候，可不管你是圣贤还是禽兽，是正义还是邪恶，一旦进入战场，冲锋号响，便只有智慧之师、勇敢之师，没有仁义之师。拿破仑就曾说过：“上帝永远站在大炮最多的一边！”

修武夺军

公元前 204 年，困守成皋（河南荥阳西北汜水镇）的刘邦，被项羽强大凌厉的战力慑住，知道不能久守，就放弃成皋，再度逃亡。跟夏侯婴同乘一辆小车，悄悄溜出北门，北渡黄河，到达韩信、张耳统帅部所在的小修武（河南获嘉有东西二城，东城称小修武，西城称大修武），不声不响，投宿一家客栈。凌晨，自称是汉王的使节，驰入统帅部。韩信和张耳还没有起床，刘邦即直接闯到卧室，夺取韩信、张耳的印信（在中国，印信占极重要的角色，主管官如果没有了印信，就等于孙悟空没有了金箍棒。甚至以君王之尊，也必须像保护性命一样地保护他的印信。而罢黜一个君王时，第一件事就是夺取他的印信），用该项印信，召集紧急军事会议，调动他们的职务或工作。韩信、张耳起床，才知道来的不是汉王的使节，而是汉王本人，吓了一跳。刘邦既取得两人的部队，即命张耳巡行各地，加强故赵王国土地的战备。擢升韩信当宰相（相国），率领没有随着张耳出发的赵国（张耳）部队，向东攻击齐王国。

刘邦是中国历史上最伟大、最传奇的君王之一，他出身于地痞流氓阶层，可能还不识字（即令识字，教育程度也不会高）。世界上有很多头目，其蠢如驴，却自捧或被捧为天纵英明，实在使人背皮发紧。他阁下确实先天地就有超越普通庸才之处。他所有的重要决策，都来自部属们的建议，自己几乎完全没有主见。但他大多数时候，对部属的建议，都有正确判断，而在发现判断错误时，会立刻认错、马上改正。刘邦身上，找不到予智予雄的镜头，这要归功于他恢宏的胸襟，和对新事物吸收消化的强大能力。

荥阳（河南荥阳）陷落，成皋（河南荥阳西北汜水镇）出奔，刘邦不回关中（陕西中部），却直投韩信、张耳大营。像小偷一样，悄悄溜进小修武（河南获嘉东城），提心吊胆过了一夜。史书虽没有记载，我们可推想，他跟夏侯婴一定有一种忧虑和恐惧：万一韩信和张耳不肯买账，紧握军权不放，他们可是死路一条。魏无忌先生手拿国王兵符，带有随从宾客，晋鄙还拒绝交出军队。刘邦和夏侯婴，不过落荒而逃的两个光棍，韩信、张耳把他们宰掉，而自己称王，跟宰掉两条丧家之犬没有分别。即令不宰，把两位软禁大营，假传刘邦命令，还可控制关中（陕西中部）。刘邦出生入死得来的江山，将全部滑入韩信、张耳之手。

刘邦不敢把他的生命寄托韩信、张耳的效忠上，假使当天晚上就投入大营，一夜之间，足够酿成背叛密谋。所以必须一直等到夺取元帅印信，重新调整军官职务之后，才敢确信自己的安全，这是一种别人教导不出来的应变能力，反应疾如闪电。接着仍授权张耳负责赵军，并擢升韩信当宰相，使他们虽然军权被夺，却不以为意，而仍死心塌地。无疑地，刘邦是一个政治天才。

螃蟹型人物

公元前 203 年，西楚总参谋长（大司马）曹咎镇守成皋（河南荥阳西北汜水镇），汉军屡次挑战，曹咎都不作反应。汉军使用心战，在城外对项羽以及西楚官员，百般诟骂，肆意侮辱。几天下来，曹咎气得发抖，忘了项羽“不准攻击”的吩咐，大开东门，渡汜水（汜水流经汜水镇东门）出战。大军刚渡过一半，汉军迎头痛击，西楚军首尾不能相顾，立刻崩溃，成皋陷落。西楚储存的金银财宝，全到汉军之手。曹咎跟司马欣，在汜水河畔，双双自刎。刘邦遂从小修武（河南获嘉东城）南下，渡过黄河，再入成皋，把重兵进驻广武（河南荥阳北），接近敖仓粮库。

西楚王国（项羽）跟汉王国（刘邦）血战五年，西楚一直居于主动，占尽优势。公元前 203 年的成皋战役，是一个转折点。成皋一失，敖仓不保，敖仓不保，西楚开始缺粮。即令钢铁部队，一旦“乏食”，便只有破败。长平战役（参考公元前 260 年），秦王国所用的秘密武器，就是饥饿。现在，饥饿抓住项羽。

成皋陷落，由于曹咎这个蠢货之不能忍。心胆俱裂，由衷屈服，是瘫痪了的奴才。跳高之前，先屈双膝，则是英雄豪杰。《伊索寓言》上介绍过一只螃蟹，当钓竿敲打它时，它立刻愤怒地把它钳住，死也不放。这种刚愎暴戾人物，当一个码头小流氓，已到顶端，当一个领袖——无论是政治的或军事的，曹咎就是榜样。

忍是一种艺术，韩信提供另一个榜样。奴才的忍，或英雄的忍，表现在外的形态是一样的，内涵却大大不同。螃蟹型人物不忍一时之愤所造成的严重后果，使人深思。

论项羽

公元前 203 年，西楚霸王项羽，在垓下（安徽灵璧东南），被汉王刘邦的军队击溃。项羽向南逃亡，抵达乌江（安徽和县东北二十公里乌江镇），自刎而死。

项羽是一员名将，他的致命伤是不懂政治，却在打了几场胜仗之后，忽然间自以为很懂政治。政治比军事复杂得多，绝不是一个习惯于发号施令、资质平凡的军事将领，所能胜任。项羽不但自认为他能够胜任，而且还游刃有余，他就注定地要付出代价，并连累千万无辜的人，跟着付出代价。

刘邦称帝

公元前 202 年，汉王刘邦消灭项羽后，各封国国王一齐上书刘邦，拥护他当皇帝。刘邦遂在汜水（发源嵩山，曲折北流，注入黄河）北岸，筑坛登极（一任高祖），妻吕雉本称王后，改称皇后，子刘盈本称太子，改称皇太子。追尊娘亲刘老太婆当昭灵夫人。

明明自己想干，却装腔作势，硬说不想干，然后教唆摇尾系统发动誓死拥护的闹剧，自己才作勉强状，扭扭捏捏，登台亮相。这种无聊的小动作，在政坛上不断演出，一直演到二十世纪，仍然有人乐此不疲。刘邦写下的这个剧本，遂永远被奉为经典。

秦王朝皇帝嬴政，在儒家学派刻意的丑化之下，被当作一个有百非而无一是的暴君。可是，他所建立的政治制度，包括“皇帝”的位置和排场，以及全部有利于专制行为的法令规章，却被刘邦所建立的西汉王朝，滴水不漏地一股脑继承，受到儒家学派的肯定，没有任何抵制。儒家学派攻击的只是嬴政本人，不是攻击嬴政所做出来的摧毁人权的专制制度。

刘邦杀丁公

西楚王国（项羽）将领季布，战场上曾经数度追逐刘邦，使刘邦受到很大的惊恐和羞辱。项羽死后，刘邦下令特赦季布，任命他担任宫廷禁卫官（郎中）。季布的同母老弟丁公（名不详），也是项羽的将领，彭城（江苏徐州）之战时（参考公元前 205 年 4 月），他追捕刘邦，马蹄到处，短兵器已可刺及，刘邦情急，向丁公乞怜说：“我们两个，都是一代贤才，为什么不能相容？”丁公遂手下留情。等到项羽覆亡，丁公晋谒。刘邦下令把丁公带到军营，巡回示众，宣布他的罪状：“丁公当项羽的部下，却不忠于项羽，使项羽丧失天下的，就是他。”然后诛杀。刘邦说：“使后世做人家部下的，再不要效法丁公。”

司马光曰：“刘邦从丰沛起兵，网罗豪杰，招降纳叛，数都数不完，等到登极称帝，却只有丁公受到惩罚，什么原因？因为进取跟守成，形势不同。当群雄转战疆场的时候，人民并没有固定的领袖，只要前来投奔，就一律接受，理所当然。等到已成了皇帝，四海之内，都是臣民，假如不强调礼教仁义，臣民们仍心怀贰志，牟取政治暴利，国家岂能长久安定？是以用大义作为标准，向天下人显示：只要你是叛徒，连新领袖都不能容你。用背叛领袖的手段，去结私人恩德，虽然饶了自己一命，仍然以不义相待。杀一个人使千万人恐惧，刘邦的谋略，岂不深远？子孙们享受天子权位四百余年，理应如此。”

刘邦杀丁公，是一种最卑鄙的严重忘恩负义，不过三流权术，目的只在阻吓“后世”的人起而效法丁公！然而，没有多久，陈豨就向丁公看齐，接着英布也向丁公看齐！而刘邦反而巴不得陈豨和英布手下的将领，个个都是丁公。数千年来，丁公这类人物，多到动用计算机都数不完，司马光太高估杀丁公的效果。刘邦的子孙当皇帝四百余年，另有原因，任何专制帝王或任何独裁头目，都没有能力控制他死后政治情势的发展。刘邦刚翘了辫子，便出现了吕家班局面，杀丁公效应哪里去了？

张良辟谷远祸

张良健康不佳，一直多病，自从跟随刘邦从洛阳迁都长安（陕西西安）之后，就沉迷在玄虚的巫术里，每天静坐，使全身气息运转，不再吃饭，而只吃一种据说可以延年益寿的药物。在家幽居，很少出门。他说："我们张家，几代都是韩王国的宰相，韩王国亡后，我变卖价值黄金二十四万两的家产，向秦王国报仇，曾引起天下震动（指博浪沙行刺嬴政，参考公元前218年）。今天，以口舌的功劳，被尊为帝王的师傅，封一万户侯爵，这是一个平民最高的极限，对我而言，已十分满足。目前唯一的愿望，是离开这个烦扰世界，追随赤松子先生，遨游世界之外。"（赤松子，太古时代的神仙。神农氏时，曾担任水利官，可以造雨。）

司马光曰："有生就有死，犹如有白天就有黑夜。从古到今，还没有一个人能够例外，以张良的真知灼见，足可以了解神仙之事，不过虚话。然而他仍宣称要追随赤松子，一定有他的原因，说明他具备高度智慧。功名——功勋和名位，是人生最难处理的关节。诚如刘邦所称道的，西汉王朝开创基业的英雄，不过'三杰'。然而，韩信全族屠灭（参考公元前196年），萧何投入监牢（参考公元前195年），岂不都因为他们已经达到巅峰，而仍不知道停止？所以张良才假托神仙，放弃现实世界，把功名看成身外之物，把荣耀抛到脑后，所谓'明哲保身'，张良正是一个榜样。"

司马光对张良晚年的怪诞行为，所作分析的原因，我们同意，以张良的聪明智慧，当然了解神仙并不存在。只不过为了保命，不得不言不由衷，信口开河。但司马光认为韩信和萧何的受到迫害，是因为他们已经达到巅峰，而仍"不知道停止"，却远离事实。什么叫巅峰？侯爵是不是巅峰？王爵是不是巅峰？刘邦已经封王，还不满足，喋血上爬，为什么没有杀头坐牢？不但没有杀头坐牢，反而当上皇帝，好不威风。这已足够说明达到巅峰而仍不知道停止，并不是招祸的原因，至少不是主要原因。主要原因另有所在，那就是威权政治本质上是一种极不稳定的政体，钢铁般坚固的外貌，强有力的野心家随时都可能把它摧毁，不像民主政治那么有丰富的弹性。

掌握权柄的人，不得不把全副精力用来防止叛变。每一个有能力或每一个有影响力、受到人民爱戴，以及有大功劳，军权、政权在手的人，都是潜在的仇敌。无论你知道不知道停止，都会被排除。最简单也是最迅速的手段，莫过于制造冤狱。韩信和萧何所受到的，不过一场大冤狱和一场小冤狱而已。韩信可能还有不收敛之处，萧何自始至终，都战战兢兢、俯首帖耳，根本没有“不知道停止”的行为，也难逃此劫。

司马光没有一句话触及专制制度和当权分子的邪恶，反而千错万错，都是被迫害的人错，谁叫你不停止进取？谁叫你激起主子的疑心？因而大肆赞扬“明哲保身”。儒家系统对于不能明哲保身的人，总是冷嘲热讽，讥笑备至。数千年以降，遂使中华文化越来越缺乏正义和道德勇气。在明哲保身哲学引导下，中国人似乎有一种神经质的恐惧，连自己应有的权利，都不敢挺身保护，唯恐怕惹祸招灾，中华民族遂逐渐显现出獐头鼠目的气质，使人痛心。

嬴稷诛杀白起（参考公元前 257 年）不过是一个孤立的个案，刘邦一连串屠戮，却是专制政治必不可免的一项作业，成为中国历史发展的特征，几乎所有新兴的政权，都要通过这个窄门，血迹斑斑。

叔孙通制朝仪

公元前 200 年，长乐宫落成，各亲王和封国国君，以及高级官员，都来朝贺。天色未明，皇家礼宾官（谒者）到现场主持仪式，依照顺序，引导大家进入殿门，分别站立两厢，东西相对。侍卫武官沿着台阶布岗，并在庭院中戒备，手拿武器，旗帜招展，一切就绪后，前面传出警告：皇上就要驾到。不久，西汉帝（一任高祖）刘邦（本年五十七岁）坐着御辇（君王皇后专用的人力拉的小车），缓缓而至。皇家礼宾官引导亲王封王以下，直到年薪六百石的中央政府科长级官员，依照爵位及官位高低，顺序向前，向刘邦敬礼。气氛庄重肃穆，一个个心颤胆惊、紧张恐惧。朝拜礼毕，摆下向刘邦祝福的酒宴，大家端坐殿上，弯腰低头，不敢仰视，仍依照爵位跟官位高低，起身给刘邦献上祝福酒，九次之后，皇家礼宾官宣布朝会礼成。这时，监察官（御史）提出弹劾，指控若干举动不合规定的官员，立即逐出金殿。自开始到结束，没有一个人敢大声喧哗、动作粗鲁。于是刘邦乐不可支，拍大腿说：“到今天我才知道当皇帝可真他妈的过瘾！”擢升叔孙通当祭祀部长（奉常），赏赐黄金五百斤。

任何一个国家的君王，都有朝见仪式，但都没有中国的怪诞。最突出的一点是“跪”。而跪，是一种对人最尊敬、对己最屈辱的古礼。春秋战国时代，以及叔孙通先生“制朝仪”时代，跪还是一项简单动作，大家的屁股坐在小腿肚上，只要稍稍挺身，便算完成。三世纪之后，蛮族部落的“床”，引进中国，中国人虽不再席地而坐，可是“跪”却不废，遂变作一项难堪的负担，成为中国文化中的一个瘤疣，这瘤疣一方面阻碍血液正常运行，一方面培养奴性成长，直到二十世纪。

叔孙通搞的这一套，是儒家的拿手本领。“儒”的原始意义，就是“典礼专家”，所以胜任愉快。在君尊臣卑原则下，君王遂远离人群，春秋战国那种君臣促膝谈心——像嬴稷跟范雎交头接耳的美好时代，一去不返。皇帝和臣属之间，隔着一条“礼教”鸿沟，这鸿沟随着时代进展，而越来越深、越来越宽、越来越无法逾越。最初，特殊的几个官员，还可以坐在皇帝身旁。但到了十一世纪，司马光先生编撰《资治通鉴》

时，宰相已没有座位，只好站在那里。而最后，到了明王朝、清王朝，宰相连站也不可能，跟平民一样，也得跪到皇帝面前（而且还得准备随时被揪翻在地，苦刑拷打）。官越小，尊严越少，平民根本就更没有尊严。

对专制政体而言，叔孙通先生制定的朝仪，是一种屈辱剂，使人权、民主，受到严重的践踏。

“大儒”真是活宝

> **秦王朝统一全国，综合六个王国的礼仪，选择其中使君王尊贵，使臣属卑下的部分，特别保存。叔孙通制定朝仪，大体上承袭秦王朝的规矩，上自皇帝绰号，下至官位名称、宫殿名称，都没有什么更改。后来所制定的礼仪规章，跟法律书籍，合并装订，由司法机关保管，法官们又不肯外传，其他官员跟平民，遂不知道它的内容。**
>
> **司马光曰：“礼教的功能太大了，用到个人上：无论动态的或静态的，都有一定法则，可以遵循；所有行为，都可达到尽善尽美之境。用到家族上：能够分别内外，敦睦九族。用到地方上：长幼的辈分，划分清楚，风俗习惯，都会由丑变美。用到国家上：君王和臣属就有一定的序列，可以顺利推动行政，治理人民。用到天下：则封国顺服，纪律严明；岂止使桌面上和门户内的小动作，不陷于混乱而已。以刘邦的聪明通达，听到陆贾的建议，立即接纳（陆贾著《新语》，指出穷兵黩武一定灭亡，崇尚礼教一定兴盛。每呈阅一篇，刘邦都要夸奖一次。参考公元前196年）；看到叔孙通的礼仪，叹息欣赏。然而，刘邦却不能跟三代君王并列（三代君王：夏王朝一任帝姒文命、商王朝一任帝子天乙、周王朝一任王姬发），由于他学问贫乏。当开国之初，如果能得到儒家学派巨子（大儒）作为助理，他的勋业就不仅仅到此为止。可惜，叔孙通的抱负太小，只偷窃了一点礼教的渣滓，为了因应世俗的要求，谋求君王的恩宠，遂使先王（姒、子、姬）的礼教，永远沉沦，不能复兴；直到今天，使人痛心。所以扬雄讥讽叔孙通说：‘从前，鲁国（首府曲阜【山东曲阜】）有位大臣，史书上不记载他的姓名。有人问：“怎么才算是大？”回答说：“叔孙通准备制定政府礼仪，到鲁国去请教师，只有两位请不到。”那人说：“孔丘周游列国的本意在此，难道不是？”回答说：“孔丘周游列国，是传授他的学问，贡献社会。如果放弃自己的立场，去屈从别人，随俗邀宠，怎能跟孔丘相比？即令有礼教、有法则，怎能使用？”’扬雄的话中肯扼要。儒家学派巨子（大儒），岂肯摧毁礼教法则，而只追求一时的表现？”**

司马光的评论，把人引到五里雾端，不知道他说些什么，更不知道旨在何方。

他责备叔孙通的话，尤其使人眼如铜铃。司马光说，当时如果有“大儒”就好了，就可帮助刘邦建立万世不朽的勋业。咦，三王（姒、子、姬）时代，“大儒”如云，万世勋业何在？即以政权存在长短而论，夏王朝四百四十年，还包括被后羿、寒浞所谓“篡夺”的六十七年。商王朝六百六十二年，首都不断迁移，好像难民营。周王朝八百七十九年，最后两三百年，连封国都不如。而刘邦建立的西汉王朝，加上后来延续的东汉王朝，虽没有“大儒”，也有四百一十一年，不比“三王”逊色。儒家系统看来，“大儒”真是活宝，只要他出现，准益寿延年。事实上“大儒”不在人间，而只在儒家的书本之上。看情形备受扬雄赞扬的那两位不肯同行的家伙，恐怕就非是“大儒”不可。果真如此，“大儒”的形象实在使人作呕。他们认为，音乐礼教，必须高贵品德累积百年，然后才可制定。礼教既如此重要，这百年之间，岂不成了真空？没有礼教，如何能有高贵品德？如果说没有礼教，照样可以培养高贵品德，那礼教岂不是聋子的耳朵，成了多余之物，还要它干什么？

叔孙通曾批评那两个家伙：“腐儒，不知道时代不断在变！”司马光和扬雄在听了这两句话之后，仍要对号入座，为什么如此冥顽不灵，难以理解。

白登之围

刘邦于击破韩王（首府晋阳）韩信后，准备继续北进，一举消灭匈奴。北方正逢隆冬，天气酷寒，可是，身在温暖如春的晋阳宫的刘邦，却轻视这项灾难。他得到情报，匈奴汗国单于（二任）栾提冒顿正驻扎代谷（河北蔚县），决定发动一项大规模攻势，于是派出特使侦察。栾提冒顿知道西汉政府特使所负的任务，早就把精锐部队，以及肥壮的牛马，全部藏匿，使西汉政府特使只看到老弱残兵跟瘠瘦的牲畜。刘邦派出十次特使，十次特使都把所见到的，据实呈报，并判断匈奴汗国不堪一击。刘邦仍不放心，再派娄敬前往，作最后观察。娄敬还没有回报，刘邦认为良机绝不可失，迫不及待地下令所有的兵力，三十二万人的庞大军团，向北推进。前锋刚越过句注（山西代县西北二十五公里），娄敬回来，警告刘邦说："我跟前面十位特使的看法，恰恰相反。两个国家一旦决裂，敌国一定会夸张他的强大，展示他的优点。可是，我在匈奴那里看到的，却全是老弱残兵，用意十分明显，他们要引诱我们攻击，然后伏兵四起。我认为：对匈奴汗国，绝对不可采取军事行动。"这时大军正向前挺进，不能停止。刘邦眼冒火星，咆哮说："你这个齐国（首府临淄【山东淄博东临淄区】）死囚，靠着两片嘴皮，当上高官（娄敬建议定都长安，参考公元前 202 年），今天又站在这里胡说八道，打击士气，扰乱军心，散布失败思想，容你不得！"下令把娄敬囚禁广武（山西代县西南阳明堡镇）监狱，加上全副脚镣手铐。

刘邦先到平城（山西大同），主力仍在后面。栾提冒顿倾全国精锐——四十万骑兵，乘刘邦巡视白登（山西大同东北）之时，把白登团团围住，水泄不通。七日七夜，西汉军团完全孤立。城中和城外取不到联系，传递不出消息，得不到救援，陷落就在旦夕。最后，刘邦采用陈平的诡计，派出秘密使节，从小路找到匈奴汗国大营，晋见皇后（阏氏），送上贵重礼物。皇后（阏氏）对栾提冒顿说："两国君王，不应该互相围困。我们所侵占的中国土地，事实上不能长久居住，而且中国皇帝有神灵保护，请你考虑！"

栾提冒顿本来跟王黄以及赵王赵利，约定日期会师，时间已到，而赵军不到。栾提冒顿怀疑赵军跟西汉军之间，可能勾结，于是趁此机会，下令解围一个城角。正好天降大雾，西汉军

使节来往，没有人察觉。陈平命卫士使用强弓，弦上多加一箭，面向匈奴，保护刘邦从解围的城角，悄悄溜出。

刘邦回到平城（山西大同），西汉军主力也陆续抵达，匈奴兵团完全解围，撤退回国。经过这次挫折，西汉军无法再战，也跟着班师，刘邦回到广武（山西代县西南阳明堡镇），特赦娄敬，对娄敬说："我不听先生的话，竟被困在平城（白登只是平城附近一个小城，人们习惯于用大包小）。我已把前面派出的十个瞎眼特使，全部处斩！"封娄敬二千户，擢升关内侯，号建信侯（关内侯，是准侯爵，没有封号，也没有采邑）。

陈平用什么方法，使栾提冒顿解除白登城墙一角的包围，是千古一大秘密。史书记载匈奴汗国皇后（阏氏）的那段话，丝毫没有说服力量。而赵军爽约，即令跟西汉军勾结，也不会影响匈奴兵团的优势。如果影响匈奴兵团的优势，解开城墙一角之围，难道优势就可恢复？胡三省说："秘计者，以其失中国之礼，故秘而不传。"更属匪夷所思，史书上斑斑可考的诡诈血腥，诸如刘邦要喝他爹的肉汤，难道不失中国之"礼"？虽然我们不知道秘计内容，但可以肯定，该秘计一定严重地伤害刘邦的尊严，使子孙和中国人蒙羞。否则，匈奴不会平空网开一面。

然而，刘邦仍不失为中国历史上最伟大的君王之一。在白登之役后，了解自己力量有限，不急图报复，又向娄敬当面道歉，厚加酬报。比起以后历史显示的，像杨广在边疆丢脸之后，立求争回面子，为全国人民以及为他的王朝，带来死亡（参考614年）。像袁绍，当田丰劝他不可攻击敌人时，他跟刘邦囚禁娄敬一样，囚禁田丰，然而兵败之后，袁绍却恼羞成怒，把田丰处决（参考200年）。刘邦，固一代英豪，使人击掌。

反对“住的追求”

白登解围后，刘邦回到长安（陕西西安）。萧何兴建的未央宫落成（未央宫在长乐宫之西，相距半公里，方圆四公里），壮丽豪华。刘邦大发脾气，对萧何说：“天下纷扰，还没有平定，我东征西讨这么多年，仍不知道结局是成是败，你却盖这么奢侈的宫殿！”（刘邦一直没有安全感，正是谋杀功臣的心理状态。）萧何说：“当天下还没有平定时，宫殿简陋一点，还可将就。现在，天子以四海为家，假如不够壮丽豪华，便不能显示威严。另外有层意思，就是使后世感到不必再有什么增加，也可节省民力。”刘邦才转为高兴。

司马光曰：“圣贤君王，仁义就是华丽，道德就是威严，从来没有听说靠雄伟宫殿来镇服天下的。天下仍没有平定，更应当特别节约，用以解救人民的急困，却第一个先盖宫殿，岂知道先后轻重？从前姒文命（禹）住处简单，而姒履癸（桀）却兴建倾宫。祖先创业时，厉行节俭，用以教训子孙，到了后来，子孙还流于奢侈淫靡，何况一开始就过分奢侈？而竟然说，使后世无法再去增添，可谓荒唐。于是，到了刘彻（七任武帝），终于因大兴宫殿而使人民疲惫，未必不是由于萧何这个开端！”

大乱之后，立即为君王修建豪华宫殿，使人扼腕。然而，一个普通平民，生活稍微过得去，还要买栋新屋，布置新房。皇帝大权在握，扩张住处，正是人之常情。传统知识分子对皇帝兴筑宫殿，十分敏感，史书上频频记载反对的言论，目的虽然是盼望减轻人民的负担，但也显示它太不切实际。太不切实际的理念，没有价值。

不知道什么原因，儒家学派总反对“住”的追求。认为稍图舒适，便成罪过。历代君王自己虽不听这一套，拼命照盖；但对别人却会板起面孔，于是，限制高度、限制间数，规定某种官位的人才可以用什么砖瓦，某种官位的人才可以用什么椽柱，某种官位的人才可以用什么颜色，平民只好永住陋室。结果简单阴暗的建筑物，直到今天仍挤满每个角落。

娄敬的远见

匈奴汗国（王庭设蒙古国哈拉和林市）单于（二任）栾提冒顿，不断攻击中国北方边境，刘邦十分忧虑，征求娄敬的意见。娄敬说："天下刚刚安定，无论人民和战士，都筋疲力尽，所以必须放弃用武力对付他们的念头。栾提冒顿杀死老爹，把一群庶母当作妻子，这种人，用仁义说服他也不可能，我们唯一的方法，是把眼光放到未来，使栾提冒顿的子孙，向中国屈服。可是，恐怕陛下办不到。"刘邦说："说出来听听。"娄敬说："假使陛下能把嫡长公主（鲁元公主，当时正是赵王张敖的妻子）嫁给栾提冒顿当老婆，送上一份丰富豪华的嫁妆，栾提冒顿这家伙眼皮薄，嫡长公主既是中国皇帝之女，有一个大富大贵的娘家，保证一定立她当皇后（阏氏）。好啦，她生的儿子，当然就是太子。陛下每年过节，把中国过剩而匈奴所缺少的东西，派使节送去，馈赠问安，乘势命一些能言善道有教养的人，常去教导或暗示一些女婿对岳父的礼节。栾提冒顿活着的时候，他是女婿，一旦死亡，陛下的外孙继任单于（君王），谁听说过外孙敢跟外祖父对抗？这样做，可以不必经过战争，就使匈奴汗国顺服。可是，我必须警告，要嫁就得嫁嫡长公主（指鲁元公主）。假如胡乱找一位普通的皇族女儿，或者在皇宫里随便物色一个女孩冒充，栾提冒顿一旦发觉，认为关系仍隔着一层，那可没有用处。"刘邦说："好计谋。"就要下令送鲁元公主和亲。皇后吕雉得到消息，肝肠寸断，日夜哭泣，哀求说："我只生一个女儿（鲁元公主）跟一个儿子（太子刘盈），你却狠心把她投到匈奴蛮荒！"刘邦的政治手段敌不过被激起的父女之情，竟作为罢论。

娄敬是中国历史上最有远见的政治家之一，建议定都长安，使国家的根本稳固。而创议和亲政策，更锐利地观察到十年百年之后的外交形势。"和亲"——中国皇女下嫁给外国君王，这一次虽然没有实施，但稍后却终于实施，为国家带来海洋般的利益。

"和亲"是一种能力，西汉王朝开始尝到和亲的美妙滋味，唐王朝简直几乎全靠和亲，才使边疆蛮族顺服。到了清王朝，和亲更成为一种秘密武器，使蒙古心甘情愿、俯首帖耳地做中国藩属。满洲人完全执行娄敬的策略，把大批皇女嫁给蒙古王子，生下的儿子，从小就随母亲住在皇宫，不但生活习惯几乎全部同化，而且跟外祖父（现任皇帝）、舅父（下任皇帝或亲王）、表哥表弟（再下任皇帝或亲王），玩耍在一起、读书在一起，那种浓厚的感情，使他在成年回到蒙古当权之后，跟中国关系更加密切。"和亲政策"像《西游记》盘丝洞的网，密不可破，在蒙古境内，自己、儿子、兄弟、侄儿，所拥有的家庭主妇，都是清王朝的皇女。日累月积，要想特立独行，连找个人商量都找不到。

只有宋王朝和明王朝在儒家僵固头脑压力之下，丧失了和亲能力，认为把皇女嫁给蛮族，是一项侮辱。文既不肯和亲，武又怎么打都打不过，结局大家共知：国土日缩，人民日苦，而终于覆灭沦亡。皇女成了婢女，不得不给蛮族当奴，备受凌虐。

隧道声音

刘邦既不能强嫁亲女，于是物色一位民间的女子，宣称她就是嫡长公主，隆重地送到匈奴汗国（王庭设蒙古国哈拉和林市），作单于（二任）栾提冒顿的妻子。派娄敬护送，前往缔结和亲盟约。

司马光曰："娄敬完全了解栾提冒顿的凶暴残忍，不可以用仁义感化，却主张跟他结成姻亲，为什么前后如此矛盾？骨肉间的恩情，高贵卑贱间的区别，只有仁义的人才能知道，怎么会想到用这种手段去使栾提冒顿屈服？古代君王统治蛮族，顺服时用恩德怀柔他，反抗时用武力镇压他，从来没有听说过用婚姻作为手段的。栾提冒顿把他的亲爹都当成禽兽，活活射杀，对于岳父，岂看在眼里？娄敬的谋略，太不严密。何况鲁元公主已是赵国（张敖）的王后，怎么能再嫁给匈奴单于？"

正因为对手残暴，才改用婚姻手段，怎么会有矛盾？只有仁义的人才知道骨肉之情和尊卑之分，可谓天下第一奇谈，野蛮人跟文明人一样地爱护他们的儿女，尊敬他们的父兄，爱和敬不是某一个阶层人士的专利，司马光如果不是无知，就是故意抹杀事实。娄敬已讲得明明白白：嫁出皇女，不是改造栾提冒顿，而是把效果放在栾提冒顿的子子孙孙，这正是可贵的远见。司马光却缠住栾提冒顿本人不放。娄敬是"和亲政策"的发明人，在娄敬之前，司马光固没有听说过，但在娄敬之后，西汉王朝跟唐王朝和亲政策，获得的丰富成果，《资治通鉴》记载得十分详尽，这些记载又都经司马光字字寓目，怎么忽然间咬牙发誓说"从没有听说过用婚姻作为手段"？

宋王朝拒绝和亲的错误决策，已使中国付出极大代价。司马光不但没有反省，反而大言不惭地说："对于蛮族，顺服时用恩德怀柔他，反抗时用武力镇压他。"宋王朝时的蛮族契丹和西夏，始终威胁中国生存。司马光也当过宰相，他为什么不用恩德怀柔，又为什么不用武力镇压？敌人，能击败他时击败他，不能击败他时只有和解——和亲是和解的方式之一。宋王朝就坏在战既不能战，和又不敢和的稀泥之中。人们所听的，全是些慷慨激昂、掷地有金石声的隧道声音，为害不浅。

口供主义

赵国（首府邯郸【河北邯郸】）宰相贯高等打算行刺刘邦，阴谋泄露，贯高的仇人得到内幕情报后，提出检举。刘邦像炮仗一样爆了起来，下令逮捕赵王张敖跟所有黑名单上的人。赵午等十余人，一听到消息，争先自刎。贯高怒不可遏，骂说："谁叫你们干那种事？大王（张敖）明明没有参与阴谋，而今连他一并逮捕，你们都一死了之，还有谁能证明他的清白？"密封的囚车，把张敖跟贯高送到长安。在审讯中，贯高供称："是我们做部下的单独行动，大王（张敖）并不知道。"审问官一定要他承认张敖也曾参与，对他苦刑拷打，用鞭子和木棍捶击数千次，又用铁锥乱刺，残忍酷烈，贯高全身溃烂，再找不出一块完整的肌肤下手，但贯高咬牙承受，誓不改口。

司法案件，中国一向采"口供主义"。因中国统治阶层，包括皇帝在内，都有一副大慈大悲的天使般心肠，除非嫌犯自己承认有罪，绝不判刑。于是，为了要嫌犯自己承认有罪，只有靠苦刑拷打，直到"坦承不讳""自动招认"才止。贯高是天下第一等奇人，也正是孟轲所称道的"威武不能屈"的大丈夫，而苦刑比威武更可怖。他只要一时难支，在哀号声中点一点头，张敖全族便化成一团脓血。

只重视口供，不重视证据，更不重视程序，是中国司法的传统特色。苦刑之下取得口供后，再制造证据坐实。于是，冤狱累累。张敖幸而是皇帝（刘邦）的女婿，有丈母娘皇后吕雉暗中保护，否则，把加到贯高身上的苦刑十分之一加到他身上，他早"坦承不讳""自动招认"了。口供主义，是中国人的灾难之一。

帮凶更凶

司法部长（廷尉）把贯高的口供报告刘邦，刘邦赞扬说："好一条汉子！谁认识他？去拜访一下，动以私情，套出实话。"高级国务官（中大夫）泄公（名不详）说："我跟贯高同县，很知道他的为人，他在赵国豪气千秋，一把硬骨，守信重义。"刘邦叫泄公到已被拷打得倒地不起的贯高身旁，先谈论家世，互相叙述别后情况，好像朋友平常日子相见时把臂言欢，最后探询赵王张敖到底参与了没有。贯高说："人之常情，谁不爱他的父母妻子。而今，我的三族（父族、母族、妻族）都全部处死，我爱大王（张敖）岂超过我的亲属？只因为大王（张敖）确实没有谋反，谋反的事全是我们单独行事。"把他行动过程，叙述一遍，说明张敖确不知情。泄公回宫，报告刘邦。刘邦下令释放张敖，撤销王爵，贬作宣平侯。改封代王（首府代县【河北蔚县】）刘如意当赵王（首府邯郸）。刘邦欣赏贯高的侠义担当，派泄公通知他："张敖已经出狱。"下令特赦贯高。贯高喜不自胜，说："大王（张敖）真的出狱了？"泄公说："当然，难道皇上（刘邦）还骗你？"又说："皇上（刘邦）敬重你的为人，所以特别赦免。"贯高说："我全身脓血，而不肯死，只为了要证明大王（张敖）无辜。而今大王（张敖）既然已经出狱，我已尽到我的责任，死而无恨。而且人臣已背上篡弑的名声，还有什么面目再侍奉君王（刘邦），即令皇上不杀我，我也会内愧于心。"说罢，把头部猛烈后仰，颈骨折断，遂告死亡。

荀悦曰："贯高领导谋反，是一个弑君的凶手。虽然为他的国王（张敖）洗刷清白，小的忠心，不能弥补大逆不道，私人的品德，不能抵销法律上的罪行。《春秋》昭示的大义是：要光明正大。他的罪不应赦免。"

司马光曰："刘邦因骄傲的缘故，臣僚背叛。贯高因凶恶逆戾，使他的君王丧失国家。然而，促使贯高谋反，是刘邦的过失。促使张敖丧失国家，是贯高的过失。"

贯高贫贱不能移，他不在乎刘邦。富贵不能淫，他不在乎宰相高位。威武不能屈，他不在乎苦刑拷打。当刘邦破口大骂，百般侮辱张敖时，不会仅限于张敖，所有赵国臣僚，恐怕都难逃诟詈，这正是典型的"不把人当人"场面，一个有自尊、有人性的人，自然不能忍受。贯高没有淖齿（参考公元前284年）的能力，把刘邦吊起来剥皮抽筋，他唯一的反击方法只有暗杀。

荀悦却认为贯高应该全部忍受，奴才嘴脸，刘邦地下有知，一定拍大腿欣赏说：“有权有势真好，对无权无势的小民，想杀就杀，想砍就砍，想骂就骂，想怎么侮辱就怎么侮辱。自有学问冲天的无耻之徒，帮腔帮拳。”

专制封建的头目，有时还有天良，像刘邦竟然下令释放贯高。倒是帮凶往往比主凶更为恶毒，荀悦之流却要求诛杀无赦。两千年来，中国人就在这种《春秋》大义教育下，人性被消磨殆尽，中国进步历程，一天比一天艰难。

夺嫡

定陶（山东定陶）美女戚姬得到刘邦宠爱，生子刘如意，封赵王。刘邦对太子刘盈的仁爱忠厚性格，一直不满意，认为刘如意才像自己。所以，虽然封他赵王，却不命他前往封国（赵国首府邯郸），始终留在长安。刘邦每次到关东（函谷关以东），都带着戚姬。戚姬盼望由她的儿子当帝位的合法继承人，日夜向刘邦哭泣请求。皇后吕雉这时年龄已长，甚至渐老，不复当年姿色，反而不能随行，经常留守后方，夫妻感情，更为疏远。刘邦打算撤销刘盈的太子封号，改封刘如意，高级官员们全体极力反对，都没有用。最高监察长（御史大夫）周昌，在御前会议上，据理力争。刘邦问他什么缘故，周昌说话有点口吃，又在激愤情绪之下，不能畅言，只说："我口不能言，然而我期期知道不可以，陛下要废太子，我期期不接受命令。"刘邦看他激愤的表情，忍不住大笑。一件严重的巨变，在笑声中暂时中止。吕雉躲在金銮殿东厢，侧着耳朵偷听。朝会完后，见到周昌，向周昌下跪叩头致谢，说："如果没有你仗义执言，太子就完了。"转眼刘如意十岁，刘邦既不能下定决心立他当太子，又忧虑自己死后戚姬母子会遭受报复。掌玺监察官（符玺御史）赵尧，建议给赵王刘如意设置一位强有力的宰相，这位宰相平常必须被皇后吕雉、太子刘盈以及大臣们所敬爱畏惧，才能发生保护力量。刘邦问说："你看谁是恰当人选？"赵尧说："周昌。"刘邦遂任命周昌当赵国（首府邯郸）宰相，擢升赵尧接任周昌当最高监察长（御史大夫）。

"夺嫡"是所有政治斗争中最凶恶的一种斗争。戚姬在毫无外援支持下，只靠自己的美色，便发动这项攻势，幸而成功，也无法保证儿子就能平安登上宝座。吕雉不是普通家庭妇女，她帮助刘邦共创大业，跟大多数军政要员，情谊深厚。戚姬孤孤单单，儿子又小，谁肯为他们母子向主流派挑战？周昌手无一兵一卒，岂有抗衡力量？赵尧不过想挤掉周昌，以求自己蹿升而已。他的计谋毫无价值，然而，除此之外，又有何法？

金钱挂帅的动物

公元前 197 年，赵国宰相陈豨起兵叛变。刘邦得到情报，陈豨手下将领，都是商人出身，笑逐颜开说：“我知道怎么办了。”派人用重金行贿，陈豨所属的部将，遂纷纷归降。

商人是金钱挂帅的动物，虽然当了将领，仍然可以收买，所以刘邦知道他应做什么。而那些被收购的将领，却不能想一想他们被收买后，将有何等遭遇。任何一个政府，除了少数样板，都难以容忍收买过来的变节分子。问题是，马克思说过：你买吊死资本家的绳子，只要肯出钱，资本家仍卖给你。利益是今天的，灾难是明天的。不仅资本家而已，庸碌之辈，无不只看眼前。

王夫之论韩信

刘邦大举进攻陈豨，淮阴侯韩信声称有病，没有追随出征，秘密派人前往陈豨处，指示机宜。韩信准备跟他的侍卫官（家臣），乘夜假传圣旨，大赦做劳工的囚犯，跟被判罪充当官府奴隶的囚徒，集结他们，攻击皇后吕雉和太子刘盈。部署已经完成，只等陈豨方面回音，恰好韩信的一位随从（舍人）得罪了韩信，韩信把他囚禁，打算杀掉。那位随从（舍人）的弟弟向皇后吕雉告发韩信叛变阴谋。吕雉想召见韩信，又考虑韩信可能拒绝，跟宰相（相国）萧何磋商，于是宣称：皇帝（刘邦）派使节来，陈豨已死，侯爵们和高级官员，都到金殿祝贺。萧何告诉韩信说："你虽然有病，也应该勉强去一趟。"韩信一进宫，吕雉立即命武士把韩信捆绑，就在长乐宫悬钟的房中处决。韩信临死时，叹息说："我后悔不听蒯彻的话（参考公元前 203 年），竟被一个女人欺骗，岂不是天意！"为了根绝后患，吕雉下令屠灭韩信三族（父族、母族、妻族）。

司马光曰："世人以为，韩信首先建立功业，跟刘邦起兵汉中（陕西汉中），平定三秦（项羽分故秦王国为三：雍国、塞国、翟国），率领部分军队，向北挺进，消灭魏国（魏豹），夺取代国（陈余），征服赵国（赵歇），威胁燕国（臧荼）；东击齐国（田广），而加以并吞；南攻西楚（项羽），在垓下（安徽灵璧东南）把它铲除。西汉王朝之所以统一天下者，泰半是韩信的功劳。看他拒绝蒯彻的煽动，亲自到陈丘（河南淮阳）迎接刘邦，岂有谋反的心？只不过由于失去王位，于心不服，遂陷于犯上作乱的悖逆。像卢绾这样的人，不过刘邦同乡同里的幼年玩伴，还在燕国当王。韩信反而以一个侯爵身份，在首都按时朝拜，岂不是刘邦对韩信忘恩负义？刘邦在陈丘（河南淮阳）用诈术逮捕韩信，说刘邦对不起韩信，确实如此。然而，韩信也有自取之道。最初，汉王国跟西楚在荥阳（河南荥阳）对峙，韩信已灭齐国（田广），不向刘邦报到，却自己想当齐王。之后，刘邦追击项羽，到了固陵（河南淮阳北），跟韩信约定会师日期，而韩信却失约不来。当时，刘邦已有制裁韩信的决心，只是力量不足，不敢动手。等到天下平定，韩信还有什么可凭恃的？乘人窘困之际而逼取大利，是小市民小商人干的勾当，论功而报答恩德，是君子士大夫的本心。韩信以小市民小商人的作法，以求一己的好处，而希

望对方用君子士大夫的风度回报，那是太难了，所以司马迁说：‘假如韩信了解君臣相处之道，虚怀谦让，不夸耀自己的功劳，不展示自己的才智，或许可以保全，而对于西汉王朝的贡献，也可能跟姬旦（周公）、姬奭（召公）、姜子牙（太公）媲美，后世荣华不绝，永享子孙的祭祀。不去那样做，却在天下已定之后，企图叛变，以致家族全被屠杀，岂不应该。’”

王夫之曰：“韩信最初拒绝蒯彻的建议，不跟刘邦为难，只因项羽还没有消灭，所谓‘三分天下，鼎足而立’，不过是蒯彻疯狂而愚昧的构想。从前韩王国（战国时代）曾用这种观点，纵横国际，最后被秦王国（战国时代）吞并，而无人援救，覆辙不远。形势很明显，韩信如果在齐国（首府临淄）叛变，西方有张耳，南方有彭越，同时反击。鼎的三脚折断一只，必然落得作为蟊贼的下场。韩信知道不可能，才不听蒯彻的话，是更深的谋略。项羽覆亡之后，刘邦筋疲力竭，返回关中（陕西中部），这时候韩信如果发动，才可以如愿以偿。蒯彻的意见，韩信岂须臾忘记？卞庄子刺虎，小死大毙，一举两得的比喻，韩信正是如此构想，只在等待时机发动。他说：‘不忍心背叛’，姑且堵蒯彻的嘴罢了。削去王位，降为侯爵，封国既小，而又无兵权，还要利用陈豨发难。何况当时拥有三齐（齐国、胶东国、济北国）的精锐部队，面向西方，虎视眈眈，还会怕谁？”

司马光以及司马迁对韩信的评估，深入问题核心，只是惋惜韩信不懂得封建专制政治的运转特质，以致丧生。韩信是英雄不是枭雄，是军事家不是政治家。他天性忠厚，信任刘邦的友情，却不知道政治上的头目，只认识利害，韩信把刘邦当成父兄，直到陈丘（河南淮阳）双手被缚，梦才初醒，以后软禁长安，在严密监视下，已插翅难飞。

王夫之的《读通鉴论》，享誉三百年之久，却篇篇使人失望，甘愿为奴、崇拜权势，使他对每件事情，都有奇异结论。他说韩信在齐国时即行叛变，张耳在西，彭越在南，双方阻击，必然失败，可谓痴人说梦。韩信一旦起兵，张耳的赵国，是韩信一手平定的，当时韩信的威望，震撼天下，张耳何以独爱刘邦，只为刘邦效命，而跟战无不胜、攻无不取的名将对抗？刘邦被困荥阳，既不能分兵，韩信又善于指挥大兵团作战，张耳即令敢对抗，又怎有力对抗？至于彭越，他跟刘邦的关系，始终游离，王夫之有什么根据，敢肯定他一定站在刘邦那一边？王夫之更认为项羽死后，刘邦返回关中（陕西中部）之际，韩信发动兵变，才有把握，更是异想天开。恰恰在那时候，张耳和彭越，他们才必然阻截，因为形势比人强，大局已稳，君臣名分已定，刘邦正处巅峰。

王夫之肯定韩信早有谋反之心，这是最下流的一种"诛心"之论，责备人永没有止境。悲剧就发生在韩信并没有谋反之心，如果有的话就好了，刘邦自己都承认不堪韩信一击。韩信被削成侯爵，国土既小而又没有兵权，却企图谋反，正是逼出来的，没有彼一逼，焉有此一反。好像某甲痛揍某乙，某乙一口把某甲手臂咬了一口，不能证明某甲不痛揍某乙时，某乙一直都在那里想咬他一口。是非因果，不应被如此颠倒。

更重要的是，韩信之死，是一场冤狱。就西汉政府所作的指控，看不出有任何积极证据，仅凭着随从（舍人）弟弟的片面之词，没有调查，不容分辩，便急吼吼暗下毒手，而所使用的又是灭口手段。表面上由吕雉主持，从"伪游云梦"那件事推断，毒计恐怕酝酿已久，否则屠杀像韩信这样的重臣，吕雉岂敢遽作决定。

刘邦对韩信一直有一种自卑性的恐惧。韩信不死，刘邦睡不着觉。消灭对手的法宝，只有"诬以谋反"。重读蒯彻的言论，使人敬佩交集。然而，与其说韩信死于吕雉、刘邦，毋宁说死于专制封建政治。一个伟大的英雄惨遭屠灭三族，当巨变发生时，老幼妇孺，从豪华盖世的侯爵官邸，霎时间被他们效忠的政府乱刀齐下，毫无遗留，哭声号声，两千年后，仍然盈耳，却没有人为他们申诉，甚至还有高级知识分子如王夫之之流，在旁帮凶，认为韩信一生下来，就是一个叛徒，刘邦杀得好、杀得妙，不禁浩叹！

司马迁论彭越

> 刘邦杀韩信后，再杀彭越，屠三族，在洛阳城外集中处决。下令说：有人胆敢收殓彭越尸首的，一律治罪。梁国（首府定陶）国务官（大夫）栾布，正好出使齐国（首府临淄），回到洛阳（河南洛阳东白马寺东），就在彭越人头之下，简报他出使经过，然后焚香祭拜，放声大哭。官员把栾布抓住，上奏刘邦。刘邦召见栾布，破口大骂，要烹杀他。正要把他投到沸腾的巨锅里时，栾布回头告诉刘邦："我想说一句话再死。"刘邦说："好吧。"栾布说："当陛下在彭城（江苏徐州）被困，在荥阳（河南荥阳）、成皋（河南荥阳西北汜水镇）之间战败，项羽所以不能向西穷追的缘故，因为彭越大军驻屯故魏王国（河南东部）土地，跟汉王国结盟，共同打击西楚。当时，彭越稍一偏向西楚，汉王国就会破碎。而跟汉王国站在一边，西楚也会破碎。而且，垓下（安徽灵璧东南）会战，如果不是彭越参与，项羽不会覆灭。等到天下已定，彭越受封王爵，也要传之万世。想不到只为了一次征兵不到，彭越正好卧病在床，不能亲行，陛下就疑心他谋反。事实上彭越并没有谋反，陛下更用芝麻绿豆的小事，屠灭三族，我恐怕所有功臣，都会寒心。而今彭越大王已去，我生不如死，请继续你的烹刑。"刘邦下令赦免，任命栾布当民兵司令（都尉）。
>
> 司马迁曰："魏豹、彭越，虽然出身微贱，然而称霸一方，拥有千里疆土，面向南方称'孤'，血战取得胜利，每天都传捷报，却心怀叛意。等到失败，不死于敌人，而死于自己人之手，身受刑杀。为什么这样？只为他们的行为不够水平。中等才能的人，都以他们的行为为羞，何况君王？他们没有大的罪恶，而又具有超人智谋，却缺少律己的品德，偶尔掌握一点点权柄，就打算呼风唤雨，更上层楼，以致陷于囚犯地位而无法摆脱。"

司马迁之言差矣，魏豹只是不能忍受刘邦的辱骂而反，情形跟贯高相同，并非有什么冲天大志。彭越更根本没有叛变的意图，他所遭遇的，不过一个比韩信更明显的"诬以谋反"的冤狱而已。传统历史学家总在责备被诬杀的千万冤魂，而不敢碰凶手一根毫毛，如果是恐惧当权派，不敢出此，其情可悯，如果真的内心认为如此，就不可原谅。

论刘邦

公元前 195 年，刘邦逝世（年六十二岁），埋葬长陵（陕西咸阳东北二十公里）。最初，刘邦厌恶读书，但天性聪明，胸襟开阔，能采纳最好的谋略，连看门人跟最低阶层的小兵，一见面都成为老友。当年进入关中（陕西中部），定三章约法（参考公元前 206 年）。等到全国统一，命萧何制定法律，韩信制定军律，张苍制定各种单行规章，叔孙通制定礼仪。跟功臣共剖符信（用金、玉、铜、竹、木之类做成，上刻文字，然后当中劈开，君王自留一半，一半交给当事人。参考公元前 258 年），丹书铁券（把字铸在铁券上，用朱砂涂在字上，保证永远有效。古代君王颁发给功臣，世世代代保存，可以凭它免除若干重罪，包括死刑），妥藏在皇家祖庙（太庙）的石屋金柜之中。虽然每天忙碌，没有片刻休息，但创立制度，规模宏远。

班固曰："春秋晋国史臣蔡墨曾经考证，尧帝伊祁放勋（黄帝王朝六任帝），后裔中有刘累，学习养龙技术，曾侍奉夏王朝第十六任帝姒孔甲，他的后裔改姓为范。晋国国务官（大夫）范匄（范宣子）说：'我的祖先最初是伊祁放勋（陶唐氏），夏王朝时是刘累（御龙氏）。商王朝时，子孙称豕韦部落（河南滑县东南）。周王朝时，子孙迁到唐国（山西翼城），周王朝二任王姬诵，消灭唐国，子孙再迁杜国（陕西西安东南郊）。杜国国君姬恒（杜伯），被周王朝十一任王姬靖诬杀，姬恒的儿子姬隰叔投奔晋国。等到晋国称霸国际时，姬隰叔改姓范，世代当晋国防务司令（工师）。公元前七世纪八十年代，晋国内乱，范姓后裔投奔秦国。后来全族再回到晋国，未回到晋国而仍留在秦国的族人，恢复姓刘。'刘向说：'战国时代，在秦王国的刘姓后裔，随军出征，被魏王国俘虏。魏王国覆亡后，刘姓后裔迁到大梁（河南开封）附近，聚集丰邑（江苏丰县）。因之周福告诉雍齿说：丰邑的人，是从大梁来的移民。'所以，我们歌颂刘邦：'汉王朝的皇帝，出自尧帝伊祁放勋，繁衍到周王朝的秦国，才开始姓刘。经过魏王国，往东再迁，出了一位丰公。'丰公，指刘邦的祖父，太上皇刘执嘉的老爹。事实上刘家在丰邑定居的日子很短，在丰邑的祖先坟墓也很少。所以刘邦当上皇帝后，在秦地（范隰叔孙儿范会留在秦王国的后裔）、晋地（范姓在晋做官）、魏地（被掳大梁）、楚地（丰邑属故楚王国）四个地方，分别设立祠堂祭祀——祭祀天地及祖先，这就是证据。由此推断，西汉王朝

继承尧帝伊祁放勋的大运，盛德已高达顶点。斩杀大蛇，就是符信。国旗用红的颜色，乃火的标帜。这是上帝的安排，一切都出于天意。”

刘邦的出身，不过一个地痞流氓。可是当了头目之后，自有马屁精造神弄鬼，拼命往他脸上涂脂抹粉。连班固，这位受人尊重的史学家，也奋不顾身，查出刘邦竟然是儒家学派顶礼膜拜的尧帝伊祁放勋的后裔。看他这篇大作，左拉右扯，驴头马嘴，真是辛苦非常。司马迁在他的大作《史记》里，便没有这些呓语。

塞万提斯写《唐·吉诃德传》，借着吉诃德之口，告诉他的伙伴桑科说：只要你能混出一点名堂，就自会有人发现你有皇家血统。可说明这种摇尾手段，古今中外，相差不多。不过，刘邦也确实是中国历史上最英明的君王之一。所有关键性的大决策，都是别人的主意，没有一个是他自己想出来的。庸碌的领袖面对着比他智慧高的人，会感到一种压力，浑身不舒服，自己的愚蠢见解一旦被部属批驳，他会恼羞成怒，翻脸无情。左右必须全是比他更庸碌的蠢材，使他有机会表演“面授机宜”“智从己出”，他才满意。刘邦几乎样样不如人，然而，他是一个优秀的统御人才，能作正确判断，能承认错误，能宽容别人的过失，能用度外之人；胸襟坦荡，不拘小节，具备一个理想领袖的条件。即令生在民主时代，他也会同样崛起。

刘邦最大的罪恶，是他用残忍的手段屠杀功臣，留下不可抹灭的劣迹，我们绝不宽恕他。但我们也了解，专制独裁政治就是杀戮，当初大家一块当小偷、当强盗，吃在一块，睡在一起，大哥、二哥、麻子哥，好不亲爱，一旦你高坐金銮宝殿，装模作样，想想你当年狼狈嘴脸，要不是我，你还能活呀？王朝政权建立伊始，效忠心理还没有凝聚成为惯性，互相猜忌之下，不但君要杀臣，臣也要杀君。猜忌犹如荆轲的毒刃，见血封喉，毫无回转余地。西汉王朝初期，我们只看到君杀臣。以后，我们将看到臣杀君，同样凶暴。

这是封建制度的特产，只有民主政治才可以消除这种毒瘤。

樊哙被捕

刘邦卧病时，有人诬陷樊哙，说樊哙是皇后吕雉的一党，只等刘邦死掉，就要派军队诛杀赵王（首府邯郸）刘如意跟他的随从。刘邦大怒若狂，用陈平的计谋，把绛侯周勃召到病榻之前，亲自下令："陈平乘坐驿车，带着周勃，火速前往前方，由周勃接替樊哙的职务，陈平就在军中斩樊哙。"

樊哙跟刘邦是连襟姻亲，从小玩伴，情同骨肉，为刘邦"大哥"出生入死，忠心耿耿。鸿门宴上，强闯项羽先生军营的镜头（参考公元前206年12月），仍历历在目。而刘邦却只听一句风言风语，便下毒手，当年恩义，霎时勾销。政治恩怨，本来变化莫测。而专制独裁下的政治恩怨，不但变化莫测，更带血腥。

人猪事件

西汉王朝（首都长安【陕西西安】）皇帝（二任惠帝）刘盈（本年十七岁），凌晨到郊外打猎，唤赵王（首府邯郸【河北邯郸】）刘如意一块前去，刘如意年幼（才十三岁），贪睡不肯起床，刘盈只好独自出发。皇太后吕雉得到消息，急派人拿毒酒闯进寝宫，强迫刘如意喝下，刘如意遂毒发身死。黎明时，刘盈回来，弟弟已成为尸体。根苗已除，吕雉的复仇之手直指戚姬，下令砍断戚姬双手双脚，挖掉双眼，凿聋双耳，灌下破坏声带的哑药，把她扔到厕所，命名“人猪”。几天之后，吕雉特地叫人引导刘盈前往参观。对墙角一团血肉模糊，蠕蠕而动的物体，刘盈询问是什么东西，左右据实回答，竟是戚姬。刘盈痛彻心腹，放声大哭，遂患病卧床，一年有余，不能行动。派人告诉娘亲吕雉说：“这不是人做的事。我是你的儿子，对你无可奈何。但竟不能保护老爹心爱的姬妾和弟弟，还说什么治理天下？”从此，刘盈每天饮酒、玩女人，恣意淫乐，不再主持政事。

司马光曰：“身为儿女，父母有过失时，应该规劝。规劝而父母仍不听，应该号泣规劝。岂有继承老爹创立的政权，当天下的领袖，只因不能忍受娘亲残忍，竟不管国家大事，纵情酒色，自伤身体的道理？像刘盈，正是只怀有小的爱心，而不知道什么是大义的那种人。”

刘盈是中国历史上少见的一位仁君，戚姬母子夺嫡利刃，对象就是刘盈。刘盈对他们的仇恨，应远超过娘亲。但危险既已消失，亲情仍是亲情，也只有刘盈这种具有宽厚心灵的人，才能如此不记旧恶。俗云：“天要下雨，娘要嫁人。”刘盈从小就在凶爹恶母控制之下，他有什么办法反应他的愤怒、悲哀？司马光轻轻一句：“规劝不听，继续号泣规劝。”弟弟已死，庶母已成“人猪”，还有什么可规劝的？规劝不听，号泣规劝。号泣规劝再不听，下一步又该如何？是号泣个没有完，还是把娘亲皇太后的权柄剥夺？如果那样，司马光又要责备他不孝了。刘盈被迫逃避，是一种无力感的反应，那是对恶母的悲凉抗议，使人充满同情。

然而，问题仍在“人猪”。禽兽扑杀对手，目的只在置之于死，不在使对手痛苦。

吕雉如果把戚姬一刀斩首，我们可以谅解她的积恨。但用“人猪”残酷手段，是禽兽不如。我们绝不反对报复，报复是一种激发人类奋斗进取的最大动力之一。没有报复之心，便成了一摊泥奴才。而“以德报怨”，更是一种狡猾诈术。连儒家系统开山老祖孔丘都强烈反对，认为应该“以直报怨”，那就是，报复不应超过对方应得的。《基度山恩仇记》上，当邓迪斯看到检察官发现妻子和儿子惨死，立刻发疯时，邓迪斯就后悔他做得过分。报复超过限度，心肠阴毒；有力量报复而不报复，属于最高层面的神圣质量，我们在刘盈身上找到。

死不认错的理论根据

> **刘盈住未央宫，经常前往长乐宫朝见娘亲吕雉，平常无事时，又常常跑去闲逛。而皇帝上街，都威风凛凛，军警夹道，禁止通行（这就是“出警入跸”，一种权威展示）。刘盈觉得扰乱社会秩序，就紧傍军械库之南（未央宫到长乐宫，中间是武库），修建双层大道（复道）。祭祀部长（奉常）叔孙通警告说：“这是高皇帝（刘邦）衣冠出巡的道路，子孙的车马，怎么能在上面走？”（皇家礼仪：刘邦生前穿的衣服和戴的帽子，每月一次，都要从墓园捧出来，捧到刘邦的祭庙，称为“游衣冠”。刘盈的双层大道，正筑在“游衣冠”那条路上。）刘盈慌忙说：“马上把它拆掉。”叔孙通劝阻说：“领袖永远没有过失，既然已经筑成，人民都已经知道，拆除了岂不自承错误。我建议陛下在渭水北岸，给高皇帝（刘邦）再建立一座祭庙，这样的话，‘游衣冠’时，就不必再到长安城里的祭庙了。而且对祭庙大加扩建，正是大孝的基础。”刘盈立即下令在渭水北岸，为刘邦建第二座祭庙。**

孟轲曾斥责陈贾，说：“现代的人岂止继续错误下去而已，反而捏造出许多理由，把错误说成美德。”但陈贾不过是偶尔干那么一票的小人物。叔孙通却为拒谏饰非，提供理论基础：“领袖永远没有过失。”于是，冥顽不灵兼死不认错，上行下效，遂成官场中的金科玉律，贻害两千余年，使中国人丧失了承认错误和改正错误的能力。到了现在，偶尔发现中国人主动向人道歉时，尤其在高位的中国人，主动向属下道歉时，简直是一幅美好的图画。

诛杀三族

公元前 187 年，西汉政府下令废除秦王朝的“诛杀三族令”及“妖言令”。

诛杀三族（父族、母族、妻族）是秦政府制定的法律，这是专制帝王企图彻底消除叛逆的手段，谓之“斩草除根”。问题是，叛逆有它产生的条件，一旦条件具备，不要说诛杀三族阻吓不住，即令诛杀三千族也阻吓不住。而且因有诛杀三族的恐惧，一旦推翻旧统治者，新统治者的报复性和预防性的屠戮，就更凶恶。中国历史上，帝王子孙几乎都被杀光，就是渊源于统治阶层先下毒手。

连坐，是野蛮民族的产物，时到二十世纪，中国虽不再有诛杀三族，但家属对罪刑的分担，仍保持这种余绪。

吕家班

公元前 180 年，西汉王朝皇太后吕雉逝世，政变爆发，吕家班最信任的郦寄，诱骗吕家班交出军权，吕家班遂全族被屠。
班固曰：“刘恒（西汉王朝五任文帝）在位时，天下人都认为郦寄出卖朋友，见利忘义。然而，郦寄的老爹（郦商）是开国功臣，又被强力挟持，所以摧毁吕禄，安定国家，拯救父亲，拯救皇帝，大义已够。”

根据已知的史料，并没有吕家班要夺取刘姓政权的证据，吕雉不过一个泼辣的悍妇，跟《红楼梦》上的王熙凤，是一路货色。有小聪明，也有恶毒心肠，但没有疯狂野心。比起七世纪出现的、中国唯一女皇帝武曌女士，吕雉就像一个白痴。吕雉最大的愿望不过把她娘家人封王，风光风光而已。封王引起激烈的反应之后，才不得不更坚持封王政策，来保护她的家人和她的弱孙安全。看她饿死刘友，只是为娘家女儿出气。毒死刘肥，只是为了他坐在她儿子的上席，都非一个胸怀大志的人的作为。吕禄、吕产，一对荷花大少，更非政治人物，如果有意谋反，岂会被郦寄的三寸不烂之舌说服，轻率地交出军权？吕家班政变的消息，主要的来自刘章，自从逃席事件之后，双方对立立场，十分明显，吕家班纵有阴谋，也不可能对刘章毫不设防。刘章年轻躁进，利用妻子身份，制造无法求证，但却迎合人心的情报，也只不过为了博取政治暴利。

以陈平、周勃为首发动的政变，事实上是一场夺权斗争，所以必须使用“诬以谋反”法宝。郦寄当时就被人指责，可见即令在吕家班被肯定为叛逆的恐怖气氛下，公道仍在人心。班固为他辩解的理由：一、老爹是功臣，二、老爹被挟持。功臣之子，难道就可以丧天害理？这种想法可谓奇异之极。而我们又根本不相信他老爹真被挟持这回事，军权在吕家班之手，太久的劫持会使阴谋暴露。

郦寄卖友求荣、见利忘义，已铁案如山，班固却把他美化得忠义千秋，只不过成则王侯败则贼，刘家班成功罢了。如果吕家班成功，对郦寄这种行为，又是如何评估？当时还有公论，后世的史学家，反而替郦寄开脱。

不过，无论如何，我不希望朋友中有郦寄先生这种“大义已够”人物，上帝保佑！

魏勃

西汉王朝吕家班覆亡后，全国最高统帅（大将军）灌婴在荥阳（河南荥阳），听说齐军统帅魏勃，是说服齐王（首府临淄）刘襄起兵的人，派使节召他见面，责备他轻举妄动。魏勃回答说：“家里失火，岂有先禀告家长，才去救火的？”退立一旁，两腿发抖，害怕得说不出话。灌婴再问他，他仍是这一句。灌婴瞅看他，失笑说：“人们都说魏勃人中豪杰，简直胡扯，不过一个脓包罢了，有什么作为？”命魏勃回去。灌婴也自荥阳班师。

有些人久负盛名，平常日子里，嘴脸多端，俨然人物。一旦形势有异，如果再继续拍胸脯表演将要杀身成仁，可能真的要杀身成仁。于是立竿见影，立刻两腿发抖。不过，柏杨先生积六十年的经验，可以预测：魏勃回到齐国后，向齐王刘襄提出报告，或向他的部下训话时，准把这场“荥阳之会”，描绘成据理力争，灌婴终于被他说服，对他充满敬意，待若上宾。说不定魏勃还会在媒体上发表一篇回忆录之类，说灌婴还向他下跪，请他宽恕。

达官贵人中，多的是魏勃，久瞧便知。

刘邦嫡系屠城

诛杀吕家班政变后，西汉王朝政府面对四任帝刘弘属于吕家班家人的严重问题，共同会商对策，决定说：“皇上（刘弘）、梁王（首府定陶）刘太、淮阳王（首府陈县）刘武、恒山王（首府真定）刘朝，都不是惠帝（二任帝刘盈）真正的亲生儿子，而是皇太后（吕雉）夺取别人的儿子，杀死他们的娘亲，送到皇宫养育，叫惠帝（刘盈）收作自己的儿子，立为皇太子；晋封王爵，目的只在加强吕姓家族的力量。今天把吕姓家族全部屠灭，而皇帝也好、亲王也好，年纪一天天长大，一旦掌握权柄，我们可要付出代价。与其冒这项危险，不如在高皇帝（一任帝刘邦）儿子群中，遴选一位品德贤明的亲王，请他当天子。”于是全部诛杀。

刘盈十六岁即位，二十三岁逝世。七年之间，正是青春壮士，生儿子的可能性，远超过不生儿子。史书上只说皇后张嫣无子，并没有说刘盈无子，他的小老婆群照样可以生子。史书上强调刘恭（三任）、刘弘（四任）是“他人子”，只是指小老婆的儿子，交给张嫣抚养。站在张嫣立场，固然是“他人子”，站在刘盈立场，仍是刘家血统。正因为如此，吕雉才把孩子的娘亲杀掉。如果是抱自别家，难道独放过老爹，而不灭口？吕雉当然有可能把姓吕的孩子抱来充数，但屠灭吕家班罪状中，没有此条。如果有这种行为，反吕阵线难道不抖出来？而且，抱养一个就足够了，却抱养了七个，数目越多，泄露机密的机会越多。吕雉不傻。

我们肯定地认为，刘弘兄弟八人，全是刘盈亲生之子。他们的罪状在于他们身上所流的四分之一的吕姓血液。高官们对他们长大成人后的恐惧之情，溢于言表。政治斗争下常使事实真相淹没，反吕阵线的史学家，自然希望后人相信这项诬陷。不过，至少有一点可以证实，政变时口口声声保护皇帝安全，不过一个骗局。

乱世悲喜剧

公元前 179 年，西汉王朝五任帝（文帝）刘恒，封太子刘启的娘亲窦女士（名不详）当皇后。窦皇后，是清河郡（河北清河）观津县（河北武邑）人。弟弟窦广国（字少君）。广国小时候，被人掠夺贩卖，共转卖了十余家，听说姐姐当了皇后，上书描述自己的身世。窦皇后召见，盘问出实情，于是，厚厚地赏赐给他田宅金钱，跟老哥窦长君，定居长安。右宰相周勃、全国武装部队总司令（太尉）灌婴等人说："我们的性命，握在这二人之手。二人出身微贱，必须妥善地给他们遴选师傅和宾客。否则，如果再步吕姓家族后尘，可是关系国家的大事。"于是物色品德高尚有节操的人，跟他们同住。窦长君、窦少君遂成为谦恭之士，不敢用他们的尊贵身价，傲慢别人。

窦皇后跟窦广国，是观津（河北武邑）人，拥有使人唏嘘的凄凉身世，和传奇性的姐弟相会。他们的遭遇如果写成报导文学，一定会被人认为虚构，但史实俱在，悲惨世界中，偶尔出现一幕喜剧，也足以鼓舞人生。

窦皇后自幼家贫，被吕雉女士强迫征入皇宫。有一次，吕雉赏赐每个亲王五名宫女，窦女士在名册之中。她因家距赵国首府邯郸较近，哀求主持这件事的宦官，务必把她分发到赵国。宦官满口答应，但立刻也就忘记，他不会把一个穷苦的小宫女的话，放在心里。于是当动身时，窦女士才发现她被送到代国（首府晋阳【山西太原】），伤心哭泣，不肯上道。但皇宫岂允许一个小宫女反抗？想不到到了代国之后，受到代王刘恒宠爱，生一女刘嫖，再生一子刘启。后来刘恒当了皇帝，刘启又被封皇太子，她竟被尊为皇后，阴差阳错，使她走上巅峰。当初如果如愿以偿地分发到赵国，不过仍是一粒微尘。

弟弟窦广国四五岁时，被人掳去卖掉，一连转卖了十余家，最后卖到宜阳（河南宜阳），替主人到深山伐木烧炭，山忽然崩塌，压死一百余人，只窦广国死里逃生，跟随主人前往长安。听说皇后新立，姓窦，又是观津人。窦广国虽然四五岁时就离开家乡，但仍依稀记得县名姓氏，跟姐姐的模样，还记得有次跟姐姐爬到树上采桑叶，失足掉下来。就用这件往事，上书给皇后，请求相认。

这件只有姐弟二人才知道的往事，使窦皇后震撼，随即召见窦广国，询问一遍，又问：“还记不记得其他儿时事情？”作为验证。窦广国说：“姐姐被强夺进宫时，跟我在旅社诀别，讨了一盆水给我洗头，洗过头，又喂我吃饭，饭罢姐姐才走。”陈述未了，窦皇后把弟弟抱到怀里，泣不成声。侍奉在左右的随从和官员，都匍伏在地，陪着哭泣。

这项传奇背后，隐藏着中国人的命运，即令在所谓“汉唐盛世”的西汉王朝，男孩被掠为奴，女孩被迫入宫，人民都告诉无门。上帝特别用窦家姊弟二人的舞台式喜剧，显示人间悲剧的无穷。

张释之的利口

南阳（河南南阳）人张释之，当骑兵禁卫官（骑郎），十年没有升迁，准备辞职回家。袁盎知道他的贤能，向刘恒推荐，擢升当皇家礼宾执行官（谒者仆射）。有一天，刘恒游逛御花园（上林苑），张释之随从，参观虎圈。刘恒向御花园管理官（上林尉）询问禽兽数目和其他饲养情事，提出十余个问题，管理官结结巴巴，回答不出。虎圈管理员（虎圈啬夫）在旁代替应对。刘恒询问得十分详尽，打算考查他的能力，管理员随问随答，十分敏捷，无有穷尽。刘恒说："一个负责的官员，难道不应该这样？管理官不过是个混饭吃的家伙罢了。"吩咐张释之：擢升虎圈管理员当御花园总管（上林令）。停了一段时间之后，张释之问刘恒说："陛下认为绛侯周勃这人怎么样？"刘恒说："忠厚长者。"张释之又问："东阳侯张相如这人怎么样？"刘恒说："忠厚长者。"张释之说："周勃、张相如，都是忠厚长者。他二人谈话时，口舌迟钝，有话说不出口，岂有管理员那张利嘴，多言善辩？秦王朝一向重用条理分明的人，认为挑剔细微，明察秋毫，才是高手。发展到最后，都成了表面文章，而没有实质。在上位的听不到自己的过失，政府遂逐渐瓦解而终于崩溃。而今，陛下因为管理员能言善道，就给予不次升迁。我恐怕天下起而效法，竞相在言语上下功夫，而不注意本身工作。下级受上级的影响，比影子来得都快，擢升或贬谪，不可以不谨慎。"刘恒说："好极！"遂停止擢升管理员。

史实俱在，御花园管理官可是一个典型的脓包。而虎圈管理员事先并不知道皇帝会向他百般盘查，而竟能对答如流，显示他的专业精神和对自己的工作全心投入。张释之竟攻击他"利口"，还举出周勃、张相如木讷寡言，作为例证，看样子开国功臣陈平、陆贾、郦食其，都成了坏胚。就职责上的事务，作出条理分明的简报，怎么能叫"利口"？依张释之的诠释，一问三不知才是好官，这真是官场混混的福音。就在下文，刘恒询问他有关秦王朝所以衰亡的原因，张释之口若悬河，一一回答，如按他的标准，正是在逞"利口"。为什么不结结巴巴，回答不出？焦点应在于他回答得有无错误，如果没有错误，为什么怕天下效法？恰恰相反，正要天下效法。

张释之在思考了一段时间之后，才向刘恒说出这番似是而非的道理，似乎有其内情。御花园是皇帝皇后常去的地方，总管必然来自皇亲国戚的推荐，管理员的后台，当然要弱得多，张释之不得不接受强者的请托，或者乘机伸手一摸强者的马屁。依官场的运转规律，这位管理员即令当上总管，他也干不了多久。现在，既然当不上总管，他的管理员位置，也可能不保。管理官那个脓包绝不允许一个几乎夺走自己职位的干才，仍在身边。

只有刘邦才能用度外之人，刘恒没有这种能力。西汉王朝政府建立还不到四十年，政治活力便已僵化，以后就更难突破。

偷窃祭庙玉环

有人偷了刘邦祭庙（高庙）门上的玉环，被捕。刘恒震怒，交司法部（廷尉）审理，张释之按照“偷盗皇帝祭庙律”论罪，应当法场斩首。刘恒大发脾气，说：“这家伙胆大包天，竟然敢偷先帝（刘邦）祭庙的东西，我交给司法部，就是要诛杀他的家族，你却拿法律顶我，不是我敬祖的本意。”张释之脱下官帽，叩头请罪，说：“法律这样规定，我就这样判决。对于犯罪，应该看轻重大小，作为惩罚的根据。如果因为偷祭庙的一个玉环就诛杀他的全族。万一，没有知识的愚民，挖了长陵（刘邦坟墓）上一抔土，陛下将用什么更重的刑罚惩处？”刘恒报告薄太后，批准原判决。

中国帝王是世界上礼仪最多、日常生活花样最复杂的一种动物。非洲有些君主，可能比中国帝王更残忍，但是却没有中国帝王那么多禁忌，使人民动辄得咎。这种制度由嬴政先生创立，以后层面日益升高，到了明王朝，遂累积成为一项毒瘤，使中国人民受到致命的伤害。刘恒先生在帝王群中，算得上是一个明白人，可是在用别人的血来展示他的尊严和孝思时，却跟其他帝王一样的心狠手辣。祭庙上一个玉环算屁，甚至刘邦的坟墓又算屁，动了一下竟企图杀人全族。

传统文化中，没有人权，只有君权。后来帝王灭绝，而文化延伸，就成了只有官权。我们迄今面对的，仍是这种困局。

大儒和奴才

刘恒召见河东郡（山西夏县）郡长（守）季布，打算任命他当最高监察长（御史大夫）。有人打小报告，说他虽然有担当，却喜爱饮酒，难以接近。刘恒犹豫不决，季布留在宾馆一个月，刘恒竟打消原意。季布因向刘恒抗议说：“我本没有功劳，幸蒙宠爱，使我当河东郡长。陛下无缘无故，把我叫到京师（首都长安），一定有人言过其实地向陛下推荐我。我既然应命前来，陛下没有什么吩咐，又打发我回去，一定有人在陛下面前，说了谗言。陛下因一个人的称誉召唤我，又因一个人的诋毁而改变主意。恐怕天下有见解的人，会看出陛下的见识深浅。”刘恒沉默不语，内心惭愧，停了好一会，才说：“河东（山西夏县），是我最重要的一个郡，所以特别要你来了解郡情。”

王夫之曰：“由于一个人的称誉而征召季布，由于另一个人的诋毁而遣返季布，天下人自然看出刘恒的深浅。不过，那有什么关系？领袖权威在握，岂在乎天下不知道深浅，才能维持？季布忿怒他被遣返，而向上质问领袖，以逞一时之快，他之没有能力担任最高监察长（御史大夫），至为明显。使他喜好饮酒而难以接近的缺点，完全暴露。刘恒的过失，在于轻率地征召季布，不在于轻率地遣返季布。对高级官员谨慎任命，而勇于改正自己的过失。听到报告，延迟了一个月，终于查明对季布的指控并不是诬陷，沉默很久之后，才说：‘河东是我重要的一郡，所以特别要你来了解郡情。’正是培养部属的羞耻之心，并不是内心惭愧。如果是惭愧的话，应该是惭愧轻率地征召季布，自恨没有知人之明。”

王夫之认为，季布忿怒他被遣返，而向上质问领袖，以逞一时之快，他之没有能力担任最高监察长（御史大夫），至为明显。我们的看法恰恰相反，季布忿怒他被遣返，而向上质问领袖，他之有足够的能力担任最高监察长（御史大夫），至为明显。所谓“逞一时之快”，是王夫之千年后的判断，不知有什么根据。“领袖”这玩意儿，是何等的厉害角色，胆敢顶撞，轻者丢官，重者丧命。而季布却无畏地提出抗议，这种胆量，足以把奴才活活吓死，正是最高监察长（御史大夫）应具有的高贵素质。依王夫之之意，大概要季布像狗一样地驯服。主人吆喝一声即来，再吆喝一声即去。委屈不敢申诉，困惑不敢请求解释。任凭有权大爷摆布，除了叩头外，不出一声，才算合格。在“大儒”这种践踏自己人格的教育下，官场中到处都是软体动物。类似季布有个性的质问，遂成为绝响。

周勃之狱

绛侯周勃失宠，回到他的封国（绛县【山西侯马东】），每逢河东郡（山西夏县）郡长（守）、民兵司令（尉）下乡巡视各县，抵达绛县时，他都惊慌失措，恐怕负有特别使命，对他行刑，所以经常身披盔甲，在家人全副武装保护下，才敢出来接见。不久，有人检举周勃谋反，刘恒下诏交司法部（廷尉）调查。司法部立即逮捕周勃，审讯逼供。周勃紧张恐惧，对被指控的各项罪行，张口结舌，不知道如何分辩答对。审讯官员开始对这位失势的宰相，诟骂凌辱。周勃家人向审讯官员贿赂黄金二万两，审讯官员才答应指示生路。审讯时，在记录口供用的木简的背后，书写："由公主作证"（请公主出面证明冤枉）。昌平公主（名不详）是刘恒的女儿，嫁给周勃的嫡长子周胜之。薄太后也认为周勃不可能谋反，刘恒朝见时，薄太后用头巾摔刘恒说："周勃除掉吕家班，身怀皇帝玉玺印信，控制北军（野战军）重兵，不在那时候谋反。而今住在一个小小县城，却去谋反，天下岂有这种怪事？"正好，刘恒看到司法部呈上来的周勃的口供，抱歉说："我没有肯定他谋反呀，已经调查清楚，就要释放。"于是派人"持节"，赦免周勃，恢复他的爵位跟采邑。周勃出狱后，对人说："我曾经率领百万大军，怎知道狱吏有那么大的权威！"

周勃跟韩信、彭越，有同一的遭遇，属于"有人检举型"。这个"有人"，是隐藏在高位的杀手，韩信的"有人"是刘邦，彭越的"有人"是吕雉，周勃的"有人"当然是刘恒。唯一不同的是，刘恒目的不在杀他，而只在灭一下他这个"忠厚长者"的威风，叫人瞧瞧谁是老大。然而，周勃如果没有黄金二万两，如果儿子娶的不是公主，几场苦刑拷打下来，他就无法避免"攻破心防""坦承不讳""自动招认"（贯高先生那种铁石人物，是人间异数，我们敬他、爱他，为他垂泪，但不能希望每个人都是他）。铁证如山的供词，摆在公案之上，刘恒包管跟嬴胡亥对李斯的醒悟一样："他妈的，原来是真的呀。"即令薄太后扔砖头，也救不了他的命。周勃死里逃生，是一个特殊的个案。这种个案，在历史上，寥若晨星。

周勃以盖世奇功——没有他的拥护，刘恒仍在他的代国喝米汤。但到了最后，却被吓得几乎神经失常。全身披甲，家人武装，能挡住什么？只要一纸逮捕令，还不是俯首帖耳，乖乖上道。但周勃惊恐失措，身不由主，可看出事情发生前，山雨欲来风满楼，已使他感觉到大祸将至。把一个元勋逼成这个样子，刘恒固然苛刻，但也是专制政治使然。一个人的安全，不系于自己的无罪，而系于领袖的高兴或不高兴。周勃最后叹息："我曾经率领百万大军，怎知道狱吏有这么大的权威？"人，一旦陷入狱吏之手，犹如老鼠陷入响尾蛇的毒牙，除非"二万两黄金"，就难逃劫数。没有身受其害的人，根本不知道世上还有这种劫数。身受其害的人，呐喊嘶叫，又得不到响应，这是中国人的耻辱！

《治安策》

梁国（首府定陶【山东定陶】）亲王师傅（太傅）贾谊（贾谊原当长沙王师傅，不久调任梁王师傅），上奏章给刘恒（著名的《治安策》），刘恒采纳贾谊的建议，其中之一是：培养臣僚节操。以后，西汉王朝高级官员们一旦有罪，都自我了断，而不接受刑事审讯。

贾谊向刘恒上《治安策》时，才二十几岁，不过大学一年级学生而已，竟写出这篇见解深刻的政治评论，诚是一位奇才。《治安策》原文，已不可得。司马光在残篇中，摘录他认为重要的部分，连“六个长叹”，都不能完整。

西汉王朝初叶的封国过于强大，贾谊早就发现是灾祸之源，不但指出它的危险，更提出具体，也是唯一可行的建议——在稍后，西汉政府便完全依照贾谊的建议实行：把亲王的儿子群，全部分封，用他自己的骨肉，削弱他自己的国土，不但没有怨言，反而欢天喜地。贾谊具有政治家的远见，可惜他遇到的不是刘邦，而是刘恒，不能立即采纳，徒使天下千万人民，在七国之乱中（参考公元前154年），为这个君王的苟且因循，流血丧生。

根据贾谊的分析，指出个人的品德修养，并不足以扭转环境的压力，这种思想是一种对儒家学派礼教万能的挑战。然而，贾谊基本上仍是儒家，所以他仍排斥“法治”。这种“法家”和“儒家”的争论，经贾谊把它抬到金銮宝殿之上，希望用政治力量，达到目的。然而二者并不冲突，犹如鸟之有两个翅膀，才能飞翔，不应引起争论的事，竟引起争论，主要原因，在于每一个翅膀都自命不凡地认为另一个翅膀是邪恶的，有了它不但不能飞，反而会被跌死。没有它不但能飞，反而飞得更高更漂亮。不久，儒家学派获得政治支持，大获全胜，然而却发现如果不使用法家那一套，国家就要稀烂，遂出现一系列的“外儒内法”的政治家和政客。

贾谊攻击公孙鞅的手段，是传统的“一手遮天”模式，信口雌黄。公孙鞅的罪恶在于他轻侮人权和建立绝对专制。除了这一点（这一点可是最重要的一点），他的其他建树，可与日月辉映。贾谊形容他："遗弃仁义，排除恩德，实行了两年，秦王国的风俗，开始败坏。"大笔一挥，历史竟翻了一个倒栽葱。事实上，公孙鞅变法两年，秦王国向文明世界，作了大大的跃升，风俗日益美好。姑且举一个例子：秦王国那个落后地区的人民，父母妻子儿女，都是挤在一个大炕之上睡觉（炕，土制的床，床中有坑道，可用火烧热，冬天跟电毯一样），公孙鞅严令他们分居。媳妇公公并肩而坐，贾谊已大跳其脚，而媳妇公公睡在一个床上，难道反而成了"仁义"？公孙鞅下令禁止，难道就是"背弃仁义"？就是风俗败坏？

贾谊对于尊贵官员们在审讯过程中，或在牢房之内，所受到的屈辱，特别重视。但却提议：士可杀不可辱。导致一个残酷的发展：高级官员们一听说要吃官司，不但不准去公堂之上替自己辩护，反而必须马上自杀。咦，人，固不可辱，更不可杀。不仅对尊贵的官员如此，对卑贱的平民也应如此。贾谊竟然认定低阶层的差役之辈，全是无耻之徒，窃窃自喜他已跻身于统治阶级，使人失望。在此之后，凡受到诬告的官员，不允许申辩，只允许自杀。对拒绝自杀而要求澄清的人，往往痛加抨击。因为提议目的不在保持人格的尊严，而在保护皇帝的荣耀。司法如此黑暗，人权受如此可怕的蹂躏，上自皇帝，下到贾谊，没有听到他们说一句谴责和改革的话，反而出主意使冤狱更深。中国知识分子，似乎跟其他国家的知识分子，大不相同。

文景之治

公元前 173 年，西汉王朝（首都长安【陕西西安】）皇帝（五任文帝）刘恒（本年三十岁）下令：侯爵的娘亲（列侯太夫人）、侯爵的妻子（夫人）、亲王的儿子们，以及部长级（二千石）以上官员，不准擅自逮捕人民及擅自征收税捐。

刘恒这项命令，证明了一件事：中国人即令生在被歌颂的“文景之治”的盛世，侯爵的娘、侯爵的妻、亲王的儿子，以及政府高官，一高兴或一不高兴，都可以随意逮捕平民，玩玩猫捉耗子游戏。要你的女儿你拒绝，逮捕你。要你的房屋田地你拒绝，逮捕你。我出门时你走避不及，逮捕你。忽然看你不顺眼，逮捕你。而他们又可以征收捐税，穷人的血汗钱，穷人的卖儿卖女钱，只不过供他们吃一杯酒。如果你抵抗，如果你真的缴纳不起，那就又回到固定位置——逮捕你、凌辱你、拷打你，最后，一具血淋淋的尸体抬回家门。

刘恒这项命令有没有执行，是另外一个课题。而就在这项命令中，并没有禁止侯爷本人和王爷本人对人民逮捕和征税，老娘老婆只要透过儿子或丈夫的手，照样横扫全国。

龙

黄龙在成纪（甘肃静宁西南）出现。刘恒征召公孙臣命他当研究官（博士），他跟其他儒家学派的知识分子，重新提出土神是西汉王朝的保护神（土德），草拟改革历法及改革法定衣服颜色草案。宰相张苍自此逐渐失势。

水德土德，五行运转，本是连篇鬼话。问题是，鬼话只要有人相信，就是人话，相信的人如果手中掌握权柄，鬼话就更升了一级，成了真理，势不可当。

在成纪（甘肃静宁西南）出现的那条黄龙，意义重大。“龙”这玩意儿，跟“外层空间人”一样，都是想象出来的动物，谁都没有见过。截至二十世纪末叶，科学家终于证明中国传说里的龙，并不存在。一个根本不存在的东西，却活蹦乱跳地在一个荒僻小县出现，可能是人们把一条大蜥蜴，硬当成龙，也可能是一次官场骗局，公孙臣跟他的伙伴，在精密的布置下，隆重推出。一则打击张苍，一则图谋自己前程。

大酺

公元前 164 年，魔法师新垣平叫他的伙伴拿着玉杯，到皇宫呈献。事先，新垣平向刘恒报告："皇宫门外，有一种宝玉之气。"不久，果然玉杯出现，杯上刻字："人主延寿"。新垣平又说："我夜观天象，今日太阳将再度出现中天。"不久之后，天已正午，太阳果然向东方退回，然后再走向正午。刘恒大为惊佩，下令把明年（公元前 163 年）改称在位元年，特准全国平民欢宴。

全国平民欢宴，文言文称为"大酺"。西汉政府法律：三个人无缘无故在一起饮酒，罚银四两。以后专制制度日趋精密，限制更严，平民不准穿某种衣服，不准住某种房子，不准戴某种装饰，不准乘某种车辆（商人甚至根本不准坐车，但总算允许乘船，可谓皇恩浩荡，否则做生意的人只好游泳过江），积成中国传统政治中最阴暗的一面。这阴暗面一直未被发掘，以致近代知识分子相信古人过着伊甸园生活，好不自由自在，甚至有人声称中国人自由太多！连吃肉饮酒，都要政府下令特准，再请参考公元前173 年刘恒宣布的禁止巨官随意逮捕小民的诏令。不禁为中国人落泪。上一次"大酺"时间，在公元前 222 年。秦王国连灭五国，统一天下，秦王嬴政特别允许平民来一顿大吃大喝，以示庆祝，距今已五十八年，才遇到西汉帝刘恒再一次高兴。一些短命的朋友，恐怕一辈子不知道什么是满桌酒肉的宴会。

刘恒改革丧礼

公元前 157 年，西汉王朝（首都长安【陕西西安】）皇帝（五任文帝）刘恒（本年四十六岁），在未央宫逝世。

中国历史上，刘恒属于第一流君王。长期动乱及一个接一个大屠杀，在刘恒手中，尘埃落定，人民终于回到和平。而他的朴实生活，也确为当代建立一个最好榜样。自从上古以降就根深柢固的厚葬，刘恒用实践做了一次使万民赞赏的突破措施。他要求薄葬，并缩短守丧时间。只因帝王之死，可比一条猪之死严重得多，除了有关系的亲属和官员外，连平民都得跟着倒霉。而帝王之丧，谓之“国丧”，国丧期间，人民不准演戏、不准喝酒、不准结婚、不准理发，甚至不准笑逐颜开，都要为那个已死的当权分子，一心一意地悲哀流泪。胆敢拒绝，那可是惹了虎头蜂，非死即伤。

从刘恒的遗诏，可发现一心一意悲哀流泪的人，实在不多，为了支撑场面，政府不得不强迫平民“自动自发”地进宫哭泣。礼教和权势逼人作伪，刘恒都一一禁止。然而，在以后的漫长历史中，统治阶层的老毛病不断发作，虽然有人力主薄葬，结果仍是厚葬，祖先崇拜的情操，使做儿子的人，觉得如不长期守丧，就是不孝；做部属的人，觉得如不搞得热热闹闹，就是不忠。于是，笑话百出，丧礼遂变成一场锣鼓喧天的趣剧，既不严肃，也没有一点悲哀的气氛。

晁错之死

晁错跟吴国宰相袁盎，互相仇视，晁错在的地方，袁盎总是躲开；袁盎在的地方，晁错也从不去，两人没有在一起说过话。晁错当了最高监察长（御史大夫）之后，就派人调查袁盎收受吴王刘濞贿赂的事情，证据确凿，依法应处死刑。刘启下令赦免，只把袁盎贬作平民。吴楚等七国既反，晁错准备趁机再打击袁盎，对总监察官（丞）和监察官（史）说："袁盎收了刘濞太多的金银财宝，专门替他说话，蒙蔽皇上（刘启），誓言刘濞绝不会叛变。而今刘濞竟然叛变，我打算把袁盎定罪，相信袁盎一定参与刘濞们的阴谋。"总监察官（丞）和监察官（史）说："叛变没有公开时，惩治袁盎，可能断绝刘濞的叛变念头。而今刘濞大军已经发动，杀掉袁盎，有什么补益？而且，袁盎只不过贪财而已，不可能参与。"晁错犹豫不决。而这时，已有人密报袁盎。袁盎惊慌恐惧。星夜拜访窦婴，对吴国叛变的原因，作一分析，愿晋见皇帝（刘启），当面陈述。窦婴入宫向刘启报告，刘启答应。袁盎遂即入宫晋见，当时，刘启正跟晁错讨论后方勤务及军队粮秣如何调度问题。刘启问说："而今吴楚反叛，你有什么看法？"袁盎说："用不着忧虑！"刘启说："刘濞有矿山可以铸钱、海水可以制盐，集结天下英雄豪杰，在头发已白时才举大事。如果没有周密的计划，岂敢发动？怎么能不忧虑？"袁盎说："吴国诚然有铸钱、制盐的财源，可是并没有被引诱上钩的英雄豪杰。假令有英雄豪杰，一定会辅佐刘濞走上正道，就不会叛变。吴国所引诱的，不过地痞流氓、无赖亡命，跟一些铸钱工人而已。"晁错认为袁盎倒向自己这一边，在旁插嘴说："袁盎的判断正确。"刘启说："那么，我们用什么办法对付？"袁盎说："请求陛下屏退左右，单独听取我的意见。"晁错退出之后，袁盎说："吴楚两国发表文告，声称：高皇帝（刘邦）封子弟们当王，各有固定的疆界。而奸臣晁错，擅自处分各国王侯，减削各国土地，所以被迫起兵。大军西上，只在诛杀晁错，恢复失土，一旦达到这两项目的，自然班师。现在唯一的办法，只有牺牲晁错，派使节赦免吴楚等七国，把原削减的土地，归还他们，不必流血，就能重获和平。"刘启同意。十余日后，刘启命宰相（丞相）陶青、首都长安警备区司令（中尉）嘉（姓不详）、司法部长（廷尉）张欧，联名弹劾晁错："一切行为，不符合领袖的恩德信义，打算使领袖疏远群臣跟全国人民，又打算把城市割给吴国，

失去臣属的立场，大逆不道。晁错应腰斩，父母、妻子、同母的兄弟姐妹，无论老幼，应全体绑赴街市处决。”刘启批：“可。”晁错一点消息都不知道，还在为前方军事尽力。刘启命首都长安警备区司令（中尉）嘉（姓不详），传话晁错入宫晋见。一同乘车，穿过街市。就在街头，晁错仍穿着朝服，被武士摔下，腰斩。刘启遂派袁盎，跟刘濞的侄儿、皇族事务部长（宗正）德侯刘通，出使吴国（首府广陵）。

人称晁错先生是“智囊”，看他种种方略，确实是“智囊”；唯一的遗憾是他的胸襟太窄、器宇太小，指尖刚触到权力，便急吼吼公报私仇，要把对方满门抄斩。政治家必须有三分混沌，才能把反对力量稀释到最低限度，一定要把账算得清清楚楚，去年张三瞪了我一眼，前年李四踢了我一脚，对方为了自保，自不得不奋起反击。反击失败，不会有再大的损失；反击成功，晁错便是一个榜样。他如果不先向袁盎下手，袁盎何至狗急跳墙。政治家固然不能没有敌人，但绝不努力制造敌人。

正因晁错不是一位政治家，所以才建议皇帝出去打仗而由自己坐镇京师，把皇帝置于险境而自己稳享太平，可谓荒唐得离谱。刘邦可以出征，而请萧何留守，但那要出自他的自愿。刘启不过一个嫩娃儿，他怎有那么大的胆量？至于忽然又要割两个城市给吴国，事属蹊跷。我认为那可能是晁错的一种谋略，而被刘启断章取义。但不管怎么吧，晁错显然临危已乱。叶公以画龙闻名于世，一旦真龙驾到，几乎把他吓死。晁错在文字上预卜吴国必反，看起来心有定见，一旦吴国真的起兵，面对那么多复杂难题，其中最可怕的一个难题是：中央军可能战败，中央政府可能崩溃。于是，方寸不安，遂掌不稳舵。高级知识分子很容易陷于这种窘境，因为说话容易，写文章容易。

然而，晁错却是忠于刘启的。为了和平而牺牲晁错，可以理解，但不理解的是，为什么叫他死得那么悲惨？砍头也行，何至腰斩？腰斩之人，因没有伤及心脏，上体仍然在活，清王朝一位官员在腰斩之后，用手沾自己的血，在地上连写“惨惨惨惨惨惨惨”七字，闻者垂泪。晁错在刘启还是孩提时，便在身旁陪伴，以后言听计从，宠信有加。即令有过，处死已经足够，杀就一杀了之，照样可以向吴国表态，何至指定用此酷刑，甚至“无少长皆斩”？古人云：“伴君如伴虎。”事实更为严重，在极权政体下，伴君简直像坐在百步蛇的毒牙之上。

刘启从决定到执行，中间有十余天时间，仍跟晁错在一起商讨军国大计，不知道每天面对猎物时，刘启心里有什么反应。更使人毛骨悚然的，是晁家的巨变，父子夫妻兄弟姐妹，霎时一堆鲜血人头。晁错并非大奸巨恶，手握兵权，何用如此闪电手段？鼓儿词有言：“说忠良，道忠良，忠良自古无下场。”数千年传统文化，化作三句唱词，令人兴悲。

桓将军

吴国（首府广陵）一位年轻将领桓将军（名不详），建议吴王刘濞："吴国步兵多，步兵在险地才可以发挥威力。中央军骑兵多，骑兵在平原才可以驰骋。最好的战略是：对所经过的城市，置之不理，直扑洛阳，夺取军械库跟敖仓（河南荥阳北敖山粮仓）粮食，依仗黄河跟崤山的险阻，号令各个封国，虽没有攻入函谷关（河南灵宝东北），天下已进入掌握。如果大王（刘濞）进军不够迅速，被困在坚城之下，中央骑兵部队赶到梁国（首府睢阳【河南商丘】）跟楚国（首府彭城【江苏徐州】）交界处的大平原地带，我们就会失败。"刘濞征求一些老将领的意见，老将们说："这个年轻人，冲锋陷阵还可以，怎知道深谋远虑？"刘濞遂放弃桓将军计划。

桓将军的建议是一种跳蛙战术，二十世纪四十年代第二次世界大战末期，美国就用它直逼日本本土。桓将军在两千年前，便曾经提出来，可惜没有人领略，否则中国历史又是一种局面。一群老萤人物不考虑问题的实质和建议的内涵，却用"年轻"二字，打击新生代精英，是传统社会最流行的手段。老人固然有可敬的优点，但必须是优点。仅由岁月累积出来的纯老人，有时反而成为进步的阻力。年轻人的见解，固不全对，但不能仅因为年轻，就认为一无是处。世界上百分之九十以上的惊人功业，都由年轻人开创。

七国之乱

七国之乱（参考公元前154年），历时三月平息。吴王（首府广陵【江苏扬州】）刘濞逃亡东海王国（首都东瓯【浙江温州】），被击毙；胶东王（首府即墨【山东平度】）刘雄渠、菑川王（首府剧县【山东寿光南】）刘贤斩首，济南王（首府东平陵【山东章丘】）刘辟光等被处决；楚王（首府彭城【江苏徐州】）刘茂自杀、赵王（首府邯郸【河北邯郸】）刘遂、胶西王（首府高密【山东高密】）刘印等自杀。

周王朝建立之初，除了天王直辖地区王畿一小块土地外，全部都是封国，封国林立，虽然巩固了王国的安全，但也使王国因分裂而毁灭。秦王朝建立之初，封国的流弊，记忆犹新，于是彻底扫除，改设郡县；而郡县首长因跟中央没有血缘上的亲情，一旦动乱，立刻游离。西汉王朝建立后，郡县的流弊，同样也记忆犹新。但全部封建，已不可能，而没有封建，也不可能。于是王国跟中央直属郡平行，也就是大幅地扩大王畿，使中央直辖郡县的面积，超过封国的总和。封国则比周王朝的封国为大，大到跟战国时代的各个独立王国相埒。

七国之乱是一个重大的转折点，如果七国胜利，中国势必回到战国时代，互相并吞，可能演出罗马帝国瓦解后欧洲各国林立，永不能复合的局面。七国失败，西汉王朝顺利通过瓶颈，大一统观念逐渐凝固，深植人心，认为“大一统”才是正常之规，分裂乃一种暂时现象。虽然经过大分裂时代和小分裂时代，这种心理都没有改变。

夺嫡斗争

公元前150年，西汉王朝（首都长安【陕西西安】）皇帝（六任景帝）刘启（本年三十九岁）罢黜太子刘荣，改封临江王（首府江陵【湖北江陵】）。刘荣的师傅（太子太傅）窦婴极力抗议，无法挽回，只好声称有病，去职。刘荣的娘亲栗姬恚恨而死。

西汉王朝宫廷第一次夺嫡斗争，发生在公元前二世纪第一个十年，吕雉经过无数屈辱挫折之后，大获全胜；戚姬惨败，母子同归于尽。四十年后的五十年代，第二次夺嫡斗争爆发，王娡跟栗姬，一生一死，失败者母子也同归于尽。皇宫之地，富丽堂皇，三步一岗，五步一哨，好不庄严肃穆，再想不到内部却是黑暗深洞，没有天理、人性、国法，而只有权势。一个女子一旦被吸入黑洞，可是达尔文所说的：“优胜劣败。”千万如花似玉，哪一个不渴望跟那唯一的男人（皇帝）上床？又哪一个生了儿子，不渴望儿子继承宝座？弱者忍气吞声，强者必然火并。

个性造成悲剧，栗姬是一个标本，她的美艳绝伦，不在话下，如果不美艳绝伦，就不能把皇帝抓到手心。可是，她既缺乏见识，又缺乏头脑。皇宫之中，无论皇后也好，小老婆群也好，只要心怀嫉妒，一定付出代价。长公主刘嫖不断向老弟刘启推荐美女，栗姬当然不高兴，说明她的头脑远落在她的容貌之后。皇帝丈夫不是民间丈夫，无法独占，必须分割给其他美女。栗姬却像呆头鹅一样，一味自生闷气。刘嫖提议把女儿许配给栗姬的儿子，正是化解嫌隙的良机，求都求不到，幸运之神主动敲门，而栗姬竟把它一棒打出，可谓天下第一愚不可及。刘嫖考虑到将来栗姬当了皇太后后自己危险的处境，当然射出毒箭。

栗姬的最大错误，是把跟皇帝之间的关系，当成民间夫妻。民间丈夫一旦大发雷霆，不过痛揍一顿，皇帝丈夫一旦翻脸，那可是人头落地。刘嫖警告老弟说：“你那么疼爱王娡，一旦你去世以后，栗姬当了皇太后，恐怕‘人猪’惨祸，再见今世。”刘启打了一个冷战，于是向栗姬试探，拜托她照顾其他小老婆生的孩子。栗姬一听到那些狐狸精，血压就往上升，马上板起面孔，一语不发。这不是一个好兆头，没有当上皇太后，便如此强硬，连一句温情的话都没有，如果真的有那么一天，皇宫岂不成了屠场？刘启跺脚而去，她又骂他“老狗”，偏偏又被刘启的尖耳朵听见。他去年（公元前151年）才三十八岁，离“老狗”还有一大截。而在这节骨眼上，王娡女士借用礼宾总监（大行）的人头，激怒刘启，局势遂急转直下。

王娡不是一个野心家，但既进入宫廷，就不得不铤而走险。刘嫖在宫廷拥有绝对的影响力，栗姬看不出，而王娡看得出，成败利钝，决定在刹那之间。

郅都

临江王（首府江陵【湖北江陵】）刘荣，被指控扩建王宫时，侵占祖父、五任帝刘恒祭庙（太宗庙）墙外余地。西汉帝（六任景帝）刘启（本年四十一岁）下诏，命刘荣前往首都长安警备区司令部（中尉府）听候审讯。刘荣报到后，即被囚禁，他要求借用刀笔写信给老爹，郅都下令监狱官，不准拿给他。魏其侯窦婴派人偷送进去，刘荣才得以留下遗书，写毕自杀。窦太后得知孙儿惨死，怒不可遏。后来竟运用法律条文，诛杀郅都。

侵占皇帝祭庙墙外余地，并不是十恶不赦的大罪。当初，晁错就干过这种勾当，刘启认为稀松平常（参考公元前155年6月）。何以对臣属如此之宽，对亲生之子如此之苛？显然，里面有不可告人的阴谋，可追溯到王娡跟刘嫖，她们要斩草除根。

郅都先生名列《史记》《汉书》的《酷吏传》，他的优点使人钦敬，但严格到残忍的程度，便丧失人性，他根本不知道什么是忠，什么是义，不过一只只认识谁是当权派的野兽。一旦刘启犯到他手里，他也会照样蹂躏。郅都不救贾姬，不过恐惧野猪。稍后阻止刘启奔往，也不过考虑到救得了或救不了的后果。如像他所责备的："为什么不为皇太后着想？"那般充满爱心，则严酷地对待皇太后的爱孙，岂不更"不为皇太后着想"。任何人看见别人即将丧生兽爪之下，都会兴拔刀相助之念。孟轲说："无恻隐之心的人，不是人。"郅都正是如此。

后来郅都当雁门郡（山西右玉）郡长（太守）时，匈奴汗国用反间手段，使郅都跟刘荣一样，也陷在法网之中，刘启说："郅都是忠臣。"打算赦免。窦太后说："难道你儿子刘荣不是忠臣？"于是，诛杀郅都。郅都在这项法网里，罪恶似不应至死。然而他摧残人权，不容宽恕。

周亚夫

刘启决定用"诬以谋反"的手段，铲除平定七国之乱的功臣周亚夫，于是在皇宫召见他，跟他共同进餐，故意在他面前放了一大块肉，既没有切开，又不放筷子。周亚夫心里不是滋味，请身旁管理筵席的人给他一双筷子。刘启凝视着他，笑说："阁下还不满意呀？"周亚夫这才知道他已面临煞星，急忙脱下官帽，叩头请罪。刘启冷冷地说："起来吧。"周亚夫不敢再坐，用碎步退出。刘启一直看着他退出御殿，才说："瞧他一肚子委屈，可不是幼主（指刘启的儿子刘彻将来登极）的臣属。"不久之后，周亚夫的儿子为了准备老爹死后陪葬的东西，向营造署（工管）购买作废的盔甲、盾牌五百件，命工人搬运。役使劳苦，却不给工资（这个儿子可是恶棍，大富大贵之家，竟剥削穷苦工人）。工人知道这些武器是从县政府暗中搬出偷卖，愤怒之余，径向政府检举周亚夫的儿子。于是，事情爆发，牵连到周亚夫。呈报刘启，刘启下令审判。法官去周亚夫家，询问口供，周亚夫愤怒已极，拒不回答。刘启得到报告，破口大骂说："什么东西，用不着什么口供！"下令周亚夫去司法部（廷尉）报到。司法部长（廷尉）责问他："你为什么叛乱？"周亚夫说："我儿子买的对象，全是坟墓里用的葬器，怎么叫叛乱？"法官说："阁下纵然活着不在地上叛乱，死后也会在地下叛乱！"然后横加侮辱，而且还要苦刑拷打。最初，法警逮捕周亚夫时，周亚夫就要自杀，周夫人劝阻他，认为事情终可大白，才到司法部。既了解陷阱已深，无法摆脱，而绝食五天，大口吐血，死在监狱。

周亚夫是周勃的儿子，如果没有周勃，刘恒就坐不上宝座（参考公元前180年）；如果没有周亚夫，刘启的下场可以预测——四任帝（后少帝）刘弘，就是榜样，被新登极的刘濞处死。周家父子对刘家父子，有再造之恩，而刘家父子却先后两次用"诬以谋反"回报。

周亚夫虽然跟老爹同命，但是老爹还有薄太后投掷帽巾。周亚夫遇到的窦太后，投出的却是勾魂索。老爹还有"公主作证"，周亚夫遇到的长公主刘嫖，虽然也在作证，却是证明他谋反。周亚夫已把足可以致他于死命的权贵，得罪了净光，包括皇帝的娘、皇帝的妻、皇帝的弟弟、皇帝的大舅子，以及皇帝本人。从刘启下令把一大块肉放到他桌上，以及露出注视着他的奸笑，可看出杀心已动，只等时机。

有人认为周亚夫儿子如果不乱买就好了，那可是儿童之见。当权派已经锁定对象，锁定的对象就一定在劫难逃，最后“有人告发”，结局还是一样。不过在周亚夫冤狱历程中，最有价值的贡献，还是狱吏的两句话：“你活着不在地上叛乱，死后也会在地下叛乱。”无罪不能无刑，再提供一次重要证据。

刘启之刻薄寡恩，在晁错身上，已经显示；在周亚夫身上，再度显示。然而，也只有在极权政治制度下，“诬以谋反”才其效如神。

王娡

公元前 141 年，刘启在未央宫逝世（年四十八岁）。太子刘彻即位（七任武帝），年十六岁。尊祖母皇太后窦女士当太皇太后，娘亲皇后王娡当皇太后。

王娡女士真是一个传奇尤物，使人难以置信。依古时早婚年龄计算，王娡当皇太后时，不过三十六七岁左右，前夫金王孙先生应该仍健在人间，不知道这一对当年恩爱夫妻，是否仍偶尔思及。然而，一个天上，一个地下。尤其女主角在天上，男主角在地下，便永不可能复合。有人认为当初拆散鸳鸯，王娡是被娘亲所迫。当然有被迫的成分，但如果她不怦然心动，娘亲也无法把她绑进太子宫。我们并不是责备她水性杨花，而只是感叹富贵逼人。

现在，世界上最快乐的人莫过于娘亲臧儿女士了，她用她女儿一生幸福作赌注，而今全盘都赢（参考公元前 151 年）。最荒谬卑劣的行为，却获得最丰富的幸福作为回报，历史上恐怕仅此一件。只有一点难以证实的，皇太后的尊位是不是可以代替中年丧夫？假使换了柏杨先生，我可是宁愿拥有妻子，绝不去当他妈的太上皇。

独尊儒术

公元前 140 年，西汉王朝（首都长安【陕西西安】）皇帝（七任武帝）刘彻（本年十七岁），下诏征求“贤良方正”“直言极谏”人才，由刘彻亲自主持考试，题目是“古今治国之道”。参加考试的有一百余人。广川（河北冀州）人董仲舒在试卷上建议罢黜百家，独尊儒术。宰相（丞相）卫绾上奏，说：“各地所推荐的贤良方正、直言极谏人才，凡是研究申不害、韩非、苏秦、张仪言论，都是乱政之辈，请一律罢黜。”刘彻批准。

董仲舒这项“对策”，经刘彻采纳后，就成了神圣的“国策”。一个巨大转变，在不声不响中产生，曾发出万丈光芒的思想学术自由的黄金时代，开始沉没。代之而起的，是漫长单调的儒家思想的时代。在此之前，中国学术界跟古希腊一样，百花齐放，百家争鸣。在此之后，中国人开始被儒家学派控制，随着岁月的增加，控制也越严密，终于完全丧失想象的空间，奄奄一息。而儒家是祖先崇拜、厚古薄今的，遂造成中国的停滞，并产生一种奇特的现象，凡是促使中国进步的任何改革措施，儒家系统几乎全都反对。使中国人因为被斫丧过度的缘故，对任何改革都畏缩不前，使现代化工作，进展至为迟缓。而儒家学派的始祖孔丘，虽然他也崇古，但这位心胸开阔、见解智慧，以及教人不倦，使人敬佩的教育家，在儒家学派造神运动下，被塑造成为一个不可侵犯的圣人，因而也承担阻碍进步的恶名，使人惋惜。

儒家一提起嬴政的“焚书坑儒”（参考公元前 212 年），便怒发冲冠。可是却抓住机会，借刀杀人，用政治手段，置其他学派学者于死地。不过采取的是慢性谋杀，人们看不见血染钢刀，不过事实已经说明，儒家学派没有能力单独存在，它必须跟权势结合，并且付出结合的代价，不久就沦为既得利益当权派的打手。

名义上，这项对策考试，由皇帝刘彻亲自主持。但本年（公元前 140 年）刘彻才十七岁，不过高级中学二三年级学生，还不能做这项重要抉择。所以事实上是宰相卫绾为首的一群儒家系统所搞的政治诈术，利用幼主，达到他们排斥异己的目的。

世界上最可怕的事莫过于思想统一，因为思想统一会使智商衰退、思考能力消失。我们不能想象，如果不发生这项浩劫，中国会发展成什么模样。一想起春秋战国那个百花齐放、百家争鸣的时代，不禁怦然心动，充满向往。

如何对待黄河决口

公元前 132 年，黄河在顿丘（河南内黄东南）决口，向东南奔泻。不久，再在濮阳瓠子（河南濮阳西南古黄河边上）决口，大水流向巨野（山东巨野），直注泗水、淮河，十六个郡一片汪洋。西汉王朝（首都长安【陕西西安】）皇帝（七任武帝）刘彻（本年二十五岁）派汲黯、郑当时，调发军工十万人，填堵缺口。好不容易填堵完毕，水势强劲，又告溃决。那时候，田蚡的采邑鄃县（山东高唐东北），正在黄河以北。黄河既在南岸决口，鄃县恰好避免水灾，农田收获，反而比平日加多。他乐意于维持现状，于是向刘彻报告说："无论是长江或是黄河，决口大事，都是上天的意思，不应该用人力勉强把它塞住。如果塞住，恐怕违反天意。"而一些以观察天象为职业的法术师，也屡次指出，黄河决口出于天意。于是，刘彻拖了很久，不再施工。

黄河两次决口，造成十六个郡的水灾，面积跟台湾岛大小相若。这些郡正是土地最肥沃，人口最密集的地区。

黄河河床高于地面，全靠堤岸紧夹，一旦溃决，就像是巨坝突然崩裂，十公里外都听到万马奔腾的巨响。洪峰所指，如同一座高楼，排山倒海，城市村落，跟千万人民，从梦中惊醒，除非特别幸运，很少不像被灌穴的蚂蚁一样，被洪水吞没。尼罗河泛滥之后，留下沃土。黄河泛滥之后，留下的却是千里细粒黄沙，寸草不生。

死者已矣，未死的善良人民，他们相信领袖英明，会伸手拯救。却想不到，领袖为了自己的利益，把他们遗弃脑后，以致洪水为患二十四年之久（参考公元前 109 年）。这么深的悲苦怨恨，竟没有一条管道反映。罗马帝国早就设立元老院，人民总算还有一个气孔。东西方文化，在这种管道上分开，元老院发展成为议会和民选代表聚会之地，而中国人却噤若寒蝉，继续把生命财产和国家前程，交给领袖继续英明。

我们难以理解的是，刘彻也好，田蚡也好，怎么对他们日夜宣称爱如子女的小民，在大水中淹死、饿死、冻死、疾病瘟疫而死，能无动于心？

帝王绰号——谥

西汉王朝（首都长安【陕西西安】）河间王（首府乐成【河北献县】）刘德逝世。河间国首府乐成警备区司令（中尉）常丽奏报，说："大王（刘德）立身端正，行为规矩，温柔仁爱，恭敬俭约，敬上爱下，智慧聪明，观察深入，恩惠及于鳏夫（无妻）、寡妇（无夫）。"外籍官民接待总监（大行令）呈报："谥法：聪明睿智谓之'献'，应赐给刘德绰号献王。"

河间王刘德之死,《资治通鉴》第一次透露皇家绰号(谥)的产生程序。"谥"跟"讳"，是中国传统文化中两大麻烦。一个人，如果不了解"谥"和"讳"，不但无法了解中国历史，更根本看不懂中国古书，至少无法看懂中国史书。"讳"属于另一个范围，我们现在只讨论"谥"。

谥（音 shì【是】）是政府立案的特别"绰号"，周王朝发明的玩意儿。帝王贵族和准贵族（高级官员或特殊人物）死了之后，中央政府项目小组评估他生前的言论和行为，给他另外起一个形容词，像《水浒传》上的好汉，宋江慷慨好义，绰号"及时雨"，李逵粗野莽撞，绰号"黑旋风"。不过民间绰号，生前就有；官方绰号，死后才能出笼。但意义一样，比本名更显出形象。刘德被认为聪明睿智，官方绰号称他为"献"，他就成了"河间献王"。民间绰号，大家顺口传播；官方绰号，则煞有介事，有一定的规格：尊贤贵义称"恭"、刚强直理称"武"、温柔贤善称"懿"、渊源流通称"康"、由义而济称"景"（刘启就是景帝）、柔质慈民称"惠"（刘盈就是惠帝）、除残去虐称"汤"（子天乙就是汤帝），悯民惠礼称"文"（刘恒就是文帝）。这些规格，由儒家学派高官制定，恍兮惚兮，罩到谁头上似乎都很合适。宋江绝不会是"黑旋风"，但刘恒是"文帝"也行，是"景帝"也行，是"惠帝"更行。尤其糟的是，遇到明明是一个坏蛋，偏偏他的子孙坐在宝座之上，谁敢口吐真言，说他是"桀"是"纣"？所以，不久以后，官方绰号都变得美不胜收，麻子成了美女，恶棍成了圣贤，跟他生前的行为，不但不符，而且相反。

然而，更难忍受的是，官方绰号越来越长，字数越来越多。古时候只不过一个字两个字，到了后来，像清王朝三任帝爱新觉罗·福临，官方绰号是礼天隆运定经建极英睿钦文显武大德宏功至仁纯孝章皇帝，高达二十三个字之多，可谓千里迢迢，读起来中途如果不喘一口气，能把人憋死。再加上“庙号”——祭庙的名称。于是，中国史书上，一会儿“太宗”，一会儿“高祖”，一会儿“高皇帝”，一会儿“景皇帝”，一会儿“神武”，一会儿“文宣”，真是中国人的奇耻大辱。

感谢时代，允许我们把帝王们放到清水里泡而洗之，洗净这些附着在他们身上的污垢，撕掉挂到他们脖子上的招牌铃铛，使他们恢复本来面目。刘邦就是刘邦，什么“高祖”？刘彻就是刘彻，什么“武帝”？刘德就是刘德，什么“献王”？帝王跟小民一样，都是人。

陈娇

女巫楚服（楚，姓），跟她的女弟子，教导已失宠的皇后陈娇，祭祀鬼神，用咒语诅咒仇人（现任皇后卫子夫），学习女人媚术，企图恢复刘彻对她的宠爱。事情泄漏，刘彻暴跳如雷，决定抓住机会，完全摆脱纠缠。于是，下令监察官（御史）张汤，彻底追究。张汤用残酷的手段扩大打击面，牵连及诛杀三百余人，楚服被押到街市上斩首。刘彻下令撤销陈娇的皇后头衔，命她缴出印信，囚禁长门宫（在长安城东南，本是刘嫖的长门园，送给刘彻，改名长门宫）。陈娇的娘亲刘嫖，既羞惭又恐惧，向她的侄儿叩头，请求宽恕。刘彻说："陈娇做的事情，违反天地大义，不得不罢黜她。姑妈应该相信我，请你放心。不要听别人的闲话，反而生了嫌隙恐惧。陈娇虽然罢黜，一切侍奉供应，跟皇后一样，长门宫跟正宫，没有分别。"

刘彻小时候，姑妈刘嫖女士把他抱到膝上，问说："把阿娇给你做媳妇，可好？"刘彻兴奋说："如果嫁给我，我盖个金房子请她住。"这就是迄今仍流传的"金屋藏娇"典故。曾几何时，形势倒转，刘嫖跪在侄儿面前，哀哀求告。

陈娇女士的遭遇，再一次证明："妒而无子，一定凶险。"即令是皇后，一旦"妒而无子"，结局也是注定了的。陈娇还是最幸运的一位，在以后的史迹上，我们可以发现更惨的事，除了自己丧生外，还连累家族。

李广公报私仇

匈奴汗国（王庭设蒙古国哈拉和林市）派骑兵二万人，攻入中国，斩辽西郡（辽宁义县西）郡长（太守），掳掠两千余人。又攻入渔阳郡（北京密云）、雁门郡（山西右玉），各掳掠及屠杀一千余人。围攻韩安国营垒，韩安国兵团不能支持，向东撤退，驻扎北平（即右北平郡，郡政府设平刚【内蒙古宁城西南】）。数月后，韩安国逝世。刘彻再征召李广，出任右北平郡郡长。李广善战，匈奴汗国称之为“飞将军”，远远躲避。数年之间，不敢侵犯右北平郡境界。

李广从一个被贬黜的小民，忽然被擢升到郡长高位（二千石），对个人而言，是一个剧变，因西汉王朝时代的郡长，可以直接晋见皇帝，权威极重。在角色转换过程中，有一段插曲。之前的某一天，李广跟一些亲友，在蓝田（陕西蓝田）终南山打猎。夜间赴朋友宴会，回来时候，经过霸陵（五任帝刘恒的坟墓所在，今陕西西安东北）哨亭，霸陵警察官（尉）喝醉了酒，厉声呵止，李广随从说：“前任李将军。”警察官说：“现任将军半夜都不准乱走，前任将军又算什么东西？”把他们拘留在哨亭前面。后来，李广接任右北平郡长，邀请警察官同去前方，到前方后，把他诛杀。

有人认为法令尊严，警察官执行公务，没有错处。也有人认为就凭警察官那几句话，就可证明他是一个势利眼，对势利眼，应该铲除。然而，不管怎么样，李广都是公报私仇。警察官没有随军出征的义务，李广邀他同行，一定信誓旦旦，使那位警察官相信李广宽宏大量，不念旧嫌，再想不到一代英雄人物如李广者，嘴里虽甜言蜜语，心里却暗藏杀机。史书虽没有明言，我们可以推断的是，警察官定有道歉赔罪之事，李广也定有接受道歉，并表示原谅之事。否则，警察官何至欣然上道。何况势利眼固然可厌，但不犯死罪。即令不谈国法，也不是一个宏伟的胸襟气质。

中、匈关系

临淄（齐国首府，山东淄博东临淄区）人主父偃（主父，复姓）、严安，无终（天津蓟州）人徐乐，先后上书刘彻，提供建议。最初，主父偃游历齐国（首府临淄）、燕国（首府蓟县【北京】）、赵国（首府邯郸【河北邯郸】），都得不到欣赏，儒家学派知识分子排挤他，不能相容。而主父偃家庭贫穷，借贷无门。最后，索性西入函谷关（河南灵宝东北），到皇宫上书。早晨把奏章递进去，刘彻晚上即行召见。他所建议的九件事，其中八件刘彻立刻颁布实施，成为正式法令。被拒绝的一件事是劝阻不再攻击匈奴。

儒家学派基本立场是反战的，而君王总希望开疆拓土。两者在这方面的意见，最难沟通。《资治通鉴》所载儒家的反战言论，特别繁多，洋洋洒洒，占去大量篇幅。

我们同样反战，战争带给人民的痛苦，远超过带给统治阶层的痛苦。尤其反对侵略，像西汉政府对西南夷的军事行动，使千万人丧生。但是，我们赞扬反侵略、反奴役战争，赞扬保卫国家民族生存战争。匈奴汗国的不断南侵，有地理的因素，在北半球上，包括罗马帝国在内，所有位置稍南的国家，总是受到来自北方的威胁。因为北方寒冷，生活艰苦，南方却是“三秋桂子、十里荷花”，流奶与蜜的世界，怎不使人眼红？中国如果没有战争能力，匈奴不仅穿过长城而已，战马铁蹄，势将直到南中国海。

西汉政府事实上一直居于反应地位，军事行动的目的不是要消灭匈奴，并吞领土（跟对西南夷不一样），而只求摧毁匈奴汗国野战军，使他们没有力量再进入中国烧杀掳掠而已。“大儒”之辈，却认为这种战争也是罪恶。结果至为显然，边界上的中国人丧失保护，他们年年被杀、被奸、被掳，家破人亡、血流成河。“大儒”却稳坐在温暖的椅子上，痛斥战争。等到边民们死光或被全部征服，马蹄声响到高堂之下，“大儒”立刻转身责备政府不知道保国安民。反战是一种仁慈心肠，但反对自卫，却是懦夫。

中匈两国之间的战争，注定地非打到一死一活不止。战场上的伤亡，无法避免。而人民受到的灾难，像运送粮秣的惨剧，那不是战争引起的，而是由于西汉政府的内政腐败。左反对，右反对；左检讨，右检讨，只在表象上打转，没有涉及核心：为什么他们不要求整顿国家的后勤作业质量?

郭解事件

主父偃建议刘彻："茂陵（陕西兴平东北）刚刚兴建，我认为，各地方的土豪乡绅、有钱人家、无业游民，都应该迁移到那里，对内充实首都人口，对外把地方上一些恶势力连根拔除；这正是用不着诛杀，就可消灭祸患。"刘彻采纳，下令强制各郡各封国家产在三百万以上的土豪乡绅，全都迁移茂陵。

轵县（河南济源南轵城。轵，音 zhǐ【止】）人郭解，是关东（函谷关以东）大侠，也在名单之中。卫青向刘彻报告说：郭解家实际很穷，不到移民标准。刘彻说："郭解不过一个小民，能使政府的一位将军替他求情，证明他家不穷。"郭解遂不能免除。郭解平常对于敢向他瞪一眼的人，都立即流血报复，为数很多。刘彻得到报告，下令逮捕，但经查所犯的罪，都在大赦之前。轵县有一位正在学校研究儒家经书的学生，在筵席上，奉陪中央政府派遣的查案官员。查案官员称誉郭解侠义行为，学生说："郭解专门用奸邪的手段犯法，哪能称为贤能？"被郭解的门客听到，把那个倒霉的学生格杀，割下他的舌头。县政府官员责成郭解交出凶手，而郭解并不知道谁是凶手，凶手也不肯坦白承认。县政府奏报说：郭解无罪。宰相（丞相）公孙弘向刘彻建议："郭解一介小民，随意行侠乡里，好像官兵执行职权，竟然为一句话杀人。郭解虽不知道，比他知道的罪更重，应以'大逆无道'法条处理。"遂把郭解家族，全部诛杀。

"儒"跟"侠"誓不并立，儒家学派跟权势结合，追求的是安定不变。而"侠"是社会黑暗面的产物，以补救政治法律的不足。"儒"要求忍受，"侠"则挺身反抗。在儒家政治优势压力下，人们的道德勇气，遂逐渐消失。凡有侠义精神的人，不是被讽刺为不懂"明哲保身"，就是被嘲弄为"好事之徒"。大家都成了一堆软柿子，任凭有权大爷想怎么捏，就怎么捏。

郭解没有资格称侠，盖侠义之士有高贵的胸襟，容忍别人的冒犯，绝对不睚眦必报，郭解不过一个地头蛇而已。但即令他有恶行，也不应付出全族被屠的代价。杀那位学生的事，十分可疑。固然可能是郭解的门客所为，也可能是郭解的仇家陷害。

郭解应死，也不应死于这桩冤狱。

刘彻宠幸公孙弘，使人想到刘邦宠信陈平。不同的是，刘邦欣赏陈平的谋略，而刘彻只喜欢公孙弘“善体人意”。公孙弘可以毫无内疚地出卖他的朋友同僚，证明这个人不但工于谄媚，也工于毒计。轻淡的几句话，就破坏了法律尊严，使郭解全族化成一团血肉。“虽不知道，比他知道的罪更重。”不知道竟屠全族，知道又该如何处罚？正是“无罪不能无刑”，推演下来，民无噍类。

游侠

荀悦评论公孙弘谋杀郭解事件说：

“世界上有三‘游’，都是伤害品德的奸贼，一是‘游侠’，一是‘游说’，一是‘游行’。气壮势雄，作威作福，利用私情，结交党羽，以强梁的姿态立于世上，谓之‘游侠’。口才流利，计谋层出不穷，奔驰天下，利用时势，图谋掌握权柄，谓之‘游说’。和颜悦色，假冒善良，迎合时尚，暗中建立帮派，用尽方法扩大知名度，以博取权势与利益，谓之‘游行’，这三种人，是灾变的根源。

“损毁品德，伤害正道，败坏法令，迷惑人民，都是古代圣贤君王特别慎重面对的事。国家有四种人民——知识分子（士大夫）、农夫、工匠、商贾（音 gǔ【古】），各有各的行业。不从事这四种行业的人，就是奸民。必须灭绝奸民，王道才能完成。而这三‘游’之所以兴起，都在王朝末期，而周王朝末期和秦王朝末期，更为兴盛。上位的人昏瞶不明，下位的人行为邪恶，制度不能建立，纪律秩序全部废弛。认为赞扬就是荣耀，斥责就是侮辱，而不管对方批评得对不对；对所爱的人帮助他，对所憎恨的人打击他，而不管对方做得对不对；一高兴就赏，一不高兴就罚，也不管合不合事实。上下互相欺骗，国家大事遂陷于混乱，不可收拾。

“谈论事情，先确定报酬多少，才开口说话。遴选推荐‘贤良方正’人才，先考察谁亲近和谁疏远，然后动笔。大家异口同声，善恶就混淆不清；功罪难以辨别，法律就没有尊严。不能用仁义作为手段，去追寻利禄；也不能用道德的方法，去躲避灾害。所以，君子违背礼教，小人冒犯法律。奔走忙碌，超越正常制度和官员职责，华而不实，只求世俗之利。对父兄怠慢，对宾客却十分尊崇；对骨肉淡薄，对朋友却生死相许。不去修身养性，却盼望人们的称誉。甚至自己节俭饮食穿着，而招待朋友丰富的宴席。馈赠的礼物，塞满庭院，跟外界来往频繁，以致信差们在道路上常常碰面。私人的函件，比政府的公文书还多。私人的事情，远超过政府的公务。风俗习惯既然崇尚这种行为，治理国家的正常轨道，遂受到破坏。

“在上位的圣明领袖，治理国家，安抚人民，一定要建立制度的尊严，一定要根据善恶赏罚，而不在乎名声好坏。听到批评，应该探讨事实；听到称赞，应该考查行为；事实不符合声誉的，

就是虚伪；行为跟说话不一样的，就是诈欺；诋毁和赞扬没有事实根据的，就是诬陷；言论距事实太远的，就是欺罔。虚伪诈欺的作风，不允许存在；诬陷欺罔的话，不可以听信。犯罪的人没有侥幸，无罪的人没有忧惧；走后门没有道路，行贿赂没有人接受。消灭华丽的场面，取缔浮华的名声，禁止虚伪的辩论，杜绝不用到正道上的智慧。把百花齐放的乱糟糟思想，统一于圣人（孔丘）的大道。用仁爱恩惠培养，用礼仪圣乐训勉，则风俗习惯自然确立，而教化完成。”

荀悦对游侠下的定义，十分奇特。他认为："诋毁或赞扬没有事实根据的，就是诬陷；言论距事实太远的，就是欺罔。"对于游侠，荀悦可是极尽诬陷欺罔。班固还指出侠义之士使人动容的特质："平日为人，温和善良，仁孝慈爱，帮助别人困难，救济别人穷苦，谦让恭谨，从不自夸，确实具有绝世的天资。"侠义之士之获得人们膜拜者在此，荀悦却一手遮天，诟骂侠义之士："以强梁的姿态立于世上，作威作福。"这不是一个正直的和负责任的态度。荀悦的目的不在使人们了解侠义的真相，而在蒙蔽侠义的真相。

司马迁在他的《史记》中，特列"游侠"一章，表达他对侠义的崇敬。这种崇敬的情操，来自他深刻体念到人生的艰难，对被迫害的辛酸，有痛彻肺腑的感受。当他被判处"宫刑"时，只要缴纳罚款，便可以救赎。可是，家庭贫穷，告贷无门，只好任凭狱吏把生殖器割掉。中国史学之父，竟受到这种侮辱摧残，诚是全体中国人的羞辱。当时，儒家学派的高官林立，谁肯伸出援手？即令有此意愿，为了"明哲保身"，也不得不划清界限。咦，圣道在哪里？圣人在哪里？圣王在哪里？君子在哪里？父兄之尊在哪里？骨肉之恩在哪里？法律尊严又在哪里？唯一向苦难人伸出援手的，只有侠义之士。全中国知识分子都酱在"天王圣明，臣罪当诛"的奴性呻吟中，只有侠义之士，才敢向这种"礼义圣乐训勉，风俗习惯确立，教化完成"的统治阶级挑战。侠义，是人类灵性不死的火苗。而这火苗，总是针对权势而发，权势自然对它深恶痛绝。

侠义精神就是道德勇气，是一个民族的白血球和防腐剂。抽去了它，这个民族就成了一堆烂泥。

主父偃

齐王（首府临淄【山东淄博东临淄区】）刘次昌，跟他的姐姐纪翁主通奸（皇帝女儿称公主，亲王女儿称翁主。这位翁主嫁给姓纪的，所以称纪翁主）。主父偃想把自己的女儿嫁给刘次昌，可是刘次昌的娘亲纪太后拒绝。主父偃于是向刘彻建议："齐国临淄有十万户人家，仅租税一项，就有黄金二十四万两之多，人民富饶，超过长安。除非是皇帝的亲弟弟或最心爱的儿子，不应在那里当王。而今齐王的血缘关系，越发疏远（齐国【首府临淄】一任王刘肥，是刘邦的儿子；二任王刘将闾，三任王刘寿；现在的四任王刘次昌，是现任皇帝刘彻的远房堂侄），又听说刘次昌跟他姐姐淫乱，请乘机整顿。"刘彻遂任命主父偃当齐国宰相（相），派往处理。主父偃到临淄（齐国首府）后，霹雳般逮捕王宫的侍女跟宦官，供词中牵连到刘次昌。刘次昌恐惧，服毒自杀。主父偃年轻时曾逗留燕国（首府蓟县）、齐国（首府临淄）、赵国（首府邯郸【河北邯郸】），都受到冷落，等到掌握权柄，一连摧毁燕国、齐国。复仇之手下次可能伸向赵国，赵王刘彭祖大为恐惧，上书刘彻，检举主父偃接受封国贿赂，所以才建议分封亲王的子弟（主父偃用分封手段削弱封国，完全为国家着想，此时却成了罪名）。恰巧齐王刘次昌自杀，刘彻认为一定是主父偃胁迫所致，勃然大怒，召回主父偃，投入监狱。主父偃承认接受封国的贿赂，但并没有胁迫齐王刘次昌自杀。刘彻本要赦免他，可是，公孙弘说："齐王（刘次昌）自杀，没有儿子，封国撤除，由中央政府收回，改设郡县。主父偃本是罪魁，如果不杀他，无法向天下解释。"遂屠杀主父偃全族。

公孙弘不久前坚持杀郭解，现在又坚持杀主父偃。此公可是典型的阴险人物。平常日子一团和气，不与人争，却在节骨眼上，施出恶毒一击。

有一件事使人震惊，晁错之死，是全族屠灭。主父偃之死，又是全族屠灭。难道不能仅杀当事者一人，为什么如此残忍？当初，刘启何等欣赏晁错，刘彻又何等欣赏主父偃，欣赏时言听计从，"相见恨晚"；一旦翻脸，心狠手辣。凡是忠心耿耿，意图改革的人，都受到酷刑。而像公孙弘这种八面玲珑，貌似忠厚的长者，却一帆风顺。和稀泥的人有福了，他除了关心自己的官位外，什么都不关心。非关心不可时，只关心陷害忠良。

官场奇才

公孙弘虽然身为贵官，可是仍盖布棉被，每顿饭只有一个荤菜。汲黯攻击他说：“公孙弘位居三公（最高监察长是三公“宰相级”之一），薪俸够多的了，却如此如此，说明他心怀狡诈。”刘彻转问公孙弘，公孙弘道歉说：“是有这种情形。高级官员（公卿）中跟我友情最好的，没有人超过汲黯，今天在御前指责的这些话，正说中我的私心。身为三公而仍盖布棉被，跟一个基层小职员，毫无差别，诚如汲黯所说的，我确实有心沽名钓誉。不过，要不是汲黯这么忠心，陛下又怎么能够知道？”刘彻认为公孙弘谦让，更加尊重。

公孙弘是官场中第一流的天纵奇才，在可以扳倒对方时，毫不留情。发现扳不倒对方时，则使出低姿势软功，首先声明对方是他最好的朋友，比起横眉怒目，咬定对方是仇人，手段可是高竿。李斯如果用这种手段对待赵高，可能软化赵高和嬴胡亥的立场（参考公元前 208 年）。公孙弘继则承认他确实在沽名钓誉，假使他理直气壮，可能使刘彻认为他连君主都想欺骗。至于赞誉汲黯之忠，也同时暗示刘彻之明，一箭双雕，收获至丰。

张骞

刘彻征召愿担任前往月氏王国的使节。汉中郡（陕西汉中）人张骞，此时担任宫廷禁卫官（郎），挺身应征。从陇西郡（甘肃临洮）出发，可是一踏进匈奴汗国国土，就被俘掳，拘留十余年，张骞不忘任务，偶尔得到机会，即行逃脱，继续前往月氏王国，西行数十日，进入大宛王国（首都贵山城【中亚纳曼干市西北卡散赛城 Kassansay】）。大宛王国早就羡慕中国的富庶，想建立友谊却无法建立，忽然张骞驾到，惊喜交集，派出向导和翻译人员，陪同到康居王国（首都卑阗城【中亚巴尔喀什湖西南锡尔河北岸突斯坦 Turkestan】），再到月氏王国（月氏西迁后，称大月氏。残留在原地【甘肃中部祁连山南麓】的人民，称小月氏），被匈奴斩首的故王的孙儿，这时继位国王，于西奔时击败大夏王国（希腊人建立的王国，原首都蓝市城【阿富汗共和国北部瓦齐拉巴德市 Wazirabad】，辖区包括今中亚东部阿姆河中上游流域，以及阿富汗东部北部。后被大月氏击败，沦为附庸，版图萎缩至今阿富汗共和国东北部、兴都库什山脉北麓一隅），占领大夏王国大部分土地（月氏王国自河西走廊西迁后，最先定都于今阿富汗共和国北部边境外【阿姆河北畔】的铁尔梅兹市 Tirmidh，不久征服南方的大夏王国。在张骞此次访西域后，更把首都自铁尔梅兹市南移至大夏故都蓝市城），土壤肥沃，物产丰富，邻国都非常衰弱，没有外患。安居乐业，生活优裕，无论君王和人民早已忘掉过去的耻辱，人民没有报亡国之仇的心，国王也不再有报杀祖父之恨。再叫他们面对凶悍的匈奴汗国，简直把他们吓坏。张骞大失所望，在月氏王国住了一年有余，束手无策，只好告辞。归途中，沿着祁连山南麓，准备穿过羌部落（青海东部），想不到仍然被匈奴汗国捕获，又被拘留一年多。恰好遇到匈奴内乱，栾提伊稚斜（五任单于）驱逐栾提于单，张骞遂跟家奴堂邑（江苏六合）人甘父，逃回中国。刘彻擢升张骞当中级国务官（太中大夫），封甘父当奉使君。张骞最初出国时，使节团一百余人，十三年后返国复命，只二人生还。

张骞是中国最早的英雄人物之一，他早于哥伦布（1429年）一千六百年，而丰功伟业相同。公元前二世纪，西域（新疆及中亚东部）还是一个远在天边的神秘国度，在儒家学派保守的教育下，家里稍有几个钱，连屋檐底下都不敢坐，唯恐怕有瓦片掉下来砸到头上；要他们冒险犯难，真能吓出屎尿。因为自己怯懦，所以也绝不希望别人勇敢，因为别人勇敢，恰恰反衬自己胆小如鼠。于是，张骞事迹，在史书上受到压缩，如果可能，还要一笔抹杀。十五世纪，跟哥伦布同时代的中国海上英雄郑和，关于他“下西洋”（印度洋）的档案，竟被一个“大儒”全部销毁，就是旁证。

张骞跟他的使节团，向他们毫无所知、充满险恶死亡的蛮荒深入。那里流沙千里，白昼鬼哭。然而厄运却先来自匈奴，栾提军臣单于发火说：“这是什么话，月氏王国在匈奴之西，中国怎么敢越过匈奴，跟他们来往？如果我派使节去南越王国（首都番禺【广东广州】），中国可准许通过？”下令禁止离境。但尊敬他们是英雄人物，所以每人分配了一位匈奴小姐作为妻子。张骞不忘使命，十年后，抛弃了温柔窝，跟他的伙伴西奔。第二次被俘后，跟妻儿团聚，可是为了国家，再度逃走。妻儿听到消息，狂奔来随，而追兵已至，张骞只抢到一个儿子。妻子跟另外一个幼子，被追兵隔断，永远诀别。

张骞这次出使，虽然没有达成原来盼望的政治目的，但他为中国人发现了比当时中国还要广大的新的世界。

张汤

公元前 126 年，高级国务官（中大夫）张汤，升任司法部长（廷尉）。张汤这个人，狡狯机诈，有丰富的急智和权术，利用别人。当时，刘彻对儒家学派的经典，正有兴趣。张汤立刻表现他也很醉心儒家学派的经典，曲意尊崇董仲舒、公孙弘之辈。任用千乘（山东高青东北）人兒宽（兒，姓）当审判奏报官（奏谳掾。负责把判决的案件，奏报皇帝），用古代法令的解释，裁判疑狱。张汤所定罪的人，都是刘彻想要定罪的人，以及狱政官（监）、总务官（史）深为痛恨，想要置之死地的人。张汤所释放或减刑的人，都是刘彻想要释放的人，以及狱政官（监）、总务官（史）想要宽容的人。刘彻大为欣赏欢喜。

张汤对于朋友们的子弟，都有特别照顾，而且勤于奔走权贵之门，寒暑不变。虽然他引用法律条文，深刻狠毒，心怀猜忌，断狱不公，但因为他人际关系良好，所以仍得到美誉。汲黯曾在刘彻面前斥责他：“你身为国家正式部长（九卿称正卿），对上不能发扬先帝（从前皇帝）的功业，对下不能平息人民的邪恶，又不能安定国家、教育人民，使监狱空虚，却把高皇帝（一任帝刘邦）制定的法令规章，改得纷乱如麻，你可是要断子绝孙。”汲黯经常跟张汤争执，张汤每次都根据法令条文，在小节目上纠缠不休。汲黯刚直严厉，只能在原则上坚持，无法用专门术语驳斥，只好诟骂说：“天下都说：搬弄条文出身的人，绝不可以掌握权柄。果然，张汤就是榜样。使天下人不敢往前走一步，都低着头看他，生活在恐怖之中。”

司法独立当然重要，但法官的素质同样重要，司法审判固然要独立于政治干预之外，而法官的严正和操守，更必须保持高度水平。否则，即令司法独立，势将继续黑暗。像张汤这种司法官，如果再披上“司法独立”的外衣，中国人的苦难就更难结束。

周霸

公元前 126 年，西汉王朝大举进攻匈奴汗国，卫青率领六位将军，从定襄郡（内蒙古和林格尔）出塞，格杀及俘掳一万余人。右将军苏建、前将军赵信，把二人的部队合并，共有骑兵三千余人，在前进途中，突然和匈奴单于（五任）栾提伊稚斜亲统的匈奴主力兵团相遇。血战一昼夜，三千人伤亡将尽。赵信本来是匈奴的小部落酋长（小王），投降中国，封翕侯。现在兵败，匈奴招唤他重返祖国，赵信遂率领残余的八百人骑兵，回归匈奴汗国。苏建全军覆没，只身逃回，向全国最高统帅卫青报到，请求处罚。参议官（议郎）周霸说："全国最高统帅（卫青）自从带兵以来，从没有处决过一个将领。而今苏建抛弃他的部队，应该斩首，用以展示统帅的权威。"卫青说："我幸运地以皇帝的近亲心腹（刘彻是他的姐夫），率领大军，从不担心我没有威权。周霸叫我展示威权，使我失望。不过，虽然我有权力可以处决大将，虽然我有当世的尊贵和皇帝的宠爱，但我却不敢在京师之外，擅自诛杀。把苏建送给天子，由天子决定，也可以做一个人臣不敢专权的榜样，岂不更好。"参谋官员们一致赞成，遂把苏建装上囚车，送往皇帝（七任武帝）刘彻（本年三十四岁）所在的地方（行在）。

周霸主张处决苏建，目的不是执行军法，而是要展示统帅的威权，轻轻道来，不过用别人的生命和鲜血，成就他的马屁奇功，使统帅产生一种"他是为我着想"印象，就可指日高升。幸亏卫青宽厚，否则，苏建必然丧生。

有时候，这就是命运：遇上周霸，或是遇上卫青。

刘安

淮南王（首府寿春【安徽寿县】）刘安，跟他的门客左吴，以及其他一些人，日夜拟定谋反计划，察看地图，决定进攻首都长安（陕西西安）的路线。出使中央政府的使节，从长安回来，如果说刘彻还没有儿子，中央政治腐败，刘安就大为欢喜；如果说刘彻已有了儿子，而政治很上轨道，刘安就大发雷霆，认为一派谎言。

上帝真是有太多的幽默感，叫嬴胡亥、刘安这类活宝，充斥人间，使人生多彩多姿。可是让他们掌握权柄，却是一种谋杀。他们固然付出代价，千万生灵何辜。

没有能力掌握权柄的人，硬是掌握了权柄，等于不会开车的人忽然握住时速一百公里的方向盘一样，简直是一场大祸。

谋的什么反？

衡山王（首府邾县【湖北黄州】）刘赐上书中央政府，要求罢黜太子刘爽，改封刘爽的弟弟刘孝当太子。刘爽在国内得到消息，立即派他的亲信白嬴，到首都长安（陕西西安）上书，揭发说："刘孝制造战车利器，又跟父亲的姬妾通奸。"目的在破坏刘孝形象，使不能立为太子。正逢主管机关搜捕淮南王（首府寿春）刘安的党羽，在刘孝住宅中逮捕到刘安的使节，遂弹劾刘孝窝藏叛徒。刘孝恐惧慌张，听说法律规定，先行自首的，可以免罪。马上举发同谋的枚赫、陈喜之辈。中央高阶层官员（公卿）会议请求逮捕刘赐，刘赐自刎身死。王后徐来、封国太子刘爽，跟刘孝，都绑到街头斩首，凡参加谋反的人，一律灭族。 淮南（首府寿春）、衡山（首府邾县）两次大狱，牵连到侯爵、部长级官员（二千石），以及郡县豪杰、士民，共处决数万人。

这不是两场大冤狱，而是无数小冤狱和两场大屠杀。数万人都秘密参与谋反，根本不可能，但却杀了数万人。全族屠灭的惨刑，一再在中国历史上出现。老翁幼儿、年轻妇女像猪羊一样，在士兵鞭打下，驱向法场，他们谋的是什么反？

汲黯

匈奴汗国浑邪王归附中国时，西汉政府动员民间车辆二万辆，前往迎接。长安县政府没有钱买马，只好向人民租马，人民不信任政府，都把马藏匿起来，马匹遂不够用。刘彻发火，要诛杀长安县长（长安令）。首都长安特别市长（右内史）汲黯说："长安县长没有罪，只有把我杀掉，人民才肯出马。浑邪王背叛他的主人，投降中国，中国只要吩咐各县用驿马车，一站一站送来，也就是了，何至于搞得天下大乱，使中国穷困，而去奉承蛮族？"刘彻不作回答。

西汉政府法律：中国人不准在边界把武器卖给外国人，或带钱出关；等到浑邪王到长安，商人和小市民跟浑邪王的随从做生意，政府逮捕五百余人，判处死刑。汲黯请求召见，刘彻命汲黯到未央宫高门殿。汲黯说："匈奴攻击沿边要塞，拒绝跟中国和解。中国兴兵讨伐，死伤累累，不可数计，而费用高达十百千万。我非常愚蠢，认为陛下得到匈奴人，一定会把他们当作奴婢，发配给阵亡将士的家属。所掳获的辎重，也一并给予，用以安抚天下痛苦，安慰人民破碎心灵。而今，纵然不能这样，浑邪王率数万人来降，却耗空我们的国库赏赐，又征调中国人民伺候，好像供奉天之骄子。无知的商人和小市民，在首都长安做小生意，怎知道官吏会把京师也解释为边界？陛下既不能用匈奴的财产，回报天下，却用法律上一项不重要的条文，杀戮无知小民五百余人，正是庇护枝叶，而伤害根本，我不认为陛下这样做是对的。"刘彻不采纳，只说："我很久没有听见汲黯的声音了，今天又在这里胡说八道。"

五百人如此地被"法律"制裁，这"法律"使人悲愤。汲黯耿直敢言，两千年后，仍受钦敬。然而抨击西汉政府优厚招待浑邪王一节，说明他只是一个好行政官，而不是一个好政治家。因为只有厚待降人，才可使敌国瓦解。如果汲黯的见解付诸实施，可成了第二个骑劫（参考公元前 279 年）。刘彻之所以不作回答，沉默不语，大概觉得说给他听，他也听不懂，不愿浪费唇舌。

中匈决定性大战

公元前 121 年，霍去病被擢升为票骑将军，率骑兵一万人，从陇西郡（甘肃临洮）出塞，攻击匈奴汗国（王庭设蒙古国哈拉和林市），穿过匈奴臣属的五个小王国，转战六天，越过焉支山（祁连山一峰，在甘肃山丹东南）一千余华里，格杀折兰王、卢侯王（都是匈奴汗国的大酋长），俘掳浑邪王的王子、宰相（相国）、军区司令（都尉），共捕获及格杀八千九百余人，夺取休屠王用来祭祀上天的金人神像。刘彻下诏增加霍去病采邑两千户人家。

夏季，中国对匈奴汗国再发动攻击，票骑将军霍去病，深入匈奴汗国二千余华里，跟公孙敖兵团失去联络，取不到联系，无法会合。霍去病孤军挺进，越过居延海（内蒙古额济纳旗嘎顺诺尔湖），穿过小月氏部落（甘肃祁连山南麓），抵达祁连山，生擒匈奴的单桓王、酋涂王，跟宰相（相国）、军区司令（都尉）。当时，一些老前辈将领率领的部队，都不如霍去病。霍去病挑选的都是精锐，但他有胆量深入匈奴腹地，经常率骑士远离大军前进。似乎上天特别恩待他，从没有使他遇到危险。老前辈将领却常常不是延误迷路，就是搜索不到匈奴主力。于是，霍去病越来越被刘彻亲信，地位也越来越尊贵。

霍去病先生在本年（公元前 121 年）的两次出击，是中匈两国间最重要的两场决定性战役。匈奴单于栾提伊稚斜在大怒之余，要向浑邪王追究失败责任，逼使局势急转直下。浑邪王投降中国，对匈奴汗国造成致命打击，他们为之发出哀歌："亡我祁连山 / 使我牲畜不繁息 / 失我焉支山 / 使我妇女无颜色。"焉支山所产的红色染料，是当时匈奴妇女所用的高级化妆品，中文"胭脂"一词，即由此而来。从这首哀歌可看出匈奴的战斗力已受到致命创伤，不能再振。

从此之后，中国西疆向西北推进航空距离九百公里之遥，直抵西域（新疆及中亚东部）。浑邪王呈献的这块十五万平方公里的巨大狭长地带，后世称河西走廊，永成中国领土，并作为向西域扩张的前进基地。

李广

公元前119年，中国再向匈奴汗国发动攻击，前将军李广率军前进，没有向导，在瀚海沙漠中迷失道路，一直追不上大军统帅卫青，因此也没有赶上与匈奴单于（五任）栾提伊稚斜的大会战。卫青班师途中，到了瀚海沙漠南部，才跟二人取得联络。卫青派秘书长（长史）诘问二人失期的原因，命李广的幕僚马上到统帅部听候审讯。李广说："我部下指挥官（校尉）没有罪，是我自己迷失道路，我要亲自到统帅部报到。"然后对他的部下说："我从十六岁开始，跟匈奴大小七十余战，而今，有幸追随最高统帅（大将军卫青）出兵，直挑单于，而最高统帅却把我调到右卫，距离遥远，而又迷失道路，岂不是上天要我如此。我今年已六十有余，不能面对那些舞文弄墨的军法官之类小吏。"说罢，拔刀自刎。

李广是一代英雄，中国历史上最伟大的将领之一。指挥作战，来去如风，匈奴汗国称赞他为"飞将军"，九百年后的唐王朝诗人王昌龄有诗："但使龙城飞将在，不教胡马度阴山。"充分显出人民对他怀念的深远。

然而，李广却不得其死，使人痛惜，这是一桩千古疑案。李广从军四十年，大小七十余战，即令在本国之内大平原上平时行军，还有向导，此次身负重要任务，不但深入敌国，更深入沙漠，如果没有向导，根本寸步难行，即令是白痴，也知道非有向导不可，何以竟没有向导？向导误导有可能，无向导则绝不可能，其中定有蹊跷。卫青宣称是接受刘彻的秘密指令，才把李广调为右卫。如果刘彻这么肯定自己的判断，他一开始就应该任命李广当右卫，甚至任命李广当后卫，难道李广敢不接受，就在金銮宝殿上顶撞？当时刘彻却是任命李广当先锋的，又何必多一番折腾？

对这些，我们无法解释。一定要解释的话，我们认为，这是一项官场上互斗的阴谋。向导如果不是被杀，便是被仓卒调走，使李广没有时间去寻人接替。司马迁满腔悲愤，迫于政治压力，不敢明言，而只强调"无导"，供后人深思。至于秘书长态度之严峻，不过是周霸之流（参考公元前123年），但也可能就是卫青授意。

史料不多，我们不敢自信这种判断没有错误，但这位名将之死，确实带给我们一片疑云。

王温舒

王温舒当初在广平郡（河北曲周东北）当民兵司令（都尉），遴选郡中土豪恶霸十余人，做他的部属。王温舒掌握他们犯法的阴私，用来要挟他们捕捉盗贼。凡听从命令，使王温舒大快心意的，不管他从前犯过什么重罪，完全不问。如果不尽力捕捉盗贼，王温舒就翻旧案，屠杀他的全族。因此，齐（山东）、赵（河北中部南部）一带的盗贼，不敢接近广平郡。当时广平郡治安良好，有“路不拾遗”的美好名誉。后来，王温舒调任河内郡（河南武陟）郡长，九月间到差，命郡政府特别供应他五十匹驿马专用，然后搜捕郡中豪杰或恶名昭彰的土豪劣绅，互相牵连一千余家。奏报中央：罪大的诛杀全族，罪小的诛杀一身，家产全部没收，以偿还所收受的赃物。奏章发出不过两三天，就得到中央批准公文，以至血流十余华里，郡中都惊骇中央批示神速。直到十二月过完，郡中一片寂静，没有人敢大声说话，也没有人敢夜间出门；虽荒村僻壤，也听不到狗叫。凡逃亡的罪犯，王温舒都派人到附近郡县追缉。转眼之间，正月来临，王温舒跺脚说：“糟透了，冬季如果能延长一个月，就足够我发挥。”（古时传统，冬尽之后，不再刑杀；要到明年立秋才恢复。）

武陟与西安，航空距离四百余公里，中间还隔着一条黄河和万重峭山。王温舒发出奏章后，两三天便得到中央批准公文，即令驿马如飞，也不可能。何况中央政府收文之后，还要呈阅、拟办、会办以及批示，熟悉官场作业程序的人都会了解，即令以最速件处理，也要十天半月。我们怀疑王温舒手中握有空白批文，驿马奔驰，不过向外人表演。即令批文是实，那种速度，同样使人憬然发现：任何酷吏，他自己不能单独作恶，中央都有支持他作恶的当权黑手，上下配合，才能行凶。酷吏看起来手握生死，事实上不过该当权黑手的一个可怜工具！

腹诽奇罪

农林部长（大农令）颜异，以廉洁正直，深受上级欣赏，升到部长地位。刘彻跟张汤既商定制造“白鹿皮币”（参考公元前119年），询问颜异意见，颜异说：“亲王、侯爵，朝见祝贺的礼物，都是白色璧玉，价值不过数千钱，而用来作为衬垫的白鹿皮，反而价值四十万，主客本末，全不相称。”刘彻大不高兴。张汤对颜异一向不满，现在正是报复良机。于是，遂有人检举颜异某一件事犯法，案件交张汤审理。原来有一次，颜异跟朋友聚会，一位客人批评某一项法令不很恰当，颜异没有作声，只微微地把下唇往外翻了一下。张汤认为已足以证明罪大恶极，奏称：“颜异身为部长（九卿），见到法令有不恰当之处，不坦诚向皇上陈述，却邪恶地在肚子里诽谤，应处死刑。”自这件事后，西汉王朝政府遂有“腹诽”判例。政府高级官员，人人恐惧，只好谄媚阿谀，以求保身。

秦王朝是一个野蛮部落建立的政权，所创立的屠灭三族酷刑，一直保持到公元十九世纪才算结束。这种惨无人道的法律，虽然不断宣布被废除，但帝王一念之间，立刻就又恢复，没有人敢提出异议。以“仁义”自诩的高级知识分子，两千年来，噤若寒蝉，使中国的政治斗争比世界任何国家（包括被瞧不起的夷狄之邦）都更残忍，也使中国人缺少培养独立自己人格的土壤。每一个人的行为后果，全族都要分担。明哲不但可以保身，还可以保家保族。明哲的意义，就是畏缩圆滑、权势崇拜、丧尽礼义廉耻。

西汉王朝除了继承秦王朝的诛杀三族酷刑外，更发扬光大。在周亚夫案件中，发明了“地下谋反学”；在颜异案件中，发明了“腹诽学”——心理叛变。“诬以谋反”的法宝，遂有七十二种变化，中国人的苦难，不是到了二十世纪才有，古代便已如此，法律尊严被侮辱到如此程度，古圣先贤，从没有人敢兴起改革之念，以致后果由我们这些子孙，全部承当。

张汤案件

总监察官（御史中丞）李文，跟张汤怀有宿怨。张汤最宠信的小职员鲁谒居，为了替主人铲除政敌，暗中派人上书皇帝，检举李文。案件交给张汤审理，张汤引用法律条文，诛杀李文。张汤知道是鲁谒居干的勾当，心存感激。

西汉帝（七任武帝）刘彻（本年四十二岁）偶尔问起案发原因，张汤假装毫不知情，而且还作大吃一惊状："可能是李文的仇家干的。"后来，鲁谒居卧病，张汤前往探视，亲自给他按摩双脚。消息传到赵王（首府邯郸【河北邯郸】）刘彭祖（刘彻的老哥）耳朵里，刘彭祖素来怨恨张汤，于是向刘彻告发说："张汤身为国家重要高官，竟然给一个卑贱的小职员按摩双脚，必有隐情，可能有不可告人的阴谋。"刘彻交付司法部（廷尉）调查。

而鲁谒居正好病死，牵连到鲁谒居的弟弟，囚禁在宫廷供应部（少府）的看守所（导官），恰巧张汤到看守所审理其他案件，看见鲁谒居的弟弟。张汤打算暗中营救，所以表面上假装并不相识，大模大样，不打招呼。鲁谒居的弟弟不知道张汤的心意，既害怕又忿怒，一不做，二不休，索性叫他的家人上书皇帝，揭发张汤跟他哥哥鲁谒居共同陷害李文经过。

刘彻交付减宣（减，姓）审理，而减宣跟张汤之间，素有宿怨，也到了报复时候。就穷追猛查，决心把张汤置于死地，但还没有结案奏报。

就在这时候，有人盗取刘恒（五任文帝）坟墓陪葬的钱币。宰相（丞相）庄青翟，跟张汤约定晋见刘彻，一同自请处分。想不到见了刘彻之后，庄青翟自请处分，张汤却在旁边一语不发。刘彻下令张汤审理庄青翟在盗取陪葬钱币案件里，应负的责任。在审理过程中，张汤企图把庄青翟罗织到"知情不报"法网，庄青翟惊恐忧虑。

宰相府秘书长（长史）朱买臣、王朝、边通，从前都做过部长级（二千石）高级官员，他们已是高官的时候，张汤还不过是一位低级职员。张汤当了最高监察长（御史大夫）后，曾经数次代理宰相，知道这三位秘书长一向尊贵，却故意把他们当作小职员看待，三位秘书长深为怨恨，想置张汤于死地。于是，乘机跟宰相庄青翟密商，派人逮捕商人田信等，散布消息说："张汤向皇帝奏报任何事情，田信都事先知道，所以囤积居奇，成了富豪，然后再把油水分给张汤。"

如所预料的，消息终于传到刘彻耳朵。刘彻问张汤说："我做什么事，商人们都先知道，事先囤积居奇，好像有人把我的话告诉他。"张汤明知道是指他，但他并不马上认罪，反而假装吓了一跳，回答说："可能有这回事。"而就在这当口，减宣把鲁谒居弟弟的口供呈报上来。刘彻认为张汤心怀狡诈，当面欺骗。派总监察官（御史中丞）赵禹向张汤严厉诘责。张汤无法解释，遂写下遗书，向刘彻自请处分，并且说："陷害我的，是宰相府的三位秘书长（朱买臣、王朝、边通）。"自杀身亡。

张汤死后，家产并不富裕，总共不过价值黄金一万两。家属兄弟子侄们都主张厚葬，张汤的娘亲说："张汤是天子的大臣，受到恶言伤害，为什么要厚葬？"遂把尸体放到牛车上，拉到墓地，只有一具棺木，没有外椁（古代埋葬，至为隆重，棺材外还有一个棺材，外棺称"椁"）。刘彻得到报告，把宰相府三位秘书长（朱买臣、王朝、边通），全体处死。再逮捕宰相（丞相）庄青翟，投入监狱，庄青翟自杀。

张汤案件，是《资治通鉴》第一次就官场上的权力斗争，作细致的报导。人，一旦进入权力漩涡，就跟车辆进入交通混乱的十字街头一样，你不碰人，别人可能碰你。一句话或一举手，几乎都是陷阱。仁义、道德、人格，在这个领域里，没有重要地位，有的只是阴谋倾轧。一面跟对方歃血结盟，一面把对方出卖；一面向对方誓言铁肩担道义，一面在背后举起钢刀。官场遂成为世界上最黑暗的一个角落，鬼影幢幢，群魔乱舞。

张汤是一位最骠悍的官场斗士，他不断在斗，用最残酷卑鄙的手段打击他的政敌。目的只在夺取更高权力，所以虽然鲁谒居案件爆发，他正需要助力的时候，仍忍不住使用诈术，陷害庄青翟。

这场权力斗争，像一群争夺骨头的疯狗，在主人的巨棒之下，逐一倒毙。显示一种现象：有些当主人的，也乐意于他属下的群狗互相龇牙，只偶尔发出一声大喝，用来提醒互斗中的官崽，谁是老大！而另一个节目——摇尾帖耳的谄媚功夫，也更突出层面。官场的无耻和不确定性，更使人眼花缭乱，叹为观止。

郡长自杀

公元前112年，西汉王朝（首都长安【陕西西安】）皇帝（七任武帝）刘彻（本年四十五岁）前往雍县（陕西凤翔），祭祀五色帝。祭祀礼成之后，顺便西游，越过陇山（陕西陇县西），登崆峒山（甘肃平凉西）。陇西（甘肃临洮）郡长（姓名不详）无法供应这群突然涌来的大队人马，以致随从官员有些竟得不到饮食，惶恐自杀。

皇帝不比平民，平民出游，顶多拖家带眷。皇帝之类大人物出游，不叫出游，而叫巡狩，而叫视察，那是一种官式任务，就非同小可。除了小老婆群外，还有侍奉小老婆群的宫女、宦官，以及侍奉皇帝的大小官员，跟政府中主要首长和警卫部队，少者数千，多者数万、数十万。活像一窝蝗虫，逢州吃州，逢县吃县，抢劫、纵火、杀人、奸淫，无恶不作，人民却无处申诉，因主持审判的人，正是凶手。刘彻两次出游，就吓死两位郡长，其中残酷暴行，史书虽未载明，我们可由推想而知。

高级知识分子总是劝阻帝王不要出游，理由千千万万，真正的只有一个：小民以及政府，都无法承受蝗虫集团的蹂躏。《资治通鉴》在七世纪时，对隋王朝二任帝杨广的出游，有比较详尽的报导。十六世纪的明王朝十一任帝朱厚照的出游，比刘彻更为凶狠，十八世纪清王朝六任帝弘历“六次下江南”，几乎使江南社会崩溃。这其中有太多官员的欢乐和太多小民的血泪。

栾大

五利将军乐通侯栾大，整装东行，宣称要到东海海上寻找他的神仙老师。然而他不敢深入海，却到泰山（山东泰安北）之上祭祀。刘彻派出密探跟踪调查，栾大没有察觉，反而向刘彻报告，他在海上已经会见神仙。这时，他的法术已经用完，无法再有表现。刘彻下令审讯，认定栾大诈骗欺罔，腰斩。推荐栾大给刘彻的乐成侯丁义，也绑赴街市砍头。

栾大用尽心机，博取富贵。他一开始就考虑到后路，所以首先要刘彻亲口保证不再发生少翁事件，接着更要求成为皇亲国戚，而且全部如愿以偿，不但得到刘彻亲口保证，还娶了刘彻亲生之女。他可能认为已经万无一失，将来无论如何，即令刘彻撤回保证，但岳父大人总不能不看女儿情分，杀掉女婿吧。他不了解，普通平民，这种亲情可能有它的作用，但对财势双全的巨头，意义却不相同。皇帝还怕他的女儿嫁不出去？

栾大毁在他过度自信上。小民在西洋镜被拆穿之后，顶多挨一顿臭揍，帝王的反应可是钢刀。从腰斩毒刑，可看出刘彻衔恨之深。然而富贵所在，万人入迷，栾大又何足惋惜。

桑弘羊与卜式

公元前 110 年，发生小规模旱灾，刘彻命各级官员向上天祈雨。卜式上书说：“政府官员应该负责田赋和捐税，而今桑弘羊却使他们像一个商人一样，坐在店铺里，做起生意求利来了。如果烹杀桑弘羊，天就会降雨。”

传统的儒家思想，是大刀一砍的两分法，“仁义”和“利益”如同水火之不相容。“仁义”是孤立的，凌驾各种行为之上。于是，讲“仁义”的人遂陷于不切实际的迂腐困境。没有卜式，中国仍是中国，没有桑弘羊的盐铁专卖制度和物资调节办法，天下可能混乱，西汉政府可能倒闭。

杜周

总监察官（御史中丞）、南阳（河南南阳）人杜周，调任司法部长（廷尉）。杜周外貌忠厚宽大，但内心苛刻，害人深入骨髓，大抵仿效张汤的办法。此时，诏狱特别多，部长郡长级高级官员（二千石）被逮捕囚禁，旧的去，新的来，始终维持一百人以上。司法部受理的，每年达一千余件。大案牵连逮捕的有数百人，小案牵连逮捕的也有数十人。远者从数千华里外，近者也有数百华里路程，把当事人押解到长安审讯。司法部所属监狱，跟首都其他官府所属监狱，全都装满，囚犯高达六七万人之多，而法官法吏利用口供牵引，更增加十万余囚犯。

“诏狱”一词，再次在《资治通鉴》出现。“诏”是皇帝命令，由于皇帝的命令而逮捕、而囚禁、而处决的行为，称为“诏狱”。这种案件中，法官的任务只是代不合法的行为穿上合法的外衣。韩信、彭越、晁错、主父偃、周勃、周亚夫，都是诏狱下的牺牲品。所以可以直截了当地说：诏狱就是冤狱。当最高统治者——不管他的名称叫什么，要惩处某一个人时，法官自会找出稀奇古怪的法律条款，诸如“地下谋反”“心理叛变”之类，使他们龙心大悦。

十六七万囚犯，是一个庞大数目，西汉王朝初期，长安人口不过五十万。十个人之中，就有三个人坐牢，其中埋藏着多少悲剧。太平盛世，尚且如此，战乱时代，人更不被当人。

刘彻

公元前108年，中国派往朝鲜的远征军内部不和，左将军荀彘合并杨仆军队后，即猛烈攻击。王险城（平壤市）不能支持，破在旦夕。朝鲜王国（卫氏朝鲜）宰相路人、韩阴、尼溪、参（姓不详），将军王唊（音 jiá【颊】），弃职投奔中国军营。宰相尼溪、参（姓不详），派杀手刺死国王卫右渠，投降。王险城（平壤市）在混乱一阵后，大臣成己再恢复固守。荀彘派故王卫右渠的儿子卫长、宰相路人的儿子路最，前往宣告他们的人民，固守无益。王险城（平壤市）人民起而攻杀成己，朝鲜王国（卫氏朝鲜）遂亡。刘彻征召荀彘到长安，责备他“争功相嫉”，绑赴街市斩首。杨仆被控：率军先到列口（列水入海处。列水，今大同江），应等待荀彘共同推进，而竟擅自先行攻击，遭受惨重损失，也应斩首；但准缴纳赎金，贬作平民。

西汉政府攻击朝鲜王国（卫氏朝鲜），用现代眼光评估，乃是一种赤裸的侵略，但在公元前二世纪的当时，朝鲜王国跟南越王国、闽越王国，没有分别。每个国家都在扩张领土（朝鲜王国也并吞了临屯、真番），扩张的目的不在经济利益，而只求传播首领的威名。

刘彻处理这场战事的方式，显出一个统治者长期掌权后的乖张性格。远征军在万里外作灭国之战，竟然不设统帅，当然导致争端。刘彻应该自责，不应该责备两位将领意见不合。而杨仆所犯的错误最多，单独挑战，先吃了一个败仗，在吓破了胆之后，又企图用和平手段包揽全局。最严重的是，约定攻击日期，友军发动，而他却隔山观虎斗，幸亏朝鲜王国军力不强，否则荀彘岂不全军覆没？朝鲜于取胜后，曾是手下败将的杨仆海军，往何处逃生？

就已知的史料，看不出荀彘有什么不对。他的怀疑是正常的，任何人置身于屡屡失约的友军之旁，都会警觉到定有什么阴谋。即以逮捕杨仆而言，那是“持节”的使节所发号令，他虽然建议，但无权决定。决定的是使节，与他何干？即令有干，万里外灭国而还，血汗功劳俱在，何至绑赴街市斩首？李广利攻击大宛王国，罪恶满身，刘彻还念他万里征伐，不录其过（参考公元前101年），为什么独录荀彘的"过"？

荀彘的冤狱，是一个分水岭。刘彻的智力开始走向下坡，以后越来越昏庸凶暴，只凭一高兴或一不高兴，完全受自己情绪控制，被左右亲信的小人物拨弄于手心之上。容忍汲黯的美德，已不再现。所以接着是杀宰相、杀妻子、杀亲生儿女、夺取汗血马，一团黑暗血腥，除非他死，黑暗血腥不止。

吞并朝鲜

公元前 108 年，朝鲜王国（卫氏朝鲜）覆亡后，西汉政府在朝鲜王国（卫氏朝鲜）故地设置四郡：乐浪郡（朝鲜半岛平壤市）、临屯郡（朝鲜半岛江陵市）、玄菟郡（朝鲜半岛咸兴市）、真番郡（朝鲜半岛首尔市）。封参（姓不详）当湖澅清侯、韩阴当萩苴侯、王唊当平州侯、卫长当几侯，路最因老爹（路人）之死，建有大功，封涅阳侯。

朝鲜半岛上风俗之美，史不绝书，应无可置疑。但是仅凭六十条法律跟八条法律的悬殊，便证明“仁义圣贤的礼教，是多么可贵”，恐怕无法证明，而只能证明班固的思考力僵化。人口增加，生产工具进步，自会使社会层面加多，有些固然跟所谓的“心术”有关，有些却不然。地广人稀时，可以胡乱开垦，一旦人口增多，就得有法令禁止在山坡上种田，以免泥土流失。只有一种情形才可以使法律条文减少，那就是人口减少，等到一个城市只剩下一个人时，就可以不要一条法律了。

眼睛生在背后的崇古狂热，充满中国古书的字里行间。

诛杀五族

首都长安警备区司令（中尉）王温舒，被控奸诈图利，查证属实，诛杀全族，王温舒自杀。当时，他的两个弟弟，跟两个“亲家”（儿女成婚，家长互称“亲家”），以其他罪行，早已全族屠灭。宫廷禁卫官司令（光禄勋）徐自为叹息说：“可悲！古代有诛杀三族的酷刑，而王温舒却被诛杀五族。”

残忍的法官，是残忍的合法凶手，时代的和社会制度的产物。一个祥和的时代，跟一个尊重人权的文明社会，没有酷吏容身之地。有些人的性格虽然比较凶险，但在严格的规范下，可使凶险的程度降低。拥有无限权力的统治者，是酷吏之母，也是最大的酷吏。法国大革命时的“革命裁判所”、欧洲中世纪的“异教徒法庭”，背后都拥有无限权力的统治者，他们必须被推翻或被克制，酷吏才会消灭。司法是政治的延伸，有什么样的政治，就有什么样的司法。有什么样的司法，就有什么样的法官。

所有酷吏，都没有好下场，主要的由于酷吏权力膨胀得太久之后，会忘了他自己是谁。终有一天，碰上特务手段扳不倒的对手。其次，等到民怨沸腾，可能逼出对酷吏之母反击时，酷吏之母就会借酷吏的人头，平息群愤。任何一项原因成熟之日，就是酷吏丧生之时。

人性有堕落的一面，卑劣的人格加上恰好手执风箱，火焰就会更炽。舆论的谴责，家属的哭诉，流血的杀戮，灭身灭家灭族的恐怖，酷吏都不会皱眉。要想使酷吏绝迹，只有铲除它的源头——拥有无限权力的统治者和允许暴行存在的社会制度。

历法改革

公元前 103 年，西汉王朝（首都长安【陕西西安】）牧丘侯（恬侯）宰相石庆逝世。

公元前 103 年，西汉政府开始采用夏王朝历法，把元旦定为正月一日。这个重大突破，已二千余年，直到今天（二十世纪八十年代），仍是一件大事。《通鉴》竟没有交代明白。翻阅去年（公元前 104 年）关于制定历法的记载，只说刘彻下令公孙卿、壶遂、司马迁共同拟订西汉王朝太初历，却没有报导这项建议是不是批准，更没有报导实施日期。

这正是古史书的最大特征之一——说不清楚。有人抨击中国方块字只是一种诗的文字，因为它的精确细致度不高，无法作精密的陈述和说理，甚至不能描绘较深刻细致的感情。我承认如此，但我反对因此就认为中国方块字绝对无法使条理分明。因这是思考方式问题、运用文字功力问题和表达能力问题。把史书弄成一盆糨糊似的，不限于文言文和方块字，如果头脑没有条理，白话文和拼音字，也是一样。

汗血马

最初，李广利的西征兵团从敦煌郡（甘肃敦煌）出发，分为数个梯次，由南道北道，同时向大宛王国推进。指挥官（校尉）王申生率一千余人监视郁成城（乌兹别克斯坦安集延市东一百公里乌兹根城）。郁成王攻击，王申生全军覆没，只有几个人逃回，投奔大营。李广利命粮食总监（搜粟都尉）上官桀，攻击郁成城，郁成王大败，逃往康居王国（首都卑阗城【中亚细亚巴尔喀什湖西南锡尔河北岸突厥斯坦 Turkestan】）。上官桀尾追到康居，康居王国知道大宛王国的命运，不愿跟中国作对，遂把郁成王逮捕，送给上官桀。上官桀派四位骑兵军官，押解郁成王前往西征兵团统帅部，骑兵军官之一的上邽（甘肃天水）人赵弟，恐怕中途有人劫囚，挥剑砍下郁成王的人头，追上大军。

西征大宛，是一场不名誉的战争，中国先后伤亡十余万人，目的只不过为了几十匹汗血马。汗血马来到中国后，就像被地球吞没了似的，再没有消息，以后也再没有听说过西域或其他地方有这种宝马。可能这种马被过度地夸张，刘彻到手之后，发现跟中国原有的马，并没有太大分别，但又死要面子，不肯承认自己是个冤大头，只好闭口不提，使人们日久淡忘。也可能大宛王国鉴于汗血马是灾祸之源，为了避免无穷的后患，早就把它杀光，像传说中的大象在危急时，自动把长牙折断一样。交给中国的，本来就是中等货色。

李延年

匈奴丁零王卫律，原是居住中国长水（水名，在今陕西蓝田西北）的匈奴人，和音乐总监（协律都尉）李延年，是至好朋友，李延年推荐卫律出使匈奴，一切都一帆风顺。可是，卫律回国后，正遇上李延年被杀，卫律大为恐慌，逃回匈奴。匈奴对他甚为宠爱，封他王爵。

公元前 100 年，西汉政府派皇家警卫指挥官（中郎将）苏武，率使节团出使匈奴，谋求和平，副使节张胜与卫律部属，准备发动突击，射杀卫律，并掳单于的娘亲皇太后（阏氏）投奔中国。

李延年的妹妹李夫人，是一位传奇美女，临危不乱。她正被刘彻爱到沸点时，一病不起。刘彻亲自探望她（在皇宫中，皇帝四周美女如云，而竟往探望一个患病的姬妾，证明李女士有非凡之处），希望见最后一面。但李夫人用被子把头蒙住，坚决拒绝，只拜托看顾她的哥哥李延年。刘彻满口答应，但仍要求一见，李夫人被逼不过，就哭泣不止，刘彻大不高兴，怏怏而去。其他小老婆埋怨她惹老家伙生气，李夫人说："用漂亮的容貌博取宠爱，一旦容貌衰老，宠爱也自然消失。皇上爱我，是爱我漂亮的容貌。我久病之后，已非昔日，一旦发现我原来是个黄脸婆，便万事都休。现在他虽然一时不高兴，可是在他印象中，我仍如花似玉，他会念念不忘，照顾我的家人。"

李夫人虽年纪轻轻，阅历不多，可是这几句话，却击中天下男人的要害。果然，刘彻擢升李延年当部长级的音乐总监（二千石）。然而，当花容月貌在印象中也消失的时候，前情同样捐弃。李延年显然不了解宫廷之中，只有权势，没有道义，只有肉欲，没有爱情，仍然放肆如初。最后跟他的弟兄，仍被刘彻处死，使我们扼腕徘徊，不能自已。

割屌皇帝

公元前 99 年，中国大举攻击匈奴，大将李陵投降匈奴，刘彻怒不可遏，政府官员遂异口同声，责备李陵。刘彻询问天文台长（太史令）司马迁的意见，司马迁说："李陵对父母孝顺，待士兵有恩信。常奋不顾身，赴国家急难，平日的思想作为，有国士的风范。如今不幸在一次战役中失败，那些住在安全地方，拥妻抱子的官员，不思量战场艰苦，反而落井下石，捏造构陷，使人痛心。李陵率领不满五千人的步兵，深入匈奴汗国心脏，对抗数万强敌。匈奴救死扶伤都来不及，动员全国武装部队，大举围攻。李陵部队转战千里，箭尽路绝，战士们赤手空拳，冒着刀锋，仍苦苦搏斗。得到部下如此效忠，即令古代名将，不能超过。现在，身虽陷敌，然而他给予敌人的创伤，仍足以激励天下。我的看法是，李陵所以不死，并不是真的投降，而是等待适当时机，报效国家。"这项意料之外的回答，使刘彻大怒若狂，认为司马迁诈欺诬罔，企图阻挠贰师兵团，而给李陵做游说工作。于是，逮捕司马迁，判处腐刑（即宫刑，割掉生殖器）。很久之后，刘彻才后悔李陵兵团是一支孤军，没有救援，说："应该在李陵出发后，再下令路博德接应。我却预先颁下诏书，使老家伙（路博德）羞与为伍，使用诈术。"这才派人赏赐逃回来的李陵残军。

班固曰："司马迁据《左氏春秋》《国语》，采取《世本》《战国策》，接续以后的事，叙述西楚王国跟汉王国战争，直到西汉王朝。他对秦王朝、西汉王朝的历史，撰写很是详尽。但是他的史料，有的来自经，有的来自传，把事情分散，而有很多疏忽省略，甚至还互相抵触矛盾。看起来他涉猎广泛，学问渊博，把散开的经、传贯穿起来，驰骋古今，上下数千年，也可以说十分用心。不过，他所定的是非标准，非常荒谬，跟圣人并不一致。评论天下大事，司马迁先赞扬黄老（道家学派），然后才赞扬儒家学派的六种经书。推崇游侠，而忽略了隐居不当官的儒家学者，使奸雄得到鼓励。重视社会经济（《史记》有《货殖传》），去讲求利禄，使人认为贫贱是一种羞辱。这是他的缺点。然而，刘向、扬雄学问渊博，一致赞扬司马迁是良史之才，佩服他条理分明，朴实而不虚华，文雅而不鄙俚。文章率真，史迹坚实，不作虚伪的歌颂，不隐藏罪恶。所以，可以称之为实录。可是，以司马迁的闻博见广，却不知道保全自己。

既然已经陷于极刑，发愤著作，《报任安书》上的话，也可以相信。可看出他之所以自怨自艾，不过《诗经·小雅》、宦官之流的哀怨（《诗经》在性质上有“大雅”“小雅”之分，但并没有明确的界限，也没有明确的定义。大概是：“大雅”涉及天地、宇宙、国家、战争；“小雅”多是个人的感伤、述怀），而只有《大雅》，十分明哲，才能保身，可是司马迁却办不到。”

王夫之曰：“司马迁挟着私心，完成《史记》。班固讥刺他不忠，十分恰当。李陵之降敌，罪状昭著，无法掩饰。如果说他孤军抵抗匈奴，而他率步兵五千人出塞，是李陵自己炫耀他的勇敢，并不是刘彻命令，使他不能推辞。李陵全族被诛杀，却嫁祸给李绪（参考公元前 97 年）。等到后来李广利远征匈奴，李陵率三万余骑兵追击，转战九日，难道也是李绪干的？如果说李陵被单于控制，不得不被驱使，难道匈奴除了李陵，便没有可以任用的大将？如果李陵有模棱两可之心，匈奴如何能交给他重兵，使他深入中国疆土，而跟中国军队对抗？司马迁替李陵遮盖过失，唯恐怕遮盖不住，并对李陵祖父李广赞不绝口，褒扬他们世代勋业。司马迁那种背弃公义，图利于死党的话，怎么可以相信？”

刘彻本来希望用李陵的性命，作为他皇冠上的荣耀，所以一听说李陵被俘，便大失所望，恼羞成怒。既已肯定李陵有罪，又何必再询问司马迁的意见？司马迁的回答，如果不对，可以不听，可以斥责，可以逐出政府，何至诛杀？更何至刁钻恶毒，指定割掉生殖器？西汉政府法律三百五十九种，死罪四百零九项，判例一万三千四百七十二条，不知道用什么理由，选择腐刑。有人说刘彻爱司马迁的才华，才减死一等。司马迁的罪不至死，而减死一等，还有鞭打，又为什么非腐刑不可。唯一的解释是，刘彻喜欢这个调调，称之为“屌帝”或“割屌皇帝”，应是最恰当的绰号，尤其他用违背诚信的残酷手段，对待一个手无寸铁的文化人，而罪状又不过是一句话没有称他的心、如他的意。

班固之论司马迁，首先是抨击他提倡游侠，注意社会经济，远离圣人之道。而所谓圣人，都是儒家学派的高级知识分子，可看出儒家思想定于一尊后的遗毒——完全剥夺人们的独立思考能力和想象能力，只要超过“圣人”的圈圈，就有文化打手，愤然出拳。其次是讥刺司马迁智慧不高，不足以明哲保身，并由司马迁之不能明哲保身，证明他的《史记》不过是宦官们的自悲自怜的作品。这种逻辑，不但不知所云，还包含一种轻佻。班固写这篇文章时，正是他依靠财势双全的皇亲国戚窦宪先生，大红大紫之际，显然认为他的明哲，已使他觅得了安全保证，万无一失。想不到窦宪霎时间被捕，冰山倒塌（参考 92 年），班固在监狱里被执行死刑。依照他自己的推理，他的"明哲"可是更差，他的《汉书》又算什么东西？

王夫之的见识，较之班固，更等而下之。王夫之指出班固讥司马迁不忠，但班固在上述的评论中，并没有此项讥讽。王夫之指控李陵嫁祸于李绪，这种说法，可谓恶毒。李陵已全族被屠，有何祸可嫁？至于李陵追击李广利兵团，那是在全族被屠之后，和西汉王朝已恩断义绝。儒家学派祖师爷孔丘的《春秋》大义，九世复仇都可以（参考公元前 101 年），为什么李陵被认为例外？司马迁跟李陵不过相识而已，只因说了几句皇帝听了大怒的话，一千八百年后的王夫之，立刻发明司马迁跟李陵竟是"死党"。在王夫之看来，佐拉跟德雷福斯，孙观汉跟柏杨，更是"死党"无疑。一个以正直自命的人，心灵却如此龌龊。

古人云："不知其人观其友。"事实上不知其人也可以观其敌。班固不过一个窦家班的马屁虫，才说《史记》有背圣人。王夫之不过一个传统腐儒，目光短小，冥顽不灵。然而，最妙的还有一位王允先生，这位脑筋像一盆糨糊，激起兵变，一发而使东汉王朝不可收拾的酱缸蛆，却称《史记》是一部谤书（参考 192 年 4 月），更使我们喷饭。

然而，无论赞扬司马迁也好，攻击司马迁也好，却没有人检讨屌帝刘彻的兽行。这涉及基本人权。性心理学专家尤其应该研究研究刘彻变态程度，使这个老流氓，无所遁形。

暴政产生盗匪

刘彻用严厉的法令，控制全国，特别喜爱酷吏。各郡郡长、各封国宰相，以及各封国首府警备区司令（二千石为治者），大多数都残暴无情，而小吏和人民犯法的却越来越多。东方（函谷关以东）各地，盗贼蜂起，大的成群结队，多达数千人，攻打城市，夺取军械库的兵器，救出监牢里的死囚，逮捕郡长、民兵司令（都尉），杀戮高级官员；小的也集结数百人，劫掠乡村行旅，以致路断人绝。刘彻采取更严厉的手段镇压，命总监察官（御史中丞）、宰相府秘书长（长史），负责监督，但无法禁止。于是派遣特级国务官（光禄大夫）范昆、曾任部长（九卿）的张德等，当“绣衣戒严官”，“持节”，携带虎符，到各郡各封国，调发正规军征剿。面积大一点的郡，能一次诛杀一万余人；加上供给匪徒饮食的跟连坐的普通人民，纵是面积小一点的郡，也诛杀数千人。

几年之后，有时也逮捕到变民的领袖。然而，正规军逃亡的散兵游勇，跟残余的或新起的变民结合，重又占山为盗，聚集在一起，政府也无可奈何。刘彻仍认为法令不够严苛，于是，颁布“沉命法”：“有了盗贼，官员没有发觉，或虽然发觉，逮捕的盗贼人数不成比例的，上自郡长、民兵司令、封国首府警备区司令（都是二千石）；下到最低最小的小吏，以及跟治安有关的官员，一律处死。”结果是，小吏们恐惧处死，地方上虽然有盗贼，也不敢承认，唯恐怕呈报了上级之后，不能捕获，连累郡政府高级官员，郡政府官员也盼望小吏们不提出报告。于是，盗贼一天比一天增多，上下互相掩饰，靠着虚伪的公文来往，逃避法网。

全国到此，已陷混乱，原因只有一个：“官逼民反”，官吏的贪污残暴和无情的冤狱，使人哭天无泪，面临抗暴或死亡的选择。压力只能使表面平静，暴政不除，混乱不止。纯靠压力已是愚不可及，再发明“沉命法”，统治者的头脑有时候真是狗屎做的，又多一例证。狗屎头脑的思考方式是单线的一厢情愿，用杀戮来督促官吏肃清盗贼，却没有想到反使盗贼更多，而且更为公开。

消灭变民的唯一方法是政治清廉和司法公平，不能纯靠杀戮。

巫蛊

公元前 96 年，西汉王朝（首都长安【陕西西安】）因杅将军公孙敖的妻子，被控“巫蛊”，西汉帝（七任武帝）刘彻（本年六十一岁）下令腰斩公孙敖，屠杀全族。

这是“巫蛊”在《资治通鉴》第一次出现，紧接着是一连串屠杀。用现代眼光来看，“巫蛊”使人失笑，但我们不能笑，因为它充满血腥。我们也不应笑，只要是专制独裁制度，一定会有“巫蛊”——每个时代有每个时代特有的“巫蛊”。

进了疯人院

刘彻的皇太子刘据发动兵变，兵变失败逃亡，向东逃到湖县（河南灵宝西），躲藏在泉鸠里。主人贫穷，靠织卖草鞋供养刘据。刘据有一位旧部属，也住在湖县，听说他很富有，派人向他借贷。于是，消息走漏。地方官员包围刘据居处。刘据了解不能逃生，就回到房间，紧闭房门，自缢而死。

山阳（河南焦作）男子张富昌，当时正是法警，用力踹开房门。新安（河南渑池东）小吏（令史）李寿，抢先把刘据抱住解下。主人在保护刘据的格斗中被杀。皇孙二人，同时遇害。刘彻伤感，封李寿当邘（邘，音 yú【于】）侯、张富昌当题侯。

最初，刘彻给刘据建立博望苑，教他招揽宾客，顺从他的喜爱。而宾客中，很多都不是正统的儒家学派出身。

司马光曰："古代圣明的君王，教养太子，一定遴选方正、善良、敦厚的人士，做他的师傅、朋友，使他们生活在一起。这样的话，前后左右，都是正人君子，出入起居，都是正道。而仍然有可能走入左道旁门，身陷灾难，终于失败。而今，竟然叫太子自己物色宾客朋友，顺从他的喜爱。盖正直的人，关系难以亲密；谄媚的人，感情容易融洽。这是人之常情，无怪乎刘据没有好结果。"

班固曰："巫蛊引起的灾难，十分可哀。但这并不是江充一个人的罪恶，而是天意，不是人力造成。公元前 135 年，蚩尤星（孛星）出现，尾巴特长，横扫天际（参考公元前 135 年），以后遂出兵征讨四方蛮族，兴筑朔方城（内蒙古杭锦旗北黄河南岸）。当年春天，刘据诞生（刘据生于公元前 128 年，班固有误）。从此，战争三十年，大军所到之处，诛戮屠杀，灭族身死的，不可数计。等到巫蛊事件爆发，京师喋血，僵尸数万。刘据跟他的儿子，全都败坏。明显的是，刘据生于大军初起，死于战争稍息，同始同终。一个奸佞的江充，岂有这种力量？嬴政在位三十九年（应为三十八年），对内削平六国，对外攻击四邻蛮族部落，死亡的人，其多如麻。尸首暴露在长城之下，骷髅相连在道路之中，简直没有一天没有战争。因为这个原因，山东（崤山之东）发生暴动，国家崩溃，共同指向秦王朝政权。外部，秦王朝将领们纷纷叛变；

内部，奸臣贼子扰乱根本。灾祸起于萧墙之下，二世皇帝嬴胡亥，终于断送政权。所以说：'战争如同大火，如果不把它扑灭，必然把自己烧死。'确实如此。仓颉制造方块字，'止''戈'合成'武'字，就是圣人明示，应该用'武'来镇压暴力，平定祸乱，阻止战争，并不是用'武'来做残暴的事，为所欲为。《易经》说：'得到天的帮助，一定顺利。得到人的帮助，一定荣耀。正人君子享荣耀而事业顺利，是上帝保佑。大吉大利，通行无阻。'后来，田千秋指出巫蛊内幕，揭示刘据冤枉。田千秋的智慧，未必超过常人。只因他消除邪恶的命运，遏阻混乱的根源，因灾难刺激，而兴起新的盼望，引导为善，所以得到天人同时的帮助（田千秋事，参考公元前90年）。"

父逼子反，是人生一大悲剧，也是做父亲的一大恶行。传统上有句话："天下无不是的父母！"对这句话，必须予以严正批判，因天下绝对有禽兽型的父母。虽然这种父母为数不多，但有一个就已经够了。而迄今（公元前91年）为止，西汉王朝就出现了两个，一个是刘启逼死亲生之子刘荣（参考公元前148年），一个就是刘彻逼死亲生之子刘据。

根据已知的资料，刘彻并没有更换太子之意，尧母门也者，不过是老年生子，一时高兴，不能认为有"易储"含意。摇尾分子崇拜权势，掌权人物偶尔一屁，都能在其中找出哲学意义，遇到尧母门，自然会去发掘微言。江充更不过一个自以为聪明绝顶的玩命之徒，为了升官发财，急吼吼地不惜攻击坚壁。我们可以想到，当时也会有人（包括宰相刘屈牦在内）为别的皇子抬轿，教唆江充行动。刘据杀了江充，而老爹仍可容忍，并代为解释，可看出根本无"易储"的计划。搜索皇宫，也没有借以陷害老妻和长子的企图。

问题症结在于失去沟通管道，当初刘邦也犯过这种毛病，然而樊哙却可硬闯宫禁（参考公元前196年），因刘邦盘踞高位的时间不久，老伙伴的友情仍在。如今刘彻像一条冬眠的毒蛇，自闭在戒备森严的洞穴之中，连妻子儿女都不能见，能见的只有他的新欢，如赵钩弋，以及最亲信的宦官如苏文。而一个掌握权力的人，事实上不能自我封闭，他必须发号施令，如果他非自我封闭不可的话——不管什么原因，他就一定变成左右一些地位卑微的人的工具。看起来他仍然虎虎生风，实际上却被玩弄于手掌之上。试看刘彻，这位威不可当的世界上最高的帝王，苏文叫他跳脚他就得跳脚，另一位派去召唤太子的“使者”，叫他冒火他就得冒火。好像一个本来不要斗的斗鸡，在拨弄之下，张翅引颈，奋不顾身。我们敢推测，那位“使者”如果能见到刘据，把老爹的反应见告，事情可能不再恶化。刘据虽是太子，但基本的求生意念，跟小民一样，一旦投诉无门，不是屈服，便是背叛。

司马光把所有责任，都扣到刘据头上，好像《资治通鉴》不是司马光写的，而他又没有看过似的。史料上明白显示出刘据的美德，那正是儒家学派所歌颂的最高美德。刘据结交宾客朋友的结果，竟然培养出来他这么高境界的美德，难道还不够？不知道司马光还要求刘据更神化到什么程度？如果说起兵反抗是不对的话，提出建议的人可是儒家学派的教师，不是门客宾朋。即令刘据每天自囚在家里，难道就可阻挡“巫蛊”？就可阻挡老爹不梦见木偶？就可阻挡江充搜宫？就可阻挡奸细不事先把木偶埋到地下？为什么检讨的结论总是：“被迫害的该死，因为他引起有权大爷的迫害！”为什么不能提高质疑层次：有权大爷为什么迫害？原因何在？病源何在？

然而，在儒家系统中，司马光仍是第一流人才，《汉书》作者班固，就更神秘莫测，一个“此乃天意，非人力也”酱缸公式，突然冒出。既是上天注定的，凶手就有福了，暴君暴官更有福了。他们没有责任，责任在于上帝。文中拉扯到嬴政，甚至拉扯到中国方块字的构造，最后又拉扯到田千秋。虽然田千秋上奏章给皇帝，是一种“人力”，但那也是上天的旨意。我们就好像进了疯人院，处处都听到呓语。

李广利

公元前 90 年，西汉王朝巫蛊恐怖已臻巅峰，告密者都有收获。就在这时，宫廷供应部（少府）所属的内务官（内者令）郭穰，告密说："宰相（刘屈牦）夫人诅咒皇上，又跟李广利共同祈祷神灵，打算拥护刘髆坐上宝座。"刘彻下令追查，果有其事，定罪"大逆不道"。逮捕刘屈牦，绑到运送猪羊的厨车上，在长安城游街示众，拉到东城街头，拖下腰斩。宰相夫人被载到繁华的华阳街（华阳街是长安八街之一），斩首。接着逮捕李广利的妻子跟家人。李广利在千里外的战场上接到报告，忧愁惊恐，手足失措。一位为了逃罪而从军的秘书（掾）胡亚夫，向他建议："你的夫人和全家老幼，都被羁押监狱，形势很明显，如果你回去，稍微不称领袖的心，可是自己投进牢笼。那时候，郅居水以北，岂能再见？"李广利虽然有点动心，但他仍希望更深入匈奴汗国心脏地带，取得一项辉煌胜利，建立功勋，则刘彻或许有可能饶他不死。于是前进到郅居水（蒙古色楞格河）畔，而匈奴辎重跟大军，早已渡过郅居水，向北继续撤退。李广利命大军保护官（护军）率二万人骑兵渡郅居水，跟匈奴汗国左贤王、东部兵团司令（左大将）的二万骑兵遭遇，血战一日，斩东部兵团司令，匈奴死伤甚重。这是一个有利的形势，然而秘书长（姓名不详），跟决眭（音 suī【虽】）民兵司令辉渠侯雷电（匈奴裔）商量说："李将军已怀贰心，却想把我们置于危险之地，以求建立自己的战绩，恐怕一定失败。"企图逮捕李广利，押回长安。李广利得到消息，知道军心已经动摇，无法再向北挺进，遂即诛杀秘书长（长史），率军班师。

大军撤退到燕然山（蒙古杭爱山），匈奴单于（十任）栾提狐鹿姑发现中国军队疲惫混乱，形色有异，于是亲统五万人骑兵拦击，双方军队死伤都很惨重。入夜，匈奴绕过中国军队，在退路上挖掘壕沟，深达数尺，然后从背后发动猛烈攻击，中国军队大败，溃散。李广利绝望，向匈奴投降。栾提狐鹿姑素来听说李广利的威名，不禁大喜，把女儿嫁给他，尊崇他的地位，在卫律之上。刘彻下令诛杀李广利全族。

刘彻晚年，"巫蛊"成为一颗极为敏感的政治毒牙，碰到它立刻丧生，而且是全族丧生。厄运既已抓住李广利，他便不能脱逃。

唯一的生机是在战场上建立奇功，可是消息已经走露，一个立刻就会被处决的统帅，已不再有威信，无法作有效攻击；秘书长的反应，在情理之中。李广利应该把噩耗封锁，然后军心才可不乱，才有进击的能力。可是他靠着裙带关系掌握权柄，正常情形下，耀武扬威有余，一旦变生肘腋，就束手无策。这需要独断独行，一经跟人商量，便难保不泄。而且显然的，他没有结交到死士，而只靠普通的军令系统。这也是刘彻在他身率大军，而仍敢对他下手的原因。

然而，即令他身建奇功，甚至生擒单于，我们也不认为刘彻会饶他一死。破敌国，擒敌酋，只是对国家的贡献。在“巫蛊”中，却是皇帝生命受到威胁。相较之下，自己生命重要，国家算什么？悲剧已经注定，无可挽回。

思子宫

刘彻在位末年，民间巫蛊事件不断发生，互相控告，调查结果，差不多都是诬陷。而刘彻也逐渐了解太子刘据的心情：因过度恐惧而作出过度反应，并没有反抗老爹之意。怜念刘据冤枉无辜，遂在湖县（河南灵宝西）兴筑思子宫，建归来望思台。天下人同感悲哀。

刘彻悲思刘据，是父子常情，证明他的天良，还没有完全泯灭。但既已后悔，怜念儿子，为什么不怜念曾孙？曾孙也是骨肉，却仍囚禁在暗无天日的诏狱之中（参考公元前74年6月），为什么不释放出来，留在身边？不但不如此，反而下令把监狱中凡牵涉到“巫蛊”案件的囚犯，无论有罪无罪，无论定罪与否，全部诛杀。如果不是一位不知道明哲保身的侠义之士丙吉先生，从中阻挠，小小婴儿，早被一刀两断。刘彻之筑思子宫，建归来望思台，只不过一场戏台秀，显示他并不是一个恶父，用以混淆天下人的耳目。

“三王”“三代”

自公元前 89 年起，刘彻封田千秋当富民侯，是明白宣示：全民要在太平日子中休养，含有“思富”“养民”意义。又任命赵过当粮食总监（搜粟都尉）；赵过是农业专家，推行轮耕（在同一块土地上，轮流栽种不同的农作物，如这次种小麦，下次种大豆），并改良犁耙锄头，使用更为轻巧方便，用来推广，农民费的力气少而收获多，一片欢欣。 司马光曰：“世界上果然不是没有人才，刘彻喜爱向四境蛮族发动军事攻击，政府中充满冒险敢死人物，开疆拓土，没有一件事不如意。等到后来，休养生息，注意农业生产，赵过等人出现，教导农家耕耘，人民得到很大利益。前后都是一个君王，因为兴趣的转移，人才也跟着转移。假如刘彻兼具三王（夏一任帝姒文命、商一任帝子天乙、周一任王姬发）的度量，复兴夏王朝、商王朝、周王朝的太平盛世，难道说就没有三个王朝时代的辅佐官员？”

儒家崇古若狂，总是不断地提出“三王”“三代”，使人心惊肉跳。就在夏王朝，中国发生空前的旱灾、水灾，篡弑频仍，人民水深火热。而在商王朝，不断泛滥的洪水，把政府赶得不停逃跑（六迁其都），人民流离失所。最后的周王朝，有一半时间（东周），陷于孟轲所形容的：“争城之战，杀人盈城；争野之战，杀人盈野。”

“三王”“三代”并不是中国最坏的王朝（中国最坏的王朝是明王朝），但也不是中国最好的王朝；中国最好的王朝有三个，用时间的顺序排列是：西汉王朝、唐王朝、清王朝。然而，狂热能使人两眼发黑、双耳变聋，满口梦话，却勇不可当。刘彻有他可以谴责之处，但绝不是赶不上“三王”“三代”。反而，人民应该感激上苍，刘彻幸而没有赶上“三王”“三代”，否则，痛苦和灾难，可来得更惨。

马何罗行刺

宫廷随从执行官（侍中仆射）马何罗，跟江充友善。后来太子刘据斩江充起兵，马何罗的老弟马通，竭力死战，封重合侯。不久，刘彻下令诛杀江充全族和江充的党羽。马何罗兄弟恐惧终会株连到自己，阴谋采取行动。担任宫廷随从（侍中）的御马总监（驸马都尉）金日磾（音mì dī【密滴】），发现二人的神色有点异样，心里怀疑，暗中注意二人动静，跟他们一块进出。马何罗也警觉到金日磾已有戒备，所以一直不敢发动。正好一天，刘彻前往林光宫（即甘泉宫，陕西淳化西北）。金日磾因患小病，在值班室小卧休息。马何罗、马通，跟小弟马安成，假传圣旨，趁夜出宫，击斩军械库官员，取得武器。第二天一早，刘彻还没有起床，马何罗已闯进寝殿。金日磾恰巧到厕所，心中怦然而动，觉得有点不对劲，立即转向寝殿，坐在刘彻卧室门口。刹那间，马何罗身藏利刃，从东厢房进入，看见金日磾，吃了一惊，但仍直奔卧室，就要进门。大概过度紧张，身子撞到门旁放的乐器宝瑟上，卡在那里。金日磾跳上去拦腰抱住，大声呼叫："马何罗行刺！"刘彻被呼叫声惊醒，急忙跳起来。左右侍卫拔刀，就要格杀马何罗。刘彻怕伤到金日磾，吩咐不要动手。金日磾把马何罗摔倒到殿下，侍卫上前把他生擒，用绳索绑住。经过严厉追究，全体伏诛。

马何罗之谋刺刘彻，是一桩疑案。如果仅因为恐惧家族被屠，才去行凶，应该了解，即令谋刺成功，家族也会被屠。一帝死，一帝立，他们阴谋中并没有另立一帝的计划，又没有全族逃亡的可能，结果可以预卜。马氏兄弟，不是白痴，为什么如此？我们不知道隐情，但推断必有隐情，而且是使政府不敢公开的隐情。

刘彻之死

公元前 87 年，刘彻在五柞宫（陕西周至境内）逝世（七十岁）。

评估一个简单的历史人物容易，评估一个错综复杂，而又活得够久的历史人物困难。对刘彻，就是如此。他在历史舞台上，演出七十年，扮演的角色太多，而所作决定的后果，又影响太大。其中至少有下列二项，直到两千年后的今天，仍跟每一个中国人骨肉相连。历史上只有少数首领，能深远到如此程度。

第一是儒家学派定于一尊，用政治力量排斥其他学派和学说。任何一种思想，即令是最可敬的思想，只要定于一尊，就会变得可厌。儒家学派定于一尊之日，也就是中国灿烂辉煌的时代，开始沉淀为酱缸之时。随着封建极权的发展，和因科举制度而又出现官场文化，更使酱缸深不可测。罗马帝国要到四世纪八十年代，基督教才开始定于一尊。中国比西方早六百年实施思想控制，所以当西方已从基督教枷锁中挣脱之后，中国还在酱缸中欲振乏力。决定这项政策时，刘彻虽然才十七岁，而且刚刚即位，但是，这件事却在他在位期间发生。

第二是领土扩张，使中国的疆域倍增。在安土重迁的农业社会，跟崇古畏战的儒家系统当权两种条件之下，疆域不丧失已算幸运的了，根本不可能扩张。而中国疆域在公元前一世纪竟然扩张到两倍以上，使中国原始的国土广达五百万平方公里，原因在于那时中国有一位雄才大略、意志坚决的领袖刘彻，完成一项千古英雄功业。罗马帝国的扩张，历时数百年，正是所谓“罗马不是一天造成的”，而中华帝国这个庞然大物的本土部分，却几乎由刘彻一手完成。他所扩张的疆域，以后很少变动（直到十八世纪清王朝，中国领土才再作两倍以上的扩张，构成二十世纪中国的疆域）。在这方面，刘彻不只是一个普通帝王，还是一个英雄人物。

不过，如果就人权立场，刘彻却是一个不折不扣的暴君。把中国所有帝王集中在一起审判，刘彻只能算是丙级罪犯，比嬴政的罪恶固然要重，但比他更凶恶的君王，却举目皆是；那些更凶恶的君王，将在《资治通鉴》上逐渐登场。我们当然不会因为刘彻凶恶的程度较低而原谅他，但检讨他的很多乖张措施，应归咎于他在位的时间太长。权力不但使人骄傲腐败，也使人冥顽痴呆，时间越久，越记不得自己是谁。一个小人物，尚且如此，何况拥有无限权力的大大头目？历史上在位太久的君王不多，诸如孙权、萧衍、拓跋珪、杨坚、李治、李隆基、朱元璋等等，不论当初多么聪明，最后总是虎头蛇尾，作恶多端，给人民带来无限的痛苦。刘彻十六岁坐上宝座，七十岁死亡，掌握权力五十五年之久，他如果早死二十年或三十年，就不会暴露他专割人屌的畸形心理，不会发生司马迁事件，不会有什么杀人千万的“巫蛊”。只有民主制度不断改换当权派，才能拯救这种灾难。而在那个时代，刘彻的表现，还算中国历史上最好的，他固想到自己的荣耀，也想到国家的荣耀，还能掌握主动，拒绝轮台继续屯田，在刹车还不太迟的时候，总算有智慧也有能力刹车，使他对国家做出的贡献，得以永垂万世。

真假太子

公元前82年，有一个男子，乘坐黄毛小牛犊驾的车子，到未央宫北门（未央宫正门向南，但呈递奏章，或官员们请求面见皇帝时，都在北门），声称他是前任太子刘据。宫门接待官（公车）大吃一惊，急忙奏报刘弗陵（事实上是报告霍光等三摄政）。刘弗陵下诏，命三公、将军跟部长级（中二千石）官员，共同辨识。首都长安人民得到消息，蜂拥而至，聚集好几万人。右将军率军在宫门外武装戒备，防备突发事件。宰相、最高监察长、部长级官员，面对自称是刘据的男子，谁都不敢发言。首都长安特别市长（京兆尹）隽不疑最后赶到，立刻下令逮捕。有人警告他："是不是真的前任太子，还不敢确定，应该弄明白再说。"隽不疑说："你们为什么担心他是前任太子？从前卫蒯聩违背老爹，私自出走，他的儿子卫辄就拒绝他回国。这种立场，连《春秋》都赞扬。前任太子刘据，得罪先帝（刘彻），逃亡在外，即令还没有死，今天不过前来自首，只是一个罪犯而已。"遂押送诏狱。刘弗陵以及全国最高统帅（大将军）霍光，听到报告后，嘉许隽不疑说："高级官员应该任用深通儒家《五经》、明白大道理的人。"由于这件事，隽不疑的名声，在政府中极受尊重。其他身居高位的人，都自以为不如。司法部（廷尉）查证该男子的来龙去脉，真相大白。原来他是夏阳（陕西韩城）人，姓成，名方遂，在湖县（河南灵宝西）当一名算卦先生。前任太子刘据的一位禁卫官（舍人），曾请他算过卦，对他说："你的相貌很像太子刘据！"成方遂相信这句话，希望取得富贵。于是被控"诬罔不道"，腰斩。

我们相信司法部（廷尉）这项调查，刘据自杀时，已三十八岁，而且有了孙儿，他的亲属以及朋友臣僚关系，再加上对宫廷环境的熟悉，都不是一个外人可蒙混过去的，一下子就可盘问出马脚。虽然，利令智昏，天下也可能有的是这种妄人。不过，问题是，如果他真是刘据，结局会不会如此？有人认为他将被接回宫廷，恢复供养。我们却认为，结局恐怕也会跟史书上显示的一模一样。因他出现而造成的利益集团的困局，必须把他铲除，才能解决。对刘据而言，只有一死，这就是政治。

《盐铁论》

西汉政府决定采纳“贤良”“文学”之士的建议，下令废除全国酒类专卖，撤销关内（函谷关以西）铁器专卖。刘彻（七任武帝）末年，国家财力人力，都有严重消耗，全国户口，减少一半。霍光了解政治上的困境，所以减少差役和赋税，使人民能够喘息休养。霍光还主张跟匈奴和解，使和平再现，人民生活得以充实。逐渐恢复刘恒（五任文帝）、刘启（六任景帝）时代的社会景观。

中国有史以来第一次关于财经政策的大辩论，就发生在本年（前81），《资治通鉴》却只字不提，只贸贸然提到撤销全国酒专卖及关内铁器专卖，好像根本没有其他什么重要事件，使人遗憾。大辩论的会场上，由宰相田千秋、最高监察长（御史大夫）桑弘羊，跟他们的助手，坐在上座。由来自首都长安跟附近地区，以及全国各郡国推荐的八位“贤良”人士，与同样由全国各郡国推荐的儒家高级知识分子（文学）五十余人，坐在下面两边（这种坐法，跟现代一般会议情形相似，成一个U字形）。而在角落里，则坐着政府官员，担任记录。会议共举行了两次。之后，官做到庐江郡（安徽庐江）郡政府主任秘书（丞）的桓宽先生，把全部记录，正反两方面的意见，整理集合在一起，定名《盐铁论》，成为中国有史以来第一部专门探讨政治经济的巨著，较之亚当·斯密的《国富论》，要早一千八百年。桓宽本人属于儒家，他当然偏袒属于儒家的一方，但仍可看出当时桑弘羊所以坚持，有他充分的理由。

桑弘羊站在政府立场，要求开辟财源，要求击溃匈奴，要求严刑峻法。而“贤良”和儒家学派高级知识分子，因为来自民间，深刻了解人民的痛苦，所以要求自由经济，要求不要再发动战争，要求制止刑罚的残酷跟泛滥。针锋相对的结果，政府只作稍稍的、不关痛痒的让步，那就是废除酒的专卖，和关内（函谷关以西）一个小地区的铁器专卖。而整个国家的经济政策，并没有改变。就在桑弘羊死后，也没有改变。但我们却可从《盐铁论》，看出当时人民的悲惨。在辩论结束时，一位没有记载姓名的“贤良”，有一段控诉的话，使人感受最深，他说：

“每天舒舒服服到床上呼呼大睡的有钱人，不会了解每天筹不到钱还债，付不出官吏要收缴赋税的人的忧愁。穿着高贵丝料和高贵鞋袜，吃白米吃鱼肉的人，不能了解粗布单衣的寒冷和糠皮粗饭的难以下咽。耳朵听着美妙音乐，眼睛看着小丑表演娱乐的人，不会了解冒着像雨一样的箭矢，在战场上跟敌人厮杀的危险。坐在窗明几净的桌旁，挥动笔杆，玩弄法律，判决诉讼胜负的人，不会了解手铐脚镣的痛苦和苦刑拷打的残忍。”

这两场大辩论，为我们留下很多启示，那就是解除人民的痛苦，不能指望掌握权柄的人仁慈“纳谏”，只能指望对权力的制衡。在没有制衡力量之下，任何舆论——包括卑微的下跪哭诉，都没有作用。即令有作用，也微不足道。

刘弗陵

左将军上官桀等使人用燕王刘旦的名义，向刘弗陵上书，告发霍光到京师（首都长安）郊外检阅宫廷禁卫官（郎）、羽林警卫武士（羽林）时，沿途戒严，像皇帝出巡一样，禁止行人走路，叫御厨房（太官）先到前站准备饮食住处，完全是天子仪式。又指控说：苏武出使匈奴汗国二十年，誓不投降，不过只酬佣一个移民区总监（典属国），而最高统帅部秘书长（大将军长史）杨敞，毫无功勋，却升任粮食总监（搜粟都尉）。而且，擅自把各军指挥官（校尉）调到最高统帅部，增加参谋本部人数。刘旦在奏章上表示："霍光独揽大权，为所欲为，恐怕有非常行动。我，刘旦，愿意缴还亲王印信，到宫廷侍奉陛下左右，保护圣躬，督察奸臣。"等到霍光休假时，上官桀抓住自己值班的机会，把这封奏章呈送给刘弗陵。他预期的是，只等刘弗陵把奏章交下查办，他跟桑弘羊就立即逮捕霍光，把他处决。可是，万万想不到，呈送给刘弗陵后，刘弗陵留在案头，并不交下查办。第二天一早，霍光入朝，得到消息，停在画室，不敢进入金銮宝殿。却是刘弗陵查问："最高统帅（大将军）在什么地方？"上官桀回答说："因为燕王（刘旦）控告他，不敢进殿。"刘弗陵下令召见，霍光进殿之后，脱下官帽，叩头请求定罪。刘弗陵说："将军，请把官帽戴起来。这奏章明明是假的，你有什么罪？"霍光松了一口气，问说："陛下怎么知道是假的？"刘弗陵说："你去广明（长安东门外一村落）检阅禁卫官，是近几天的事。征调各军指挥官（校尉），还没有超过十天。燕王（刘旦）怎么能够知道（燕国首府蓟县【北京】，与首都长安，航空距离九百公里，当中隔着千山万水，包括太行山与黄河）？而且，将军如果企图发动非常事变，根本不需要什么指挥官。"

本年（前80），刘弗陵才十四岁（应是十五岁），这种迅速的反应和英明的判断，宫廷秘书（尚书）跟左右高官，无不震惊。而呈递文书的人，果然逃亡，刘弗陵下令紧急追捕。上官桀等心虚恐惧，劝解说，这是一件小事，用不着劳动圣心。刘弗陵不接受，不过终于无法捕获。但是，以后上官桀党羽再打霍光小报告时，刘弗陵都凌厉地答复说："霍光是一位忠臣，先帝（刘彻）嘱托他辅佐我治理国家，再有人说他坏话，我就叫他反坐。"从此，上官桀等不敢再行诬陷。

李德裕曰："君王最高贵的品质，莫过于能够明察真相。明察可以洞悉奸诈，使任何邪恶

都无法蒙蔽，刘弗陵就是一个榜样。看起来周王朝二任王姬诵，应该羞愧；连刘邦（西汉一任
帝）、刘恒（五任帝）、刘启（六任帝），都相差很远。姬诵（周成王）听信管国、蔡国散播
出来的流言，致使姬旦进退两难，不得不率军东征。刘邦（西汉一任帝）听信陈平背叛魏国又
背叛西楚，几乎舍弃了这位智囊。刘恒（五任帝）听信季布好发酒疯，竟不敢任用他当最高监
察长（御史大夫），仍叫他回任郡长；怀疑贾谊擅权作威，可能制造混乱，遂疏远这个贤能人才。
刘启（六任帝）认为只要诛杀晁错，就可化解七国的反抗，因而屠戮三公。正是：‘先有怀疑
的心，才有奸人之口。’假使刘弗陵能得到伊尹、姜子牙的辅佐，则姬诵（周二任王）、姬钊（周
三任王）的时代，都不足以相比。”

李德裕一篇磅礴有力的论文，最后忽然冒出伊尹、姜子牙、姬诵、姬钊几位奇异人物，使气势全部破坏。我们真不明白，儒家系统为什么总是咬住一些漏洞百出的史迹不放？

侯史吴案

燕盖之乱（燕，指燕王刘旦。盖，鄂邑公主嫁盖侯王充，也称盖长公主；王充，是王娡老哥王信的儿子），桑弘羊的儿子桑迁逃亡，投靠老爹从前的部属侯史吴（侯史，复姓）。稍后，桑迁被捕，诛杀。再稍后，政府颁布赦令（参考去年【前79】6月），侯史吴出面自首。司法部长（廷尉）王平、宫廷供应部长（少府）徐仁，会同审判，认为桑迁只是受他爹谋反的牵连，并不是他自己谋反；侯史吴藏匿的不过是一个普通逃犯，并不是藏匿叛徒。于是依照去年颁布的“赦天下”诏令，宣判侯史吴无罪（“赦天下”，不是“大赦天下”，仍有许多罪，诸如叛乱犯，仍不赦免）。后来，执法监察官（侍御史）重新调查，认为：“桑迁深通儒家学派的五经（《诗》《书》《礼》《易》《春秋》），知道老爹桑弘羊谋反，而不规劝阻止，跟他自己谋反，没有两样。侯史吴也曾当过低级官员（三百石），却藏匿谋反正犯，跟平民藏匿普通逃犯不同。所以，侯史吴不可以赦免。”奏请再派人审理。接着弹劾司法部长（廷尉）王平、宫廷供应部长（少府）徐仁，包庇叛徒。

侯史吴的案件，再为政治性冤狱，提供一个最常见的模式。法律条文虽是死的，解释却有一定轨道。一位法院书记官说：“一场官司下来，到了最后，案情已十分明显，书记官在旁，也一目了然。内容再复杂，法官只要两三个小时，就可写妥判决书。可是，如果是法官受了贿，或承受某种压力，他可是要写上两三天，判决书才能脱稿。”因他必须费尽心机，去扭曲法律和事实。

霍光这时大权在握，他除了要对桑家斩草除根外，还要彻底整肃“燕盖帮”次要的残余党羽。侯史吴的人头，正好提供他锋利武器，用以扩大打击面。所谓执法监察官（侍御史）的指控，不过又是“有人检举”而已。仅只不劝阻老爹谋反，便是自己谋反，这是什么推理？然而，不把桑迁戴上铁帽，就无法扳倒侯史吴；不把侯史吴戴上铁帽，就无法扳倒两位部长。法律典籍放在神坛，是神圣的，一旦用来从事政治斗争，便成了屠刀。

“人”与“非人”

楼兰国（新疆若羌）国王逝世，匈奴汗国先得到消息，马上把当人质的楼兰王的儿子安归送回，安归遂继承王位。中国派使节到楼兰，宣读皇帝刘弗陵诏书，命新王安归到长安朝见，安归拒绝。楼兰国位于西域（新疆及中亚东部）的最东边界，距中国最近（楼兰跟敦煌航空距离五百五十公里），当中横亘着面积大约八万平方华里的白龙堆沙漠（新疆罗布泊东），缺乏水草，楼兰国常被分派担任向导工作，既运淡水，又运粮草，不停地迎送中国使节。而中国使节又凶暴得跟匪徒一样，使他们受到难以承受的痛苦，不愿再跟中国来往。现在，再加上匈奴汗国的挑拨，遂跟中国断绝邦交，不断拦杀中国官员。安归的弟弟尉屠耆在中国当人质，因得到老王逝世的消息较晚，无法回国继承王位，就投降中国，把内情报告西汉政府。

这时候，交通部（太仆）骏马管理官（骏马监）、北地（甘肃庆阳西北马岭镇）人傅介子，奉派出使大宛王国，到了楼兰、龟兹，两国国王都承认错误。傅介子率领他的随从人员，诛杀匈奴使节。回到首都长安，傅介子对全国最高统帅（大将军）霍光说：“楼兰、龟兹，反反复复，如果不给他们一个严厉的惩罚，就不能镇压各国。我经过龟兹时候，国王平易近人，毫不设防，很容易得手。我愿去把他刺杀，用以展示中国声威。”霍光说：“龟兹太远，且到楼兰试试。”于是派他前往。

傅介子率领卫士，带着金银财宝，宣称要赏赐外国君王。当这项好消息传到楼兰后不久，傅介子抵达楼兰。然而楼兰王安归不信任中国使节，不肯接见。傅介子假装毫不介意的模样，向西继续进发，走到西部边界时，叫翻译官告诉安归，说：“中国使节所带的黄金绸缎，都是宝贝，用来赏赐西域各国，大王如果不来领取，中国使节就到别的国家去了。”把金银财宝展示给翻译官看，翻译官回去向安归报告。安归听到真的可以得到金银财宝礼物，大为欢喜，遂亲到西界，会晤傅介子。傅介子用盛大的筵席招待，一声暗号，两位壮士的两把利刃，从安归背后猛烈刺入，安归立即死亡。侍从人员跟贵族们一时惊起，四散逃走。傅介子出来安抚大众，指出安归背叛中国，说：“皇上派我来对安归执行死刑，并由当弟弟的尉屠耆继承王位。中国大军正向这里挺进，如果轻举妄动，下一步就是亡国！”楼兰全国震恐屈服。

司马光曰："圣明的君王，对待蛮族，如果叛乱，则发兵征讨；如果臣服，则不再追究。而今，楼兰王已经承认他的错误，却再加诛杀，以后再有叛徒，中国便不能取得他们的信任。如果认为楼兰王的罪行太重，仅只道歉，还不能原谅，定要处决，也应该出动堂堂之师，宣布他的罪状。想不到，却派出正式使节，用金银财宝当饵，引诱他入彀。以后，外国对中国使节，谁还敢相信？以中国的强大，竟用这种匪徒盗贼勾当，去欺凌外邦，实在是一种羞辱。很多人竟然赞美傅介子，认为他建立奇功，未免过分。"

王夫之曰："人跟人之间，相处之道，唯有信誉仁义而已。而履行信誉仁义，也只有人与人相处，才用得着。从没有听说有人对虎狼蜂蛇也讲信誉仁义的。楚王国固是祝融的后裔，而且由周王朝初叶君王分封爵位（子爵）。宋国国君（襄公）子滋甫尊奉信誉仁义，跟它们结盟，更严守信誉仁义，跟楚王国作战，结果军事失败，身受重伤，为中国带来羞辱。对楚王国这种人，还不能跟他们讲信守义，何况其他那些跟野蛮民族混在一起，而又螫人咬人之徒。楼兰王表面归顺中国，暗地里却充当匈奴的间谍，傅介子执行皇帝诏书，加以诘责，楼兰王也承认他的罪行。问题是，野蛮民族根本不知道什么是羞耻，所以他们也不在乎来一个当面屈膝。不久，匈奴汗国的使节，就又到了楼兰。中国如果信任他的归顺，而推诚相待，必然受他的诈欺。如果因怀疑他的归顺是假的，而出动大军讨伐，既劳师动众于千里绝域，使中国疲惫；而楼兰势将要求匈奴援助，合力抵抗，中国军队受到挫折，不得不顿兵在坚城之下。这就是宋国国君子滋甫泓水之战的覆辙。傅介子计诱楼兰王，斩下人头，威力所及，夺取他们的魂魄，使匈奴胆寒，是何等的伟大勋业！因之，我认为，对于野蛮民族，诛杀他们的生命，不能称之为不仁；夺取他们的财物，不能称之为不义；用阴谋诡计引诱他们，不能称之为不信。为什么？只因为信义这种高贵的行为，是'人'跟'人'相处之道，不是'人'跟'非人'的野蛮人相处之道。"

霍光跟傅介子共同策划的这项对外国君王的谋杀行动，是中国外交史上最卑鄙、最无耻的下流行为之一。司马光已从道德、法理、政治三方面，发出严正的抨击。然而，王夫之在他的《读通鉴论》中，却狠狠掴了司马光一个耳光，认为司马光的主张，不切实际。

王夫之对人类用的是二分法，一类是"人"，一类是"非人"。中国人——而且是狭义的中原人，连楚王国都排斥在外，是“人”；而其他芸芸众生，全是“非人”。仁义道德是中原人的专利，只可以专门对内使用，对外就要发挥兽性，肆意诈欺残忍，无所不用其极。听起来好像希特勒在那里发表讲演，使人发抖。王夫之不过一个平庸的知识分子，如果他掌握大权，制造出来的灾难，超过纳粹。纳粹也是二分法，雅利安人是“人”，犹太人是“非人”。用最僵硬的公式强加到万物之上的人，头脑一定简单，性情一定粗暴。

文化人为了加强论据，而故意扭曲历史，跟政客们为了达到政治目的，而故意扭曲历史，同样使人浩叹。宋国国君（襄公）子滋甫之不断地栽到楚王国之手，跟信义无关。子滋甫用诈术跟楚王国结盟，想利用楚王国的威望使自己成为霸主，被识破诡计，丢人砸锅。不是失败于他有信义，而是失败于他智商太低，竟企图狐假虎威。

一口咬定看着不顺眼的人是“非人”，这是为强梁世界制造屠杀的理论根据。西域本是和平的国土，匈奴跟中国先后闯入，带给他们厄运。王夫之活像一个地痞流氓，认为只要有一把枪在手，你就应该乖乖听话。楼兰的国格跟中国相等，为了谋求国家的生存，不能不委曲求全。为什么非效忠中国不可？春秋时代，郑国位居中原，不得不同时对晋楚两面讨好，谁强大，就服谁。楼兰王曾向中国哀告，说明他们受不了两大强国的压迫，要求取消独立，举国内迁，是西汉政府不许。中国还打不过匈奴，有什么理由和颜面，要小国寡民的楼兰，跟匈奴对抗？儒家系统以“恕道”自吹自擂，一旦遇到弱小，“恕道”可就没有了。“恕道”遂成了专门乞求强梁手下留情时用的符咒，对弱小连一星点也不肯施舍。然而，最可怕的还是王夫之的断语，对于“非人”，“诛杀他们的性命不为不仁，夺取他们的财产不为不义，欺骗他们跳入圈套不为不信”。这种褊狭的胸襟，孕育不出崇高的人道精神。

谈到胸襟——健康的心灵和健康的包容，可以在司马迁身上找到。中国文化像一条澎湃壮观的大河，自从罢黜百家，独尊儒术以来，这条大河开始一渣一滓地沉淀，千百年下来，由于沉淀太多，而停滞、而腐朽、而缺氧，而终于成为一个庞大的酱缸。

中国人的视界、担当、气魄，以及高贵的情操，逐渐萎缩，像渡过淮河的橘子变成的枳子一样，司马光已被酱得不能望司马迁的项背，王夫之更像一条虫蛆，不能望司马光的项背。

出洞毒蛇

公元前74年，西汉王朝罢黜他们的皇帝（九任）刘贺，上官太后命刘贺返回昌邑（山东巨野东南大谢集镇），赏赐给他二千户，作为汤沐邑，他当昌邑王时的全部财产，仍发还给他。姐妹四人，每人都赏赐一千户，作为汤沐邑。撤除昌邑国，改设山阳郡（郡政府仍设昌邑县）。

古代中国是世界上最古老的文明古国之一，却始终没有产生民主思想，这种现象，因儒家定于一尊的缘故，而更恶化。儒家主张“君尊臣卑”，对最高领袖的无限权力，束手无策，唯盼望他们有高贵的品德，自我克制。于是努力造神，把伊祁放勋和姚重华两位阴谋家，铸成一个高贵品德的榜样，要求别人效法，用心十分辛苦，可是毫无效果。儒家学派只好再乞灵于两项办法，一是用“天”来阻吓他们不要为非作歹。日蚀固然是一种警告，地震同样也是一种警告，老爹老祖宗祭庙塌了屋、失了火，则表示祖先愤怒。另一是依靠做臣属的“极言直谏”，向帝王分析利害，希望获得采纳。

问题是，最高领袖一旦既不在乎老天老爹，又拒绝部属规劝时，他就像一条滑出洞口的毒蛇。文明一点说，他就像一匹脱缰之马，在人民血肉之躯上，欢跃奔腾，左吞右噬，无人可以制止。企图制止他的任何人，即令态度再恭顺，心态再卑屈，都不可能避免地惨死在毒蛇之口，或马蹄之下。

刘贺的罪恶，根据所宣布的资料判断，就一个帝王而言，算不了什么。跟刘彻初登位时所作所为，有什么分别？不过是一个荷花大少而已。其他的所谓一千一百二十七事，应该更属小节。刘贺所以成了这个样子，不能推诿到“生于深宫之中，长于妇人之手”。因为这一类“生于深宫之中，长于妇人之手”的人，并不一定非为害苍生，危及国家不可。而是无限权力害了他，一个人如果不能像狄更斯小说里的男主角，任何情形下，他都保持善良。一旦手握无限权力，谁都不能说谁不变成一条出洞毒蛇或一匹脱缰之马。自从盘古开天辟地，就从没有“天纵英明”

这回事，“英明”都是训练出来、磨练出来的。只有制衡的力量，才能使人英明，才能免除毒蛇出洞或奔马脱缰。

霍光之罢黜刘贺，是一个变数，五千年漫长历史上，也只此一次罢黜，是站在国家利益立场，而不是为了篡夺。有人说，刘贺的昌邑帮，有谋杀霍光的阴谋，霍光防患未然，不是大公。咦，什么叫大公？这才恰恰是大公，刘贺即位才二十七天，便想发动绝不可能成功的政变，证明他的智商不足以治理国家。然而，霍光此举，在“畏天”和“进谏”无效之后，却是第三种制衡权力的方法，也是一项可怕的方法，永远成为禁忌。从此之后，任何人，只要被怀疑有这种“霍光情结”倾向，就会有杀身灭族之祸。于是，中国政坛上的制衡，仍一直兜着“畏天”“进谏”两个疲软无力的圈子打转。无限权力反而更扩张，使人民更受涂炭。

废一君立一君

西汉王朝罢黜九任帝刘贺后，拥护刘病已继任（十任宣帝），霍光命皇族事务部长（宗正）刘德，到刘病已所住的尚冠里，叫刘病已沐浴（古人洗澡是一件大事），颁发赏赐给他的衣服。然后交通部长（太仆）派出轻便车辆（軨猎车），把刘病已迎接到皇族事务部（宗正府）。

刘病已到未央宫，朝见上官太后（叔祖母），上官太后封刘病已当阳武侯。接着，文武百官齐集金銮宝殿，奉上皇帝玉玺，刘病已遂登上皇帝宝座，晋谒一任帝（高祖）刘邦祭庙。尊上官太后为太皇太后。执法监察官（侍御史）严延年弹劾霍光："擅自废立皇帝，没有人臣的礼义，大逆不道。"奏章虽然没有下文，但文武百官对他的勇气，钦敬忌惮。

刘病已这项传奇性的际遇，从一个绝望而又卑微的一介小民，忽然间旱地拔葱，蹿升到人间最高尊位，在苦难的人生中，留下一幕喜剧场景。

霍光绝不会因为丙吉的一纸签呈，就下定决心。而应是下定决心之后，才会有此一签呈。此事可能由丙吉发动，他的提议最初会把霍光吓上一跳，不但离奇，而且古代从没有先例，但丙吉终于把他说服，最大原因在于当时所有在位的亲王，没有一个成材。一日经蛇咬，三年怕麻绳。可以肯定的是，在官邸密室之中，他们对每一位亲王，或有可能担任皇帝的人选，都一一评估。而这些金枝玉叶，富贵得太久，每人都不可避免地有使人震骇的暴行，总不能再作第二次罢黜。

于是丙吉深具想象力的新颖构想，成为最切实际的建议。第一，刘病已赤裸一身，没有类似昌邑帮的楔入，也没有旧关系的瓜葛。第二，以常情推想，刘病已对霍光会充满感激。第三，刘病已即令背叛，也没有对抗霍光的力量，因为他没有班底。一句话说完，霍光自信可以把新皇帝完全置于控制之下。

废一君和立一君，好像猛烈敲打一颗炸弹，危险万状。严延年这个老奸巨猾人物，事前不开口，事后却放马后炮，提出弹劾霍光，可谓深谋远虑。霍光成功，他落得个忠贞之名；霍光失败，他的奏章不但可以保护他的身家性命，还可大升其官。只霍光心怀大忠，不顾利害，用铁肩承担。看看把宰相杨敞吓得屁滚尿流的模样，更证明霍光是一位卓越的政治人才。

老官崽吓死

公元前 74 年，刘病已登极十天后，宰相、安平侯（敬侯）杨敞逝世。

我想杨敞是吓死的。一个多月的猛敲炸弹，每一记都会使这个老官崽紧张得心胆俱裂，这种人没有想到国家，而只想到明哲保身。

夏侯胜

公元前72年，西汉帝（十任宣帝）刘病已（本年二十岁）下诏：“孝武皇帝（七任刘彻）躬行仁义，武威远播，功勋跟品德，都已满盛，而‘庙号’（祭庙的称谓）、‘庙乐’（祭祀时用的乐章），还没有确定，我深感哀痛。主管单位应跟各位侯爵，以及部长级以上高级官员（二千石）、研究官（博士），共同议定。”文武百官齐集宫廷讨论，一致说：“应该遵照诏书指示办理。”可是，长信宫供应官（长信少府）夏侯胜提出抗议，说：“武帝（七任刘彻）虽然有平定四方蛮族、开疆拓土的功勋，可是战士们死亡太多，社会经济崩溃，奢侈豪华，把人民的眼泪跟鲜血，当作水一样浪费，使天下穷困，人民四出逃难，至少有一半死亡。旱灾蝗灾连二接三发生，千里不见青草树木，不见烟火，一片赤土。人民饥饿难忍，互相格杀吞食，元气迄今都不能恢复。他对人民毫无恩泽，没有理由为他特别制定‘庙号’‘庙乐’。”高级官员们提醒他说：“这是皇上（刘病已）的意思！”夏侯胜说：“皇上的意思也不行。臣属遵守的大义是：直言无隐，陈述正当的论点，绝不逢迎上级，顺着风向说话。我已经陈述了我的见解，绝不收回，即令是死，也不后悔。”

于是，宰相蔡义，以及监察官（御史），弹劾夏侯胜：“非议诏书，侮辱先帝（刘彻），大逆不道。”同时弹劾宰相府秘书长（丞相长史）黄霸：“知情不报，包庇纵容。”二人一并被捕下狱。主管官员遂呈请：刘彻祭庙的庙号定名“世宗”，庙乐用“盛德”“文始五行之舞”。凡刘彻出游经过的郡县，一律立庙祭祀，情形如同一任帝刘邦（高祖）、五任帝刘恒（文帝）。

谥法的主要用意，在于使在位的帝王，恐惧后世给他一个丑恶的绰号，因而自我克制，提高自己的道德水平。从夏侯胜这件事，可证明儒家学派这种构想，完全不切实际。一个享有无限权力的出笼毒蛇或脱缰奔马，绝不在乎身后的毁誉。即令在乎，只要继位的是自己的儿孙或自己的亲信，就不可能出现“恶谥”。夏侯胜应是最幸运的一员，不过坐牢而已，但这已足够阻吓公正的舆论。

夏侯胜是儒家学派的巨人，他根据良知，只身跟皇帝对抗，这就是英雄。讲道德说仁义的圣人易做，英雄难做，因为他必须有英雄行为。时至两千年后的今天，我们仍可以听到那些“逢迎上级，顺着风向说话”的角色，在那里对夏侯胜，窃窃讪笑。

淳于衍

全国最高统帅（大将军）霍光的妻子霍显，想尽方法使她的小女儿霍成君当皇后，可是现任皇后许平君年纪正轻，以致束手无策。想不到，机会立刻叩门，许平君又怀身孕，有一点小不舒服。正巧一位女医师淳于衍（淳于，复姓），一向受霍家敬重信任，现在再召她入宫。淳于衍的丈夫赏（姓不详），在宫廷当一名看守门户的低级职员，告诉妻子说："你在进宫之前，最好去向霍夫人辞行，乘机求她帮忙，把我调出去当安池总管。"淳于衍果然向霍显拜托，霍显怦然心动，认为上天终于开眼，赐下良机，不可错过，就遣开左右，称呼淳于衍的别名，亲切说："少夫，你求我的事，我一定照办。可是我也有一件事求你，不知道你可答应？"淳于衍受宠若惊，说："这是哪里话，夫人吩咐，我还有不听命的？"霍显说："将军（霍光）最喜爱小女儿霍成君，一心要使她大富大贵，只有你能成全。"淳于衍愕然说："我有什么力量？"霍显说："女人生产，只跟鬼门关隔着一纸，九死一生，是一件大事。而今，皇后（许平君）就要分娩，如果趁势使用毒药，可谓神不知、鬼不觉，霍成君自然会当上皇后。如果成功，荣华富贵，跟少夫你一同享受。"淳于衍等到震惊过去后，嗫嚅说："皇后患病，由很多医生会诊，而且汤药都要由宫女先行喝过，怎么能办得到？"霍显说："我不知道怎么办得到，只靠你自己细心安排。不要怕事，将军领导天下，哪一个敢说话？即令发生事情，也足有力量保护，问题在于你愿不愿帮忙？"淳于衍这才发现她已被搬弄到虎背上，沉吟一会，回答说："愿尽全力。"

淳于衍无疑地是一位凶手，罪行不能宽恕。但我们也为她悲哀，常有些人无缘无故、阴差阳错地陷入一个无法自拔的阴谋陷阱，文学作品或影剧舞台上，多的是这种离奇遭遇，而且几乎全以喜剧收场。无奈的是，在真实的人生，却必然是一场悲剧。

霍显的手段，先从亲亲热热称对方的别名开始，以全国最高统帅夫人之尊，几声"少夫"，便足以使对方神魂颠倒。而以后更把能不能当皇后的压力，放到淳于衍肩上，使淳于衍发现自己的重要。她终于接受，当然是利欲熏心。但是，她如果不接受，她的下场可是显而易见。全国最高统帅夫人在她的内宅格杀一个微贱的妇女，跟格杀一只老鼠没有分别。她只要顺口宣布一项罪状——诸如偷东西被发觉，还要拒捕之类，证据证人，可装满一火车。谁又知道她是冤死？淳于衍可以假装答应，然后逃亡。可是，她手握着足以使霍家灭族的把柄，史书上虽没有交代，却可以推断，霍显不会不防备这一招。恐怕还没有逃出长安城，警骑已到。她如果指控霍显要她谋杀皇后，谁能相信？当时是农业时代，社会人口流动量极小，她跟她的丈夫、儿女，根本无处容身。

人生有太多无奈，自己不能为自己做主，一不小心栽到贼船上，根本无法自救。所以我们需要的是一个多层面的社会，法治的和容忍的社会，使这些被命运摆弄的人，受到保护，他们如果不肯向黑暗屈服，仍可以跳出是非。

白马王子

公元前 70 年，广川王（首府信都【河北冀州】）刘去（六任景帝刘启儿子刘越的孙儿），被控诬杀他的师傅跟小老婆十余人，或用铅汁锡汁灌入口腔，或把尸体大卸八块，羼入毒药烹煮，使它糜烂，被放逐到上庸（湖北竹山西南田家坝镇），遂自杀。

刘去在他的小老婆群中，最宠爱两位美女：王昭平跟王地余。当爱得发癫时，发誓要立她们当王后。然而，一场病使情势急变。刘去患病时，另一位美女阳城昭信（阳城，复姓），侍奉汤药，恩爱备至。她的强大媚功，使刘去又爱她爱得入骨。有一次，刘去跟王地余在一起游戏搂抱，忽然发现王地余袖里藏有利刃，大吃一惊。下令逮捕拷掠，王地余供称：她跟王昭平同谋，准备刺杀阳城昭信。于是再逮捕王昭平拷掠，王昭平坚持不知道这回事。刘去下令审问官用铁锥猛刺，王昭平面目身体，被刺成一团血肉，只好承认。

刘去于是召集所有的小老婆，举行公审。刘去亲自用剑砍死王地余，又叫阳城昭信用剑猛砍王昭平。两位美女，霎时死于剑下。阳城昭信深谋远虑，说："那两个狐狸精的婢女们，有泄露的可能。"于是，再把三个可怜的婢女绞死。后来，阳城昭信患病，梦见王昭平的阴魂向她索命，告诉刘去。刘去咆哮说："这个女强盗可能还来吓我，要把她们彻底消灭。"下令把两位美女的尸首挖掘出来，用火烧成灰烬。

最后，刘去立阳城昭信女士当王后。阳城昭信的恶毒心肠跟她的花容月貌成正比，她要完全控制刘去。这当然不是一件容易的事，却引起一连串更惨酷的杀戮。

刘去另一位宠爱的美女陶望卿，封号修靡夫人，主管绸缎。再一位宠爱的美女崔修成，封号明贞夫人，主管王宫事务（永巷）。阳城昭信向刘去打小报告说："陶望卿对我不尊重，毫无礼貌；衣服穿得也比我漂亮，而且常把高贵的绸缎，赏赐给宫人。"刘去说："你说陶望卿的坏话没有用，不能减少我对她的宠信。除非她跟野男人通奸——我会用大锅把她煮烂。”一语提醒梦中人，阳城昭信改变手段，从奸情上着手。

不久，阳城昭信告诉刘去说：“有件事情你得注意，前些时，画家前来描绘陶望卿的房舍，陶望卿坐在他身旁，故意把衣裳脱得露出肩背。而且这骚货还常到南书房偷看小白脸，恐怕内情不简单。”刘去果然起疑，回答说：“拜托你小心察看。”从此对陶望卿开始冷淡。稍后，刘去跟王后阳城昭信设宴对饮，小老婆群衣香鬓影，在旁侍奉，陶望卿当然也在座。刘去大不舒服，高声唱起他自己编的歌——我们姑且称之为“刘去之歌”：

“背叛了你的教养 / 像残花一样 / 飘飘荡荡 / 多么奇妙的想法啊 / 是你自己逞能逞强 / 是你自己东奔西跑 / 是你自己投入罗网 / 当初是何等恩爱 / 如今，你还有什么希望！”

一面唱，一面叫小老婆群跟着和声。唱罢，刘去板着脸说：“就在你们中，有人心里有数。”包括陶望卿女士在内，虽然恐惧，但都不知道指的是谁。只有王后阳城昭信女士知道指的是谁，而且知道她注射到刘去身体里的蛊惑毒剂，已经发作，只要再踢一脚，就会爆炸。于是再向刘去提供秘密情报说：“陶望卿常去禁卫官（郎）、小职员（吏）宿舍，对哪张床上睡的是谁，连姓名都知道。”又说：“王宫禁卫官司令（郎中令）锦被，跟她眉来眼去，两个人可能是床上关系。”

刘去果然咆哮如雷，跟阳城昭信女士，率领小老婆群，一齐到陶望卿住屋，把她浑身脱光，先施一顿殴打，下令其他姬妾各用烧红的铁条，灼烧陶望卿的玉体。陶望卿哀号逃命，投井求死，阳城昭信急命救出——救出不是饶了她，而是要她受更大的苦。绑住手后，用木橛塞入陶望卿的阴户，然后割下她的鼻子、嘴唇，再割掉舌头。阳城昭信对刘去说：“从前杀王昭平，她反而在梦里吓我，我要把陶望卿煮烂，教她不能成形。”于是，把陶望卿剁成肉块，放到大锅里，撒上桃灰毒药烹煮。叫其他美女围着观看，一天一夜，一位千娇百媚的美女，煮成一团肉糊。刘去跟阳城昭信，更杀掉也是姬妾的陶望卿的妹妹陶都，一对姐妹花，同时丧生。

刘去当然不以王后一个女人为满足，常跟另一位美女荣爱饮酒欢乐。阳城昭信的毒手再次伸出，用一种使对方一定信任的媚功，告诉刘去说：“看荣爱的神态和眼神，恍惚不安，我怀疑她跟人有不可告人的勾当。”这时，荣爱正在给刘去的方领口上刺绣，刘去一把抢去，投到火里烧掉。荣爱霎时间了解恶爪已抓住她，不愿受陶望卿的苦刑，逃出来投井。阳城昭信照例不放过她，急行救出后，痛加鞭打。荣爱受刑不过，只好承认跟医生通奸。既经“攻破心防”“自动招认”“坦承不讳”，当然有这个事实。绿帽子使刘去发疯，把荣爱绑到柱子上，用烧红的牛耳刀，刺烂她秋水般的双眼，一块一块割她屁股上的肉。荣爱浴血哀号，刘去下令把熔化的铅汁硬灌到荣爱口中，这个可怜的美女，才告解脱。然后，把她四肢剁下，用带刺的荆条埋葬。所以用带刺的荆条，为了使她的灵魂，永远在痛苦之中。

然而，这只是个开端，刘去所宠爱的美女，阳城昭信自有她特有的方法，加以诬杀，前后共惨杀了十四人，都埋葬在王太后（刘去老娘）所住的长寿宫中。

刘去的暴行终于被发觉，在绝对封建专制的社会中，对于一个烜赫的权势巨头，历程是曲折而血腥的。像陶爱卿的娘亲，为了索取两个女儿，刘去再施毒手，把她斩首。对此，我们不再报导，而只讨论全案的结局。全案的结局是，刘去只不过削去王爵，放逐到航空距离九百公里外的上庸（湖北竹山西南田家坝镇），而且还赏赐给他一百户作为他的汤沐邑（一百户人家的田赋税捐，统统缴给他）。真是天理何在？国法何在？“王子犯法”，可跟平民犯法，绝不相同。

无限权力是可怖的，刘去如果是一个皇帝，就更无法克制。幸而他不过是一个亲王，人民总算还有一个管道可以控诉。刘去对儒家学派的经典《易经》《论语》《孝经》，全都精通，而又写得一手好文章，却凶残到如此地步。说明教育和知识，都抵挡不住权力毒素。没有制衡，权力就要既害人而又害己。年轻少女们常常幻梦着“白马王子”，而刘去正是典型的一个“白马王子”——他身价高贵，而又多才多艺。不过中国的“白马王子”几乎全是凶残之辈，因为中国缺少一种克制当权派恶行的制度，往往使一个本来应该十分可爱的人，变得狰狞。

路温舒

最初，刘彻（七任武帝）在位时代，不断征收赋税，征召差役，征集丁壮。贫困穷苦已极的人，越来越多，纷纷犯法，无法消灭。刘彻就命张汤、赵禹之流，制定法令，规定：知道别人犯法而不检举，罪名为“知情不报”。政府派出官员视察，发现某一位首长有罪，部下连同处刑。指示法官狱吏：冤枉人没有关系，使用酷刑没有关系。对于公平待遇囚犯，尊重人权的法官狱吏，反而一律诛杀。想不到，这样做不但不能遏阻犯罪，反而使奸猾之辈，玩弄法令，互相引用新的判例，或比照办理，或推论定案。禁忌之网，密不通风，而法令越发苛刻琐碎，满桌满屋都是，主管官员连看一遍都没有时间。于是各郡各封国使用的条文，每每矛盾冲突。一样的罪，判决却不一样。奸猾的法官狱吏，乐于利用这种现象，玩弄法令，收受金银财宝，好像市场上谈交易做买卖。想叫囚犯活命，就引用使他活命的条文判例；想陷害囚犯时，则引用使他非死不可的条文判例。冤枉难伸，人民哀伤。

公元前 67 年，司法部总务官（廷尉史）、巨鹿（河北平乡）人路温舒，上书刘病已（十任宣帝），请求慎重刑罚。

路温舒这项奏章，是中国历史上第一位官员，为人民的刑狱痛苦，发出呼吁。一向炫耀自己是炎黄子孙、礼仪之邦的中国人，却像一群被剥了皮的可怜动物，完全暴露在苦刑拷掠的暴政之下，没有一点保护。严重地缺少人性尊严，和道德勇气的衰退，以及粗糙的思考方式，是摧残人权的最大动力；一直到二十世纪，我们还常听到一种下流的论调：“对付老奸巨猾，还讲什么人权？”于是一个嫌疑犯被捕，拒绝承认罪行之后，传播媒体就会立刻抨击他“坚不吐实”。我常想做一项永不可能做的实验，把说这种话的人逮捕，指控他是谋杀美国总统林肯的凶手。如果他承认，立即枪决；如果他不承认，就一口咬定他老奸巨猾，“坚不吐实”。

路温舒指出传统冤狱之所以形成，在于人体不能忍受痛苦。对此，我曾写有诗句：“人到苦刑际，方知一死难。”坐在冰块之上，或绑在老虎凳之上，你平生的愿望恐怕只剩下一个：死。招认罪行，不过一死而已，而酷刑比死可怖。误被香烟烧一下都会大叫，试想一百个烟头烧下去，像陶爱卿、荣爱所受的那样，只有招认确确实实谋杀了林肯，凶刀就在厨房，人证就是你的妻子儿女，你会跪下来求他们大义灭亲，制造一把凶刀。

常有审问官拍胸宣称："我跟你无仇无恨！"路温舒已代我们指出，当然没有仇恨，但有任务。审问周亚夫的人岂跟周亚夫有仇？审问彭越的人岂跟彭越有恨？一旦柏杨先生审问你，叫你承认谋害林肯，我又岂跟你有仇有恨？只是因为你不肯"合作"，我交不了差，下不了台，你就必须坐冰块和上老虎凳。

有人天真地哀号说："你叫我承认什么我就承认什么！"这是一句严重伤害审问官职业尊严的话，将会招来更残忍的酷刑。雷马克《人性光辉》中，有一段集中营的描述，一个纳粹向一个被打得血肉模糊，而仍拒绝签字自愿参加被注射毒菌试验的犹太人咆哮说："我可以代你签字，我也根本不需要你签字。但我非要你签不可，我要你爬着过来，跪到我脚下，哀求我准许你签字！"这正是酷吏的心情，他的职业尊严不允许被侵犯，他要你自动自发、亲口供出你从没有犯过的罪行。

每一件冤狱的判决书，都是一项杰作，不但皋陶先生看了，认为死有余辜，纵是上帝看了，也会认为死有余辜。即令柏杨先生撰写的你谋杀林肯的判决书，也会有此奇效。

路温舒的呼吁，十分沉痛，并且第一次触及改革的深度，而刘病已的反应使人失望。郑昌已明白指出症结所在，因症结固在刑法，但更在刑事诉讼法。刑事诉讼法允许酷刑，又如何没有酷刑？又不仅在刑事诉讼法，而在制度。再进步再文明的刑事诉讼法，在一个专制独裁的社会中，都会变质。不是规定不准用刑吗？我当然没有用刑。腿断了不假，医生证明是被打断了的也对，但你用什么方法证明是审问官打断的？那可能是同房囚犯互殴打断的，也可能是你企图栽赃，自己打断的。而且，最奇异的一件事是：法庭向办案单位去一封公函，询问他们是不是对你有过苦刑拷掠。办案单位用公文回答："没有。"那就是没有。

五千年历史，始终绕在"一治一乱"打转，主要原因之一是：官逼民反。民为什么反？当法律不但不能保护人民，反而陷害人民时，人民只有两种选择，一是死亡，一是反抗。李自成本是一个守法的庄稼汉，在荒旱之年，人们互相格杀吞食，他欠一位财主的钱，不能偿还，财主就叫县政府把他绑到毒烈的太阳下烤晒，并派家丁在旁监视，不准他喝一口水。县政府的士兵于心不忍，把他移到一处树荫底下，财主的家丁却不准，又拖回原处，李自成的儿女和围观的人，痛哭失声，于是暴动。这是一个典型，当法律管道不通时，人民就走反抗管道。

《资治通鉴》记载的每一次民变，包括已经叙述过的陈胜和吴广，以及将来不断出现的无数次，都跟严重的蹂躏人权有关。拿破仑曾形容当时的法国法庭："除了正义外，什么都有。"中国历代王朝都使人有此沉痛伤感。不仅为那些在苦刑之下辗转哀号的同胞落泪，更为国家的前途落泪。

霍光灭族

霍禹、霍山家里，不断发生怪事，全家忧愁。霍山说："宰相（魏相）擅自减少皇上宗庙祭祀用的小羊、家兔、田鸡，这是一项大罪，可用这个作为借口，动手诛杀。"（吕雉太后当权时，曾有诏令：擅自讨论祭庙事情的，街头斩首。）密谋由上官太皇太后出面，宴请刘病已外祖母博平君王媪，召唤宰相魏相、平恩侯许广汉以下作陪。就在酒席之上，由范明友、邓广汉，宣称奉上官太后之命，当场处决。乘势把刘病已罢黜，拥立霍禹当皇帝。密谋已定，等待时机发动。不久，刘病已任命霍云当玄菟郡（辽宁新宾）郡长、中级国务官（太中大夫）任宣当代郡（河北蔚县）郡长。就在这个时候，密谋泄露。霍云、霍山、范明友自杀。霍显、霍禹、邓广汉被捕。霍禹腰斩，霍显跟她的女儿以及兄弟，全体绑赴街头斩首。这场谋反巨案牵连到几十家（《汉书》作几千家），全被诛杀。交通部长（太仆）杜延年，因是霍姓家族老友，也受到免职处分。罢黜皇后霍成君，囚禁昭台宫。

刘病已即位时，依照规定，前往刘邦祭庙晋谒，霍光陪同乘车（骖乘）。刘病已虽已是至尊的皇帝，但平民的心理仍在，对烜赫的全国最高统帅（霍光），仍怀畏惧。跟霍光在一起，有一种压迫感，好像芒刺在背。后来车骑将军张安世代替霍光陪同乘车（骖乘），刘病已才觉得轻松从容。等到霍光逝世，而家族竟被全体诛杀。所以民间传言，霍姓家族的命运，在霍光陪同乘车时，就种下祸根。

班固跟司马光分析霍姓家族覆灭的原因，已经详尽，而司马光对刘病已的刻薄寡恩，特别指责，我们同感。当时如果留下一个幼苗，对西汉王朝的政权，毫无影响，却可显示刘病已的宽厚。问题是，刘病已不是宽厚之人，一件轻而易举的盛德，都不肯去做。

班固和司马光建议的方法，如果能那样做，当然是最高的境界，也是最高的谋略。然而，根本没有那种可能。在专制独裁政治制度之下，一个权力大到可以更换君王，使君王觉得如同芒刺在背的人，他除非发动政变，使自己的屁股也坐上宝座，否则只有被杀被屠，横尸旷野的分。像班固跟司马光所盼望的那条路，根本不通。权力迷人，没有尝过权力滋味的人，永不知道权力的诱惑是如何强烈。专制社会，掌权的会终身不放。民主社会，一经当选，必然追求继续当选。叫一个功高震主的人返璞归真，去过没有权力的闲淡生活，那比凌迟还要难受。当然，灾难发生后，他们都宁愿去过平民生活。但在灾难发生前，他们却宁愿凌迟也不愿放弃权力。而且，即令放弃权力，又怎能使君王相信你是真的？君王又怎敢确定你辞职不是一种试探？他会考虑到万一他批准时，你可能立即反扑。人像鱼而权力像水，鱼一离水，便万般都休。吕不韦在洛阳何曾有什么异图？周勃在绛县又何曾有什么异图？吕不韦终于自杀，周勃终于入狱。

君王跟臣僚的关系，是一个死结，君王日夜提心吊胆，疑心臣僚会叛。臣僚则日夜提心吊胆，不断向君王表示他的忠心。君王脖子上和臣僚脖子上，都架着钢刀，这死结只有死才可解开。

继吕家班、卫家班皇亲覆灭之后，霍家班是第三个覆灭的皇亲。不同的是，吕家班、卫家班都没有谋反之意，而霍家班却真的要干。在全部丧失兵权之后，而竟想靠一个二十几岁的小女人上官太皇太后，夺取政权，可是猪的想法。即令杀了政敌，结果也同样是一团血腥。愚蠢到这种程度，使人发现，大少爷型的人物去玩弄政治，可是天下第一冒险。而大少爷型人物，偏喜欢去玩弄政治，悲剧才接连发生。在此之后，两汉王朝的皇亲群，一个家族接一个家族地被屠，前仆后继，历史的教训丝毫不发生作用，总以为不会轮到自己，连累多少妇女和儿童丧生刀下，徒使旁观者感慨唏嘘。

避讳

公元前 54 年，刘病已下诏说："听说，古代天子的名字，人民很难知道，所以很容易避开，因此我决定改名刘询。"

这是《资治通鉴》第一次关于"讳"的记载，寥寥数语，看不出什么。但是，查考未经浓缩的《汉书》原文，便可发现其中另有恐怖情节。刘病已的原诏是："听说，古代天子的名字（多用生僻字），人民很难知道，所以很容易避开。而今，人民上书时，很多因为冒犯忌讳，受到惩罚，我很怜悯。因此，我改名刘询。"透露出已经有很多人因为在奏章上不小心用了"病"字"已"字，而被处刑。至于处了什么刑，没有记载，不过可以根据一件小事推测：以谨慎闻名于世的西汉王朝太子师傅石奋（参考公元前139年），当他发现他的儿子、宫廷禁卫官司令（郎中令）石建奏章上的"马"字，下面多了一点时，汗流浃背，说："一旦受到指摘，就死定了。"只不过多了一点，便忧虑到会受到杀戮，如果写出皇帝的名字，罪刑岂会太轻！唐王朝政府有明文规定，由于过失而冒犯政府官员忌讳的，打五十藤鞭。一个普通官员的名字，还有这么大威力，冒犯了皇上御名，可以了解它的严重程度。

古代官场上有两大文字游戏，一是绰号——包括谥号、庙号、尊号，另一则是避讳，是儒家知识分子对权势的一种卑屈谄媚，比绰号更麻烦、更无耻，影响深远。

"讳"这个单音节的方块字，在作动词时，意思是"躲开"。在作名词时，意思是"尊长的名字"。"避讳"就是"对尊长的名字，不但笔下不能写，口中也不能说"。尊长的名字就好像疯狗的屁股，万不可碰，不小心碰了一下，大祸可是滔天的，会被立即咬上一口，毒发身死。五千年来，中国人除了缴税和服役，每天还要面对种种大小不一，光怪陆离的疯狗的屁股，长期下来，遂不得不紧张出全民性的神经质恐惧。

罗素曾指出，只有野蛮部落的人才避讳，领袖人物如果名约翰，则改称 Ju

hquil，如果名乔治，则改称 Georgquil。随着野蛮程度的降低，文明程度升高，避讳也就绝迹。中国则不然，在这个巨大的酱缸之中，避讳不但没有消失，反而更加泛滥。发生在十八世纪清王朝的一系列的文字狱中，就有几桩跟疯狗屁股有关。像王锡侯先生，他在他主编的字典里，遇到玄烨（清王朝四任帝）、胤禛（清王朝五任帝）、弘历（清王朝六任帝）的名字，都没有“缺笔”示敬，立即诛杀（缺笔应该解释为“不敬”才算合理，而竟被解释为“敬”，疯狗自有疯狂的思考模式）。

躲开尊长名字（避讳），在古书《礼记》上，便有明文规定，以后逐渐成为一种专门学问，研究三年都研究不完。大体上说，有四种方法：一是“改字”，二是“空格”，三是“缺笔”，四是“改音”。只因为秦王国国王嬴政的老爹名嬴楚，就索性把楚王国改成荆王国；西汉王朝七任帝刘彻名“彻”，蒯彻先生就成了蒯通。像南朝宋一任帝刘裕，《宋书》介绍他时，不说刘裕，而说：“名曰刘讳。”南朝梁一任帝萧衍的父亲萧顺之，《梁书》就有“前侍幸□宅”奇怪句字，□下注：“顺之”。像唐王朝二任帝李世民，名字中有一“世”字，王世充先生遂成了王充，前面所举的玄烨的“烨”（燁），就成了“焳”，胤禛的“胤”，就成了“肙”，弘历的“弘”，就成了“弘”。而孔丘这个儒家的祖师爷，“丘”（qiū【邱】）就得念成“回眸一笑百媚生”的“眸”（móu【谋】）。

为了不碰疯狗的屁股，不但改国号，还改姓氏，历史上有名的文彦博先生，本来姓敬。曾祖父时，跟后晋帝国一任帝石敬瑭的“敬”字对撞，他只好改姓“文”。到后晋帝国瓦解，才改回原姓“敬”。可是宋王朝一任帝赵匡胤的祖父名赵敬，敬家只好再继续姓“文”，宋王朝历时三百二十年，遂一“文”到底。姓都可改，名更不在话下。孔莽，因为跟新王朝一任帝王莽同名，就改名孔均。不但改人名，如果官名跟疯狗屁股的名字相同——或同字，或同音，连官也不敢做。《北史》记载：李延实被任命当“太保”，因为他祖父名李宝，“保”“宝”同音，辞职不干。官可以不当，衙门不能全部裁撤，只好改衙门，李世民的“民”施展威力，“民部”就成了“户部”。衙门既可改，地名更不用说，西汉王朝五任帝刘恒有一个“恒”字，恒山就成了常山。地名可改，经典书籍也可以改，刘邦名“邦”，《论语》上的“何必去父母之邦”，就成了“何必去父母之国”。不但人改名，官改名，书改名，地改名，连动物也得改名，西汉吕雉当权之后，“雉”就成了“野鸡”。

每个项目，我们只能举一个例证，如果作较详尽的叙述，真能写一部百科全书。但只由这一些斑点，可以看出全貌。避讳泛滥之后，知识分子如同陷入疯狗屁股大阵，东招西架，扭曲得不成人形，叙述几则人人皆知的故事，说明扭曲的程度。

田登当州长时，不准人民冒犯他老人家的名字，冒犯的就受到鞭打，于是人们都把“灯”改叫为“火”。上元节时，州政府出告示说：“本州依例，放火三日。”这就是“只许州官放火，不许百姓点灯”成语的来源。钱良臣也不准人冒犯他的名字，他的小儿子非常聪明，一天读到《孟子》：“今之所谓良臣，古之所谓民贼也。”他就朗诵起来：“今之所谓爹爹，古之所谓民贼也。”这还是自己拍自己的马屁。五代时代的名宰相冯道请教师讲解《道德经》，上面有句：“道可道，非常道。”教师于是改“道”为“说”：“不敢说，可不敢说，非常不敢说。”

天下最无聊的事，莫过于避讳，五千年来的中国知识分子，为躲开疯狗的屁股，只好到处打听尊长的名字叫什么，爹娘、祖先的名字又叫什么，既不准人写，又不准人说，却又非要人知道不可——不知道怎能不写不说？这种矛盾的窘境，反而被当作一种神圣不可侵犯的尊严法则。除了把活人搞得神经兮兮，还把所有的文字记载，弄得一团糟乱。感谢时代，如今帝王终于绝种，否则的话，我这种直呼帝王名字的干法，早就血染法场。

制度杀人

公元前 64 年，刘病已即位已十一年，但对已罢黜的前任皇帝（九任）刘贺，仍深怀疑惧，担心他卷土重来，下诏给山阳郡（山东巨野东南大谢集镇）郡长张敞，要他："严防盗贼，注意往来旅客。"并且吩咐秘密进行。张敞了解刘病已的暗示是什么，奏报说："刘贺这个人，大概中过风的缘故，半身瘫痪，走路困难，行动不便。我曾经跟他有一番对话，并借此次对话，观察他的内涵，就用一种恶名在外的猫头鹰诱发他（传说中，猫头鹰长大后，会把亲娘吃掉），我说：'昌邑（山阳郡郡政府所在县）的猫头鹰倒很多！'（刘贺原封昌邑王。）刘贺应声说：'是呀，我前些时到长安，长安就没有猫头鹰。回来的时候，一到济阳（河南兰考东北固阳镇），就听见猫头鹰叫。'观察刘贺的衣服穿着、言语、谈话，以及跪下及起立的姿势，不过一个智力商数很低的白痴。我曾向他建议：'先王（指刘贺的老爹刘髆）的歌女张修等十人，膝下没有儿女，却一直枯守先王（刘髆）的墓园，是不是可以请你放她们回家？'刘贺说：'不行，叫她们一直守下去，害病的不要医治，互相打架伤人的，也不要管，叫她们早早死光！你怎么想到放她们走？'说明他天生愚鲁残忍，不知道什么是仁，什么是义。"刘病已这才发现刘贺不值得忧虑。

刘病已虽然不忧虑刘贺，但我们却忧虑张修等十位女士。刘髆于公元前 88 年逝世，那些美丽的侍妾当时如果二十五岁的话，经过二十四年，本年已五十岁左右，还不放她们一条生路，而仍囚禁墓园。张修等因皇帝猜忌故主，才在一份奏章上显露。不曾显露的其他千万皇家妇女，她们当初都以她们的白马王子为荣，命运同样悲伤。难道那些继任王爷，也都是白痴？

锯箭杆

颍川郡（河南禹州）郡长黄霸，下令各驿站招待所，跟各县所属的乡政府，都要养鸡养猪，用以救济鳏夫（鳏，音 guān【官】。没有妻子或丧失妻子的男人）、寡妇或贫民。然后推行教育，设置教育官（父老）、督学官（师帅）、治安官（伍长）等，深入民间，教化人民行善去恶，务农养蚕；节俭用度，豢养家畜，种树植，不要把钱浪费到表面排场上。

黄霸处理事务，精密详细，好像在数米粒、盐粒一样，看起来繁重琐碎，可是黄霸精力过人，可以贯彻到底。跟部属和平民面对的时候，总能在谈话中找出症结所在，深入探索，作为印证参考。黄霸了解既多，又善于发掘问题，使部属们不知道他用什么方法，能够如此，一致赞扬他神明，不敢有一毫欺瞒。奸猾的人不能立足，只好逃走；郡境内的盗贼，日渐减少。黄霸竭力进行教化，最后才对犯罪的人处罚或诛杀。对重要部属，不轻易更动。许县（河南许昌东）主任秘书（丞），年纪已老，双耳全聋。视察官（督邮）报告黄霸，要求免职。黄霸说："许县主任秘书是一位清廉的官员，年纪虽老，可是身体健壮，下跪（坐）、起立、出入迎送，都应付自如。只不过耳朵不太灵敏，那有什么关系？我们要帮助他，莫让贤能的人失望！"这是表面理由。有人问他真正的理由，黄霸说："如果不断地更换幕僚，免不了既要送旧，又要迎新，那就是一笔庞大的费用。而在新旧交接之际，官吏们会乘机藏匿档案，窃盗公家财物。公私沉重的负担，都要出在小民身上。而新上任的幕僚，又未必贤能，万一不如旧任，就会陷于混乱。治理人民，只能排除过火的坏人。"

在传统政治中，大家都在那里锯箭杆。只对付末梢，不触及根本，所以越修理就越奇怪。苦刑拷掠既是一种暴政，贾谊不建议禁止狱吏暴行，却建议被审讯的人自杀。监狱黑暗，酷刑如故，刘病已不制定刑事诉讼法根绝刑求，却只在司法部增加四位覆判官（参考公元前 67 年）。前后任官员交接之际，竟有这么大的弊端，黄霸不订定法令，革除弊端，却用延长任期手段因应，这不过使弊端爆发的时间延后几天而已，而弊端永在。

幼稚的裹胁

韩延寿任职东郡（河南濮阳西南）郡长，推行礼义，崇拜古人古事，更设置里长（正）、邻长（伍长），互相勉励孝顺父母、友爱兄弟。严格规定，不准收留奸邪的人。邻居村落，稍微有点不平常事情，小吏立刻知道，据实向上级报告。奸邪的人，都不敢进入郡境。开始实施的时候，好像有点繁琐，但是，到了后来，官吏再没有追捕盗贼的烦恼，人民也再没有被抓去苦刑拷打的忧虑，大家乐于新政。韩延寿对他的部属，即令位置很低，也都待以厚重的恩德，但约束严明。也有欺骗、辜负他的，韩延寿总痛切地责备自己："难道我有什么对不起他，为什么会如此？" 韩延寿巡查到高陵县（陕西高陵），有弟兄二人为争夺田产，向他控诉。韩延寿大为悲伤，说："我有幸被派到这里，作为全郡的表率。却不能够教育感化，到今天，仍然有骨肉之间，为了争夺田产，打起官司。既伤害善良的风俗礼教，而又使贤明的高级官员（长吏）、民政官（啬夫）、乡村教育官（三老）、伦理官（孝弟），蒙受耻辱。责任在我，应当闭门思过！"当天，宣称有病，不再处理公务。回到政府宾馆，卧床不起，深自反省。全县官员不知道如何是好。县长、郡政府主任秘书（丞）、乡村事务官（啬夫）、乡村教育官（三老），恐惧之余，自己投入监狱囚禁，等候定罪。于是，互相控告中的家族，都自己责备自己；两弟兄也深感后悔，把头剃光（表示髡刑），脱下衣袖（表示准备接受鞭打），露出臂膀，向韩延寿请罪，愿意把田产让给对方，到死不敢再争。境内一派升平，到处传播这件事，互相勉励，以后再没有发生过告状的事件。韩延寿以至诚待人，所属二十四县，受到他恩信的感召，没有人敢再告状，官吏小民，都不忍心对他欺骗。

人不平则鸣，有委屈才有诉讼；诉讼，是弱者信赖政府的行为。法庭主持正义，打击迫害，保护弱小。然而，黑暗的司法却成为弱小的陷阱。中国传统是，一旦开始诉讼，没有人敢担保吉凶，仅《资治通鉴》就提供无数例证，在“无罪不能无刑”的原则下，“说不准学”油然问世，不但被告如此，连原告的命运，自己也不能掌握。

于是，中国人遂有一种“屈死不告状”的悲怆心理。

明知道告状有这么严重的危险，而两位兄弟仍去告状，其中之一所受的委屈，一定超过所能忍受的程度，想不到法官先生却用诈术逼使和解。和解并不是坏事，问题在于由谁仲裁。在这场兄弟争产的案件中，势必由族中长辈仲裁。长辈中有穷有富，住在破庙里伸手叫化的“曾叔祖父”，他的话有什么力量？假定他有力量，早不住在破庙，自有人奉养去了。结果仍是有钱的“曾叔祖父”干预。如果他主持公道，这公道为什么不由法官执行？如果他不主持公道，受委屈的一方，也只好接受这种不公道。如果他不接受这个不公道，咦，好个顽劣刁民！

儒家学派一直唾弃法治，也一直歌颂礼治下的监狱常空。于是产生韩延寿之类人物，拿和稀泥和小女人撒娇等政治裹胁手段，制造和谐假相，像卧床不起、部下自投监狱等等小动作，希望达到礼治目的。于是天地之间，没有正义，没有法律，只有权势。社会全力追求的只是：“息别人的事，宁自己的人。”行险侥幸之辈，永远胜利；地主、财团、恶霸之类，如同巨斧，砍断人民呼天求救的管道。直到今天，这种残余意识，仍在作祟，仍在延缓法治的确立！

严延年之死

河南郡（河南洛阳东白马寺东）郡长（太守）严延年，阴险毒辣，残酷暴烈。一般人认为罪恶重大，应处死刑的人，他会判决无罪释放；一般人认为清白无辜，应平安无事的人，他会硬扣上法条，判决处死。官吏小民，无法确定他的意图，每人都惊惶恐惧，不敢冒犯。冬季，把各县所有囚犯，集中郡政府，作一次总的审理，处决人犯千万，血流数里，人民称他“屠夫”。 严延年一向瞧不起黄霸，后来同时担任郡长，黄霸受到的褒奖和赏赐，都在自己之上，心里大不服气。正好河南郡内，发生蝗虫灾害，郡政府主任秘书（府丞）义（姓不详），到各县视察蝗灾情形，回来后向严延年报告。严延年冷笑说：“蝗虫正好可以供凤凰吞食！”这本来是对黄霸因凤凰飞集而受褒奖所作的讥刺。可是，义年纪已老，有点糊涂，而一向对严延年的阴狠，心存恐惧，一时不了解严延年这种表情的涵义，唯恐怕受到陷害。严延年跟义，曾经同时当过宰相府秘书长（丞相史），严延年对义实在亲信，念及他出巡劳苦，赠送慰问的礼物，更较往日丰富。然而，这种不同以前的厚赠，使义越加惊惶。自己卜卦，又卜得“死卦”，就更紧张，认为严延年将对自己采取行动。于是请假前往首都长安，到长安后，立即上书刘病已，控告严延年十大罪状，呈文递上去后，服毒自杀，表示没有欺罔。 案件交付总监察官（御史丞）调查，发现严延年果然有几次对皇帝有怨恨的话，对政府有诽谤的话。遂被控“不道”，绑赴街市斩首。

抢劫银行，跟谋财害命，有时候可以单枪匹马，捞他一票。但一项大的暴行，像暴君暴官们的摧残人权，就不是单枪匹马一个人可以胜任。严延年一生暴行中，义是他的帮凶之一。多少次，二人密室私语，计划如何布置天罗地网。可是，义一旦怀疑对象可能是自己时，回想其他帮凶，都在严延年一声冷笑，或在一次丰厚的馈赠之后，被下狱诛杀，如何不心胆俱裂？二十世纪六十年代时，台北一批刑警因贪污案被捕，家属们哀泣哭号，指控她们的丈夫受到苦刑拷打。她们并不知道是不是受到拷打，但她们平日却从丈夫口中，完全了解真相，所以肯定不能幸免。义，

正是刑警女眷们的角色。

从义的惊骇程度，可看出暴君暴官们下手的残酷。而也正因为这种残酷，使暴君暴官们自相残杀，不知不觉中，为民除害。同时也显示：任何凶手，都要付出代价。

杨恽文字狱

公元前56年，杨恽被免除侯爵，以后遂在家赋闲，大肆购买产业，用他的财富，从事声色犬马。他的朋友安定郡（宁夏固原）郡长（太守）孙会宗，写信给他规劝告诫，说：“一位居高位的大臣，一旦被罢黜贬谪，应当闭门不出，惶惧不安，做出悲哀可怜模样，不应该大兴土木，交结宾客，享有声誉。”杨恽，是曾经当过宰相的杨敞的儿子（杨敞，就是那位一听说霍光要罢黜九任帝刘贺，吓得浑身流汗，不敢一言的老官僚。参考公元前74年），有能力才干，从小就在政府担任要职，声名显耀。一旦被无法分辩的暧昧言语中伤，竟被贬谪，内心当然不平，于是回信说：“曾经自我检讨，我的罪过太大，行为更有亏欠。决心当一个农夫，默默无闻于世。所以亲自率领妻子儿女，从事耕田种桑，想不到却又因此之故，受到讥评！人情所不能克制的，连圣人都不禁止。君王跟老爹，虽然地位最为尊贵，血缘最为亲近，一旦他们死亡，做臣属和儿子的，送终服丧，也有尽期（三年）。我之得到惩罚，恰恰已满三年（表示已不必再闭门惶惧），劳作辛苦，遇到岁末严寒之时，宰羊杀羔（小羊），配上斗酒，自己慰劳。酒后耳朵发热，仰天敲盆，纵声高歌：‘南山那里的田地／一片荒芜／没有人照料。播种一顷豆子／最后豆茎下垂／都成乱草。人生应该及时行乐／何必盼望高官富豪！’诚然荒淫无度，不知道不可以这样。”

杨恽的侄儿安平侯杨谭，告诉杨恽说：“你的罪状很小，而功劳很大（指揭发霍姓家族谋反），一定会再被征召。”杨恽说：“功劳有什么用？皇上认为我还没有尽力。”杨谭说：“皇上确实如此。盖宽饶、韩延寿都已经尽力了，还不是借口诛杀？”恰好日蚀，管马助理员（驺马猥佐）成（姓不详），上书控告：“杨恽骄傲奢侈，不知道悔过，日蚀的警告，应在此人身上。”刘病已交付司法部（廷尉）审讯。在搜查中，得到杨恽写给孙会宗的信稿，刘病已深恶痛绝。司法部判决：杨恽大逆不道，腰斩。妻子、儿子放逐到酒泉郡（甘肃酒泉）。杨谭连坐，贬作平民。政府中跟杨恽友善的所有高级官员，如未央宫保安官（未央卫尉）韦玄成，及孙会宗，全部免职。

文言文原版《资治通鉴》，有张宴对杨恽那首歌词的诠释。看了之后，毛骨悚然。

张宴的诠释是："'南山'是很高的地方，象征皇帝，而竟'一片荒芜，没有人照料'，显然在攻击皇帝昏乱。'一顷'是一百亩，比喻政府中的文武百官。'豆子'本是很结实的东西，代表忠贞，应该放在仓库之中，却沦落到旷野，譬喻杨恽的被罢黜放逐。'豆茎下垂'，曲而不直，暗示政府官员，都是谄媚之徒。"

张宴是什么时候人，以及是干什么的，我们不知道。仅从他对杨恽这一首歌词的诠释，便可了解文化杀手的可怖。中国专制政体下的统治者，或以统治者自居的大小官僚，一旦触及对文字的解释，想象力的丰富，着实惊人，就像台湾北海岸的"疯狗浪"，势不可当。阿 Q 先生因为自己是秃子，只不过对"光""亮"敏感而已。张宴竟能从一首普通的歌词里，找出足以使作者毁灭的罪证，这种本领，如果用到科学研究上，中国该有多大的进步？却偏偏用到文字狱上，正说明有良心的知识分子的灾难，泉源何在。

五日京兆

杨恽处死之后，高级官员纷纷指控："首都长安特别市长（京兆尹）张敞，是杨恽的朋友，不应该仍居高位。"刘病已爱护张敞，把奏章搁置，不交付查办。然而，山雨欲来风满楼，气氛十分紧张。张敞派他的一位秘书（掾）絮舜（絮，姓）调查一件案情，絮舜态度倨傲，爱理不理，索性回家睡觉，冷笑说："你这个顶多再干五天的市长，还不知趣，查什么案？"（原文："五日京兆耳，安能复案事？"这是"五日京兆"成语的来源。）张敞听到这话，逮捕絮舜，任意扣上一个罪名，日夜不停审讯，终于把他陷于死刑。处决之前，张敞叫秘书官（主簿）送一张字条给絮舜："五天的市长，威力如何？冬季已尽，想不想拖延老命？"绑赴法场诛杀。等到立春，司法部查勘冤狱委员（行冤狱使者）出巡，絮舜家人抬着尸体，拿着张敞写的字条，向委员控告。委员遂弹劾张敞滥杀无罪。滥杀无罪的处分很重，刘病已不愿采取严厉手段，于是，把前些时因杨恽缘故而被要求免职的一些奏章，交下查办，贬作平民（如将滥杀无罪的弹劾案交下查办，就可能抵命）。张敞到未央宫北门，缴还首都长安特别市长印信，一溜烟逃走。

絮舜不过一条势利眼的官场虫而已，从稍后张敞所作的解释看出，他本是张敞的旧部，一旦发现老长官行将失去权势，立刻换了一副嘴脸。李广曾诛杀霸陵警察官，然而霸陵警察官还是在执行公务，絮舜却是拒绝执行职务。霸陵警察官被杀，我们对他同情。絮舜被杀，我们对他并不同情。

问题在于，势利眼虽然可厌，不犯死罪，强烈报复不应超过他应该得到的，不妨揍他一顿，不妨把他撤差。如果这两点办不到，不妨跟他绝交，以后敬鬼神而远之。势利眼是人性的卑劣面，无法用杀戮使之根绝。不应用苦刑拷打使他坦承莫须有的罪状，然后处死。只是，对势利眼之辈给予惩罚，即令是过当的，也确实大快人心！

张敞

几个月之后，首都长安特别市政府以及所属单位，官员惰怠，行政效率，几近瘫痪，追捕盗匪的警鼓（西汉王朝时，发觉盗匪，擂鼓追缉），此落彼起。而冀州（河北中部南部）更为严重，一位巨盗和他的部下，公开跟政府对抗。刘病已想到张敞的能力，召见张敞。张敞仍担负着重大的刑事责任（皇帝如果把弹劾他的奏章交下查办，他会丧生），当皇帝使节驾临的时候，张敞全家霎时间一片哭声。张敞笑着安慰他们："我是一个逃亡的平民，要逮捕我，郡政府派一个警察就够了。而皇家使节竟然亲临，一定是再起用我。"遂穿上官服，跟随使节到首都长安。上书为他之所以诛杀絮舜辩护，说："我侥幸地能够当一个部长级官员，被任命担任首都长安特别市长（京兆尹），因被控诛杀絮舜，免职为民。絮舜这个人，是我最宠爱的一个部下，很多次，我都原谅他的过失。只因为有人对我提出弹劾，应当受到免职处分，我命他查办一件案件，他竟不理不睬，回家高卧，还讥刺我'五日京兆'。这是一件忘恩负义、伤风败俗的行为。我认为絮舜的态度邪恶，遂假借法律，把他处死。我知道我枉杀无罪之人，判决并不正直。但即使被明正典刑，也不后悔！" 刘病已接见张敞，任命他当冀州（河北中部南部）督导官（刺史）。张敞到职后，盗贼绝迹。

张敞的干练跟反应之快，在这份奏章上，得到证明。这是一项非常重要的手段，首先向皇帝承认自己的错误，当"圣眷"正隆时，正是最安全时。其次，就是这么一纸文书，立刻把压在背上的严重刑事案件，轻轻化解。史书虽然没有交代刘病已接到奏章后如何反应，但可以推断，已经结案。否则的话，劾章仍握在皇帝手中，像一个定时炸弹一样，随时都会爆炸。一旦有人催促皇帝行动，张敞性命不保。

官场技巧，又为我们提供一个范例。可怜的只是势利眼絮舜的寡妇孤儿，仍在认为圣明的君王，会为他们冤死的丈夫、父亲做主。

儒家不可用

皇太子刘奭（音 shì【是】），温柔敦厚，深受儒家学派思想的熏陶。眼见老爹偏重于任用深懂法律的知识分子，用法律对待下属。曾经乘着父子共同进餐的时候，顺便建议说：“阿爹太重视法治，应该多依靠儒家人才。”刘病已脸色大变，厉声说：“西汉王朝自有西汉王朝的制度，一开始就是采用‘霸道’‘王道’的混合手段，治理国家，怎么能够单独地使用周王朝那种‘礼治教化’？而且所有儒家人才，都不切实际，崇拜古人古事，总认为今不如古。使人弄不懂‘名’和‘实’的分界，不知道做什么才好，怎么可交给他们重责大任？”叹息说：“败坏我们刘姓皇家的，就是这小子！”

司马光曰：“王道、霸道，本质上并没有分别。从前，当三代鼎盛之时（三代：夏王朝、商王朝、周王朝），无论制定礼仪或发动战争，都由天子做主，我们称之为‘王’。后来天子的权力衰退，不能控制封国，有能力的封国国君，率同其他同盟的封国，共同讨伐背叛中央的封国，号召尊重中央政府，我们称之为‘霸’。不管‘王’也好，‘霸’也好，他们的行为，都在仁义法则的指导之下：任用贤明有能力的人才，奖励善行，惩罚邪恶，禁制凶残，镇压暴乱。只不过名位尊卑不一样，恩德深浅不一样，功勋大小不一样，辖区广狭不一样，如此而已。并不像‘黑白’‘甘苦’之恰恰相反。西汉王朝之所以不能建立三代的盛世，原因在于君王没有去做，并不是先王（儒家崇拜的古代君王）治理国家人民的道理，不能重新在后世推行。儒家学派中，有‘君子儒’‘小人儒’之分，普通的一些儒家人才，诚然不能够治理国家。但，为什么不去寻找杰出的儒家人才？像姬弃（周王朝一任王姬发十五代祖先）、子契（商王朝祖先）、皋陶（黄帝王朝著名的法官）、嬴伯益（黄帝王朝末任帝姚重华时，帮助姒文命治理洪水有功）、伊尹（商王朝一任帝子天乙的宰相）、姬旦（周王朝一任王姬发的宰相）、孔丘（儒家学派创始人），都是‘大儒’。假使西汉王朝得到他们，则西汉王朝的功业，岂止如此而已！刘病已痛恨太子刘奭懦弱，不能自立，认为刘奭不了解他的责任，必然败坏皇家，当然可以这样肯定，而竟然说：‘王道不可行，儒家不可用。’岂不过分？不可以用来训勉子孙，告诫后世。”

刘病已刚刚指出儒家的缺点："不切实际，崇拜古人古事，总认为今不如古。"司马光立即出马辩护，可是辩护的论据仍是一连串的古人古事，一连串的今不如古。好像不是为儒家辩护，而是挺身为刘病已作证："儒家果然不切实际，崇拜古人古事，总认为今不如古。"当人们指责螃蟹横着走时，螃蟹勃然大怒，认为那是一种别有居心的诬蔑，而且马上表演给人们看它直着走的英姿——却仍在那里横着走。司马光在表演"儒家可用"特技时，就是这种姿势。

司马光所列举的"大儒"，都是古人古事，即令事迹可靠，西汉王朝也不能派人到阴曹地府，把他们请来帮忙。而且幸好不能请来帮忙，真的请来帮忙，恐怕非丢人砸锅不可。法国拿破仑复活，这位军事天才岂能指挥现代化战事？蒙古铁木真复活，他岂能再打到波兰？面对新的形势，必须有新的头脑。丘吉尔在第二次世界大战后，竞选失败，曾说："一个对首领恩德容易忘记的民族，是一个充满活力，不可轻侮的民族。"而在中国，儒家学派的唯一法宝，竟然全是古人古事，全是今不如古。只有患老昏病的人，才不断惋惜昔年风光，中国文化已走到了这个可悲的尽头。

"君尊臣卑"基本精神，使传统知识分子根本看不见、也想不到时代是一个转动的巨轮。所以认为政治上的领袖人物，全都像魔法师一样，一念之间，就可旋乾转坤。只要复古，就可以把西汉王朝倒退两千年，回到"三代"那种简单粗陋的"盛世"。司马光跟一些自闭在书房里的历史学家不同，司马光不久就被擢升为宰相，得到宫廷大力支持，宋王朝可算是找到"大儒"了，而且君臣合心，怎么不把中国带到可爱的姬旦、孔丘时代？

一个重大的问题："三代"之世的王道，既然妙不可言，完整无缺，就应该千秋万世，永垂无疆之庥，为什么"王"着"王"着，忽然间"天子权力衰退""不能控制封国"？证明"三代"盛世的王道，缺乏巩固本身制度的能力。即令西汉王朝的君王大发神威，找到了一个"大儒"，回到夏商周，一旦该"大儒"死亡，又如何保证不再堕落凡尘？

"罢黜百家，独尊儒术"，并不是儒家学派跟君王合作，组织联合政府，而是君王利用儒家"君尊臣卑"的学说，奴化人民思想，使人民更容易控制。历史上最善于歌功颂德、自毁尊严的知识分子群，莫过于儒家系统。也只有儒家系统，才能使君王们舒舒服服、蹲在高位上过瘾。所以，“大儒”也好，“小儒”也好，“君子儒”也好，“小人儒”也好，君王可以豢养他，可以尊敬他，但没有一个君王敢放心把政权交给他。只因为他们是刘病已所指出的：“不切实际。”司马光于十一世纪八十年代当过两年宰相，就因为当上宰相后，努力扼杀改革的成果，引起民怨沸腾。对刘病已的告诫“儒家人才不可以任用”，又多一个有力的挺身证明。

荀悦

匈奴汗国（此时王庭不定，或在今中蒙交界处）呼韩邪单于（十四任）栾提稽侯栅，率领大批人马，缓缓抵达边界五原要塞（内蒙古包头），派人进关，表示愿意呈献国宝，并于明年正月，前到首都长安，朝见中国皇帝。

这是一项使全国震撼的消息，刘病已命有关单位决定礼仪，宰相（丞相）跟监察官（御史）建议："古时候圣明君王的制度，首都占第一位，而后才是封国。中国占第一位，然后才是蛮族。匈奴单于朝贺，地位应跟亲王平等，但座位应在亲王之下。"太子师傅（太子太傅）萧望之提出异议说："匈奴本不是我们的臣属，所以称它是敌国。不应该以臣属的礼仪待他，而应当作国家的贵宾，地位在亲王之上。蛮族愿意归附，低头称臣，而中国谦让，并不让他称臣。这会建立更深厚的感情，享受谦虚的福气。古书上说：'蛮族很难驯服。'形容他们反复无常。万一以后匈奴的后裔干出飞鸟远走、老鼠潜伏的勾当，不肯再来朝见，也就不是我们的叛臣贼子（不必非征剿不可），应是万世的长远策略。"刘病已采纳萧望之的意见，下诏说："匈奴单于，愿意作为中国北方藩属，在正月初一——'正朔'之日，前来朝觐。我自问恩德不够，不敢当此隆重礼节。应以国宾之礼接待，使单于位于亲王之上。拜谒时只称'臣'，不称名字。"

荀悦曰："《春秋》显示的道理是：圣明的君王不分国内国外，对天下人民，一视同仁。蛮族相距遥远，人事隔绝。所以中国的'正朔'（即年号），传递不到，中国的礼义，也无法教化。并不是尊重他们，而是形势所限，不得不如此。《诗经》说：'管你是氐（音 dī【低】）／管你是羌／都不敢不来朝见天王。'所以再远的蛮族，必须前来朝贡。如果不朝贡，则先是斥责，继是讨伐，所以它们并不是敌国。萧望之打算待以国宾之礼，位居亲王三公之上，是一种僭越，和一种错失。违背天理，扰乱纲常，不合礼教！但是如果只是一时权宜之计，那将另当别论。"

中国因为地理封闭，一开始又拥有相当庞大的面积，和相当强大的武力，于是养成了自命不凡的心理，对四邻一律瞧不上眼，全部当成蛮族，偏偏他们竟然也真的文化低落，国土既小，而人口又少，于是更增加中国人的优越感。这不能单纯责备中国人，任何一个国家处于这种“万国来朝”的局面，都会发现自己的确伟大。英国称霸世界，不过两百年而已，而且现在已经瓦解，但我们仍可在英国人身上看出他们的优越感，何况中国占据高位，长达四千年之久。

战国时代，各王国的国王，也曾互相访问，而且也不断有过巨头会议。但是，因为它们都是由封国蜕变出来的缘故，性质上不过昔日封国国君报聘制度的延伸，顶多也不过像西羌部落间，暂时“解仇”，心理上仍在“中国”这个大范围笼罩之下。而这次匈奴汗国单于前来中国朝见，却是有史以来，第一次真正接待一位外国元首，是件破天荒的大事，史无前例。而儒家学派最恐惧的正是这种史无前例，一旦没有古人古事可以遵循，立刻就成了夜盲。当时只有一个人有正确的见解，那就是萧望之，虽然心态上仍是唯我独尊，但形式上他总算认为应把单于当成国宾。

荀悦的评论，再一次展示他的那种不切实际，大言不惭，不怕闪了舌头的态度。“再远的蛮族，如果不朝贡，则先是斥责，继是讨伐！”好家伙，匈奴汗国单于不但不朝贡，还要西汉王朝的皇太后充当他的小老婆，斥责在哪里？讨伐在何方？金帝国，不但不朝贡，还把宋王朝的皇帝像捉猪一样地捉了去两个，斥责在哪里？讨伐在何方？习惯于关着屋门说大话，叫人背紧。

刘病已警告说：“儒家不可用！”（参考去年【公元前53年】。）正是为此，因为儒家不但企图回到永不能回到的古代，而又是单线思想，中国人遂激荡在两个极端，一端是狂妄的自傲，另一端是卑鄙的屈膝，一直学不会如何跟朋友平等相处。

中匈和平

一向，西方世界从乌孙王国（首都赤谷城【中亚伊赛克湖东南中国边境】）直到安息王国（伊朗共和国），凡是跟匈奴汗国接壤的，都敬畏匈奴，而瞧不起中国。自匈奴单于朝见中国，大家转而敬畏中国。

匈奴汗国于公元前三世纪崛起，南下侵略，中国跟它苦苦缠斗，历时二百年之久，终于获得最后胜利，虽罗马帝国之击败迦太基共和国，艰难也不过如此。本年（公元前 51 年），匈奴汗国呼韩邪单于（十四任）栾提稽侯栅到中国首都长安朝觐，以及中国协防兵团之进驻王庭，使北方边患，得以解除。

然而，这么一项伟大的盛典，中国所有史籍，包括《资治通鉴》在内，记载的简略，使人气沮。而这简略记载，又复纠缠成一团，毫无条理，再度出现“说不清”的毛病。唯一的男主角栾提稽侯栅，反而成了一个隐形人物，而第二男主角刘病已，也像一块不重要的木偶。所谓典礼既毕，是什么典礼？所谓渭桥之会，两国君王有没有见面？当时仪式如何？谈些什么？一片模糊。

笔下“写不清”，嘴巴“说不清”，也就是脑筋“想不清”。想不清的原因是，重文轻武的传统观念下，把英雄血汗换来的成就，轻松抹杀，一味在纸上做着五帝三王的大梦。使我这个从事翻译现代语文的作者，都感到满面羞惭。这么一个空前的盛典，如果由司马迁执笔，恐怕字都会从纸上跳起来。现在，不但笔调平庸而已，连词句都根本不通。

评论刘病已

公元前 49 年，刘病已患病，物色可以托付后事的高级官员。召唤表叔、宫廷随从（侍中）乐陵侯史高、太子师傅（太子太傅）萧望之、太子教师（太子少傅）周堪，到寝宫榻前。任命史高当全国武装部队最高指挥官（大司马）兼车骑将军，萧望之当前将军兼宫廷禁卫官司令（光禄勋）、周堪当特级国务官（光禄大夫）；都接受遗诏，共同辅佐幼主，主管宫廷机要（领尚书事）。刘病已在未央宫逝世（四十三岁）。

班固曰："孝宣皇帝（刘病已）治理国家，有功必赏，有罪必罚。详拟计划，追查实施成果。无论主持政务的官员，或儒家经典的知识分子，以及法学专家，都是一时精英，工作效率至高。至于技巧、工匠、器械之盛，之后的两位皇帝（十一任刘奭、十二任刘骜），都赶不上。官员尽忠职守，人民安居乐业；又碰到匈奴汗国内乱，救亡助存，威信震慑北方蛮族。匈奴单于（呼韩邪单于）敬慕中国仁义，低头称臣。伟大功勋的光芒，照耀祖先，盛大的事业，永垂后嗣，确可称为'中兴'。功劳和恩德，都可上比商王朝的子武丁（二十三任帝高宗）、周王朝的姬靖（十一任王宣王）。"

班固颂扬刘病已上比子武丁、姬靖，仍酱在"古"的巨缸里。子武丁先生的事迹，发生在半信史时代的前十四世纪，不过寥寥数语。姬靖先生虽是公元前九世纪的人物，却窝囊得很。把英明的刘病已拼命往古人古事模子里塞，反而使之黯然无色。

最热闹的是："匈奴单于敬慕中国仁义，低头称臣。"匈奴单于栾提稽侯栅只因兵弱将寡，走投无路，才向中国投降，完全由于现实利害，跟仁义何干？中国皇帝中也有几位向蛮族低头称臣的，难道是敬慕蛮族的仁义？

这种信口开河的无知和无耻，一定导致错误的决策。虚骄之气不改，中国人就永远看不到面对的真相。

"建言""进谏"极限

刘奭采纳贡禹的建议，下诏：凡是皇帝很少前往的宫殿，以后不再修理。交通部（太仆）减少御用马匹，水利署（水衡）减少供应皇帝观赏或打猎用的野兽（西汉王朝时，水利署掌管御花园）。

司马光曰："忠臣之事奉君王，应要求君王去做较为困难的事。那么，较容易的事，用不着费多大力气，便可纳入正规。只要能弥补短缺，长度过分的地方，自然修正。刘奭刚刚即位，向贡禹虚心请教，贡禹应该先在最重要的事情上着手，而把次重要的事情，留在第二步。优柔寡断，邪恶之辈掌握权柄，正是当时最严重的忧患，贡禹不在这方面发言。谨慎节约，正是刘奭所具有的，贡禹却煞有介事，提出建议。原因何在？假使他的智慧连这都不知道，怎么可称贤能？假使他知道却不肯说，罪就更大。"

贡禹的建议，集中"婚""丧"两大焦点。如果能够像他盼望的，把宫女减为二十人，不但可以内无怨女、外无旷夫，还可以使中国政治局面，有一个新的转变——可能免除宦官之祸，因为根本就不再需要那么多宦官，也可能缩短君王跟官员人民之间的距离，使君王有机会保持清醒。厚葬的弊端，不仅使死者家属不堪负担，而且大量动产、不动产，每天都要埋入地下，资源就不得不日益干枯。试想一想，全国每天有多少人死亡，平均一个尸体陪葬一两银子的话，一年要多少银子消失？

司马光责备贡禹不知道在最重要的事情上着手，而他所谓的最重要事情，就是："优柔寡断，邪恶之辈掌握权柄。"问题是，刘奭天生的优柔寡断，这种性格，岂是"建言""进谏"所可以改正得了的？至于"邪恶之辈掌握权柄"，更是稀奇。刘奭刚刚坐上宝座，"邪恶之辈"还没有上台。即令上台，还没有机会显露他们的邪恶，叫贡禹如何指出？难道贡禹是摆卦摊的，未卜先知。

司马光的意思是，应先要求君王去做较为困难的事，其他的小事，就迎刃而解。这种擒贼先擒王手段，并不是万灵仙丹。在司马光看起来"嫁""葬"的小事，刘奭又听得进几句？宫殿岂能真的一直不修理？最后还不是要大动土木。减御车、减野兽，能节省多少经费？对减少宫女的事，刘奭一字不提，这么“容易”的事他都办不到，更困难的事——诸如任用不知在天涯何方的“大儒”，就更办不到。如果刘奭问柏杨先生的意见，我就建议全国选举，组织议会，司法独立，这可是更困难更根本的，刘奭能不能接受？

贡禹的建议，证明一件事，在专制封建的政治制度之下，“建言”“进谏”，作用甚微。只有民主政治的制衡压力，才能使当权分子小心掌舵。

萧望之

公元前 47 年，刘奭封皇子刘骜（本年四岁）当皇太子。金马门候见官（待诏）郑朋，赞扬太原郡（山西太原）郡长（太守）张敞，是刘病已时代有名的重臣，可以辅佐皇太子刘骜。刘奭询问萧望之意见，萧望之认为张敞是一位干练的官员，足可胜任治理繁杂混乱的工作，但是行为轻佻，不是当师傅的材料。刘奭遂改变主意，派使节征召张敞，准备任命他当北长安市长（左冯翊）。不巧，张敞因病逝世。

萧望之攻击张敞行为轻佻，所指的事实有二：一是有一次，张敞参加皇帝朝会后，“骑马穿过章台”，章台街上，妓女户林立，他竟不在乎，直穿而过。另一是著名的“张敞画眉”，酱缸蛆认为堂堂政府官员给妻子画眉，是一种淫亵。张敞曾就此点抗议说：“闺房之乐，比画眉更淫亵的动作，可多的是。”然而只要被鲨鱼群咬住，恁凭事实俱在，都无法摆脱。

很多率真的性情中人，都被迫端起嘴脸，努力扮演圣贤。结果把赤子之心，层层磨损，出现一种官场中的奇异怪兽。然而，只有伟大的人格才会有伟大的形象，而伟大的形象就是真情。靠着人工制造，能累出气喘病。萧望之在他跟皇亲集团的斗争中，受到惨败，我们万分同情。但他那种拒人于千里以外的高傲嘴脸，却实在使人生厌。他之打击张敞，不过由于张敞是受郑朋推荐而已，从他陷害韩延寿，以及企图陷害丙吉，显示出萧望之绝不是一个善良宽厚之辈，但他却是一个“大儒”，于是自有儒家系统给他过高的评价。

浑球

刘奭一直非常尊重萧望之，要请他担任宰相。皇亲集团弘恭、石显，跟许史两大家族的子弟，以及宫廷随从（侍中）、宫廷政务署各单位（诸曹），都心怀怨恨，等待机会反击，而机会终于来临。原来刘更生迫不及待，先行动手，命他的一位亲戚，就地震灾难，上书给刘奭说："地震发生，正是针对弘恭、石显，而不是针对三个孤寒的匹夫（指萧望之、周堪、刘更生）。我非常愚昧，但我认为，应罢黜弘恭、石显，显示对于包庇邪恶的处罚。应擢升萧望之等，疏通贤能上进的道路，如此的话，则天下太平的大门洞开，天灾地变的泉源阻塞。"奏章呈递上去之后，弘恭、石显怀疑是刘更生干的勾当，要求刘奭准许追究，刘奭批准。于是逮捕那位亲戚，供出真相，果然受刘更生指使。遂逮捕刘更生，贬作平民。

就在这时候，萧望之的儿子、护从顾问（散骑）兼皇家警卫官（中郎）萧伋，为老爹"移送司法"事件，上书呼冤。奏章交付给有关单位，有关单位查覆奏报，说："萧望之正月间被指控的罪证，十分明确，并非诬告陷害。他却教唆儿子，向陛下上书，引用《诗经》上无罪的诗篇，有失大臣的风格，大不敬！请逮捕审讯。"弘恭、石显等皇亲集团深刻了解，萧望之素来刚烈高节，不可能接受下狱的屈辱。所以建议说："萧望之在前案中，侥幸没有牵连进去，而又赐给他爵位。不知道改过，反而一肚子牢骚，教唆儿子（萧伋）上书，把错误推到陛下身上。用意十分明显，自以为是陛下的师傅，无论怎么乱搞，都没关系。如果不用监狱的痛苦，挫挫他的骄傲，减减他的自信，就无法阻止他的怨恨。陛下即令再加给他恩典，他也不会感激。"刘奭说："萧师傅性情刚烈，怎么肯去坐牢？"石显一群人说："人，谁不爱惜生命，而萧望之被指控的，不过言语上的小罪（这是欺骗的话，"大不敬"是唯一死刑），用不着担心他自杀。"刘奭同意。石显等把诏书封妥，交给皇家礼宾官（谒者），命送由萧望之亲自拆封。为了加强恐怖效果，石显叫祭祀部（太常）火速调发首都长安警备区司令部（执金吾）所属的警备部队，包围萧望之住宅，使节到了萧宅，召唤萧望之。萧望之饮下鸩酒，自杀。刘奭接到报告，大为震惊，拍桌子说："我本来就怀疑他不会去坐牢，果然杀了我的好师傅！"这时，御厨房送来饮食，刘奭正在午饭，不能下咽，流泪满面，左右都被感动。召唤石显等责问，石显等承

认当初判断错误，脱下官帽，叩头请罪，很久很久，才放他们起身。刘奭哀悼萧望之，不能忘情，每年都派使节去他坟墓前祭祀，直到刘奭去世方止。

刘奭是一个超级浑球。浑球最大的特色是，他心肠不坏，但没有判断能力，即令有判断能力，也没有执行能力。就像一个永不成长的小娃，被野心家团团玩弄，抛上荡下，不但不觉得危险，反而欢天喜地。爱护他的人在旁空淌大汗，却无可奈何。不幸的是，自从刘奭开始，一连串的君王，都是这一类型。西汉王朝之瓦解，遂连神仙都挡不住。

表演忠贞

刘奭祭祀皇家祖庙，出便门（长安南城西边第一门），准备乘船。薛广德拦住皇家卫队（乘舆），叩头说："请走河桥。"刘奭传话下来，说："请最高监察长（薛广德）戴上官帽！"薛广德说："陛下如果不接受我的建议，我就自刎在此，用鲜血污染车轮。车轮一旦污染，陛下就进不了皇家祖庙（太庙）。"刘奭大不高兴。担任车队开道的特级国务官（光禄大夫）张猛说："我听说：主上圣明，臣属自然正直。坐船危险，而过桥却万无一失。圣明的君王不冒任何危险，最高监察长（薛广德）的话，可以考虑。"刘奭说："规劝别人，应像这样把道理说个明白！"于是改走河桥。

席地而坐，跪下也好，叩头也好，顿首也好，不过俯一俯腰。而在大街之上，拦住车队叩头，可是先要矮半截，双膝接触地面，头才能叩得下去。从薛广德搞的这一套，可看出向当权分子"进谏"时的卑屈心理和卑屈动作，也可看出知识分子的命运：必须丧尽廉耻，自甘羞辱，才有可能蒙受当权派的青睐。然而，也同时使当权派准确地看出知识分子竟像狗一样地跪在面前，用自杀来表演他的忠贞！

我们盼望中国人永远不再这么卑屈，永远不再自甘于狗的身份。而永远地挺直脊梁，站在那里，侃侃而谈，大声警告头目："你如果坐船，可能淹死！"他如果不听，就让他淹死。假如这种举动伤害到国家，而不接受警告，就在一场选举中，把他逐下宝座。

薛广德的表演，在历史上不过一个开端，以后这种节目，可没完没了。明清王朝近六百年间，中国人更把自己糟蹋得不像人，而把当权分子一个个宠成暴君暴官。

“君子”“小人”之争

宫廷政务长（中书令）石显，跟宫廷禁卫官司令（光禄勋）周堪、特级国务官（光禄大夫）张猛，结仇已深，不断在刘奭跟前，打小报告。已经被罢黜成为平民的刘更生，唯恐怕有一天会被陷害，于是上书抨击石显。石显跟许史两姓皇亲，结合得更为坚强，把刘更生一帮，恨入骨髓。

刘更生呈递给刘奭的这份奏章，是一封战书，煽动刘奭下手诛杀自己的政敌。满口攻击对方奸佞邪恶，却没有指出奸佞邪恶的事实，或举出奸佞邪恶的例证，而只一口咬定对方是“小人”，自己是“君子”。全篇都是大道理、大推论。我们没有看到石显集团如何攻击刘更生，但可以推断，恐怕也会使用同样的语言——一口咬定刘更生是“小人”，而自己是“君子”。这种“小人”“君子”之争，不过刚刚开始闹起，以后越闹越烈，直闹了两千年之久。读者只看到刘更生唾沫横飞，却看不到他所指控的罪行。只看到萧望之的指摘，却看不到皇亲集团什么地方奸佞邪恶，非赶尽杀绝不可。每一个人都用情绪诟骂对手，无怪当皇帝的刘奭，分辨不清到底谁是小人，谁是君子。在我们的印象中，皇亲集团不过一群保位固宠的官场混混，却只听到萧望之、刘更生一帮，磨刀霍霍。

然而我们必须正视孔丘诛杀少正卯的故事。公元前496年，孔丘被赏识他的鲁国二十七任国君（定公）姬宋，任命代理宰相（摄相事），掌权不到三个月，就把一位声望很高，深得国人尊敬的文化人少正卯，逮捕处决，然后宣布少正卯五大罪状：一、居心阴险，处处迎合人民的意思；二、行为邪恶，不肯接受劝告；三、说的全是谎言，却坚持说的全是实话；四、记忆力很强，学问也很渊博，但知道的全是丑陋的事；五、自己错误，却把错误润饰成为一件好事。（“心逆而险，行僻而坚，言伪而辨，记丑而博，顺非而泽。”）这种烟雾迷蒙的抽象字汇，如果可作为定罪的证据，则凡是有权杀人的人都有福了，他们可以随时随地把这顶帽子，扣到任何一个看不顺眼的人的头上。扣到莎士比亚、柏拉图、华盛顿头上，固然适合，扣到孔丘、孟轲、朱熹头上，更是天衣无缝。这桩历史上有名的冤狱，当时就引起十分强烈的反弹。正主持对上天大祭的鲁国国君姬宋，在分祭肉的时候，故意不分给孔丘。这是礼教社会中表示最严重的一种厌恶，孔丘只好逃亡，出奔卫国。

在孔丘被尊为圣人之后，这件枉杀无罪的冤狱，竟被儒家学派美化，而且在以后两千年儒家学派当政的日子里，有权大爷只要杀机一动，这件冤狱便会被牵出笼。跟攻击嬴政大帝的情形一样，一犬吠影，百犬吠声。没有人敢去追查少正卯被杀真相，而只敢异口同声，一致赞扬孔丘杀得好、杀得妙。刘更生不过百犬吠声中的一犬而已，以后这种一犬分子，车载斗量，为“无罪不能无刑”，找出儒家学派圣人的论据，使杀人的真凶，心安理得。虽然到了后来，有头脑的儒家学者，忽然发现，总有一天会被有思考能力的人予以揭发，也曾著书立说，为孔丘辩护，誓言他并没有杀少正卯。但已无法挽回它在历史上所造成的长期毒害，实在是一件遗憾。

各打五十大板学

京畿总卫戍司令（司隶校尉）、琅邪（山东诸城）人诸葛丰，以刚强正直，特立独行，闻名朝野，屡屡冒犯皇亲国戚，很多当权派排挤他，说他坏话。后来被控春夏二季逮捕人犯，贬谪当首都长安城防指挥官（城门校尉）。公元前 43 年，诸葛丰上书控告周堪、张猛有罪。刘奭对诸葛丰大为不齿，下诏说："首都长安城防指挥官（城门校尉）诸葛丰，之前跟宫廷禁卫官司令（光禄勋）周堪、特级国务官（光禄大夫）张猛，同在中央时，诸葛丰屡屡称赞周堪、张猛的美德。诸葛丰当京畿总卫戍司令（司隶校尉）时，不顺应四时天意，不知道遵守法令制度，用苛刻凶暴的手段，建立威严外貌，我不忍心法办，只贬他当首都长安城防指挥官（城门校尉），想不到他不自我反省，反而翻脸成仇，怨恨周堪、张猛，以求报复。控告的全是没有证据的话，揭发的全是无法证明的罪。想诽谤就诽谤，想赞扬就赞扬，随心所欲，不管从前的立场，没有一点信义。我怜悯诸葛丰年纪老迈，不忍诛杀，着即贬作平民。"再下诏说："诸葛丰指控周堪、张猛毫无忠贞信守，我心怀怜悯，不肯追究，而又惋惜二人的才干，无法报效国家。兹贬周堪当河东郡（山西夏县）郡长（太守）、张猛当槐里县长（令）。"

刘奭对诸葛丰跟周堪、张猛的处分，使一千年后的司马光先生感慨，也使比司马光更后一千年的柏杨先生感慨。这正是官场上流行的各打五十大板学："张三固然是坏胚，李四也不是好东西。"产生这种态度，一个原因是情绪上的不耐，虽然你对了，可是你怎么总是惹麻烦？另一个原因是，智力不能判断谁是谁非，索性左右开弓，图得眼前清净。而且，其中至少有一方是罪有应得。

各打五十大板学不废除，和稀泥就成为金科玉律。诚如司马光所言：善恶是非，就永远混沌不明。一个善恶是非得不到公道的社会，必然爆发动乱。

官场蛆

贾捐之跟杨兴，友谊至深。贾捐之总是抨击石显，因此他一直无法弄到一个官做，更很少有机会见到皇帝刘奭。而杨兴正因干练的才能，受到赏识。贾捐之向杨兴建议说："首都长安特别市长（京兆尹）出缺已久，如果我能面见皇上推荐你的话，这个职位马上就可以到手。"杨兴说："老哥笔下生花，当今天下，言语最为精辟。假如你能当宫廷秘书长（尚书令），可比五鹿充宗（五鹿，复姓。五鹿充宗是现任宫廷秘书长）高明得多。"贾捐之说："我如果能取代五鹿充宗，你能当首都长安特别市长（京兆尹）。首都，位居各郡跟封国之首，而宫廷机要，掌握全国官员的命脉。天下一定太平，上下就再不会隔阂。"说着，又攻击石显。杨兴说："石显权势，如日中天，皇上正信任他，我们如果谋求上进，必须听我的计划，向他靠拢，只要能称他的心、合他的意，就可以成功。"于是，二人联名上书，赞扬石显的美德，建议应封爵关内侯（准侯爵），而使他的兄弟入宫充任政务署（中书）或秘书署（尚书）的单位主管（诸曹）。然后，二人又共同拟定，而由贾捐之单独署名的奏章，保荐杨兴能力非凡，应考虑使他当首都长安特别市长（京兆尹）。

石显看穿二人诡计，报告刘奭。逮捕贾捐之、杨兴下狱。刘奭命石显负责审讯，审讯后，石显覆奏，说："杨兴、贾捐之心怀奸诈，行为虚假，互相标榜，企图谋取政府高官位置，欺骗皇上，大逆不道。"贾捐之绑赴街头斩首，杨兴被剃光头发（髡刑），罚做苦工。

司马光称贾捐之"以邪攻邪"，事实上，何来"以邪攻邪"？不过官场蛆在那里爬上爬下、钻营升迁而已。《资治通鉴》从郑朋开始，写贾捐之、写杨兴、写诸葛丰，把一群奔走于权贵之门，密室咬耳，寡廉鲜耻的官崽嘴脸，描绘得栩栩如生。

糊涂不清的头脑

公元前 42 年 6 月，西汉王朝赦天下。

荀悦曰："对于囚犯的赦免，是一种权宜的措施，不是正常的司法典范。西汉王朝崛起之初，恰在秦王朝战乱之后。几乎每个人都身负重罪，如果一定要依法办理，挨家逐户，都应诛杀。所以刘邦约法三章，颁发大赦命令。以后就成为一种传统，新皇帝登极，一定大赦。洗刷社会上的罪恶污秽，使人民从头开始一种新的生活。当时局势，不得不如此。可是，到了后世，大家承袭了这个制度，不知道改革，已经失去时代意义。在惠帝（西汉二任帝刘盈）、文帝（西汉五任帝刘恒）时候，天下不需要赦，在孝景皇帝（西汉六任帝刘启）时候，发生七国之乱，人心浮动，奸诈百出（参考公元前 154 年）。到了武帝（西汉七任帝刘彻）末年，赋税沉重，差役频繁，盗匪四起，再加上皇太子刘据事件，巫蛊大祸，全国惊惶，人民生活困难，无依无靠。等到光武皇帝（东汉一任帝刘秀）上台，平息灾难。用来跟前世相比，由他赦免罪犯，才最恰当。"

荀悦这篇评论，实在不知道说些什么。司马光把它放在匡衡的言论之后，当然认为是对匡衡言论，有阐扬的功能。可是荀悦却只绕着"赦免罪犯"一个小圈圈打转，而又转昏了头，语无伦次。看样子他是赞成赦的，因为赦可以"洗刷社会上的罪恶污秽，使人民从头开始一种新的生活"。但再看下去，他似乎又在反对。强调说，刘恒时代，天下太平，从没有赦。可是刘彻末年之后，天下大乱——荀悦在叙述到天下大乱之后，忽然塞住嘴巴，不知道跟"赦""不赦"有什么关系。最后才忽然肯定，只有刘秀（荀悦先生的顶头上司）才有赦免的资格。却没有说明：刘病已、刘奭二位先生在位，也在大乱之后，为什么就没有赦免的资格？

只有糊涂不清的头脑，才写出糊涂不清的文章。

大快人心

贡禹上疏说："孝惠帝（二任帝刘盈）、孝景帝（六任帝刘启）的祭庙，因为亲情已尽，应该拆除（贡禹指出：天子只能设立七座祭庙，凡不属于这七座祭庙的其他祭庙，都要撤除），而各郡、各封国所设置的皇家祭庙，不合古代规定，也应撤除。"（刘盈尊老爹刘邦的祭庙为"太祖庙"，刘启尊老爹刘恒的祭庙为"太宗庙"。刘病已尊曾祖父刘彻的祭庙为"世宗庙"。凡是他们到过的郡或封国，都设置祭祀。）刘奭认为有理，下诏撤除昭灵后墓园、武哀王墓园（刘邦的老哥）、昭哀后墓园（刘邦的姐姐）、卫思后墓园（刘彻的皇后卫子夫、刘据的娘）、戾太子墓园（刘据）、戾后墓园（刘据的正妻史良娣），解散祭祀官员跟守护人员。又撤除设置在各郡、各封国的皇家祭庙。

活君王的浪费，固使人民的负担沉重；死君王的浪费，人民的负担也不轻松。刘奭在位时，散布各郡各封国的皇家祭庙，多达一百六十七所，每年祭祀大典，多达二万四千四百五十五次。祭庙以及墓园的守护卫士，多达四万五千一百二十九人。而祭祀官、乐队、厨师，则有一万二千一百四十七人。饲养供应宰杀畜牲的差役，还不包括在内。这项庞大而无聊费用，都是人民的纳税钱——有些更是卖儿卖女的眼泪钱。

一旦把它们撤除，可谓大快人心。

崇古尾巴

最初，石显逼死前将军萧望之，人心激愤，唯恐怕招来抨击。议论官（谏大夫）贡禹，深明儒家学派的五经，而又高风亮节，天下敬慕。石显托人从中介绍，用心结交。并向刘奭推荐，贡禹遂被擢升到部长级高官，石显对贡禹礼貌十分周到。于是舆论对石显也有赞扬，认为他对萧望之不致有陷害的行为。石显狡猾奸诈，善于为自己解围，以加强刘奭的信任，都类乎此。

荀悦曰："奸佞迷惑君王的方法，可是多端。所以孔丘说：'叫奸佞离你远点！'不仅仅不用他而已，还要驱逐到远方，跟他隔绝，把源流塞住，态度十分坚决。孔丘说：'政治的意思，就是公正。'治理国家最基本的一件事，公正而已。鲠直诚实，则是公正的主干。对于品德，必须肯定是真实的，才授给他官位。对于能力，必须肯定是真实的，才叫他做事。对于功劳，必须肯定是真实的，才颁发奖赏。对于犯罪，必须肯定是真实的，才加以惩罚。对于贡献，必须肯定是真实的，才可以擢升。对于言谈，必须肯定是真实的，然后再去信任。事物必须真实，才可以使用。工作必须真实，才可以有成果。所有的公正都汇集到中央政府，则全国没有虚伪。古代帝王的道理，不过如此而已。"

一篇了不起的评论，最后来了一个崇古的尾巴，把全部论据，破坏无遗。

王昭君

公元前 33 年，匈奴汗国（南匈奴，王庭设蒙古国哈拉和林市）呼韩邪单于（十四任）栾提稽侯栅入朝，请求准许他当中国女婿，使他感觉有所倚靠。西汉帝（十一任元帝）刘奭把皇宫“良家子”王嫱，别名王昭君，赏赐给呼韩邪单于，呼韩邪单于欢喜得心里唱歌，感激涕零，上书刘奭，表示他：“愿意当中国的警卫，代替中国边防部队，保护东自上谷郡（河北怀来），西到敦煌郡（甘肃敦煌）之间的边塞，万世相传。请撤销边防，命战士复员，使天子的小民，获得休息。”呼韩邪单于封王昭君当宁胡皇后（宁胡阏氏），稍后，生下一个男孩，名栾提伊屠智牙师，封右日逐王。

历史上四大美女：西施、王昭君、貂蝉、杨玉环。西施的事迹，发生在公元前五世纪第一个十年，《资治通鉴》还没有开始。但其他三位美女，则全部包括在《资治通鉴》之内，而以杨玉环女士的事迹最为详尽。貂蝉女士仅有她的行动，没有她的名字。王昭君女士则仅只上述的几行。然而，史学家吃力捧场的角色，未必受到人民重视，而一些只寥寥数语提及的人物，透过文学作品，虽经数千年之久，人们的记忆犹新。二十世纪以来，传播工具发达，报纸、电台、电影、电视、舞台剧等等，使四大美女的形象，更家喻户晓。然而，也使四大美女——尤其是王昭君的际遇，距事实也越远。

王昭君，湖北秭归人，王穰的女儿。无疑义的，她漂亮非凡，所以虽然生长荒村僻壤，仍然被选入皇宫。王昭君自负她的容貌，认为只要她一入宫，皇帝就会着迷。再也想不到，皇宫可是美女窝，天下最美丽的动物，都集中在那里。

王昭君入宫几年之久，始终见不到刘奭的面。就在这时候，匈奴汗国呼韩邪单于（十四任）栾提稽侯栅，向中国求婚。刘奭决定在美女群中，物色五位，当作礼物赏赐给他；王昭君挺身而出，自愿前往。在致赠礼物的宴会上，五位美女盛装出见，王昭君艳丽夺目，《汉书》上形容她：“光照汉宫，顾影徘徊，竦动左右。”

刘奭——这个不知道玩过多少美女的垂毙君王，也大为震惊，想要改变主意，却不能张口，只好目送她投入呼韩邪单于的怀抱。呼韩邪单于想不到中国这么慷慨，竟把最漂亮的美女赏赐给他，感激涕零之余，企图回报，这才提出愿意担任中国北方防务的建议。

呼韩邪单于逝世后，长子复株累若鞮单于（十五任）栾提雕陶莫皋继位，依北方蛮族习惯，王昭君继续当皇后，跟新单于又生了两个女儿。我们不知道她何时香消玉殒，只知道她埋葬在河套以北的阴山跟黄河之间。一片黄沙，唯墓草碧绿。杜甫曾有诗凭吊："一去紫台连朔漠，独留青冢向黄昏。"另在伊克昭盟北部的黄河岸上，也有王昭君墓，据说是衣冠冢。

王昭君在文学上引起的冲击，远超过她在政治上引起的冲击，文学上的结论是她芳心充满幽怨。恰巧西汉政府处决了一批宫廷画家，其中之一的毛延寿，遂被认为因向王昭君索取贿赂，不能达到目的，就把她画得容貌平庸。刘奭因思念王昭君，一病不起，王昭君也深恨放逐蛮邦，在呼韩邪单于死后，不愿再嫁，自杀。也有些作品强调：王昭君在被迫前往蛮邦中，投水而死。她似乎那么眷恋中国宫廷，那么眷恋中国皇帝，好像一对恩爱夫妻，被活生生拆开。廉价的爱情故事，在刘奭跟王昭君之间展开，生离死别，回肠九转。

这类汗牛充栋的文学作品，显然抹杀了一件事实，那就是，王昭君对中国的宫廷和皇帝，早已厌倦绝望，大彻大悟下，自愿脱离。王昭君离开五个月后，刘奭便翘了辫子。幸亏刘奭没有留下她，如果留下她，顶多过五个月陪伴病夫日子，然后被送到墓园，作为张修女士第二（参考公元前64年），囚禁到死。这种形势之下，她怎么会有幽怨？有的话，也只有感谢上苍，保佑她及时地跳出蛇窟。匈奴汗国单于固然也有美丽的小老婆群，但王昭君拥有的是中国娘家强大而又高贵的背景，在王庭中，居于荣耀地位。换在长安，谁都不能保证惨烈的夺床斗争中，她这个乡下姑娘会有什么下场。下任皇帝刘骜，完全在赵飞燕姐妹控制之下，杀人如麻，王昭君即令不被送入墓园，也逃不脱劫数。她就更没有理由幽怨，而且恰恰相反，她反而更有理由为自己明智的抉择欢呼。从她主动要求出宫的举动，可看出她是一位罕见的有性格、有胆识的漂亮姑娘。两千年来，在庸俗文化人的笔下，王昭君的高贵品质，被曲解诬蔑，竟成为一个贪图眼前富贵，念念不忘主子恩典的奴性入骨的人物，使人扼腕。

大儒与英雄不并存

宫廷政务长（中书令）石显，打算把姐姐嫁给甘延寿，甘延寿拒绝。等到甘延寿击斩郅支单于（参考公元前 36 年），返回首都长安，宰相（匡衡）、最高监察长（应是李延寿），对假传圣旨这件事，深痛恶绝，对甘延寿的功勋，不赞一词。而陈汤又一向贪财，把在外国掳获的金银财宝，违法带回中国。京畿总卫戍司令（司隶校尉）通知沿途各地方政府，逮捕陈汤的部下，查办审问。陈汤急上书给刘奭，说："我跟我的部下，共同奋战，攻击郅支单于，幸而诛杀，从万里之外，凯旋班师，自以为中央政府会派遣官员，在道上迎接慰劳。而今，不但没有官员迎接慰劳，京畿总卫戍司令反而大批逮捕囚禁，拷问口供，这可是替郅支单于报仇！"刘奭下令：立即释放所有被捕官员，命沿途地方政府盛大劳军。甘延寿既返长安，评估功绩。石显跟匡衡认为："甘延寿、陈汤，假传圣旨，擅自调发部队，不诛杀他们，已是宽大。如果再给他们封爵，以后派出的使节，恐怕都要争先恐后地采取冒险行动，以图侥幸成功，在蛮族中间，制造纠纷，为国家招来大难。"刘奭内心欣赏甘延寿、陈汤的功劳，而又不愿完全否决匡衡、石显的意见。事情不能马上定案。但仍封甘延寿当义成侯、陈汤当关内侯，采邑各三百户，赏赐黄金各一百斤。任命甘延寿当长水外籍兵团指挥官，陈汤当射击兵团指挥官。杜钦上疏追述冯奉世从前击破莎车国（新疆莎车），击斩莎车王的功勋（参考公元前 65 年）。刘奭认为那是老爹刘病已在位时的往事，不再受理。杜钦，是故最高监察长（御史大夫）杜延年的儿子。

甘延寿跟陈汤，建立的是绝世功业，陈汤那句话："凡是冒犯强大中国的，距离再远，也要诛杀！"中国人之不可轻侮的尊严，跃然纸上。豪气上干霄汉，两千年后听到，仍觉热血澎湃，兴起无限景慕，可是欢迎他们的却是堆积案头的刑法条文，跟被夸大了的恶形恶状。石显是官场人物，公报私仇，不太意外。宰相匡衡，可是所谓"大儒"。咦！史迹斑斑，"大儒"跟英雄，誓不并存。大迂腐加小格局，心胸狭窄兼眼光短小，英雄事业，不得不奄奄一息。

"亲情已尽"

宰相（丞相）匡衡奏称："前些时，先帝（十一任刘奭）因为身体有欠舒适，所以把废除的祭庙跟墓园，先后恢复（参考公元前 34 年），而仍不能蒙受祖先的赐福。依儒家礼教，卫思后（七任帝刘彻的皇后卫子夫）墓园、戾太子（刘据）墓园、戾后（史良娣）墓园，亲情仍在，不应撤除。而孝惠皇帝（二任刘盈）墓园、孝景皇帝（六任刘启）墓园，亲情已尽，应该撤除。另外，太上皇（一任帝刘邦的爹刘执嘉）墓园、孝文皇帝（五任刘恒）墓园、孝昭太后（钩弋夫人赵婕妤）墓园、昭灵后（刘邦的娘王含始）墓园、昭哀后（刘邦的姐姐）墓园、武哀王（刘邦的老哥）墓园，也请一并撤除。"刘骜批准。

这一段记载，原文的结尾是："奏可。"我们把它译为"刘骜批准"，颇感心虚。此时死皇帝刘奭已进棺材，皇太子刘骜尚未登极，还没有资格接受奏章。原文打马虎眼，来一个"奏可"，我们一定要顶真，就出了麻烦。如果也打马虎眼，译作"批准"，包管万无一失，问题在于我们不愿打马虎眼，想来想去，仍是罩到刘骜头上。

儒家系统这种"亲尽则庙毁"制度——亲情已尽时，撤除墓园跟祭庙，有它的用意，如果跟日本天皇万世一系一样，中国皇帝由一个家族包办，一包到底，千百个祭庙墓园，像疥疮般地满地都是，人民的纳税钱都被浪费到那些枯骨上，实在荒唐。然而，儒家系统解决疥疮症的方法，却是寡情绝义。不妨假设一种情况，像西汉王朝第一流皇帝刘恒（五任）、刘启（六任），在阴曹地府也好，在云端天堂也好，每天接受子孙香火，好不快乐，却忽然间，门房通知说："明天我们就不能管你饭了，你的子孙现任皇帝，跟你'亲情已尽'，一刀两断，祭庙没啦，墓园没啦。"于是，刹那间，他们就成了无主的游魂饿鬼，得去马路上哀哀乞讨。想起来当年，别人碰一下祭庙外的空隙地带（块地），都要杀头，何等威风。而今，被儒家的"亲尽"学说，全盘断送。

死而无知，祭祀无益；死而有知，亲情永在。儒家学派这种势利眼的祖先崇拜，不能解决问题。解决问题的方法，只有一个，那就是根本不要什么祭庙墓园，而儒家系统又办不到。于是只好在夹缝中煞有介事，伤害善良的人情风俗。

冯逡与匡衡

清河郡（河北清河）民兵司令（都尉）冯逡警告说："清河郡位于黄河下游（古黄河是清河郡跟东郡的分界水），土壤松脆，容易崩塌。所以一直没有大灾害的原因，在于有屯氏河容纳它的水量。而今屯氏河淤塞，鸣犊口（鸣犊河注入屯氏河处）承受的压力日增，情形危急。仅剩下一条黄河河身，却要容纳数条河的水量，即令把堤防提高，也无法使它顺利宣泄。如果遇到大雨，十天不停，必然满溢。幸而屯氏河淤塞的时间，不能算太久，比较容易疏通。我建议迅速挖浚疏导屯氏河，帮助黄河宣泄洪水，防范非常情况。如果不预先采取措施，一旦在北岸决口，将危害四五个郡。一旦在南岸决口，将危害十余个郡。然后再忧虑善后，就后悔已晚。"当时宰相（丞相）匡衡、最高监察长（御史大夫）张谭，报告说："国家经费困难，暂时不必挖浚疏通。"

公元前 29 年，黄河果然在馆陶（河北馆陶）和东郡（河南濮阳西南）金堤（河南濮阳城南一公里）决口，大水泛滥兖州（山东西部）、豫州（河南），以及平原郡（山东平原）、千乘郡（山东高青东北）、济南郡（山东章丘。地方政府"州""郡"同时出现，可看出"州"地位提高，"郡"逐渐成为不重要角色）。大水淹没四郡、三十二县、耕地十五万余顷，水深地方达三丈余，毁坏政府机关及民间房舍四万所。

最高监察长（御史大夫）尹忠的救灾方案，漏洞百出，刘骜斥责他不尽职责，尹忠自杀。刘骜命农林部长（大司农）非调（非，姓），筹措救济受灾各郡的经费，派皇家礼宾官（谒者）二人，征发河南郡（河南洛阳东白马寺东）以东船舶五百艘，从灾区中抢救灾民到丘陵高地躲避，共抢救出九万七千余人。

史书上写出田产房舍的损失，没有写出生命的损失，不知道什么缘故？财产失去，还可重来，而人死不能复生。宰相匡衡固是一个"大儒"，同时也是一个官场"大混"，最初跟宦官石显结合，死缠活缠地打击陈汤。等到石显调职，立刻反咬一口，目的只在保护自己的官职爵位。这种人脑子里没有人民。所以拒绝疏浚屯氏河，声称没有经费。那么，决口之后，经费从哪里来？不是没有经费，而是不愿尽责。为了发动这项工程被扫地出门，也比为了贪污百顷田地被扫地出门值得。千万冤魂应向他索命，政府也应向他追究——必须有追究责任的精神，才能使大混分子，减低混的程度。

一日五侯

公元前 27 年，刘骜把他的五位舅父，全都封侯。计：王谭封平阿侯、王商（王家班）封成都侯、王立封红阳侯、王根封曲阳侯、王逢时封高平侯。五人在同一天中封侯，世人称“五侯”。皇太后王政君的娘亲李女士，曾再嫁河内（河南武陟）人苟宾，生了一个儿子苟参。王政君引用田蚡的故事，也要封苟参侯爵（田蚡跟王娡【七任帝刘彻的娘】也是同母异父姐弟，参考公元前 151 年）。刘骜说：“封田蚡已经不合正规了。”只任命苟参当宫廷随从（侍中）、水利总监（水衡都尉）。

五位舅父，同时封侯，把西汉王朝开山老祖刘邦所定的“非有功不得封侯”制度，一举摧毁。一种崭新的，裙带关系照样可以封侯的制度，代之而起；西汉王朝政权也开始滚下悬崖。对一个强大的政权而言，除非君王亲自下手，没有人能摧毁它，现在，君王已亲自下手，西汉王朝就毫无生存机会。

猪崽

首都长安特别市长（京兆尹）王章，一向刚正敢言，虽然由于王凤的推荐，担任这项高位，但并不阿谀王凤，听凭摆布，于是上“亲启密奏”（封事），说：“日蚀之发生，都是王凤专权，蒙蔽主上的缘故！”刘骜召见王章，要他解释。刘骜自从王凤罢黜王商（非王家班），跟送返刘康，一直气愤。一旦听到王章的分析，忽然醒悟，完全听信。对王章说：“如果不是你直言无隐，我无法了解国家大计。只有贤能的人，才知道贤能的人，你不妨给我找一个可靠的助手。”然而，消息外泄。刘骜每次召见王章时，都逐出左右随从，闭户密谈。皇太后王政君的堂弟、宫廷随从（侍中）王音，私自窃听，完全了解内情，报告王凤。王凤既忧虑又恐惧，杜钦给王凤规划因应之道，叫王凤宣称有病，一面搬出宰相府，回到自己侯爵住宅，上书请求退休，措词十分哀痛。王政君得到消息，为老弟流下眼泪，拒绝吃饭。

刘骜从小跟舅家（王家班）亲昵，心理上十分倚靠，不忍心一旦解除权柄。于是，用非常宽厚尊敬的诏书，拒绝王凤辞职，对王凤殷勤慰留。王凤遂称病愈，复行视事，决心严厉报复，事情遂作一百八十度转变。刘骜命宫廷秘书（尚书）弹劾王章。刘骜把奏章交下查办。司法部（廷尉）罗织成“大逆”罪状：“把皇上比成西羌、北胡（匈奴汗国）蛮族，打算使皇上绝嗣，背叛天子，私心为定陶王（刘康）铺路。”王章遂死在狱中，妻子放逐合浦郡（广西合浦东北）。从此，高级官员（公卿）见到王凤，敢怒而不敢言。

王章自幼贫贱，曾经害病，在“牛衣”之上，跟妻子永诀，泪流满面（牛衣，用麦种代替棉絮的褥子。一说是用草或麻编成的御寒披盖物。北中国穷家，都拿它垫床，偶尔也可用来盖身）。后来节节升迁，终于达到首都长安特别市长（京兆尹）高位。当他呈递“亲启密奏”（封事）时，妻子劝阻说：“人当知足，难道没有想到牛衣哭泣之时？”然而，人往往难以知足，追求富贵固难知足，追求真理尤难知足。全家囚禁司法部监狱（廷尉狱）。王章的小女儿才十二岁，午夜忽然放声大哭：“平常管理员前来查点，说有九人，今天只说八人。我爹性情刚直，死的必然是他。”

天亮之后证实，王章果然丧生。冤狱史中，又多感人肺腑的一页。而绑赴法场，总在黎明时分。午夜即行消失，恐怕是就在狱中秘密处决。俗云：“枪头不快，努折枪杆。”枪头如果不够锋利，扎不进去，拼命去扎的话，最后枪杆必然断裂。王章正是这个场面。我们假如把领袖人物分成等级，则刘骜属于三流货色，不能说他不聪明，但他没有政治才能。在王商（非王家班）、王章，以及在稍后赵飞燕姐妹身上所发生的奇事，可作充分证明。儒家系统的两大法宝之一是“进谏”，并且主张婢膝奴颜，低三下四地“进谏”，儒家系统理论：“诚”可以感动上天，当然可以感动君王，王章已经完全办到，可是感动之后，又将如何？在君主立宪国家，刘骜是一个好君王。在专制封建国家，他不过一个猪崽。

工人暴动

公元前 22 年，颍川郡（河南禹州）铁矿管理局（铁官）所属工人申屠圣等一百八十人，击斩郡政府高级官员（长吏），攻破军械库，取得武器。自称“将军”，向各处游击，历经九个郡。中央政府派宰相府秘书长（丞相长史）、总监察官（御史中丞）追捕，用战时军律征调大军，申屠圣等全体伏诛。

这些工人为什么暴动？原因不明。传统史书最大的特点是，只写民变，却很少写为什么民变。一百余工人如果生活过得去，在那个叛变必死的形势下，不可能犯上作乱。而竟然犯上作乱，必然是活不下去。如不是生活已绝，则一定是冤苦难伸。官方史书之不记载，是不敢记载。

诤友

公元前 17 年，平阿侯（安侯）王谭逝世。刘骜对王谭始终没有担任宰相，感到歉意。于是命成都侯王商（王家班），位居"特进"（朝会时位置在三公之下，侯爵之上），代理长安城防指挥官（领城门兵），跟车骑将军一样，得以设立司令部，任用参谋官员。

魏郡（河北临漳西南邺镇）人杜邺，当时担任宫廷禁卫官（郎），跟车骑将军王音，一向友善。看到王音过去跟王谭之间，并不和睦，向王音建议说："至亲骨肉，如果不互相帮助，任凭谁都不能没有怨恨。我发现，王商（王家班）位居'特进'，却代理长安城防指挥官，更设立司令部，任用参谋官员，一切跟五府一样（五府：宰相府、最高监察署、车骑将军府、左将军府、右将军府），很明显地看出，皇上决心赋给这位舅父重任。我建议你，应该顺着皇上的意思，比平常更加倍地亲近王商（王家班），无论遇到什么，都跟他商量，只要出自诚心，则自然一片祥和。"

王音钦佩他的见解，遂跟王商（王家班）亲密，二人都敬重杜邺。

一个人的权势或财富，到了某一种程度，就很难避免不被摇尾系统挑拨得像一只斗鸡。连父子之情，都可能破坏，亲戚宾朋，更不得不化友为敌。因为主子必须内斗，摇尾分子才能展示忠心，从中取点小利。杜邺之劝解和睦，才是真正的诤友。

帝王坟墓

> **刘骜预定坟墓昌陵（陕西临潼西南）的工程，浩大奢侈，历时很久而终不能完成。工程总监（将作大匠）解万年自以为昌陵（陕西临潼西南）三年可以筑成，而竟不能完工；政府官员纷纷指摘。刘骜交付主管单位查办，呈覆说："昌陵因地势低下，填土已填了这么久，墓中便殿座位，仅在地平线上。从别处运来的泥土，松软且不坚固，不能保护地下幽灵的平安。参与工程的士兵，跟判处徒刑的囚犯，有数万人，白昼不停劳动，入夜，还燃起火把赶工，从东山（东方诸山）那里运输泥土，土价跟粮价相等。工程连年，天下都受到伤害。而原来选定的延陵（陕西咸阳东北四公里），地势先天高耸，而且用的是原地泥土，又靠近祖先坟墓，先前已有十年工程的基础，最好仍恢复延陵，不再强迫移民，才是上策。"**

这是《资治通鉴》又一次透露帝王坟墓带给人民的灾害。刘骜的坟墓，在帝王坟墓群中，微不足道。奏章上已经显示，挖掘小民的坟墓，已达一万之数。中华人是一个崇拜祖先的民族，祖先的坟墓被挖掘，是一项可怕的侮辱。田单据守即墨，就利用燕军挖掘齐人坟墓，激起齐人强烈的复仇怒火（参考公元前 279 年）。可是，一旦挖墓强盗是帝王，人民只好接受。

每一个帝王的坟墓，都是封建暴政的见证。里面埋的不是君王的枯骨，而是人民的眼泪和愤怒。

刘立

梁王（首府睢阳【河南商丘】）刘立，骄傲奢侈，横行霸道，没有节制。甚至一天之内，犯法十一次之多。封国宰相（相）禹（姓不详）奏报说："刘立对皇亲王姓家族抱怨，有凶恶的言论。"主管单位查办，发现刘立跟姑妈刘园子通奸丑闻，弹劾刘立有禽兽行为，要求处死。中级国务官（太中大夫）谷永上疏为刘立辩护，认为姑侄通奸，绝不可能。刘骜遂把奏章搁置。

刘立靠着谷永强有力的辩护，虽然逃过一关，但这位"白马王子"的荒淫凶暴，史有明白记载。他姑妈刘园子，嫁给刘立的舅父任宝，而任宝的侄女任昭，则嫁给刘立当王后。因为亲上加亲的缘故，刘立常到任宝家欢宴，而终于有一天，他对姑丈兼舅父任宝说："我爱上了翁主（刘园子，亲王女儿称翁主）。"任宝吃惊说："她是你的姑妈，又是你的舅母，这种乱伦行为，可是重罪。"刘立说："法律怎管得到我？"于是发生奸情。谷永的辩解，依常情来说，理直气壮，但亲王比皇帝仅差一截，他们有他们的游戏规则，跟普通人大不相同。谷永虽然救了刘立一条人命，却害了更多人命。两年后，刘立派他的家奴格杀封国宰相府秘书（掾），跟睢阳（梁国首府，河南商丘）县政府主任秘书（丞）。为了消灭证据，再格杀家奴，共杀三人，伤五人，还殴打其他低级官员二十余人。七年后，再度格杀无辜，包括王宫禁卫官（郎）在内。

这么多人丧生在刘立之手，而他受到的惩罚，却十分轻微，不过削去几县采邑而已。最后，却是因为政治因素——到了公元 4 年，他跟皇亲卫姓家族结交，被当时的当权分子王莽，贬作平民，刘立才自杀。

刘立的行为，不是孤立的，不公平的社会制度不消失，法律就一直保护特权，而不保护小民。一刘立死，另一刘立生。

四大无聊之一

刘骜认为，皇太子刘欣，既继承“大宗”，就不能再对亲爹刘康有父子之情。于是，封楚（孝）王（首府彭城【江苏徐州】）刘嚣（刘病已子）的孙儿刘景，继任定陶王（首府定陶【山东定陶】）。刘欣准备上书叩谢恩德（刘欣过继伯父刘骜之后，他亲爹定陶【孝】王刘康的香火断绝。刘景继任定陶王，也就是刘康的祭祀得以延续。所以刘欣为这项措施叩谢）。太子教师（太子少傅）阎崇认为：“既当别人的继承人，就不能再有父子亲情，不应该叩谢。”可是太子师傅（太子太傅）赵玄，却认为：“应该叩谢。”刘欣听信赵玄的意见去做，刘骜大不高兴，下诏问：“为什么叩谢？”宫廷秘书（尚书）立刻弹劾赵玄。赵玄被贬作宫廷供应部长（少府）。

最初，刘欣小时候，祖母傅太后（傅昭仪）亲自喂养。等到封皇太子，刘骜下诏：傅太后，以及刘欣的娘亲丁姬，全都留在定陶国（首府定陶【山东定陶】），不能跟随到京师。祖孙母子，遂无法相见。过了些时，皇太后（王政君）准备让傅太后、丁姬，每隔十天到太子刘欣家，作一次探望。刘骜抗议说：“皇太子（刘欣）继承大统，应当奉养陛下（王政君），不可以再有祖孙母子之情。”王政君说：“刘欣小的时候，傅太后抱他养他。现在让她去太子家，不过把她当作奶娘，并不妨碍什么！”于是下令傅太后可以到太子家，而丁姬虽然是娘亲，却仍不能前往。

传统的封建社会，依靠儒家学派所定的宗法制度，维持秩序。主要精神是：过继给别人膝下当儿子，就是别人的儿子。对亲爹亲娘，不能再有父子母子之情。这是一项纯理性的决定，必须如此，才可以使权力中心稳定，和祭祀祖先的香火不绝。儒家学派知识分子在这方面下的功夫至深，坚持也最力。

问题是：“过继给别人当儿子，就是别人的儿子。”容易办到，第一个特征是称呼，本来叫“伯伯”的，开始改叫“爸爸”，而对亲爹亲娘，改叫“叔叔”“婶婶”，明确地表示亲情的关系位置。然而，第二个特征：“对亲爹亲娘，不能再有父子母子之情。”却很难办到，只好采取蛮横的高压手段。偏偏亲情是压不断的，只要遇到这个节骨眼，政坛就一定揭起风波。西汉王朝九任帝刘贺偷偷摸摸祭祀了一次他的亲爹，就构成被罢黜的罪状之一（参考公元前74年6月）。现在，刘欣又碰上这个结。表面上似乎已完全解决，但从以后历史发展，可以看出，纠纷永不停止。

我们实在不懂，儒家学派为什么一定要去斩断绝对斩不断的亲情？可称之为天下煞有介事的四大无聊之一。其他的三大无聊：一是帝王绰号，一是帝王年号，一是对大家伙名字的避讳。

刘骜

公元前 8 年，刘骜在未央宫逝世（本年四十六岁）。他的身体素来强壮，没有疾病。这时，楚（思）王（首府彭城【江苏徐州】）刘衍、梁王（首府睢阳【河南商丘】）刘立，正来京师朝见，明天就要启程返回封国，下榻未央宫白虎殿。刘骜本来要任命左将军孔光当宰相（丞相），侯爵的印信已经刻好，诏书也已经写好。黄昏时候，还一切如常。第二天清晨，刘骜起床，弯腰穿衣裤鞋袜，直起身子时，忽然手臂麻痹，衣裳滑落，不能言语，天亮后不久即死。民间谣言哗然，认为昭仪赵合德应负责任。皇太后王政君下令王莽，跟监察官（御史）、宰相、司法部长（廷尉），组成合议法庭，调查刘骜死因。赵合德自杀。

班彪曰：“我的姑妈，曾在后宫充当婕妤（就是那位几乎被害死的班婕妤，参考公元前 18 年），我的长辈父子们和兄弟们，在宫廷中侍奉床帐，屡次告诉我：成帝（十二任帝刘骜）衣冠整齐，喜爱修饰，无论是乘车或步行，不乱看，不大声呼喊，不过问小事。在金銮宝殿上主持朝会，不多说话。尊严得像一尊神灵，严肃而温和，完全是天子容貌。学识渊博，贯通古今，从容倾听官员们的直率报告，所有奏章及言论，都有充实的内容。正逢着太平盛世，上下和睦。然而，他酗酒好色，赵飞燕姐妹扰乱宫廷，王姓家族把持政府，使人叹息。自从公元前 32 年以来，王姓家族掌握国家命运。后来，哀帝（十三任帝刘欣）、平帝（十四任帝刘箕子），都很短命，王莽遂篡夺政权。由于王姓的权威，建立已久。”

刘骜之死，仅只看正史资料，死得平淡无奇。然而，他却可能是中国历史上，第一个死于春药的君王。不是说只有他第一个服用春药，只是说他第一个死于服用春药过量。刘骜跟其他君王一样，有生之年，都沉迷在漂亮女人的酥胸上。而赵合德，更是美女中的美女。不过，男人最大的悲哀也正在此，女人性行为过度，并不影响她继续的性行为，而男人一旦性行为过度，性能力就会衰退。男人所以称为男人，表现在性行为的强度上，如果被女人奚落或指摘性无能，那可是最难堪的羞辱。有些人为了维持男人的这份尊严和性的享受，往往乞灵于春药。可是，任何春药都伤害身体。《金瓶梅》对西门庆先生之死，有绘影绘声的描写。

刘骜之死，不过“西门庆之死”的翻版，异曲而同工。刘骜到了最后，连走路都有点迟钝，对娇艳欲滴的赵合德，束手无策，必须握着赵合德的玉足，才能勃起。于是，法术师（方士）呈献仙丹，这种仙丹在烈火中烧炼，需要一百天才可以炼成。先用大缸贮满了水，把仙丹放到水中，水立刻沸腾。再换新水，经过十天之后，方才不沸，然后吞食。每次一粒，功效如神，赵合德的芳心大悦，而且不久就认为，如果吃一粒有一倍大悦，吃十粒则将有十倍大悦。最后，一次就叫刘骜吞下十粒，御床上颠鸾倒凤，“笑声吃吃不止”。然而到了午夜，刘骜陷于昏迷，好容易挨到天亮，有点苏醒，勉强下床，就在穿裤子袜子的时候，一头栽倒在地，急抬到床上，精液凶猛涌出，不能停止，裤子被子，全被玷污。刹那之间，气绝身亡。

刘骜一死，赵家姐妹势力瓦解，十余年累积下来的怨毒，开始爆发。婆母王政君下令宫廷事务总管（掖庭令）、宰相、司法部长（廷尉），组织合议法庭，审讯赵合德，调查她谋杀皇帝的阴谋。赵合德现在第一次遇到靠绝世美貌不能克服的困难，哀哭说：“我一向把刘骜看成一个婴儿，玩弄在股掌之上。我所受的宠爱和荣耀，冠于天下。怎能在公堂之上，跟宫廷事务总管这一类芝麻小官，争辩床上男女的事？”然后用手捶胸，呼唤丈夫：“你往哪里去了？”自杀身死。

男人真是一种奇怪的动物，似乎天生的是性的奴隶。一个民间幽默故事，可帮助我们加强印象。老头娶了一位少妻，终于一病不起，医生警告他：“你骨髓已尽，只剩下脑髓了。”老头大喜说：“脑髓还可供我战上几次？”中国君王们的寿命，大都十分短促，在这上面可找到答案。我们并不嘲笑或轻视刘骜，每个男人都可能犯同一毛病。而事实上每个君王也无不如此，只不过刘骜之死，留下史料而已。但我们可以发现，叔孙通建议的“君尊臣卑”，所产生的中国特有的隔离式的宫廷制度，除了对人民有害外，对君王本身，也灾难无穷。

爱就是忠

富平侯张放，得到刘骜逝世消息，怀念悲痛，哭泣过度，也跟着逝世。
荀悦曰："张放并不是不爱刘骜，但只不过是爱，而并没有忠心。爱而不忠，是仁义的蟊贼。"

忠可以不爱，而爱无不忠。忠基于义，爱基于情。张放对刘骜的爱，纯洁笃实，一心倾慕，不羼任何渣滓。他可以不死，也没有人要他死。亲情如王政君，没有为儿子死。爱情如赵飞燕，没有为丈夫死。而张放却为友情丧生，不贪图富贵，不贪图荣誉，只是追求至友于地下，这种罗曼蒂克的情操，值得我们尊敬。

我们可以责备张放忠得不得其法，没有想出一条正确的效忠道路。不能责备他是仁义的蟊贼。因为，爱，就是忠，就是仁义的化身。

黄河

骑兵总监（骑都尉）平当，兼任治河总监（领河堤），上书说："古代的九河，而今全都湮灭。依照儒家学派的经典，治理洪水，有决开堵塞，挖深河床的记载，没有兴筑堤防，约束水流的记载。黄河在魏郡（河北临漳西南邺镇）东边决口，洪水四流，轨迹并不分明（参考前17年）。四海之内的广大人民，不可以欺骗，请陛下广为征求有治理河水能力的水利工程人员。"刘欣同意。

世界上所有的河流，对人类都有益处，但治理疏浚不力，也会带来灾祸。比如黄河横穿中国国土，像一条喜怒无常的巨蟒，翻滚奔腾，血脓四溢，就制造了不少灾难。从公元前二十三世纪，到公元后二十世纪初叶，四千余年间，便有一千五百余次的大小决口，包括七次惨绝人寰的改道——每一次改道，都是一场屠杀，仅次于改道的小型泛滥，每次也都造成沉重伤亡。它一半以上经过黄土高原，冲刷下来的黄土，跟来自北方瀚海沙漠群的尘沙，使它在上游时，就十分浑浊。到了三门峡（位于河南三门峡），突然从两山中进入坡度极小的平原，河面放宽，水流速度减低，所挟带的超过百分之六十的大量泥沙，开始沉淀。从洛阳到渤海间八百余公里长的河床，逐渐升高，最后终于超过地面，全靠人工修筑的堤防，对它约束。一个投宿在河南省开封市二十层楼上的旅客，如果开窗向北眺望，他会赫然发现黄河正在与他眼齐的高处，滚滚东流。每年春冰融解和夏秋之际雨量充沛时，都是溃决的危险季节。冬天仅只数百公尺的河面，会徒然扩张，使南岸看不见北岸，只看见一望无际的汹涌黄涛。堤防如承受不住急剧的冲击，即行决口。新河道上的无数人民，除非特别幸运，很少不像灌穴的蚂蚁一样，被洪水吞没。历史上几个重要的王朝，都设有专人和专门机构，负责堤防保持和修护工作。可是，这个专门机构，反而成了最大浪费，和最大贪污场所。为了维持这项最大浪费和最大贪污，官员们甚至还窃窃盼望黄河溃决。因溃决之后，一定合龙，开支一百万元，便可报销一千万元。材料全都沉入河底，无法查验，想报多少，便报多少。黄河带给中国人的，不仅天灾，还有人祸。

中国人的智慧在两件事上，受到无情的考验，一是建立民主法治的政治制度，一是治理黄河。建立民主法治的政治制度，属于人文范围。而治理黄河失败，固然限于科学知识，但更限于政治制度不允许产生伟大的政治家，去支持一项百年千年大计的决策。官场文化只贪图“眼前欢”，缺乏远程眼光。贾让先生的上等方略是不是就是上等方略，我们不知道。基本上，必须用政府力量，使上游两岸的水土保持，达到最高水平，然后含沙量才会减少，才能维持河床不再上升。高堤防不是危险之物，荷兰王国的土地就在高堤防保护之下。危险之物是河床不断上升，只有严格的水土保持才可克制，但软弱的政府和贪污的官员，无力承担这项重担。等到含沙量减少之后，再用坚固的堤防夹紧下游河道，在水势冲刷下，河床自会降低，水色自会清澈，才会产生灌溉、航行、渔业的利益。

赵合德

调查前任帝（十二任成帝）刘骜死因案，侦讯结束，京畿总卫戍司令（司隶校尉）解光奏报，说："我曾经听说：许美人跟故皇后宫女教师（女史）曹宫，都蒙孝成皇帝（十二任帝刘骜）的恩典，召唤上床，生下儿子。可是儿子却像被大地吞没了似的，迄今无影无踪。我派官员们调查，每个人的报告，都是一样。"

刘欣（本年二十岁）于是撤销新成侯赵钦、赵钦侄儿咸阳侯赵䜣的封爵，贬作平民。赵姓家族全体放逐到辽西郡（辽宁义县西）。

赵合德虽然在刘骜死后自杀，但皇太后王政君彻查刘骜死因的命令，仍在继续执行，终于有京畿总卫戍司令解光的这份调查报告。俗云："虎毒不食子"，畜牲还爱自己的儿女，刘骜连毙两个亲生骨肉，而最后一子，恐怕还是亲手扼死，这个比畜牲都不如的杂种，在班彪笔下，却是"尊严如神""穆穆天子容"。

把刘骜弄得人性全失的动力，是赵合德的美色。赵合德临死前，愤慨地说："我把刘骜当成一个婴儿，玩弄股掌之上！"并不夸大。然而，刘骜虽然深爱赵合德，仍然到处打野食，今天跟曹宫上床，明天跟许美人睡觉。似乎说明一件事：男人的爱情永久而不易专一，女人的爱情专一而不易永久。

赵合德在惨烈的夺床斗争中，不断获得胜利，但她无法克服能致她于死的重大危机：没有儿子。唯一的救命之路，是抚育曹宫或许美人的男孩，爱如亲生之子。此爱必须从内心发出，视同己出。就在东汉王朝以及宋王朝，都有成功的例证。然而赵合德的美丽有余，聪明有余，智慧却十分贫乏，不能支持她的野心，使她以及赵姓全家，付出代价。

在解光奏章中，可看出中国皇宫的全貌：无法无天，血腥残忍，暗如长夜。

“耿育型”文妖

对赵飞燕的控诉，引起反应。参议官（议郎）耿育上疏说：“我曾经听说：皇帝宝座的继承秩序，一旦混乱，抛弃嫡子（大老婆所生），而立庶子（小老婆所生），是圣人和法律都不许可的事，古今无不禁止。然而，吴太伯（吴王国始祖）发现老弟姬历适合当嫡子，就逐渐引退，坚决辞让，然后逃到吴越（江苏南部及浙江北部）。只因情况特殊，不能考虑到正常法则，情愿把嫡子的地位，让给姬历（王季），用以表示尊重姬历的儿子姬昌（周王朝一任王武王姬发的老爹。不过，事实上，这是一桩夺嫡斗争，吴太伯失败逃亡。儒家学派却美化成嫡子位置是吴太伯自动拱手让出来，为的是姬历有一个“圣嗣”——好儿子），结果姬昌的儿子姬发统一天下，子孙相传，达七八百年之久，功勋居三王之首（三王：夏王朝一任帝姒文命、商王朝一任帝子天乙、周王朝一任王姬发），道德最为完备，尊号追加到始祖姬亶父，称为太王。

“世界上有非常的变化，然后才有非常的因应。孝成皇帝（十二任帝刘骜）自知早年没有生下合法的继承人。因而想到，如果晚年再有儿子，万一自己逝世，儿子还小，不能当家做主，政府权柄一定会转移到娘亲女主之手。一旦娘亲女主骄傲横行，无所不为，少主幼弱，大臣们也束手无策。到那时候，如果没有姬旦（周公）那样抱负的大臣，将面临一个危局，伤害政府，使天下大乱。

“孝成皇帝（刘骜）知道陛下（刘欣）有圣贤英明的品德，仁爱孝顺的厚道。他高瞻远瞩，独具只眼，不再传唤后宫美女们到寝宫陪宿，杜绝她们生子的可能性，目的就在于断绝祸乱的根苗，一心一意，把皇位传授给陛下，使领导中心，固若金汤。有些愚蠢的官员（指解光），既没有安邦定国，可以珍藏到金匮石室（皇家祖庙里的特室）中的长久方略，又不知道传播神圣君王的美德，发扬先帝（刘骜）正大无私的志向。反而到皇宫禁地，挑剔搜索，调查审讯，连床笫（音 zǐ【子】）上的隐私生活，都揭发出来。诬称先帝（刘骜）竟是那么地被美色迷惑，竟是那么地被嫉妒的小老婆摆布，作无谓的诛杀。没有把握先帝（刘骜）那种远见的圣贤精神，辜负他为国家所做的牺牲。要知道，评论伟大的品格，不应受世俗见解的拘束；建立盖世的功业，也不必要求大多数人同意你的意见。这正是孝成皇帝（刘骜）的深谋远虑，比大家高明万万倍

之上。陛下（刘欣）神圣品德的伟大，正符合上帝的要求，岂是现在那些庸庸碌碌，身价不过只值斗升粮食的官员，所能具有？而且，赞美发扬君父的美德，弥补消灭君父以往的过失，是古今共有的大义。当事情发生之时，不敢据理力争，去防止更大的灾祸，反而顺着风向，谄媚拍马。等到先帝（刘骜）死了之后，皇后（赵飞燕）正式被尊为皇太后，尊号已定，万事都告结束时，却去翻老账，追究已无法挽救的往事，宣扬死人的种种过错，使我至感悲痛。因此建议，请把这件事交给主管单位，再做研究。如果像我所说的，就应该公开向天下宣布，使小民们都了解先帝（刘骜）的神圣旨意；如果不是这样，势将使这种诽谤，伤害到山陵（刘骜坟墓），还要流传到后世，以及流传到四方蛮族部落，跟全国国土，这可不是先帝（刘骜）把后事托付给陛下（刘欣）的本意。孝的意义是：妥善完成老爹的遗志，妥善完成先人没有完成的工作，请陛下考虑。” 　　耿育的奏章解除了刘欣的困境。刘欣得以当上太子，曾受皇太后赵飞燕的强大支持，所以对解光的指控，不了了之。傅太后也感激赵飞燕当初对她的厚恩接待，而赵飞燕对傅太后也倾心相结。可是，身为太皇太后的王政君和王姓家族，却更加怨恨。

耿育这番议论，使人目瞪口呆，他应是中国五千年历史上，最突出的文妖之一。用他的文字功力和丰富的知识，去颠倒是非，混淆黑白。西门庆型的淫棍刘骜，成了“大德”“大圣”，谋杀亲子的凶手，成了“远见”“至思”。把不能生育，解释为故意断子绝孙，以免女主主政。想象力的丰富，跟他内心的邪恶，恰成正比。如果耿育是受了赵飞燕的贿赂，或为了博取后福，固然下流，但不过利令智昏而已；在没有财势可贪图时，良心仍在。如果他由衷地认为确实如此，主动地干这么一票，问题就十分严重，成了败类的标杆：旁引博征，引经据典，杜撰任何有思考力的人都不相信的大谎，企图一手遮天，掩尽天下人耳目。

自耿育之后，这种身怀绝技的无耻文妖，层出不穷。

冯媛之狱

中山王（首府卢奴【河北定州】）刘箕子，患有先天性心脏狭窄症（中医称“眚病”，眚，音 shěng【省】；或称“肝厥”。病发时，嘴唇跟手脚十个指甲，都呈青色）。祖母冯媛太后亲自喂养，不断求神问鬼，祭祀祷告。刘欣派宫廷礼宾官（中郎谒者）张由，陪伴御医，前往医治。张由精神一向失常（狂易病），到中山国后，忽然病发，一霎时怒不可遏，谁也挽留不住，返回长安。宫廷秘书（尚书）用正式公文要张由回答他仓卒返回长安的原因，张由这时才感到恐惧。于是编了一个故事，说他发觉中山太后冯媛，诅咒现任皇帝刘欣跟傅太后，才急急回来奏报。 这一项诬陷竟击中要害。因傅太后跟冯媛，都是十一任帝刘奭的一级小老婆——婕妤（后来才改昭仪），在夺床斗争中，傅婕妤总是挫败。现在新仇旧恨，一时爆发。傅太后认为机会已到，于是派监察官（御史）丁玄，前去调查，历时几十天，调查不出指控的事迹。傅太后加派宫廷内务宦官（中谒者令）史立，取代丁玄。史立决心完成傅太后交给他的任务，希望因为侦破这项打击领导中心的巫蛊阴谋，而封一个侯爵。于是，逮捕冯媛太后的妹妹冯习，跟亡弟妻子冯君之等。酷刑之下，拷死数十人。遂取得口供，奏称：“冯太后诅咒并且阴谋杀害皇上，另立中山王刘箕子。”史立在公堂上，义正词严地要冯媛太后承认这项罪行，冯媛拒绝承认。史立讥诮说：“当年，野熊破栏上殿时，你何等英勇（参考公元前 38 年）！今天怎么又怕成这个样子？”冯媛回宫之后，对左右说：“挡熊救夫的事，距今已三十年，怎么还有人记起？而宫禁秘密，史立不过一个小官，又怎么知道？情势十分明显，宫中有人陷害，无人可救。我不死，她不会罢休。”服毒自杀。宜乡侯冯参、冯君之、冯习、冯习的丈夫、儿子，凡被口供牵连在内的，有的自杀，有的被绑到街头斩首。丧生的十七人，天下怜惜。

因为司法的无边黑暗和司法官的普遍堕落，中国人不得不发出“屈死不告状”的哀鸣。其实，不仅小民，失势的皇亲国戚，一旦落到狱吏之手，遭遇同样悲惨。上古时代一连串冤狱，狱吏的名字，往往失传，冯媛冤狱中，史立堂皇出现。拷死

了冯媛的妹妹冯习，和冯媛的亡弟妻子冯君之之后，仍得不到口供。于是，他在医治刘箕子小娃御医群中，挑选了一位徐遂成。经过一番密谈，徐遂成挺身作证说：“冯习跟冯君之，曾秘密拜托我。她们说：‘武帝（七任帝刘彻）有个名医修先生，医好皇帝的病，赏赐不过两千万。而现在，听说皇上（刘欣）的身体不好，你曾经自告奋勇，给他治病。即令把病治愈，不过多赏赐几个钱而已，总不能封侯吧？不如把他毒死，中山王刘箕子就可以登极，包管封你一个侯爵。’”

任何一场像样的冤狱，在判决书上都看不出是一场冤狱。路温舒曾经指出：仅凭判决书，即令皋陶看了，都不得不承认铁证如山，罪有应得（参考公元前67年）。徐遂成这段供词，绘影绘声，跟真的一样。而在情理上，也确实有这种可能。当徐遂成肯定有这种事时，没有人敢肯定绝对没有这种事，口供主义的刑事诉讼法下，“贼咬一口，入骨三分”。但是，诬陷终是诬陷，冯媛当堂把徐遂成的伪证拆穿。眼看全案就要瓦解之时，史立才发出最后一击，明白告诉对方底细。幸亏冯媛是封国的太后，而法庭又设在封国之内，否则，冯媛连回宫自杀的机会都没有。

法律是神圣的，一旦被权势或金钱污染，法律就不再神圣，人民只有诉诸比法律更神圣的东西——公义。冤狱制造者就在这个公义上，为他的恶行，受到惩罚。

政策性冤狱

御马总监（驸马都尉）、宫廷随从（侍中）、云阳（陕西淳化西北）人董贤，深受刘欣宠爱。出宫的时候，陪同乘车；回到皇宫，则在身旁侍奉。刘欣对他赏赐累积到数百千万。尊贵显赫，使中央政府官员们震动。董贤时常跟刘欣睡在一张床上，曾经有一次，二人同睡午觉，董贤的头压住刘欣的袖子，刘欣想起床，可是董贤还睡得正沉，刘欣不忍心把董贤唤醒，就用佩剑把袖子割断，再悄悄离开。刘欣命董贤的妻子，出入皇宫，跟董贤同住。刘欣又把董贤的妹妹召入皇宫当小老婆，封一级“昭仪”，地位仅低于皇后。夫妻兄妹三人，日夜侍奉刘欣。

宫廷秘书署执行官（尚书仆射）郑崇上书规劝。刘欣对郑崇的恶感，也与日俱增，每每借口其他公事，向他责备。宫廷秘书长（尚书令）赵昌，认为排除障碍的机会已经成熟，遂奏称：“郑崇跟他的家属交往频繁，我怀疑有什么不可告人的邪恶勾当，请准予调查。”刘欣把郑崇交付审判。京畿总卫戍司令（司隶）孙宝，上书营救，说：“郑崇一案，经过调查求证，把郑崇拷打得已经半死，并没有吐出一句口供。道路上的行人，都知道他冤枉。我怀疑赵昌跟郑崇私人之间，藏有怨恨，才使用这种阴险手段陷害。我要求对赵昌加以调查，解开人心的困惑。”奏章呈上之后，刘欣立即颁下诏书：“京畿总卫戍司令（司隶）孙宝，附会臣下，欺罔上级，竟企图利用春季为宽大赦免之季，做出欺骗诋毁之事，满足他奸诈之心，这种人是国家的蟊贼。免职，贬作平民。”郑崇最后死在监狱。

在性质上，冤狱分为两种：法律性的，当然由于司法黑暗或证据错误；政策性的，则司法再清明，也没有用。孙宝身为京畿总卫戍司令（司隶），他完全了解郑崇是一场诬害，却无法平反。当他企图平反时，自己却先陷了进去。凶手手握权柄，正坐高堂，法官有什么办法？

毋将隆

刘欣派禁宫中级侍从官（中黄门），到军械库（武库）精选锋利的武器，送给董贤，又送给刘欣的乳娘王阿舍共十余次之多。首都长安警备区司令（执金吾）毋将隆（毋将，复姓）上书阻止，刘欣不悦。

不久，傅太后命皇家礼宾官（谒者）向首都长安警备区司令部（执金吾），用最便宜的价钱，购买官府婢女八人。毋将隆再上书抗议说："出的价值太低，应照市价补缴。"刘欣不耐烦，下诏给宰相（丞相）、最高监察长（御史大夫）："毋将隆官居部长级高位（九卿），既不能纠正政府的过失，反而跟永信宫（傅太后居所）争论婢女贵贱，伤害教化，败坏风俗。姑念及毋将隆以前曾有推荐我当太子的功劳，贬到沛郡（安徽淮北）当民兵司令（都尉）。"最初，刘骜在位末期，毋将隆担任议论官（谏大夫），曾经呈递"亲启密奏"（封事），说："古时候，遴选封国国君到中央当部长级以上官员（公卿），用以奖励他们的功绩和品德。请征召定陶王（刘欣）前来京师，镇守天下。"刘欣为了回报这项推荐，才没有加重处分。

当毋将隆正在纠正政府的过失时，刘欣却愤怒地指责他不能纠正政府的过失。以太后之尊，金银财宝，堆积如山，却贪小便宜，贱买官婢。毋将隆动用正式奏章，向皇家讨债，不仅仅是纠正政府的过失，也是希望皇帝警觉到傅老太婆的脏手，无孔不入，下令阻止。刘欣责备毋将隆向傅太后索钱，而索回的钱却是交还国库，他并没有下私人口袋，这种看守政府财产，一丝不苟的行为，理应受到尊崇。可是，刘欣却倒打一耙，只问毋将隆谈论价款，不问傅老太婆半抢半买。保护政府利益的有罪了，半买半抢的反而神圣不可侵犯。这就是官场文化：有了权，就等于有了理；谁的权大，谁的理就也跟着大。

鲍宣哀呼

公元前3年，议论官（谏大夫）勃海郡（河北沧州东南）人鲍宣，上书十三任帝（哀帝）刘欣说：“私下观察孝成皇帝（十二任帝刘骜）时，皇亲国戚的权势特重，每个人都引用他的亲信，使王姓家族的私人，充满政府。妨碍贤能人才上进的道路，以致天下混乱，奢侈豪华，失去控制。而人民穷困，与日俱增。所以发生十次日蚀，四次彗星。危险覆亡的征候，陛下亲眼看见。想不到，今日情形，比那时更为严重。今日，人民面对七种苦难：其一，阴阳不调和，水灾旱灾频仍。其二，政府加重赋税，严苛征收。其三，贪官污吏，勒索不止。其四，富有的大地主，永不停止地兼并。其五，苛刻繁杂的差役，和不断调发民夫，无法种田。其六，乡村不靖，警报相接，人民一夕数惊。其七，强盗匪徒，抢劫财物。七种苦难，还可勉强忍受。然而，除了七种苦难外，人民还面对七种死亡：其一，陷入法网，被残忍的暴官酷吏刑死。其二，入狱之后，难逃虐死。其三，一旦被捕，无处申诉，含恨冤死。其四，落入盗贼之手，逼献财物拷死。其五，报仇雪恨，互相杀死。其六，荒年饥馑，活活饿死。其七，瘟疫传染，辗转床上病死。人民面对七种苦难，没有一种可以逃避。面对七种死亡，更没有一条生路。而竟然想全靠刑罚，促使天下太平，根本就不可能。人民穷苦，无菜无米，身穿满是破洞的衣服。父子夫妇，不能保存，使人酸鼻。陛下，你如果不救你的子民，叫他们向谁哀求？”

鲍宣这篇沉痛的奏章，把公元前一世纪，西汉王朝末年，人民的悲苦，和官吏的暴虐，叙述得历历如绘。且听他的呼吁：“陛下，你如果不救你的子民，叫他们向谁哀求？”两千年之后捧读，都忍不住热泪盈眶。可是唯一的反应，只因为建言的人有相当知名度，不贬谪他、不逮捕他、不诛杀他而已。这种皇恩浩荡，已使儒家学派沾沾自喜，感激涕零。而人民的七种灾难和七种死亡，依然如故。饿死的尸体，仍横荒野；拷死的囚徒，仍从监狱拖出。以董贤为首的癌细胞群，仍在庙堂之上，回转金莲步，歌舞玉堂春。

刘欣是癌细胞的制造人，西汉王朝政权内溃，已到癌症三期，死亡迫在眉睫。

王嘉

刘欣假托傅太后的遗诏，请太皇太后王政君下令给宰相（丞相）、最高监察长（御史大夫），增加董贤采邑二千户人家（董贤原封一千户人家）。再赏赐给孔乡侯傅晏、汝昌侯傅商、阳新侯郑业三人采邑。

宰相王嘉把诏书封起来退回，呈递“亲启密奏”（封事），强烈反对。刘欣怒不可遏，逮捕王嘉。审问官问：“谁是贤能？谁是奸佞？”王嘉说：“贤能，像前宰相孔光、大司空（三公之三）何武，我无法推荐。奸佞，像高安侯董贤父子，扰乱政府，却不能排斥。”于是不再进食，二十余日后，大口吐血，气绝而亡。

当王嘉肯定孔光是一代贤才的时候，孔光正在主子面前，猛摇其尾，不但没有一句公道的话，更没有一句像龚、猛二位那样要求保持王嘉自尊或性命的话，反而用“大逆不道”最可怖的必死罪名，套牢王嘉。这位备受赞扬的国家栋梁，事实只不过一只官场中的风信鸽。

宰相是审问官的最高阶层的顶头上司，现在，面对宰相，嘴脸大变。我们对这类小人物，不作苛责。在诏狱中，审问官只是一个工具，对周亚夫都能发明地下谋反，对颜异都能发明肚子里诽谤，王嘉岂能逃生？纵令审问官待王嘉如同上宾，完全确定他的清白，也救不了王嘉。政策性冤狱，不能依靠法律。在盛怒的作业程序中，审问官不过一个肮脏角色，他们应为自己的嘴脸付出代价，但不能完全负担冤狱责任。

刘欣

公元前 1 年，刘欣在未央宫逝世（二十五岁）。刘欣亲眼看到十二任帝刘骜在位时，中央权力衰退，落在王姓家族（太后王政君家族）之手。所以，登极之后，不断诛杀高级官员（指宰相朱博、王嘉），打算恢复皇帝尊严，效法刘彻（七任武帝）、刘病已（十任宣帝）。然而，他宠信奸邪，听信谗言，憎恨忠良，西汉王朝在他在位时顿衰。

刘欣跟董贤之间，是一场疯狂的同性恋。刘欣不是唯一搞同性恋的君王，但他却是同性恋君王中，为了同性恋，而把政府体制全部摧毁的第一人。刘奭、刘骜，挥动利斧，已把西汉王朝砍杀得遍体鳞伤，奄奄一息，但官民效忠的惯性，仍在继续，刘欣如果稍微有一点点正常，小心翼翼，西汉政府仍有维持下去的可能。然而，刘欣却是一个败子。任何一个富贵太久的家族，最后必然要出一个败子，把家产一扫而光。皇家的家产就是政权，这是专制政治的悲剧——领袖是一个拥有无限权威的司机，他如果决心把车开进万丈深谷，谁都挡不住，谁都救不了。

董贤

太皇太后王政君得到刘欣逝世消息，立即赶到未央宫，收取皇帝印信，召唤大司马（三公之二）董贤，在东厢接见，询问丧葬后事。董贤惊恐过度，不能回答，只有脱去官帽，请求恕罪。王政君说："新都侯王莽，曾经以大司马（三公之二）身份，办理过先帝（刘骜）的丧事，对法令规章，十分熟习，我想叫王莽帮助你！"董贤叩头说："无限感激！"王政君派使节征召王莽（当时正在京师）。下令宫廷秘书署（尚书）：所有用来征调武装部队的印信符节、文武百官所有的报告，禁宫中级侍从官（中黄门）、期门禁卫武士（期门兵。参考公元前74年），统归王莽掌管。王莽遵照王政君指示，命宫廷秘书（尚书）弹劾董贤："在皇上（刘欣）卧病时，没有亲自侍奉医药！"禁止董贤进入皇宫司马门；董贤六神无主，不知道做什么才好，只有脱下官帽，赤着双脚，到未央宫门外叩谢。王莽派皇家礼宾官（谒者）拿着太皇太后王政君的诏书，就在宫门外向董贤宣布："董贤年轻，不懂事理，当大司马（三公之二），不孚众望。着即收回印信、绣带，免职，遣返家宅。"当天，董贤跟妻子，一齐自杀。全家悲哀恐慌，不敢声张，连夜埋葬。王莽还疑心他诈死，命主管单位奏请查验。于是挖掘坟墓，剖开棺木，把尸体抬到监狱验尸，证实确是董贤之后，就埋在监狱之中。

董贤不过一个无知娈童，没有政治欲望，甚至没有做官欲望。然而，同志刘欣害了他。董贤的悲惨结局人人都看得见，只当事人看不见。刘欣早死，董贤固然如此；即令刘欣晚死，董贤也会如此。女性的美色还不足恃，何况男性？三五年后，已成了胡子脸，而其他的同志多如牛毛，董贤岂有别的妙法套牢刘欣？赵飞燕失宠，妹妹赵合德卷袖而上。董贤失宠，弟弟董宽信恐怕接不上班。刘欣不把他放上高位，还有逃生可能，一旦把他放上高位，成为愤怒的目标，就注定要为他以及他的全家，带来大祸。董贤被迫自杀之时，回想当初那么多人阻止他升官握权，他恨透了他们，如今才明白，那些人都是救命神仙。

赵飞燕徒拥虚名

王莽再请太皇太后王政君批准：把孝成皇后赵飞燕（十二任帝刘骜正妻）、孝哀皇后傅女士（十三任帝刘欣正妻），贬作平民，遣送二人到各人丈夫的墓园守墓。当天，二人自杀。

四大美女之一的赵飞燕，似乎徒拥虚名，美丽不如赵合德，而宫廷暴行，又全与自己没有关系。她比妹妹多活了六年，死时大概三十六七岁，正是魅力如火的年龄。一对姐妹花的惨剧，为中国文学，提供丰富的素材。然而，傅皇后也跟着一并被贬，使人感到政治斗争的无情。留得这个年轻寡妇在，对任何人都没有伤害。王莽却要赶尽杀绝，一代皇后，像一粒微尘，无声无息消失。狭窄的胸襟有时候像只眼睛，连一粒微尘都容纳不下。

梅福诡异

梅福（参考公元前 14 年）看出王莽将来一定篡夺西汉王朝的政权，有一天，忽然抛弃妻子儿女失踪，不知道去什么地方。后来，有人在会稽郡（江苏苏州）看见他，已改名换姓，在那里看守城门。

梅福的行动很难理解，王莽篡夺政权也好，不篡夺政权也好，对一介平民的梅福而言，都没有立即的灾难，用不着先行逃命。如果为了保护他效忠西汉王朝的名节，那么，到篡夺时再开溜也来得及，而且他又怎么敢肯定王莽一定篡夺？如果太皇太后王政君女士本年（公元 2 年）就死，王莽的前途仍在未定之天。至于跑到会稽郡（江苏苏州）改名换姓看守城门，更不可思议。会稽既是大郡，城门更是交通要道。梅福曾当过南昌县警察官（南昌尉），岂不是冒着随时暴露身份的危险？而且仅只言语口音上的差异，便使他不能不特别引人注目，无法达到藏匿的目的。

我们猜测：梅福可能死于迄今都不知道的原因，或是受到谋杀，看守城门，不过“有人”故造谣言，只因王莽后来发动政变，传统史学家遂加以政治性解释，栽赃栽到王莽头上。

严诩哭的是官

颍川郡长、陵阳（安徽黄山西北）人严诩，以对父母的孝顺行为，闻名于世，才被推荐当官。性情善良，把秘书（掾）、办事员（史）等属官，都当作教师或朋友，遇到过错，就关起门来，自我责备，从没有大声说过一句话。后来，全郡大乱，王莽派使节征召严诩，郡政府官员好几百人，设宴给严诩饯行，严诩匍伏地上大哭，官员们说："中央征召您，是一件喜事，不应该这么悲伤。"严诩说："我为颍川人悲伤，岂是为我自己？我因为柔弱的缘故被调走，接我位置的人，一定刚猛。到时候，必然有人身死刀下，所以我才垂泪。"

官场人物，只会想到官，不会想到民。只会想到上级，不会想到下级。颍川郡的大乱原因不明，但有一件事却是十分清楚的：受害的是民，而不是官。严诩所谓的颍川"人"，实际上指的是颍川"官"。他想的只是"官"的人头将来可能落地，而看不见"民"的人头早已落地。所以官逼民反之后，官仍然只想到官的利益。也只有想到官的利益的人，才是上级最欣赏的官，这是王莽征召他的原因之一。这种阴暗面，使中国政治的脚步停滞。

人民必须自己觉醒，才能使官场人物无所遁形。

孔光

公元5年，太师（上三公之二）、博山（简烈）侯孔光逝世。赏赐的葬礼极为丰厚，仅参加典礼的车辆，就有一万多辆。

儒家学派知识分子最终极的盼望是明哲保身，所以大多数都避谗畏讥，胆小如鼠。但在官场上，他们却精于摇旗呐喊，为当权分子制造迫害人民的理论根据。骨鲠的也只不过远远躲开，唯恐怕大厦倒塌，被碎瓦击中。在班固列举的宰相群中，逐个检查，简直没有一个不是在那里混世。尤其孔光，这位王嘉面临死刑时还肯定的贤才忠良，事实上不过是一个卖友求荣的老滑头。

正因为曲学媚世、持禄固位的人太多，野心家受到鼓舞，才打算骑到人民头上，与天公比高。

杀公孙闳

西汉政府于公元 4 年派出王恽等八人，分赴各地考察民间风俗，任务完成，于公元 5 年，返回首都长安。宣称："全国风俗全都美好。"并假造各郡各封国乡土气息的民歌童谣，歌颂王莽的功德，共达三万余言。只有广平国（首府广平【河北曲周东北】）宰相班稚，不肯奏报祥瑞跟民歌童谣；琅邪（山东诸城）郡长（太守）公孙闳，在郡政府公开陈诉民间灾害贫苦。最高监察长（御史大夫）甄丰，派出专使，前往两地，挑动官员人民，上书弹劾说："公孙闳伪造灾害的消息，班稚拒绝反映上天的祥瑞。二人嫉妒痛恨皇家的圣政，都属大逆不道。"班稚，是班婕妤的老弟（参考公元前 18 年）。王政君说："不宜扬美德，应该跟伪造灾害消息，分开处罚。而且班稚是宫廷姬妾的家人，我不忍心。"于是，逮捕公孙闳入狱，诛杀。班稚恐惧，上书陈述自己世受国恩，请求恕罪，愿缴回封国宰相印信（辞职），到首都长安当延陵（十二任成帝刘骜墓，陕西咸阳北四公里）管理员。王政君批准。

王莽的个人崇拜行动，如火如荼，这正是摇尾系统大显身手的大好舞台，对一个二十世纪的读者来说，一点也不陌生，纳粹猛捧希特勒，法西斯猛捧墨索里尼，狂热之中，上位的人为了夺权，下位的人为了夺利，纯洁的青年群众，则被拨弄得蠢血沸腾，理性全失。白的变成黑的，黑的变成白的，是非忠奸，完全颠倒，道德遂跟着崩溃。

一个道德崩溃的社会，一定受到惩罚，这惩罚的大小，跟崩溃的程度成正比例。王莽杀叔、杀子、杀公主、杀老友，不过残忍而已；而杀公孙闳，却是公开向正义挑战。摇尾系统吹响了魔笛，像魔法师引导老鼠一样，引导广大而昏迷的群众，载歌载舞，投向毁灭的深谷。

刘箕子之死

公元 5 年，小皇帝（十四任平帝）刘箕子的身体日渐茁壮（本年十四岁）。因娘亲卫姬不能前来京师，以及舅父全家被屠杀的缘故，对王莽含恨在心。王莽了解他面对的危机。腊日大祭，王莽向刘箕子呈献椒酒，而在椒酒中下毒。刘箕子毒发，在床上辗转呼号。王莽立刻撰写祷文，向天神（泰畤）祈求，愿用自己的生命，代替皇帝一死。祈求后把祷文锁入金匮，放到金銮前殿，下令知道此事的官员，不可泄露。刘箕子死后，王莽命年俸六百石以上的官员，一律服丧三年。又奏报王政君，尊称十二任帝（成帝）刘骜祭庙为统宗，刚断气的小皇帝刘箕子祭庙为元宗。收殓刘箕子，戴上成人冠帽，埋葬康陵（陕西咸阳北七公里）。

中国历史上，刘箕子是第一个被毒死的君王。但在所谓正史上，却看不出这项记载。《汉书》只有一句："冬十二月丙午，崩于未央宫。"钱大昭注："刘箕子被王莽鸩杀，所以不写出'杀'字，原因是，《春秋》讳内部大恶之意。""讳"在这里又发出威力，但不知道究竟为谁而"讳"。如果是为刘箕子讳，刘箕子被人毒死，不但没有人敢挺身出来作证或挺身出来指控，反而隐瞒事实真相，使冤沉大海，永世难申。如果是为王莽讳，那就更可怕，有权杀人的人都要唱歌，无论他杀了谁，都有摇尾系统给他重写历史。

《汉书》写于王莽的新王朝覆灭之后，则显然不是为王莽而讳，而是为帝王的形象而讳，不让人民知道宫廷是一团污乱，不让人民知道神圣不可侵犯的帝王跟山洼小民一样，可以宰、可以屠、可以毒死、可以侵犯。

人民有知的权利，只有专制政治下的大小家伙，才自以为聪明非凡，可以决定哪些可以使人民知，哪些不可使人民知。

王莽的刚直

总弹劾官（司威）陈崇奏称：王莽老哥的儿子、衍功侯王光（王莽侄儿），跟首都长安警备区司令（执金吾）窦况勾结，叫窦况代他杀人。窦况把那人逮捕，判处死刑斩首。王莽勃然大怒，责备王光。王光的娘亲对王光说："你自以为比王宇、王获，哪一个亲近？"（王宇之死，参考公元 3 年。王获之死，参考公元前 2 年。）母子遂同时自杀，窦况也被处决。最初，王莽侍奉娘亲，奉养寡嫂，抚养侄儿，受到人们赞扬尊敬（参考公元前 16 年）。等到后来，意图夺取政权，遂用骨肉之亲，显示公正。王光既死，王莽命王光的儿子王嘉，继承爵位。

王莽连杀子侄，被认为他故意用骨肉的鲜血，显示他的公正，这是一种混淆视听的恶毒抨击。只因他的篡夺行为受到谴责，遂连对的也被诬蔑成错的。公正就是公正，不管他为什么公正，更不管他心怀什么动机。王莽的次子王获，诛杀奴仆，事情发生在公元前 2 年，董贤正在当权，王莽困居在家，切责凶手，岂是意图夺取政权？王宇的行为，已严重触犯国法。至于王光，竟制造冤狱杀人。我们盼望王莽如何反应？为了骨肉亲情（或为了政府威信），不了了之？或是杀人抵命，欠债还钱？中国有句俗话："王子犯法，与庶民同罪。"然而五千年历史上，能坚持这个立场的，只少数人而已。试看西汉王朝那些杀人如麻的亲王，如刘去之残暴（参考公元前70年），皇帝刘病已可是顾念亲情的。我们身为一介平民，将作何选择？选择不顾亲情的王莽？或是选择很顾亲情的刘病已？

元旦非正月一日

公元 9 年正月一日，新王朝（首都常安【陕西西安】）皇帝（一任）王莽（本年五十四岁），率领文武官员，向西汉王朝皇太后王政君，呈献玉玺。恭祝顺应天命，遵从神秘预言（符命），并从此除去西汉王朝称号（西汉王朝共十五任国君，凡十五个皇帝。公元前 206 至公元后 9，建立二百一十五年）。

王莽是去年（8）登极，并下令改变历法（正朔），恢复秦王朝制度，以十二月一日，作为元旦，所以本年（9）的元旦不是正月一日，而是去年（8）的十二月一日。可是，在《资治通鉴》上，却一点也看不出痕迹，好像什么都没有改变一样。胡三省指出：“《资治通鉴》所以不予理会，是否认这项改变。”政治挂帅下的史学家谋杀历史真相，连眼都不眨。元旦的位置都可随自己的意识形态乱搬，证明信史的难求。

我们可以抨击事实，可以赞扬事实，但不可以为了政治立场或自己利益，去抹杀或歪曲事实。

丧钟都是自己敲

新王朝（首都常安【陕西西安】）“五威将”（十二人），跟所属的“五威帅”（六十人），共七十二人，出巡任务完成（参考去年【9】），回到首都常安复命。西汉王朝亲王被降封公爵的，全都缴还公爵印信，贬作平民，没有一个敢违抗命令，只有故广阳王（首府蓟县【北京】）刘嘉，因向王莽呈献过神秘预言书（符命）；鲁王（首府鲁县【山东曲阜】）刘闵，呈献过神书；中山王（首府卢奴【河北定州】）刘成都，呈献过祥瑞，歌颂过王莽功德，改封侯爵。

任何一个王朝，一旦覆亡，后人都可以找出一万个使它覆亡的原因。连欢乐的音乐，都能成为罪魁。不过，事实俱在，覆亡的主要原因，只不过一个，那就是君王昏庸。昏庸引起腐烂，腐烂引起神经中枢死亡。一个政权不是一记丧钟就敲垮的，而是不断在敲，一声接连一声，一声比一声凄厉，最后一敲，才全盘结束。也只有领袖人物自己，才有能力敲下自己的丧钟。

丧钟都是自己敲的，周王朝亡于昏君，秦王朝亡于暴君，西汉王朝亡于刘骜、刘欣的自掘坟墓，和有没有封建制度，毫无关系。周王朝有封建固亡，秦王朝无封建也亡，足可以证明封建的地位，并不重要。西汉王朝的封建除了招惹出来七国之乱，千万人民丧生外，贡献至微。可是，议论却总是绕着这个问题打转——一转就是一千余年，以后每个新兴政权，几乎都为此喋喋不休。

保护政权的唯一办法，只有使掌握权柄的人永远处于理性的清醒状态。像嬴胡亥先生之类，用钢刀不断猛砍自己的脚、自己的手、自己的头，最后又把利刃狠狠地刺进自己的心窝，无论有没有封建，结局都是一样。

被豢养的情结

王莽为了增强政府的号召力，广为征召天下知名的儒家学派知识分子。

首先，派钦差大臣，带着皇帝的诏书、印信，乘坐四匹马的安车（可以坐下的车辆），前往彭城（江苏徐州），迎接龚胜（参考 2 年）担任“师友”及“大宗师”（祭酒）。钦差大臣打算叫龚胜亲自出来迎接，站在门外久等。龚胜声称他病情沉重，把床放到卧室门西侧，南窗之下，头向东方，身穿官服。钦差大臣无可奈何，只好到床边把皇帝诏书，跟“师友”及“大宗师”（祭酒）的印信交给他，把四匹马驾的安车拉到院子里，向龚胜致意说：“圣明的新王朝政府，没有一天忘记先生。制度的厘定，还没有完成，等待先生主持。请教你，我们应该怎么做，才能使国家太平？”龚胜回答说：“我一向愚昧，加上年纪老迈，而又身染重病，命在旦夕，如果随阁下上道，一定死在中途，对谁都没有万分之一的益处。”钦差大臣为了要他愉快，勉强要把印信佩带到他身上，龚胜坚决推辞。钦差大臣只好奏报，说：“现在正值盛夏，天气酷热，龚胜病势，逐渐好转，是不是可以等到秋季动身？”王莽下诏允许。钦差大臣每隔五天，就跟郡长一同去问候龚胜起居饮食，龚胜发现已不可能逃避，对高晖等说：“我接受西汉王朝政府的厚恩，无法报答，而今年已衰老，随时都会埋入地下，岂可以一身而侍奉两个姓？将来如何面对故主？”吩咐他们准备后事，说：“衣服只要能包住身子就够了，棺材只要能包住衣服就够了。既葬之后，绝不可以跟时下流行的风俗一样，再翻墓土，种植柏树，或建立祠堂。”交代已毕，便闭口不进饮食，历时十四日而死，年七十九岁。

龚胜用死亡拒绝当权分子的官爵，情操之高，千载之下，仍怀景慕。俗云：“烈妇易，节妇难。”对抗压力暴力易，对抗万人称羡的荣华富贵难。中国传统社会中，知识分子唯一的出路，就是当官，试看迎接龚胜的场面，可说新政府已抛出最鲜美的钓饵，而且很有把握地预测对手定会上钩。看惯了太多的大言不惭、声震屋瓦的高风亮节之徒，一旦富贵逼面，立刻改变立场的节目。深感龚胜为我们立下千古尊严的榜样。

然而龚胜的基本观念，使我们惋惜，儒家学派“君尊臣卑”的毒素，已孕育下怪胎，那就是：只效忠于一个姓。后来更变本加厉，只效忠于一个人。龚胜的论点有难以自圆其说之处，其一，他宣称西汉政府对他有厚恩，事实上西汉政府对他并没有厚恩，如果用官爵来衡量，则他的官不过是一个没有实权的特级国务官（光禄大夫）。其二，如果立场建立在"厚恩"上，新政府的"厚恩"超过西汉政府百倍。其三，西汉政府既然待他那么好，在西汉政府危险时，他为什么竟然也明哲保身，一逃了之（参考2年）？所以，"一身侍奉二姓"才是他不肯复出的重点。儒家系统鼓励并认定：知识分子跟牧场中的猪羊一样，只要烙上张家记号，便永远是张家家畜；烙上李家记号，便永远是李家家畜。胆敢不以某人的家畜自居，便立刻受到其他家畜攻击。久而久之，很多人遂养成一种乐于被主子豢养的情结。眼目中只有那个主子，而把国家民族，放到脑后。为了自尊或心理平衡，还一口咬定：主子就是国家民族。法国国王路易十四自称："我就是国家。"中国传统知识分子的这种被豢养的情结，却指着领袖叫喊："他就是国家。"于是演变成政党跟政府不分，政府跟国家不分，国家跟民族不分，脑筋混沌得像一罐糨糊。

我们对龚胜充分尊敬，尊敬他为他的理念牺牲。但我们却从他身上，发现愚民政策的后果，而这正是统治者所盼望的。要想突破这层有两千年功夫的魔障，需要更大的努力。

西汉王朝终结者

公元 13 年，新王朝（首都常安【陕西西安】）文母、皇太后王政君逝世，年八十四岁。跟她亡夫刘奭（西汉王朝十一任帝）合葬渭陵（陕西咸阳东北七公里）。可是，却在她跟刘奭之间，挖掘一条深沟，象征各不相干。新王朝皇家世世祭祀王政君，而由刘奭在旁担任配角。新帝（一任）王莽（本年五十八岁）为王政君服丧三年。

王政君是西汉王朝的终结者，十三任皇帝刘欣逝世时，她用迅雷不及掩耳的手段，突入未央宫，夺取印信，胁迫董贤，征召王莽，行动疾如闪电，跟当初刘邦突入韩信大营，夺取印信、收回军权的行动，如出一辙。只因机会一失，就是用十辆卡车的力量，都无法追回。当时，英姿焕发。

可是她的高寿害了西汉王朝，也害了王莽与王姓家族，更害了千万中国人民。她如果只活四十岁——不要说只活四十岁，纵然活到七十岁，王莽失去这个权力魔杖，他的野心就无法实现。再一次证明专制政治政制下，当权派年老，固然是一种安定力量，但年老而昏庸，甚至昏暴，便成了灾难。对自己、对他主持的政府、对国家、对人民，都没有裨益。

全都失败于吏治腐败

王莽下诏："古时候，年岁丰收，则薪俸增加，年岁歉收，则薪俸减少，表示官员跟人民一体，同喜同忧。现在，用丰收年岁作为最高标准。天下没有灾害，御厨房膳食，各种全备。如有灾害，则分等级降低减少。从十一位公爵开始，六司、六卿，分别前往各郡各封国，负责保护平安，无灾无难。也以岁收等级，决定薪俸。禁卫官（郎）、随从（从官）、中央政府官员（中都官吏），直接领受中央政府薪俸的，当严密注意御厨房的膳食多少，作为标准，或增或减。这样才能使上下同心，推广农耕，安定民生。"

新政府的制度，就是如此繁杂琐碎。因丰收的等级无法确定，计算的方法无法精确，以致官吏始终领不到薪俸。因而各人在各人的岗位上，利用职权，贪赃枉法，收取贿赂，自己供养自己。

传统政治上最严重的两大致命污点，一是刑求，一是贪污。连最英明的君主之一——清王朝玄烨大帝，都公开承认，官员不贪污是不可能的。这是一个使人沮丧的讯息。国家的法令，交给贪赃枉法的官员，就等于把武器交给江洋大盗。王莽的改革，失败在吏治腐败；王安石的改革，也失败在吏治腐败。事实上，任何一个王朝的灭亡，都灭亡在吏治腐败。

官员贪污，开始的时候，往往由于薪俸收入，不能维持生活。或即令维持生活，却不能维持尊严。但是，贪污一旦起步，社会上成了风气，则薪俸即令可以维持他的生活和尊严，贪污也不会停止，因为他还要奢侈。

王孙庆悲剧

公元 16 年，翟义党羽王孙庆被捕获（参考 7 年），王莽命御医（太医）、御用库房（尚方），跟精巧的屠夫，共同下手，把王孙庆剖腹剥皮，挖出五脏（心、肺、肝、脾、肾），研究它们的位置及功能。用竹签插入血管，探求脉搏终始。据称，可以治病。

王孙庆逃亡九年之久，终于落网，陷此酷刑，使人落泪。王莽是儒家学派的大儒，以仁义道德自居，然而看他对付反对者的手段，从挖掘傅昭仪、丁姬的坟墓（参考 5 年），到临时发明“烧杀”死刑（参考 14 年），以及在王孙庆身上肆虐，岂真的应验：“满口仁义道德之人，定是一肚男盗女娼之辈？”再看王夫之对楼兰国的凶蛮言论（参考公元前 77 年），以及韩愈公开倡言焚烧佛教经书，拆毁寺庙房舍（参考韩愈著《原道》）。面对被歌颂的传统文化，不禁毛骨悚然。

吕母

新政府的法令，多如牛毛，而又琐碎苛刻。人民只要摇一摇手，都会触犯法网。而差役既多又重，农夫没有时间种田；水利损坏，遂成旱灾；蝗虫接连发生，使灾情更重。诉讼和监狱中羁押的囚犯，长久不能结案。官吏用残暴手段，建立威严；利用政府禁令，侵占人民财产。富有的人不能保护自己的财富，贫苦的人不能活命。于是，无论贫富，大家都自行武装，盘踞高山大湖，当起强盗。官员无法制止，只好蒙蔽上级。变民遍地。

临淮（江苏盱眙）人瓜田仪（瓜田，复姓），盘踞会稽郡（江苏苏州）长州苑（江苏苏州西南）。琅邪（山东诸城）人吕母，聚众数千人，击斩海曲（山东日照）县长，乘船入海，当起海盗，人数越来越多，有一万人左右。

仅只看这份官方记载，吕母平空谋反，如果不是一个十恶不赦的刁民，也定是一个顽劣凶恶的泼妇。然而，其中却含有多少鲜血和多少眼泪，以及多少无奈。吕母的儿子在海曲（山东日照）县政府当一名小官，被县长诬陷诛杀。吕母如果是一个传统的平凡女人，痛哭一场，只有认命。最多遵循正常轨道，上诉到郡政府。一个人能当到县长，当然跟郡政府的官员，关系密切，岂会为一个小职员伸冤？一切和稀泥的安慰话："人死不能复生，悲愤也是枉然，算啦，算啦！"恐怕连耳朵都能震聋。意志稍微薄弱，只有含垢忍辱。

然而，吕母是一个奇女，她选择了反击之路，把家产散尽，秘密结交贫苦少年，在集合到百余人时，突击县政府，诛杀县长，用县长的人头，祭祀儿子的坟墓。假使有"大汉天声"的话，这正是"大汉天声"。可是，这种"大汉天声"，却由善良的人民和着血泪唱出，使人悲痛。

扬雄

> **公元 18 年，扬雄逝世。**
>
> **最初，西汉王朝十二任帝（成帝）刘骜时，扬雄当宫廷禁卫官（郎），派驻禁宫宫门（黄门），跟王莽、刘秀（刘歆），一起供职。新王朝建立，扬雄以前辈资格，被擢升当国务官（大夫）。扬雄对势利看得很淡，只崇拜古人古事，喜爱儒家学派的道理，打算用文章使自己留名后世，于是撰写《太玄》一书，讨论天地人三方面综合关系。扬雄发现其他学派的学说，都是用智能的言语，诋毁儒家学派的圣人，荒唐怪异，巧妙辩解，阻挠思想的划一。虽然都是小节目，但最后可能破坏儒家学派的基础，迷惑知识分子，使知识分子信奉他们，却不知道他们的错误何在。当时，常有人向扬雄提出问题，扬雄都一一回答，遂收集成书，定名《法言》。只求内省，不向外宣传，因此不被当时人们注意。大司空（三公之三）王邑、农林部长（纳言）严尤，听到扬雄逝世消息，问桓谭说："你常称道扬雄的著作，不知道能不能流传后世？"桓谭说："一定可以，可惜的是，你我都无法看到。因为人之常情，对眼前的都很忽视，对遥远的都当成宝。大家看到的扬雄，官位这么小，地位这么低，容貌这么平庸，没有一点动人之处，所以瞧不起他的著作。从前，李耳把他的虚无思想，写成文章（指《老子》），贬低仁义，抨击礼义，喜欢它的人，还以为价值超过儒家的五经（《诗》《书》《礼》《易》《春秋》），上自西汉王朝刘恒（五任文帝）、刘启（六任景帝）等君王，下到司马迁，都有这种看法。何况扬雄，文字功力和文章内容，都十分深刻，但所发议论，却不违背儒家学派的圣人，将来一定超越他们。"**

扬雄的学问和见解到底如何，经司马光不断引用他《法言》的结果，《资治通鉴》读者，当不陌生，自会判断。

扬雄当时的处境是：官位太小，地位太低，以致连他的著作，都受到轻视。势利眼之辈，缺乏鉴赏力，才有"远来和尚会念经"观念。古时候只有纵的关系，于是媚古。十九世纪后又有横的关系，于是媚外。连耶稣都不得不感叹："先知在本乡本土总是受不到尊敬。"

鉴赏能力一旦随着政治市场的价码起伏，便无法独立。结果当然造成一种反淘汰，官场中的歌颂，往往正是小民的愤怒或不屑。官是一个标准，民又是一个标准。民的标准被政治市场涨跌的巨棒击碎，得不到公正的肯定，长此以往，民族的灵性和生机就奄奄一息。所以我们必须做到：只问对方的成就，不问对方的成分。

笨鬼附体

新王朝（首都常安【陕西西安】）皇帝（一任）王莽（本年六十四岁）发现，全国变民越来越多，有一种无法收拾的趋势。于是命天文台（太史）推算出三万六千年的日历。下令：“每隔六年，改换一次年号，布告天下周知。”又下诏昭告全国：“我当跟黄帝姬轩辕一样，成仙升天。”（刘彻曾认为他会跟姬轩辕一样，成仙升天，王莽是第二人有此信念。）打算欺骗人民，瓦解变民。听到的人无不哑然失笑。

权势人物经常会做出使人哑然失笑的糗事，王莽不过其中之一，并不特殊。我们感到有趣的是，王莽并不是白痴，若干权势人物更都聪明非凡，为什么总是干出这种只能自欺，却不能欺人的勾当？只有一种解释是合理的，一个人封闭在自我陶醉的洞穴中太久，心智无法成长，总认为别人的智力商数比他更低，可以任凭他牵着鼻子走。

社会上充斥着阿谀之徒，领袖放个屁，立刻就有人研究出来它的哲学基础。社会也充斥着混沌之辈，有人怎么说，他就怎么信。于是鼓励当事人表演更多使人哑然失笑的节目，供人茶余饭后的谈助。

盼望每一个人物，在笨鬼附体的时候，最好评估一下被人哑然失笑的可能性。则对自己、对国家，都有裨益。

范升真知灼见

> **大司空府议论员（大司空议曹史）、代郡（河北蔚县）人范升，向大司空（三公之三）王邑提出备忘录说：“而今，大家异口同声，歌颂皇上（王莽）神圣，赞扬阁下英明。然而，神圣的意义是无所不知，英明的意义是无所不见。现在天下大事如何？比日月在天上还要明显，比雷霆万钧还要震撼。然而，皇上不知道，阁下也看不见。善良的人民，去哪里求救呼天？皇上一直认为：远方不服从（指匈奴、西域、西南夷），是最大的忧虑，我却以为国内人民的愤怒，才值得担心。现在任何举动，都跟事实抵触；所决定的事实，都跟人民的盼望相反。在翻车的道路上奔驰，在失败的轨迹上步步跟进，一种必然降临的灾祸，出现得越晚，就越严重。而爆发得越迟，程度就越可怖。正逢一年开始的春季，却征调丁壮，远征蛮荒，田地荒芜，无人耕种，野草也都吃光，粮食价格猛涨，一斛竟达数千钱，低级公务人员跟全国人民，陷在深水热火之中，已不再是国家的基石。不久，胡人（匈奴）、貊人（涉貊部落，朝鲜半岛东北部）就要把守未央宫宫门，而青州（山东北部）、徐州（江苏北部）的强盗匪徒，就要登上床帐。我有几句话，可以解除天下倒悬的痛苦，免除人民的窘迫，无法用文字表达，请求召见，愿当面陈述。”王邑听不进去。**

新王朝武有严尤，文有范升，不能说没有人才。问题只在于呆头鹅掌舵，人才遂被埋葬。看了严尤的对话跟范升的对策，和王莽、王邑的颟顸的反应，一种无力感油然而生。每个王朝政权衰落时，都会呈现两种征候：在上位的人耳朵和心灵，全部关闭，在下位有能力的人椎心泣血，贡献无门。

王莽

公元 23 年，玄汉王朝大军，攻入常安，王莽逃到未央宫宣室殿避火，而火舌跟踪而至。王莽身穿赤青色的衣服，手拿两千二百年前姚重华拿过的小刀，天文官（天文郎）就在王莽面前，占卜时日方位，王莽绕着桌案兜圈子，最后终于找到占卜上显示最吉祥的位置——斗柄，才坐下来。神志不清地喃喃自语说："上天照顾我，玄汉军能把我怎么样！"黎明，高级官员扶着王莽，从宣室殿，逃到太液池中四面环水的渐台，这时仍有一千余位官员追随左右。大军杀入宣室殿中之后，听说王莽逃入渐台，遂把渐台密密包围，有几百重之多。渐台守军仍然发箭拒抗。等到箭被射完，大军冲杀，双方短兵相接。王邑父子、带恽、王巡，在肉搏中战死。王莽逃到一个小房间，大约下午晚饭的时分，大军杀入渐台。国师（四辅之三）"寿容"（不懂二字意义）苗䜣、太傅（四辅之二）唐尊、王盛等，全都丧生刀下。商县（陕西丹凤）人杜吴，直闯而入，击杀王莽，指挥官（校尉）东海（山东郯城）人公宾就（公宾，复姓），砍下王莽的人头（本年王莽六十八岁）。士兵一拥而上，乱刀齐下，把王莽尸体砍成碎块。为了争夺这项诛杀元凶的功勋，互相攻击，杀死几十人（新王朝亡，9 至 23，立国十五年）。

中国历史上，每一次政权转移，都要发生一次改朝换代型的全国混战，野心家或英雄豪杰，各自掌握武力，互相争夺吞噬，人民死伤千万，白骨遍地，孤儿寡妇遍地。最后，只剩下一个头目，这个头目遂成为儒家学派所称颂的"得国最正"的圣君，在血海哭声中建立他的王朝政权。王莽打破这个惯例，他用和平手段，把政权转移到自己手中。在历史上，他不是第一个用和平手段转移政权的君王。最早的一位是黄帝王朝姚重华，其次是夏王朝后羿、寒浞，第四位是齐国田和，第五位是燕王国子之，王莽应排行第六。但是，王莽却是第一个使用和平手段转移政权后，跟旧政权一刀两断，另行建立一个崭新王朝和崭新政府的君王。过去的篡夺，只是统治者搬家，而王莽的篡夺，却确确实实是改朝换代，还包括一种政治理想的实践。不同的是，姚重华在孔丘“托古改制”运动中，被塑造成一个神圣形象，“篡夺”被美化为“禅让”，而如法炮制的一些后生晚辈，“禅让”反被丑化为“篡夺”。

对于王莽事件，儒家学派处于进退两难的窘境，如果新王朝寿命有八百年之久，儒家知识分子自然振振有词。偏偏十五年便亡，而更糟的是，继起的统治者又偏偏是西汉王朝皇家苗裔，王莽就非是“乱臣贼子”不可。所以，虽然王莽是一位“大儒”，而且用政治力量推动儒家学派的崇古政治理想，儒家学派却不得不放弃原则，对他痛加诟骂。这诟骂包括一种痛恨的心情，痛恨他不争气。不过，无论如何，王莽创造的权臣夺取宝座的分解动作，却为后世定下模式，很多同样情形下的权臣，都照葫芦画瓢。

以一个学者而建立一个庞大的帝国，中国历史上仅此一次（中国所有王朝的开创帝王，如果不是地痞流氓、恶棍无赖，便准是拥兵的武夫），他掌握权柄后，所从事的社会革命，可归纳为八大项目：一、土地国有，二、耕地重新分配，三、冻结奴隶，四、强迫劳动，五、实行专卖，六、建立贷款制度，七、计划经济，八、征收所得税。司马光在《资治通鉴》中只记其害，不记其利。

从这些剧烈的措施，可发现王莽所从事的是一项惊天动地的全面社会大革命。王莽的失败，使人惋惜；如果他能成功，将使人类文化史重新写过。然而，有五项原因，使他不能逃出厄运。

第一，王莽是一个忠实的儒家学派，而儒家学派的基本精神是崇古。所以王莽的眼光不是向前看而是向后看。他对他诊断出来的社会病态的治疗，认为只要吃下古老儒书上所用的那些古药，就可痊愈。像土地重新分配，固是创举，可是王莽坚持恢复井田，便根本无法做到。脚步向前走而眼睛向后看，仅这一点，就注定他必然跌倒。

第二，那个时代还没有推动这么庞大改革的技术能力，像贷款利息和所得税，都是“纯利”的十分之一，这涉及复杂的成本会计，当时的人还不可能胜任。即令有此人才，王莽更需要一个有组织的干部群去执行。但他仰仗的却只是行政命令，把所有责任都加到行政官员身上，而行政官员大多数又都腐败无耻（这是中国传统的严重病态）。于是，纵是善政，也会转化为暴政，民变因之燎原般爆发。

第三，王莽没有办法控制丧失既得利益者的反击。土地国有使地主怨恨，禁止奴隶买卖使奴隶主和奴隶贩子怨恨，强迫劳动使贵族和一些地痞流氓寄生虫怨恨，禁止铸钱使富豪怨恨。这些怨恨容易掩盖因改革而受益者的欢呼和感谢。一遇机会，就向改革反击。

第四，王莽机械地迷信制度万能，他认为："制度确立之后，天下自然太平。"大部分时间都用在厘定新的制度上，而他用的又是儒家学派所特有的繁文缛节，不惮其烦地改官名、改地名，凡是"现代"的全都取消，一律恢复"古代"原状。改得太多，以致没有人能够记得住。这改革是不必要的，但王莽懔遵儒家"正名"学说，却特别认真，而也就在这些小动作上，按下大失败连锁反应的电钮。西汉政府对西南夷诸部落酋长，大都用王爵羁绊，不过是不费一文钱的虚名，王莽却改封他们为侯爵。句町王首先反抗。王莽又把西汉政府颁给匈奴汗国"匈奴单于玺"，改为"新匈奴单于章"。皇帝的印称"玺"，而"章"只用于侯爵，这改革更不必要，却为此发动南北两边大规模讨伐战事，征兵征粮，引起骚动与饥馑和吴广式的暴动。

第五，王莽是一位狡狯而又蠢笨的高级知识分子，兼儒家学派的经济学者，绝不是一位智慧的政治家。智慧的政治家永不会认为自己比任何人都聪明，王莽恰恰认为自己如此，因之他不能容纳与他意见相异的建议，固执地自以为高人一等。所以他对句町国和匈奴汗国，采取迎头痛击政策。对因饥饿而抢掠的变民，一味高压，遂使形势更加恶化。

王莽死，新王朝灭。本来已经被避免了的改朝换代型大混战，仍然出现，自一世纪头十年吕母起兵开始，到三十年代全国再度统一为止，前后继续二十年，中国人生命财产的损失，无法估计。可是，儒家学派在无数次复古溃败之后，没有接受丝毫教训，仍在推销他们的"古"，人民照样被迫接受，实在是一个困惑的课题。

人心思新

> **玄汉王朝皇帝（一任）刘玄，封刘秀当萧王，下令黄河以北所有部队，全部复员。命刘秀返回长安。**
>
> **此时刘秀住在邯郸（河北邯郸）故赵王王宫，正在温明殿睡午觉。耿弇直闯而入，冲到床前，请求单独谈话，建议说："官兵死伤太多，请准我回上谷（河北怀来）补充。"刘秀说："王郎（刘子舆）已经消灭，黄河以北已经太平，还补充部队干什么？"耿弇说："王郎（刘子舆）虽然消灭，全国混战之局，并没有结束。而且恰恰相反，不过刚刚开始。现在，中央政府使节从西方传达诏令，要全体复员，绝不可以听从。铜马（河北东南部）、赤眉（河南北部及山东西部）等武装集团，共有几十个之多，每一个集团都有几十万人，甚至一百万人，所向无敌。刘玄没有能力应付，不久就会溃败。"刘秀从床上跳起来说："你说错了话，我只有杀你。"耿弇说："大王厚待我，如同父子，所以才掏出赤心。"刘秀说："我开玩笑罢了，请说下去。"耿弇说："全国人民，被王莽害得苦不堪言，因而想念刘姓皇家。听说西汉王朝中兴重建，无不欢欣鼓舞，好像逃脱虎口，扑到慈母怀抱。现在，刘玄当天子，山东（崤山以东）将领们，各霸一方。中央的皇亲国戚，又烧杀掳掠，无恶不作，人民痛苦，已到极点，内心泣血，甚至反过来思念新王朝的太平日子。所以，我推断刘玄必定失败。"刘秀大为欣赏。遂向刘玄报告，认为黄河以北还没有完全平定，无法抽身返回首都长安。至此，刘秀已决心叛变，只等时机。**

千余年来，"人心思汉"四字，成为一种指标，表示人心所归。却不知道还有"人心思新"，较之"人心思汉"，更值得深思。试读鲍宣的奏章，公元前一世纪太平盛世时，人民面对的有七项灾难和七项死亡，凄凉悲惨的情景，使人惊悸，于是人心思变。王莽以儒家学派正统宗师，满口满纸，都是仁义道德，却带来更大的痛苦，使人认为公元前一世纪的七项灾难和七项死亡的社会，还是天堂，于是人心思汉。接着被思的汉复出，奸淫烧杀，血腥混战，人民更求生不得，求死不能，相形之下，新王朝也成了天堂。

这就是中国人的命运：苦难之后，接着是更大的苦难。手拿救国救民招牌的野心家和野心集团，一旦掌握权柄，立刻露出凶相，举起屠刀。鲁迅有诗形容："一阔脸就变。"固是讽刺小人物丑态，同时也是形容大人物对小民的情结。只要专制制度不变，封建意识不变，这种情结也不会变。流氓刘邦上台也好，大儒王莽上台也好，结果完全一样。中国就被这种罪恶抓住，难以摆脱。

使野心家或野心集团永远保持当初所持正义的方法，只有基于人权思想产生的民主制度，把统治者置于人民控制之下，而不是把人民置于统治者控制之下。一旦人民被置于统治者控制之下，就只好永远地生活在"人心思变"——思念过去所谓"好"日子——之中。

刘婴的先天悲剧

前隗家班（隗 wěi【伟】）军师方望，跟安陵（陕西咸阳东北韩家湾乡）人弓林（弓，姓），共同拥戴新王朝定安公刘婴（西汉王朝末任帝）当皇帝，聚集武装变民几千人，占据临泾（甘肃镇原东南曙光乡）。玄汉帝（一任）刘玄，派宰相（丞相）李松等讨伐，把他们全部击斩。

人生好像水泥搅拌器里的一粒沙子，身不由己，即令是英雄豪杰，如果没有好运道帮助他——像敌人适时地犯下严重错误，也不可能成功。但有些人却被注定地要扮演悲剧角色。

刘婴就提供一个例证，当他只不过两岁，还是一个吃奶的小娃儿时，被选定当最高君王。当他只不过五岁，读幼儿园大班都不够资格时，却被囚禁高墙，连乳母都不准跟他说话。可怜的孩子，不知道他向谁牙牙学语？而本年（25），他才二十一岁，尊贵而奇异的经历害了他，被两位不争气的拙劣野心家掷弄上宝座。

刘婴连牛马羊鸡狗猪都不认识，却面临凶险，这是一种谋杀。可是，他又怎能拒绝？我们不仅是为刘婴一人悲，而是为内战中千万玉石俱焚，不能保护自己的善良人悲。

卓茂的功能

东汉王朝皇帝（一任光武帝）刘秀下诏说："知名度普遍天下的，应接受像天下这么大的重赏。兹任命卓茂当皇家师傅（太傅），封褒德侯。"

司马光曰："孔丘说：'赞美善行，是一种很好的教育，等于对缺少善行的人，施予谴责。'所以，姚重华（舜）推荐皋陶（古代最正直最公平的法官），子天乙（汤）推荐伊尹，邪恶不仁的人，自然会远远而去，因为二人都有高贵的品德。刘秀刚刚当上皇帝，各地英雄豪杰，争夺政权，四海之内，像滚水般地沸腾。一些冲锋陷阵的人，奇计百出之士，最受尊重。只有刘秀单独地注意到忠厚的干部，表扬规规矩矩的官吏，从低微的民间，一下子擢升到三公中最尊贵的首位。正说明他何以能光复原来政权，而王朝又能维持够久的原因。因为刘秀知道什么事情应该先去做，和什么事情才是根本。"

刘秀之所以能光复原来西汉王朝的政权，是因为战场上获得一连串胜利，如果处处败仗，纵有十万个卓茂，也没有用。当此之时，刘秀第一优先去做的，是加强他的武装部队，不是物色迂阔的老汉。对卓茂的任命，不过刀光血影下的一个小动作。

儒家学派对"大儒"之类，总是夸张他的功能。既迷惑不了君王，也迷惑不了小民，倒迷惑了自己。成家皇帝公孙述可是一个崇拜"大儒"的人，结局是什么，历史有明白记载。

英雄不牢记小仇

东汉大军包围洛阳（河南洛阳东白马寺东），历时数月，而洛阳在朱鲔坚守之下，拒不投降。刘秀知道司法部长（廷尉）岑彭，曾在朱鲔手下当过指挥官，命岑彭前去说服。朱鲔站在城上，岑彭站在城下，向朱鲔分析成败利害。朱鲔说："刘縯被害之事，我是主谋之一，后来又劝皇上（刘玄）不要把刘秀派往黄河以北。我了解我的罪恶沉重，所以不敢投降。"岑彭回来把话转告刘秀，刘秀说："一个追求伟大目标的英雄，不会牢记小小怨仇。朱鲔如果投降，连官职和爵位，都可以保持，怎么会有报复？黄河作证，我绝不食言。"岑彭再到洛阳告诉朱鲔，朱鲔从城上垂下绳索做的软梯，说："如果你讲的是真话，请上城！"岑彭攀着软梯要上。朱鲔看出确是诚意，决定投降。

刘秀留下千古名言："追求伟大目标的人，不会牢记小小怨仇！"对于敌人，最上等的策略是消灭他。如果不能，便应该包容。刘秀是一个政治家。中国漫长的历史中，英雄很多，政治家很少。帝王群中，恶棍林立，政治家尤其寥寥可数。

在儒家学派"汉贼不两立"的斗争口号下，朱鲔不但是杀兄凶手，而且是被称为"贼"的主犯，至少有一百个理由，非杀他不可。而朱鲔坚守不屈，自在意料之中。顿兵城下越久，引起四方变民集团反击的机会越大。结果是一死一伤，或二死二伤，天下大势，将再生变化。宽容和气度，不是天生的，而是高度的智慧和高度的自我克制。古语说："宰相肚里可撑船。"宰相尚且如此，首领肚里更必须容纳奔驰的火车。因为只有胸襟开阔、眼光锐利的人，才有运用智慧的能力。而且，政治是太复杂了，它有个明显的特征是：没有永远的敌人。

政治艺术的最高境界，在于化敌为友，只有半吊子家伙，才确信他的钢刀万能。

彭宠之叛

刘秀跟王郎（刘子舆）作战时，渔阳郡（北京密云）郡长彭宠，征调精锐的骑兵突击部队，开往前线助战（参考24年），粮食草料，转运千里，从不曾中断。后来，刘秀追击铜马军，抵达蓟县（广阳郡郡政府所在县，北京）。彭宠觉得他的贡献最大，而且是决定性的，认为刘秀对他一定有特殊的礼遇。想不到，刘秀的表现使他失望，心里愤愤不平。再后来，刘秀当了皇帝，吴汉、王梁，都是彭宠的部将，由彭宠派出帮助刘秀（参考24年），二人都当了三公，只对彭宠毫无表示，彭宠越发恼怒，最后，刘秀下诏征召彭宠。彭宠上书，请求跟朱浮同时前往洛阳（希望跟朱浮在皇帝面前对质），刘秀不准。彭宠发现朱浮的实力，深不可测，更为惊疑恐惧。彭宠的妻子性情刚强，受不了屈辱，说："天下仍一团混乱，四方英雄，各自发展。渔阳（北京密云）是个大郡，兵精马壮，为什么被别人的小报告打垮？"彭宠再跟亲信的官员磋商，他们都恨朱浮，没有一个人赞成彭宠应去洛阳。刘秀派彭宠的堂弟子后兰卿去渔阳郡劝导，彭宠遂留下子后兰卿，宣布脱离中央，起兵叛变。彭宠设立统帅部，任命各级官员，亲自率军二万余人，攻击朱浮所在的蓟县（北京）。

彭宠根本没有叛变的意图，不但没有叛变的意图，反而一直忠心耿耿。他之叛变，是逼出来的，主要是刘秀的疏忽，其次是朱浮这个大少爷少不更事、狗仗人势。

当吴汉到北方沿边各郡，征发援军时，刘秀正在穷途，他把随身的佩剑送给彭宠，称他是"北道主人"。后来，彭宠到蓟县晋见，仗恃着对刘秀有救命之恩，自以为刘秀会走出庭外迎接，把臂言欢，交肩并坐，互诉心曲。想不到刘秀已非当初刘秀，基础已固，没有假惺惺的必要，于是露出嘴脸，只把彭宠当作一个普通郡长，使彭宠由失望而怨恨，再加上少年得志的朱浮，他的性情跟他的名字"浮"字相同。仗恃领袖对他的信任，不把彭宠看到眼里，遂一个小报告接一个小报告。太多的史迹显示，任何忠义之士，都经不住鲨鱼群的小报告，何况彭宠跟刘秀之间，原本那么疏远。而刘秀竟然拒绝同时征召朱浮，当初对付李轶的那种高级政治艺术，哪里去了？

只有一个解释，他被胜利冲昏了头，不能再有细密的思考。幸而，刘秀检讨了这次错误，在以后，对窦融、对隗嚣、对公孙述，都一再忍让，虽然有成有败，但方针正确。

彭宠的叛变，也是一件严重的错误，他完全被情绪控制，正犯了“小不忍则乱大谋”的戒条。从他竟然不能对蓟县突击成功，证明他只不过是一个平庸之辈。如果对蓟县一举夺取，至少可以格杀朱浮，先报私仇，然后大军南下，轰轰烈烈一阵。一击不中，命运已经注定。

邓奉

东汉全国武装部队最高指挥官（大司马）吴汉，率军夺取南阳郡土地，经过的县市，多有侵暴行为。破虏将军邓奉，请假回故乡新野（河南新野）省亲扫墓。对他的乡里受到的痛苦，不能忍受，愤怒中起兵叛变，击破吴汉军。邓奉驻屯汤阳（河南南阳南三十公里），跟其他武装集团合作。

东汉王朝皇帝刘秀的部队，被史书形容为一支解人民于倒悬、救人民出水深火热的仁义之师，而吴汉又是云台绘图的名将（参考60年）。然而，他们对人民的暴行，所有史书，包括《资治通鉴》在内，都轻轻一笔带过。千千万万被这些“仁义之师”杀死、奸死、烧死的冤魂，死不瞑目。尤其是，吴汉的暴行，连他的同僚都不忍卒睹，不惜叛变，就可了解他罪恶的沉重。然而《通鉴》只温柔敦厚的一句：“多有侵暴行为。”

我们歌颂邓奉，歌颂他敢于反抗暴政，不惜叛变。中国历史上的暴政所以层出不穷，都是被中国人苟且求全和懦弱无能性格宠出来、培养出来、鼓励出来的。中国人如果多出来几个邓奉，暴君暴官就一定大为减少。

公孙述

以天水郡（甘肃通渭）为根据地的西州最高统帅（西州大将军）隗嚣，派马援前往成都（四川成都），对成家帝（首都成都）公孙述作一深入评估。马援跟公孙述同是茂陵（陕西兴平东北）人，从小玩在一起，感情十分深厚。他认为到了成都之后，两人会握手言欢，不拘形式地谈笑风生，回到当年同学时代的友情，想不到他遇到的却是一个官式场面。

公孙述高坐在金銮宝殿之上，武士林立，戒备森严，这才请马援进去，依照规定的宫廷礼节，参见交拜之后，由礼宾官陪同，送到宾馆休息，并给马援赶制布质的平民服装，跟平民冠帽。然后，在皇家祖庙中，召集文武官员，在皇帝座位之旁，特别设立旧交老友的座位。等到一切就绪，公孙述御驾才从皇宫出发，盛大的皇家卫队之前，由天子特用的绣着鸾鸟的旗帜，和驱逐妖邪的蓬头散发的骑士，作为前导。戒严，人民被逐离街道，全城一片静肃。公孙述在御车之上，不断向左右屈身恭迎的官员，点头作答。宴席以及文武百官的阵容，极为盛大。

公孙述要封马援侯爵，担任全国武装部队最高指挥官（大司马）高位。马援携带的宾客们大喜过望，都盼望留下来，但马援拒绝，向大家解释说："天下一团混乱，胜负雌雄，还没有决定，鹿死谁手，不得而知。公孙述不知道一饭三吐哺，迫切地奔走欢迎有才干的人士，共同商议国家的大计方针，反而只注意繁琐的小节，不过一个人形玩具罢了。这种人如何留得住英雄豪杰？"坚决告辞。回去后，对隗嚣说："公孙述，一只井底青蛙而已，自以为已很伟大，不如专心事奉洛阳。"

一个越是没有身价的人，越是重视外界对他身价的评估。马援认为，公孙述是预防行刺，才军警林立，恐怕高抬了他。以公孙述的浅碟子气宇，显然不是为了预防刺客，而只是为了向贫贱时的老友，展出孔雀开屏。想当年，你我二人同窗读书，没出息的是我，而今我当了皇上，说句话就是金口玉言，叫张三死，张三不得不死，叫李四当官，他就贵不可及，何等威风，而你却仍在一个变民首领底下当差，跟我可差一大截，看了这项场面，我要叫你垂涎三尺。

古人有一句话形容这种心理："小人得志"——小人物一旦有三个部属或两个食客，经常在身旁兜圈子，就会意乱情迷，开始出现身段。问题是：被身段所慑服的，全是脓包，看到英雄豪杰眼中，徒惹失笑。马援把沾沾自喜的公孙述"大帝"，形容成一个人形玩具和一只蹦蹦跳跳的井底之蛙，可谓传神。

玩具型人物或井底之蛙，自己过瘾有余，建立功业不足；对他们的失败，我们毫不关心。不过，一个国家也好，一个社会也好，玩具型人物和井底之蛙过多，国家社会就无法避免要受苦受难。八年之后，成都陷落，东汉军队屠城，那些哀魂怨鬼，都为公孙述盛大的官谱排场，付出代价。"唯大英雄能本色"，我们厌弃人形玩具和井底之蛙，而全心敬重本色英雄。

不义侯

宣布独立，基地渔阳（北京密云）的燕王彭宠，在便殿吃斋静修（吃斋，不食肉类），求天降福。奴仆子密等三人乘着彭宠午睡，把他捆绑在床上，然后告诉外面官员，说："大王正在斋戒，你们一律休假。"又假传彭宠的命令，把其他奴仆跟婢女，全部捆绑，分别囚禁；再假传彭宠命令，招唤他的妻子。彭宠夫人一进入便殿，便发觉巨变，惊恐而又愤怒，咆哮说："家奴反了！"子密等这时已翻脸无情，抓住主母的头发摔出去，狠狠打她耳光。彭宠在旁叫说："快给三位将军准备行装！"子密遂斩彭宠以及彭宠夫人，南下直奔东汉首都洛阳。东汉帝刘秀封子密当不义侯。
权德舆曰："彭宠叛变，子密杀君，都是乱臣贼子，罪恶不能相抵，应该分别处理，使圣明君王的法律制度，昭示天下。现在，不但不处分子密，反而封子密侯爵，却又冠上'不义'的称号。如果他的行为'不义'，根本就不应封赏侯爵。如果这种行为，竟可以封赏侯爵，东汉政府的侯爵，便不值钱，失去鼓励奖赏的意义。《春秋》直书：'齐豹强盗杀人。'又写出三个叛徒的姓名，难道跟这件事不一样？"

彭宠之死，因为太过传奇之故，实难相信它竟是真的。但也正因为它竟是真的，所以更为震撼。有时候，真实的历史事件，比起小说电影，还要戏剧化，在此又多一例证。

权德舆的评论，显示出单线条思想、二分法所处的困境，寥寥一百余字，漏洞百出。首先，当天下大乱，全国混战之时，英雄豪杰共同追逐最高宝座，彭宠根本不是叛徒。如果叛徒都应该诛杀的话，刘秀可是最大的叛徒——背叛玄汉皇帝刘玄，应首先伏诛。权德舆只指控彭宠，证明他不过是一个"成则帝王，败则贼寇"，传统的势利眼。

对子密等三人的冷血凶残，东汉政府陷于两难。不能不封侯履行承诺，以鼓励叛徒内部再生叛徒；又不得不标出"不义"，使人引以为戒。权德舆认为应该分别办理，意思是对子密之弑主，加以论罪。果真如此，东汉政府的承诺便等于一屁。

孔丘曾说：“民无信不立。”而权德舆显然鼓励背信。而且，不管你顺眼也好，不顺眼也好，高贵的封爵和数额庞大的赏格，是促使敌人内部残杀，和互相出卖的最可怕的能源，胜过千军万马。

东汉政府用轻视的心理，封子密侯爵，是一种统战手段，权德舆搬出所谓的故事，我们却不认为那些记载，是什么大义。即令是大义，也不过传统史学家的一种所谓的“笔法”而已，在现实政治上，可千万不能认真实践。现实政治，错综复杂，变化之快，目不暇给，不能用一个简单标准，轻率地衡量所有事物。这正是不切实际的象牙塔里的知识分子，所面对的窘境。

再出文妖

西州（甘肃东部）最高统帅（西州大将军）隗嚣（时驻平襄【甘肃通渭】），询问班彪对于大局的意见，班彪遂撰写《王命论》，说："从前，伊祁放勋（尧）把政权禅让给姚重华（舜），说：'天命的运转，在你身上。'姚重华也用同样的话，告诉姒文命（禹）。等到姬弃（后稷）、子契（商王朝始祖），他们都辅佐伊祁放勋（尧）、姚重华（虞），直到子天乙（商王朝一任帝）、姬发（周王朝一任王武王），终于成为天下的共主。刘姓继承的是伊祁放勋的大业，伊祁放勋用'火'作为标志，而西汉王朝也用'火'作为标志。刘邦更有赤帝儿子的应验（参考公元前 209 年），受到鬼神祝福保佑，天下一齐归附。从这个角度来看，毫无基础凭借，又没有累积的功勋恩德，而能崛起到高位之上，从来没有发生过。世俗的眼光，看到刘邦从一介平民，登上宝座。不晓得其中缘故，以至比作天下逐鹿，脚快的先捉住。殊不知道，神圣的权柄归谁，自有命运注定，不是靠智慧和力量可以得到。正因为有'逐鹿'一念，世界上才多的是乱臣贼子。饥民流离失所，在道路上受尽饥饿寒冷，最大的愿望不过吃一顿饱饭。然而最后仍然辗转死于水沟山谷，为什么？只为贫穷也是命运注定。何况，天子是何等尊贵，拥有四海的富饶，受到神明的保护，岂可以狂妄地去想得到？所以，有些人虽然随波逐流，偷窃到权力。勇猛的像韩信、英布，强大的像项梁、项羽，已经成功的像王莽，最后还是被烹杀、斩首，被剁成肉酱、五马分尸。何况一些小人物，连上列这些人都比不上，却竟然想坐天子之位？贫富贱贵，是上天安排。"

读了班彪的大作，蓦地发现，耿育（参考公元前 6 年）之后，中国再度出现文妖。君王是上天派定的，谁争也没有用，这种学说，已使人喘气。但更喘气的是，班彪竟然认为：连可怜的饥民活活饿死，也是上帝颁发的诏令。既是上天颁发的诏令，你就应该乐天知命，含笑接受。胆敢抱怨，就是乱臣贼子。当千万妇女儿童饿死，或是被格杀烹煮，哀号连天之时，班彪独坐在一旁，一面喝着老酒，一面安抚说："不要吵好不好，这是命中注定的呀。"

耿育不过无耻，班彪除了无耻，还更残忍。我们为悲惨的中国人痛哭，除了主凶外，还有摇尾系统的文妖，为主凶发明杀人的神圣理论基础。在这基础上，暴政竟成了美不可言的替天行道。

耿弇屠三百余城

耿弇率领大军抵达城阳郡（山东莒县），收服五校武装集团所有部队。故齐王国（山东）全境，完全被东汉政府平定。耿弇班师，返回首都洛阳。耿弇自从当带兵将领，在他手中攻陷四十六个郡县封国，屠杀三百余个城市，从没有被敌人击败。

耿弇是一世纪时东汉王朝名将，史书上对他的赞扬，简直尽善尽美。然而，在数不尽的烜赫战功中，却有屠杀三百余城的记录，使人发抖。战场杀人，势不得已。屠城动作，必然发生在入城之后。即令真正敌人，战败也好，投降也好，既然已经屈膝，就应受到尊重。何况，屠杀对象，绝大多数都是老人和妇女、儿童！人民渴望着“王师”解放，怎知解放的却是钢刀长矛。满洲人“扬州十日”“嘉定三屠”，结下民族仇恨，历时三百年都要报复。而且，也不过屠两城而已，耿弇屠的却多达三百有余，这血海深仇，向谁索取？

吴汉的野兽行为，激起邓奉叛变。耿弇的野兽行为，却受到史学家赞扬。“人心思汉”，当人们被砍被杀，倒在血泊中辗转哀号之时，想到他们“思”的“汉”，就是如此，此情何堪？

中国人的苦难，很少来自外患，几乎全来自本国的暴君暴官！中国人如果不自己觉醒，暴君暴官就永远抓住中国人不放。

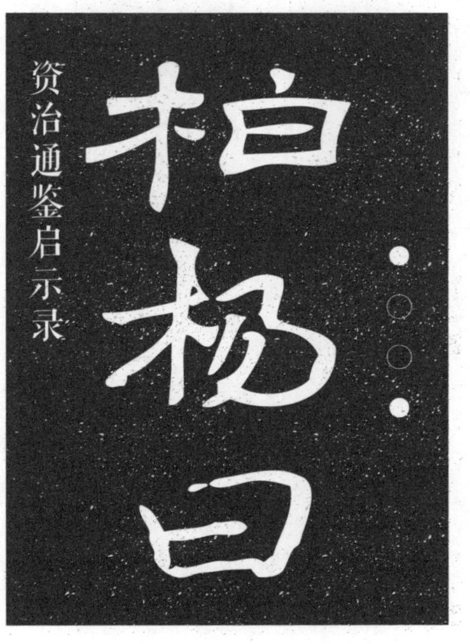

【中册】

人民东方出版传媒
東方出版社

帮凶和恶奴

公元 29 年，刘秀下诏，征召隐居学者（处士）太原郡（山西太原）人周党、会稽郡（江苏苏州）人严光等到首都洛阳。周党晋见刘秀，仅俯下身子，拒绝叩头，也拒绝自报姓名，向刘秀请求准许他回乡继续隐居。研究官（博士）范升提出弹劾，刘秀下诏送周党回家。刘秀小时候，跟严光同窗念书。刘秀当了皇帝之后，派人查访，在齐地（山东）发现他的行踪。几次派出使节征召，才到首都洛阳。任命严光当议论官（谏议大夫），严光不肯接受。告辞后，在富春山（浙江桐庐南富春江镇）耕田垂钓，最后病逝家园。

王良后来当沛郡（安徽淮北）郡长、宰相府执行官（大司徒司直）。在位时谦恭节俭，用的是布被和瓦制的器具，妻子儿女，从不走进办公室一步。后来，因病辞职。一年后，东汉政府再征召他，他走到荥阳（河南荥阳），病忽然转重，不能再进，拜访他的朋友，那位朋友不肯相见，说："既没有忠言，也没有奇谋，而竟取得高位，来来去去，岂不嫌烦？"王良感到惭愧，从此之后，一连几次征召，他都拒绝，寿终家宅。

王夫之曰："严光之不肯当刘秀的臣子，比起长沮、桀溺、丈人，更为窄狭，长沮、桀溺、丈人，看出正道不能实行，在不得已情形下，才废除君臣之义。所以孔丘说他们是隐士，并不是什么内涵都没有。刘秀平定王莽造成的混乱，继承西汉王朝正统，建立礼仪圣乐，遵照古代模式，或许并不是纯粹的儒家学派规范，但也只能等待贤能的学者，用正道协助它发展。严光凭什么认为天下混乱，到处一样？如果认为曾经跟皇帝同过学，而不屑于当部属。那么，姒文命、皋陶，却为什么肯事奉伊祁放勋？后来更心安理得地向姚重华低头称臣？至于周党，就更奇怪。三番两次地征召他，他才上道。然而，仍傲慢地不肯叩头和自报姓名，这种暴戾之气，竟出现君王和臣属的纲纪之下，范升弹劾他'不敬'，要求诛杀，罪状岂能推卸？赏赐给他布帛而送他回乡，对周党而言，是一个多么大的羞耻，刘秀像天地一样，恢宏地包容他，周党便显得渺小。"

梁启超曾指出中国传统知识分子的心态："自己被奴隶根性所束缚，而复以煽动后人的奴隶根性而已。"阅读范升的弹劾书，跟王夫之对严光等的评论之后，心

情跟梁启超同样沉重。俗话说："哀，莫大于心死。"在专制封建政治制度下，中华人的人格，一直被凌辱、被蹂躏，不能保持尊严，胆敢有一点点尊严，有一点点羞耻之心，暴君暴官，以及文妖之类，立刻怒火冲天。

最早的迫害发生在公元前十二世纪，齐国第一任国君姜子牙到了他的封国，狂裔、华士兄弟二人，互相商议说："我们不事奉天子，也不事奉国君，耕田而食，掘井而饮。不要求别人什么，不追求美好声誉，不接受君王俸禄，不去做官，而只靠劳力维生。"姜子牙就把兄弟二人诛杀，理由是："不事奉天子，不事奉国君，表示他们不会做我的臣子。耕田而食，掘井而饮，对人毫无所求，是使我无法用赏罚推行政令。君王控制人民，不是用官职爵位，就是用刑法处罚，这四项都不能叫他们屈服，我怎么能够安心？"

姜子牙这种理论，到了十四世纪的明王朝第一任皇帝朱元璋，发扬光大。这个中国历史上最最巨型的恶棍，制定了"不为君用律"，人民胆敢拒绝君王赏赐的官职，就跟姜子牙对付狂裔、华士一样，一律处决。从姜子牙、朱元璋的这些杰作，可看出无限权力下的暴君暴官，多么欣赏自己手中的无限权力。

刘秀所以用温和的手段对待这些隐士——甚至以皇帝之尊，跑到严光那里，跟他同床共卧，畅叙离情。我们可以说他天性敦厚，不忘贫贱之交；也可以说那不过是一种远程谋略。鉴于西汉王朝末年及新王朝初期，几乎所有的知识分子，包括刘姓皇族在内，为了贪图官职爵位，都向王莽歌功颂德。刘秀的目的，就在培养砥砺一种不向权势屈膝的高贵气质。

帮凶往往比正凶更为狂热，奴才往往比主子更为邪恶。当皇帝的刘秀，还敬重周党和严光的高风亮节，而范升却妒火中烧，要动手杀人。在他的境界上，俺范升千方百计，才不过弄到一个年俸仅六百石的研究官（博士），而你们这些反调分子，不费吹灰之力，竟受到皇帝重视，岂不使我们这些忠贞的马屁精，心灰意冷！像一个护食的畜牲一样，口中咬着一块骨头，毛竖爪张，对方竟然把捧到面前的肥肉踢开，相形之下，不由自主地恼羞成怒。

王夫之的奇异言论，层出不穷。新王朝之亡，亡于刘玄，亡于以刘玄为首的玄

汉政府，并不是亡于刘秀。王夫之不可能不知道，可是他却故意扭曲事实，使读者产生错觉。严光不肯向老朋友屈膝，当然是不屑于屈膝，如果换了王夫之，早已扑通一声，三跪九叩，谢主隆恩，因为他没有严光那种高贵情操，所以对严光的高贵情操，完全不能理解。而周党，不过不肯磕头，不肯自报姓名，不肯当官而已，犯了什么滔天大罪，却使范升升起杀机，又使王夫之诟骂他有“暴戾之气”。大概周党必须感激涕零，前额碰地有声，范升和王夫之，才肯认同。

王夫之最精彩的观点是，中国知识分子原是以做官为唯一目的的动物，有官不做，不是疯子傻瓜，就是桀骜不驯，对于不向权势屈服的骨鲠之士，不但没有赞扬，反而提出警告：“从来没有一介平民胆敢抗拒君王！”胆敢不驯如猪羊，不是“蛮族”，就是“强盗”“匪徒”，必须扑杀。自毁人格，集帮凶与恶奴于一身，使我们震撼。

中国人的厄运，固在于暴君暴官太多，也更在于帮凶和恶奴太多、文妖太多。

吴柱之聋

成家骑兵总监（骑都尉）平陵（陕西咸阳西平陵乡）人荆邯，向成家帝（一任）公孙述建议：“应该乘着天下仍在混乱，英雄豪杰，仍野心勃勃，可以罗致招请的时候，出动精兵，命田戎挺进到江陵（湖北江陵），控制长江的上游（指长江三峡以东一带），倚靠巫山（四川巫山东）的险要，严密防守。号召故吴王国（江苏）、楚王国（安徽、湖北）人民，则长沙（湖南长沙）以南土地，必然望风来降。再命延岑率大军从汉中郡（陕西汉中）出发北上，平定三辅（关中地区，陕西中部），则天水（甘肃通渭）、陇西（甘肃临洮）二郡，自然臣服。如果这样的话，将引起天下震动，才可以开创有利形势。”公孙述询问文武官员，研究官（博士）吴柱说：“姬发（周王朝一任王武王）讨伐商政府，八百个封国国君，不约而同地集结孟津（河南孟津东黄河渡口），然而仍分别撤退，等待上天的旨意，从来没有听说没有邻国的协助，而能出兵千里之外的怪事。”荆邯说：“刘秀一开始时，并没有一尺土地的凭借，而能驱策的又是一群乌合之众。然而冲锋陷阵，所向无敌。我们不迅速抓住机会，奋取功业，却坐在那里大谈姬发的道理，这正是隗嚣想当西方霸主（西伯）的翻版。”

吴柱的言论，是儒家学派的代表。他说他从来没有听说过没有邻国的协助，而能出兵千里之外的怪事，可称之为天下第一大聋。西汉王朝创业君王刘邦，从汉中出发时，有什么邻国协助？又有什么八百国君不期而合？儒家学派知识分子看到的永远是遥远的“古”，对跳跃在眼前的现实人生，既瞧不清，也听不清。

荆邯是韩信，可惜公孙述不是刘邦，再加上刘邦左右没有那么多可以插上嘴的儒家学派的专家学人，这是韩信之幸，荆邯的不幸。

隗嚣

东汉帝（一任光武帝）刘秀前往长安（陕西西安），祭拜西汉王朝历代皇帝坟墓。派建威将军耿弇、虎牙大将军盖延等七位将军，向西穿过陇西（陇山以西，隗嚣辖区），攻击成家帝国（首都成都）。先派皇家警卫指挥官（中郎将）来歙，送诏书给隗嚣，再作最后一次说服。隗嚣反复考虑，仍然无法决定。来歙大不耐烦，直率责备隗嚣说："皇上（刘秀）认为阁下能够了解是非利害，才向你恳切解释兴亡存废的道理，亲自写信，表示诚意。阁下已经推诚效忠，派你的儿子充当人质，反而一直接受那些马屁精的迷惑，难道要你全族覆灭？"来歙越说越激昂，拔出宝剑，直刺隗嚣。隗嚣大怒，起身而去，召集部队，要诛杀来歙。来歙手拿"符节"，从容上车。隗嚣的将领牛邯，率军把来歙团团围住。另一位将领王遵建议说："来歙单人匹马充当远地使节，而又是皇上（刘秀）的表哥（来歙是刘秀姑母的儿子），杀了他，对东汉政府毫无损失，却使我们面对全族屠灭的灾难。从前，宋国格杀楚王国使节，招来用骨头作为木柴、交换儿子杀掉烹吃的大祸（公元前六世纪，春秋时代，楚王国派国务官申无畏，出使齐国，经过宋国时，宋国把申无畏诛杀。楚军包围宋国首都，历时九月，宋国粮秣枯竭，用人的骨头当燃料，交换子女烹吃），对小国尚且不可以侮辱，何况至尊皇上？还有隗恂在洛阳的一条命（隗嚣儿子隗恂到洛阳充当人质之事，参考去年【29 年】12 月）！"来歙这个人，极有信义，斑斑可考。西州（甘肃东部）知识分子对他都信任尊敬，很多人为他求情，最后终于免死，送他东返。

在来歙之得以免死这件事上，隗嚣显出他的恢宏之量。包括《通鉴》在内的一些史书，只一味推崇来歙因有信义之故，隗嚣才既"不能"，也"不敢"加害。这样说来，凡是死于敌人之手的英雄，难道都是无信无义之辈！大家最崇拜的文天祥，就是绑赴柴市口斩首的，难道他是无信无义之尤？

蓦然行刺，于理于法，都应严厉惩罚，如说"不能"，难道来歙练的是金钟罩武功，刀枪不入？如说"不敢"，隗嚣稍后起兵叛变，杀人千万，难道怕多一个死鬼？在

“成则王侯，败则寇贼”的文化中，失败一方的美德，全被抹除，胜利一方的暴行，自有摇尾系统文妖之类，把它美化成天女散花。这是中国史学家的一大耻辱。

隗嚣的恢宏气度，使他能得到死士，虽然最后失败，但事迹不灭。

阴家惨案

公元33年，一件惊人的惨事发生。强盗格杀东汉帝（一任光武帝）刘秀原配妻子、贵人（小老婆群第一级）阴丽华的娘亲邓女士，以及阴丽华的弟弟阴䜣。刘秀十分悲伤，封阴丽华的另一弟弟阴就当宣恩侯，又召见阴就的老哥、宫廷随从（侍中）阴兴，也要封侯爵，把印信放到面前。阴兴坚决拒绝，说："我没有冲锋陷阵的功劳，而一家之中，已有几个人封爵赐土，使天下抱怨，我不愿发生这种事情。"刘秀佩服他的决定，不再勉强。有一天，妹妹阴丽华问老哥缘故，阴兴说："皇亲国戚最大的危险，是不知道谦让退避。女儿要配王侯，男儿则一直打公主的主意，使我不安。富贵有它的极限，人，应该知道满足。浮夸之徒，使人反感！"阴丽华深切领悟，自我克制，从不替亲属要求官爵。

邓女士之死，《通鉴》原文是："盗杀阴贵人母邓氏及弟䜣。"不知道䜣是邓女士之弟，抑阴女士之弟。而当惨案发生时，也不知道现场何处，邓女士可能仍留在原籍新野（河南新野），也可能早已随女儿到了首都洛阳，共享富贵，《通鉴》都没有说清楚。我们对文言文之感到困惑，原因在此。

然而，无论邓女士身在何处，可以肯定的是，都会受到严密保护。在严密保护下，盗匪竟然登堂入室，作灭门屠杀，实在不可思议。史书上没有述及刘秀对负责保护官员的震怒，也没有述及对盗匪的缉捕和处决。好像杀的不是炙手可热的皇亲国戚，而是普通小民人家两只鸡鸭。尤其是，史书没有报导惨案的原因，是小偷临时行凶，还是强盗在抢劫时误杀？是有计划的复仇，还是奴仆不堪虐待，抗暴反击？如果是这四项，史书不可能没有交代。于是，甚至，可能是刘秀因为某种人们迄今都茫然的理由，下令动手，最后推到盗匪头上？

我们当然没有结论，但我们相信惨案必有内幕。

畜牲和毛虫

公元 36 年，东汉全国武装部队最高指挥官（大司马）吴汉、辅威将军臧宫，率大军进攻成都。成家帝公孙述御驾亲征，攻击吴汉，命延岑攻击臧宫。大战既起，延岑三战三胜，从早晨血战到中午，官兵得不到饮食，全都筋疲力尽。吴汉率精锐部队数万人反击，成家兵团大乱。公孙述把大军交给延岑，入夜，逝世。第二天凌晨，延岑献出成都，投降。吴汉下令，斩公孙述妻子儿女，屠杀公孙家族，长幼不留，并屠杀延岑家族。然后，纵兵奸淫烧杀，焚毁公孙述宫殿（成家帝国建国十二年）。刘秀对吴汉的暴行，大为震怒，责备吴汉。又指摘刘尚，说："成都投降，已经三天，官吏人民全都顺服。仅婴儿和母亲，就以一万为单位计算，突然间纵兵放火，听到的人，心酸落泪。你是皇族子弟，又曾在政府当过官吏，怎么忍心做出这种惨事？"

如果没有刘秀的诏书，我们只知道吴汉屠城，当然是在血战的愤怒之下，兽性一时无法遏止。然而，从刘秀的诏书中，可以发现，吴汉的屠城令，却发生在接收成都三天之后，在这三天中，吴汉露出的是满面笑容，直等到布置妥当，男女老幼，在对吴汉充满感恩图报之时，他却突然翻脸。暴君暴官迫害人民，一向勇敢。但对于没有自卫能力，而又已经屈服的俘虏，跟妇女和孩童，竟公然无惧地大规模下此毒手，只有专制封建政府才做得出。

很显然的，吴汉身上流的是畜牲血液，东汉大将邓奉，就是被他的暴行逼反，而他并没有任何改正。白起在长平坑杀赵王国降卒（参考公元前 260 年），项羽在新安坑杀秦王国降卒（参考公元前 206 年），还可解释说，降卒有战斗潜力！而成都那些儿童和母亲，有什么战斗潜力？但更重要的问题还是，吴汉所统御的野战部队，是正统的万人称颂、铲除暴政、吊民伐罪的"王者之师"，反抗他们的就是盗贼。公孙述和王莽一样，不过一个官场人物，忽然间承担英雄事业，超过他的能力。这个大玩偶所念及的，只是一点既得利益，却使那么多人为他的那一点既得利益惨死。对一个维持尊严，不向权势屈膝的英雄，我们膜拜。而公孙述，一条冥顽不灵的毛虫。

畜牲加毛虫，造成成都浩劫。

屠城之后

东汉帝（一任光武帝）刘秀既消灭成家帝国，下诏：追赠常少官衔祭祀部长（太常）、张隆官衔宫廷禁卫官司令（光禄勋）。谯玄已经逝世，用中牢（羊猪各一）祭祀，命地方政府偿还赎命钱一千万。表扬李业的街坊。征召费贻、任永、冯信。正巧任永、冯信逝世，只有费贻当官，当到合浦郡（广西合浦东北）郡长。刘秀又认为成家故将程乌、李育，都有才干，一齐任用并擢升他们的官职，于是西土（四川）欢悦，人民无不归心。

在屠城惨剧之后，靠着任命几个人当芝麻大的小官，祭祀几头猪羊，便使小民乐不可支，一面倒顺服，恐怕没有这种可能。官场人物往往高估"官"的影响力，认为只要给他一个官做，小民便会忘了血海深仇。左邻的幼儿惨死刀下，可是看见右邻一个"大儒"当了官，便由衷大悦。后巷的娘亲被活活烧成一团灰炭，可是看见前街一个"武弁"当了官，同样也由衷大悦。

我们看不到东汉政府夺取益州（四川及云南）之后，有什么善政，足以使人民忘掉创伤。刘秀对吴汉以及对刘尚的责备，只不过一纸文件，跟王莽在害死刘箕子后宣读"金匮留书"一样（参考 23 年 6 月），只是为了要在历史上留下美好记录，如此而已。不幸的是，他也确实达到目的，摇尾系统自有如椽之笔，化血腥为仁慈，根据这些表演，勇猛地歌功颂德。

刘秀不杀战友

刘秀虽然不用功臣当官，但对他们却大度包容，一些小过失都特别原谅。远方进贡的金银财宝或山珍海味，一定先行赏赐所有侯爵，有时连御厨房（太官）都没有剩余。所以功臣们都能保持自己的尊贵爵位和财产，没有一人受到诛杀或贬谪。

刘秀是历史上少数不诛杀他战友的元首之一。并不是他阁下，跟他阁下的战友，道德学问都达顶峰，而是刘秀处理得当：他不赋给他们实质权力，无论是军权或政权。幸而他没有任用贾复当宰相，以贾复的蛮横暴躁，那将会产生不愉快的结局。领兵在外，只要忠心就行了。如果朝夕相处，只靠忠心便不行。当一方面总是否决对方决定时，日久必然爆发冲突。而君臣冲突，一定流血。

政治是一种艺术，政治行为是一种艺术创作，刘秀在这方面有很高的造诣，唯一和他媲美的只有宋王朝一任帝赵匡胤，但赵匡胤的事迹不包括在《资治通鉴》之内（它出现在《续资治通鉴》）。中国历代元首懂得官场的人多，懂得政治的人少。有政治艺术修养的，更屈指可数。仅就不杀战友这一点，我们真不明白，以后的一些君王为什么不能以刘秀作为榜样？再一次证明历史的教训在政治运作中，功用甚微。就连刘秀自己，也把不稳舵，不久就又命马援南征交趾郡（越南共和国河内市东北北宁省），结果被小报告挑拨得嘴歪眼斜，虽然没有大开杀戒，但破坏了他的初衷。

改朝换代型战争

益州（四川及云南）用政府驿马车把故成家帝国宫廷御用的盲人乐师、皇家祭庙用的乐器、用五色羽毛编成篷盖的车辆（葆车）、人力拉挽的帝王后妃专用的车辆（舆辇），以及各种其他类型的车辆，全部运到洛阳。皇家礼乐方面的器物，才开始完备。

这时，全国大乱的局面渐渐平息，安静休养，事情清闲，政府公文书来往跟差役调派，都很简单，而且很少，比起从前，不过十分之一。

自从新王朝末期群雄并起，到东汉王朝扫平群雄，再度统一中国，二十年的改朝换代型战乱，人民死亡一千余万。那时候的武器不过刀枪弓箭而已。一千余万是个可怕的数目，其中包括妇女和儿童，饿死、杀死、淹死、烧死、奸死、病死。每一个人的死，都是一幕悲惨的故事。

根据公元 2 年的统计，全国户数一千三百二十三万，人口五千九百五十九万。而公元 104 年统计，全国户数九百九十九万，人口四千九百一十五万。户数减少三百余万，人口减少一千余万。一百年间，都不能恢复，则本年（37）的户数和人口，当然更少。

即以长安（陕西西安）而论，西汉王朝时人口六十八万，东汉王朝时只剩二十八万，减少三分之二。而最可怜的却是沛郡（安徽淮北），西汉王朝时人口二百余万，东汉王朝时只剩下二十余万，减少十分之九。当然他们不见得全部丧生，也可能流离外地。但鉴于全国总人口的减少，他们逃生的机会不大。

哀哀冤魂，只制造出一群内战英雄。

韩歆之死

公元 39 年，东汉王朝（首都洛阳【河南洛阳东白马寺东】）宰相（大司徒）韩歆免职。

韩歆性情刚直，说话没有技巧，直来直往，不知道隐讳。东汉帝（一任光武帝）刘秀（本年四十四岁）无法容忍。韩歆在刘秀面前，肯定天下将发生重大的饥馑荒年，指天画地，恳切而过于刚烈，遂被免职，送回家乡（南阳郡，河南南阳）。然而，刘秀仍愤愤不平，越想越气，又派使节送去诏书，激烈责备。韩歆跟儿子韩婴，一同自杀。韩歆拥有重名，天下都很尊敬，无罪而被逼死，人心不服。刘秀追赠金钱粮食奠仪，以完整的礼仪安葬。

司马光曰："从前，子武丁（商王朝二十三任帝高宗）吩咐他的宰相傅说，说：'药物如果不能使人有苦涩的感觉，病就不会痊愈。'激烈率直的言论，对说话的人，没有利益，但却是国家福气。所以，君王日夜寻求这种言论，唯恐听不到。可惜的是，在刘秀那个时代，韩歆竟以直言规劝而死，岂不是圣明事迹的一个污点？"

司马光这篇评论，有一句话是事实，有一句话不是事实。是事实的一句话是："激烈率直的言论，对说话的人，没有利益，但却是国家的福气。"不是事实的一句话是："君王日夜寻求这种言论，唯恐听不到。"一个专制暴君，或一个或大或小的独裁人物，日夜寻求的绝不是激烈率直的批评；恰恰相反，他日夜寻求的却是使他龙心大悦的赞扬，很少有人愿意天天听逆耳之言，连文质彬彬的刘秀都办不到。稍后，在叙述到唐王朝时，更可发现，甚至英明盖世的李世民大帝也办不到。更何况等而下之。孟轲对此有过警告："朋友数，则疏矣。君臣数，则辱矣。"

司马光所以这么蒙蔽事实真相，是为了套牢君王（他正是对君王说话），有一种鼓励作用。但对广大的人民或广大的读者群而言，却贻害无穷。既然当头目的人，都有如此见识，不可避免地会有两种后果：一是，使忠于国家民族的人士，跳进被辱被杀的圈套，摧毁国家民族的精英；二是，使人们认为只要谏得诚恳，劝得婉转，主子无不采纳，延长了独裁政体的寿命。

欧阳歙之贪

刘秀派皇家礼宾官（谒者）调查郡长级（二千石）官员中，被控贪赃枉法的行为，是不是实在。查出宰相（大司徒）欧阳歙在汝南郡（河南平舆西北射桥镇）郡长任内，测量田亩作弊，贪污千余万钱，被捕下狱。欧阳歙世代教授《尚书》，八世都当研究官（博士）。学生门徒，集结在皇宫门外，请求皇帝饶恕欧阳歙一命的有一千余人，甚至有人自处髡刑（剃光头发）和剃刑（剃光全身毛发）。平原郡（山东平原）人礼震，年纪才十七岁，要求代替欧阳歙一死。刘秀毫不动摇，欧阳歙遂死在狱中。

从明王朝到清王朝，六百年间，官场有句谚语："三年清知府（郡长），十万雪花银。"清官还是如此，贪官之富，更不可想象。欧阳歙显然以清廉闻名于世，如果脏名远播，刘秀不会擢升他当宰相。然而，仅只测量耕地，便贪污千余万钱，依当时市价，一万钱值黄金一斤，千余万钱，当值黄金千斤以上，一斤以十两计算，当在一万两以上，而这仅是测量耕地一项，加上其他种种，数目可观。是这些钱，才使人民流着血泪，"遮道呼号"，诉苦无门。——当然无门，门被欧阳歙堵住。

可惊的是，对这种丧尽天良的赃官，竟有那么多知识分子为他求情，甚至一个十七岁还未成年的学生，竟要替他伏诛。这件事暴露了传统教育的秘密：教师除了传授知识外，还要培养个人崇拜，把盲目的对个人的效忠，当作最高的追求目标。于是，学生门徒也者，遂成为一种"护师"动物，好像屎壳郎保卫它的屎团一样，严密地保卫他们的教师，而不管他值不值得保护。护师动物只看见教师杀头，却看不见多少贫苦农夫悬梁自尽，多少孤儿寡妇伏尸悲号。

赵憙

怀县（河内郡郡政府所在县，河南武陟）豪门李子春的两个孙儿，谋害人命。怀县县长赵憙（音 xǐ【喜】），深入追究，终于找到真凶，两个孙儿自杀；于是，逮捕李子春。首都洛阳尊贵的皇亲国戚，有几十人之多，替李子春说情，赵憙一律拒绝。等到皇叔刘良病重，东汉帝（一任光武帝）刘秀（本年四十六岁）亲自到病榻前探望，询问有什么交代。刘良说："我跟李子春，感情至厚，而今李子春犯罪，怀县县长赵憙，非杀他不可，请你饶李子春一命。"刘秀说："地方官员，执行法律，不可以破坏，请吩咐我做别的事！"刘良不再说话。刘良死后，刘秀追念这位从小把自己抚育长大的叔父，特赦李子春出狱，擢升赵憙当平原郡（山东平原）郡长。

特权社会中，凡是破坏法律的人，往往都是执行法律的人。普通小民，碰一下法律试试，非死即伤。只有手握权柄的大小家伙，才能摧毁法治和人民对法律的信心。

刘良是当时第一号头目，尊贵仅次于太上皇，在如此强大的权势之下，赵憙不肯屈服，他所承受的压力，不亚于苦刑拷打下的贯高（参考公元前 198 年）。我们不强调他比贯高更难支撑，但至少都是同等程度的难以支撑，他是中国最早期为法治奋斗的英雄。刘秀虽然最后赦出李子春，使善政不终，但赵憙已尽了全力，只无法抵挡那种父子型的封建亲情。何况，李子春两个孙儿已付出生命的代价。

世界上最可怕的是刘良这种人物。没有这个政权，他便没有荣华富贵。可是，他却努力破坏保护这个政权的法律。

三代处理方法

> **皇后郭圣通既被罢黜（参考 41 年），郭圣通生的皇太子刘强，心怀恐惧，不能自安。郅恽建议说：“长久地坐在不稳定的座位上，使老爹为难，有违孝道。一味拖延，更可能激起危险的反应，不如辞去太子，退避到亲王地位，专心奉养娘亲。”刘强接受劝告。刘秀下诏同意。**
>
> **袁宏曰：“国家之所以设立太子，在于尊重正统，维系民心。除非有天下皆知的大罪极恶，不可以变动。刘秀中兴汉王朝的大业，自应遵循传统，做后世效法的榜样。而今，刘强的品德，并没有亏欠。刘秀床上的宠爱太多，以致使嫡长子丧失他应有的位置，是一件错误措施。幸好，刘强贬降亲王，谦让恭敬的美德，更为明显。刘阳（刘庄）继承大统，兄弟友爱之情，更是亲密。虽然长幼换位，一个人兴起，一个人贬谪，可是父子弟兄之间，感情浓厚，毫无间隙。即令用三代（夏商周）的方法来处理，也不会比这个更好。”**

如果用“三代”的方法处理，那可是一片血腥，姬历为了夺嫡，竟把亲兄吴太伯逼得逃入蛮荒。

董宣

陈留郡（河南开封东南陈留镇）人董宣，当洛阳（首都所在县）县长。刘秀姐姐湖阳公主刘黄的家奴，仗着权势，白天杀人，躲藏在刘黄家，无法逮捕。后来，刘黄出门，用那个家奴陪坐乘车，董宣在夏门（洛阳城北西头第一门）外万寿亭等候，拦住公主的车队，要求逮捕家奴。刘黄不许，董宣用佩刀画地，大声数落刘黄所犯的错误，就在刘黄面前，喝令家奴下车，当场诛杀。刘黄又羞又气，前往皇宫，向老弟哭诉她被一个地方小官欺负。刘秀像爆炸了一样，传唤董宣，准备乱棍打死。董宣叩头说："请准许我说一句话再死。"刘秀说："什么话？"董宣说："陛下以高贵的恩德，完成中兴大业，却放纵家奴，在光天化日之下杀人，怎么能够治理天下？我不需要乱棍，就此自杀。"用头向房柱猛撞，血流满面。刘秀怒气稍微平息，叫禁宫贴身侍从宦官（小黄门）拦住他，但是要他向刘黄叩头，表示道歉。董宣拒绝，刘秀命人强按他的脖子，董宣双手支撑地面，誓不低头。刘黄向刘秀叫说："你当一介小民时，藏匿逃犯，官员连大门口都不敢到。而今当了天子，难道一个县长都管不住？"刘秀笑说："这就是天子跟小民不一样的地方。"于是下令："硬脖子县长出去！"赏赐董宣钱三十万，董宣全部分散给手下官吏。由于董宣胆大包天，不畏惧强梁，京师（首都洛阳）的皇亲国戚，无不震栗。

如果不是董宣的道德勇气，那个被豪门家奴白昼杀死的冤魂，还不是白白丧生？如果不是刘秀最后醒悟，顶天立地的正直法官董宣，岂不白白死于乱棍之下？在这个流传千年的"强项令"（硬脖子县长）佳话之中，步步埋伏杀机。一个环节瓦解，便成悲剧。

"人治"之必然失败的原因在此，董宣之流的官员，不可多见，刘秀之流的首领，更不可多见。而刘黄这种不识大体的泼妇，以及狗仗人势的家奴，却比驴毛都多。"法治"，正是治国良法。

吴汉

公元 44 年，吴汉逝世。刘秀命隆重安葬，礼仪跟当初安葬全国最高统帅（大将军）霍光，完全相同（参考公元前 68 年）。

吴汉强壮有力，每次追随刘秀出征，刘秀如果还没有安顿，他就小心地站在一旁。其他将领们发现战况不利时，很多人都恐慌失色，不能保持正常仪态。只吴汉表情，跟平常一样，而更加强保养武器，激励士气。刘秀派人去看最高指挥官（吴汉）干什么。回报说：正在整修攻击装备。刘秀叹息说："吴汉的行为，使人满意，他一个人简直可以对抗一个国家。"吴汉每次出兵，早上接到命令，傍晚就踏上征途，根本没有时间收拾行装。在中央政府时，谨慎小心，内在充实与外在修养，表现于举止之间。吴汉有次出征，妻子在后方购买田产。吴汉回来，责备她说："大军在外，官兵困乏，为什么我们却买这么多土地房舍？"遂把田宅分赠给兄弟跟舅父家。所以，能够胜任他的职务，大富大贵，寿终天年。

杀敌可敬，杀降不可恕，杀妇女儿童更不可恕。吴汉不过一个杀降、杀妇女、杀儿童的凶手，本质上，土匪头目而已。唯一跟土匪头目不同的是，他站对了边。歌颂不应该歌颂的人，将败坏一个民族的质量。

马援

公元49年，伏波将军马援的南征兵团，抵达临乡（湖南桃源），遇上瘟疫，染病卧床，遂即逝世。最初，马援曾经患病，虎贲警卫指挥官（虎贲中郎将）梁松，前来问候，在病榻前叩头，马援没有答礼。梁松告辞后，马援的儿子们问说："梁松，是皇上的女婿（梁松娶刘秀的女儿舞阴公主刘义王），是政府显贵，部长级以下高官，对他都敬畏交加，只您为什么对他不肯答礼？"马援说："我是他爹梁统的老朋友，他虽然地位尊贵，怎能不论辈分！"马援既死，梁松开始报复，罗织罪状，陷害马援。东汉帝刘秀被刺激得火冒三丈，下诏收回马援新息侯印信（即撤除侯爵）。又有人检举马援私运珍珠跟有纹彩的犀牛角，刘秀的愤怒更火上加油。马援的妻子儿女受到这种可怕突变的打击，惊骇恐怖，不敢把马援棺柩，运回祖宗坟地安葬。

范晔曰："马援，声名传播三辅（关中地区），只身周旋二帝（刘秀、公孙述）。等到决定方向，贡献谋略，归附明主，满足'负鼎'的愿望，认为是千载难逢的机遇（负鼎："鼎"，古代的大锅。公元前十八世纪夏王朝末年，一代贤才伊尹，认为商部落酋长子天乙，是一位有才干的领袖，可能推翻夏王朝政府的暴政，统一全国。想往晋见，却没有人推荐。听说子天乙是一位美食主义者，伊尹就带着烹饪用具，当然包括锅碗瓢盆，去给子天乙当厨师。后来，子天乙成了商王朝一任帝【汤】，伊尹也成了千古流芳的宰相）。然而，他规劝别人如何避灾免祸，可谓高等智慧，却无法使自己躲开谗言间隙。难道身在功名场合，就束手无策？大概是这样的，利害跟自己无干，容易看得清楚，了解透彻。对某事没有私心，而纯用大义判断，结论一定凌厉。如果能把观察别人的态度，观察自己，然后用待自己的恕道，去待别人，情义自然明显。"

王夫之曰："刘秀对于功臣，恩德至重，给他们崇高的地位，使他们身家平安，名声永在，却独对马援这么刻薄，莫非是马援自食其果？竭尽全力，为别人打下江山，最后却受到谴责的，或者是君王恐惧他太强大，或者是君王愤怒他态度太傲慢。而马援全都不是，只不过对马援厌恶了而已。李耳，不是一个了解天地运转道理的人，但在世俗生活中，却可发现，他往往有精辟的见解。他有一句话说：'功成，名就，身退。'是他观察阴阳运转，屈伸交替，对人生历程提炼出来最完美的一项法则。马援平定隗嚣、平定公孙述，北方抵挡匈奴侵略，南方击破交

趾变民反抗，难道还不够？武陵蛮族起兵，刘秀怜惜马援年老，不允许他前往，马援坚决请缨。这时候，天下已经安定，马援也已功成名就，应该保全自己的身体，不再受到损伤，以报父母双亲，满足自己的高贵爵位和丰富的财产，拥戴上面的君王。何必非‘马革裹尸’，才感到快意？刘秀于是肯定：马援不珍惜自己的尊贵。不珍惜自己尊贵的人，最受英明的主子厌恶。很明显的，如果不是贪图战争中的掳掠利益，为什么总是留恋戎马，而不知道戒除？载运珍珠的诬蔑，有它的原因。年纪已老而贪得无厌，驱使别人的军队，去称心快意，当然引起别人反感。所以身死名辱，家族几乎不保。只因马援违背四季兴衰的运转，拒抗寒暑进退的程序，好战乐杀，而忘掉生命的庄严。这是‘逆天行事’。李耳的言论，岂会骗人？《易经》给我们的指示是：建立基础固然重要，还要抓住时机，这是最精华的论点。形势前进要考虑，时机还没有到却先懈怠，便抓不住。形势后退也要考虑，时机已经丧失而仍在辛辛苦苦追寻，也抓不住。‘太阳已经偏西，不敲着瓦制的乐器自娱，就有败坏的悲哀。大凶。’莫非正是形容马援？”

马援一生都在战场，但他对国家的贡献，与其说在军事，毋宁说在文化，“马革裹尸”成语，就出自马援之口，千余年来，鼓舞青年捍卫国家的壮志。“画虎不成反类狗”成语，则出自马援之笔，一直是响在人们耳畔的警钟。从他写给侄儿信中，虽然告诫不可以效法杜保，他只是考虑到英雄豪杰事业，层面太高，不易效法而已。对杜保固同样尊敬，并没有贬词，显示马援的胸襟和见解，都超人一等。

然而，却在他身死战场之后，触起政治风暴，带给当世以及后世最大的震惊。刘秀性情平和，不容易动怒，而独独在马援事件上，失去常态，不可理喻，连马援夫人六次上书，苦苦辩解，哀哀求情的报告，他都无动于衷。说明他愤怒之深，跟刺激他愤怒的谗言，是如何强烈。如果仅是进军的错误，和把薏苡当作珠宝这两项罪状，不足以引起如此严重而持久的反应。我们认为，这两项罪状只是可以拿到桌面上的原因，而真正的原因，却说不出口、不可告人。

千载以下，我们无法精确地了解真正的原因是什么，但可以肯定必有这种说不出口、不可告人的真正原因。刘邦诛杀彭越，岂是为了判决书上的谋反罪名？真正的罪状是他拥有强大的兵权，而且是“壮士”（参考公元前196年）。王凤排除王商

（非王家班），岂是为了他跟老爹的婢女通奸？真正的罪状是他伤害了王凤的亲家（参考公元前 25 年）。马援的困局亦然。马夫人连上六次奏章，缕缕陈情，泣涕上告，她只能就表面上的罪状辩解，而表面上罪状的辩解有什么用？她不能触及说不出口、不可告人的冰山底层。如果她触及，反应将更加可怖。知道主子心里肮脏的想法，可是凶兆。

马援身价的高贵，当世无匹，他不但跟当正式皇帝的公孙述是好友，而跟非正式皇帝的隗嚣，感情更笃，所以他们同榻而眠，密谈天下大事。而马援不但叛离而去，而且反过来攻击公孙述和隗嚣父子，这在当时，已被认为是一种严重的负义。公孙述和隗嚣父子虽死，门客宾朋转移到洛阳，可能形成一种反马援舆论，这舆论的影响力，不可避免地会把马援丑化到底。然而主要的还是，东汉政府完全把持在以刘秀为首的南阳郡人之手，在南阳郡圈圈之外，又有最初叛离玄汉王朝的患难班底。在班底圈圈之外，又有亲贵。而马援不属于任何一个圈圈。外科医生动手术，移植同样器官，都会发生排斥作用，何况派系不同的政治人物？马援跟皇帝之间，是单线的，不像其他将领，老哥、老弟、小舅子、大姐夫、同乡、同学，患难之交，盘根错节。耿舒如果没有耿弇这个功臣老哥，梁松如果没有皇女当老婆，他们想陷害也无法陷害。而马援不然，在鲨鱼群中，孤单、寒冷，除了一片忠心外，什么都没有。所以，一旦权力魔杖被激怒，就没有一个有能力营救他的朋友。

我们也不了解马援到底有什么缺点，人不是上帝，当然有缺点，马援的缺点可能是太过严正，性格保守而颇端架子。他待梁松的态度，已伤尽了一个浮华亲贵的自尊，使仇恨更情绪化。世界上像朱勃这样敦厚的人，可遇而不可求，而梁松之流，却遍地皆是。我们可以推测，梁松的指控，一定正中刘秀的心窝，否则不会产生那么大的怒火，这或许是马援失败最主要的原因之一。史书只能择要记载，所以我们只看到梁松、耿舒的抨击。事实上，落井下石，恐怕势如倾盆。朱勃已有形容："怨隙并生。"身死军旅的英雄，末路如此，使人兴悲。

耿舒攻击马援像一个西域商人，每到一地，必定停留。此之前和此之后，我们看不到耿舒的战功，他实在没有资格作此评论。马援之所以总是战胜，跟他的行军

持重有关。正是所谓步步为营，那是流血的经验，豪门出身的哥儿公子而竟提出指摘，不过证明口尖舌利。范晔讥讽马援智不保身，咦，当年班固曾讥刺司马迁智不保身，结果班固智不保身得更惨，司马迁不过失去生殖器，班固却失去性命（参考 92 年）。范晔对这件讽刺性的教训，早应熟悉，可是他却忍不住也要讥讽马援。范晔比班固还要有自信，认为他的智慧可是保得了身的，结果他想求马援的下场而不可得，想求班固的下场也不可得，范晔的结局是绑赴刑场，砍下人头（参考 445 年）。王夫之之抨击马援，再一次暴露他污秽了的心灵。王夫之一面讥讽马援不懂得持盈保泰，一面诬蔑马援的报国热情，不过是“好战乐杀”“贪图抢劫之私”。王夫之骨髓里仍是官场混混的伧俗情操。如果换了他，他就坐在侯爵的宝座上，“满足自己的高贵爵位和丰富的财产”，对人民受到的毒害，毫不在意，君王征求将领时，不但不会自告奋勇，恐怕乱棒也打不去。我们也用《易经》一段话，像王夫之形容马援一样，形容王夫之：“好像孩童般茫然而没有见识，好像巷口的那个流氓，眼皮浅薄，算不了什么东西。可是，如果高级知识分子如此，就太卑鄙。”（童观，小人无咎，君子咎。参考《观卦·初六》。）

马援只不过是鲨鱼群中的牺牲品，这种事件，历史上层出不穷。

匈奴内乱

刘秀派皇家警卫指挥官（中郎将）段彬、副指挥官（副校尉）王郁，出使南匈奴汗国，帮助单于（二十三任）栾提比在五原郡（内蒙古包头）之西八十华里，建立王庭。段彬要求栾提比俯身下拜，接受诏书。栾提比迟疑了一会，才接受这项仪式。但在行礼之后，叫翻译官告诉段彬："我国单于刚刚即位，在我们左右大臣面前，竟向中国使节俯身下拜，感到羞愧，盼望使节不要在大庭广众中，使单于过于屈节。"

刘秀命栾提比移居云中郡（内蒙古托克托），设置匈奴协防司令（使匈奴中郎将。不久，司令部随单于迁至美稷【内蒙古准格尔旗】），率军保护。不久，栾提比前些时俘虏的叶鞮左贤王，率领他的部众，以及本属于栾提比旧部的五位队长（骨都侯：韩氏骨都侯、当于骨都侯、呼衍骨都侯、郎氏骨都侯、粟藉骨都侯），总共三万余人，叛变，向北方逃走。在距王庭三百余华里处，再建立新的王庭，自称单于。然而，月余之后，爆发内争，日夜互相攻杀，五队长（骨都侯）全死，称单于的左贤王也自杀。队长的儿子们互不相服，各拥兵自守。

匈奴自相残杀，触目惊心。死人千万，都是匈奴骨肉手足。不知道他们自相残杀的原因，只知道他们正在努力演出亡国灭族的悲剧，每一个角色都克尽厥职，勇不可当，不达目的，誓不罢休。

匈奴人何尝不知道和睦团结的重要，但他们不能和睦团结，不是上天注定，而是智慧不够。一个没有智慧去和睦团结的民族，只有在血泊中消失。

梁松

公元 61 年，陵乡侯梁松，被指控对政府不满，以及用匿名信诽谤，被捕囚禁，死于监狱。

梁松是谋害马援的凶手（参考 49 年），而马援却是梁松老爹梁统的老友，对梁松根本没有恶意。梁松之阴险和不择手段地诬陷对手的心理，根深蒂固。史书对这次伏诛事件的经过，报导不详。只知道梁松于 58 年担任交通部长（太仆）时，不断向地方郡县政府，要求请托，满足私人欲望，而于 59 年就被免职，于是怨天尤人，匿名书四下传播。匿名书内容，没有记载，但从谋害马援的前例推断，一定相当恶毒。梁松认为这次陷害对手的结果，可能跟陷害马援一样，历史重演。想不到，他判断错误，自己却陷了进去。

诬陷手段，像一个回旋盘，往往仍回到原发射基地。

刘阳

东汉王朝（首都洛阳【河南洛阳东白马寺东】）境内王洛山（今地不详）挖掘出宝鼎，呈献给东汉帝（二任明帝）刘阳（本年三十六岁）。刘阳下诏说：“祥瑞降临，是高贵品德发扬后的反应。而今，政治仍有很多乖张，怎么可能有祥瑞？《易经》说：‘鼎，像三公（鼎有三只脚，而三公分别辅佐君王）。’岂不是三公跟部长级官员都能尽到职责的证明！兹赏赐三公每人绸缎五十匹，部长级官员每人绸缎二十五匹。先帝（刘秀）有诏，禁止上书歌颂圣明（参考54年），最近奏章上却有很多虚浮的措辞。从现在开始，如果再发现过度的赞誉，宫廷秘书署（尚书）应拒绝受理，表示我不愿被马屁精在背后嗤笑。”

刘阳不过一个平凡的君王，然而，拜读这项诏令：“不愿被马屁精在背后嗤笑。”洞察人情世故，竟深刻如此。不知道什么原因，有些自以为比刘阳高明万倍的头目，却乐此不疲。因之，背后嗤笑的声音，也不绝于耳。

佛教输入

公元65年，刘阳听说西域（新疆及中亚东部）有一种神祇，名字叫“佛”，遂派使节前往天竺（印度）寻访，得到佛的经典、和尚（沙门），一同返回中国。佛教经典，大体上是一种虚无主义，认为慈悲是一项最尊贵的品德，反对杀戮。认为人死之后，灵魂不灭，可以投胎转生，再来人间。生前所做的善事或恶事，都会得到报应。只要修炼心灵和行为，就可成“佛”。擅长发表高深莫测的言论，引诱劝化愚昧的凡夫俗子。精通佛家经典的人，称为“和尚”（沙门）。于是中国开始有这种宗教，画出神像。王爵和三公高级官员，以及皇族，跟皇亲国戚，都成了信徒。楚王刘英（刘阳的老弟），首先崇拜。

刘阳曾经梦见金人，头上冒着白光。第二天向文武百官查问真相，当他知道那就是西方名叫“佛”的神祇时，就派初级禁卫官（郎中）蔡愔等，前往天竺（印度），画下佛像，连同高僧摄摩腾、竺法兰等，同返中国。用白马驮佛教经典，抵达国门。直到今天，白马寺（河南洛阳东）圣迹，巍然仍存。

这是一项空前未有的冲击，佛教——一个彻头彻尾陌生的外来文化，闯进中国大门，不久就跟儒家系统，发生冲突。儒家学者不了解这么一个怪诞的宗教，怎么竟会有人崇信。然而，佛教一进入中国，便在中国生根，这个外来的宗教刺激纯中国本位的宗教——道教的兴起。于是，中国文化的缺点部分，就在这三种教派影响下，逐渐地一点一滴铸成：儒家培养出中国人的封建和崇古意识，道家培养出中国人的消极无为，佛家培养出中国人的逆来顺受。

楚狱

楚王（首府彭城【江苏徐州】）刘英（刘阳的异母老弟，许美人所生），跟法术师制造金龟、玉鹤，刻上显示祥瑞的文字。一个名叫燕广的男子，向政府检举刘英跟渔阳郡（北京密云）人王平、颜忠等，共同撰写图案文书，有叛乱的阴谋。控案交给有关单位调查后，完全证实。主管单位奏报："刘英大逆不道，请处死刑。"刘阳不忍心批准，只下诏撤销刘英王爵，贬逐到丹阳郡（安徽宣州）泾县（安徽泾县），拨付汤沐邑五百户人家。儿子中封侯爵的，女儿中封公主的，仍保持他们的采邑。封国许太后（刘英娘亲许美人）仍保持太后印信，不必缴还（一旦缴还，许太后便成了平民），继续居住楚王王宫。刘英被押解到丹阳郡（安徽宣州）后，自杀。

刘阳穷追"楚狱"，打击面迅速扩大，如火如荼。一年以来，被口供牵连入狱的人，从首都洛阳皇亲国戚，以及侯爵，到各州、各郡的乡绅豪杰；加上审问官（考按史）有心陷害，因而被诛杀和被贬逐蛮荒的，有一千余人。还没有定案，仍羁押监狱的，仍有数千人。刘英把天下知名之士，记载在一个秘密的小册上。刘阳在其中看到吴郡（即会稽郡，江苏吴县）郡长尹兴的名字，下令逮捕尹兴，跟郡政府官员五百余人，囚禁司法部（廷尉）监狱审问。大家承受不住苦刑拷打，五百余官员，拷死一半以上。只有总务主任（门下掾）陆续、秘书官（主簿）梁宏、行政助理（功曹史）驷勋，偏受五毒苦刑（胡三省原注：五毒苦刑：一、鞭打。二、棍打。三、烧红的铁棒灼烙。四、两股细绳捆绑。五、三股粗绳悬吊），身上肌肉，寸寸溃烂。

在刘英的叛乱案中，再一次显示口供主义的残忍性。仅只一个郡，便有两三百位官员，惨死在五毒的苦刑拷打之下，使人失声。

耿恭

公元 77 年，车骑将军马防，大破西羌（青海东部）封养部落酋长布桥，布桥率领他的部落一万余人投降。刘炟命马防班师，留外籍兵团指挥官（长水校尉）耿恭，攻击还没有归附的零星叛徒，又斩杀俘虏千余人。勒姐、烧何等十三个部落数万人，都向耿恭投降。耿恭曾经在言语上冒犯马防，监军礼宾官（监营谒者）迎合上级的愿望，弹劾耿恭玩忽军情。刘炟征召耿恭回京（首都洛阳），逮捕下狱，免职。

耿恭被指控的罪状是："率领部队，对军事却毫不挂心。自己想干什么，就干什么，为所欲为。整天带着飞鹰，牵着猎狗，在道路上打猎游戏。敌人攻击，却紧闭营门，不敢出面应战，得到皇帝征召回京的诏书，发牢骚抱怨。"这些罪状，依当时法律，当然具备处死的条件。问题是，事实上不是如此，而是这位一世纪的中国名将，在言语上触怒了皇亲国戚。当大军出动时，耿恭向大军总司令马防先生，推荐窦固当凉州（甘肃）州长，他忘了窦固所代表的窦家班的力量，这力量跟马家班势如水火。而耿恭又推荐临邑侯刘复，刘复又是窦固的朋友。使马防发现：耿恭桀骜不驯，是一个潜在的敌人，最好在他羽毛丰满之前，先行铲除。

耿恭保卫西域疏勒城的血迹刚干，西羌之役中大胜的血迹，尚未凝结，立即身陷法律的网罗。马太后千方百计，约束娘家兄弟，要谦卑节俭，更以身作则，真是一个"母仪天下"的典型，然而品格如此高贵，却无法祛除娘家兄弟的私心和暴戾之气，说明儒家一向迷信"以德化民"的"德治"，不过是一句过度夸张的广告词汇。

刘炟薄待亲娘

公元79年，皇太后马女士逝世（年四十岁）。东汉帝（三任章帝）刘炟（音dá【达】）既被马太后收养，一心一意，肯定马姓家族是舅父家族。而亲生之母贾贵人，不能登上高位。贾姓家族那些真正的舅父，没有一人受到宠爱荣耀。等到马太后逝世，只不过使贾贵人的印信，由绿色绣带，晋级改成红色绣带；加派有座位的小车一辆，宫女二百人，御库房各色绸缎二万匹，农林部（大司农）国库黄金一千斤、钱两千万，如此而已。

马太后抱养贾贵人的儿子，细心抚养，在亲情上，百分之百成功，在政治上，更百分之百成功，刘阳那句话说出千古至理："儿子不一定非亲生不可，只怕爱心不够。"马太后的爱心，换来美满的亲情和可观的政治利益，这爱心当然有不纯洁的动机，但爱心本质是高贵的，它可以洗涤瑕疵。回溯西汉王朝赵合德女士的那份折腾（参考公元前6年），她如果有马太后一半的智慧，用全副爱心养育许美人或曹宫女士所生的儿子，恐怕结局大不相同，不但保护自己姐妹的性命，而且合法继承人不会中断，西汉王朝政权，可能继续维持一段时间。不过，赵合德没有这种智慧。所以没有这种智慧的原因，是妒火烧坏了她的大脑。

然而，马太后强夺贾贵人的亲生之子，是一项残忍行为，世界上只有做母亲的才知道婴儿骨肉连心，婴儿在怀中被夺去之后，有多少个夜晚，哭尽思子之泪。如果神经不够坚强，真可能疯狂。刘炟对亲娘的回报，未免太薄。那不是娘亲不要儿，而是儿被强夺！人们一向轻视"有奶就是娘"的无义之辈，刘炟恰恰如此。十一世纪宋王朝四任帝赵受益，也曾面临同样遭遇，但他对待亲娘李宸妃，却感人至深。母子天性，刘炟带给后人的是无限惆怅。

窦皇后杀梁贵人

皇子刘肇被封太子，梁姓家族不敢明目张胆庆祝，但仍在暗中悄悄欢喜。窦姓家族得到消息，既厌恶又恐惧。而窦皇后为了独占养子刘肇的感情，使窦姓家族成为刘肇唯一的舅家，遂决定斩草除根，毒手伸向刘肇娘亲梁贵人姐妹。不断在刘炟（音 dá【达】）面前打她们的小报告，梁贵人姐妹的宠爱开始衰退。

公元 83 年，窦姓家族确知刘炟对梁贵人姐妹已不再有余情时，发出匿名函件，把梁贵人姐妹老爹梁竦，陷入谋反叛乱大狱。梁竦遂被捕，死在牢狱之中，家属贬谪到九真郡（越南共和国清化市）。梁贵人姐妹忧愁而死。梁竦供词中牵连到老哥梁松的妻子舞阴公主刘义王（一任帝刘秀女），于是刘义王被贬逐到新城（河南伊川西南古城村）。

西汉王朝赵合德式的夺床斗争，重现于东汉王朝，主要的原因，在于皇后没有儿子。赵合德也好，窦皇后也好，如果有子，血腥程度，尚可减低。赵合德不过一条美丽的低等动物，没有儿子就更丧失理智。窦皇后比较聪明，从以后发生的若干行事上，证明她本质并不是一个恶妇，她从婆母马太后那里得到启示，从小抚养刘肇，这比赵合德要高明百倍。可是，她的那些兄弟们却愚不可及，逼她走上梁山，一击宋姓姐妹，二击梁姓姐妹。马太后虽然严厉，却不杀刘炟亲娘贾贵人。因为仅只压制，怨恨不过就是怨恨，如果发展到流血，怨恨就升级成为怨毒；而怨毒，只有流血才可解除。窦家班在马太后成功的模式里，犯下最大错误：杀了刘肇的娘亲。这是一颗足以使窦姓家族毁灭的定时炸弹。聪明和智慧，在此一线上，看出分际。

霍延辱骂权贵

下邳国（首府下邳【江苏睢宁北古邳镇】）人周纡，当洛阳（首都所在县）县长（令），就任之后，首先询问地方恶霸姓名。县政府官员把土豪劣绅的名单呈报给他，周纡厉声说："我指的是皇亲国戚马、窦家的子弟，谁管这些贩夫走卒？"部下了解他的决心之后，互相竞争着用激烈的手段打击不法行为，皇亲国戚们吃了几次闷棍之后，不敢放肆。首都洛阳的治安，恢复良好。然而，不久就发生窦笃事件。窦笃夜间出游，停留在止奸亭，亭长霍延拔出宝剑，直指窦笃，破口大骂。窦笃报告刘炟，刘炟命京畿总卫戍司令（司隶校尉）、首都洛阳市长（河南尹），到宫廷秘书署（尚书）接受审问。再派武装卫士逮捕周纡，囚禁司法部（廷尉）监狱。数日之后，才赦免释放。

酱缸文化培养出绝对相反的两种极端性格：一端是自卑，自卑到自愿毁弃自己的人格；一端是自傲，自傲到乐于毁弃自己的人格。

周纡的故事，又为我们提供例证。窦马二家凶暴，令人切齿，但周纡不是一个暴徒，而是一个法官。窦笃如果犯法，可以处罚，不可以侮辱。霍延破口大骂，是一种绝对的自傲。一般人看见他对权贵都敢如此毫无忌惮，往往感觉到大快人心。然而，对小民固不可侮辱，对权贵同样不可侮辱。霍延只是狗仗人势而已，主人叫他咬权贵，他就咬权贵，一旦换了主人，反过来叫他咬小民，小民可能立刻死于剑下。公平正直的气质，建立在自尊之上，不因为你是权贵就特别优待，也不因为你是权贵就特别严苛。周纡向权贵挑战，我们敬佩，但用这种方式挑战，后遗症是可怖的。我们固不同意窦笃的犯法夜游，但也不同意霍延的破口大骂——向权贵破口大骂，或向小民破口大骂，都不是健康的认知。

我们追求的不是逞一时之快，而是万世太平。

朱晖

公元 84 年，刘炟前往章陵（湖北枣阳南），再去江陵（江陵国首府，湖北江陵）。在归途中，前往宛县（南阳郡郡政府所在县，河南南阳），召见前临淮郡（江苏泗洪南）郡长、宛县人朱晖，任命他当宫廷秘书署执行官（尚书仆射）。朱晖在临淮郡（江苏泗洪南）郡长任内，对人民有德政，人民歌颂他说：“不惧不畏／南阳朱晖／官员害怕他的德威／人民思念他的恩惠。”当时，因犯法免职，在家闲住（朱晖把郡政府高级职员【长吏】用苦刑拷死在监狱之中，被州政府指控，朱晖免职），所以刘炟召见他任官。

朱晖本是一个苦刑拷打、致人于死的酷吏，只因人事关系，鹞子翻身，忽然跃进政府最高中枢，连当初免他职的州政府官员，都在他权势笼罩之下。而就在本年（84年），刘炟刚颁布过禁止苦刑拷打诏令。这是一项讽刺，使人民对政府丧失信心。因下令禁止苦刑拷打的人，正是实施苦刑拷打的人。

梁郁

鲁国（即东海国，首府鲁县【山东曲阜】）人孔僖、涿郡（河北涿州）人崔骃（音 yīn【因】），一同在首都洛阳国立大学（太学）读书，互相切磋，谈论西汉七任帝（武帝）刘彻，认为刘彻最初登极时，崇信儒家学派，五六年间，被称为有老爹刘启（六任景帝）、祖父刘恒（五任文帝）的政绩；可是后来放纵自己，遂抛弃了从前的善行。邻房另一位大学生梁郁，听到这些议论，上书皇帝，检举孔僖、崔骃诽谤先帝，借古讽今，讥刺当前政治。案件交付有关单位调查，崔骃先被官员传讯审问；孔僖发现事态严重，上书答辩，说："诽谤的意义，原是指并没有这件事，而作虚伪的诬陷。至于孝武皇帝（刘彻），他的美恶得失，统统显示在史书之上，写得比日月在天还要明白，我们不过把史书上的记载，用口头再说一遍而已，并没有任何虚构。皇帝这个角色，无论做好事或做坏事，天下没有人不知道，人们根据这些来评论，无法用诛杀遏止。"刘炟看到后，下诏："不要受理这件控案。"并任命孔僖当图书管理官（兰台令史）。

孔僖的勇气，使人崇敬。他跟崔骃，应是中国冤狱史最幸运的两个知识分子，因为他们终于遇到用理性可以说服的君王。不过，孔僖的观点："假如我们抨击的是事实，政府固然应该改正，即令我们抨击的不是事实，政府也应包容。"恐怕是知识分子一厢情愿的想法——一种理想主义的想法。对暴君暴官而言，他所以怒火冲天，兴起大狱，往往不是因为你抨击的不是事实，恰恰相反，而正因为你抨击的硬是不折不扣的事实。你抨击得离谱太远，他还有原谅你的可能性，而你嚷嚷他患有梅毒，偏偏他真的患有梅毒，反应才强烈而残忍，他不会"改正"，他只会愤恨你使他露出原形。

梁郁的行为，使人兴起唾他的脸的冲动。但直到今天为止，这种一脸忠贞鲨鱼之辈，仍遍地皆是。不是中国人特别喜爱打小报告，而是制度如此。有什么制度，就有什么样的行动反应，当社会风气以告密为荣，认为告密就是效忠时，我们又如何唾得完？又如何特别要唾某一人二人！

皇后家族的覆灭

窦太后临朝执政，老哥窦宪以宫廷随从（侍中）身份，入宫主持机要，出宫传达皇太后命令。老弟窦笃，当虎贲警卫指挥官（虎贲中郎将）。窦笃弟弟窦景、窦瓌，同时当寝殿侍奉宦官（中常侍）。兄弟全居权力枢纽，窦姓家族身价，一夜间暴涨。

窦宪的门客崔骃（不知道是不是前文那个崔骃），向窦宪提出一份备忘录："古人说：'生下来就富有的，骄傲。生下来就尊贵的，蛮横。'生下来就富有尊贵，而能不骄傲不蛮横的，从来没有见过。而今，阁下的宠爱和官位，正如日上升，文武百官，无不注视你所作所为，岂可以不日夜小心，以求荣耀终身！从前，冯野王（参考公元前 24 年）也是皇亲国戚，身居高位（冯野王妹妹冯媛，是西汉十一任帝刘奭的小老婆，参考公元前 38 年），人们称赞他贤能。近来，皇城保安司令（卫尉）阴兴（一任帝刘秀皇后阴丽华老弟），克制自己，坚守礼义（克己复礼），终于受到很多的福分。皇后家族所以弄得被当时人讥嘲，被后世人谴责，主要原因在于权势太大，而不知道收敛；官位太高，品德能力，却不能相配。自从西汉王朝兴起，直到覆亡，皇后家族二十家，能够保全身家性命的，不过四家而已（皇后家族受到死亡或放逐灾难的，至少有十七家：①吕家，一任帝刘邦妻吕雉，灭族。②张家，二任帝刘盈妻张嫣，罢黜，家族败亡。③薄家，五任帝刘恒娘亲薄太后，老弟薄昭被杀，侄孙女薄皇后【六任帝刘启妻】被废。④窦家，刘恒妻窦皇后，侄儿窦婴被杀。⑤陈家，七任帝刘彻妻陈娇，被罢黜。⑥卫家，刘彻妻卫子夫，母子祖孙自杀。⑦赵家，八任帝刘弗陵娘亲赵钩弋，被杀。⑧上官家，刘弗陵妻上官皇后，灭族。⑨史家，十任帝刘病已祖母史良娣，自杀。⑩王家，刘病已娘亲王翁须、侄孙王安，被杀。⑪许家，十任帝刘病已妻许平君，被杀，侄女许皇后【刘骜妻】自杀。⑫霍家，刘病已妻霍成君，灭族。⑬王家，十一任帝刘奭妻王政君，灭族，侄孙女王皇后【刘箕子妻】自杀。⑭赵家，刘骜妻赵飞燕，姐妹自杀。⑮傅家，十三任帝刘欣祖母傅太后、堂弟傅晏，放逐蛮荒，堂侄女傅皇后【刘欣妻】自杀。⑯冯家，十四任帝刘箕子祖母冯媛，自杀。⑰卫家，刘箕子娘亲卫姬，灭族。而只有下列四家，幸告平安：Ⅰ六任帝刘启妻王娡。Ⅱ九任帝刘贺祖母李夫人。Ⅲ十任帝刘病已妻王皇后【邛城太后】。Ⅳ十三任帝刘欣娘亲丁姬）。《书经》说：'不可以不把夏

王朝的覆亡，作为鉴戒，也不可以不把商王朝的覆亡，作为鉴戒。’岂可以不谨慎！”窦宪性格果断急躁，不能接受。

两汉王朝的政治结构，当然不是二十世纪现代民主政治的“内阁制”。可是，如果用“内阁制”作为比喻，说明皇后家族在两汉王朝政府中的权力位置，却可一目了然。现代民主国家，一个新元首当选，就在他所隶属的政党中，遴选内阁。而两汉王朝，一个新元首登极，就由他娘亲或妻子的娘家人——舅父或内兄、内弟，掌握权力，出任高官。

皇后家族当权的主要原因，在于皇太子不准许过问政治，不准许关心民间疾苦，不准许跟现任官员来往，不准许跟知识分子结交。如果不相信这一连串的“不准许”，违反了一条，即令吉星高照，不被罢黜，也会引起大狱。而且，当皇帝的人，往往都死得太早。死得太早的意义是：寡妇太年轻，孤儿太年幼。面对着丢下来乱糟一团的摊子和人头攒动的文武百官，跟一个普通文化人面对核子反应炉一样，陌生、恐惧，不知道如何运作。于是，寡妇只有信赖她最熟悉的娘家人：父亲、哥哥、弟弟、侄儿。孤儿也只有信赖他最熟悉的舅舅家人：舅父、表兄、表弟、表侄。皇后家族就非处于第一线不可，想逃都逃不掉。何况，根本就没有人想逃。事实上，绝大多数的皇后娘家人，还在心如火焚地争取。

东汉王朝二任帝刘阳正妻马皇后的故事，可帮助我们了解皇后家族的基本心理状态。当马援家属因“薏苡案”受到重创后（参考 49 年），权贵分子知道马家再没有翻身的可能，对马家就更欺负。马家女儿跟窦家订婚，窦家声势，正节节蹿高，对这项破落户婚姻，颇有后悔之意，史书上虽没有写出如何受到轻视，但我们可以察觉出来那种轻视。马女士的堂兄马严，既忧愁家族危如累卵，又愤恨日益难堪的羞辱，就跟马援夫人决定，跟窦家解除婚约，而把女儿呈献给当时还是皇太子的刘阳。目的很明显，女儿运气不好，或受不到宠爱，或遇到意外，马家不过损失一个女儿。可是，如果时来运转，当了皇后，尤其是，如果当了皇太后，那可是典型的：“一人得道，鸡犬升天。”马家还是东汉王朝最好的一家皇后娘家，原始动机，就是要

夺取权力。

皇后家族主持政府，已成为一种习惯，上自君王，下到小民，都接受这种制度。所以，当西汉王朝十三任帝刘欣即位之后，皇太后王政君立刻下令王家班退出政府（参考公元前7年5月）。十四任帝刘箕子即位之后，连王莽的儿子，也一致坚持把政府交给卫姓家族。在两汉王朝，皇帝和皇后两大家族，共同统治中国。皇帝家族是宪法，皇后家族是内阁。

然而，正因为皇后家族不是二十世纪现代内阁，他们不是靠人民选举，而只靠他们家的漂亮女儿，在宫廷夺床斗争中，获得胜利。所以，他们一旦擢升，并不是一个有政治理想、有政治抱负的集团，而只是一群鱼鳖虾蚧、牛鬼蛇神。一定引起官怒民怨，一旦宫廷里那个美女失去宠爱，或失去控制，或伸腿瞪眼死亡，新的头目登极，新的美女上床，形势就等于现代民主国家一次大选。不同的是，皇后家族要想在失败后回家睡大觉，却不可能，他们上台时的台阶，是他们家女儿温柔细腻的胴体；而他们下台时的台阶，却是血腥的死尸；血腥的程度，跟他们所掌握权柄的大小，成正比例。掌握最大的权力，像霍姓家族、王姓家族（王莽），简直可以摆布皇帝，那么连个下台的台阶都没有，而又不能不下台，就只好像是从着了火的三百层高楼上，往下一跳。

皇后家族一旦当权，大多数注定要演出悲剧。旁观者已在为他们血肉模糊的远景，吓得浑身发抖，皇后家族们却陶醉沉迷，任何警告的声音，小的声音他们不理，大的声音他们则认为你如果不是酸葡萄，一定是心怀不轨——怎么，想剥夺俺的大权呀？正因为如此，皇后家族的悲剧才不绝迹，不断供后人凭吊。

何敞

公元88年，东汉政府发生重大凶杀案件。齐（殇）王（首府临淄【山东淄博东临淄区】）刘石的儿子、都乡侯刘畅（刘秀老哥刘缜的曾孙），前来京师（首都洛阳），参加三任帝（章帝）刘炟葬礼。窦太后对他十分欣赏，一连召见他。引起窦宪恐惧，恐怕刘畅分割自己的权力，于是采取凶暴手段，派刺客深入宫门禁卫部队中，把刘畅暗杀。凶案发生后，窦宪透过特务系统，宣称主凶是刘畅的弟弟利侯刘刚。命执法监察官（侍御史），跟青州（山东北部）州政府（跟齐国首府同在临淄），逮捕刘刚等（刘刚封利侯，利国在今山东博兴东），就在临淄组成联合法庭审讯。宫廷秘书（尚书）颍川郡（河南禹州）人韩稜，抗议说："凶手就在京师（首都洛阳），不应舍近求远，去千里之外另找凶手，恐怕徒惹奸臣冷笑。"窦太后大怒，对韩稜严厉责备，而韩稜坚持他的意见。全国武装部队总司令部（太尉府）保安官（贼曹）何敞，对宫廷秘书（尚书）宋由说："刘畅是皇家血统，封国藩臣，前来首都奔丧，上书等候差遣，在皇宫禁卫军保护之下，竟遭受惨杀。负责治安的单位，盲目追捕，既找不到踪影，又弄不清凶手是谁。我屡次担任重要职位，现在又主管安全事宜。我打算亲自到联合法庭，参与审理，观察变化。可是，二府（宰相府【司徒府】、最高监察署【司空府】）的负责人，认为依照惯例，三公不管地方上盗贼，公然放纵奸恶，没有人能够责备。所以，我准备单独具名，奏请参与，须你转呈。"宋由承诺。宰相府（司徒府）、最高监察署（司空府），听到何敞已被批准前往临淄（山东淄博东临淄区）参与审判消息，也分别派出主管官员，一同前往。在严厉公正的审理下，真相大白，事实俱在，全案奏报窦太后。窦太后怒不可遏，把窦宪禁闭到皇宫内院。窦宪恐怕被杀，要求出击北匈奴（王庭设西海附近），赎回死罪。

刘刚等得以不死于冤狱，应感谢何敞的道德勇气。否则，刘刚不但身死，还要背上杀兄的恶名。凶线竟然搭到刘刚身上，平常当然有蛛丝马迹，可资利用。诸如刘刚跟老哥刘畅素来不睦，甚至有过冲突，甚至有过"干掉你"的言论，都会被一一用来佐证，再加上天衣无缝的判决书，谁都不能推翻。

冤狱平反，更在于何敞不但倡议，而且行动，他所承受的压力比泰山都重，如果窦太后再支持窦宪，何敞可能丧命。而其他两府派人参与，也是一项壮举，都应受到千古敬仰。

燕然勒石

东汉政府大军，兵分三路，向北匈奴汗国发动总攻。窦宪、耿秉，率大军出鸡鹿塞（内蒙古磴口县西北七十公里）三千华里，登燕然山（蒙古国杭爱山），命军事保护官（中护军）班固在山上刻立石碑，记载这次大捷，宣扬中国国威荣耀，然后班师。

窦宪攻击北匈奴汗国这次战役，是中国对外战史上最伟大的战役之一，胜利果实可称空前。班固的“燕然勒石”，从此成为典故，流传两千年而景象仍新。窦宪固然是皇亲国戚，又固然是个坏胚，但在这件事上，他对国家确有重要的贡献。是非功过，理应分明，窦宪做出应受歌颂的事时，我们由衷歌颂。

然而，这么一场轰轰烈烈的战役，史书上只寥寥数行，反而不如一个儒家学派知识分子的一件酸溜溜的屁事，占的篇幅要多（诸如毛义、郑均、张奉之类）。多少可歌可泣的民族英雄事迹，被迂腐的跟没有原则的反战思想埋没。这是中华文化遗产中，最严重的缺失，不但不公平，也不道德，严重地影响整个民族的气质。中国史书之不能射出光芒，中华人之孱弱，原因在此。

金微山战役

公元 91 年，全国最高统帅窦宪决心乘北匈奴（王庭设西海【蒙古国科布多城东哈腊湖】附近）微弱，一举把它消灭。派左翼指挥官（左校尉）耿夔、军政官（司马）任尚，率大军出居延塞（内蒙古额济纳旗），进击金微山（阿尔泰山），把北单于（姓名不详）团团包围，大破北单于主力，俘虏北单于娘亲皇太后（母阏氏），斩名王以下五千余人。北单于仓卒逃走，不知去向。中国远征军出塞五千余华里，才行班师。中国自从两汉王朝出兵以来，从没有这一次攻击得这么远，抵达从没有抵达过的地方。

中国与外国人所发生的战争，往往局限边疆，很少能影响世界局势。然而，金微山（阿尔泰山）之战，不但对中国重要，使中国解除了历时三百年之久的匈奴汗国的威胁，大大地喘一口气。看起来中国比罗马幸运，罗马到了最后，仍栽在北方蛮族之手，而中国虽然吃了不少北方蛮族的苦头，最后仍能把他们摆脱。对西方世界而言，金微山之战，更为重要。北匈奴汗国残余部众，在漠北不能立足，于是向西方漂泊。漂泊的时间是那么久，以致脱离了中国历史范围，没有留下文字记载。可是，三百年后，复苏而又重新强大的北匈奴汗国，终于漂泊航空距离四千公里之遥，抵达黑海北岸，引起骨牌效应的民族大迁移。原住黑海北岸的西哥德部落，受不了北匈奴的压力，向西侵入多瑙河上游。原住多瑙河上游的汪达尔部落，受不了西哥德的压力，向西侵入罗马帝国。罗马终于亡在这些排山倒海而来的野蛮民族手中。

北匈奴从此在中国历史上消失，除了偶尔有点断续信息外，只剩下了南匈奴，永远成为中国的附庸。这个一度使中国受辱屈膝的强大国家，在形式上仍继续存在一百余年，不过已不再居于重要地位。三世纪初叶，它的最后一任（四十二任）单于，到邺县（河北临漳西南邺镇）拜见当时中国丞相曹操，曹操把他留下，匈奴汗国终于名实俱亡。

弑君疑案

公元 92 年，东汉发生宫廷政变，窦家班崩溃。窦姓家族父子兄弟，同时担任文武高官，布满政府。穰侯邓叠、邓叠老弟步兵指挥官（步兵校尉）邓磊，及娘亲邓元、窦宪女婿射击兵团指挥官（射声校尉）郭举、郭举的老爹长乐宫供应官（长乐少府）郭璜，互相结成一个集团。邓元、郭举，都随时可以出入宫廷。郭举受窦太后的宠爱，遂决定谋杀皇帝（四任和帝）刘肇（本年十四岁）。刘肇反击，下诏，命首都洛阳警备区司令（执金吾）、北军（野战军）五营指挥官（校尉），全体备战，逮捕郭璜、郭举、邓叠、邓磊，送到监狱后，立即格杀。收缴窦宪全国最高统帅（大将军）印信，改封窦宪冠军侯（封地在今河南邓州西北冠军村），对于窦笃、窦景、窦理，命他们自杀。

窦宪有自取败亡之道，但他的罪状不应是谋反。史书上对这桩公案，记述得过于简略，简略到使人惊疑丛生。

史书显示，企图谋杀皇帝刘肇的，是邓家父子跟郭家母子，只因为他们常常进宫的缘故，遂兴起恶念，这真是天下最奇异的犯罪动机。杀一个皇帝比杀一条狗要严重得多，纵令那家的狗常吠来客，来客也不可能对狗下手，何况狗又乖得要命。刘肇并没有干涉窦家班的企图，更没有阻挡窦家班的财路权路。杀了刘肇，再换一个刘什么，也不过不干涉不挡路而已，他们何必多此一杀？如果要像霍家当年（参考公元前 74 年），打算改立霍禹代替，打算拥戴窦宪接班继位，当时的政治文件，以及史料史书，却没有一字一语记载，难道只敢对霍禹指名道姓？

邓、郭二家没有谋杀皇帝的理由，窦宪也没有谋杀皇帝的必要，纵然是疯子兼白痴，都不会冒出这种奇怪念头。而且，刘肇今年才十四岁，十四岁不过初中毕业班年纪，闹恋爱也不过刚够资格。但看他从容布置，指挥若定，把首都警备区司令，以及北军的五营，完全置于控制之下；又派人收回窦宪等人的印信，竟不怕武装拒抗；然后诏书频发，计出不穷，这不是一个十四岁从没有出过家门的小娃，跟一个只负

责管理花园器具的宦官，可以办到的事。

显然，这是一场流血政变，幕后有一个或几个老谋深算的阴谋家在筹划设计，再交给刘肇小娃发号施令。成功了，他有一份；失败了，依这种隐秘程度，大祸也不见得会抓住他们。他们把刘肇当作一根棍子，用来挥向政敌。

我们不知道幕后巨头是谁，史料也没有显示，仅就寥寥记载，姑且推测，罢黜了的皇太子、改封清河王的刘庆，应是主要的角色。他的目的可能为了争权，但也可能极为单纯，只为了复仇，复自己被罢黜之仇，复娘亲被杀害之仇。如果这个判断正确，我们对他充满了同情。可是，他太缺少包容，诚如王夫之指出，“朋党”之祸，从此生根。政治应有一种让步性，凡是在敌人身上称心快意，必然招来另一种称心快意的反应。恶性循环，无有已时。

班固死在监狱

最初，班固的家奴，曾经因喝醉了酒，诟骂洛阳（首都所在县）县长种兢。公元 92 年，宫廷政变发生后，种兢奉命逮捕窦姓家族宾客时，一并逮捕班固，班固遂死在监狱。班固所著《汉书》，还没有完成。东汉帝刘肇命班固的妹妹、曹寿的妻子班昭（曹大姑），继续完成。

班固先生之死于非命，我们惋惜。可是，他手下的一个奴仆，竟敢侮辱洛阳县长，洛阳县长只有忍气吞声，可看出班固跟他笔下歌颂的“君子”形象，恐怕不符。

最有趣的是，班固竟然讥刺司马迁不知道明哲保身（参考公元前 99 年）。我们绝不因班固不能明哲保身瞧不起他，反而更增加我们同情。可是，判断一个人而用明哲保身作为标准，说明他不但伧俗，而且缺乏良知。

迷唐叛变之谜

蜀郡（四川成都）郡长聂尚，接替邓训当西羌保安司令（护羌校尉），准备用恩德怀柔诸羌部落。乃派出翻译官，前往招抚烧当部落（颇岩谷）酋长迷唐（参考 88 年），让他们再回到大小榆谷（青海尖扎西）。迷唐既回到大小榆谷，请他的祖母卑缺，晋见聂尚。聂尚亲自把卑缺送到塞外，设宴送行，派翻译官田汜等五人，护送卑缺到她所住的庐帐。迷唐遂起兵叛变，联合其他部落，把田汜等五人活生生剖腹屠杀，用鲜血盟誓，攻击金城郡（甘肃永靖西北）边塞。聂尚受免职处分。

迷唐之叛，不可思议。以聂尚对他的恩重如山，既允许他返回流奶与蜜之地的大小榆谷，而又亲自送还他的祖母，绝不可能产生这种结局。迷唐如果有了流奶与蜜之地，便立刻抖了起来，迫不及待地要大干一场，则又何必劳动祖母去向聂尚道谢？如果道谢是为了拖延时间，则何至祖母一归，立即翻脸？难道只为了多争取几天？依照人之常情，迷唐只会有感谢之心；即令没有感谢之心，也会等到在新地盘上生根之后，再行发动。

然而，迷唐竟然在受到大恩大德和隆重礼遇之后，做出惨无人道的反应。我们不晓得原因何在，但晓得必有原因。最直觉的解释是，迷唐祖母在这次亲善之旅中，受到羌人无法忍受的羞辱，这羞辱可能来自聂尚，更可能来自田汜等五位护送的差役。所以迷唐在暴怒之下，用最残酷的手段，剖腹挖心。而其他部落，也都慷慨追随。他只是为了雪耻泄愤，不是为了叛变。只不过雪耻泄愤之后，只好叛变。

外患来自北方

最初，左翼指挥官（左校尉）耿夔，在金微山（阿尔泰山）大破北匈奴汗国（参考91年2月），鲜卑部落（内蒙古西辽河上游）开始从东方向西方，辗转迁移，填补北匈奴留下的广大地区（今蒙古国。但核心组成部分，仍留在今内蒙古东南部）。匈奴聚落残余的还有十余万，为了生存，也自称鲜卑。鲜卑自此日益强大。

中国因为地理形势特殊，五千年来，严重的外患，始终来自北方（吐蕃王国是唯一例外）。匈奴之后有鲜卑，鲜卑之后有柔然，柔然之后有突厥，突厥之后有回纥，回纥之后有契丹，契丹之后有女真，女真之后有蒙古。每一个时代，中国都要倾全国之力，艰苦缠斗，保卫国土。可怜的是，中国的战斗力跟儒家学派的声势，成反比例发展，圣人越多，英雄越少，酱缸越深，活力越弱。中国遂越来越抵抗不住，不断惨败，以致皇帝被人生擒活捉，国家屡次灭亡，几乎不能翻身。

保持北疆和平——当然不是屈辱的和平，而是光荣的和平，一直是中国最高的追求目标。追求得到，中国强；追求不到，中国弱。

匈奴内斗

南匈奴汗国（王庭设美稷【内蒙古准格尔旗】）单于（三十一任）栾提安国，跟中国派驻的匈奴协防司令（使匈奴中郎将）杜崇，不能和睦相处。栾提安国遂向东汉政府控告杜崇，杜崇指使西河郡（内蒙古准格尔旗西南。美稷县【王庭所在】属西河郡管辖）郡长，在中途把奏章扣留。栾提安国失去上诉管道，无法表白自己。杜崇乘机反击，跟朱徽联合上书，说："栾提安国疏远他的忠诚旧部，反而跟新归附的降人（指北匈奴降人）亲近，打算诛杀左贤王栾提师子，以及东部军区司令（左大且渠）刘利等。"栾提安国放弃所有营帐，集结兵力，打算先行诛杀栾提师子，追到城下，城门已经关闭。朱徽派人前往调解，栾提安国拒不接受，一定要得到栾提师子才甘心。栾提安国的舅父、队长（骨都侯）喜为等，担心全族有被屠灭的危险，于是，格杀栾提安国。

匈奴已沦落破碎到这种地步，仍不能团结，窝里斗层出不穷，徒提供别人宰割机会外，有什么裨益？我们对这个不争气的敌人，既轻视，又感叹。

四条人命代价

乐成王（首府信都【河北冀州】）刘党（刘肇的叔父），被控杀人，剥夺封国的东光（河北东光）、鄡县（河北辛集东，鄡，音 qiāo【敲】）两县。

刘党并不比其他王子好，也不比其他王子坏。两汉王朝有明文规定，皇宫宫女出嫁，只可嫁到民间，不准封国的王府、侯府收留。而皇宫歌星哀置女士，嫁给民间男子章初。刘党把哀置接到王宫，跟她上床。章初准备上书控告，刘党用重金买通哀置的姐姐哀焦，把章初害死；为了防止消息走漏，又一连绞死三个侍女灭口。

四条人命，只值两县采邑的赋税。叫得震天响的口号“爱民如子”以及“王子犯法，与小民同罪”，不过是一个化解小民悲愤的骗局。

甘英

西域总督（都护）定远侯班超，派他的秘书（掾）甘英，出使大秦帝国（罗马帝国）、条支王国（叙利亚王国【亚历山大部将塞琉卡斯建立】）。甘英深入西方（西海），经过之处，都是前人从没有到过的地方。甘英一一考察他们的风土人情，取得他们的奇异产品。最后，进入安息王国（伊朗共和国）的西界，抵达大海（今地不详），准备船只，打算再向西进发。水手们告诉甘英说："大海广阔，遇到顺风，要走三个月；如果遇到逆风，可能走上两年。所以，渡海的人，都带三年粮食。海上寂寞，容易使人害思乡病，常有人死亡。"甘英才停止。

甘英恐怕是个色厉内荏型人物，表面上雄壮如狮，豪气如虹，班超才派他担任这项重要的西方探险任务，结果他到了一个不知道地名的水滨，就抱头折回。

有人认为甘英所到的"大海"是波斯湾，但波斯湾即令有最强大的顺风，三个月也到不了罗马（那时还没有苏伊士运河，船只必须绕道非洲好望角，而好望角当时还没有发现）。所以，"大海"是地中海，较合常理。"大海"之滨，应该是今日的巴勒斯坦。如果这项判断正确，那就更证明甘英的报告并不可靠。他抵达巴勒斯坦之时，正是基督教使徒保罗向罗马城出发之际。巴勒斯坦和罗马之间，交通频繁。甘英绝不会躲在旅馆里，只听船夫们片面之词（甚至可能是向他兜售粮食的贩夫走卒的片面之词），连码头都不去一下，否则码头上繁荣忙碌，会证明去大秦（罗马帝国）并不困难，也没有危险。

班超似乎是选错了人，如果是班超自己，或另一位部下田虑，说不定当时世界上东西两大帝国，从此直接接触。因为国势相等，所以那将是平等的接触。东西文化的文流，用不着再等漫长的一千七百年，直到中国最昏弱的十九世纪。

徐防

最高监察长（司空）徐防上书东汉帝（四任和帝）刘肇，认为："东汉王朝设立十四家研究官（博士。一任帝刘秀在位时，核定儒家学派五经标准本，计《易经》：施雠、孟喜、梁丘贺、京房；《书经》：欧阳高、夏侯胜、夏侯建；《诗经》：申培、辕固、韩婴；《春秋》：严彭祖、颜安乐；《礼经》：戴德、戴圣），设有甲乙等级，作为对学者的一种鼓励（各家研究官所教授的学生，每年考试一次。甲等录取四十人，当宫廷禁卫官【郎中】；乙等录取二十人，当太子宫禁卫官【太子舍人】；丙等录取四人，当各郡、各封国教育官【文学】）。可是，我考察国立大学（太学）每次考试学生，都是用自己的意见，并不尊重各家的标准解释，互相私下包容，开辟奸邪之路。每逢遇到向他们征求意见时，大家就议论纷纷，你指控，我批驳，是是非非，一团糟乱。孔丘自称：'继承先圣先贤的旨意，自己并没有创见。'又说：'我年轻时还曾经看到史书上有很多缺文。'（孔丘年轻时还看到过史书上有缺文，年老时却看不到，因为都被人擅自补上去了。）而今，学生们不遵照标准本的原文章句，却自己妄行发挥，认为师父的道理，不一定需要遵守，自己的创见才合理；轻视侮辱传统经典，一时成为风气，这不是陛下当初遴选人才的本意。改变浇薄的习俗，莫如提倡'忠心'，这是三代（夏商周）的正常法则。专心而精密地研究师父的学说，是儒家学者最优先的工作。我认为，研究官（博士）跟厘定等级的考试，应该完全根据标准本，挑出五十个难题，命他们回答。解释最多的是第一等，引文出处明白的是最高级。如果不依照师父的学说，而以自己的见解，互相攻击，都要纠正，肯定他犯了错误。"刘肇批准。

公元前140年，西汉政府采纳董仲舒的建议，罢黜百家，独尊儒术，使中国灿烂辉煌、百花怒放的学术自由，告一结束。学术界成了儒家学派一家的天下，经过两百年的漫长培养，前有鲁丕（参考99年），后有徐防，蓦然出现，花样翻新，更要求知识分子——当然是儒家学派的知识分子，不但不可以跳出儒家学派大圈圈，还不可以跳出"师承"小圈圈。

儒家学派自从献身政治，跟统治阶级合作以来，帮派即行林立。只因对儒家经典，必须有点特殊的见解，才能在政治上插上一腿。师父跟学生之间，不仅是教育关系，而且成了利益集团。两汉王朝时代儒家学派《五经》研究，最重家法，师父传授学问，成为一种标志，只要他张口，立刻可以发现他属于某个门派。最后，东汉政府核定十四个标准学说，作为法定的知识规范，十四家之外的学说，全属左道旁门。

然而，在那个狭小的天地里，学者们仍可以小有出入，使奄奄一息的儒家学派，仍有微弱呼吸。想不到，鲁丕、徐防，出手一击，连这微弱的呼吸，也被窒息。从此，儒家学派的学者，不准有想象力，不准有创意。在二十世纪被视为瑰宝的想象力，儒家却被认为是一种邪恶；价值连城的创意，却被认为是轻视侮辱道统。儒家学者们唯一可以做的事是：效法孔丘的“述而不作”。用圣人的经典，解释圣人的经典，用古人的话，证明古人的话。以“圣言量”取胜，什么人的意见都有，独没有自己的意见。如果有自己的意见，即令正确，也是错误。

董仲舒是扼杀中国学术自由的罪魁，鲁丕、徐防则是扼杀中国知识分子复苏的凶手。从此，中国知识分子再用不着思考，因为圣人古人已经思考得很精密了，年复一年，中华人的思考能力，遂完全僵化，直到十八世纪清王朝末叶，所谓“八股文”，一脉相传，字字都是死尸。

这种精神在中华人社会流行最广的武侠小说上，充分表达，江湖好汉醉心的是，从古人“秘籍”中寻求武功，很少自己发明武功。而且，门徒的武功再高强，也永远高强不过师父。这件事情如果倒转过来一想，事态就十分严重。那就是中华人已被命中注定：一代不如一代，精华在“古”，越现代越功力不济。这种发展违反进化原则，祖师爷如果可以一跳三丈的话，最后一个徒孙，大概一寸也跳不起来，只因门徒不能胜过师父。于是“尊师”跟“重道”同等，“师”与“父”合一，有创见或企图突破，就是“背叛师门”，将受到唾弃和诛杀。

儒家就是这种结构，不同的是，侠客用剑，儒生用笔，侠客用血遏阻，儒生则借用政治力量。亚里士多德那种“吾爱吾师，吾更爱真理”的高贵挑战精神，直到二十世纪，中华人学术界里，不但找不到，反而豢养出来成群结队的“护师动物”，

眼里只有师承，没有真理。所以儒家的高级知识分子，最勤奋经营的一件事，就是广收学生，招揽门徒。学生门徒不但成了传播他学问的宣传员，也成了保护他荣耀的锦衣卫。

国家民族的叛徒是可厌的，但学术界的叛徒却是促使学术发出万丈光芒的火炬。一直在“师承”中旋转折腾，不过是终于要沉淀在酱缸缸底的虫蛆而已。

吉成事件

公元105年，东汉帝（四任和帝）刘肇在章德前殿逝世（年二十七岁）。刘肇最喜爱的一位名叫吉成的宫女，她的侍婢联合起来，一口咬定吉成从事巫蛊诅咒。皇后邓绥命宫廷事务总管（掖庭令）审问，证据俱在，吉成也全部自动招认。邓绥感到怀疑，认为吉成是刘肇的侍女，邓绥对她不但宽厚，而且有恩，平常从没有发过怨言，何至在刘肇死了之后，施用巫蛊诅咒手段，不合人之常情。于是，把吉成叫到跟前，亲自询问考查，果然查出是吉成的侍婢们干的勾当。

吉成的罪行，铁案如山，已无可救。有人证：吉成的侍婢志（姓不详）等，众口一词，指控吉成犯下滔天大罪。有物证：就在地下掘出刻着皇太后邓绥姓名及生辰八字的木偶（心窝可能还插着铁针或铁钉）。而凶嫌吉成，既自动招认，又坦承不讳。

任何人都不能怀疑吉成的罪行，而邓绥怀疑。邓绥根据人性推测，当吉成得宠时候，对皇后尚且没有怨言，却在靠山倒下之后，冒犯皇太后，她追求的是什么？刘肇在时，把皇后咒死，她还有当皇后的可能；刘肇死后，把皇太后咒死，她岂能坐上皇太后宝座？

吉成面对人证物证，她只有承认，不承认只会换来苦刑拷打——甚至，她已经被苦刑拷打。她是天下最幸运的被告之一，得遇邓绥。如果不是邓绥，吉成跟她的家族，将有多少人伏尸法场！

任尚

西域（新疆及中亚东部）总督（都护）段禧等，虽然保有龟兹（新疆库车），可是，其他各国仍然抵制。困守一个据点，跟中国本土的道路，完全断绝，连一份奏章报告，都无法送出。东汉政府高级官员讨论，认为西域远在天边，又不断叛变，武装开垦荒田，费用支出，没有尽头，国家无力负担。决定撤销西域总督，派骑兵总监（骑都尉）王弘，率领关中（陕西中部）部队，迎接段禧、梁慬、赵博，跟伊吾卢（新疆哈密）、柳中（新疆鄯善西南鲁克沁镇）屯田的战士，全部撤退回国。

自公元73年东汉政府收回西域，历时仅三十五年，到本年（107年）再次全部丧失。五百年后的七世纪，中国再返西域时，西域已是另一个面目。

任尚在班超手中接到的是一个和睦的、依赖中国如幼童依赖父母的西域，数年工夫，便把全境搞得一片混乱，使各国联合起来武装反击。史书没有交代原因何在，但可以推断：贪污、暴虐、侮辱。我们不认为各国是在叛变，而认为各国是在抗暴。一个失职的驻外官员，往往是谋杀两国邦交的凶手，任尚，便是一例。

邓绥再雪冤狱

皇太后邓绥巡察监狱，亲自审问囚犯。其中一个洛阳县（首都所在县）政府羁押的囚犯，并没有杀人，苦刑拷打下，只好自诬，坦承不讳杀人。遍体鳞伤，骨瘦如柴，躺在竹床上，想向皇太后呼冤，可是恐惧身旁的审问官报复，不敢开口。就在被押下去之时，想到机会就要消失，忍不住抬起头，想要申诉。邓绥有点察觉，命再押解回来。盘问之下，得到全部真相。邓绥下令逮捕洛阳县长，投入监狱，判处他应得的罪。邓绥御驾还没有回到皇宫，上天及时降下大雨。

每一个被诬陷的囚犯，都希望遇到邓绥女士，然而，被诬陷的囚犯千千万万，而五千年历史，只出现邓绥一人，是这位洛阳囚犯之幸，也是千千万万其他囚犯的不幸。

西方有句俗话说："上帝不能跟每一个人同在，所以赐给他一个娘亲。"我们借这句俗话说出我们的心声："邓绥不能跟每一个人同在，所以我们盼望有一个独立的法庭和一个公正的审判。"这个愿望实现时，降落到人间的，不仅是及时雨，将是永久的祥和、平安。

韩琮

中国人韩琮，跟随南匈奴汗国（王庭设美稷【内蒙古准格尔旗】）万氏尸逐鞮单于（三十三任）栾提檀，到首都洛阳朝见。回国后，向栾提檀建议说："关东（函谷关以东）大雨成灾，人民眼看都要饿死，正是翻身之日，可以发动攻击。"栾提檀相信他的判断，遂起兵叛变。

对其他蛮族而言，中国不是一个信义之邦。但是，待南匈奴汗国不薄，当五单于争立，呼韩邪单于穷途末路时，只要用一根小指头就可以把匈奴压得粉碎，中国并没有那么做，反而引进塞内，派军协防（参考公元前 51 年）。试看袁安的奏章，中国对南匈奴的经济援助，每年高达一亿九千余万，这都是中国人民的汗和中国人民的泪——并不是中国富足得多出这么多钱，而是剜肉般剜出这么多钱。然而，所得到的回报却是：一旦发现中国衰弱，立即翻脸。

翻脸无可厚非，中国不能盼望永远保持宗主国地位，匈奴也没有理由永远屈居下风。国与国之间，本来如此，在国力强大时，呐喊"道义"，不过一项动人的号召；国力衰弱时，呐喊"道义"，徒惹人哑然失笑。所以我们绝不抱怨南匈奴翻脸，但南匈奴翻脸之速，出手之狠，立即反噬，屠杀中国人民，这便是中山狼心肠。南匈奴满可拔营而去，北返故地，也满可以从此跟中国皇帝平起平坐。而竟采取这种卑劣手段，不知道怎么下得了手？

韩琮身为中国人，竟然无缘无故教唆外国人和外民族，对自己的国家攻击，对自己的同胞杀戮，为了什么？只不过为了想从外国人那里，分得一点荣华富贵而已，他是《资治通鉴》上出现的第一个最卑鄙、最无耻，也最精彩的汉奸。后来，当南匈奴再度降服之日，史书没有记载韩琮的下场，十分遗憾。宽恕是一种美德，但对韩琮这种出卖国家人民的虫仔，我们永不宽恕。

张伯路

公元 109 年，海盗张伯路等，攻击沿海九郡，斩杀郡长级官员（二千石）和县长。东汉政府派执法监察官（侍御史）、巴郡（重庆）人庞雄督导州郡民兵讨伐，张伯路等投降。然而，不久又叛变入海屯聚。

张伯路为什么起兵？在什么地方起兵？攻击的九郡是哪九郡？又在何处投降？稍后他一连串地再叛、再战，根据地又在哪里？我们全不知道，以及最后消灭，都好像在空中腾云驾雾，只见人来人往，不见脚下舞台。古代史学家缺少地理知识，观念模糊，使传统史学书籍，读起来十分困难。

虞诩

公元110年，西羌民变日益扩大，最高统帅（大将军）邓骘主张放弃凉州（甘肃），宫廷禁卫官（郎中）虞诩（音xǔ【许】）坚决反对，邓骘把虞诩恨入骨髓。这时，朝歌（河南淇县）变民首领宁季等，攻杀县长等以下官员；一连数年，州郡政府，都无法镇压。邓骘遂任命虞诩当朝歌县长。这是一个明显的阴谋，朋友故旧们都为他担心。虞诩到任之后，制定三等标准，招募勇士；下令县政府官员，每人就所知道的，推荐保举：杀人放火，抢过东西的，属上等；伤人打架，偷过东西的，属中等；无业游民，不事生产的，属下等，共集结一百余人。虞诩摆下酒席大宴招待，赦免他们全部罪行。派他们加入变民集团，引诱抢劫，然后秘密通知县政府，埋伏等待，先后斩杀数百人。虞诩又派会缝纫的穷人，投奔变民集团，为变民缝制衣服，暗中把特定的彩线，缝到变民的衣服上，等他们到城乡窥探或有所行动时，都被逮捕。变民惊骇恐惧，四散逃走，认为神灵跟他们作对，朝歌县遂恢复秩序。

人生充满了艰难，乱世时更危机四伏。为非作歹，当然有为非作歹的回报，《圣经》上说："罪的工价就是死。"然而，善的工价，也不见得就是坦途。

千年万世的中华人都应感谢虞诩，因他的一番分析，得以保持今日已成为中国心脏地带的河西走廊，他有别人所没有的真知灼见，更有别人所没有的道德勇气，跟当时炙手可热的皇亲国戚对抗，也就是，他有胆量跟当时炙手可热的当权派"唱反调"。

虞诩对邓骘设下陷阱的反应，态度是挑战性的。他没有诟骂邓家班王八蛋，没有诋毁邓老太婆"妇人与小人最难养也"，没有怪罪皇帝是吃闲饭的，也没有抱怨张禹毫无担当，不保护他这个贤才，也没有脚底抹油，逃之夭夭，更没有向邓骘表态，改行投靠。他所做的是立即挑起重担，不靠运气，不靠对手慈悲，而靠自己的工作能力和工作绩效。盘根错节，不但不能绊倒他，反而更发挥他的能力。

虞诩是一代人杰，为我们立下可敬的尊严榜样。

中华人的懦弱

公元 111 年，西羌民变军锐不可当，沿边各郡郡长级官员（二千石）和县长，都是内地各郡人士，没有用生命保护本土的意愿，只争着把郡政府迁移到安全地带，逃避灾难，又下令郡民一同迁移。郡民眷恋乡土，不愿追随。郡政府遂派出军队，把田中庄稼，全部铲平，撤除人民房屋家宅，把军营、城墙，全夷成平地，焚烧所有存粮。当时，连年不断旱灾、蝗灾，大饥馑已成，加上郡政府驱逐抢夺，人民流离分散，沿途死亡。或者把老人幼童，遗弃道旁，或沦落成别人的奴仆、婢女、小老婆，一半人丧生。

短短一段叙述，为可怜的中华人，绘出画像。当大难临头时，政府不但没有力量保护人民，反而率先逃亡，不但率先逃亡，还要人民跟着逃亡。

人民愿意当一个被遗弃的孤儿，在“蛮族”管辖下，自生自灭都不可得。房子被拆，城堡被毁，连一点存粮都要焚烧。他们如果落到仇敌匪徒之手，遭遇也不过如此，好一个“爱民如子”的政府，好一群“人民父母”的君王。中华人受到这种暴行，宁愿死在路上，都不反抗，实在是中华人的羞辱。

中华人太善良了，善良到成为懦夫。而懦夫，正是暴政的帮凶。

尹就

皇家警卫指挥官（中郎将）尹就，被控不能保卫益州（四川及云南）免于羌难，召还京师（首都洛阳），定罪。命益州（四川及云南）州长（刺史）张乔，接管他的军队，引诱羌军投降，羌军开始瓦解。

尹就虽然畏敌如虎，可是对他应该保护的小民，却威不可当。军队所到之处，奸淫烧杀，惨绝人寰，以致小民哀号："匪徒来了还可，尹就来了杀我。"这种声音使我们酸鼻。"宁愿碰到赤眉，不愿碰到太师。太师（王匡）还算温和，更始（廉丹）却要杀我！"（参考22年。）

中国人面对的最大痛苦是，保护人民的官员，有时候比屠杀人民的匪徒，还要凶暴。不同的是，对匪徒，人民可以反抗；对官员，反抗便成了叛逆刁民。

尹就不是孤立的，"家家酿私酒，不犯是高手"。尹就如果打了胜仗，就跟吴汉一样，千万令人发指的暴行，还不是被摇尾系统掩盖得天衣无缝？尹就早已成为过去，但他的禽兽精神仍不断在后代暴官酷吏身上复活。中国人如果再不能珍惜自己和珍惜别人的生命尊严，我们就被命运注定，在暴虐、屈辱，和折磨中轮回。

杜根

皇太后邓绥主持政府时，初级禁卫官（郎中）杜根，跟另外一位初级禁卫官，同时上书，要求："皇帝年龄渐长，应该亲自处理事务。"邓绥大怒，就在金銮宝殿上，下令把二人装入白绢做的巨袋中，当场扑杀。扑杀之后，抛弃到城外荒郊。另外那一位初级禁卫官已死，而杜根却悠悠苏醒。邓绥还派人察看是否果真断气，杜根不得不诈死，以致眼中都长出虫蛆，不敢拂去。后来逃亡，逃到宜城（湖北宜城）山中，在一家酒铺当堂倌，长达十五年之久。平原（首府平原）封国政府小职员成翊世，也因建议皇太后邓绥归还政权，被判罪刑。皇太后邓绥逝世后，东汉帝（六任安帝）刘祜正式接管政府，征召二人前往宫门接待署（公车）报到，任命杜根当执法监察官（侍御史），成翊世当宫廷秘书署助理（尚书郎）。

有人询问杜根说："当初，你受到迫害时，天下人都尊敬你。而且，你的亲戚朋友又那么多，何至一个人逃至深山，困苦到那种地步？"杜根说："我如果逃到普通民家，而不是荒村僻壤，万一碰到熟人，行迹败露，会给亲友带来灾祸，所以不肯这么做。"

无论政治迫害或刑案通缉，在重点逮捕之下，一般逃亡客往往投奔亲友，认为他们会给予掩护，结局总是悲剧。一是，人性共安乐易，共患难不易，当你高车驷马前往拜访时，亲友可能发动全城欢迎，但重案压身，情形就不相同，他们一旦改变心肠，你就自投罗网。二是，亲友本身就是一项线索，一旦发现主角逃亡，治安机关不可能漫无目标地到荒山上去乱搜洞穴，当然先监视你的亲友；而且人们往往留下口讯："下一步投奔张三。"军警顺着追踪，你还没有走到门口，埋伏已经停当。三是，天长地久，你不可能永远躲在地窖，即令如此，送茶送饭，亲友家庭秩序必然呈现异样，要想不走漏消息，可能性太小。

只有投奔跟你三棒子打不上关系的去处，才是保命之道。世人的同情是可贵的，但不可靠，到处都有利欲熏心之徒，或忠于权势之辈。在稍后"党禁之祸"发生时，牵连之广，几乎使全国都染上血迹，使人肃然想到，杜根不但大智，而且大仁。

蔡伦

刘祜追尊亲爹清河王（孝王）刘庆为孝德皇，亲娘左小娥为孝德后，祖母宋贵人为敬隐后。

最初，长乐宫交通官（长乐太仆）蔡伦，接受窦皇后指使，参与诬陷宋贵人阴谋（参考82年）。

刘祜下令蔡伦去司法部（廷尉）报到。蔡伦知道下场是什么，服毒自杀。

这位蔡伦，就是发明纸张的那个宦官。发明纸张，是一件伟大的贡献，但摧残人权，罪恶不可宽恕。纸张竟由一个摧残人权的凶手发明，真是一件憾事，我们可以不要纸张，不能不要人权。

三年之丧

公元121年，刘祜下诏：部长级以上高级官员（二千石），不再守三年之丧（公元116年，恢复古制，准许大臣守三年之丧）。

袁宏曰："古代帝王，所以能够使人民行为笃实，使社会风气优美，引导人民向善，主要的在于顺其自然，绝不勉强压制先天的感情，而有些人仍然不能感化。何况毁弃礼教，不准他哀思，灭绝天性！"

曾参说："慎终追远，民德归厚。"原意不仅仅要美化风俗，主要的还是要顺乎人性，流露真实感情。为了使人子在丧亲的痛彻肺腑的悲恸中，适当地表达永诀哀思，葬礼因之而兴。可是儒家学派的丧礼，却十分异样。除了弄一大堆丧服规矩外，又弄了一大堆更复杂、更深不可测的仪式，把死者的妻子儿女，折腾得筋疲力尽，甚至倾家荡产。直到二十世纪三十年代，丧礼中仅只"点主"——请当地乡绅在牌位"王"字上，用朱砂笔捺上一点，就要跪跪拜拜，唱唱喊喊，热闹几个小时，花费一二两黄金之多——点主的那个家伙，不能白来。

然而，最可怖的还是儒家坚持的"三年之丧"，当儿子的要对死去的爹娘，哀悼三年，在这三年之中，要不断哭泣，不能吃干饭，只能吃稀粥；不能睡床，只能睡在地面的草席上；不能用枕头，只能枕土块（当然，枕石头大概也行）；不能穿普通衣服，只能穿特制的麻质孝服（事实上只能套在衣服上，不能穿到身上，因为它过度粗糙）。而且必须瘦得皮包骨头，脸面黄黑，双目昏花，耳朵半聋。最标准的孝子还要：奄奄一息，有人扶着才能起床，靠着手杖，才能走路；住在用土坯作墙的房子里，三年之间，不能跟妻子亲热，不能有笑容，甚至，不能言语。儒家学派最骄傲，动辄抬出来亮相的一位先生是："子武丁守丧，三年不说一句话（高宗谅暗，三年不言）。"

这种"三年之丧"，在春秋时代便因为行不通而被抛弃，墨家学派只主张守三

月之丧就够了，大力抨击守三年之丧的荒谬。但儒家学派却坚决复古，并把三年之丧作为检验一个人道德学问和一个国家盛衰兴亡的标准。

三年之丧是贵族、地主阶级的一种休闲性的游戏，一个升斗小民，一天不工作便没有饭吃，如果守三年之丧，全家岂不都成了僵尸？不但小民无法奉行，对一个政府官员而言，也承受不住三年之丧的打击。三年之后（如果他过度不幸，老娘丧命三年之后，老爹又死，就是六年），再回到政坛，形势已经大变。于是，有些人羡慕别人爹娘死得早，有些人深恨自己爹娘死得迟，有些人一听说爹娘病重，便责备两个老东西为什么不好好保养？有些人一听说爹娘病故，就连夜挖坑，草草埋葬，然后一手遮天，硬说二老仍在。

在以后的史迹上，三年之丧的节目，不断出现，并且成为一种掠夺名声和权势的手段，更成为一种政治斗争武器，父母不但不是人子孝思的对象，反而成了贪婪卑鄙勾当的工具，就更使人遗憾。

黄宪骗局

汝南郡（河南平舆西北射桥镇）郡长山阳（山东巨野东南大谢集镇）人王龚，行政宽大和顺，喜爱人才贤士，任命袁阆当人事官（功曹），袁阆推荐本郡人黄宪、陈蕃等。黄宪推辞；陈蕃则接受推荐，出任官职。袁阆并不标奇立异，但声名显于当世。陈蕃性格爽朗，郡长王龚对他很是礼遇，因为如此，知识分子莫不归心。黄宪家世贫贱，老爹当一名兽医。颍川（河南禹州）人荀淑，前往慎阳（河南正阳），就在慎阳旅舍，遇见年才十四岁的黄宪（黄宪是慎阳人），荀淑大为惊异，自我介绍，相对长谈，一谈就是几个小时。荀淑对黄宪说："你，真是我的老师！"接着前往拜会袁阆，还没有说寒暄的话，荀淑就叫起来："贵郡有个颜回，你可认识他？"袁阆说："你一定看到我们的黄宪啦！"陈蕃跟同郡人周举，曾经交换意见，认为："三个月不见黄宪，卑鄙可羞的念头，不知不觉会在心底萌芽。"太原（山西太原）人郭泰，幼年时曾游学汝南（河南平舆西北射桥镇）。最先拜访袁阆，当天晚上就行告辞。后来拜访黄宪，一连几天才告辞。有人询问郭泰，郭泰说："袁阆好像泉源的一个支流，虽然清朗，可是容易舀取。而黄宪却好像万顷海洋，无法使它澄清，也无法使它混浊，不能评估。"最初，黄宪被郡政府保荐"孝廉"（最低级的任官资格），接着被"三公府"征召（"三公府"，即"三府"：宰相府、最高监察署、全国武装部队总司令部），朋友劝他出任官职，黄宪也不拒绝，但只暂时前往京师（首都洛阳），稍作停留，即起程回家，竟然没有到差。四十八岁时逝世。

范晔曰："黄宪的言论和他的见解，没有留传下来。可是，凡是有品德有学问曾看到他的人，都对他十分佩服，并打消自己的卑鄙念头。莫非是道德灵性的化身，至大至圣？我的曾祖父范汪，认为黄宪是一个柔和的人，顺着时代运转，道理不可衡量，深浅无法估计，清浊没有扰乱他内心的分辨。即令孔丘门下的学生，也不过如此。"

黄宪的风范气度，经过这么多人嚷嚷，他阁下遂在历史上，占一席之地，而且被人当作榜样，列为典故。然而在拜读了他的史迹之后，发现他不过是一个标准的幸运儿，主导或被导一场利禄骗局。

荀淑向袁阆推荐黄宪时，黄宪才十四岁，从袁阆的表情：“你看到我们郡的黄宪啦！”可以肯定袁阆对黄宪的了解，绝非一朝一夕。书上记载，黄宪这位小朋友，十二三岁时，已使郡政府高级官员和天下高级知识分子，佩服得五体投地，如醉如痴。问题在于，这根本是一件不可能的事。天才儿童的意义是，他对某一方面的知识，有特殊的吸收和消化，以及反应能力。但他的心理状态，却仍是一个儿童。十岁时可能读完别人二十五岁时才能读完的大学课程，但他的心理年龄仍是离不开娘亲的十岁孩子。如果说黄宪十二三岁时便可以口若悬河般背诵儒家学派的经典，我们相信，那有可能；如果说他十二三岁时便成了如所形容的，“瞻之在前，忽焉在后”的深不可测，我们不相信，因为超过人类天赋的极限。人类的心理成长，有一定的生命累积，黄宪小娃，不能例外。

在东汉王朝的知识分子群中，我们常看到互相赞美之词，互相赞美本是一件好事，但东汉王朝时代的互相赞美，却是政治手段，跟推荐“孝廉”“贤良”“方正”之类有关，这是那个时代谋取官职的唯一管道——必须有盛大的知名度，才有可能被遴选举荐，踏入仕途。于是，互相赞美，变成走火入魔的“窝里捧”，肉麻当成有趣。

黄宪一生没有一件可称道的事迹，甚至连一句可称道的言论也没有。没有言行的圣贤，跟没有一个字的作家、没有参加过一次战役的名将一样。这种云山雾罩的梦呓，以后还会层出不穷，徒使我们背皮发紧。

反应离奇

朔方郡（内蒙古磴口）以西亭障要塞，很多都已损坏，防御力量减弱，鲜卑部落（内蒙古东部中部及以北地区）因此不断劫掠南匈奴汗国（王庭设美稷【内蒙古准格尔旗】）部众。南匈奴单于（三十四任）栾提拔忧愁恐惧，上书请求修复。东汉帝（八任顺帝）刘保下令，征调黎阳（河南浚县）大营部队，出屯中山国（首府卢奴【河北定州】）北界，令沿边各郡增设步兵，加强要塞戒备及战斗训练。

南匈奴要求修复边塞，而中国东汉政府却在南匈奴移民区的南方黎阳布置大军，这种反应，奇异难测。李贤认为，为了预防南匈奴情急发疯，所以先行堵塞南下之路。胡三省认为，这是一项支持南匈奴的措施。李贤是唐王朝的皇太子，以注释《后汉书》闻名于世，他的推测当然有可能性。胡三省的见解也有相当道理，但是，南匈奴只要求加强防御工事，并没有要求增加协防部队；而且，即令是协防部队，也不能到中山为止，协防部队的主要目的，固然是保护南匈奴不受攻击，同时也限制南匈奴不能返回北方王庭（蒙古国哈拉和林市）故地。所以必须布防在代郡（山西阳高），跟五原（内蒙古包头）之间，才可发生功能。总之，南匈奴汗国因西北要塞损坏，要求修复，灾难当然在西北，中国却把大军摆在东南，原因不明。

一定要讲出一个原因的话，这原因是，当时东汉政府，昏聩颟顸，已不可救药。

阴城公主

定远侯班超的孙儿班始，娶刘保的姑妈阴城公主（清河王【孝王】刘庆的女儿）。阴城公主骄傲荒淫，离经叛道，班始累积愤恨，手杀阴城公主。东汉帝（八任顺帝）刘保下令腰斩班始，一母同胞的兄弟姐妹，一律绑赴刑场处决。

东汉王朝公主的名字，史书上都有记载，只阴城公主的名字不详。这位公主，可是中国有史以来，第一个疯狂的女性——她的淫荡不见得居于第一位，但她的疯狂可是留下破天荒纪录。这位仗恃娘家人有钱有势的妻子，根本没有把丈夫看到眼里，于是，情夫如云，姘头似雨。更厉害的是，她还把野男人叫到家里。这对任何做丈夫的都是一种无法容忍的侮辱。但她肯定她的丈夫除了屈服外，别无选择，所以到了最后，她跟野男人在床上赤条条颠鸾倒凤，却命她丈夫跪在床前免费参观。积压在胸中的长期愤怒爆发，班始把她当场诛杀，有钱有势的娘家人，果然展示出威力，把当丈夫的腰斩，连丈夫的兄弟姐妹，也一齐砍头。

这种丑闻悲剧，任何社会都可能发生，但报复之残忍——连丈夫的兄弟姐妹，都加以处决，只有专制封建社会才有此惨事。

孝廉

二世纪三十年代，东汉政府命令各郡、各封国，推荐保举“孝廉”人才时，年龄限四十岁以上；儒家学者必须通晓儒家经典；身为现职官吏的必须通晓公文程序，能够书写信件奏章，才可以参加遴选。但是，如果有特别奇才，像颜回、子奇，则不受年龄限制。宫廷秘书长（尚书令）左雄公正精明，能洞察人情真伪，决心坚定。不久，胡广出任济阴郡（山东定陶）郡长，跟其他郡的郡长，共十余人，都因为受到推荐不实的指控，或被免职，或被罢黜。被推荐的“孝廉”中，只有汝南（河南平舆西北射桥镇）人陈蕃、颍川（河南禹州）人李膺、下邳（首府下邳【江苏睢宁北古邳镇】）人陈球等三十余人，被任命当初级禁卫官（郎中）。从此之后，州长、郡长深怀戒惧，不敢再乱七八糟，轻率从事。直到四十年代，遴选工作始终清廉公正，为国家录用不少人才。

“孝廉”是“孝顺”跟“廉洁”的综合称谓，对乡里人民，求他有孝行；对在位的官吏，求他清白。政府用征求“孝廉”的手段，一则吸收新的血轮，一则企图在社会价值判断上，树立标准。然而，因为孝廉的政治利益，至为明显，而且立刻见效，所以不久就流弊丛生，从左雄的改革要点，可看出流弊所在，从此之后，“孝廉”虽由地方政府推荐保举，但到了中央后，却要经过考试。

于是，考试在文官制度中，开始显示功能，逐渐形成制度，而终于演变出“科举”——纯考试，作为小民擢升到政府官员的唯一管道，影响深而且远。

捶击大臣

农林部长（大司农）刘据，因业务过失，受到谴责，东汉帝（八任顺帝）刘保召唤他到宫廷秘书署（尚书），大声呼喝他快点走，接着用棍棒殴打。左雄上书说："部长（九卿）的地位，仅次于三公（三公：宰相、最高监察长、全国武装部队总司令），在大臣行列中，行为有玉石般的雪白高洁，举止有学校的礼仪教养。孝明皇帝（东汉二任帝刘阳）才开始对高级官员扑击，不是古代典范。"刘保采纳，从此，对部长才不再殴打。

刘据的遭遇，带给我们很大的震撼。刘阳殴打官员，还是亲手殴打，而刘据则显然在宫廷秘书署，受到捶击。文言文往往没有主词，或主词不明，需要猜测。所以，殴打刘据，可能是刘保亲自动手，也可能只是宫廷秘书署的官员动手。不管谁动手，都足以证明，身为中央政府部长级高级官员，在君王眼中，不过一条猪狗而已。高兴的时候，把这些人弄到座位上，表演礼贤下士，或赏赐几文金钱，展示恩重如山，这些人就感激得浑身酥软，认为知识分子真是尊贵，对主子非杀身以报不可。不高兴的时候，则把这些人敲敲打打，而敲敲打打还是最轻微的。事实上当庭臭揍，并没有如史书上说的到此为止，不但没有到此为止，随着时代的发展，反而更为残忍。明王朝的"廷杖"，更是集人类羞辱之大成。中国人权不但没有保障，连残余的一点人性尊严，也全被摧毁。

这是制度问题，只能靠制度的改善，不能靠有权大爷的慈悲。

象林事件

象林（越南共和国维川县）蛮族酋长区怜掀起的变乱扩大。执法监察官（侍御史）贾昌，跟交趾州（广东、广西及越南北部）政府、各郡郡政府，合力讨伐，不能取胜，反而被区怜包围一年有余。援军和粮秣，都无以为继。东汉帝（八任顺帝）刘保（本年二十四岁）召集三公、部长、文武官员，以及四府幕僚（最高统帅部【大将军府】幕僚二十九人，全国武装部队总司令部【太尉府】幕僚二十四人，宰相府【司徒府】幕僚三十一人，最高监察署【司空府】幕僚二十九人），共同研究对策；大家都主张派出大将，征调荆州（湖北及湖南）、扬州（安徽中部及江南地区）、兖州（山东西部）、豫州（河南）四州民兵增援。

最高统帅部参谋指挥官（从事中郎）李固反对，四府完全同意李固意见，即行任命祝良当九真郡郡长、张乔当交趾州州长（刺史）。张乔到任后，开诚布公，宣慰诱导，蛮族部落，有的投降，有的解散。祝良到九真郡（越南共和国清化市）之后，单独乘车，直入蛮族叛军大营，应用谋略，展示政府的威望和信誉，蛮族叛军投降的有数万人，并给祝良兴筑郡政府官舍。五岭外地区，秩序全部恢复。

大多数的叛乱，都是官逼民反，在此又多一证明。暴官暴政之下，人民忍无可忍之时，只好用钢刀反击。一旦有一个清廉的或多少有点爱心的官员出现，小民便感激涕零，争先归附。西羌、南蛮，全不例外。

在专制封建制度下，小民的欲望，是何等低微，又是何等容易满足！偏偏，连这也得不到。御用史学家笔下中国人的历史，根本是一部奴役史；他们以帮凶的身份，维护统治者的权力和利益，一味斥责“刁民”，历史真相，遂一直被隐瞒、被歪曲。

西羌为什么“叛”？

公元 141 年，安定郡（甘肃镇原东南曙光乡）郡政府奏事秘书（上计掾）皇甫规，上书中央说：“羌人所以叛变，不是突发事件，全都因为边防将领，不懂安抚治理之道，反而前后相承，以暴虐羌人为天经地义，只贪图小利，终招致大害。偶尔有场小胜，虚报杀伤人数；一旦战败，隐藏掩饰，闭口不言。战士辛劳怨苦，被奸猾的官员压制，前进时不能痛快杀敌立功，后退时不能得到温饱保命。活活饿死在水沟之旁、山谷之内，骨骸堆在荒野，任凭风吹日晒雨打；人民只看到皇家武装部队出塞御敌，却看不到他们战胜回乡。而西羌那些酋长，哭尽眼泪，继而泣血，惊恐惧怕，担心爆发变化，是以不能保持长久平安。而一旦起兵，就要经年累月，使我扼腕捶胸，无限悲叹。请求在两营（扶风“雍营”及京兆“虎牙营”）和两郡（安定郡及陇西郡）民兵，担任留守或暂时没有战斗任务的部队中，拨付我五千人，由我跟随赵冲互相呼应，发动出其不意的攻击。羌人地区的地理形势，我素来熟悉，军事行动，我也富有经验；用不着上级颁发印信，也用不着颁发一尺一寸绸缎的赏赐，幸运的话可以铲除祸患，最糟也可以鼓励羌人投降。如果说我年纪轻而官位又低，不能信任，可是那些战败的将领，并不是官爵不高、年纪不老。臣，以万分至诚，冒着死刑的危险，向陛下陈情。”

东汉帝（八任顺帝）刘保不理。

东汉王朝时代，历史上只记载西羌不断叛变，不记载激起叛变的原因，皇甫规在正式公文书上全部道出，仍是古老的病毒：暴政如虎，官逼民反。

李固举例错误

公元 145 年，东汉王朝（首都洛阳【河南洛阳东白马寺东】）皇帝（九任冲帝）刘炳，在玉堂前殿逝世（年仅三岁）。全国武装部队总司令（太尉）李固向最高统帅（大将军）梁冀建议："现在物色继位皇帝，应该选择年纪大而有品德，能够亲自处理国家大事的人，请将军仔细考虑大计，想到周勃当初拥护文帝（西汉王朝五任帝刘恒）、霍光当初拥护宣帝（西汉王朝十任帝刘病已），切勿效法邓家班和阎家班拥护幼弱（周勃事参考公元前 180 年，霍光事参考公元前 74 年，邓家班事参考 105、106 年，阎家班事参考 125 年）。"梁冀不听。

李固建议梁冀效法周勃、霍光，有点异想天开。不提周勃、霍光，梁冀倒还罢了，还可能拥戴一位长君，一提周勃、霍光，恰好是当头棒喝，天下最大的傻瓜，都不会效法周勃、霍光。周勃的下场是被投入监狱，霍光的下场是全族屠灭，连一个孩子都没有留下。

一山不容二虎，这是专制政治内在病毒孕育出来的死结。

二钟

李膺曾问钟瑾说：“孟轲认为，没有是非之心，简直不是人，你对黑白似乎不太分明？”钟瑾把李膺的话，告诉钟皓，钟皓安慰说：“李膺的祖父、老爹，都是高官，家族鼎盛，所以不在乎什么。从前，国佐总是攻击别人，终于招来报复（春秋时代，齐国国务官国佐，晋见周政府国务官单朝，事后，单朝评论说：‘在混乱的政治之下，纵情任性，毫无保留地攻击别人的过失，将结下怨仇。’不久，齐国诛杀国佐）。现在是什么时代？如果希望保全你的身家性命，你的办法是最高贵的办法。”

传统文化中最卑劣的一部分——明哲保身，不断受到鼓励和赞扬；认为是非可以不分，黑白可以不明，活命才是第一。史学家给钟皓、钟瑾二位先生的评价，使人觉得懦夫成了高贵人物，不但心安理得，反而受到圣人赞美，享盛名于千古。一个人如果坚持分辨是非黑白，不但没有人敬佩，反而惹人哄堂大笑，笑他是个没有头脑的傻瓜。

我们绝不拿别人的手指去捅蛇窝，吆喝别人：“上呀，上呀！”也绝不要求别人：“死呀，死呀！”我们对在权势下低头的人，感到无可奈何的悲哀。而我们对敢说敢做，宁鸣而死，不默而生的人，深深了解那是人类中最可贵的道德勇气，从心底深处，生出钦敬膜拜。希望中华人的尊严，就从现代这一代的中华人心头，开始苏醒。我们是一个能分辨是非，能分辨黑白的人类；不是一个不分辨是非，不分辨黑白，而只知道保全身家性命的蟑螂。

崔寔

公元151年，京师（首都洛阳）地震。东汉帝（十一任桓帝）刘志命文武官员，推荐“独行”人才（独行的意义是特立独行，有高尚的情操志节，坚守立场，不随世俗浮沉）。涿郡（河北涿州）郡政府推荐崔寔，崔寔评论世事，写了一篇文章，名《政论》，内容说：

“救国救民的方法，在于把裂缝补好，把倾斜扶正；根据具体事实，决定所用手段，目的只有一个，那就是：使这个世界，臻于和平安全之境。所以圣人一旦当权，就会因时间和空间的不同，厘定制度。因步骤有差异，理论和实践也跟着有差异。不强迫别人去做根本做不到的事，不会为了一个遥远空洞的理想，去推动不切实际的措施。庸俗的知识分子，跳不出书上的章句，完全被‘古’控制，不知道改变方法，只会骄傲地背诵一些教条，却看不见眼前的现实，这种人怎么可以跟他讨论治国经邦、救国救民的大计？所以，提出意见的臣僚，即令君王重视，也终于被这种顽劣之辈在背后掣肘。为什么如此？只因为顽劣之辈，习惯于他所看到的东西，对什么事都漠不关心。根本就不乐意看到大事完成，何况在大事还没有开始时就要他同意！结果大家一致要求：还是遵照旧有法令规章，千万不要变革。即令见识通达的人，也往往看不得别人的贡献和功业，懊恼那么好的策略，怎么没有由我想出？于是妒火中烧，提笔写文章，满纸义正词严，目的只在破坏对方形象。结果，真知灼见的先知，寡不敌众，被摒弃在一旁。这就是使贤能智慧的言论，受到压制，不能伸展的原因。

“拥有政权的君王，不可能全有最高的品德。所以，执法用严厉的手段，则国家安定，一旦宽纵，国家必然混乱。怎么证明？试看孝宣皇帝（西汉王朝十任帝刘病已），了解君王的责任，认识政治的真谛，使用严刑峻法，使奸佞邪恶之辈，心胆俱裂，全国一片升平，天下人心安定。总结他的政绩，高于孝文皇帝（西汉王朝五任帝刘恒）。等到元帝（西汉王朝十一任帝刘奭）登极，行政的尺度放宽，法纪松弛，政府的权威，开始堕落，西汉王朝的灭亡大祸，在他手中奠下基础。严宽的得失，由此可以明辨。

“从前，孔丘作《春秋》，褒扬姜小白，夸奖姬申生，赞叹管仲。孔丘岂有不崇拜姬昌（周文王）、姬发（周武王）的道理？只是为了拯救眼前灾难，必须面对现实。圣人能掌握世界的

动向，僵固分子却偏偏愚顽得不知道天下已发生变化，认为上古时代那种‘结绳’记事的简陋办法，仍可以治理秦王朝时代纷乱如麻的社会；以为‘干戚舞蹈’，仍可以解除高帝（西汉王朝一任帝刘邦）平城的包围（参考公元前 200 年）。

“而今，继承历代君王遗留下的病态，正逢艰苦的时局，几代以来，犯法的人，多受到宽恕。于是，马车夫扔掉了缰绳，马匹抛弃了口勒，驾车的四匹马，横冲直撞，而道路又危险四伏，正应该急剧地勒马刹车拯救，怎么还能銮鸣和应，富有节奏，从容不迫地前进？文帝（西汉王朝五任帝刘恒）虽然废除肉刑，但是应砍掉右脚趾的，改处死刑。他是用严刑峻法使天下太平，不是用宽厚手段。”

崔寔这篇宏观批判文章，把天下混乱的责任，归罪于刑法太轻。因而认为，如果采取重刑主义，世界就会太平。这种奇异的论据使人吃惊，因为那根本不是病源。冒犯了一只白兔，就诛杀十余人，这刑罚还轻？士孙奋娘亲被控偷窃，竟兄弟拷死，家产没收，这刑罚还轻？我们不认为崔寔糊涂，只认为他一时没有探索到问题核心。问题症结不是刑罚的轻重，而是刑罚的公平不公平。刑罚不公平情形下，要求重刑，只不过使手无寸铁的小民，命运更为悲惨。而刑罚的公平性，又要探索到法律掌握在什么人之手。如果谈千秋法则，则涉及专制封建制度。如果谈眼前困境，则罪恶在梁冀一人之身，他连神圣不可侵犯的皇帝老爷，都可说杀就杀，谁还有能力判他的罪、处他的刑？而只有他判别人罪、处别人刑的分。这方面的议论，有点隔靴抓痒。

然而，崔寔对反对改革的顽劣分子，所施的无情攻击，却十分凌厉。我如果是司马光，我就绝不把这篇文章，采集在《通鉴》之中，用它猛掴自己耳光。试看崔寔的指摘：“庸俗的知识分子，跳不出书上的章句，完全被‘古’控制，不知道改变方法，只会骄傲地背诵一些教条，却看不见眼前的现实，这种人怎么可以跟他讨论治国经邦、救国救民的大计？”这不仅是猛掴司马光的耳光，而且是剥了司马光的头皮。为什么会如此？崔寔分析：“只因为顽劣之辈，习惯于他所看到的东西，对什么事都漠不关心！偏偏愚顽得不知道天下已发生变化，认为上古时代那种“结绳”记事的简陋办法，仍可以治理秦王朝时代纷乱如麻的社会，以为‘干戚舞蹈’，

仍可以解除刘邦平城的包围。”而司马光之辈却正是认为伊祁放勋（尧）、姚重华（舜）那一套，可以一直维持万世。

崔寔对崇古成性的儒家学派，了解得如此深刻，使人拍案。他在二世纪描绘出来的僵尸形象，在九百年后的宋王朝旧党身上，复活显现。我们最有兴趣的一个问题是，司马光读了这篇大作，难道不脸红、不心跳？当然是不脸红也不心跳，否则何至引用它以壮声势。一个酱死了的心灵，真是再难唤醒。面对真理而竟浑然不觉，甚至怡然自得，甚至以为那都是说别人的。使我们悚然发现，我们的对手竟是如此地麻木不仁；拯救中华文化的工作，是多么艰巨。

李文姬嘱弟

公元160年正月一日，东汉王朝政府（首都洛阳【河南洛阳东白马寺东】）赦天下。东汉帝（十一任桓帝）刘志（本年二十九岁）下诏寻求故全国武装部队总司令（太尉）李固的后裔。

最初，李固被免职（参考146年），知道大祸已经形成，就把他的儿子李基、李兹、李燮，送回故乡（汉中郡【陕西汉中】）。当时，李燮才十三岁，姐姐李文姬嫁给同乡赵伯英为妻，看到两位哥哥回来，了解事情的本末，发现它的严重性，悲怆说："李家屠灭，就在眼前。自从祖父（李郃）以来，积恩积德，怎么会落得如此下场！"跟两位哥哥密谋，事先藏匿三弟李燮，传出消息说："李燮又回京师（首都洛阳）！"人们全都相信。不久（147年），大祸爆发，州郡政府逮捕李基、李兹，就在监狱里处死。李文姬拜托老爹的学生王成说："你为我父亲行侠仗义，有古人节操。而今，把身高不满六尺的孤儿，托付给你。李家是存续还是灭绝，握在你手。"王成带着李燮，乘长江船舶东下，进入徐州（江苏北部）州界，李燮改名换姓，在一家酒店当仆役，王成则在街头摆卦摊给人算命，二人假装不认识，只在暗中秘密来往。十四年后，梁冀被诛杀，李燮才把身世告诉酒店老板。酒店老板大为震惊，准备车马跟丰富的礼物，要送李燮回乡，李燮都不接受。回家后，重新给老爹李固服丧。姐弟相见，抱头痛哭，感动旁人。姐姐李文姬嘱咐说："我们李家的祭祀香火，几乎断绝，你幸而逃得活命，岂不是天意，从此不要跟外界来往，千万记住，不要对梁家有一句抨击。如果抨击梁家，势必牵连到主上（皇帝刘志），大祸可能再临，我们要做的，只有引咎自责。"李燮接受姐姐训诫。

李文姬吩咐老弟的话，一字一泪，我们除了悲痛之外，还能说什么。然而，善良人的畏惧，正是对邪恶的一种鼓励，应该三思。

房植先下手

东汉十一任帝（桓帝）刘志，还是蠡吾侯的时候，甘陵国（首府甘陵【山东临清】）人周福教他读书。刘志当了皇帝后，延聘周福当宫廷秘书（尚书）。当时，同是甘陵人的首都洛阳市长（河南尹）房植，也有名望。乡人遂编出歌谣："天下正道有房植／靠当老师做官有周福。"两家的学生门徒，互相讥嘲，攻击排斥，不能兼容。甘陵知识分子遂分为南北，党羽派阀，开始出现。

甘陵南北两派的对抗，是中国知识分子因"师承"不同，而发生火并的起跑枪声。在此之前，不过口头攻击；之后，更升高成为武斗。

甘陵的内讧，大概是房植先行动手，从歌谣的内容可看出他对周福的心理反应，如果不是压根瞧不起，则一定是妒火中烧。周福可能滥竽充数，阴差阳错地当了皇帝的教师，又因缘附会地当了宫廷秘书，可是历史上这一类的人，车载斗量，自会沉沦消失。但经过房植这么一闹，周福反而名垂千古。妒火往往会把对方烧得红起来，恐怕是大出妒主意外。

然而，党派的建立，应归因于"护师动物"的折腾。学生门徒一旦坠入"护师"的漩涡中，便天昏地暗，既看不见真理，也看不见是非，只看见因"护师"而得到的眼前一点小小利益。

中国需要的是尊师，而不需要护师。尊师的意义是："凡是把握真理的人，都是我师。"护师动物则不过一群封杀异己言论的黑社会打手，使圣洁的学术领域，是非完全混淆。

羌乱平息

公元169年，东汉帝（十二任灵帝）刘宏，派皇家礼宾官（谒者）冯禅，前往汉阳郡（甘肃甘谷），说服残余的叛羌投降，破羌将军段颎（音jiǒng【窘】）认为：春天农耕季节，农夫满布田野，叛羌即令投降，也是暂时性质；而且地方政府没有能力供养，最后一定再叛。不如乘机进击，就可一劳永逸，完全肃清。于是，段颎亲自出动，挺进到叛羌基地凡亭山（宁夏彭阳西南）四五十华里处，把叛羌全部歼灭。不久，再发动攻击，大破叛羌，追击到谷口上下门，深入穷山格杀叛羌酋长、将领以下，一万九千人。冯禅等则招降四千人，分别安置在安定（甘肃镇原东南曙光乡）、汉阳（甘肃甘谷）、陇西（甘肃临洮）三郡。东方羌人的叛乱，全部平定。段颎先后历经一百八十次战役，斩杀三万八千余人，俘获家畜四十二万七千头；费用四十四亿，战士死亡四百余人。东汉政府改封段颎新丰县侯，采邑一万户人家。

羌人以游牧为主，跟匈奴人非常接近，而跟务农的中华人，在生活方式上格格不入。但羌人比匈奴人落后，分为千百以上大小部落，散布在黄河上游和渭水上游，始终不能集结成匈奴那样强大的力量，更谈不到建立国家组织。

公元前二世纪八十年代，中国获得原属于匈奴的河西走廊（甘肃中西部），于是产生两种情况：一、中国势力像一把利刃一样，插在匈奴汗国跟羌人之间，把他们隔开，使羌人无法得到匈奴的援助，以致在以后的战争中，完全孤立。二、中华人在政治军事保护之下，积极向西移民，虽混杂在一起，但界线分明。前一世纪三十年代，羌人最大的部落之一先零部落，曾发动过一次反抗。之后，百余年间，表面相安无事，但羌人不断地被杀被辱，积恨已深。与日俱增的官员们的贪污暴虐，使羌人愤怒地发现，除非把地方政府官员杀尽，他们将永不能平安。武装抗暴行动，遂不可避免。

这种行动，在进入二世纪后，东汉政府除了采取高压手段外，想不到别的解决方法——最有效的方法是使政治清明，这当然办不到。羌战遂从小的冲突，扩张成

为大规模战争，而且向中国本部心脏蔓延，直抵首都洛阳近郊。每次战役，死亡人数，都论千论万，可推测参加战斗的兵力，当数倍或十数倍于此。羌人已由消极地挣脱贪官、反抗暴政，进而发展到对中华人全体仇视，所以中华人也遭受到同等残忍的杀戮。不过，虽然如此，那个时代没有现代意识的民族观念，本质上仍是单纯的官逼民反。因为政府官员的贪残对象，一视同仁，不分羌华。

连绵一百二十年之久的巨大民变，使西部中国，举目千里，一片荒凉，白骨遍野，看不到煮饭时的炊烟，幸而残存的人民，无论是羌是华，饥饿使他们坠入人吃人惨境。羌民族因人数太少，而又一盘散沙，惨重的伤亡使他们无以为继，而终于惨败屈服。东汉政府的高压政策取得了决定性胜利。不过，这胜利的代价太大，因为羌战也使东部中国民穷财尽，敲开了东汉王朝覆亡的墓门。

抓头拉尾

最初，范滂等抨击政府，三公、部长以下，对他都恭敬备至。国立大学生（太学生）纷纷学习他的风格，认为学术风气将再兴起，平民出身的知识分子将被重用。只有申屠蟠叹息说：“从前，战国时代，平民讨论国家大事，各国国王甚至亲自扫地，作为前导，结果产生焚书坑儒的灾难，这正是今天的现象（扫地前导，跟焚书坑儒，没有因果关系。犹如上海修建铁路跟旧金山地震没有因果关系一样，而竟然拉上关系，传统知识分子在推理上往往只图满纸热闹）。”遂绝对不踏入梁国（首府睢阳【河南商丘】）跟砀县（河南永城东北）之间；靠着一棵大树建筑一栋房子，把自己当作奴仆。约有二年，范滂等果然陷入党禁大祸，只有申屠蟠因立场超然，没有受到注意。

司马光曰：“太平盛世，正人君子在金銮宝殿上，堂堂正正，纠正小人的罪过，没有人敢不服从。政治混乱，正人君子闭口不言，用以避免小人的陷害，甚至仍不能避免。党人生在政治混乱时代，并不担任主管官职，而天下沸腾，却打算用舆论去营救，评论人物，弃绝浑浊，奖励清高，那可是抓毒蛇的头，拉猛虎的尾。于是身受酷刑，祸连亲友，高级知识分子歼灭，王朝政府也跟着覆亡，岂不可悲！其中只有郭泰，十分明哲，竟能保身。申屠蟠一看情势不妙，立刻回头，不等到天黑。真知灼见，诚不可及！”

明哲保身哲学又及时出现，当全国知识分子精英，在大逮捕下血染刀锋之时，司马光却冷冷讥刺，而对性情圆滑的郭泰，吓破了胆的申屠蟠，赞扬备至，因为他们能明哲保身。看起来诸如岳飞、袁崇焕、文天祥、史可法等等，一些被杀被辱，受万人崇拜的英雄烈士，都成了不自量力的“抓头拉尾”之辈，遗臭万年。如果这是传统文化的精髓——不幸，恰恰地它竟是精髓，岂止可悲，更是可哭。

胡广

公元 172 年，皇家师傅（太傅）胡广逝世，享年八十二岁。

胡广担任过四公中的每一个“公”的官职，在政府历时三十余年，曾侍奉七任皇帝（六任刘祜、七任刘懿、八任刘保、九任刘炳、十任刘缵、十一任刘志、十二任刘宏，共七任），受到极优厚的礼遇。每次免职，在家闲住的时间，从没有超过一年，就又被召入政府。所聘用的大都是天下知名人士，跟旧部陈蕃、李咸，并肩担任三公。对法令和前例，非常熟悉，对政治功能，运用自如。所以首都洛阳有谚语说：“万事不明问胡广，四平八稳有胡公。”然而，胡广过度地温柔敦厚，谨慎小心，态度谦恭，言语卑微，一味向当权派谄媚，没有忠直的气节，天下人也因此对他轻视。

政府腐败到某一种程度时，在高位的官员，如果不是奸邪之辈，就准是精通官场技巧的混世精，前者如孟佗，后者如胡广。孟佗不足挂齿，胡广却成为世人尊敬的偶像——轻视他不过少数人而已，大多数人都会为他的荣华富贵，头昏目眩，所以才有那种“万事不明问胡广”的歌谣出现。胡三省感叹说：“既然强调万事不明问胡广，说明当时大家对他盼望的殷切，岂可以把三十余年周游四公，作为荣耀？”

问题就在这里，世人恰恰把周游四公，作为荣耀，形成一种反淘汰风气，国家政治腐败就更严重。

刘悝被屠

勃海王（首府南皮【河北南皮】）刘悝，当初贬降为瘿陶王时（参考 165 年），请托寝殿侍奉宦官（中常侍）王甫，游说前任皇帝刘志，如果能恢复原来封国（勃海国），愿送给王甫五千万钱作为谢礼。不久，刘志逝世，遗诏刘悝回任勃海王（参考 167 年）。刘悝知道这不是王甫的功劳，不肯拿出这笔巨款。王甫决心展示威力。这时，另一位寝殿侍奉宦官（中常侍）郑飒、禁宫高级侍从宦官（中黄门）董腾，经常跟刘悝来往，王甫派出密探，调查清楚，然后告诉段颎（音 jiǒng【窘】）。

段颎逮捕郑飒，羁押北寺监狱。王甫又命宫廷秘书长（尚书令）廉忠诬告说："郑飒等阴谋迎立刘悝当皇帝，大逆不道。"现任帝（十二任灵帝）刘宏下令冀州（河北中部南部）州长（刺史）逮捕刘悝审问，证实确有此事。刘宏严厉斥责刘悝，命他自杀。刘悝的正妻（王妃）、小老婆十一人、儿女七十人、王宫歌女舞女三十四人，都在监狱中处死；亲王师傅（傅）、封国宰相（相）以下官员，全部伏诛。王甫等十二人，因破获一件庞大的叛国巨案，建立大功，一律晋封侯爵。

又是一件"诬以谋反"血案。刘悝这个混账，作恶多端，固然死有余辜，但不应死于叛国罪名。而妻妾儿女，甚至毫无关系的歌女舞女，都惨死黑狱，封建专制的恶毒，司法的被人利用，再次使人兴悲！

桥玄属于奇禽异兽

公元 179 年，全国武装部队总司令（太尉）桥玄免职。他最小的儿子，在门口玩耍，被匪徒劫持，当作人质，当场要求赎金，桥玄拒绝。京畿总卫戍司令（司隶校尉）、首都洛阳市长（河南尹），派出大批军警包围桥玄家宅，却不敢相逼。桥玄目露怒火，呐喊："匪徒异想天开，我岂能因一个儿子的生命，而让国贼逃脱法网？"催促攻击，匪徒被杀，桥玄的儿子也被杀。桥玄遂上书建议："天下凡是劫持人质勒索的，应同时诛杀，不准用钱财回赎，为奸邪开路。"从此，劫持人质的事件绝迹。

桥玄处理儿子被劫事件，残忍而冷血，为了替自己辩护，他还认定回赎人质是一种"为奸邪开路"，要求政府用法律禁止。史书强调他牺牲儿子的代价是："从此，劫持人质的事件绝迹。"

"保护人质"和"为奸邪开路"，没有因果关系。因保护人质而回赎，是一种对人权的尊重。自从有人类以来，好像只有桥玄一人，心如蛇蝎。正常人类都舍不得眼睁睁看着他的父母、儿女、妻子、丈夫，甚至陌生人，惨死在匪徒之手。所以，只要有绑票，就会有回赎；五千年来，有千千万万回赎，邪恶并没有受到鼓励！而史书强调此后再没有发生过劫持人质事件，更是睁着大眼说谎！灭九族都挡不住谋反，仅仅牺牲人质一个人，岂能阻止犯罪？桥玄属于奇禽异兽，同类不多，多的是愿为儿女付出任何代价的爹娘！而且匪徒既已现身，在二世纪那种静态的农业社会中，他就很难躲藏。用谈判或金钱救出人质后，再捕捉不迟，那时航空既不发达，他总不会要一架飞机，逃到鲜卑部落，我们实在不了解为什么拒绝营救。绞尽心血勉强想出一个理由，那就是，因为我们所不了解的家庭内斗，桥玄正要除掉那个幼儿。虎毒尚且不食子，桥玄比虎毒得多了。

比虎更毒的是，桥玄心肠上面，蒙上一层美丽外衣。使人想到，这世界上多少恬不知耻的嘴脸，和心狠手辣的行为，头上都插着"大义"的标杆。

宦官内斗

公元179年，寝殿侍奉宦官（中常侍）王甫、曹节等，奸邪贪暴，玩权弄威，声势震动天下，全国武装部队总司令（太尉）段颎，是摇尾系统中坚。曹节、王甫的老爹老兄老弟，以及侄儿辈，都当部长、指挥官、全权州长（牧）、郡长、县长，布满全国各个角落，没有一个人不贪污凶暴。而王甫的养子王吉，当沛国（首府相县【安徽淮北】）宰相，尤其残酷，每逢杀人，都把尸体大卸八块，放到囚车上，张贴他的罪状，拉到所属各县展示（沛国是亲王封国，封国宰相等于郡长）。遇到夏季，尸体腐烂，肌肉脱落，则用绳索把骨架绑住，周游一遍，才准家属收葬。看到这种惨景的人，无不震骇恐惧。到任五年，诛杀一万余人（平均每月要杀两百人以上）。宫廷秘书长（尚书令）阳球，常拍自己大腿，发愤说：“如果有一天，我阳球当京畿总卫戍司令（司隶校尉），这种宦官崽子，怎能容许他们横行？”阳球不久就被调任京畿总卫戍司令（司隶）。这时，正好王甫派他的门生在京兆（陕西西安）侵占政府财产七千余万钱，西都长安市长（京兆尹）杨彪提出检举，告到京畿总卫戍司令（卫戍区辖七郡，京兆在内）。适逢其会，王甫正好休假在家，段颎也正好因日蚀缘故，自我弹劾，在自宅等候处分。阳球恰恰在这空档中，入宫谢恩（官员在接到任命时，都要向长官谢恩），顺便向东汉帝（十二任灵帝）刘宏（本年二十四岁）报告王甫、段颎，以及寝殿侍奉宦官（中常侍）淳于登、袁赦、封昆等累累罪恶，要求法办。刘宏允许。遂展开逮捕，王甫、段颎等，以及王甫的儿子（应是养子）永乐宫供应官（永乐少府）王萌、沛国（首府相县）宰相王吉，全部羁押洛阳县监狱。阳球亲自主持，苦刑拷打，五毒全部用上（五毒：鞭打、棍打、火烧、绳捆、悬吊）。王萌也曾当过京畿总卫戍司令，向阳球哀求说：“我们父子犯法，当然应该一死。只求你念及我们前后同官，宽恕我老爹，叫他少受点苦！”阳球咆哮说：“你是什么东西，一身罪恶，万死不足以赎罪，还想跟我套先后任交情呀！”王萌知道无法摆脱，破口大骂说：“从前，你巴结我们父子，像一个奴才，奴才竟然反叛主子！今天乘人之危，落井下石，你会自己受到报应。”阳球命用泥土塞住王萌嘴巴，鞭棍齐下，王甫父子全被活活打死。段颎也自杀。

阳球本是寝殿侍奉宦官（中常侍）程璜的女婿，为了私仇，放逐蔡邕、蔡质，而又派人追杀，根本就不是一个好东西。王萌诟骂他："巴结我们父子像奴才！"有事实根据。稍后，曹节说："我们可以自相残杀，却不能叫狗舔我们的血！"我们推测：这可能是一场王甫、程璜之间的内斗。阳球并不是为民除害，只是为岳父扫除绊脚石。

文妖不绝

公元180年，刘宏准备兴建毕圭苑、灵昆苑（李贤原注：毕圭苑有二，东毕圭苑，周围一千五百步，中有鱼梁台；西毕圭苑，周围三千三百步，面积更大。都在洛阳宣平门外）。宰相（司徒）杨赐，上书劝阻。奏章呈上后，刘宏打算停工，询问宫廷随从（侍中）任芝、乐松的意见，二人回答说："从前姬昌（文王）的御花园有一百华里，人们认为太小。田辟强（战国时代齐王国二任王宣王）的御花园只有五华里，人们认为太大。而今，陛下跟人民共同享用，对任何人都不会造成伤害！"刘宏大为欢喜，下令动工。

任芝、乐松的言论，使我们再见文妖。截至二十世纪，宦官已绝，而文妖不绝，倍增痛心。

封宦官

公元 185 年，东汉政府以讨伐黄巾首领张角有功的名义，封寝殿侍奉宦官（中常侍）张让等十二人侯爵。

千万在沙场上流血流汗的战士，身体残废的伤兵，以及已入幽冥的忠魂，听到宦官竟然讨伐张角有功，恐怕都会同声一哭。

第一个宦官时代

公元189年，虎贲警卫指挥官（虎贲中郎将）袁术等，为他们的统帅何进报仇，进攻皇宫。宦官张让、段珪等困守寝殿，束手无策。于是裹胁东汉帝（十三任）刘辩，跟皇弟陈留王刘协，约数十人，步行逃出谷门（洛阳北面东门），向北方亡命。深夜，逃到小平津（河南孟津东黄河渡口），皇帝所用的六颗印信，全没有携带，三公、部长级高级官员，没有一个人跟随，只有宫廷秘书（尚书）卢植、首都洛阳市（河南洛阳东白马寺东）市政府中区秘书（中部掾）闵贡，连夜赶到黄河堤岸。闵贡厉声喝责张让等，说："你还不快点了断，我只有杀你！"手斩数人。张让等恐惧，拱手作揖，然后向刘辩下跪叩头说："我们死了，陛下保重。"遂投黄河溺毙。

宦官，是中国封建专制体系中最可耻的产物之一，公元前十二世纪时，农业而多妻的周部落——就是被后世儒家学派色授魂迷的姬昌（文王）、姬发（武王）、姬旦（周公）等"圣人帮"当权的政权，在灭掉商王朝后，把这一残酷制度，带入中国，延续三千年之久，直到二十世纪，才随着帝王的消灭而消灭。

一个男主人拥有数目庞大的小老婆群之后，为了防止红杏出墙，最好的办法，莫过于把她们像囚犯一样，关闭在戒备森严的庭院（皇宫）之中，与男人世界，完全隔绝。问题是，皇宫工作，并不能全由女人担任。周部落遂想出一种残酷办法，那就是把男人的生殖器阉割，以供差遣。这种人，称为宦官，成为多妻制度下女人和男人之间最理想的媒介。几乎每一个有钱或有权的家庭中，都有这种可怜的畸形人，皇宫中的数量当然更多，直到十世纪，宋王朝政府下令禁止人民蓄养阉奴，宦官才为皇家所专有。

世界上很少男人高兴阉割自己，宫廷原则上又不接受成年宦官，所以宦官的来源，只有一途，那就是哀哀无告的贫苦家庭。这是中华人历时最久的一种悲惨命运。诗人顾况曾有一首《我儿》的诗，描写宦官的诞生：

我儿啊，你生在穷乡

官员捉住你，把你残伤

为了进贡给皇帝，为了获得满屋金银

为了要下狠心，把孩子戴上刑具，当作猪羊

苍天啊，你慈悲何在，使孩子遭此毒手

神明啊，你公正何在，使官员享福受赏

爸爸送别孩子：

“我儿啊，我后悔生下了你

“当你初生时

“人们都劝我不要抚养

“我不忍心

“果然你遭受到如此悲苦下场——”

孩子告别爸爸：

“心已粉碎，流下血泪两行

“爸爸啊，从此远隔天壤

“直到死于黄泉

“再见不到爹娘——”

孩子们被阉割后，即送入宫廷，永远和父母家乡隔离。跟宫女的遭遇一样，同是投进狼群的羔羊，无依无靠、无亲无友，随时会被杀死、虐死、折磨死。而宦官比宫女更为悲惨，宫女在二十年三十年之后，或许还有被释放出宫的可能，宦官则永远没有，而是终身奴隶。中国宫廷是世界上最黑暗的魔窟之一，其中有它特有的行为标准和运转法则，孩子们必须含垢忍辱，用谄媚和机警，以及不可缺少的好运，才能保护自己。最幸运的人，终于有一天接近皇帝。皇帝是权力魔杖，触及——最好

是能掌握权力魔杖，才有出人头地的机会。然而，绝大多数孩子都在魔窟中含泪而死，犹如绝大多数的无期徒刑囚犯，都在监狱中含泪而死一样。

因之，宦官是自卑的，因为他们没有表现他们是男子汉的能力。宦官没有高深的知识，因为他们没有机会受到教育。宦官多少怀着对常人仇恨和报复心理，因为他们只因贫苦而被阉割。宦官缺少远见和伟大抱负，因为宫廷生活极度狭窄和现实。宦官缺少节操，因为宫廷践踏节操，有节操的人在宫廷中不能生存。

所以，当宦官一旦掌握大权之后，我们不能希望他们比皇亲国戚，或知识分子士大夫阶层更为高明，那超过他们的极限。

东汉王朝皇帝老爷跟皇后家族（外戚）的斗争，开始于四任帝刘肇。这种斗争，皇帝必须获得外力支持，才能取胜；没有外力支持的皇帝，脆弱的程度，跟平民没有分别。所谓外力：一是知识分子士大夫，一是宦官。但跟知识分子士大夫结合很少可能，因为平常太过疏远。唯一的一条路只有依靠宦官。刘肇就是仗着宦官郑众，诛杀窦宪。十一任帝刘志，更跟五位宦官结盟，对付梁冀。在消除了皇亲国戚之后，宦官遂以正式的政府高官身份，出现政治舞台；他们的家族亲友，也纷纷涌进政府，而这些贫贱出身的新贵，几乎除了贪污和弄权外，什么都不会，比皇亲国戚所做的，更要恶劣。于是知识分子士大夫遂跟皇后家族联合，利用所可以利用的力量，打击宦官，宦官自然予以同等强烈的回报，中国遂开始第一个宦官时代，从公元 159 年十三个宦官封侯，到公元 189 年全体被杀，三十一年间，搏斗惨烈。

不过，我们特别注意到，所有宦官的罪行，多来自知识分子士大夫的一面之词。而宦官滥杀无辜，也不过只有三件：公元 160 年杀赵岐全家，公元 166 年射杀民女，公元 179 年杀人悬尸。

相形之下，知识分子士大夫事实上却更残忍：公元 160 年，连宦官的宾客都杀。公元 166 年，连宦官的朋友也杀，更牵连到宦官的娘亲。而且很多次都在政府颁布赦令之后再杀，更以对宦官苦刑拷打为乐。可能有人说知识分子士大夫只对宦官才如此凶暴，其实对小民也是一样。一位守丧二十年、生了五个孩子的赵宣，他只不过违背了一星点儒家学派的礼教而已，并没有犯法，但宰相陈蕃却把他处死。北海国（首

府剧县【山东昌乐西】）宰相孔融，竟把一个他认为在老爹墓前哭声不哀的人斩首。

第一个宦官时代在血腥中结束，宦官彻底失败。但知识分子士大夫的胜利，却很悲惨，董卓的刀子已架到他们的脖子之上。

蔡邕

公元 192 年，东汉王朝宰相董卓被杀时，皇家左翼警卫指挥官（左中郎将）高阳侯蔡邕，正在宰相（司徒）王允家做客，听到消息，不禁发出一声惊叹。王允立刻翻脸，厉声斥责说："董卓是国家的巨贼，几乎把东汉王朝颠覆。你是国家的高级官员，应该跟国家同一立场，全心愤慨。想不到你却怀念董卓对你的一点私人恩惠，反而为他悲痛，岂不就是叛徒？"逮捕蔡邕，交付司法部（廷尉）监狱。

蔡邕承认自己有罪，道歉说："我身虽居于一个不忠的地位，可是，君臣古今的大义，耳所常听，口所常言，岂肯背叛国家，袒护董卓？请免一死，我愿脸上刺字，双脚剁下，允许我完成正在撰写的《汉史》（当蔡邕贬逐朔方郡【内蒙古包头】时，曾上书请求续写《汉书》各志；蔡邕一生精力，在此一书）。"高级知识分子士大夫，很多人怜悯蔡邕，极力营救，王允一律拒绝。全国武装部队总司令（太尉）马日磾，对王允说："蔡邕对东汉王朝史迹典故，了解最丰。如果能完成这部史书，将是一代巨典；而他的罪名，微不足道，杀了他，岂不使天下失望？"王允说："从前，武帝（西汉王朝七任帝刘彻）不杀司马迁，使司马迁写出谤书（《史记》），流传后世。而今，国势中衰，兵马就在郊外，不可以使奸佞的文化人，在幼主（十四任献帝刘协）左右执笔，对主上的圣德既没有帮助，却毫无疑问地，我们将受到他的讪笑讥刺。"蔡邕遂在监狱中被处死。

王允坚持非杀蔡邕不可，他说的那些理由，至堪玩味。如果因为蔡邕事奉过董卓，王允也事奉过董卓。如果因为蔡邕受到董卓亲信倚重，王允也同样受到董卓亲信倚重。如果因为蔡邕是董卓所征召，王允也同样是董卓所擢升。仅只一声惊叹，罪何至死？

只有两种解释是合理的，一是，王允妒忌蔡邕史学上的成就。另一是，王允本属于董卓的摇尾系统，他如果不把董卓的马屁拍得舒舒服服，董卓焉能把中央大权全部托付，其中一些丑态毕露的行为，蔡邕可是知道得一清二楚，王允不得不预防蔡邕泄漏他的底细。他抨击司马迁的《史记》是一部"谤书"，充分显示出他恐惧

什么——恐惧蔡邕的“谤书”。

冠冕堂皇的理由虚晃一枪，真正的理由因为太卑鄙的缘故，往往说不出口。王允是另一类型的文妖。

王允

王允诬杀蔡邕两月后，董卓部将李傕反击，攻陷长安，逮捕王允，连同妻子儿女一齐处死。李傕命把王允的尸首拖到闹市，任人参观，没有人敢去收葬。旧部属平陵（陕西咸阳西）县长、京兆（陕西西安）人赵戬，放弃官位，把王允尸体掩埋。

当初，王允把诛杀董卓的功劳，全部揽到自己头上，宫廷秘书署执行官（仆射）士孙瑞的功劳，也归给王允，因而封不上侯爵，但也正因为如此，逃过李傕报复的灾难。

司马光曰："《易经》说：'辛劳而又谦让的君子，吉祥。'（《易经·系辞》）士孙瑞有很大的功勋，却不自夸自负，用来保护身家性命，岂不是智慧过人？"

一个没有政治头脑的人，却坐在必须有政治头脑才能坐的板凳上，实在是一种灾难，他的最大的特征是，深信凭他主观的意志和手中的那点权柄，就可以随心所欲，使太阳从西边升起。

董卓是一条疯狗，他相信军事万能。王允虽是一位高级知识分子，但发疯的程度，不亚于董卓，他相信他的智谋超人。只因为文武殊途，表现的方式所以各异。董卓满身背着诟骂，王允却披着忠贞的外衣。他创造了东汉王朝复兴的契机，不仅不能把握，反而把东汉王朝拖向谷底，使人民受到更长期的痛苦。在影响上，王允跟董卓相等，都罪大恶极。

告状也有罪

公元 193 年，天下已乱，右北平郡（河北丰润）人田畴，回到故乡无终（天津蓟州），率领田姓家族，深入徐无山（河北玉田东北凤凰顶）中，寻觅到一块广大的盆地定居，亲自耕田，奉养父母。各地流亡的难民纷纷前来投奔，只数年时间，增加到五千余家。田畴遂制定法条：互相杀伤、偷窃、告状诉讼的人，考察罪行的轻重，分别处以适当的刑法，最重的是死刑，共十余条。又制定婚姻嫁娶的礼仪，兴建学校，讲授课业。法条制定后，公告实施，人民都乐于遵从，风俗优美，甚至遗失在道路上的东西，都没有人去捡。

田畴制定的法条中，诉讼告状的行为，竟成为一种罪行，可看出穷苦小民所处的地位。咦，君王从不告状，告状的都是臣僚；奴隶主从不告状，告状的都是奴隶；手握权柄的人从不告状，告状的都是手无寸铁的小民。财产被吞并，妻子女儿被掳去当婢女小老婆，儿子或老爹被乱棒打死……中国人只能无穷无尽地忍受，如果你胆敢向“圣明的君王”，或胆敢向“贤能的父母般的官员”，哀求发还被吞并的财产，哀求放回被抢夺的妻子女儿，哀求处罚那个打死儿子或老爹的凶手，你就成了刁顽之徒，犯了滔天大罪。

田畴反对诉讼告状的观念，不是突然冒出来的，而是腐败的官场产物。任何事情，不公平则一定有反弹，国家设立法庭，就是要消除这种不公平。不消除这种不公平，却只禁止反弹；不消除痛苦，却只塞住嘴巴不准哭叫；不用法律解除人民所受的迫害，却只不准人民诉讼，结果必然产生下列后果：一是奴性被培养得更深，国民品质低落。二是血腥抗暴，用斗争代替诉讼。

世界上只有公平的审判才可以消除不公平，而我们古老的文化中却传播一种思想，认为不准诉讼就可以消除不公平。什么时候，中国人能够用诉讼解决争端，不必含垢忍辱，更不必使用刀枪，中国才能成为一个文明的国度。

笮融

> 徐州（江苏北部）全权州长（牧）陶谦，任命笮融当下邳国（首府下邳【江苏睢宁北古邳镇】）宰相，叫他负责督导运输广陵郡（江苏扬州）、下邳国（首府下邳）、彭城国（首府彭城【江苏徐州】）的粮食到州政府所在地郯县（山东郯城）。笮融取得这项权力后，竟把三个郡和封国缴纳的物资，全部扣留，大肆兴建佛教庙院，命人民诵读佛教经典，吸引邻郡的佛教徒移往下邳（下邳国首府），多达五千余户。每逢释迦牟尼生日（四月八日），举办“浴佛会”，在路旁摆设筵席，往往连绵数十华里，费用多到亿亿钱。后来，曹操击破陶谦（参考193年秋季），徐州（江苏北部）惊恐，朝不保夕，笮融率领部众男女一万余人，南下广陵郡（江苏扬州），广陵郡郡长赵昱，盛大接待，把笮融当作上宾；笮融看到广陵郡物产丰盛，人民富有，怦然心动，就在一次筵席上，乘敬酒的机会，击斩赵昱，下令军队烧杀抢掠。然后，再渡长江南下。之前，彭城国（首府彭城）宰相薛礼，受陶谦的压迫，率领部众躲到秣陵（江苏江宁南）。
>
> 笮融就渡过长江，前往秣陵投靠薛礼，不久，又击斩薛礼。
>
> 扬州（安徽中部及江南地区）州长（刺史）刘繇，命豫章郡（江西南昌）郡长朱皓，攻击左将军袁术所任命的豫章郡郡长诸葛玄，诸葛玄战败，退保西城（南昌市西）。刘繇乘船西上，驻军彭泽（江西湖口东），命笮融协助朱皓。许劭对刘繇说：“笮融出动军队，一向不管别人对他的评价。朱皓忠厚，容易推心置腹、相信别人，要叫朱皓严密提防。”然而，笮融到达后，仍用诈术击斩朱皓，接管朱皓的郡长职位。刘繇大怒，进攻笮融，笮融溃散，逃入丛山，被当地人民诛杀。

在历史上，笮融不过一粒老鼠屎，但他却为全人类提供一个典型，他的特质是：利用别人高贵的情操，做出卑鄙的坏事。赵昱诚心接纳他，他杀赵昱；薛礼诚心接纳他，他杀薛礼；朱皓诚心接纳他，他杀朱皓。他有他的信念，认为任何严重的忘恩负义行为，只要先下口咬定别人忘恩负义，报应就永不会落到自己头上。天下人是骗不完、坑不完的，只要有权有钱，再丑陋都会被人接受。事实证明，这种判断并不是完全

不正确，笮融斩击赵昱后，薛礼照样向他张开双臂；笮融击斩薛礼后，朱皓照样向他张开双臂。

鉴赏能力的缺乏，是鼓励邪恶的能源，笮融之所以能通行无阻，在于太多人对善恶不能分辨，即令分辨，也不敢认真。

公孙瓒

公元195年，有童谣说："燕国南疆／赵国北界／中央合不住，大小像块磨刀石／只有那里，可以躲避。"前将军公孙瓒认为是指易县（河北雄县西北）。于是，把大本营迁到易县，环城挖掘十道壕沟，兴筑高大土丘，每个土丘都高达五六丈，再在土丘上建立高楼（这座新的城池坐落在易县县城西，称易京）。位于中央的土丘最高，足有十丈，作为公孙瓒的居处。用铁做门，左右侍从警卫全被隔在门外，七岁以上的男子不准进入，专跟小老婆姬妾美女厮混在一起。正式公文书，或其他文件，都用绳子吊上城堡。训练妇女们放大嗓门，使数百步外可以听到，就用她们传达公孙瓒的命令。公孙瓒遂跟宾客们完全隔绝，智囊和猛将渐渐背叛离散，而公孙瓒也很少再出作战。有人问他缘故，公孙瓒说："想当年，我在塞外驱逐叛变的胡人部落（参考188年11月），在孟津（河南孟津东黄河渡口）扫荡黄巾变民（参考191年10月），自以为天下战乱，可以霎时平定。但是到了今天，战乱才不过刚刚开始，看起来我已无能为力，不如使官兵休息，努力耕田，拯救灾荒凶年。兵法说：'百尺高楼，不可进攻。'我的军营分别驻屯各楼，外有数十重墙堑，粮食聚集有三百万斛，等到把它吃完，大概天下大势，已有分晓。"

公孙瓒跟董卓，是从一个破窑里烧出来的货色。用凶暴的手段把大海搅得波浪滔天之后，却认为仍可躲在一片树叶上，照样保持他的荣华富贵。天下竟有这么多头脑简单的恶棍，而这种头脑简单的恶棍，竟也能平地崛起，原因何在，留给我们一个课题。

祢衡陷鲨鱼阵

平原国（首府平原【山东平原】）人祢衡（祢，音 mí【迷】，姓），自幼便才华出众，辩论敏捷；但刚愎骄傲，盛气凌人。工程总监（将作大匠）孔融推荐给曹操，然而第一次见面，祢衡便破口辱骂。曹操大怒，对孔融说："祢衡不过一个不知道天高地厚的小娃，我杀他，犹如杀一只老鼠、一只麻雀。但这个人一向有点虚名，外人可能认为我没有容人之量。"于是把祢衡送给刘表，刘表把他当作上宾，祢衡倒对刘表满口赞美，但他却不断讽刺刘表左右亲信，这些亲信遂有计划地进行诬陷，向刘表打小报告，说："祢衡承认将军的仁爱胸襟，纵是姬昌（周王朝一任王姬发的老爹）也不过如此。但是，他认为你没有决断能力，所以最后不可避免地会归于失败。"这段话恰恰指出刘表的缺点，但祢衡却从没有讲过。刘表大怒，知道江夏郡（湖北新洲）郡长黄祖性情急躁，再把祢衡送给黄祖，黄祖对祢衡也十分礼遇。后来，祢衡在大庭广众之下，侮辱黄祖，黄祖把他诛杀。

祢衡不过是一个没有原则的舞台小丑，从史书上寥寥数语的介绍，可看出他的形象：知识丰富，情绪起伏，对自己的评价，过度高估。有些人认为祢衡不畏惧权势，但在曹操那里吃了亏之后，见了昏庸无能的刘表，却拍尽马屁。祢衡不是不畏惧权势，而是他认为他的虚名可以保护他不死。利用群雄争霸，有权势的人都在珍惜自己羽毛的时代，他以大无畏的外貌出现，随时随地侮辱别人，而肯定别人不敢动他一根毫毛。他的判断正确，曹操、刘表就是如此反应，不幸的是，最后遇到一个不爱惜羽毛的老粗黄祖，不吃这一套，于是斩首。祢衡之死，不是死于他不畏惧权势，而是死于他表态失误。

然而，我们讨论的不是祢衡，而是刘表亲信诬陷祢衡的布局。那段话明明不是祢衡说的，但从语气上以及深刻的观察分析上判断，说它出自祢衡之口，任何人都会深信不疑。这是最厉害的一击，击中刘表的要害。在专制社会中，说真话、说实话的危机，就在于此。闻过则怒，是普通人所有的品质，要害一被击中，神经系统

立刻大乱，唯一的反应就是项羽型的报复。他不会去求证是否出于祢衡之口，也不屑去求证，鲨鱼群就用这种方法，把首领驱逐到单行道上。

对刘表的评价，来自刘表亲信杜撰的诬辞，可看出刘表在他左右亲信心目中，是什么形象。这些人无时无刻，不在毫无破绽地一脸忠贞，但他们对主人的愚劣，却看得清清楚楚，从心底深处，发出暗笑。然后，再把这种暗笑，原封不动地扣到斗争对象的头上，说是斗争对象的暗笑。这是最常见的鲨鱼阵，权柄在握的大家伙在阵中被摆布得暴跳如雷，倒霉分子在阵中被摆布得粉身碎骨。

即令在民主法治国度，也有鲨鱼群，但倒霉分子不至于血肉一团，可以使丑陋程度减低到最低层面，所以我们渴望民主法治。

论成功失败

公元 197 年，冀州（河北中部南部）全权州长（牧）袁绍，写信给司空（三公之三）曹操，措辞傲慢。曹操对智囊荀彧、郭嘉说：“我打算攻击袁绍，可是力量不如他，应该如何？”二人回答说：“高祖（西汉王朝一任帝刘邦）跟项羽之间，力量悬殊，阁下深知；高祖（刘邦）全靠谋略，战胜项羽。项羽虽然强大，最后仍被击破。而今，袁绍具备十项失败条件，阁下则具备十项胜利因素。袁绍虽然强大，并没有作用。”

荀彧、郭嘉二位对袁绍跟曹操的评估，虽然对曹操有溢美之词，但溢美跟马屁不同，溢美是稍微夸张，马屁则不仅夸张得凶猛难当，有些更无中生有，能使人全身发麻。

然而，我们感受最深的，是荀彧和郭嘉在评估袁、曹优劣时，提供了十项检验政治领袖优劣的标准：做人原则、政治号召、管理方法、胸襟气度、谋略判断、品德见识、统御能力、英明智慧、执法态度、军事才干。对一个政治领袖而言，在这十项内涵上，给他写出分数，不但可肯定他的优势，且可肯定他的成败。

评估袁绍、曹操如此。评估历史上，甚至现实世界，我们所面对的政治人物，也都如此。如果能谨记这十项标准，在对政治人物作认真的检验之后，就可得到正确的结论。

高顺

公元198年，东汉王朝最高监察长（司空）曹操，攻陷下邳（徐州州政府所在），生擒吕布、陈宫、高顺。陈宫要求行刑，直出辕门，毫不回顾，曹操忍不住落泪。于是，连同吕布、高顺，同时绞死，然后砍下人头，送回首都许县（河南许昌），悬挂示众。

高顺是一员良将，只因追随错了人，选择错了集团，遂跟吕布、陈宫之类反复无常的小人物，同一命运，使人扼腕。

孙盛的邪恶

会稽郡（浙江绍兴）郡长孙策，既破黄祖，挥军南下，准备攻击豫章郡（江西南昌），进驻椒丘（江西新建东北），对人事官（功曹）虞翻说：“华歆虽然名满天下，但不是我的敌手。如果不能开门让城，战鼓一旦擂动，不可能避免死伤。请你先去看他，表达我的愿望。”虞翻遂往，向华歆说：“不知道豫章郡的粮秣储存、武器装备，以及人民斗志，比敝郡（会稽郡）当时如何？”华歆说：“大大不如。”虞翻说：“孙将军（孙策）智谋方略，超过当世，用兵如神。之前驱逐扬州州长刘繇（参考 195 年 12 月），先生亲眼看到；后来平定敝郡（会稽郡。参考 196 年 8 月），先生也曾耳闻。现在，先生困守孤城，全靠自己的一点存粮，可预料无法抵抗。如果不早日决定方向，后悔已来不及。孙将军已抵达椒丘（江西新建东北），我也要告辞，请再加考虑。如果明天中午，仍不能表明态度，我就踏上归程。”华歆说：“我在江南（长江以南）的时间太久，时常想回到北方，孙将军驾到，我就离开。”就在当天夜间，写妥欢迎孙策军的文告。第二天凌晨，派人送到孙策军前。孙策立即前进，华歆便衣便帽，亲自迎接。孙策说：“先生年高德劭，名满天下，远近人心所归。我年幼识浅，请收我当你的弟子学生。”向华歆施礼参拜，尊作贵宾。

孙盛曰：“华歆既没有伯夷、商山四皓（参考公元前 195 年）那种不慕名利的高风亮节，又失去天子臣属的立场，而且相信邪恶书生（虞翻）的邪恶论调，结交横行江湖的暴徒（孙策）。官位被夺，志节堕毁，没有比这个更大的罪行。”

孙盛斥责虞翻是邪恶的，难道虞翻建议华歆抵抗就是神圣的了？不检查他的分析是否正确，就先飞帽子，是一种打马虎眼的惯技。逻辑上说：孙策是皇帝任命的政府正式官员——讨逆将军，孙盛竟诬称他是横行江湖的暴徒，这才是真正的邪恶行径，怎么还敢开口？

华歆无法克服他所面对的危机，如果抵抗，受屠杀的是千万小民。必须千万小民辗转哀号，家破人亡，孙盛才称心快意，这是一种不道德的心肠。在对抗外国外

族的侵略时，我们赞扬誓不屈服，但在纯内部的混战情况下，不过是官员跟官员间的火并，军阀跟军阀间的抢夺地盘，这里面没有大义，只有私利，在我们看来，谁能保护人民的生命财产、谁能使死伤减少到最低限度，谁就值得我们致最高的尊敬。

田丰

公元 200 年，官渡（河南中牟东北）之战，袁绍大败北逃，有人告诉因判断大军定会失利，劝阻袁绍停止军事行动，而被囚禁在监狱里的行政官（别驾）田丰说：“你以后一定受到重视！”田丰说：“袁绍外貌似乎很宽厚，但内心恰恰相反，却很猜忌。不会谅解我的一片忠心，只会认为我不断在冒犯他。如果大军胜利，心里高兴，还有赦免我的可能；而今战败，心头恚恨，恼羞成怒，我性命已陷危境。”大家都不相信。部队士卒们都捶胸流泪说：“如果田丰留在军中，必不会失败。”袁绍对逢纪说：“冀州（河北中部南部）人士，听到我前线失利，都会同情我。只有田丰从前曾经劝阻，跟其他人不同，使我感到惭愧。”逢纪乘机陷害说：“田丰得到将军败退的消息，鼓掌大笑，庆幸他的预言实现。”袁绍对他的僚属说：“我不用田丰的计谋，果然被他耻笑。”下令诛杀田丰。

最初，曹操听说田丰没有跟随袁绍大军出征，大喜说：“袁绍一定失败！”等到袁绍军溃散逃走，又说：“开始时袁绍如果用田丰的计谋，结局如何，难以预料。”

刘邦北击匈奴，娄敬劝阻，被投入监狱。等到刘邦白登突围，狼狈逃走，第一个想起的就是娄敬，不但立刻释放，加官晋爵，而且深自检讨，向娄敬致歉（参考公元前 200 年）。袁绍跟田丰之间的关系位置，几乎是刘、娄二人之间关系位置的历史重演，但反应不同，袁绍的反应是恼羞成怒。

刘邦不愧英雄人物，袁绍不过庸碌之辈，封闭的心灵使他丧失了检讨反省的能力。娄敬跟田丰，都是一代英才，而遭遇不同，田丰把袁绍像玻璃人一样，看得透彻，但不能逃出毒手。大时代中，全国沸腾，再睿智的人，除非有特别机缘，往往身不由己。悲剧之层出不穷，原因在此。可哀。

赵韪

益州（四川）客军“东州兵团”士卒欺负虐待益州本地住民，征东警卫指挥官（征东中郎将）赵韪，包围益州（四川及云南）全权州长（牧）刘璋所在的成都（益州州政府所在县，四川成都），东州兵团恐怕受到诛杀，作殊死战，赵韪军败，撤退。东州兵团追到江州（四川重庆），斩赵韪。

胡三省曰：“赵韪追随刘焉，同到蜀境（四川），不过贪图富贵，而竟因贪图富贵，丧失生命，证明行险侥幸，不如安坐家中，等候时机。”

赵韪背叛刘璋，就史书上显示的资料，看不出他是贪图富贵，而只看出他是为了反抗东州兵团的暴行。赵韪之所以能深得人心，当然是他向小民认同。当他目睹小民的房屋被烧、妇女被奸、生命被杀，屡屡要求刘璋制止，刘璋却一推二拖三和稀泥时，试问，赵韪应怎么办？难道把所有跪在他面前诉苦的小民，逐出大门，从此不闻不问，以求“明哲保身”？这样做当然受到传统知识分子的赞扬。或是兴起正义之怒，抛弃既得利益，率领被迫害的人民抗暴。这样做的结果是：成则王侯败则贼。成功了，大家掌声雷动，高叫：“这是天命。”失败了，大家讥讽他贪图富贵。

赵韪选择了正义之怒，而又不幸失败。受到诬蔑，在意料之中。

袁绍脓包

全国最高统帅（大将军）、冀州（河北中部南部）全权州长（牧）袁绍自大军溃败，羞惭悲愤，卧病在床，吐血不止。202 年 5 月，袁绍逝世。

袁绍是一个颟顸的“公子哥儿”型人物，靠着封建世家，和血缘关系，他可能成为一个成功的小政客，也可能当一个成功的太平宰相。但在大混乱时代，他就成了脓包。试看最初他向何进贡献的阴谋诡计——坚持秘密召集驻屯河东郡（山西夏县）将领董卓，以叛军姿态，向京师进军，用以胁迫何太后诛杀宦官（参考 189 年 7 月），那真是天下第一等愚蠢的阴谋诡计，证明他的智商太低。更糟的是，他放弃迎奉皇帝的机会，等到发现皇帝的妙用，竟想靠三寸不烂之舌，劝说曹操放手（参考 195 年 12 月、198 年 4 月），岂不异想天开？到了最后，简直跟自己有仇，把凡是可以拯救他危亡，促使他获胜的建议，全部拒绝，完全没有能力分辨是非智愚。于是，只好被一群智商跟他相等的一些天下最愚蠢的智囊谋士，牵着鼻子，走向死亡。

拒绝采纳别人意见的人，他会失败，而采纳错误意见的人，也会失败，比较之下，曹操的英雄形象，跃然纸上。

审配

公元204年，东汉王朝最高监察长（司空）曹操大军，猛烈攻击邺城（河北临漳西南邺镇），袁家军守城将领审配，在巷战中被俘。辛评全家原被囚禁监狱，辛毗驰往监狱拯救，早已被审配屠杀，一家老幼全死。辛毗用马鞭抽打审配的头，诟骂说："奴才，你今天死定了。"审配看着辛毗说："狗辈，正因为你们这些东西，才使冀州（河北中部南部）破碎，我恨不得杀了你。而且，你今天有权叫我活，叫我死呀？"一会工夫，曹操传见，对审配说："前天我视察前线，你的弓箭可真多！"审配说："我还恨少！"曹操说："你效忠袁家，自不得不如此。"有意宽恕他。然而审配意气轩昂，始终不说一句屈服的话。辛毗等又在旁哭号，要求报仇，曹操遂诛杀审配。冀州人张子谦早已归降，跟审配素来仇视，对审配笑说："老哥，你比我如何？"审配大叫说："你是降臣，我是忠臣，虽然一死，岂羡你生？"临斩，呵责行刑手，让自己面向北方，说："我的主人（袁尚）就在北方。"

审配斥责辛毗："正因为你们这些东西，才使冀州破碎！"似乎理直气壮；可是，史书记载分明，使冀州破碎的，并不是辛毗，而恰恰是审配那批东西。审配以智囊闻名于世，却向主子袁绍层出不穷地贡献一连串最馊的主意，打击唯一可以拯救冀州的沮授，而又违背当时长子继承的宗法制度，排斥袁谭，拥立袁尚，挑拨起严重的夺嫡斗争，使内部先烂。假使不是他阁下如此努力，岂能有以后的发展？他却倒打一耙，希望留下忠贞形象。

审配不过一个私欲如火的小政客而已，屠杀辛姓全家，证明他表面上虽然文质彬彬，内心却是一个暴徒。当然，总比被俘后摇尾乞怜，要高一级，但也不过高一级而已，不能抵销他颠覆冀州，颠覆袁绍一家的恶行。

斗臭手段

官渡（河南中牟东北）之战时（参考200年），袁绍命他的秘书陈琳，撰写讨伐曹操文告；陈琳下笔，文情并茂，细数曹操罪恶，暴露曹操家世，极尽诋毁丑化的能事。等到袁绍失败，陈琳归降曹操，曹操问他：“你当初替袁绍撰写文告，只可以攻击我本人，为什么攻击到我的祖先？”陈琳承认有罪，请求宽恕，曹操不再追究（陈琳的回答是：“箭在弦上，不得不发！”曹操大笑），任命陈琳当最高监察署文书官（记室）。

很多人每当被事实或理性逼迫得无法反驳的时候，很少有勇气承认自己的错误，反而抛弃主题，对主题之外的东西，诸如道德、私生活等，横加诬蔑，然后证明对方所持的事实不是事实，所持的真理不是真理。

这是惯用的“斗臭”手段，一千五百年前，曹操便谴责这种行为说：“只可以攻击我本人，为什么攻击到我的祖先？”千余年来，大家习惯于这种斗臭手段，动不动就倾盆而出。当张三坚持黑是黑、白是白时，李四只要“揭发”他曾经在日本留过学，一脑筋反动的万世一系帝王思想，就足够打倒张三，而另行建立黑是白、白是黑的进步理论。

这跟丧失思考能力和鉴赏能力有关。假如每个人都能紧握主题不放，斗臭手段得不到市场，甚至反而有恶劣的回收时，自会绝迹。否则的话，我们就会一直被情绪控制，迷失在泥沼之中，围绕着事实旋转，永远远离事实。

荀悦

皇家图书馆长（秘书监）、宫廷随从（侍中）荀悦，作《申鉴》五篇，奏报东汉帝（十四任献帝）刘协。当时，中央权柄握在最高监察长（司空）曹操之手，皇帝不过恭恭敬敬地坐在那里而已。荀悦希望有积极作为，可是他的见解无法实现，只好著书立说。

荀悦是儒学派重要的思想家之一，司马光对他尊崇备至。从这篇《申鉴》，可看出儒家学派政治主张的精髓：一是阶级森严的定位，最高层的是“君子”，最低层的是“小人”。教育只能改变中间阶层人士，中间阶层人士接受教育时，可以跃升成“君子”；不接受教育时，则堕落成“小人”。至于“君子”是否还会堕落，堕落成为“小人”，以及“小人”是否会上升成为“君子”，没有说明。不过，很明显，荀悦的论点：“君子”“小人”，永恒不变。

另一是，人民奴役性的定位。荀悦强调：君王不可随意惩罚，并不是出于人权，而是不利于统治，意思是说：如果有利于统治，就可以随意惩罚。全部思想体系中，没有看到人的尊严，“仁政”并不是把人当人，而是把人当作工具。如何爱护工具和爱护人——把人当人，意义完全不同。

儒家政治主张的最高指导原则，只看到君王的统御价值，没有看到人民的人格价值。

狗熊与英雄

辽东郡（辽宁辽阳）郡长公孙康，打算取投奔他的袁尚、袁熙二人性命，作为呈献给东汉王朝中央政府一大功劳。于是在马厩之中，埋伏精兵，然后延请袁尚、袁熙进入。还没有落座，公孙康发动埋伏，把二人生擒，立即诛杀，人头送给曹操。

此时已入冬季，天寒地冻，又逢大旱，二百华里内没有水源，又缺乏粮秣，曹操大军屠杀战马数千匹充饥，挖凿地面三十余丈，才见到水。好不容易平安抵达安全地带，曹操下令调查最初规劝不要讨伐乌桓的人是谁。大家不知道会发生什么事，每人心怀恐惧。然而调查之后，曹操依照名单，重重赏赐，说："我征讨乌桓部落，实在是危险万分，全靠侥幸，虽然成功，只能说是上天保佑，但这不是正常行动。各位的意见，才是万全智谋，应受到奖励，以后不要闭口不言！"

袁绍杀田丰，刘邦封娄敬，曹操在大胜之后，反而奖赏反对他出军的谏士，狗熊和英雄，在此分界。狗熊最大特点是"智从己出""恩从己出"，要处处显示他比别人英明；而英雄则处处不如人，处处需要别人的意见，而且唯恐别人不提出跟他相异的，甚至相反的意见。

田丰临刑时，叹息说："给愚人画策，应该一死。"这是睿智之士的悲哀，田丰如果跟娄敬换一换位置，娄敬一定被诛杀，田丰当会是西汉王朝的一位侯爵。曹操度量之恢宏，头脑之清晰，大胜之后，并没有沾沾自喜，还回顾忠言，无怪能得部属死力。一个人的失败和成功，不是偶然！

机会岂会不再

曹操北伐乌桓部落（河北北部）时，刘备建议荆州（湖北及湖南）全权州长（牧）刘表袭击首都许县（河南许昌东），刘表不能接受。等到曹操凯旋班师，刘表对刘备说："没有听你的话，失掉这个大好机会。"刘备说："天下四分五裂，每天都有战争，大好机会多的是，岂会不再？如果能抓住下一次的大好机会，则这一次的失误，也没有关系。"

刘备的话，含有至理，不应为失去一个机会懊丧，而应把懊丧化作力量，等待第二个机会再来时，立刻抓住。问题是，人的生命有限，幸运之神往往敲门一次，只要稍稍犹豫，她便转往别家，永不再返。

隆中对策

刘备拜访诸葛亮，去了三次，诸葛亮才跟刘备相见。于是，遣开左右侍从人员，秘密谈话，刘备说：“东汉王朝倾覆，奸臣（指曹操）把持政权。我不考虑我的品德不够，不考虑我的力量不足，只盼望向天下展示大义。可是智短谋浅，直到今天，受到一连串挫败。然而雄心壮志，一如往昔，你以为应该如何？”诸葛亮说：“曹操已拥有百万大军，挟持皇帝，号令天下，声势强大，没有人可以把他击败。孙权盘踞江东（江苏南部太湖流域），已历三代（孙坚、孙策、孙权），地势险要，人民归附，贤能的人才，都为他尽力；我们只能把他当作朋友，不能当作敌人。而荆州（湖北及湖南），北方屏障汉水、沔水（汉水上游那一段。沔，音 miǎn【免】），南方直到岭南的南海郡（广东广州），东方接连吴会（吴郡及会稽郡。此处是指孙权已占据的地区，包括今江西），西方通往巴蜀（四川），是一个战略上具有高度价值的国度，而主人（指刘表）不知道利用，恐怕正是上天赏赐给将军的资本。益州（四川及云南）四境，关隘险固，土壤肥沃，一望千里，是人间天堂。而主人（益州全权州长）刘璋，昏庸懦弱，北边又有张鲁压境（时据汉中郡【陕西汉中】），人民富庶，政府财力充沛，可是刘璋既不知道珍惜，又不知道运用，有智谋才能人士，希望出现英明的首领。将军既有皇家血统（参考 191 年），而信誉仁义，又四海闻名。如果掌握荆州（湖北及湖南）、益州（四川及云南），据守险要，跟境内境外的所有蛮族，安抚结纳，和平共存，再跟孙权敦睦邦交，缔结盟好。然后，对内修明政治，对外掌握变局，则霸主大业，可以完成，东汉王朝可以复兴。”刘备说：“对极。”跟诸葛亮的情谊，日益密切。

诸葛亮跟刘备的这一夕谈话，史学家称之为隆中对策，跟公元前三世纪末韩信跟刘邦的一夕谈话——汉中对策，虽相隔四百年，但前后辉映，是中国历史上两大重要谋略，也是当时正确的政略战略最高指导原则。可惜的是，关羽刚愎自用，向孙权挑战（参考 219 年），引起一连串无法控制的反应，对策中的计划，全盘破坏。

具有高瞻远瞩能力的，世上能有几人？韩信就在项羽手下，项羽却不能发掘；

诸葛亮就在刘表身旁，刘表也不能发掘。有眼无珠的蠢才，一旦手握权力，都自以为英明盖世，其实只不过跟一群摇尾系统在那里鬼混日子，图一个眼前欢乐而已。项羽至死都弄不清他到底犯了什么错误，刘表地下有知，恐怕也不见得会想得通。

人才，是所有行业——包括政治、包括军事、包括在门口摆个地摊，兴废成败的枢纽。得者兴，失者亡。即令今天，面对二十一世纪，仍是真理。

鲁肃及时真言

曹操消灭袁姓家族后，江东（太湖流域）震动，就在这时，曹操写信给孙权，说：“近来，奉天子（东汉帝刘协）之命，讨伐叛徒，军旗向南，刘琮降服。现在，我亲率长江舰队八十万人，希望跟将军在吴王国故地狩猎。”孙权让部属传阅，大家面无人色，有的甚至害怕得还发出呻吟。秘书长（长史）张昭等主张迎接大军，归顺中央。只鲁肃不说一句话。稍后，孙权起身去洗手间，鲁肃追赶到走廊上，孙权知道他的意思，拉住他的手问：“你要告诉我什么？”鲁肃说：“刚才，观察大家的议论，可能引导将军走上歧途，不配讨论大事。要知道，像我鲁肃，可以归降曹操；像你将军，却不可以。为什么？我鲁肃迎降，曹操会把我送回家乡，给我一个官职，再倒霉不过，也会当一个最低级的参谋官（下曹从事），平常乘坐牛车，带着跟班，跟士大夫来往结交，步步上升，将来可能当上州长、郡长。而将军迎降，你要到哪里安身？请早日决定方向，不要听他们的意见。”孙权叹息说：“大家的议论，使我失望，你的睿智分析，跟我的想法完全相同。”

鲁肃一段话，道破千古以来政治市场上一项最大秘密。野心家先考虑到个人一己的利害，才再动手挑选一个适合身材的“大义”外衣。

孙权所以跟曹操对抗，跟曹操是不是“国贼”无关，只是为了一己的私欲，曹操才不得不成为“国贼”，历史事件的发展，大多遵循这个轨道。斑斑往事，可以训练我们的鉴赏能力，人民眼睛如果能洞穿“大义”外衣，当可使野心家的私欲，不敢过分猖獗。

张松

益州（四川及云南）全权州长（牧）刘璋，听到曹操取得荆州（湖北及湖南）消息，十分震撼，派行政官（别驾）张松，晋见曹操祝贺致敬。张松短小精干，为人行为放荡，可是，他的真知灼见，超过常人。曹操当时轻易获得胜利，刘备也狼狈逃走；对其貌不扬的张松，认为并不是重要角色，不再像往日那样，对人亲切结纳。主任秘书（主簿）杨修建议曹操，延聘张松在中央当官，曹操拒绝。张松对曹操的轻视，心怀怨恨，返回益州（四川及云南）后，建议刘璋跟曹操断绝关系，转跟刘备结交，刘璋接受。

习凿齿曰：“从前，姜小白（春秋时代齐国十六任国君桓公）只一次倨傲，自负他的功业，立刻就有九国背叛；而曹操也只一次倨傲，自负他的胜利，天下遂分裂为三。殷殷勤勤数十年累积下来的成果，在低头抬头的刹那之间，就被毁弃，岂不可惜！”

夺取荆州之前，曹操有大海样的胸襟，气度广阔，礼贤下士，可钦可爱，使人甘愿为他肝脑涂地。以张绣的仇恨，一听来归，握手欢宴，封官晋爵（参考199年11月）。以许攸的狂妄，得到投奔消息，连鞋子都来不及穿，光脚出迎（参考200年10月）。以陈琳的恶毒攻击，为了爱才，也都宽恕。假使能用待三人者待张松，张松一旦倾心，益州天府之国，便入掌握，岂有刘备立足之地？

胜利能使人头昏，权力膨胀能使人大脑像滚水一样沸腾。曹操尚且如此，何况泛泛之辈？英雄豪杰，甚至任何一个前途如锦人物，最容易犯的一项致命错误，就是沾沾自喜。在获得决定性胜利，或掌握决定性权力之后，对自己的智慧和能力，往往产生过高的评价——忽然间忘了自己是谁。伟大事业之不能完整，奇迹之不能保持，原因在此。岂止可惜，更为可悲！

《自明本志令》

公元 210 年 12 月，曹操发表《自明本志令》。

曹操这项《自明本志令》，光明磊落，字字真挚。他坦率地承认：并不是从小就胸怀大志，而是时势推演，才把他推上高位。而既被推上高位之后，他就等于骑到猛虎背上，到死才能下来。他坦白地说明他面对的困局，这是专制政体特有的困局，任何人都无法突破，那就是：他不能放弃军权。韩信、韩馥等人的命运，都是活生生的前车之鉴。

大多数政治性文告，都是虚情假意，说些谎话、大话、空话。《自明本志令》之可贵，曹操之可爱，就在于有异于此。

何以有此记载

东汉王朝自从迁都许县（河南许昌东）以来（196 年 8 月迄今），皇帝（十四任献帝）刘协不过只端坐他的宝座而已，左右侍从和武装卫士，全是曹家班的人。参议官（议郎）赵彦，常向刘协陈述时势及对策，曹操大感厌恶，于是诛杀赵彦。后来，曹操因事在金銮宝殿参见刘协，刘协无法控制自己的恐惧，遂说："阁下如果愿意辅佐我，感激不尽；如果不愿意辅佐我，求你开恩，放我一条生路。"曹操脸色大变，频频行礼，请求告辞。旧有制度：身为三公，而又兼武装部队统帅时，每逢朝会，都由虎贲武士，手执利刀，左右挟持入殿。曹操既出，回顾左右，汗流浃背，从此不再参见。

三公官位，已够崇高，三军统帅，更是大权在握。晋见皇帝时，皇帝却叫虎贲武士，手执钢刀，在两旁挟持。对东汉王朝这种传统制度，我怀疑它的存在。胡三省注释说："惧其为变。"简直不知所云。平常时期，三公统帅，都是皇帝亲信，根本不会"变"；非常时期，该三公统帅如果要变，像梁冀、董卓，岂容你钢刀挟持？曹操是何等人物，他如果乖得像一个婴儿，任你钢刀挟持，岂不早就身首异处？仇家也好，政客也好，何必玩"衣带诏"那一套？而刘协又何至哀哀求告，只要一点头，曹操就会当场身首异处。

而且，既然皇帝所有侍从卫队，都是曹家班的人，虎贲武士更关系性命，怎么会由非曹家班的人担任？所以，即令双刀加颈，曹操也不会汗流浃背。皇帝权力衰弱时，无力如此，皇帝权力强大时，不必如此。而何以有此记载，令人不解。

宛县屠城

公元 219 年，东汉王朝（首都许县【河南许昌东】）征南将军曹仁攻陷叛变的宛县（南阳郡郡政府所在县，河南南阳），屠城。

宛县（河南南阳）人民受不了暴政的逼迫，才铤而走险，群起反抗。假定历史上有过顺天意应民心的军事行动，侯音领导的此次抗暴军，正是顺天意应民心。

曹仁击破抗暴军之后，不但诛杀义军，而且屠城。千万老弱丁壮、妇女幼儿，在政府军刀锋下，化成一堆血肉。历史上，不断出现的“人相食”场景，说明中国人的苦难。而不断出现的“屠城”悲剧，说明暴君暴官内心的卑怯残忍。使身为中国人的我们，感到羞耻和愤怒。然而，更感到羞耻和愤怒的是，屠城之后，暴政依旧。

曹操畏战

关羽大军包围襄阳（湖北襄阳），曹操亲自统率大军，从洛阳（河南洛阳东白马寺东）出发，南下援救曹仁。臣僚一致认为："大王（曹操）如果不立即行动，可要注定失败。"只有高级咨询官（侍中）桓阶提出异议，说："大王（曹操）认为曹仁等人能不能处理当前的困境？"曹操说："能。"桓阶说："大王是不是恐怕曹仁等二人（另一人是襄阳守将吕常）不尽全力？"曹操说："不是。"桓阶说："那么，你为什么要亲自出马？"曹操说："我恐怕敌人太多，曹仁等力量不够。"桓阶说："曹仁等被困在重围之中，所以死守孤城，没有贰心，只因有大王在外作为声援的缘故。他们居于非死不可的险地，一定有拼死求生的决心。在内有战死之志，在外有强大的声援。大王控制六军，不立即发动，是显示我们有的是多余的军力。为什么忧愁失败，非亲自出征不可？"曹操认为他的分析有理，遂驻军摩陂（河南郏县东），先后派出殷署、朱盖等十二个梯次部队，增援徐晃。

刘邦是中国历史上最幸运的君王，他只苦战七年（前208至前202），便取得全国统治权。刘秀则苦战十五年（22至36），才统一天下。曹操是最艰难的创业英雄之一，他苦战了三十年之久（190至219），不过使北中国粗定而已，政权并不稳固，仍需要他南征北讨。纵是钢铁好汉，经过三十年艰辛，也都磨损，何况肉体人身。曹操攻击张鲁时，仰望高山峻岭，就有一种胆怯的悔意，阴差阳错取得胜利后，对于唾手可得的益州（四川及云南），已鼓不起兴趣，留下"得陇望蜀"一句著名成语，为自己遮羞（参考215年7月）。樊城之围，竟使他考虑到迁都，可看出情势严重，然而他虽不断派出援军，自己却迟迟地没有积极行动。救兵如救火，这种事如果发生在十年之前，不可能如此反应。

尤其可注意的是两位智囊的高论，劝阻向益州进军的刘晔，最初竭力坚持，认为刘备不堪一击；然而七天之后，却忽然又认为刘备安如泰山，不可动摇，何以转变得如此之快？而桓阶更是奇妙，竟肯定不必往救，只要遥作声势，就可胜利。公

孙瓒地下有知，当引为知己。这些怪诞的言论，只有一个解释是合理的，那就是，他们看出曹操对战争的厌倦和畏惧，给他找出一个退缩的理论根据，用以保持他的尊严。

明年（220）正月——也就是三个月后，曹操即行逝世，如果说今年（219）此时，他已面有病容，身体已经不适，并不离谱。英雄老去，不复当初；继承人只会做官，不会做事，遂使中国三分。

关羽之死

关羽得到他的根据地南郡（湖北江陵）被东吴攻陷消息，立即回军南下，不断派人跟东吴占领军统帅吕蒙联系。吕蒙对关羽的使节，特别厚待，并让他走遍全城；家家户户都向使节报告平安，有些还亲笔写信给军中子弟，作为见证。使节回去后，将领士卒们私下向他探问消息，当大家都知道家属如故，而且比过去还过得更好时，于是，军心浮动，人无斗志。关羽知道自己穷途末路，遂向西撤退，抵达麦城（湖北当阳东南）。孙权派人游说他归降，关羽假装承诺，在城头遍插旌旗，树立稻草假人，然后逃走。这时大军已经瓦解，左右只剩下十余个骑兵。孙权早已派出朱然、潘璋，切断他逃亡通道。潘璋的军政官（司马）马忠，在章乡（当阳东北）生擒关羽跟他的儿子关平，斩首。

关羽是二三世纪之交、东汉王朝末年的名将，他的英勇被当时以及后世所肯定。然而，他在中国历史上的地位和在人民心目中的形象，得以永垂不朽，历时一千六百年而始终光芒四射，却不由于他的英勇，而由于他对刘备个人的效忠，这项效忠，被解释为“道义”。尤其是十七世纪清王朝，在关羽身上找到政治号召的取向，强调道义、强调满洲人跟中华人是异姓兄弟，海枯石烂，情义不变。不仅中华人崇拜关羽，就是在朝鲜半岛，也遍地都是关羽庙，受到万家香火。跨国英雄，关羽是第一人。

不过，抛开《三国演义》这本影响力最大的小说，仅就史书上提供的资料，关羽实在没有资格在历史上占据一席之地。他虽然英勇，但事实上不过一个莽汉，既缺谋略，又缺修养，而且心胸狭窄，不识大体。他眼睛只有一个主子和一个小圈圈。一开始就排斥诸葛亮，是刘备把他说服；继而排斥黄忠，如果不是费诗能言善道，谁都不能逆料它的演变：那将是，刘备如果不支持关羽，关羽可能生出贰心；如果支持关羽，黄忠可能背叛，麋芳、傅士仁就是例证。

效忠，必须使被效忠的对象受益，才是真正的效忠。如果只能对自己有益——

教头目瞧瞧，俺可是为你使出吃奶力气啦！那就不是真正的效忠，而是蠢血沸腾的表态。结果往往使被效忠的对象受害，替被效忠的对象，把天下人得罪净光。关羽之对待孙权跟鲁肃，就是如此。本来可以亲密相处的至亲和盟友，却用粗暴愚妄的手段，逼成死敌。陆逊几封谦卑的信，关羽竟会心花怒放，证明他只是个浅碟子。而在失败后，又派人跟吕蒙交往，使节遂被利用，作为敌人的传信鸽，使全军瓦解。公元前 482 年，吴王吴夫差在黄池，探马驰报首都姑苏陷落，吴夫差立即诛杀探马灭口，为的是怕走漏消息，军心动摇。关羽如果稍有头脑，封锁都来不及，何至使节往返，而且不断往返？不知他希望获得什么？大军解围撤退，反击江陵之日，情势跟当年彭城落入刘邦之手，项羽敌前撤退，反击彭城一样（参考公元前 205 年 3 月），项羽一举就击溃刘邦部队，关羽复仇之师，却边走边散，这是什么样的统帅？

关羽从没有指挥过大兵团作战，突然发动灭国性攻击，乘人不备，创造了震撼全国的奇迹，但徐晃不过二流角色，都无法克制，不得不解除樊城之围。吕蒙背后还没有下手，关羽已经在疆场上战败。即令战胜，大军北进，跟沙场老将曹操面对，我们没有理由相信关羽定会获胜。更显出关羽低能的一件事是，他把基地托付给恨他入骨而又被他轻视的两位将领。刘邦成功，靠萧何主持关中；刘秀成功，靠寇恂主持河内；曹操成功，靠枣祗主持许县屯田。只有关羽的基地建立在火山口上。刘邦对萧何不断加官晋爵，为的是把萧何套牢，免得他发生变化，关羽却宣称回军之后，要惩处二位留守主管，不像是一个历经沧桑的大将，反而像是一个纵情任性的暴发户。

关羽基本的错误是他破坏了诸葛亮十二年前的隆中对策，如果像隆中对策设计的，跟孙权保持和睦，汉中方面同时出军，局势当可改观。由于关羽一人的冲动，遂使全盘战略，成为虚话。

“一脸忠贞学”

孙权跟于禁乘马并行，虞翻向于禁吼叫：“你不过一个俘虏，怎么有资格敢跟我们的领袖（孙权）并肩骑马？”扬起马鞭要打于禁，孙权喝止他。

居于绝对安全地位，义愤填膺，正颜严色，在主子面前指控别人的“过失”，态度激烈得甚至痛哭流涕，咆哮如雷，用别人的眼泪或鲜血，换取自己一点蝇头小利，这是官场文化的特有产品，名之为“一脸忠贞学”。

虞翻愤怒地要鞭打于禁，正是“一脸忠贞学”中精彩的一页，孙权虽然喝止他，但对他的一脸忠贞，当留下深刻印象，自会擢升他的官位或增加他的俸禄。似乎只有堕落的社会，才培养出来这种特技表演，我们用这种特技表演作为标准，检查社会的性质和当事人的质量，会得到一个正确答案。

教化成功

孙权上书给曹操，自称“臣”，强调说：“称臣”是上天的旨意。曹操把孙权的奏章向外公开，说：“这娃儿想叫我坐到火炉上！”魏国高级咨询官（侍中）陈群等都说：“汉王朝政权已经结束，并不从今天开始。殿下（曹操）功劳品德都达到高峰，人民注目仰望。所以连远方的孙权，都向你称‘臣’，这是‘天’‘人’感应，众口一词。殿下应该坐上正式宝座，还有什么可以犹豫？”曹操说：“如果上天的旨意，果然如此，我宁愿当姬昌（周王朝一任王姬发的老爹）。”

司马光曰：“教化，是国家的紧急工作，伧俗的官员并不了解；风俗，是天下的重要大事，庸碌的君王却往往忽略。只有明智的君子人物，深谋远虑，然后才能知道它们对社会贡献之大、影响之久。刘秀（东汉一任光武帝）正碰上西汉王朝晚年衰败，群雄并起，天下大乱。于是，以一介平民，发愤起兵，继承祖先留下的事业，讨伐四方，每天忙碌，但是仍然崇尚儒家学派经术，用贵宾的礼仪，延聘儒家学派学者，扩大设立学校，研究礼仪圣乐，统一大业固然完成，教育文化也普及大众。然而，州郡拥兵割据的军阀，虽然互相吞噬，却一直尊崇皇帝，作为政治号召。以曹操的残暴骄横，加上对天下建立的大功，心里早就没有皇帝的影子，但直到他死亡那天，仍不敢废除皇帝而自己即位，难道是他不愿意？不过是畏惧名义，强行克制自己而已。从这个观点来看，教化怎么可以懈怠？风俗怎么可以忽视？”

教育文化和风俗习惯的功能和重要性，不容否认。问题是，如果政权腐败到极点，则任何美好的教育文化和任何美好的风俗习惯，都阻挡不住它的崩溃。而且，因为社会有一个公正价值标准的缘故，反而更加强摧毁的力量，使该政权崩溃加速。一团糨糊的教育文化和风俗习惯，因为是非不分、黑白不明，人民丧失鉴别是非黑白的能力，才使一些早就应该被埋葬的政权，仍在那里拖泥带水地挣扎，贻害苍生。

司马光指出：“自从三代灭亡，教化风俗之美，从没有像东汉王朝那样兴盛。”这句话使人有太大的感伤。司马光赞扬的“东汉王朝”，只指刘阳、刘炟当皇帝的那段时间，屈指计算，仅仅三十二年，而三代的最后一代周王朝，于公元前256年灭亡，

直到司马光撰写《资治通鉴》的十一世纪，一千二百年间，只出现了三十二年美好的教化和美好的风俗，即令断代到东汉王朝末期，四百年间，才出现三十二年治世。说明中国人的幸福日子，是何等之少；相对的，灾难的日子，又何等之多！司马光用曹操不敢篡位之类的例证，归功于教化的成功。如果教化的功能仅表现在政治号召，而对人民的水深火热，无动于衷。那么，我们认为，美好的教育文化和美好的风俗习惯，应该改换新的内涵。

事后圣人

公元220年，魏王曹丕抵达谯县（安徽亳州，曹丕故乡），在东郊盛大赏赐六军，并宴请父老，设置杂耍、乐队，以及各种节目助兴，官员和人民都来向曹丕祝贺，从早到晚，联欢而散。孙盛曰："子女为父母守三年之丧，上自天子，下到平民，一律遵从，即令是三代（夏商周）王朝的末期，战国时代七雄（韩、赵、燕、魏、齐、楚、秦）的乱世，也没有人敢在父母刚死了之后十天半月，'反哭'（送葬后回祭庙再作最后一次哀哭）之日的当天，就脱掉丧服、丢掉丧杖！到了刘恒（西汉王朝五任帝），变更古代制度，人道和纲纪，全部败坏；道德本来已比当年低落，风俗本来已比古代颓废，曹丕既然继承两汉王朝制度，接受两汉王朝礼仪，处于沉重的哀痛之中，却设宴享乐。身为继承大业的第一代，即行坠毁王化的基础。等到接受东汉王朝皇帝的禅让，更公开收纳东汉王朝皇帝的两个女儿。所以我们就知道王朝不会太久，政权一定短促。"

孙盛的评论，跟辛宪英女士（参考217年）的评论一样，都是事后圣人。曹丕既继承两汉王朝制度，刘恒制定而又被后人遵守的制度，难道不是两汉王朝制度，而是唐王朝制度？从曹丕不守三年之丧，便可看出王朝不久，政权短促；那么，从刘恒不守三年之丧，又看出什么？

我们不赞成曹丕在老爹死后，不过半年，便大肆荒唐；但也不赞成任何扭曲的对历史事件的评论。

王朝号国号

公元220年10月，篡夺大事开始。东汉帝（十四任献帝）刘协，向刘邦（西汉王朝一任帝）祭庙焚香禀告，命代理最高监察长（行御史大夫）张音，“持节”，把皇帝御玺、诏书，送给曹丕，要求禅让。曹丕上书三次，谦恭地不肯接受，但刘协坚持。于是在繁阳（河南临颍西北，曹丕登极后改名繁昌）兴筑高台。曹丕登上高台，接受皇帝御玺，正式称帝（曹魏帝国一任文帝）。在郊外祭祀天地、名山、大川；改年号（之前是东汉王朝延康元年，之后是曹魏帝国黄初元年），大赦。

东汉王朝自一任帝刘秀于25年建立，于本年（220）无声无息灭亡，历时一百九十六年。事实上，自189年董卓罢黜十三任帝刘辩，扶立十四任帝刘协，东汉王朝便不存在，幸而曹操崛起，于196年把刘协接到许县（河南许昌东），使东汉王朝勉强延长二十五年寿命，刘协也享受二十五年的温饱荣耀。没有曹操，刘协可能饿死洛阳，即令落到任何一个割据军阀，诸如袁绍、孙权、刘表、刘备之手，命运不可能比现在更好，刘协应该是中国亡国之君中最幸运的一位。

《资治通鉴》是一部编年史，然而，在正文中，我们只看到刘协把皇帝宝座让给曹丕，却看不到东汉王朝灭亡、曹魏帝国代之而兴的记载。仅从文字上检查，曹丕既然坐上东汉皇帝的宝座，当然仍是东汉的皇帝，并没有一个字提及改朝换代。

曹丕以魏王的身份夺取东汉王朝的政权，传统史书只称之为“魏”，单音单字是中国文字最大的缺点，不能精确地表达事物。一个王朝亡，一个王朝兴，应该是“魏王朝”才对，但是一个国家不能允许有两个以上的王朝，却能分裂为若干独立的政权。所以，我们对控制全国的政权，称为“王朝”，对分裂情形下的独立政权，依它首领名号，分别称“帝国”“王国”。历代当权人士，或由于脑筋僵化，或由于政治利益，往往在一个名称上打滚。五千年来，称“魏”的政权，就有四个，难以辨识，万般无奈中，史学家只好在上面加一个字，作为区别，好像“王二麻子的剪刀”，有“真

王二麻子”，有“正王二麻子”，有“东王二麻子”，有“西王二麻子”，有“真正王二麻子”。对于“魏”，我们只好分别称“魏”（公元前369年），“曹魏”（就是曹丕先生本年建立的国度），“冉魏”（350年），以及“北魏”（386年。中国历史上称“汉”的有八个，称“燕”的有七个，称“凉”的有五个，称“夏”“周”“宋”的各有四个，也只好分别在它们头上加点花草，跟保持一人一名一样，保持一个独立政权一个名号，免得鱼目混珠，把我们读史的人累死）。

年号问题

公元221年，汉中王刘备（时在成都【四川成都】）在武担山（成都西北）之南即皇帝位（一任昭烈帝），大赦，改年号章武，任命诸葛亮当丞相、许靖当宰相。（刘备建立的政权，仍称汉王朝，因首都设在蜀郡【四川成都】之故，史学家称之为“蜀汉”，以区别“西汉”“东汉”。中国于本年进入三国时代，曹魏帝国跟蜀汉帝国对抗；孙权在理论上仍是曹魏帝国的藩属。）

司马光曰：“我，司马光，所著述的《资治通鉴》，只打算说明国家的兴衰，记载人民的悲欢，使读者自己判断什么是善，什么是恶；什么是得，什么是失，作为勉励或警惕。并不打算建立像《春秋》那种褒贬的法则，用它来消除混乱，使社会秩序纳于正轨。所以，‘正’‘闰’之间的关系，我不敢多谈，只是根据事实，平铺直叙。问题是，当天下分裂的时候，不可以没有‘年’‘月’‘日’‘时’来记载事情发生的先后。东汉王朝把政权传给曹魏帝国，曹魏接受；曹魏帝国把政权传给晋王朝，晋接受；晋王朝再把政权传给刘宋帝国、传给陈帝国、传给隋王朝、传给唐王朝、传给后梁帝国、传给后周帝国，然后由我们宋王朝继承。所以，不得不用曹魏、晋、刘宋、南齐、南梁、陈、后梁、后唐、后晋、后汉、后周的年号，记载其他各国的史实，并不是尊崇谁和鄙视谁，更跟所谓的‘正’（正统）‘闰’（闰位）无关。”

司马光是一位极端的保守分子，十一世纪时，领导旧党，跟主张改革的王安石领导的新党对抗，对宋王朝和中国人民，造成严重的伤害。可是，在“正统”问题上，他却有重要的突破。梁启超认为司马光把“正统”给曹魏，是为了宋王朝的利益，我认为他的判断正确，但也可能有另一个原因，迫使他不得不做这样的决定，那就是，如果把“正统”给蜀汉帝国的话，“264年”便成了大空位（263年蜀汉亡于曹魏，而曹魏在265年才亡于晋）。换句话说，如果不用司马光的办法，就在264年，中国史书上便标不出该年是哪一年。这是一项实质上的困难。

“正统”“僭伪”“年号”“正朔”之类的争执，司马光和梁启超所作的驳斥，我们全都同意。而且了解，司马光所作的这项突破，在当时的政治环境下，冒有很

大风险。所以他才不得不作长篇大论，耐心解释。因为他可能被罩上忠“贼”不忠“汉”的铁帽，脑浆崩裂。梁启超迟生了八百年，当然拥有更多的资料和更积极的见解。不过，每个人都无法超越他的时代太远，所以在司马光版的《资治通鉴》上，仍不得不差异处理，像“正统”君王称“帝”，“僭伪”君王称“主”。而梁启超也只能走到孔丘纪年，不能再进一步，所以他认为用耶稣纪年，其荒谬不容置疑。

我们最大的幸运是站在前人的肩膀上，所以超过前人（同样道理，后人也会站在我们肩膀上，超过我们），能有更好的条件和更好的工具，解决这个问题。那就是，我们直接地使用耶稣纪年。孔丘纪年跟韩国的檀纪、泰国的佛历一样，固然有梁启超所赞扬的特色，但它仍孤立于世界之外，当全世界十分之九的国家都使用耶稣纪年（比梁启超时的二分之一，已大量增多），单独另创一个系统，似乎多此一举。结果仍然得列一个年份对照表，何必再找一个新的绊脚石？纪年只是计时的工具，工具越方便越锐利越好，不应管它是什么人制造。若干对耶稣深恶痛绝的国家，照样使用耶稣纪年，并不伤害国家的尊严。《中国人史纲》首创此例，柏杨版《资治通鉴》跃马继进。并不是我们聪明睿智，而是司马光、梁启超给我们的启示，至为深刻；古史书带给我们的困扰，沉重而繁琐，必须解决，而我们庆幸已经解决，后人会失笑做这件事有什么了不起，但只有突破桎梏的当事人——包括司马光在内，才知道桎梏的僵硬性和杀伤威力。

刘晔的大谋略

公元221年，孙权派人前往洛阳，正式归降曹魏帝国，向曹丕称臣，奏章恭敬卑微，并送于禁返国。文武官员一致道贺，只刘晔警告说："孙权无缘无故，投降归附，内部一定有紧急情况。孙权前杀关羽，刘备一定出兵复仇。外有强大敌人，民心不安，又怕中国（曹魏）乘机动手，所以才献出土地，向我们归降，一则阻止中国（曹魏）的攻击，二则利用中国（曹魏）的声势，振奋国内人心，而使敌人惊疑。天下三分，中国（曹魏）拥有十分之八，蜀汉跟孙权，只不过各保一州（蜀汉帝国只据益州【四川及云南】，孙权只据扬州【安徽中部及江南地区】）。受到山川阻隔，有急难时，互相救援，这是微弱小国有利的地方。想不到却自己互相攻伐，是上天决心灭亡他们，谁也阻挡不住。我们应出动大军，渡江进击。蜀汉攻击他的边境，我们攻击他的心脏，孙权之亡，不出十日。孙权亡，则蜀汉势力孤单，即令把孙权土地割一半给蜀汉，蜀汉也不能长久存在，何况蜀汉只得到他们的边境，我们却得到他们的心脏。"曹丕说："别人投降称臣，我们却乘机翻脸，恐怕阻塞天下英雄归降之心。不如接受，而去袭击蜀汉的背后。"刘晔说："蜀汉远而孙权近，蜀汉发现中国（曹魏）攻击它的背后，一定回军迎战，缠斗不止。现在，刘备正在盛怒，起兵攻击孙权，听说我们也出动大军，知道孙权一定覆亡，心里高兴，一定迅速挺进，跟我们争夺孙权土地，绝对不会克制自己的怒气，作一百八十度转变，反而援救孙权。"曹丕不理，遂接受孙权投降。

孙权之存亡关键，间不容发，刘晔的谋略如果实施，中国历史将从221年开始重写。曹丕不是一个开创性的雄才，夺得帝位后，已经踌躇志满，不知道天下江山，每一寸都要血汗换取。如果曹操迟死三年，对这个天赐良机，定有闪电反应。假定有幸运之神的话，幸运之神正专心一意看顾孙权，使曹丕沉醉在恍惚之境。试看他的理论根据："别人投降称臣，我们却乘机翻脸，恐怕阻塞天下英雄归降之心。"这话在群雄并起时，是至理名言；而今，孙权之外，不过只剩下刘备，还有其他什么英雄？难道能鼓励出刘备归降之心？

曹丕谋杀于禁

被孙权送还洛阳的于禁,头发胡须,全都雪白,形容憔悴(他内心受到压力的沉重,全部显现),晋见曹魏帝(一任文帝)曹丕,流泪叩拜。曹丕安慰他,引用荀林父、孟明视例证(公元前597年,楚王国攻击郑国,晋国国务官【大夫】荀林父救郑,跟楚军在邲邑【河南郑州东古城村】会战,晋军大败。晋国国君姬獳【二十八任景公】仍用荀林父,灭赤狄部落【山西长治北一带】。公元前627年,秦国大将孟明视,向郑国发动奇袭,在崤山【河南西境】被晋国伏兵生擒。获释后,秦国国君嬴任好【九任穆公】仍委以重任,遂称霸西戎),任命于禁当安远将军,叫他前往邺城(河北临漳西南邺镇)祭拜曹操墓园(高陵)。而曹丕却事先在曹操墓园房舍中,绘出“关羽战胜”“庞德发怒”“于禁降服”壁画。于禁看见,惭愧悔恨,发病逝世。

专制独裁头目,大都残忍无情,自己怕死怕得要命,却偏偏喜欢慷他人生命之慨,要求别人为他而死。西汉七任帝刘彻,天天求仙找药,希望长生,可是对李陵战败被俘,却大发雷霆,不但诛杀李陵全家,连司马迁也处腐刑。曹丕比刘彻似乎稍好,于禁陷入敌手,含羞而归,曹丕也恰当地援引荀林父、孟明视例证,并不是不明事理,也不是不知道用人之道,可是却用绘画小动作,逼人于死,证明一项事实:说得明白并不就是真正明白,理智明白并不保证他一定有能力实践他的理智判断。观察一个人,绝对不要只听他说什么,还要了解他想什么和看他做什么。

魏延大战略

蜀汉帝国（首都成都【四川成都】）丞相诸葛亮，将对曹魏帝国发动攻击。军事会议上，丞相府军政官（司马）魏延建议："听说，夏侯楙是曹魏皇家的女婿，既没有胆量，又没有谋略。请交给我精锐部队五千人，另交给我五千人的后勤补给。从褒中（陕西汉中西北河东店镇）出发，沿着秦岭南麓东行，到达子午谷（子午谷长三百三十公里，北起陕西长安西南，南至石泉；北方出口称"子口"，南方出口称"午口"，悬崖绝壁，栈道桥梁无数，至为险要），即入谷北进，不过十天，就可进抵长安。夏侯楙一听说军临城下，必然逃走。那时候，长安城里，只剩下作战监察官（督军御史）和西都长安市长（京兆太守）；曹魏政府的粮仓，以及民间粮食，足够维持我们部队给养。等到曹魏帝国在东方集结兵力，最快也要二十天左右，而丞相的大军，从褒斜谷（陕西太白西南褒河山谷）北上，也应抵达长安城下。如此，咸阳（陕西咸阳）以西，就可一举收复。"诸葛亮认为危险性太大，不如从平坦的大道进军，直接夺取陇右（陇山以西），可以有万全的把握取得胜利，却不必有任何冒险，遂拒绝魏延的计划。

任何人都无法十全十美，也无法万能。只有一种人是十全十美和万能的，那就是摇尾系统口中所谓的"英明领袖"，简直这个也懂，那个也精，上通天文，下通地理；上自外层空间辐射线，下到阴沟里忽然发现一只土拨鼠，他都可以发出正确的指示。不过，任何"英明领袖"到最后都会现出原形——他仍是一个普通人，而普通人的最大特点，就是他无法十全十美，无法万能。

诸葛亮也是如此，他是中国历史上最伟大的政治家之一。在漫长的五千年中，伟大的政治家，不过管仲、公孙鞅、王猛、王安石、张居正以及诸葛亮等寥寥几个人而已。然而，政治家跟军事家不同，身为政治家的诸葛亮好像一个篮球教练，现在却叫他在足球场上担任教练，他的球队不能击败对方，在情理之中。

魏延的子午谷袭击战略，是一个极具挑战性的大战略，跟当年韩信暗度陈仓（参考公元前 205 年）没有分别；跟曹操进击袁尚的柳城白狼山战役（参考 207 年），

更十分相似，全都危险万状。当时，如果陈仓道上，或白檀塞上，设有伏兵，韩信、曹操二人的命运，将无法想象。问题是，恰恰没有伏兵，所以获得成功。军事行动，有赖冒险。在已知的史料上，看不出子午谷设有伏兵，夏侯楙的智谋，还不到这种水平。而且，从稍后的报导，却看出不仅子午谷一线而已，而且是曹魏全国，都没有戒备。所以乍听到一向静悄悄的西南边陲，忽然大军压境，全国立刻震动。

诸葛亮认为子午谷战略太过冒险，但魏延并不是盲目冒险，而是正常冒险，因为对手恰恰是花花公子夏侯楙之故；对手如果是司马懿，大军一进入谷口，就等于进入地狱。所以魏延的大战略一旦被否决，便永无再行的可能。从此，曹魏帝国安如磐石，诸葛亮的出兵祁山，对曹魏帝国的伤害，不过隔山打牛，徒消耗士卒性命。

诸葛亮的错误决策，由于他天生的谨慎性格，使他追求万全。偏偏军事上没有万全，所以他用尽心力，不能寸进。魏延是当时名将，而终于英雄无用武之地，被驱逐到错误的地点，打绝望的战争，而最后还被诬以谋反，身死自己人刀下，一恸。

马谡

蜀汉帝国越嶲郡（四川西昌）郡长马谡，才干器宇，超过常人，喜爱谈论军事，诸葛亮认为他是一个奇才，十分器重。一任帝刘备临逝世时，告诉诸葛亮说："马谡言过其实，不可以交给他重要任务，你要注意。"诸葛亮不同意，所以228年出兵北伐，命马谡担任军事参议官（参军），每次见面谈论，往往从白天谈到夜晚，甚为契合。等到攻击祁山（甘肃礼县东北），诸葛亮不用沙场旧将魏延、吴懿当先锋，而命马谡统御各军，进抵街亭（甘肃张家川北）。马谡却举动失常，琐碎苛刻，违背诸葛亮的指示，放弃水源和城垒，竟在山上筑营。曹魏右将军张郃大军抵达后，切断水源，等到蜀汉军渴得瘫痪时，张郃发动攻击，大破马谡兵团，蜀汉军崩溃。诸葛亮陷于进不能进、守不能守的窘境，只好撤退；裹胁西县（甘肃礼县东北【祁山东北】）居民一千余家，返回汉中（陕西汉中），逮捕马谡下狱，处斩。

一个问题的发生，常因切入点不同，观察深度不同，见解不同，结论有时候竟会恰恰相反。马谡事件，就使我们面对这项困惑。

俗话说：胜败乃兵家常事。除了韩信一人之外，历史上所有名将，都打过败仗。打败仗而不惩罚，军纪荡然，军队当然瓦解。但是如果败一次就斩一将，恐怕所有将领都会死光，包括蜀汉帝国的开国皇帝刘备在内，岂不也要在白帝城斩首？诸葛亮第一次北伐便大败而归，丧师辱国，为什么仅贬三级？

马谡并没有叛国，只是战败，不过缺乏指挥大部队实战的临场经验而已。刘邦如果命张良率军深入垓下，项羽可能击溃十面埋伏。马谡是一个智囊型的谋略人才，放在帷幄之中，可以决胜千里之外，对孟获七擒七纵的攻心战略，出自他的建议。诸葛亮把他放到千里之外，是逼他死于帷幄之中。人，应尽其才。如果赦免他，而留在身旁，再经历练，将来辅佐姜维，可能又是一个局面。

法治是理想的秩序，但法治不能僵化，不能违背现实形势。我们为马谡悲，为诸葛亮惜！

木牛流马不合常情

蜀汉帝国丞相诸葛亮，命李严以中央军事总监（中都护）身份主持汉中郡（陕西汉中）留守府。李严改名李平（改名一定有原因，可惜没有说明）。诸葛亮统率各军，向曹魏帝国（首都洛阳）发动第四次大规模攻击，包围祁山（甘肃礼县东北；当时守将是贾栩、魏平），制造“木牛”，用以转运粮秣。这时，曹魏帝国最高指挥官（大司马）曹真患病，曹魏帝（二任明帝）曹叡（本年二十八岁）命最高统帅（大将军）司马懿西上接替，进驻长安（陕西西安）。

《资治通鉴》仅提“木牛”，以后才提“流马”。木牛流马到底是什么？迄今没有一个使人满意的答案。《诸葛亮集》所载：“木牛者，方腹曲头，一脚四足，头入领中，舌着于腹……”更使人糊涂。《事物纪源》认为：“木牛就是有前辕的小车，流马就是一人推动的独轮车。”然而，山路不但忽高忽低，而且碎石满路，兽力拉动的小车，或许可以行走，人力推动的独轮车，恐怕寸步难行。西汉王朝初年，牛车已经盛行，何至历经三百年才有小车出现？不合常情。然而，木牛流马在史书上又言之确凿，我们只有等待专家考证。

孙权与张昭

孙权屡次派人去安慰张昭，向他道歉，张昭坚称他确实患病，不能起床。孙权有次出宫，经过张昭家门，呼唤张昭，张昭说他病重，就要断气。孙权放火烧他的大门，想把他烧出来，张昭仍然不动，孙权只好叫人把火扑灭，停在门口等候；很久之后，张昭的儿子们把张昭从床上扶起来出门相见，孙权请他上车，一同回宫，深切责备自己。张昭不得已，以后才参加朝会。

历史上君王和臣属之间，翻脸无情的固多如牛毛，始终和睦的也并不是没有。不过，即令和睦到看起来似乎水乳相容之境，但在严格的君臣礼法规范之下，不可避免地一直隐藏着一种君尊臣卑的距离感，难有真正水乳兼容的实质。反过来看孙张之间，亦师亦友，火攻土掩的戏剧景观，充满真挚和温馨。时间越到近代——最糟的是明王朝和清王朝，君王如猫，臣属如鼠，只有兽性，没有人味。

魏延

公元234年，诸葛亮在五丈原军营逝世。秘书长（长史）杨仪，率军撤退。前翼总参谋长（前军师）魏延，率领手下部队，抢先出发，用以阻挠杨仪行程，一进褒斜谷，立即纵火焚烧栈道。杨仪既被栈道阻断，命士兵凿山开道，昼夜兼程，紧随魏延之后。而魏延已先出褒斜谷（陕西太白西南褒河山谷），据守褒斜谷南口，派军阻截杨仪等。杨仪命将军王平（何平）应战，王平（何平）斥责魏延的先头部队说：“丞相刚刚去世，尸首还有余温，你们怎么敢如此！”魏延部属知道魏延理屈，拒绝为他效命，于是一哄而散。魏延无可奈何，单人独马，跟几个儿子逃亡，奔向汉中（陕西汉中），杨仪派将领马岱追击，捕获，父子一齐斩首，屠杀魏延三族。魏延打算诛杀杨仪，希望大家公推他接替诸葛亮辅政，所以并不向曹魏帝国投降，根本没有反叛之意。

对于并没有发生的事，假定它发生而加以评论，最容易信口开河。但是，魏延是蜀汉帝国残存的唯一大将，应无异议。子午谷大战略如果付诸实施，它成功的可能性极高，昔日刘邦对付项羽场面，又将重演。而魏延一直要求单独进军，诸葛亮偏偏不肯放手，不仅魏延自己叹息怀才不遇，千年之后，我们也为魏延叹息。这次内部火并，如果魏延取得胜利，他可能变成董卓第二，但也可能使战局改观。可惜，我们无法验证。唯一可以验证的是，杨仪不久就露出原形，不过“一脸忠贞学”上的人物，一旦没有了官做，立刻改变立场。而魏延在没有了官做时，不过夺官而已，并没有反叛，但他却身负反叛恶名，三族被屠。

魏延死后，蜀汉帝国命运已定，再无复兴之机。

诸葛亮

蜀汉帝国北伐大军返抵首都成都，二任帝刘禅下诏大赦，封诸葛亮当忠武侯。最初，诸葛亮上书刘禅，说：“我在成都，有桑树八百棵，耕田十五顷，供给子弟饮食衣服，绰绰有余，我没有别的收入，所以财产不会增加。我死的那天，绝不让家里有多余的布匹，外面有多余的钱财，辜负陛下。”诸葛亮逝世后，果然如此。丞相府秘书长（长史）张裔，常称赞诸葛亮说：“丞相奖赏时，再疏远的人，都不会遗漏；处罚时，再亲近的人，都不会因私心宽恕；没有功劳的人得不到官爵，权势再大的人不能逃避刑责。这就是使贤能的和愚劣的，都忘身报国的原因。”

陈寿曰：“诸葛亮当丞相，安抚人民，建立文官制度，限制官员权力，一切遵照法令规章，诚心追求公道。对忠心耿耿、有益于国家的人，即令是仇家，也要赏赐；对违犯国法、工作懈怠的人，即令是至亲，也要处罚。承认自己错误而情有可原的，再重的罪都可减轻；花言巧语，死不认错的，再轻的过失，也要处刑。善行虽小，也会奖励；恶行虽微，也会贬谪。人情世故，都有深刻了解，对事件一定探讨它的根源，对理论一定考察它实践的结果，极端厌恶虚伪。全国人民对他都心怀敬畏，刑罚虽然严苛，但没有人怨恨，因为他公平正直，明察秋毫，堪称治国的伟大政治家，可以跟管仲（春秋时代齐国宰相）、萧何（西汉王朝相国）相比。”

假如找一个对中国人思想和行为影响深远的历史人物，诸葛亮先生是其中之一。这位伟大的政治家在中国人民心灵中留下的形象，直到今天，依然深刻，最明显的是诸葛亮“三顾茅庐”的故事，被知识分子认为是无上荣耀，人人都希望被长官赏识，在自己百般不情愿的状态下，出来担任官职。它的流弊遂使有些热衷的官僚政客，也要披上被“征召”的外衣，即令是民主时代的竞选，也希望形容为被动的参与。在最后，大家只好呆坐在那里，每天盼望大家伙三顾他的茅庐，盼望不到时，便怨天恨地。

其次是诸葛亮那种“纶巾羽扇”指挥大军作战的从容态度。每个人都想在谈笑之间，使最困难的问题，获得解决。流弊比三顾茅庐更为严重，因为人们只学会了

从容，而没有创造出从容必备的条件。犹如只羡慕一朝成名的荣誉，而忘了千日千夜的刻苦耕耘，以致历史上常有“带汁诸葛亮”的大小场景。这是一个只务外表、不务实际的陷阱，诸葛亮地下有知，当会感到遗憾。

诸葛亮的政治才能，是第一流的，无懈可击，张裔和陈寿的评论，已塑出一个万人膜拜的典范。然而，司马光引用陈寿的评论时，似乎故意删去一段，那段话是：“诸葛亮长于治理军事，短于奇谋诡计，政治能力优于作战能力，所以连年劳师动众，不能克敌制胜。从前，萧何推荐韩信，管仲推荐王子城父，都是因为知道自己的缺点，不可能十全十美。诸葛亮手下却没有韩信、城父，所以功业堕坏。”这是最公正的评估。事实上马谡就是张良，魏延就是韩信、城父；问题不是没有名将，而是没有伟大的统帅。诸葛亮身兼将相，而过分谨慎的性格，跟军事上必须有的冒险精神，互相冲突。他培养的接班人，都是保守有余，进取不足，使我们徘徊扼腕，无限痛惜。

刘禅厌恶诸葛亮

蜀汉帝国各地人民，要求给诸葛亮建立庙宇，蜀汉帝（二任）刘禅不准；人们遂每逢节日，在路旁的高地上遥祭。步兵指挥官（步兵校尉）习隆等上书说：“请在诸葛亮墓（诸葛亮安葬陕西勉县南五公里的定军山）附近的沔阳（陕西勉县），建立一座庙宇，禁止私人祭祀。”刘禅这才同意。

刘备托孤给诸葛亮，而且明言要诸葛亮自己接管政权，诸葛亮如果真的接管政权，可真是名正言顺，没有人能阻挡得住。然而，诸葛亮不但没有顺水推舟，坐上宝座，反而拥戴一个仅只十七岁，不过高级中学一二年级学生的大孩子，“鞠躬尽瘁，死而后已”。在现实政治中，皇帝的宝座，谁的力量大，谁就可以往上坐。但我们对能往上坐而不肯坐的忠臣义士，仍倍感尊敬。因为，那正是大丈夫有所不为的情操。没有这种有所不为的情操，便容易堕落成一个无所不为的下三滥货色。诸葛亮的有所不为，使我们顶礼。

刘禅在诸葛亮在世时，敬畏交加。可是，却在诸葛亮死后，拒绝为他建立庙宇。而立庙之举，在专制封建社会，是一项最大的荣誉，比现代社会建立铜像，意义更大，因为有庙宇就有香火，地下幽魂，还可享受。

刘禅批驳的理由是什么，史书上不载。但我们可以推测：刘禅本年（234）已二十八岁，皇帝的线条开始分明，可能早就不耐烦“权臣”对他的控制。皇宫自成一个体系，从以后黄皓的出现，可知刘禅早已有他自己的摇尾系统，即令刘禅自己甘愿接受拘束，摇尾系统也不准他接受，清王朝三任帝福临在他叔父兼义父的多尔衮死后，立刻翻脸。历史不过提前一千四百年上演而已。不同的是，蜀汉政府仍在诸葛亮指定的继承人之手，刘禅还不敢在大计方针上改变，但抓住小节，忍不住仍要表表他对诸葛亮的反弹和厌倦之情。

郭女王

曹魏帝（二任明帝）曹叡（本年三十二岁）几次向嫡母皇太后郭女王，询问娘亲甄洛临终情形。235 年，郭女王忧惧而死。

郭女王之死，使曹魏帝国宫廷中长达二十年之久的夺床斗争恩怨，作一总结。当曹丕还是东汉王朝魏国太子时，六位妻子中的两位——甄洛和郭女王之间的苦战，已白热化。221 年，曹丕正式建立曹魏帝国，带给甄洛的不是喜讯，而是一包毒药。郭女王对情敌甄洛最恶毒的一击是：指控甄洛生的儿子（曹叡）不是曹丕的儿子，而是甄洛前夫袁熙的儿子。郭女王柔情蜜意地对曹丕说："我倒不认为甄洛真的怀着袁家的孩子，虽然有那种可能性。七八个月生产，也没有什么不对。但我害怕的是，这种消息传播出去，有一天，曹叡继承皇位，万一有野心家拿这作为借口，拒绝对他效忠，就可能影响帝国的安全。"为了此事，曹丕亲自到邺城向甄洛查询，甄洛大哭说："你当了皇帝，有权选择皇后，但你不该血口喷人，诬蔑亲生之子。我儿已经十六岁，你忍心这么糟蹋你的骨肉？"但甄洛仍难逃一死，幸而，曹叡小娃的命运在一场围猎中，获得转机（参考 226 年）。曹叡即位之后，直到 229 年，祖母卞太皇太后逝世，郭女王失去保护伞，抚养曹叡长大成人的李夫人，才把甄洛惨死的情形，告诉曹叡。曹叡这时已有复仇力量，有一次，他向郭女王询问："我娘亲死时，头发披面，用糠塞口，可是你的主意？"郭女王大吃一惊，她所恐惧的事终于到来，但她已不敢承认她所做过的事，只能哀号说："是谁拨弄是非，挑拨我们母子感情？"接着为了证明她的清白，她要求开棺验尸——她当然知道在祖先崇拜的封建社会中，一个儿子，即令他是皇帝，也不敢开娘亲的棺。但郭女王没有料到曹叡举出人证，在无可闪躲时，她分辩说："你娘亲之死，是你老爹干的，为什么问我？"忽然间，郭女王发现她已身陷冰窖，颤声说："你身为人子，难道仇恨亲爹，枉害继母？"

然而，这不是枉害，这是复仇。年已五十岁的郭女王，现在付出当初夺床胜利

的代价，历史重演十五年前的镜头，曹叡派出杀手，强逼郭女王喝下跟他娘亲喝下的同样的毒酒，再同样地使郭女王头发披面，用糠塞口。

这是一件漂亮的复仇，郭女王面对毒酒时的哭泣，掩盖不住世人对这项复仇成功发出的感叹。我们赞美宽恕，但也同情复仇，要求被害人无条件宽恕，是一种“德之贼也”的邪恶心肠，有些仇恨，可以宽恕；有些仇恨，不可以宽恕。

袁宏

公元236年，曹魏帝国最高监察长（司空）、颍阴侯（靖侯）陈群逝世。陈群前后很多次上书，对时政得失，提出建议。每次都用“亲启密奏”，而把原稿毁掉。当时的人，甚至他的子弟，都不知道。舆论遂认为他庸庸碌碌，无所作为。三世纪四十年代时，曹魏帝（三任）曹芳下令收集官员们所呈递的奏章，编辑成册，称《名臣奏议》，大家才发现陈群所提的建议，都叹息敬佩。

袁宏曰：“有人说：‘宫廷供应部长（少府）杨阜，岂不是真正忠臣？看到君王做错事，立刻就作强烈的批评。跟别人谈话时，也毫不隐瞒他所作的批评。’可是我却认为：‘有仁心的人爱人，爱的人如果是君王，就叫作忠；爱的人如果是父母，就叫作孝。而今，当人的臣属，看到领袖有过失，就全力批评他的过失，而且传播他的过失。这种人，可以说是“直臣”，却不能说是“忠臣”。已亡故的最高监察长（司空）陈群却不如此，从早谈论到晚，没有一句话谈到领袖的错误，规劝的建议提出数十次，而外面的人却不知道，正人君子们一致肯定：陈群才是长者。’”

袁宏的著作有《后汉纪》《三国名臣颂》，是古代著名的史学家之一。看了他对杨阜和陈群的评价，那种凝望大家伙颜色的马屁精嘴脸，从纸上跳跃欲出。以杨阜的贡献，他用血肉和眼泪，光复国家的失土（参考213年8月），而竟然被指控不是忠臣，只因为他向别人透露他曾经指摘过领袖的过失。摇尾系统的“忠”，在传统文化中，遂另有特别定义，那就是：一个部属必须包庇领袖的错误，只因领袖神圣得像他娘的屁股，绝不可摸；即令摸了，也绝不可说。忠是一种高尚道德，但在中国，却必须如此这般用藏污纳垢的手段维护，必须以有实权的领袖的面子作为标准，这种高尚的道德，便完全变了质和走了样，堕落成官场的升官术、固官术，或明哲保身哲学。袁宏之对杨阜贬斥，对陈群尊崇，根据的就是这项官场运转法则。

梁启超先生说过：“自己被奴性所束缚，而又打算煽动后人的奴性。”袁宏就是活生生的这种动物。

曹叡猴急

曹魏帝国主管单位奏报：尊称曹操祭庙为太祖，曹丕（一任文帝）祭庙为高祖，现任帝（二任）曹叡祭庙为烈祖。这三位称“祖”的祭庙，万年万世，都不拆毁。曹叡批准。

儒家学派在封建政治中一项最煞有介事的文字游戏，就是“谥法”。大家伙——不论他是帝王、贵族、大臣，逝世之后，依据他生前的功业事迹，给他一个恰当的绰号，用以表示不同凡品，小民没有资格享受谥法的荣誉，有些知识分子实在忍耐不住时，偶尔也给他所尊敬的人一个绰号，但只能称为“私谥”。

绰号不见得全是美称，也有些是恶称。希望当权派畏惧身死之后的恶称，而不敢有恶行。不过，结果却大出意外，死者即令坏蛋加三级，儿子登极后，谁敢提出恶称？刘彻便是一个例证，夏侯胜只作温和的反对，便被逮捕下狱（参考前 72 年 5 月）。所以，只有名不副实的美谥，而没有名实相副的恶谥——当然也有，那些亡国之君，只好由战胜者和革命成功的人摆布。

曹叡因为没有儿子，所以不仅畏惧恶谥，还畏惧他的祭庙因为“亲尽”之故，而被后世拆除，于是索性在生前安排妥当，亲自拟定妙不可言的绰号，并确定万世不迁，可谓创举，使谥法原始意义，更彻底丧失，成了纯粹无聊的自娱，猴急之情，掩饰不住。孙盛责备说：“主管官员在这件事上失去正常！”这岂跟主管官员有关？如果不是曹叡亲自下手，主管官员便是吃了豹子胆，也不敢提出。

曹叡杀妻

曹魏帝曹叡，宠爱西平郡（青海西宁）人郭夫人，对皇后毛女士的爱情，逐渐消失。曹叡游逛后花园，听曲唱歌，尽兴狂欢。郭夫人要求邀请毛皇后参与，曹叡拒绝，并下令左右，不准让毛皇后知道，但仍有小报告悄悄传到毛皇后耳朵。第二天，毛皇后看到曹叡，说："昨天北园（宫廷后花园在洛阳城北）的宴会，快乐不快乐？"曹叡反应激烈，认为左右竟敢不遵守他的禁令，逮捕十余人，全部斩首，而且忽然间火上加油，怒不可遏，下令毛皇后自杀。

毛皇后是一位工人的女儿，老爹毛嘉，既不识字，又没有背景，不知道由于一个什么机缘，女儿被选进当时还是平原王的曹叡的王府当婢女。她的美丽和聪明，使她击败出身高贵的王妃虞女士，身登皇后宝座（参考 227 年 12 月）。

曹叡爱她爱得入迷，这由他对待她家属的态度，可以看出。老爹毛嘉从一个伐木工人，平地一声雷，晋封博平乡侯，担任特级国务官（光禄大夫）；老弟毛曾也当御马总监（驸马都尉）。大家当然瞧不起这位暴贵的岳父，夏侯玄甚至拒绝跟毛嘉同坐，于是曹叡特别下令文武百官，都到毛家拜会欢宴，更擢升毛嘉为"特进"（朝会时位置仅在三公之下）；并追封毛皇后的亡母夏女士当野王君（男性封侯，女性封君）。

然而，"色衰爱弛"，靠貌美如花吃饭的女人，最后结局，必然如此。当然也另有一种可能，美女容貌如旧，而男人开始厌倦。不管是什么情况，当毛皇后自以为天下已定之时，劲敌郭夫人却在枕畔崛起，郭夫人比她更年轻、更貌美，而且更新鲜。

但是，曹叡之突然兴起杀机，仍令人吃惊。如果追责"泄密"，毛皇后本人并没有泄密；如果指控施行巫蛊，毛皇后也没有受到这方面的指控；为什么会如此无情屠杀？回忆起来，曹叡不忍射死小鹿，是何等的仁慈（参考 226 年正月），为什么今天却露出狰狞面目？人性变量太大，权势和金钱使这个变量更成为几何级数扩张，可悲。

曹叡挥霍无度

曹叡把原来设置在长安（陕西西安）的巨钟和悬钟巨架、铜骆驼、铜人、承露盘（西汉王朝七任帝刘彻，在建昌宫用铜铸“承露盘”，高二十丈，大十围，上铸神仙手掌。法术师说，用神仙手掌上的露水，搅拌美玉粉末，喝下去可以不死），全都运到洛阳。承露盘拦腰折断，响声传到几十华里之外（势将造成伤亡）。而铜人太重，勉强运到霸城（陕西西安东北），无法再运，只好留在那里。曹叡下令搜括天下铜器铜矿，另行熔铸两个铜人，命名“翁仲”，分别安置在首都洛阳皇宫司马门外。又熔铸黄龙一条，凤凰一只，放在皇宫内殿之前。又在景阳山芳林园西北角，堆积土山，下令全体高级官员，都去搬运泥土，并在上面种植松树、竹子、杂木，跟美丽的花草；捕捉山中飞禽和奇异野兽，送到丛林豢养。宫廷禁卫官司令（光禄勋）高堂隆一再上书劝阻。曹叡对总立法长（中书监）说：“看到高堂隆的奏章，使我恐惧！”

高堂隆一再沉痛呼吁，唯一的效果是曹叡一拍大腿，然而这已经足够显示领袖人物纳谏的风范。不过，高堂隆担心的，减少或废除官员的薪俸，会断绝他们的生路。关于此点，尽可大大放心，官员们的生路不但不会断绝，反而会越过越好。中国历史上，只有饿死的民，没有饿死的官。因为既不能取自政府，一定取自小民。低薪俸政策必然产生贪污——这是铁律，而贪污就是挖掘政府国家命根的怪手。

司马光反法治

曹魏帝曹叡，对浮华不实的知识分子，深恶痛绝，下诏给政务署文官司司长（吏部尚书）卢毓，说：“遴选人才，不可以根据他的知名度，‘名’这个东西，好像画在地上的煎饼，中看不中吃。”卢毓回答说：“根据知名度选拔，固然不一定能够得到奇异人才，但可以得到正常人才。正常人才接受教化，羡慕善行，然后才会受到称赞。对这种人，不应该讨厌。我愚昧得既没有能力发掘奇异人才，而我的责任又是依照正常程序，任命官职。唯一的办法是，在任职后考察他的行为，是否名实相符。古代，部属们提出建议后，君王就分派他工作，考验他的能力。可是，现在考绩制度废除，官员的任命或罢黜，完全根据舆论对他的论断，有美誉的进，有恶声的退。所以，真的假的混杂在一起，虚的实的更难分辨。”曹叡采纳卢毓建议，命散骑侍从官（散骑常侍）刘劭，制订《公务人员考绩条例》（《考课法》）。刘邵遂制订七十二条（《都官考课法》）；又厘定《公务人员考绩条例施行细则》（《说略》）一篇。曹叡交付文武百官研究讨论。

司马光曰：“治理国家最重要的事是：任用人才。至于谁是人才，怎么发现人才，连圣贤都感到困难。于是，只好用听到的‘毁谤’和‘赞誉’，作为标准。喜爱和憎恶遂主宰这项判断，善良和邪恶就混杂在一起。用考绩条例检查他行政效果，一定巧诈横生，真假不明。其实，重要的是：只要大公无私，明察秋毫就够了。在上位的人至公至明，则部属有没有能力，就很清楚地摆在眼前，根本无所遁形。假如不公不明，再好的考绩办法，恰恰被利用作成全私欲、打击异己的工具。为什么如此？因为大公无私，明察秋毫，出自内心；而考绩成效，根据的是外在行为。自己内心都不能正直，而竟去考核别人的行为，岂不太难！在上位的人，只要坚持不因为亲疏贵贱而改变心意，不因为喜怒好恶而改变立场，就很容易发现人才，并任用人才。想知道谁是饱学之士，只要他记忆的和阅读的十分渊博，谈论经典时十分精通，他就是饱学之士。想知道谁是公正法官，只要他有能力分辨真实、虚伪，使人不受冤枉，他就是公正法官。想知道谁是理财专家，只要他能使仓库充实，人民富足，他就是理财专家。想知道谁是优秀将领，只要他战必胜，攻必取，敌人害怕屈服，他就是优秀将领。至于其他文武百官，也都用这种方法考察。表面上看起来，是询问征求别人的意见，但事实上却由自己做主决定；虽然也是根据

他们的外在行为，但事实上却由自己内心观察。探讨实情，斟酌形势，是一种最精密的心智活动，不可以言传，也不可以记载，怎么能够预先制定法律，而交给主管单位去办理？”

胡三省曰：“司马光的评论，非常恰当。可是，必须英明的君王，才能实行。自西汉王朝以下，能够根据方案，追究实施成效的，没有一个君王比得上刘病已（西汉王朝十任帝宣帝）。刘病已能够做得那么好，并不是由于师傅传授，或高级辅佐大臣开导。司马光所谓：‘不可以言传，不可以记载！’真是万世名言。”

法治人治之争，在中国历史上至少纠缠两千年之久，到了二十世纪之后，法治胜于人治，才成定局。司马光为人治所提出的辩护，徒供后人凭吊，已没有再批判的价值，我们自不浪费笔墨。不过，有一点却十分奇怪，这么一篇严重不合逻辑、矛盾百出的议论，和对政治肤浅的认识，何以被人治派奉为经典？这是不是可借以说明儒家知识分子缺乏推理能力？假如不可以这么说的话，至少可以说，儒家知识分子缺乏逻辑训练。

最可惊的是司马光认为对国家公务人员的擢升或免职，是一种最精密的心智活动，不可言传，也不可记载——不可制定条文法律。这就跟京戏上“审头刺汤”的汤勤先生一样：“我说人头是真，它就是真；我说人头是假，它就是假。”为暴君和贪官污吏，提出施暴的理论根据。而胡三省却认为它竟是万世名言，似乎又显示了一种现象：儒家知识分子，永远以当权者自居，所以只要对当权派有利的建议，就如醉如痴地赞成，永远没有想到自己是个被统治的小民，应如何保护自己的生命财产，和人格尊严。

——当然有很多对君王严厉指责的奏章，也有很多为小民呼吁的奏章，但他们的目的仍是保护君王的利益，警告他如果再继续暴虐，可能丧失政权，而不是警告他不得侵犯人民的利益。

吕壹事件

东吴帝（一任大帝）孙权，任命立法官（中书郎）吕壹当总特务官，负责保卫国家及调查全国官员的忠贞。一开始时，吕壹还十分谨慎小心，久而久之，就作威作福，一点细微的小事，都会用法律条文，把人套牢，构成罪状。于是，排除及陷害善良无罪的人，诋毁政府重要官员，连鸡毛蒜皮的小动作，都报告孙权。皇太子孙登屡次向老爹直言规劝，孙权都不接受，文武百官对吕壹深怀恐惧，没有人敢再表示意见。

左将军朱据的部属，应领取三万串钱，工匠王遂施展手段，把三万串钱冒领。吕壹疑心钱到朱据之手，逮捕主管官员，逼取口供，主管官员遂死在乱棍之下。朱据哀怜该官员无辜冤死，买一个木板较厚的棺材把他埋葬。吕壹认为这就是朱据贪污的证据——该官员为朱据隐瞒，朱据用厚葬他作为回报。孙权几次质问朱据，朱据无法使孙权相信自己的清白，只好搬出家门，睡在草堆上（囚犯待遇），等候定罪。几天之后，中央禁军助理官（典军吏）刘助，发掘出真相，向孙权报告王遂的罪行。孙权突然惊醒，说："连朱据都受到陷害，何况其他官民？"（朱据娶孙权最宠爱的女儿孙小虎。）遂逮捕吕壹，严厉追究罪行，赏赐刘助钱一百万。

吕壹处死之后，孙权派立法官（中书郎）袁礼，向各高级将领道歉，并征求对当时局势应兴应革的意见。袁礼回来后，孙权下诏责备诸葛瑾、步骘、朱然、吕岱等，说："袁礼返京（首都建业），告诉我跟子瑜（诸葛瑾别名）、子山（步骘别名）、义封（朱然别名）、定公（吕岱别名）见面，并请教对时局的和对政治的意见，你们都说只知道军旅，不知道政治，不肯提出建议，全都推到伯言（陆逊别名）、承明（潘濬别名）身上。可是，伯言（陆逊）、承明（潘濬）看到袁礼，泣涕不止，声泪俱下，十分悲苦，甚至充满恐惧，有一种不安全的神情。听到之后，内心怅惘，深感困惑。为什么？天下只有圣人，才能不犯错误；只有聪明绝顶的人，才能看清自己。普通人一举一动，怎么能都正确？我曾经伤害过各位，拒绝过各位的好意，不过一时疏忽，自己当时却不知道，所以使各位避嫌畏难，不敢开口！不然的话，怎么会到这种地步？我跟各位共事，从小时候直到现在，头发已白了一半，总以为表里一致，推诚相见；于公于私，都可互保。大义上我们是君臣，私情上我们如同亲生骨肉，荣耀福分，欢乐忧虑，同受

同享。忠臣不应该隐瞒实情，智士不应该隐瞒计略。不管事情是对是错，各位怎么可以袖手旁观？坐在一条船上渡河，我不跟各位磋商，跟谁磋商？姜小白（齐国十六任国君桓公）有善行，管仲没有一次不赞扬！姜小白有过失，管仲也没有一次不规劝；规劝如果不能受到接纳，则永不停止规劝。现在，我自己知道没有姜小白那么好，而各位又不肯开口说话，仍然猜忌担心。就这一点而论，我并不比姜小白差，不知道各位跟管仲相比，又是如何？”

吕壹不过一个小小的特务头目，当权的时间既短，为害的程度也微乎其微，仅就《通鉴》记载，仅只拷死一个军中财务小官而已。对付顾雍，看样子只是要搞垮他，不是要害死他。然而，已使东吴帝国政府，陷于愁云惨雾。特务统治之可怖，正在于恐怖气氛，只要沾上一点，包括最高领袖在内，心灵都会扭曲。

孙权写给各将领的这封长信，称兄道弟，如话家常，感人至深。然而，他强调“亲如骨肉”，要求“规劝如果不能受到接纳，则永不停止规劝”。话说出来好听，写出来更有管仲作为例证，好像这次可是真心。事实上恐怕相反，谁要相信这一套，谁可要大大地倒霉。孟轲就曾提出过警告：“君臣之间，规劝的次数太多，一定招来羞辱；朋友之间，规劝的次数太多，一定疏远。”稍后，就在孙权要罢黜皇太子孙和时，“亲如骨肉”的陆逊受到责骂忧死，女婿朱据索性斩首。

无限权力是一个荒野怪兽，靠规劝谏诤无法控制，孙权是中国历史上最可爱、最富有人情味的君王之一，还被无限权力烧得失去理智，何况其他。凡是权力，只有另一个权力才可以控制，另一个权力才是钢索，拴住怪兽，免得它横冲直撞。柔声软语的规劝谏诤，不过一条线绳，不但拴不住，有时候反而更激使它疯狂。

蒋琬非进取才

蜀汉帝国（首都成都）最高指挥官（大司马）蒋琬，认为诸葛亮几次都从秦川出军（秦川，即陕西中部与甘肃东南部，战国时代秦王国故地，沃野千里。“川”，有时指河流，有时指平原），道路艰险，粮秣运输困难，都不能成功。打算改变战略，建造船舰，准备顺汉水、沔水（汉水上游）东下，袭击曹魏帝国（首都洛阳）的魏兴郡（陕西安康）、上庸郡（湖北竹山西南田家坝镇）。后来蒋琬旧病不断复发，不能配合东吴帝国（首都建业）北伐行动进军。政府决策官员一致认为：一旦不能取得胜利，撤退困难，不是好的谋略。蜀汉帝（二任）刘禅命政务署长（尚书令）费祎、中央监军官（中监军）姜维等，拜访蒋琬，说明大家的意见。蒋琬遂上书说：“现在，魏国（曹魏帝国）势力，横跨九州，根深柢固，铲除不易。如果能跟吴国（东吴帝国）同心合力，首尾夹击，即令不能立刻呈现效果，但总可以分割他的力量，蚕食他的土地。问题是，跟吴国（东吴帝国）一连数次约定同时出军，每一次都有差误，不能如愿。我常跟费祎等商议，认为凉州（甘肃中部西部）是边塞重要地区，进可以攻，退可以守，而且当地羌人、胡人，思念两汉王朝，好像久渴的人思念泉水。最好请姜维当凉州州长（空头官衔。此时凉州属曹魏）。如果姜维征讨，能够控制河右（即河西，甘肃中部西部），我可以率军继进，作他的后援。现在，涪县（四川绵阳）水陆交通，四通八达，可以应付紧急事变，无论东方西方，发生危险，出军都不困难。因此，我建议把大本营迁移到涪县（四川绵阳）。”刘禅批准。

诸葛亮是一位伟大的政治家，而不是一位杰出的作战指挥官；受诸葛亮赏识的蒋琬，情形相同，不过一位谨慎小心的太平宰相，对军事完全外行。看他准备顺汉水而下，攻击魏兴（陕西安康）、上庸（湖北竹山西南田家坝镇）战略，简直是痴人说梦。万山丛中，孤舟深入，没有取胜的可能，一旦受挫，恐怕一条船舰都难逃回。然而，最重要的还是，即令连战连捷，夺取两城，对曹魏帝国造成的伤害，也微不足道，而蜀汉会发现真正的战斗，还没开始。

汉中（陕西汉中）是蜀汉帝国的重要屏障，诸葛亮苦苦经营，已经成为一个强大的、

可以独立作战的前进基地。蒋琬却一泻千里，南撤到涪县（四川绵阳），进取之志，以及出击之力，全部消失。三年后（244），曹魏帝国突击汉中，如果不是郡长王平反应得宜，汉中可能陷落；汉中陷落，蜀汉帝国不保。而以后姜维不断出击，只因基地太远，终于劳而无功，又加上西北防线戒备废弛，二十年后，曹魏帝国终于长驱直入，造成蜀汉帝国的覆亡。

错误的决策，一定付出错误决策的代价。

下棋怪事

蜀汉帝（二任）刘禅（本年三十七岁），派最高统帅（大将军）费祎，率各军出发援救汉中。动身之际，特级国务官（光禄大夫）来敏，前来送行，要求跟费祎下一盘棋。这时，紧急军事文书，从四面八方，交集而来，人穿铠甲，马鞴雕鞍，出动命令已经下达。可是，费祎跟来敏对弈，仍兴趣盎然。来敏说："我是故意考验你罢了，你真了不起，一定可以退贼（曹魏军）。"

战争，是国家大事，三军整装待发，竟然容许来敏这种小聪明动物，使人马暴露原野，留住统帅下棋，可看出他的玩忽心态。救兵如救火，任何城池的陷落，都在刹那之间，援军迟到一分钟，就来不及。来敏竟利用他的权势，加以阻挠，一点都不念及前线将士，正血肉横飞，苦盼救兵！而且统帅会不会临危不乱，要在平时考察，事到临头，再去试探，如果费祎紧张过度，或心急如焚，不能终局，难道临时撤换统帅？何况，大军出动前的小动作，何足为凭？谢玄淝水之战前，也是用的下棋这一套，如果不是运气，晋帝国可能覆亡（参考 383 年 9 月）；而郭倪在淮河之战前，纶巾羽扇，从容潇洒，更超过费祎、谢玄，结果大溃，被人称为"带汁诸葛亮"（参考《续资治通鉴》1206 年）。

历史上这一类怪诞行为，层出不穷，而妄人偏偏喜欢这种小动作，怪诞遂变成佳话。于是，佳话也往往全是怪诞。

孙霸

东吴皇太子孙和，跟老弟鲁王孙霸，同住在一个宫殿，二人所受待遇，完全相同。政府很多官员，向东吴帝（一任大帝）孙权（本年六十四岁），指出措施失当。孙权遂命二人分开居住，分别建立各人的僚属；于是，亲兄弟之间，感情转恶（僚属既分，就成了相吞之局；摇尾系统各自做出自以为对主子忠心耿耿的动作，灾祸遂不可收拾）。

夺嫡斗争，是君主专制制度下最残忍的斗争之一，本属手足的至亲骨肉，只要夺嫡之念一起，轻者数人流血，重者一场屠杀。然而，奇怪的是，明知道是这种结局，当君王的老爹，却往往亲自制造出这种夺嫡斗争，桩桩件件，《通鉴》上的记载，十分详尽。从战国时代魏国太子魏罃跟老弟魏缓之斗开始（参考公元前 371 年），一直斗到中国最后的清王朝，每一次都是老爹亲自埋下炸药，再由老爹亲自引爆。

但我们最感兴趣的，却是大臣们的规劝之言。所有的夺嫡斗争在流血之前，都有人提出严厉警告，言辞沉痛，像顾谭引用贾谊的话："权力太大，即令血缘再亲，一定叛逆。"可谓当头巨棒，历尽人生艰难的孙权却不能接受，而明明是救孙霸一命，孙霸不但不感谢，反而怀恨在心。这种情形，过去固层出不穷，将来更会多如牛毛。很多事就是这样，当事人只因一念之私——某一个关节上不能突破，就把拖自己下水的鲨鱼群，当成爱我忠我的不贰之臣。而把抛给他救生圈的人，当成仇敌，岂止孙霸一人而已，岂止夺嫡斗争而已。人类只要有一点点私欲遮住眼睛，便无法看到历史上的血迹。

赦与罚

公元 246 年，蜀汉帝国（首都成都【四川成都】）大赦。

刑罚的目的，是使罪恶行为跟社会永远隔离，使犯罪的人，变成善士，在目的还没有达成之前，即行赦免，而且经常赦免，结果是罪恶不但不受法律制裁，反而受法律保护。张三杀了人，本来应该处刑，忽然间遇到赦免，大摇大摆，走到哭声还没有停止的被害人家门口，洋洋得意亮相，没有人敢动他一根毫毛。于是，就会有些暴徒，因为预测将有大赦，而出手行凶，善良的人只有颤栗的分。因之，频繁的赦免，势将把法律摧毁，造成政府威信的丧失和人民品质的堕落。

法律是尊严的，但法律不是万能，如果执行法律会引起更大伤害，就必须停止执行；不能用法律停止执行时，就应用政治阻止执行。法律固然神圣不可侵犯，但法律之上，还有更高的权威，就是正义——人民的良心和良知。在这个关键时间，赦免则是一种必要的政治救赎。姿势太高的人，诸如王允之类（参考 192 年 6 月），他坚持不赦的原则，以显示他所谓的公平正直，结果为全国造成难以挽回的苦难。

夏侯令女

曹爽堂弟曹文叔的妻子夏侯令女，早就守寡，而膝下又没有子女。老爹夏侯文宁打算叫她再嫁，夏侯令女用刀割掉自己两个耳朵，表明拒绝的决心。平常依靠曹爽，曹爽既死，她家人上书政府，声称跟曹爽家断绝姻亲关系，把夏侯令女强迫迎接回娘家，旧事重提，要她再嫁；夏侯令女暗中进入寝室，用刀割下自己鼻子；家人惊骇怜惜，对她说："人生在世，好像一粒轻尘，落到微弱的小草上面，何必自己这么苛待自己？而且，丈夫家已全屠灭，一个人都没有留下，你又为谁守节？"夏侯令女说："有爱心的人，不因对方的盛衰，改变态度；有义行的人，不因对方的存亡，改变心意。曹家从前鼎盛之时，我还要守节，而今衰亡，我怎么忍心抛弃？这种禽兽行径，我不能做。"司马懿得到消息，兴起敬意，任凭她领养孩子，做曹家的后裔。

夏侯令女坚贞壮烈的行为，怀着何等高贵的情操，上惊天地，下泣鬼神。然而，一个女性，为了婚姻自主，竟要付出如此可怖的代价，不禁一哭。为她的坚强哭，也为传统社会中，占中国人口一半的妇女们的命运哭。

清谈

公元 249 年正月八日，曹爽陪同曹魏帝（三任）曹芳，返回首都洛阳。正月十日，主管官员奏称：“禁宫侍从（黄门）张当，私自挑选宫中美女，献给曹爽，可能有奸诈阴谋。”于是，逮捕张当，交付司法部（廷尉）调查审讯。张当在口供中承认：“曹爽跟政务署执行官（尚书）何晏、邓飏、丁谧，京畿总卫戍司令（司隶校尉）毕轨、荆州（湖北）州长（刺史）李胜等，阴谋叛变，准备在三月中旬发动。”于是，逮捕曹爽、曹羲、曹训、何晏、邓飏、丁谧、毕轨、李胜，以及桓范，收押监狱；上书皇帝，弹劾他们“大逆不道”，跟张当同时斩首，并屠杀三族。

曹魏帝国的始祖曹操，是一个力行实践的政治家，他的用人行政，只要求才能，不过问隐私生活。只会讲仁义说道德的儒家学派知识分子，受到冷淡待遇。到了司马懿父子当权后，凡忠于皇帝或被疑心忠于皇帝的高级知识分子，以及现任官员或退休士绅，大批被杀。连第四任曹魏帝曹髦，也被司马家的武装部队，一矛刺死（参考 260 年），首都洛阳成为血窟，陷入恐怖，知识分子为了自保，遂采取一种最好的避祸方法，就是完全脱离现实，言论不但不涉及政治，也不涉及眼睛所看到的任何事物，以免激起当权派的猜忌和愤怒。清静无为的老庄哲学，正适合这个趋势。知识分子以谈了很久还没有人知道他谈些什么，是第一等学问，因为他没有留下任何可供掌权人物逮捕他的把柄。这种纯嘴巴艺术——穷嚼蛆，被称为“清谈”，成为知识分子主要的生活内容。在这种潮流冲击下，被称为或自居为“名士”的人物，应运而生，他们不敢对权势直接表示不满，但他们敢对支持权势的“礼教”“名教”之类表示不满。有些名士过度饮酒，有些名士装痴装狂，有些名士赤身露体不穿裤子，有些名士老爹死了不但不服三年之丧，反而不落一滴眼泪。

恐怖气氛在晋王朝建立后，虽逐渐和缓，但清谈风气却没有随之过去。它的后遗症十分严重，知识分子把现实生活有关的任何情事，都看作“俗事”“鄙事”，

只有穷嚼蛆才是“上等事”“雅事”，所有行政官员以不过问行政实务为荣，地方官员以不过问人民疾苦为荣，法官以不过问诉讼为荣，将领以不过问军事为荣，结果引起全国连锁性的腐烂和瘫痪。

司马懿

公元 251 年，曹魏帝国皇家师傅（太傅）、舞阳侯（宣文侯）司马懿逝世（年七十三岁）。曹魏帝（三任）曹芳下诏，擢升司马懿的儿子首都卫戍司令（卫将军）司马师当抚军大将军，主管政府机要（录尚书事）。

胡三省曰：“史书记载，认为司马懿之死是王凌的阴魂索命，难道是真的？假如果有此事，王淩固是忠勇之鬼。”干宝《晋纪》曰：“王淩走到项县（河南沈丘），看见岸上有贾逵庙（贾逵曾任豫州州长，参考 220 年 7 月），王淩大喊说：‘贾先生，我，王淩，此心忠于帝国，只有你神灵知道。’当年（251）8 月，司马懿患病，梦见王淩、贾逵鬼魂，向他复仇，十分厌恶，而竟逝世。”

千年以来，世人对司马懿，异口同唾，全采厌弃态度，甚至他的子孙，都以他为耻；而正式史书，还一口咬定司马懿的后裔，原是奸夫姓牛的子孙，所以应姓“牛”而不应姓“司马”。这一切显示世人对他不仅厌弃而已，还深恶痛绝。然而世界上比司马懿更凶更恶的家伙，不知几千几万！而司马懿又居于“皇帝之爹”的政治优势，地位跟姬昌、曹操相等，摇尾系统的阵容强大，为什么竟落到如此地步，无法改变世人观感，这是一个有趣的课题。可能是，司马懿接受曹叡托孤的一幕，感人太深，中国五千年来的宫廷中，最刻骨铭心的场景，就是曹叡把曹芳托付给司马懿，那不仅是君臣之间的政治责任，也是骨肉之亲的推心置腹。曹叡不但一再叫司马懿认明小娃曹芳，还让曹芳小娃紧抱司马懿的脖子，当时在场的人固然落泪，千年之后展读这项记载，也会动容。而在这种情形下，司马懿竟生出歹念，欺负曹家孤儿寡妇，夺取政权，即令不是禽兽心肠，也不应再是人类。

然而，就史籍显示的资料，真实的司马懿跟世人印象中的司马懿，并不相同。诸葛亮受托之后，并没有遇到曹爽之类的政敌；李严窃弄权威，一纸命令便告解决。而曹爽却是把司马懿整个排除，司马懿对曹爽固然不满，但一直到公元 244 年，曹

爽攻击蜀汉帝国，三军被大雨困在峡谷，司马懿仍忧虑他会失败，劝告退军。假使他那时就心怀不轨，满可闭口不言，等曹爽覆没之后，由他出面收拾残局。

司马懿当初最大的目的，不过是反击曹爽，夺权夺官。公元 249 年的政变，受到朝野人士一致的爱戴。公元 251 年王凌起兵之时，司马懿不但没有叛逆的迹象，而且声望正达高峰。王凌所作所为，不过另一次的夺权夺官，阴谋另立中央政府，更是一种私心，看不出他的忠贞，只看出他的权力欲望，司马懿所受的诟骂和咒诅，并不公平。

在专制封建制度下，权柄就像一只猛虎，骑上之后，谁都跳不下，曹操早就说过，他绝不放弃权柄，为的是害怕谋害（参考 210 年 12 月）。桓范警告曹爽说："像你们这种权势地位，想当一个平民，怎么能够？"司马懿既骑上虎背，他就只有杀开一条血路，一直奔驰。我们对任何暴行都严厉谴责，但也了解发生暴行的原因症结在于制度。除非是呆子——像燕王国国王姬哙（参考公元前 316 年），谁都不会贸贸然跳下虎背，只因一跳下来，立刻就会被撕成碎片。

唯一的救药是改变制度，跳下虎背的人必须有安全保障，才有跳下的可能性。中国人却始终发明不出来这种制度，直到西方的民主在大炮声中移植过来，我们才知道政治上另有天地。

郭循

蜀汉帝国（首都成都【四川成都】）最高统帅（大将军）费祎，跟全体高级将领，在汉寿（四川广元西南）举行元旦聚会，左将军郭循在座。费祎酩酊大醉，郭循乘机下手，刺死费祎。

费祎性情温和，平易近人，对人从不猜忌。越嶲郡（四川西昌）郡长张嶷，曾经写信警告说：“从前，岑彭手下拥有大军，来歙持有皇帝符节，竟都死在刺客之手（岑彭来歙事，参考35年6月及10月）。你的地位尊贵，权柄又大，却对新归降的人，太过信任。应该把前人的事，作为一面镜子，稍加谨慎。”费祎不能听从，终于受祸。

曹魏帝（三任）曹芳下诏：追封郭循当长乐乡侯，命他的儿子继承爵位。

郭循不忘祖国，虽享有左将军高位（刘备当年入益州时，不过左将军），但仍弃如敝屣，奋身一击，千古忠烈，与日月争光。从曹魏帝国追赠侯爵，叫他的儿子继承爵位的措施上，可看出并没有因为他投降敌人，充任“伪职”，而杀他全家、灭他三族。回溯刘彻之待李陵（参考公元前97年），更为李陵增悲。

诸葛恪暴躁自负

公元253年，东吴最高统帅（大将军）诸葛恪，率大军北伐曹魏失败，狼狈撤退，返抵首都建业（江苏南京），直接到统帅府，召见立法署长（中书令）孙嘿，厉声呵责说："你是什么东西，怎么敢随便下那么多诏书？"孙嘿惶恐，告辞后，声称有病，回家休养。诸葛恪出征后，政务署考选司（曹）奏准东吴帝（二任）孙亮所任用的官员，诸葛恪下令一律撤职，另行考选。态度更为严厉，对部属不断惩罚，凡是晋见他的人，一个个颤栗恐慌，不敢大声呼吸。诸葛恪又撤换皇家禁卫军军官，用他自己的亲信充任。而且不断下达动员令，打算再次北伐。武卫将军孙峻，因民怨沸腾，众怒所集，阴谋政变，向孙亮打小报告，指控诸葛恪行将弑逆。遂摆下酒筵，宴请诸葛恪。诸葛恪坐车到皇宫大门，而孙峻早已在帷帐之后，埋伏杀手。唯恐怕诸葛恪万一不肯入宫，事情便非泄漏不可；遂亲自出来迎接，对诸葛恪说："阁下如果身体不舒适，不妨改天晋见，我代你启奏皇上。"用以试探诸葛恪的反应。诸葛恪说："不必改期，我可以强打精神。"散骑侍从官（散骑常侍）张约、朱恩等，送给诸葛恪一封密函，警告说："今天宴会情形，气氛特别，可能有变！"诸葛恪拿给滕胤看，滕胤劝诸葛恪回家，诸葛恪说："这些娃儿能干什么？只怕他们在酒里动手脚。"于是，连靴子也不脱掉（古代席地而坐，必须脱鞋），身带佩剑，进入宝殿（这就是"剑履上殿"，一种殊荣和一种特权），向皇帝孙亮拜谢后，回到他的座位。酒过三巡，菜过五味，孙亮先回后宫，孙峻起身也到洗手间，就在洗手间，脱下长袍，换穿短装，提刀而入，大喝说："奉皇上圣旨，逮捕诸葛恪！"诸葛恪大吃一惊，一跳而起，急拔佩剑，还没有拔出来，孙峻跟助手已双刀齐下，诸葛恪顿时毙命。诸葛恪的两个儿子，诸葛竦、诸葛建，得到事变消息，立刻用车带着娘亲，打算投奔曹魏帝国（首都洛阳）。孙峻派人追杀，斩首。

诸葛恪的兴起和败亡，是一篇寓言性的"聪明人的故事"。没有一个聪明人不学问渊博、言辞锋利、反应迅速，有果断处理事务的能力。然而，一个可怕的缺点使上述种种优点，全化成陷阱，这缺点就是，他把所有的人都当成白痴。有此一念，

使他不能提升到智慧的境界，世界在他聪明的眼睛下呈现出来的，完全走样。为了维护他聪明的形象，对不符合他愿望的事实，往往怒不可遏。

诸葛恪写的那篇文告，我们姑且称之为诸葛恪式的理论，可看出他竟对事实曲解到无耻的程度，本年（253），司马师四十六岁，司马昭四十三岁，不能算是儿童，而且在诛杀曹爽的政变中，已显示干才，诸葛恪却向国人宣称他们“幼弱”。对好友的谏诤，只在信件后大批数字：“仔细研读我的言论，就可醒悟！”掌权不到一年，便膨胀到六亲不认；孙权批评他刚愎自用，一开头便露出端倪。士卒患病超过一半，一半就是十万人，这是一个使人惊心的庞大数目，诸葛恪只要到各营走走，便可一目了然，不此之图，却闭着眼睛认为值日官有诈，要动手诛杀。如果值日官真敢向统帅谎报军情，当然应该诛杀，而竟没有诛杀，是因为诸葛恪明知道是真，只是不关心部属生死。

更荒唐的是，诸葛恪倾全国兵力，大举出击，竟没有精密的作战计划，走着走着，在半路上就转了弯，回头攻击临时选择的目标。这简直不像是两国交兵，而像是一场儿戏。战败回来，不但死不认错，毫无歉意，气焰反而更凶。诸葛恪希望用满不在乎的态度，挽回人们对他的敬畏。这一怪诞逻辑，不知道是怎么想出来的，比起老叔诸葛亮街亭之败后的自责，比起敌人司马师东关之败后的自责，诸葛恪可是别出心裁。以至到了最后，他还狞笑说：“那些娃儿能干出什么？”跟曹爽的“谁敢！”前后辉映，天下顽劣之辈，都是一个窑里烧出来的产品。

孟轲说：“愚而好自用，灾难必降临到他身上！”天下没有愚人，只有把别人当成白痴的聪明人。

夏侯玄

夏侯霸逃亡蜀汉帝国时（参考 249 年正月），邀请夏侯玄一齐行动，夏侯玄不肯。等到司马懿逝世（参考 251 年 8 月），中央禁军总监（中领军）高阳（河北高阳东）人许允，对夏侯玄说："用不着再担心了。"夏侯玄叹息说："老兄，你怎么不懂事？司马懿是前辈长者，仍把我们看成老朋友家的年轻晚辈。他的两个儿子司马师、司马昭，恐怕不会包容。"夏侯玄既被捕下狱，拒绝答复任何问题。身为审判长的钟毓，亲自审问，夏侯玄严肃地对钟毓说："我有什么罪？你身为部长级高官，却屈身当丞相府的一名职员，审讯别人！一定要口供的话，你替我写好了。"钟毓知道夏侯玄一代名士，节操高尚，不可能使他屈服；可是，又不能不迅速结案。只好连夜代夏侯玄撰写一份坦承不讳的口供笔录，使笔录跟所指控的罪名相符。在送给夏侯玄过目时，忍不住流泪满面，夏侯玄看后，点头而已，不再说话。等到绑赴东街处决，面色不改，举动如同平时（年四十六岁）。

夏侯玄"点头而已"，含有无限沉痛。可能有人责备钟毓，然而在某一个角度上，钟毓却多少还有点人性，天良仍未全泯。第一，他仅只代替夏侯玄撰写口供而已，并没有对夏侯玄横加侮辱。换了特务问官，反应恐怕是跳起来就是一耳光："你叫我做假口供呀，我要你这个狗娘养的反动分子，亲口供出你的罪行！"在酷刑下，夏侯玄不可能保持他的自尊。第二，钟毓了解他审理的是一件血海般庞大的冤狱，所以他痛哭流泪。换了特务问官，为了他已完成一项政治任务，良心不但不会不安，反而还会洋洋得意，认为他在排除道路上的障碍，又建一次奇功。

王祥传奇

京畿总卫戍司令（司隶校尉）王祥，是琅邪国（山东临沂）人。天性孝顺，继母朱女士待他十分苛刻，但王祥对继母越发恭敬谨慎。继母的亲生儿子王览，年仅数岁，每看到王祥被鞭打，就哭泣流泪，抱住娘亲的手。继母叫王祥去做危险艰难的事，王览一定跟着一起前往。王祥长大后，娶了妻子，继母虐待这个媳妇时，王览的妻子也一起承受。继母不愿亲儿亲媳受苦，暴行也就稍稍减少。王祥渐渐享有美好的声誉，继母痛恨嫉妒，把毒药放到王祥常饮的酒里，王览知道后，拿起杯子就喝，王祥不准他喝，王览不肯，继母反而大吃一惊，急忙夺走。从此之后，继母给王祥做饭，王览一定先吃几口，继母恐怕王览被毒死，才中止谋害行为。东汉王朝末年，天下大乱，王祥隐居三十余年，不接受州郡政府的征召延聘。继母逝世，王祥悲恸过度，卧病在床，扶着手杖，才能起身。徐州（江苏北部）州长（刺史）吕虔，任命他当行政官（别驾），把州政府的事，委托他处理。州境之内遂一派升平，政令和教育文化，都能推行。当时人有歌谣说："徐州安康／全靠王祥／仓库不空／王祥之功。"

中国人把爱心更加精密地分类，而各给予一个专有名词，君王爱人民称"仁"，人民爱君王称"忠"；父母爱子女称"慈"，子女爱父母称"孝"。传统文化中，"孝"是基本的善行，因而求忠臣必于孝子之门，一种单纯的纯洁感情，羼入政治成分，孝行遂被聪明的人，利用当作升官发财的工具。

王祥先生的孝行，流传一千余年，列为二十四个典范之一，在这部二十四个典范的《二十四孝》巨著中，王祥以"卧冰求鱼"，受到崇拜。继母冬天想吃鲤鱼，他就卧在河冰上，使河冰溶解，然后从洞口跳出一条鲤鱼。王祥不去凿开冰层，却去用体温使坚冰溶化，叫人讶异。因为冰不坚则人不能卧，一卧便沉到了河底；冰如厚到可以承受一个人的重量，用人的体温就无法暖出一个窟窿。

《通鉴》所述的种种奇事，也同样不可思议。继母使用毒酒，王祥如果不知道它是毒酒，老弟先喝一口，他何至阻止？如果知道它是毒酒，为什么不立即倒掉，

却任它放在那里，等待王览举杯之时，他才一跳而起，表演救弟节目。而继母死亡，竟伤心到卧病在床，更明显地是一种诈欺：对百般毒害自己的继母——甚至，即令她是亲娘，都不可能产生这种感情。感情是爱出来的。鞭打，打不出爱；毒酒，毒不出爱。王祥表演的是姚重华模式的孝，他们把孝行当作阿里巴巴的“芝麻开门”，用来打开石壁上的门，攫取山洞中的权势和财宝。

至少有一点在王祥身上不能应验，他当曹魏帝国的高官，最后却成曹魏帝国的奸臣叛徒，即令他是孝子，也绝不是忠臣。

孙綝斩朱异

公元 257 年，曹魏南征，东吴最高统帅（大将军）孙綝，亲率大军，推进到镬里（安徽巢湖西北）。再命朱异率将军丁奉、黎斐等五将领，前往解救寿春（安徽寿县）之围。朱异把辎重粮秣，留在都陆（安徽寿县南），挺进到黎浆（寿县南【都陆北】）。曹魏帝国泰山郡（山东泰安东）郡长胡烈，用奇兵五千人，袭击都陆（安徽寿县南），焚烧朱异所有辎重粮秣。朱异率残兵败将，沿途摘吃树叶，投奔孙綝大营。孙綝命朱异再出军死战，朱异因士卒饥饿疲惫，四肢无力，需要休养，不肯接受命令，孙綝七窍生烟。就在镬里（安徽巢湖西北），斩朱异。遂率大军返首都建业。孙綝既不能把诸葛诞救出重围，而又丧师辱国，诛杀名震国际的高级将领，全国上下，开始对孙綝怀恨。

在兵力相等下，没有不可以解救的重围，内外夹攻，围城军注定腹背受敌。孙綝没有经过磨练奋斗，便早地拔葱，继承父兄事业，“窝里凶”足足有余，对外真刀真枪，便露出草包原状。他亲带大军北伐，自己不动手，只依靠朱异吃树叶的饥饿三万部队作战，而把自己统率的主力部队，聚集在巢湖湖畔，按兵不动，怎么会有这种奇异的谋略？斩朱异之后，主力并没有损失，自己就应该前进。如果自问无力解救寿春，则直指项县，摆出攻击曹魏帝国首都洛阳，或陪都许昌的声势，至少还有可能减轻寿春所受的压力，守军突围的成功机会，也就相对提高。想不到孙綝却一言不发，回头就走。

人们对官大、权重、钱多的人，往往有一种信任感；问题是，草包永远是草包，受信任的程度越高，他为自己和为别人，所招来的灾难也越大。

成济

曹魏帝国皇帝（四任）曹髦，眼睁睁看着权威从手中滑走，忍不住心头愤恨；累积多年的怒火，突然爆发。公元 260 年，曹髦召集高级咨询官（侍中）王沈、政务署执行官（尚书）王经、散骑侍从官（散骑常侍）王业，从怀中掏出写在黄色绸缎上的诏书，投到地下，说：“我的主意已定，即令身死，有什么可惧？何况不一定死！”于是进宫报告郭太后。王沈、王业乘空溜走，向司马昭报信，临溜时招呼王经同行，王经拒绝。曹髦遂拔出佩剑，登上辇车，率领皇家禁卫武士，以及奴仆、侍从，擂鼓呐喊而出，直指司马昭处所。中央军事总监（中护军）贾充率军在南宫门下阻截。曹髦挥剑前进，贾充部众不敢冒犯皇帝，打算后退，骑兵司令（骑督）成倅的老弟、太子宫随从官（太子舍人）成济，问贾充说：“情势紧急，应该怎么办？”贾充说：“司马公厚待你们，就是为了今天；今天的事，有什么可问的？”成济抽出长矛，直刺曹髦，曹髦倒在辇车之前，气绝身死。

司马昭得到报告，大吃一惊，立刻入宫，召集文武百官会议。政务署左执行长（尚书左仆射）陈泰晋见司马昭，十分哀恸，司马昭问说：“你看我应该怎么办？”陈泰说：“只有诛杀贾充，才可以略平天下公愤！”司马昭迟疑了很久，说：“你再往下面想想？”陈泰说：“我只能说到这里，不知道还有下面！”司马昭不再继续讨论。

郭太后下令，宣布曹髦罪状，撤销他的皇帝称谓，贬成平民，用平民的礼仪安葬；逮捕王经跟王经的家属，交付司法部（廷尉）审判，诛杀。而王沈，因通风报信之功，封安平侯。司马昭上书，指控成济兄弟大逆不道，屠杀全族。

曹髦的出击是轻率的，但他才二十岁，血气方刚，思虑当然不能周延，他唯一的仗恃是“皇帝”头衔，虽然他自知没有实力，但他仍模糊地寄望这个头衔可以阻吓对方不敢还手，这从他出发时说的：“何况不一定死！”看出隐藏在他内心中的一线希望。却不知道他这样做是把一条凶悍的狗逼到墙角，它非还口不可。而在还口的关键上，成济扮演了里外不是人的凶手角色，但当他一矛刺下时，他并不知道

他会里外不是人。他有他的如意算盘，他已为主子解除了一次紧急的灾难；而且“义无反顾”地，甘冒天下大不韪，用别人的血，向主子显示他一片赤胆忠心。

弑君惨案发生在5月7日，连政务署执行官（尚书）王经都被诛杀，可是对凶手却没有动静，全国人民都张大眼睛注视司马昭如何交代。而这件只要一句话便可解决的事，却拖延了二十天之久，是什么原因？

我们推测，整整二十天，贾充处于生死边缘。事情是如此明显，陈泰的言论，应是当时天下人最低调的公论。司马昭只要一声叹气：“罢了。”贾充便身首异处，由忠臣变成叛徒。后来终于仍放过贾充，并不是司马昭对谁特别厚爱，政治是残忍的，只要能把事情摆平，主子对任何人都不会珍惜。意大利范伦铁诺公爵波吉尔，曾命他的将领里米罗，血洗罗马纳。当罗马纳人民群起反抗，影响波吉尔宝座时，波吉尔召见里米罗，四天后，里米罗身裂两段，陈尸广场示众。但诛杀贾充，可能促使摇尾系统的忠心动摇。主子不但无情，而且无义，以后还有谁敢为主子担当？希望借效忠得到利益的热情，一旦降低，就会引起众叛亲离，下一个事变发生时，将丧失反应能力。波吉尔就是栽在罗马纳再次叛变，再没有人为他镇压。

所以，成济成了唯一凶手，因为他的地位较低，杀了他不会影响摇尾系统的信念。但是，纵然如此，司马昭也要做一番善后的工作，向摇尾分子群细作解释，解释不得不诛杀成济的原因；这需要一段时间。而就在司马昭作内部教育时，成济恐怕还在受盛大招待，使他对前途充满了信心，认为荣华富贵已经逼面，不是升官，定是封侯，甚至两者都有。他的家属也会得到明示或暗示，主子会有回报，然后把他们聚集在一起，三天一小宴，五天一大宴，欢乐度日，等候新的命令，而新的命令果然到来。

成济认为“奉命行事”四个字可以保护他，他再没有想到，他只不过一个被利用的工具，一旦问题的严重性超过保护伞的支撑能力，主子只有毁弃这个工具。偏偏很多摇尾杀手坚决相信主子会对他有感谢之情，而且法力无边；所以世间的悲剧，才不断发生。成济二世、三世，甚至无穷世，层出不穷，原因在此。看清楚成济的命运，假设人们有意在历史事件中觅取教训，这是一课重要教程。

说得明白

东吴帝（三任景帝）孙休，任命濮阳兴当丞相；擢升司法部长（廷尉）丁密当左最高监察长（左御史大夫）；宫廷禁卫官司令（光禄勋）孟宗当右最高监察长（右御史大夫）。

濮阳兴当会稽郡（浙江绍兴）郡长时，孙休身在会稽郡，濮阳兴对他侍奉得十分周到。左将军张布，曾担任孙休王府的带兵官。所以孙休当了皇帝之后，二人都跟着升官，受到宠爱，并掌握权柄。张布主持宫廷，濮阳兴主持政府，奸诈谄媚，互相支持包庇，帝国臣民大为失望。

孙休喜爱读书，打算经常召见总研究官（博士祭酒）韦昭、研究官（博士）盛冲，到宫中聚会，为自己讲解经典。张布知道韦昭、盛冲，正直而又敢于放胆直言，恐怕一旦事奉皇帝，可能谈到自己的过失，遂坚决劝阻。孙休说："我对所有书籍，几乎都看过一遍，现在只是跟韦昭等温习温习，有什么不对？你们只是恐怕韦昭等透露臣下谁在为非作歹，所以不想叫他们进宫罢了。对于这种事，我心里有数，用不着等韦昭等开口，我才知道。"张布惶恐道歉说，绝不是害怕这些，而是害怕妨碍皇帝处理国事的时间。孙休说："政府事务，跟学业研究，是两回事，并不冲突，互相之间，更不妨碍。这样做没有错误，而你们却认为不合适，是怀疑我表面上讨论学问，其实另有企图。想不到你们今天当权，用这种手段对付我，实在遗憾。"张布无法答对，只有叩头。孙休说："我只是请你想开一点而已，何至于恐惧叩头？你的忠诚，远近皆知，我今天之坐上宝座，都是你的功劳。《诗经》说：'刚开始的时候都很好 / 可是很少人能从头到尾都很好。'（《大雅·荡》："靡不有初，鲜克有终。"）结局很难掌握，希望你掌握结局。"

然而，孙休仍恐怕张布猜疑恐惧，最后还是依照张布的意思，中止学业，不再使韦昭等入宫。

再强调一次：嘴里说得明白，笔下写得明白，绝不等于心里明白，更绝不等于他能做到；对人，不要听他怎么说，要看他怎么做。

魏舒

相国府军事参议官（相国参军）魏舒，小的时候，动作迟钝，从不求表现，也从不做偏激的事。只有太原郡（山西太原）人王乂，时常赈济他的穷困，魏舒全都接受，从不推辞。年已四十有余，郡政府呈报每年度工作报告时，推荐他当“孝廉”，遂到首都洛阳参加考试（对策）。从此步步上升，后来担任后将军钟毓的秘书长（后将军长史）。钟毓每次跟部属将领和参谋官等，比赛射箭，魏舒总是担任计分工作。有一次，人数不足，拉魏舒充数（古代射礼，以两个人为一个单元），魏舒态度悠闲，箭不虚发，每发必中，在座的人大为惊骇，没有人能够跟他相比。钟毓叹息道歉，说：“我不能使你发挥才能，恐怕跟射箭一样，不仅仅这一件事。”晋公爵司马昭对他十分器重。

魏舒这个人如何，我们没有意见，但对史学家描述他射箭的神奇故事，感到困惑。射击是一种技艺，没有一件技艺出于天授，都需要经过苦练；三天不练，便会生疏。如果说魏舒关住房门，偷下功夫，既没有这个可能，也没有这个必要；如果说他到靶场学习，甚至躲在后院学习，经年累月下来，不会没有人知道。如果从来没有苦练过，而竟百发百中，天下之大，那就根本不可能有这种怪事。

姜维

曹魏帝国宰相（司徒）钟会，阴谋利用现有的军事力量，叛离曹魏。姜维发现这项秘密，打算使钟会早日发动，掀起混乱，于是挑拨钟会说：“我曾经听说，自从淮南（安徽寿县）事变（参考 255 年正月）以来，你的谋略和计策，没有一次失误，晋公（司马昭）力量的成长，都是你的贡献。而今再削平蜀国（蜀汉帝国），威望震动世界，人民认为你有最高的功劳，可是，主人却恐惧你的智谋。在这种情形下，什么地方是你安身立命之所？为什么不效法范蠡，泛舟江湖，用以保全你的功业，和自己的生命！”钟会说：“你陈义太高，我办不到。而且，时代不同，现在或许还有其他方法？”姜维说：“其他方法，你的智力足可以完成，我就不多担心了。”因此之故，二人情投意合，出则同车，坐则同桌。决心叛变。钟会计划：命姜维率五万人当先锋，从褒斜谷（陕西太白西南褒河山谷）出击，自己率主力继进；占领长安后，骑兵从陆路，步兵从水路——由渭水进入黄河；计算五天时间，就能抵达孟津（河南孟津东黄河渡口）。然后，步骑兵在首都洛阳城下会师，一夕之间，就可推翻以司马昭为首的中央政府，平定天下。

姜维建议钟会把曹魏远征军的将领，全部诛杀。姜维的阴谋是，在钟会大诛杀之后，他再诛杀钟会，然后坑杀曹魏远征军所有士卒，复兴蜀汉帝国，再拥立刘禅（蜀汉帝国二任帝）称帝；秘密写信给已成曹魏俘虏的刘禅说：“愿陛下再忍耐几天羞辱，我准备使国家由危而安，日月由暗而明。”钟会打算采用姜维的建议，谋杀各将领，但又犹豫考虑，不能立刻决定。消息走漏，大军反击。事先没有人联络布置，事发也没有人出面领导，却不约而同，直向皇城进发。这时，钟会正发给姜维刀枪武器，有人报告外面人声喧哗，一会工夫，报告说军队正奔向皇城，被软禁的将领乘机冲出，沿墙逃跑，跟他们的部队会合。姜维率钟会左右卫士出战，亲手格杀五六人。外军太多，拥上来击斩姜维（年五十三岁）。

姜维是历史上受人争论最多的人物之一，我们选摘若干具有代表性的评议，提供在读者组成的大陪审团之前，是非功过，以及评议者的品格和见识，当可一目了然。

邓艾与岳飞

反抗军击杀姜维后，再争先击杀钟会（年四十岁），钟会部属死亡的有数百人。反抗军更斩杀故蜀汉帝国太子刘璿跟姜维的妻子，然后奸淫烧杀，大肆抢劫，死伤遍地，惨不忍睹。监军官（监军）卫瓘出面收拾乱局，约束各将领，几天之后，才告平定。

邓艾司令部将领，追赶邓艾囚车，准备把邓艾接返成都。卫瓘得到消息，因为自己曾经跟钟会共同陷害邓艾，恐怕邓艾一旦返回成都，向他报复；于是，派军事总监（护军）田续等，率军追击邓艾。田续等星夜北上，在绵竹（四川德阳北黄许镇）西郊，遇到已成自由之身、正庆幸逃过一劫，欢欣南下的邓艾；田续等遂击斩邓艾父子。原先，邓艾攻击江油（四川平武东南江油关镇）之役，田续畏缩，不敢前进，邓艾要斩田续，但等怒气消失时，又把他赦免。卫瓘命田续追击邓艾时，说："你可以报复江油那次羞辱了。"镇西将军府秘书长（镇西长史）杜预，在大众面前，公开谴责这种行为，说："卫瓘恐怕难逃灾难！身为知名的道德君子，地位声望，都到高峰，既没有品德，又不能用正直行为作部下的表率，却用公权力满足私欲，他怎么承受得住这种重担！"邓艾留在首都洛阳的其他儿子，全被诛杀。把邓艾的妻子及孙儿，放逐到西城（陕西安康）。

邓艾建立盖世奇功，但也遭受盖世奇冤，岳飞功不如邓艾，冤也低过邓艾，而后世给他的回报，千万倍超过邓艾。邓艾在历史上，不但不能扬眉，反而一直蒙上一层污垢。人生有幸有不幸，莫非就是如此！

孙皓登场

264年，东吴帝（三任景帝）孙休病重，不能言语，但仍能写字，于是手书召见丞相濮阳兴进宫，命太子孙湾出来拜见；孙休握住濮阳兴的手臂，指指孙湾，托孤给濮阳兴。孙休逝世（年三十一岁）。文武百官尊称朱皇后为朱太后。高阶层人士认为，蜀汉帝国（首都成都）刚亡，交趾郡（越南共和国河内市东北北宁省）又发生叛变，全国动荡，人心震恐，希望能有一个年纪较长的君王，主持国政。左翼禁军司令官（左典军）万彧，曾当过乌程（浙江湖州）县长，跟乌程侯孙皓（故太子孙和的儿子，参考253年）友善，赞扬孙皓："才能见识，都很卓越，英明而有决断，可以跟长沙（桓）王（孙策）相比；而且好学不倦，奉公守法。"屡次向丞相濮阳兴、左将军张布推荐。濮阳兴、张布，报告朱太后，打算请孙皓继承帝位。朱太后说："我是一个寡妇人家，怎么知道国家大事？只要帝国不受伤害，皇家祭庙有所依靠，我就满意。"于是，迎接孙皓登极（本年孙皓二十三岁），大赦。

《通鉴》自公元前403年起，迄今六百六十七年，昏君虽然辈出，但真正的暴君，孙皓这小子却是最突出的一位。濮阳兴、张布等这两位被东吴帝孙休视为赤胆忠心的亲信，主子的尸体还有余温，就把孤儿出卖。我们说他们忘恩负义，固然可以，说他们对国家有严肃的责任心，作此突破，也同样可以。是非对错，只看事情的后果。不幸的是，他们选择了孙皓，如果选择了刘病已（西汉王朝十任帝），当又是一番景观。

万彧对孙皓的赞扬，不见得全是无中生有，孙皓绝顶聪明，他会做出适合他侯爵身份的事，所以使万彧产生良好印象，却忘了无限权力会使人变形。在民主制度下，孙皓的干才可能使他成为一个好的首领，在专制制度下，埋藏在他内心深处的邪恶，一旦爆发，就不可收拾。孙皓固然害了东吴帝国，但专制制度也害了孙皓。

又是三年之丧

晋王司马昭之死，全国官民都依照变通办法，三天便脱下丧服。身为儿子的司马炎，也于安葬老爹三天后，脱下丧服；但是仍戴白色孝帽，不吃肉类，只吃蔬菜，悲哀痛苦，骨瘦如柴，跟普通平民守丧的情形一样。文武百官奏请晋帝司马炎，脱下白色孝帽，恢复正常进餐。司马炎下诏说："每每思念九泉之下的幽冥世界，而自己却不能穿三年丧服，心情至为沉痛，何况又要吃鱼吃肉，身披锦缎丝绸？那只有使我更加悲伤，不能使我宽心解怀。我生在儒家家庭，礼仪相传，为时已久，怎么可能突然改变对父亲的孝思？接纳你们的建议，已经够多，试看一下孔丘回答宰我的话，（《论语》：宰我问说："守三年之丧，时间太久。正人君子三年不行礼，礼必消灭。三年不听乐，乐也必消灭。旧的米谷既死，新的米谷已生，尽情就可以了。"孔丘说："吃米穿绸，你心里是不是平安？"宰我说："平安。"孔丘说："你心里如果平安，你就去做。"宰我告辞后，孔丘说："宰我是何等地不仁不义，儿子生下三年，然后才能离开爹娘怀抱。守三年之丧，是天下人共同遵守的原则。"）就不必再为此事争论。"司马炎遂继续头戴白色孝帽，不吃鱼肉，只吃蔬菜，整整三年。

司马光曰："三年之丧，上自天子，下到小民，都要遵守，这是先王（古代圣明君王）制订的礼教，百世不变。刘恒（西汉王朝五任帝）独出心裁，坚持自己的意见，不学无术，变更古人制度，破坏古人礼仪，断绝父子之间的恩德，伤害君臣之间的大义，后世君王遂不能有深刻的悲痛之情。而文武官员，谄媚拍马，又不肯匡正。直到司马炎，挺身而出，天性流露，矫正错误，仍行古礼，应是世间难得出现的贤明君王（不世之贤君）。可是，裴秀、傅玄之辈，却是浅陋的庸才，只知道沿用旧例，玩弄典故。不能顺从君王的美德，可惜。"

三年之丧，在公元前五世纪时，人们就已经不能忍受，所以才有宰我的强烈反击。事实上，孔丘并没有回答宰我的问题。宰我的问题是：三年之丧的结果，将使"礼坏乐崩"！孔丘应该解释或证明礼不会坏，乐不会崩。可是他却抛开这个严肃的主题，绕过来问宰我吃米穿绸，心里是不是平安，而又在背后骂他不仁不义！这种答非所

问的论断，只是下流的人身攻击，使人们的注意力远离焦点。几千年来，中国人就用这种方法思考，被这种方法牵着鼻子乱走。

仅只因为司马炎在三年之丧一件事上，恢复了公元前五世纪人们已不能忍受的痛苦，司马光便无限感动，赞扬他是“不世之贤君”。司马炎是不是“不世之贤君”，《资治通鉴》俱在，字字可考，只不过一个荒淫的地痞流氓而已。《通鉴》可是司马光自己编的，为什么这么轻视读者的智慧，把史实一笔抹杀，只因为这项行为符合司马光自己的利益?

专制招牌

> 晋王朝京畿总卫戍司令（司隶校尉）李憙（音 xī【锡】），弹劾前任立进（今地不详）县长刘友、前任国务院执行官（尚书）山涛、中山王司马睦、国务院执行长（尚书仆射）武陔等，侵占国家稻田。请求免除山涛、司马睦等官职；武陔已经死亡，请求贬黜加给他的绰号（谥）。司马炎下诏，说："刘友剥夺人民财产，用来诱惑政府高官，要查个水落石出，严惩奸邪。山涛等人，有错已改，没有再犯，不必追究。李憙秉公行事，不畏权势，是国家正直的栋梁。刘秀（东汉王朝一任帝）曾经说过：'皇亲国戚可要收敛一点了，小心两个姓鲍的。'（参考35年6月。）在此昭告群臣，你们要谨慎做你们的事。这种宽大的恩典，不会常有。"司马睦，是司马懿的侄儿（司马炎的堂叔）。
>
> 司马光曰："政治最重要的根基，在于刑罚和奖赏。刑罚和奖赏不分明，政治如何成功推动？司马炎赦免山涛，而褒扬李憙，刑罚和奖赏，同时丧失。假使李憙的指控是对的，则山涛绝不可赦免；假使李憙的指控是错的，则李憙绝不可褒扬。褒扬部下，鼓励他发言，发了言之后，毫无效果，反而使他和同僚之间，结下怨仇；使在上位的人，玩弄权威，将来会有什么后果？而且，四位官员，罪行相同，刘友被诛杀，山涛却一点事也没有。不敢碰权贵，只敢对付卑贱的小人物，这难道是政治上要求的公平？政权创立之初，正义便不能建立，却想代代相传，岂不太难？"

专制独裁社会最明显的招牌是：只拍苍蝇，不打老虎。偶尔也有打老虎的时候，但那只是因为该老虎倒了霉，并不是因为该老虎犯了法，社会没有是非，只有权势，于是官性兴旺，人性泯灭。

段灼

曹魏帝国征西将军邓艾之死（参考264年正月），全国人都知道他受到陷害，死得冤枉，可是政府中没有一位官员，为他申辩。等到晋王朝政府建立，司马炎称帝，参议官（议郎）敦煌郡（甘肃敦煌）人段灼，上书说：

“邓艾心怀至忠，却蒙上叛逆的恶名，一手征服巴蜀（蜀汉帝国），三族反而受到屠灭。邓艾性情刚直急躁，自负他的功劳，炫耀他的贡献，不能跟朋友同僚和睦相处，所以没有人肯为他伸冤诉屈。我心中认为，邓艾本先是屯垦区农家的一个牧童，被擢升到征西将军，官职地位和受到的恩宠，已到巅峰；功勋和名望，也都有成就；七十岁的高龄老翁，他还追求什么？只是因为刘禅（蜀汉帝国二任帝）刚刚投降，边远郡县，还没有归附，所以才假传圣旨，代表皇帝发号施令（承制），目的只在安抚人心而已。钟会已有叛变阴谋，恐惧邓艾威名，遂夸大他的非常措施，编织网罗，证明他确实谋反。邓艾接到诏书，立即放弃所率领的精锐部队，甘心接受捆绑，不敢回头一看。因为他明知道，只要面见先帝（司马昭），绝没有一死之理。钟会伏诛之后，邓艾部将，愚蠢地自相聚集，共同追赶，打破囚车，把人释放。邓艾面对这项突变，情况狼狈，进退都失去凭借。他从没有跟他的亲信心腹，有什么阴谋；然而，这项突变，却使他陷于前进也被杀，后退也被杀的绝境，岂不可哀。陛下真龙兴起，宽宏大度，请准许邓艾归葬祖坟，发还他的田产家宅，酬佣他消灭蜀国（蜀汉帝国）的功劳，提拔他的后裔；使邓艾这场冤狱，盖棺论定，再赐给谥号，使他死无遗恨。而天下追求荣誉的人士，想要建立功业的官员，必会赴汤蹈火，乐于为陛下效死。”

司马炎认为他说得有理，但不能付诸行动。正好，司马炎问御前监督官（给事中）樊建，关于诸葛亮治理蜀汉帝国的情形，叹息说：“我怎么得不到像诸葛亮这样的干部？”樊建叩头说：“陛下明知道邓艾身负奇冤，却不能为他申雪，就算得到诸葛亮，恐怕也会像冯唐所说的那样！”（西汉王朝五任帝刘恒希望得到廉颇、李牧般名将，冯唐说：赏轻罚重，即令得到廉颇、李牧，也不能用。参考公元前166年。）司马炎笑说：“你的话给我很

大启示。”遂任命邓艾的孙儿邓朗当初级禁卫官（郎中）。

为人伸冤辩谤，是天下第一等大丈夫，那需要具有明智的判断力和高贵的道德勇气。落井下石，固是禽兽行径；袖手旁观和稀泥，也不过是一个伶俐的懦夫。

王褒

东关（安徽合含山西南）之战（参考 252 年 11 月），司马昭问部属说："这次败仗，责任在谁？"安东将军府军政官（安东司马）王仪，脱口而出说："责任在元帅。"司马昭大怒说："你把责任推给我呀！"拖出王仪，立即斩首。王仪的儿子王褒，对老爹死于非命，非常沉痛；隐居在家，教授学徒度日。中央征召三次，州郡政府延聘七次，都一律拒绝。坐下时，从来不面对西方（王褒家在城阳郡【山东莒县】，晋王朝皇帝在洛阳，位于城阳郡之西），在老爹在墓旁，搭建一个茅庐，日夜不断地攀住柏树悲号，泪滴树上，树都枯死。读《诗经》读到"可怜父母／生我劳苦"（《蓼莪》），从来没有一次不一再流泪，哀哀哭泣。门徒们从此撤除《蓼莪》诗篇。王褒家贫，计算人口粮食，然后耕种田地；度量身上的需要，然后养蚕织衣；有人赠送财物，全不接受；帮助他，也都拒绝。门徒们暗中替他收割麦子，王褒就抛弃掉，一生不出来当官，死在自己家宅。

司马光曰："从前，姚重华（舜）诛杀姒鲧，而姒鲧的儿子姒文命（禹）事奉姚重华；因为他不敢废弃国家大事。嵇康、王仪，都是冤死，他们的儿子不事奉晋王朝的皇帝，当然可以。到了后来，嵇绍假如没有荡阴（河南汤阴）的忠烈行为（参考 304 年 7 月），岂不是受到君子的讥笑。"

姒文命事奉杀父仇人，司马光赞扬他："不敢废弃国家大事！"嵇绍事奉杀父仇人，却要对他讥笑，这是哪一门的逻辑？哪一国的标准？王褒对老爹之死的悲痛，我们万分同情。可是，他的种种孝行，却给人一种沉重的压力。王仪被杀，到本年（274 年），整整二十二年，二十二年中，所有时间都用在对老爹的思念。行为迹近怪诞，依人生经验推测，绝不可能。尤其泪滴树上，树都枯死，更简直像一篇西洋童话。然而，主要的问题在于，一个人为什么要把自己一生，把全家大小，甚至把所有门徒，都弄得那么悲苦？孝行是一种美德，而一种美德却必须用悲苦去表现，应是文化的病态。中国历史上充满了这种病态人物、病态记载、病态赞扬。影响可是负面的，它使读者深深感觉到，具备这种美德，是多么困难。

丧服与哀思

晋王朝（首都洛阳）皇帝（一任武帝）司马炎把皇后（武元皇后）杨艳安葬在峻阳陵。安葬之后，司马炎跟文武百官，都脱下丧服，改穿平常服装。国立大学教授（博士）陈逵建议，认为：“现在我们奉行的，仍是两汉王朝的一时权宜制度，而太子（司马衷）并不主持政府，应该为娘亲穿三年丧服。”国务院执行官（尚书）杜预，认为：“上古时代，天子和封国国君（诸侯），都要穿三年丧服，开始时都穿‘斩衰’‘齐衰’（“斩衰”是最重的丧服，粗生麻布制成，衣边及下摆不缝。“齐衰”是次重的丧服，熟麻布制成，衣边及下摆缝平），但在死者埋葬之后，就脱下来，沉默不语（谅暗），只在心中悲悼，直到三年期满。所以姬旦从不说：‘子武丁（商王朝二十三任帝高宗）穿丧服三年。’而只说：‘子武丁三年沉默不语。’这是‘心中悲悼’的证明，羊舌肸（音 xī【希】）从不抨击姬贵（周王朝二十八任王景王）提前脱下丧服，而只抨击他早早地就饮宴欢乐。这就是明白地显示：安葬之后，就可脱下丧服，所以错误只在姬贵不能沉默不语（《左传》公元前 527 年）。在礼教上，只要求内心感受。礼教，不是指赠送宝石绸缎（《论语·阳货》）；守丧，难道就只指披麻戴孝？太子（司马衷）出则视察三军，入则监守中央政府，不能说他闲着没事。所以，应该在把娘亲牌位送到皇家祭庙，作最后一次哀哭之后，脱下丧服，沉默不语三年。”司马炎批准。

司马光曰：“圆规可以画出圆形，直尺可以画出方形。普通工人没有圆规便画不圆，没有直尺便画不方。麻布丧服主要的意义是表现哀痛；然而，普通人如果不穿麻布丧服，则哀思便很难产生。《诗经·素冠》诗篇，正是如此（《素冠》：‘乍看见你头戴白色孝帽／体形枯槁／难以承担忧劳。’‘乍看见你身披白色孝衣／我心里无限悲戚／想跟你同行前去。’‘乍看见你腿穿白色孝裤／我心里无限悲苦／想跟你同声一哭’）。杜预巧妙地利用经典，来附和人情，虽然似乎有道理，我以为不如陈逵的意见敦厚。”

怀念爹娘，出自天性，一个穷苦樵夫悲悼他的亡母：“哭一声，叫一声，儿的声音娘惯听，为何唤娘娘不应？”他何用穿三年丧服？又为什么一定要三年沉默不

语？孔丘在回答林放的问话时，强调说：“与其讲究形式，不如内心悲伤。”司马光之流的儒家学者，却偏偏顽强地认定：大多数人对爹娘都没有感情，如果不叫他披麻戴孝，便引不起他的哀思。所以，守三年之丧，穿三年之服，三年假装哑巴不说话，成了儒家系统寸步难行的痛，害得一些大儒，不断为它打斗，而又语无伦次。

无力感的悲剧

晋帝司马炎，娶杨芷当皇后。大赦。杨芷，是司马炎前妻杨艳的堂妹，美丽而又有德行。最初司马炎下聘礼时，杨芷的叔父杨珧（音 yáo【姚】）上书说：“自从古代起，一家之中，有两位皇后，没有一个能保全她的家族。请求把我这份奏章，藏到皇家祭庙，有一天真的发生我所恐惧的事情，凭此免除灾祸。”司马炎批准。

杨珧面对必然发生，却不知道什么时候发生的灾祸，心情的恐惧和沉重，可以体会。然而，皇庙藏书，岂有作用？局势平静时，不会有灾祸；一旦有灾祸，一定斩草除根，谁还管什么皇庙？什么藏书（参考 291 年 3 月）？不过，问题是，杨珧除了如此做外，又有何法？无力感的悲剧，才是最沉痛的悲剧。国如此，家如此，人也是如此。

人渣孙晧

280年，东吴帝国亡，末任帝孙晧跟他的太子孙瑾，用泥涂到头上，再把双手绑在背后，到洛阳东阳门（洛阳东城中门）投降。司马炎派皇家礼宾官（谒者）解开他的绳索，亲自出临金銮宝殿受降，中央政府文武百官、邻国使臣，以及国立大学学生，全体出席典礼，传见孙晧，跟东吴帝国归降的高级官员。孙晧登殿，叩头，司马炎对孙晧说："我设这座位，等你很久！"孙晧说："我在南方，也设有座位，等待陛下。"贾充问孙晧说："听说你在南方，挖人眼珠，剥人面皮，这算什么刑法？"孙晧说："做人的臣属，谋杀他的君王，奸邪不忠的，就用这种刑法对付他。"贾充说不出话，十分羞愧，而孙晧一点也不觉难堪。

司马炎心地宽厚，所以对亡国之君，至为优待。但对像孙晧这种人渣，应该予以合理制裁，世上才有天理和公道。不分是非的敦厚，只不过一个和稀泥的昏庸汉。孙晧现在已经失势，那些被他酷刑致死者的家属亲友，竟一个个像只老鼠，没有人挺身而起，给予适当的反击，则不但没有正气，而且连人气都已丧失。难道那些人真的就是蝼蚁，无怪孙晧对他们百般凌虐诛杀，毫不在意。

熟透了的老奸巨猾

司马炎曾经从容地问散骑侍从官（散骑常侍）薛莹孙皓所以覆亡的原因。薛莹回答说：“孙皓亲近小人，刑罚太滥，大臣和将领，没有安全保障，覆亡原因在此。”有一天，又问吾彦，吾彦说：“孙皓英俊，宰相贤明。”司马炎说：“如果是这样，怎么会覆亡？”吾彦说：“上天的眷顾，到此为止。天道运转，已另有托付，所以被陛下擒获。”司马炎欣赏他的回答。

薛莹忠诚正直，吾彦则是一个官场小僚，既图欺骗国家元首，又图欺骗自己良知，把东吴帝国千万愤怒的人心，和抗暴的行为，一笔抹杀；把暴君的覆亡，归之于上帝阿拉，既不得罪有权大爷，又可博得“温柔敦厚”美名，可真是熟透了的老奸巨猾。

无耻之徒

282 年，散骑侍从官（散骑常侍）薛莹逝世（薛莹原是东吴帝国官员，参考 269 年 10 月）。有人问吴郡（江苏苏州）人陆喜说：“薛莹在吴国（东吴帝国），恐怕是第一等贤才！”陆喜说：“薛莹只能说第四等第五等，怎么能说第一等？孙皓暴虐无道，吴国（东吴帝国）臣民，沉默不说话，隐居不当官的，才是第一等。躲开高位，宁居低位，用俸禄代替耕田，维持生活的，是第二等。慷慨居官，体会国家，立身正直，无畏无惧的，是第三等。利用机会，不断促使政治改革的，是第四等。温和谨慎、不谄媚、不拍马，不过第五等。第五等以下，就用不着谈了。所以，吴国（东吴帝国）上等贤才，都被埋没，远远躲开麻烦。中等贤才有声名，有地位，但却接近灾祸。观察薛莹的一生行事，怎么能算第一等？”

陆喜这篇评论，充分暴露出来传统知识分子神经质的卑怯。不管国家危机如何严重，不管人民灾难如何普遍，而只求明哲保身，所以才把冷血的下流动物，列为第一等，而把官场混混，列为第二等。认为立身正直，无畏无惧的英雄豪杰，以及不断促使政治改革，不谄媚、不拍马屁的人，不过是一群大小傻瓜，只有远远躲开麻烦，才是光明大道。大小傻瓜接近灾祸，自应受到讥讽。

实践正义是一种能力，面对暴政，所有的知识、学问、道德、勇气，完全崩溃。对别人的赴汤蹈火，反而酸溜溜地在旁边说风凉话，陆喜提供给我们一个无耻之徒的榜样。

“凶人吉其凶”

晋王朝太傅（上三公之二）、总司令官（大都督）杨骏，自当权以来，严厉苛刻，做事琐碎，独揽大权，而又刚愎自用，无论中央及地方，对他都十分厌恶。冯翊郡（陕西大荔）郡长孙楚，对杨骏说：“阁下以皇亲国戚的身份，居于跟伊尹、霍光相同的高位，应该大公无私，至诚至信，虚心谦让。而今，皇族力量强大，阁下却不跟他们共同主持政府，对内猜疑嫉妒，对外树立亲信私党，大祸临头，指日可待。”杨骏不理。

胡三省曰：“杨骏的败亡，人人皆知，只杨骏不知。凶险的人总是把凶险当成祥瑞（凶人吉其凶），莫非就是指此。”

凡是凶人，一定会“吉其凶”，坐在炸弹上猛敲雷管的大愚若智之辈，对他得心应手的翻云覆雨，和因翻云覆雨而铸成的灿烂局面，连自己都佩服自己的聪明。却不知道每一次得心应手，都是对雷管的每一记猛敲。谁劝阻他不要再敲了，谁就是别有居心的叛徒，诛杀不赦。

然而，并不如胡三省先生所说的：“人人都知。”事实上，除了当事人不知外，摇尾系统也不知；不但不知，反而帮助主子猛敲，他敲得越卖力，主子越高兴，直到轰然一响。这种场面，历史上不断重复演出。嬴胡亥、项羽、刘濞、霍显、刘贺、王莽、公孙述、隗嚣、梁冀、董卓、孙皓……车载斗量，而以后更大量涌出，使人掩卷叹息。

又一群猪

291年，晋王朝发生政变，孟观、李肇，报告晋帝（二任惠帝）司马衷（本年三十三岁），诬称杨骏谋反，深夜写下诏书：宣布首都洛阳城内外，全部戒严。派人把诏书送给杨骏，撤销他所有官职，而仍保留临晋侯的爵位，返回私宅。一面下令东安公司马繇，率金殿禁卫军四百人，向杨骏发动攻击。任命淮南国（安徽寿县）郡长（相）刘颂当国务院法务部长（三公尚书），率军保护金殿。散骑侍从官（散骑常侍）段广（杨骏外甥），跪在皇帝司马衷面前，求情说："杨骏孤孤单单，一个老翁，而又没有儿子，岂有谋反之理？但愿陛下深思！"司马衷不作回答。

当时，杨骏住曹爽的故宅，得到皇宫发生变化消息，紧急召集文武官员会议，太傅府主任秘书（太傅主簿）朱振劝杨骏说："皇宫突然有军事行动，目标是谁，不问可知。定是一些宦官小人之辈，替皇后（贾南风）设计阴谋，对你不利。你最好纵火焚烧云龙门（皇宫南门），用火势威胁，要他们交出主谋。再打开万春门（皇宫东门），率领东宫（太子宫）卫士及驻防城外的警备部队，拥护皇太子（司马遹）进宫，搜捕奸党，宫内震动恐惧，一定斩杀主谋，送出人头。不这样的话，无法逃出此难。"杨骏胆小懦弱，不能立即决定，推托说："云龙门，是曹叡（曹魏帝国二任帝）建造的，富丽堂皇，花了不少功夫不少钱，怎么能烧掉它！"高级咨询官（侍中）傅祗知道杨骏不能成事，立即报告杨骏，请准许他跟国务院执行官（尚书）武茂，一同进宫观察形势，遂对在座官员说："皇宫不该成为没有人的真空！"作揖行礼，走下台阶。大家一看大势已去，也跟着走出来。只武茂还呆坐在那里，傅祗回头叫他："你难道不是天子的臣属？如今，宫内宫外，受到隔绝，不知道皇上在什么地方，你怎么心安理得，坐着不动？"武茂蓦地一惊，才一跳而起。

杨骏住在曹爽的旧宅，事隔四十三年，历史重演。当年，桓范叹息曹爽兄弟是一群猪猡（参考249年正月）。想不到杨骏兄弟，也是一群猪猡；而猪不安于猪，却要"猪扮老虎"，徒供老虎吞食，牵累多少无辜。既可哀，又可恨。

《徙戎论》

太子宫图书管理官（太子洗马）陈留郡（河南开封东）人江统，认为蛮族扰乱中国，应该早日断绝根源，把他们从内地迁出。遂撰写《徙戎论》，向政府提出警告，但没有下文。

江统的《徙戎论》，是历史上考虑最周密、计划最详尽，又最切实可行的一项伟大方案。晋王朝政府如果能够执行，将呈现划时代的民族大迁移的景观。以当时种种条件，一定可以完成。可是，晋政府的权力，这时握在以皇后贾南风为首的贾家班之手，贾南风不过一个泼妇，贾谧和郭彰，更是纨绔少年，三个目光如豆的颟顸男女，只知道享受荣华富贵，连他们屁股底下坐的是一个火药库都不知道，又焉能知道国家百年大计。然而，也只有这时候才是千年难逢的良机，有力量执行这项伟大的任务。时机一眨眼便永远消失，过了这个村，便没有这个店。

不过，江统把灾难全部归罪于蛮族，根本没有触及问题核心，只看见疯子杀人，而没有看见是谁把致疯的毒药放到对方碗里，强迫蛮族喝下致疯的毒药，而痛责他们发疯，诟骂他们性情贪婪、凶悍残忍，是把事情本末倒置。恰恰相反，蛮族比汉族朴实得多、纯洁得多，没有暴君暴官“性情贪婪，凶悍残忍”的迫害虐待，蛮族不会武装抗暴。这项虐待不除，纵然把蛮族全体驱逐，留下来的全是“善良”的中华人，难道就可平安无事？暴君和贪官污吏，是中华人没有能力铲除的死结，此结不解，血脉不通。而此结偏偏五千年来都无法解，所以血脉也就五千年来没有几天通过！因而也就灾难不绝，武装抗暴不断。政治行为来自文化规范，舍去在文化上探讨，其他都是枝枝节节，又何况连枝枝节节，也因封建帝王非暴即昏之故，无法实施。

皇后通奸

皇后贾南风，淫荡暴虐的程度，一天比一天升高。跟御医管理官（太医令）程据等通奸，仍不能满足，又把街上年轻人装入竹篓，运进皇宫，享乐取欢；事后，怕他们泄漏机密，都不再送回，而杀人灭口。国务院执行长（尚书仆射）贾模深怕一旦有事，将牵连自己，感到忧惧。高级咨询官（侍中）裴頠（音 wěi【伟】）跟贾模，以及最高监察长（司空）张华，秘密讨论罢黜贾南风，另立淑妃（小老婆群第四级）谢玖（太子司马遹生母）当皇后，但贾模、张华说：“主上（司马衷）自己没有罢黜的意思，我们专断专行，万一主上不同意，我们怎么办？那可是闯下滔天大祸。而且，各亲王的力量十分强大，互相结党，立场不同，一旦有人反对，灾难就要临头。身死国危，对国家毫无裨益。”裴頠说：“你分析得完全正确。问题是，宫里的人（指贾南风），随心所欲，无恶不作，变乱爆发，就在眼前。”张华说：“你们二位，跟皇后都是至亲（贾模是贾南风堂兄，裴頠是贾南风表兄），所作建议，或许能被采纳，最好是不断陈述祸福的契机，盼望她不要犯下太大错误，则天下可能不会大乱，使我们优悠岁月，度过这一辈子，如此而已。”裴頠遂日夜向姨妈郭槐，分析利害，请郭槐转嘱女儿贾南风，叫她好好对待太子司马遹。贾模也经常向贾南风进言，谈论做人做事的道理，劝她克制自己。贾南风对这些意见，全听不进去，反而认为贾模吃里扒外，对她诽谤，因而跟贾模开始疏远。贾模不能完成志愿，忧虑恚恨而死。

世界上最大的危险行为之一，就是皇后跟人通奸，贾南风之平安无事，原因很简单，丈夫皇帝司马衷是个白痴，而权柄又握在她自己之手。她如果是皇帝，解决床上问题，易如反掌，偏偏她是皇后，就得稍费周章。首都洛阳一带，年轻人遂一个接连一个，不断失踪，就好像被地球吞没，没有留下可以寻觅的线索。于是有一天，洛阳南区警察局（尉部）的一个小职员，在一连十几天音信全无之后，突然现身。可是，他却完全变了模样，衣裳华丽，举止阔绰。而就在这个时候，贾南风的一位远亲，被贼偷了一批金银财宝，向警察局报案。警察局逮捕这个年轻人，要他说出财富的

来源。

原来，这个年轻人在路上遇见一位老太婆，老太婆声称女儿患病，那是一种鬼神附体的邪症。巫师指点她，只要在南城找到某一类型青年，秘密去她家走一趟，就能把鬼神赶走。年轻人慨然应允，上了一辆密封的轿车，为了避免法术失灵，再把他装进一个竹篓。走了十余华里，轿车停住，他被抬下来，觉得抬过六七道门坎，然后竹篓打开，举目一瞧，亭台楼阁，金碧辉煌，接着洗了一个香喷喷的澡，换上最华贵的衣服，大吃一顿山珍海味，再把他带到一个豪华盖世的房间里。黄昏之后，一位年龄约三十五六岁的中年妇女，身材矮小，皮肤黝黑，眉毛尾端有一颗黑痣，面貌平常，陪他上床。这样过了十余天，又照原路，把他送回。

当贾南风的远亲听到这番口供后，大吃一惊，而且羞愧难当，不敢追究。警察局长也发现他已永远无法破获一连串的失踪奇案。贾南风一向都是用诛杀手段回报那些男士的，但她爱这位年轻人奇紧，所以独独饶他一命，而也正因为如此，使这段宫廷秘闻，泄漏人间。

陆机

八王之乱的 303 年，全国武装部队总司令（太尉）司马乂，陪同晋帝司马衷，在洛阳建春门（东城北门）外，迎战成都兵团统帅陆机。陆机军大败，逃向七里涧（洛阳城东），尸首堆积如山，涧水被阻，不能下流。

最初，宦官孟玖受成都王司马颖的宠爱，打算用他的老爹当邯郸（河北邯郸）县长。右军政官（右司马）陆云，坚决反对，说："当过这样大县县长，就具有宰相府秘书的资格，岂可以用宦官之父？"孟玖心中怀恨。孟玖的老弟孟超，领一万人，担任部队长，还没有跟敌人接触，孟超就放纵他的手下，大肆抢掠。陆机逮捕肇事士卒，孟超得到消息，率强悍骑兵一百余人，一直冲进陆机司令部，把犯人抢走，回头诟骂说："狗蛮子，看你这司令官能干几天？"陆机的军政官（司马）吴郡（江苏苏州）人孙拯，劝陆机诛杀孟超，陆机不能接受。孟超遂向大家宣布："陆机就要叛变。"又写信给他老哥孟玖，指控陆机脚踏两条船，观望风向，所以无法迅速取得胜利。建春门会战时，孟超不接受陆机命令，轻率地单独前进，兵败身死。孟玖疑心陆机杀害，遂在司马颖面前诬陷。司马颖大发雷霆，命牵秀率军逮捕陆机。军事参议官（参军事）王彰劝阻说："今天的事，强弱相差太大，连傻子都知道我们一定胜利，何况陆机通晓事理？可是，陆机是南方人，殿下突然把他擢升到统帅高位，北方旧有将领，由嫉妒而生怨恨，都不肯服从，不过如此而已。"司马颖不理。

陆机听到牵秀率军抵达，脱下军服，戴上素色白帽，接见牵秀，写信向司马颖告辞，一切完毕后，叹息说："华亭（上海松江西）白鹤叫声，会不会再听到？"牵秀遂斩陆机（年四十三岁）。

陆机既陷入鲨鱼之口，纵有天大本领，也难逃生，孙拯身受苦刑，而仍不屈，只为了证明别人的清白；费慈和宰意面对白刃，坚持立场，只不过为别人申冤。他们最后终于全被屠杀，但忠烈正直的行为，震撼史册。

使人痛心的正是这种忠烈正直，它永远是暴行之下的产物。几乎每一个忠烈正直的中华人，遭遇都要如此坎坷悲惨，原因何在？一个社会，忠烈正直所付出的血

肉模糊代价，会使这个社会再没有人去追求是非善恶，强梁就成了公理。暴君诬杀忠良，暴官诬杀无辜，暴政诬杀异己，不仅摧毁法律，而且摧毁道德。道德瓦解后造成的森林性的生存律，将把全民驱入禽兽世界。任何一个诬陷事件中，唯一的获益者是鲨鱼，他们自有能力把掌握权力资源的头目，玩弄于股掌之上。当司马颖正有点后悔不该大肆诛杀时，看见孙拯自动招认和坦承不讳的口供，对巨鲨孟玖感谢说："要不是你忠心，追究不出来邪恶勾当。"当初嬴胡亥也曾这么感谢过赵高。千载之下，我们似乎仍可听到鲨鱼心里的喊声："你这个猪！"

冤狱，不纯是政治问题，症结埋在我们传统社会的深处。

李毅死有余辜

晋帝国宁州（云南），连年饥馑，瘟疫流行，死亡以十万为单位计算，五苓蛮族部落酋长于陵丞势力日益强盛，州政府屡战屡败，官员人民，很多逃亡到交州（越南共和国北部），蛮族遂包围州政府所在地（滇池县，云南晋宁北晋城镇）。宁州州长（刺史）李毅患病，而外援断绝，上书说："我不能阻止贼寇的暴虐，坐等毙命，如果不能蒙受怜悯，请求派遣大员莅临，乘我一息尚存，把我斩首。如果我已死亡，尸首仍在，请求斩尸。"中央政府正陷混乱，没有答复。这样拖了好几年，他的儿子李钊，从洛阳前往探望老爹，走到中途，李毅已经逝世。李毅的女儿李秀，聪明通达，有老爹风范。大家推举李秀主持宁州州政府。李秀奖励将士，坚守城池，城中粮食吃完，人民捕捉老鼠烤熟，或挖掘野草，用来充饥。趁变民稍微懈怠，李秀率军出城，击破围城军。

五苓蛮族部落之叛，叛于李毅之背信食言（参考 303 年闰十二月）。官场人物狡猾成性，认为背信食言算不了什么；蛮族朴实，对堂堂国家高官竟毁掉自己承诺，认为应予处罚。一个人的罪恶，引起人民以十万为单位的悲惨遭遇，李毅死有余辜。

王澄

307年，晋帝国政府任命国务院右执行长（尚书右仆射）和郁，当征北将军，镇守邺城（河北临漳西南邺镇）。任命王衍当宰相（司徒）。王衍说服太傅（上三公之二）司马越："全国混乱，必须依靠方面大员，最好是选择文武全才的人员担任。"遂任命王衍的老弟王澄，当荆州（湖北）军区司令长官（荆州都督）；堂弟王敦，当青州（山东北部）州长（刺史）；王衍告诉二人说："荆州有长江、汉水的屏障，青州有大海的险阻，你们二人在外，我在中央，狡兔三个洞穴，而今具备。"

王澄前往司令部所在（襄阳，湖北襄阳）就职，任命郭舒当总务官（别驾），交给他全权。王澄却日夜酗酒，从不过问军政业务，虽然变民贼寇不断崛起，情势日渐紧急，王澄全不放到心上。郭舒常恳切规劝，认为应该爱护人民，建立战斗部队，保护州界，王澄不理。

王澄所以对战乱日逼而不在意，并不是他不怕死，也不是他有奇计良方，而是他认为自然会有人为他洒热血、抛头颅，保护他的安全。这类人物一厢情愿的思考结论是："自然会有人！"永远想不到："自然不会有人！"所以才出现颟顸的场面。

开头就烂

309年，东海王司马越派平东将军王秉，率武装部队三千人，闯入皇宫，就在晋帝司马炽面前，逮捕缪播、何绥等，交付司法部（廷尉）审讯，全部处死。司马炽只有叹息流泪而已。

何绥，是何曾的孙儿（何曾奢侈，参考278年12月）。最初，何曾参加一任帝（武帝）司马炎的宴会，回家后，对他的儿子们说："主上（司马炎）开创王朝，建立大业。可是，我每次参加御前宴会，从来没有听见有人谈论国家大计方针，而只说些日常生活的小事小节，不是替子孙谋求太平的方法。看情形这一代还没有关系，下一代恐怕就要发生问题。"指着孙儿们说："你们一定会受到苦难。"等到何绥处死，他老哥何嵩大哭说："祖父莫非是圣人！"何曾，每天仅伙食费用就要一万钱，仍抱怨连值得下筷子的菜都没有。儿子何劭，较老爹更加倍奢侈，每天伙食费用二万钱。何绥，以及老弟何机、何羡，尤其浪费，给人写信，态度傲慢。河内郡（河南沁阳）人王尼，曾看到何绥写的信，对人说："何绥身居乱世，而竟骄傲到如此程度，怎么能逃脱毒手？"朋友说："何绥听到你对他批评，定会害你。"王尼说："何绥听到我这段批评时，他已经死了。"四世纪头十年，何家全被杀光。

任何一个王朝的建立，初期掌权的官员，大多数都会是一代英雄豪杰；只晋王朝例外，满朝文武，不过一群阴险卑鄙的官场毛虫，在形势的推动下，各据要津。他们的言论行为，《通鉴》记载得至为明白。何曾，只是其中之一，并不特别突出，如果说他以奢侈傲慢闻名于世，晋王朝初期，谁不奢侈？谁不傲慢？

何曾对时政的批评，不过普通常识。假如他确是真知灼见，自会稍微收敛。司马光责备他不当面规劝君王，却在背后议论。咦，他如果不混世而去直言，岂能登上高位？既登上高位，又怎能苛求他不继续混世？必须软骨头才可以通过鼠洞，通过之后，骨头又怎能硬得起来？

司马家族白痴遗传

晋帝国东海王（孝献王）司马越，既跟青州（山东北部）州长（刺史）苟晞结怨（参考307年12月），首都洛阳市长（河南尹）潘滔、国务院执行官（尚书）刘望等，更从中谗言陷害，苟晞忿恨恚怒，一时爆发，上书晋帝（五任怀帝）司马炽，要求交出潘滔人头。公开声明说：“司马越当宰相，偏私不公，使天下大乱，我苟晞怎么能接受这种不仁不义的人驱使！”于是向各州发布文告，宣扬自己的功劳，指控司马越的罪行。

司马炽也厌恶司马越的蛮横专权，处处违背旨意。而留守京师（首都洛阳）的东海兵团将领何伦等，更行为凶暴，抢夺三公部长们的家产，奸淫侮辱皇帝的姐妹女儿。司马炽下密诏给苟晞，命苟晞讨伐司马越。苟晞跟皇帝之间，使节不断来往，引起司马越的疑心，派出巡逻队在洛阳、成皋（河南荥阳西北汜水镇）之间，盘查行旅，果然捕获苟晞的使节，搜出皇帝密诏。司马越怒火如烧，下令讨伐苟晞。苟晞派骑兵部队突入京师（首都洛阳），搜捕潘滔，潘滔乘夜逃走，得免一死。骑兵部队遂生擒国务院执行官（尚书）刘曾、高级咨询官（侍中）程延，斩首。司马越焦虑加上愤怒，患病卧床，在项县（河南沈丘）逝世（司马越是“八王之乱”第八王，自306年8月至311年3月，当权四年八个月）。大本营封锁死讯，不对外发布。

晋王朝是一个充满了神秘宝藏的史料库，留待史学家发掘。最有趣的一件事是，姓司马的皇帝和姓司马的亲王，大多数都智商不足，二任帝司马衷不过是个会走路的马铃薯，在君主立宪国家中，是位最好的君王，可惜他生在君主专制时代，事事必须亲自裁决。三任帝司马伦跟成都王司马颖，史书已指明“不慧”，不当权时，不过一个糊糊涂涂的荷花大少，一旦当权，便惹祸生灾。被称为一代豪杰的河间王司马颙，竟诛杀张方，用以证明自己的愚不可及，但还可以把他跟东海王司马越，同归一类。至于十六任帝司马德宗，比司马衷还糟，连衣服都不会穿，连吃饭都不知道饥饱。

我们怀疑司马家族的血液中，可能有痴呆性的遗传基因，国家落到白痴之手，人民就要付出代价。

王衍

311年，汉赵帝国（首都平阳）镇东大将军石勒，亲率轻装备骑兵，追击晋帝国（首都洛阳）护送司马越灵柩的庞大兵团，追到苦县（河南鹿邑）宁平城（河南郸城东宁平镇），终于追到。石勒发动攻击，晋军大败，十余万人，号叫奔跑，冲不出重围，只好互相残踏，尸首堆积如山。晋帝国最后一支最强大的主力部队，霎时瓦解，不是被杀，就是被俘，没有一人逃脱。

石勒生擒晋帝国全国武装部队总司令（太尉）王衍、襄阳王司马范、任城王司马济、武陵王司马澹、西河王司马喜、梁王司马禧、齐王司马超，以及国务院文官部长（吏部尚书）刘望、司法部长（廷尉）诸葛铨、豫州（河南东部）州长（刺史）刘乔、太傅府秘书长（太傅长史）庾敳（音 ái【皑】）等。石勒命他们坐在大营的帐幕之下，询问晋帝国所以弄到这种地步的缘故和往事。王衍详尽地报告灾难的来龙去脉，分析其中原因，强调身不由己；并且声称，他自幼就无心做官，从不过问国家大事。乘机建议石勒早日顺应天命，登上皇帝宝座。希望借着这项谄媚，使自己能逃一死。石勒说："阁下年轻时，就进入政府，盛名传播四海，身居国家高官，担负重大责任，怎能说你从小就没有做官的心意？摧毁晋帝国，使天下残破，不是你是谁？"命左右侍卫，押解他们出去。大家恐惧死亡，纷纷陈述自己清白，跟当权派无关。深夜，石勒命人推倒屋墙，全部压死。石勒命劈开司马越的棺材，拖出尸首，纵火焚化，说："扰乱天下的，就是这个家伙。我代替天下人报仇，烧毁他的骨骸，昭告天地！"

王衍将死之前，在囚室之中，曾向那些身价高贵的难友叹息，说："我们虽然不如古人，可是，如果过去不崇尚浮华虚无，而尽心尽力辅佐皇家，治理天下，至少不会落到今天这种下场。"人之将死，其言也哀。为什么哀？因为人之将死，已没有必要躲闪逼面而来的残酷事实，所以说的往往都是真实话。世界上只有真实话，才感人至深。然而，人总是到了后悔已来不及的时候，才会后悔，又岂止王衍一人而已。

裴妃

苦县战役后，何伦等从洛阳逃到洧仓（洧，音 wěi【伟】。河南鄢陵），跟石勒的大军相遇，自不堪石勒一击。战败之后，军队四散。司马越的世子司马毗，以及司马皇族四十八个亲王，全被石勒俘掳。何伦逃往下邳郡（江苏睢宁北古邳镇），李恽逃往广宗（河北威县东）。司马越的妻子裴妃，流落民间，被人掳掠贩卖。很久之后，才辗转逃到江南（长江以南）。最初，琅邪王司马睿之能够镇守建业（江苏南京），是裴妃的主意（参考 307 年 7 月），因此司马睿对她心怀感激。裴妃逃到江南后，司马睿特别厚待，并把自己的儿子司马冲，过继到她膝下，作为司马越的后裔，继承东海王的爵位。

当一个中国人，无论被侮辱、被拷打、被诛杀，都没有什么稀奇。然而，一个王妃有裴妃这种遭遇时，即令是在大分裂时代，也不平凡。裴妃，这位高高居于上位的贵妇，突然间沦落成一个女奴，除了被人娱乐蹂躏外，还要被人当作商品卖来卖去，当中曲折，如果有人记载，当字字悲恸。而跟裴妃同一命运的，还有贾南风的女儿临海公主。她在首都洛阳陷落后，也流落民间，被辗转卖到吴兴郡（浙江湖州）钱温家，钱温把她送给女儿，而这位钱小姐认为：这个一口北方口音、无依无靠的弱女，是一株无根的草，打死都没有关系，因而对她百般虐待。我们不知道虐待的细节，只知道史书上记载："甚酷！"这已经够了。临海公主终于逃出魔掌，投奔吴兴郡郡政府。结果是传奇的，琅邪王司马睿下令，钱温和他的女儿，同时绑赴街市，砍下人头。

裴妃和临海公主两位金枝玉叶，总算以喜剧收场，但还有多少金枝玉叶，委顿尘土。野心家挑起大乱时，对别人的痛苦漠不关心。再没有想到这痛苦会反弹到自己和自己亲人头上。司马越如果预见他的妻子被人掠卖，贾南风如果预见女儿被人拷打，可能会减低不少凶性。问题就在于，上帝不允许暴君暴官，有这项智慧，否则，天下就再没有暴君暴官。

不过群猪

晋帝国最高统帅（大将军）苟晞（时驻蒙城【河南商丘】），骄傲奢侈，凶暴残忍，蛮横得不可理喻。前辽西郡（河北卢龙）郡长阎亨，屡次规劝苟晞，苟晞把他诛杀。参谋指挥官（从事中郎）明预（明，姓）在家卧病，马上坐轿晋见进谏。苟晞暴跳如雷说：“我杀阎亨，跟别人什么相干？你却带病进来骂我！”明预说：“阁下对我礼遇，所以我尽心报答。而今，你对我这么愤怒，比起远近对你的愤怒，又算什么？姒履癸（桀）身为天子，还因为骄傲凶暴而灭亡，何况做一个人臣？希望你暂时息怒，思考我的话。”苟晞不理。因此，人心怨恨离散，再加上饥馑、瘟疫。正巧，汉赵帝国镇东大将军石勒，攻陷阳夏（河南太康），乘胜袭击蒙城（河南商丘），生擒苟晞跟豫章王司马端。用铁链拴住苟晞的脖子，命他当左军政官（左司马）。

大分裂时代三百年间，中国一片黑暗，英雄豪杰，寥寥无几，若石勒、苻坚、宇文邕，三四人而已。智囊更少，若张宾、王猛，也不过三四人而已。其他帝王将相，不过群猪罢了。有“蠢猪”焉，司马家一连串帝王及慕容评、穆提婆属之。有“凶猪”焉，苟晞、王濬、苻生、石虎、高洋兄弟属之。有“幸运猪”焉，谢石、谢玄、桓温属之。群猪当权，坐在高位上咻咻然作英明领导状，人民何堪？

王导坚持穷嚼蛆

一些当时知名的流亡人士，集体登上新亭（建业城西南），游乐欢宴，周顗在座，感叹说："南北风景，并没有差别，举目四顾，黄河、长江，却有不同。"大家相对流泪。王导严肃说："我们当同心合力，效忠皇家，克复神州（中原），何至于像一群囚犯，面对面哭泣！"大家拭去眼泪，向他道歉。镇东将军府副军事参议官（镇东行参军）陈郡，写信给王导："中国（中原）所以倾覆，原因在于用人不当，只看对方的知名度，而不看事实是不是相符。奔走竞争，互相推荐；知名度高的先当官，知名度低的后当官。像波浪一样，翻滚而前，终于颓废不可收拾。加上重视老子、庄子学说，造成政治上的困扰，坐在高位上发呆的人，被称赞为有德行有度量；脚踏实地苦干的人，被轻视为平凡庸俗。政府事务，没有人管理，制度法律，全都破坏。要制订远程计划，必须先从近程计划开始。现在，应该彻底改正过去的错误，赏罚必须公开而且公平。效法刘秀（东汉王朝一任帝）当年，擢升退休了的密县（河南密县）县长卓茂；或效法刘病已（西汉王朝十任帝）当年，擢升桐乡（安徽桐城）一个默默无闻的乡村事务官（啬夫）朱邑，然后大业才可建立，中兴才可完成。"王导不能接受。

新亭之会，王导感慨悲壮，正颜厉色，气势凛凛，如同风雨扑面，留下千载佳话。可惜的是，他不过仍在那里再一次地穷嚼蛆而已，当陈郡检讨过去失败的原因，要求彻底改革时，他却不能接受。那就是说，他还要继续穷嚼蛆。

于是，"我们当同心合力，克复神州！"声泪俱下，把胸脯拍得"咚咚"作响。可是，在留下记录，成为佳话之后，事情也就结束。如果当时有人质问：大家仍只在每天穷嚼蛆，没有人认真审判官司，没有人认真征收赋税，没有人认真训练军队，没有人认真推广教育，没有人认真辛苦耕田，又怎么能够"克复神州"？不知道王导如何回答（其实回答在预料之中，那就是恼羞成怒，祭出铁帽）！"心"可能有，"力"在何方？因为"力"是俗事，没有人肯做！

正因为言论和行为，相隔得如此遥远，中国历史上遂留下太多掌权人物们美丽的空话、大话、假话、谎话和义愤填膺的表态话，一方面自欺，一方面也为了欺人。

周玘死不瞑目

晋帝国吴兴郡（浙江湖州）郡长周玘，家族强大，琅邪王司马睿对他不但猜疑，而且畏惧。左右当权分子，又多是丢城失土的逃官败将，现在却高高在上，驱使江东（吴）原居民。江东（吴）原居民，遂由愤懑而怨恨。周玘认为自己并不能充分行使郡长职权，处处受到参谋主任（军谘祭酒）刁协的轻视，深感羞辱，而且越来越痛苦气愤，遂暗中跟他的党羽商议，打算铲除建业（江苏南京）执政的当权官员，改用南方原居民接替。而事情泄漏，周玘忧愤而死。断气时，对他的儿子周勰说："害死我的，是北方伧奴（伧，音 cāng【苍】，粗野卑贱）！你能够报仇，才是我的儿子。"

周玘跟镇东将军府（司马睿兼镇东将军）主任级官员（祭酒）王恢，秘密策动难民首领夏铁叛变，他们承诺起兵响应。可是，当夏铁聚集到数百人时，被临淮郡（江苏盱眙）郡长蔡豹击斩。王恢大为恐惧，抛弃职务，投奔周玘。周玘却把王恢格杀灭口，尸首埋在猪圈之中。琅邪王司马睿得到消息，因畏惧周姓家族的强大势力，不敢公开宣布。只征召周玘当镇东将军府军政官（镇东司马）。周玘走到半途，又改调他当南郡（湖北江陵）郡长。周玘走到芜湖（安徽芜湖），司马睿再下令调他当参谋主任（军谘祭酒）。周玘对这种戏弄性的调遣，既十分愤怒，同时也知道阴谋泄漏，终于发病逝世。

周玘事件不是孤立的，它只是露出水面的冰山，水面之下，隐藏一种巨大的冲突，就是流亡江东（江苏南部太湖流域）的政治垃圾，跟江东原居民之间的冲突——经济上的冲突、政治上的冲突、权力上的冲突，以及地域情绪上的冲突。江东地区跟中原本部，脱离六十年，而回归的日子，不过三十年，向心力还没有稳固，却忽然之间，被认为是征服者的晋王朝政府崩溃，一群丢人现眼、声名狼藉，又没有治事能力的贪官污吏，滚滚而来，盘据要津，骑在原居民头上，敲骨吸髓，发号施令。原居民反应的强烈，自在意中。值得注意的是，这群被

逐出中原的政治垃圾，不但没有能力改正过去的错误，反而继续自以为是，使蛮要狠、态度傲慢。态度傲慢的最大表现，一定是不可理喻，大多数民变和内战，都在这个基础上爆发。

凶猪

晋帝国最高指挥官（大司马）、总司令官（大都督）、幽冀（河北）军区司令长官（都督幽冀诸军事）王濬，老爹王沈（王沈出卖曹魏帝国皇帝曹髦，参考260年5月）的别名称处道。王濬自认为神秘预言书上，有“当涂高”的谶语，正应验在自己身上（神秘预言书固然害人，“当涂高”害人更甚。参考30年正月公孙述事、196年8月袁术事），遂打算自己当皇帝。前勃海郡（河北南皮）郡长刘亮、北海郡（山东昌乐东南）郡长王抟（音 tuán【团】）、最高监察府秘书（司空掾）高柔，恳切劝阻，王濬把他们全部诛杀。燕国（北京）人霍原，清廉而有志节，行为高尚，屡次辞让政府的征召延聘。王濬向他询问关于登极称帝的事，霍原不作回答。王濬大怒，指控霍原跟盗匪勾结，斩霍原，砍下人头示众。无论官员、人民，都惊骇怨恨。

可是王濬毫不在意，并且骄傲豪华，更一天比一天升高。自己不亲自处理日常事务，所任用的全是苛薄伶俐的小人。其中枣嵩（王濬的女婿）、朱硕，尤其贪污横暴。王濬不断地征粮、征税、征兵、征差役，人民没有能力承担，多数背叛，投奔北方的鲜卑各部落。参谋官（从事）韩咸，驻防柳城（辽宁朝阳），极力称赞慕容度能够善待他的人民和知识分子，盼望刺激王濬改变作风，王濬大怒，斩韩咸。

韩咸显然看错了对象，天下只有真正的英雄豪杰，才心胸开阔，接纳良言。像王濬之辈，不过一头凶猪而已，反应必然是恼羞成怒。

民主政治制度虽不能把猪变成英雄，但因为权力受到克制的缘故，却可以使猪只限于“愚”，无法升高到“凶”的层面。不仅能拯救韩咸一命，也能拯救王濬不致落到悲惨的结局。

鲁徽

汉赵帝国平西将军赵染，攻击晋帝国首都长安，进驻新丰（陕西临潼东北）。晋帝国全国武装部队总司令（太尉）索綝，率军抵御。赵染露出对索綝轻视的表情，秘书长（长史）鲁徽说：“晋国（晋帝国）君臣，自己知道衰弱，无法跟我们对抗，一定拼命，不可以瞧不起他们。”赵染说：“像司马模那么强大，我打垮他如同摧枯拉朽。索綝是什么东西，岂能污染我的马蹄刀锋？”第二天清晨，赵染率轻装备骑兵数百人，发动拂晓攻击，说：“等我捉住索綝回来，再吃早饭。”索綝在新丰（陕西临潼东北）城西反击，赵染兵败，后悔说：“我不听鲁徽的话，才弄到这个地步，有什么颜面见他！”下令诛杀鲁徽。鲁徽说：“将军愚昧刚愎，所以失败。不知道检讨自己的错误，反而嫉妒智慧比你高、能力比你强的人，用诛杀忠良，来遮盖自己的羞辱。皇天后土明察，你能死在床上？”

田丰死在袁绍之手（参考 200 年 10 月），而今，鲁徽又死在赵染之手。袁绍虽然受了鲨鱼群的拨弄，但多少还有一阵子清醒，接着才爆发变态的行动。而赵染一开始就羞不可当。英明的领袖，左右坐的多半是智慧比他高、才能比他强的朋友。平庸的领袖，左右站的多半是智慧跟他相等、能力跟他相若的同僚。等而下之的猪领袖，左右跪的多半是智慧比他低、能力比他差的部属。鲁徽平常一定有很多谋略，使赵染自顾形惭，如芒刺在背，鲁徽不死，赵染不安。

我们为鲁徽悲，难道他真的一直没有发现对方的层次太低，为什么不早早摆脱？

淳于伯鲜血逆流

316年，晋帝国丞相司马睿，听到首都长安陷落消息，下令大军北伐，在野外结营，自己穿上盔甲，传令四方各州郡，定期出发。届时，因为粮秣运输超过时间，斩后勤司令（督运令史）淳于伯。行刑后，刽子手把刀在柱子上抹擦，企图拭去血迹时，刀上鲜血忽然顺着柱子上冲，冲出柱梢二丈有余，才坠下地面。围观的人，都认为淳于伯死得冤屈。丞相府执行官（丞相司直）刘隗上书说："淳于伯犯的罪，不至于诛杀，请撤除参谋指挥官（从事中郎）周莛等官职。"于是右将军王导等，上书司马睿，深自责备，请求解除官职。司马睿说："政令刑罚失当，都是我不明事理之故。"一概不加追究。

司马睿一场轰轰烈烈的北伐之役，在借到淳于伯人头之后，不声不响结束。我们不相信淳于伯的血会倒流，而众目睽睽之下，鲜血竟然倒流，说明冤狱之酷，人神同愤。这是一个命中注定的惨剧，即令不斩淳于伯，也要斩另一位将领，否则，大军便不能不发！而司马睿所最恐惧的，正是大军之发。

司马睿借淳于伯的人头，阻挠大军，刘隗更想借淳于伯的人头，打击江东（江苏南部太湖流域）原居民，因周莛正是原居民的领袖人物。在这种心态之上，要求同舟共济，精诚团结，连三岁顽童都骗不住。

借人头不能制造效忠，只能制造仇恨。

靳准

汉赵帝（四任隐帝）刘粲，擢升靳准当最高统帅（大将军），主管政府机要（录尚书事）。刘粲常在后宫游乐欢宴，军事政治等国家大事，全由靳准决定。靳准假传圣旨，任命堂弟靳明当车骑将军，靳康当首都卫戍司令（卫将军）。

328 年，靳准将发动政变，跟最高国务官（金紫光禄大夫）王延商谈，王延拒绝，扭头便走，将向汉赵帝刘粲告发，中途遇到靳康，被绑架回来。靳准遂下令他的军队紧急动员，冲入皇宫，到光极殿，派武装士卒逮捕刘粲，推到面前，一条条数出罪状，立刻诛杀。刘姓皇族，无论男女，不管老少，全体绑赴东城街市，斩首。又挖掘一任帝刘渊及三任帝刘聪坟墓，砍下刘聪人头，焚烧皇家祭庙。（这是一幕可怕的巨变，即令成人应付出代价，孩童何辜？《晋书·刘粲载记》形容当时惨景：“鬼大哭，声闻百里。”）

靳准是中国历史上，最凶悍也最成功的政治鲨鱼之一，他的鲨鱼性格和鲨鱼手段，尽善尽美，造诣之高，使人叹为观止。只端出一副忠贞嘴脸，献出三个美丽女儿，就把刘聪、刘粲父子，戏弄了个够。靳准用主子的手，诛杀拥护主子的忠臣义士，等到主子把自己的忠贞干部铲除干净之后，他只轻轻一击，死主子就被掘坟，活主子就被砍头。

靳准为什么发动这场政变，是一个谜，从他杀人掘墓的行为，可看出他对汉赵帝国刘姓皇族恨入骨髓的程度。不过什么事使他如此恨入骨髓，没有人知道。这个谜底，如果能够揭开，将提供我们更多和更宝贵的启示。

游子远事件

汉赵帝国（首都长安）将领解虎、外籍兵团指挥官（长水校尉）尹车，跟巴西郡（四川阆中）氐民族部落酋长句徐、厍彭（厍，姓。音 shè【射】）等结合，阴谋叛变，事情泄漏。解虎、尹车，全被处死。汉赵帝（五任）刘曜把句徐、厍彭等五十余人，全部诛杀，于是巴西郡（四川阆中）所属氐民族部落，纷起叛变，推举酋长句渠知当领袖，自称大秦王国，改年号平赵（削平汉赵帝国）。四山所有的氐民族、羌民族，以及巴西郡（四川阆中）少数民族部落、羯民族部落，群起响应，人数多达三十余万。关中大乱，城门在白天都紧紧关闭。

因劝阻诛杀，而被囚禁的特级国务官（光禄大夫）游子远，上书提出建议，刘曜把他的奏章撕碎，咆哮说："这个狗娘养的大荔（蛮族一个部落）奴才，不愁自己马上没有命！竟敢再胡说八道，嫌死得太晚是不是？"喝令左右，马上处斩。中山王刘雅等，进言说："游子远被囚禁监狱，大祸难以预测，而仍不忘向陛下进言，忠心至此，已到顶峰。游子远早上死，我们当在晚上死，用以显明陛下的过失。天下人都舍弃陛下，远走高飞，陛下将跟什么人在一起？"刘曜的怒气才稍稍平息，下令把游子远释放。刘曜下诏，将亲自统军讨伐句渠知。游子远说："陛下如果能采纳我的谋略，叛乱可以在一个月内平定，大驾也不必亲征。"刘曜说："不妨说说你有什么办法。"游子远说："句渠知并不是胸怀大志的人，打算称皇称帝，有非分之望。只不过畏惧陛下的刑杀，逃生救命而已。陛下最好是宽宏大量，大赦天下，给他们重新做人的机会。受到前日解虎、尹车牵连，被没收到仆役管训署（奚官）的老少家属，都应释放，使他们互相招引，恢复正常生活。既有生路，有什么理由拒绝归降？"刘曜大为高兴，下诏大赦。任命游子远当车骑大将军。叛变的部落，遂全部归降，虚除权渠也请求归降。

从上古到二十世纪，中国几乎全是武力夺取政权。儒家学派的历史学家，更一向认为武力夺取的政权，才神圣合法。五千年来政权的转移方法，不外两种：一是不流血手段，一是杀人如麻。对于和平转移，儒家学派斥之为"篡夺"；对于武力夺取的政权，则歌颂它"得国最正"。这种现象是可悲的，但在西方民主政治制度

输入中国之前的漫长岁月中，却始终如此。

问题在于武力夺取的政权，当然在玩枪杆的人控制之下，而军事和政治，迥然不同。韦尔斯评论德意志帝国皇帝威廉二世的时候，说过一句话：“政治是太复杂了，不是一个军人所能了解。”偏偏靠枪杆起家的领袖，习惯于枪杆万能，对于任何反抗势力，只知道镇压，不知道化解，而且即令知道化解，也不知道病根何在。他们只看到人民反抗，而看不到人民反抗的原因。于是儒家学派史学家替君王指出原因，认为是一小撮刁民叛徒不安分的缘故。暴君有了这项理论根据，就更凶不可当。

我们可在刘曜身上，看到项羽的阴魂，他把政治问题，当作军事问题，所以除了暴力镇压外，想不出第二个解决方法。而刘曜的运气比项羽好，刘曜遇到一位忠心耿耿而又智勇双全的游子远。不过从游子远在生死边缘折腾这件事看，使人接受一种新的观念，是多么艰难。

司马睿斩蔡豹

晋帝国徐州州长（刺史）蔡豹（时驻下邳），自被徐龛击败，准备返回首都建康（江苏南京）请罪；北翼警卫指挥官（北中郎将）王舒，阻止他不准前进。晋帝司马睿得到蔡豹撤退消息，派使节前往逮捕。王舒遂乘夜把蔡豹军包围，蔡豹误以为是敌人突袭，率部众反击，后来弄明白真相，听说是诏书命令，才停止行动。王舒把蔡豹押解到京师（首都建康），司马睿遂斩蔡豹（年五十二岁）。

蔡豹当徐州州长（刺史）时，对内抚慰将士，对外号召部众，远近敬重。以这样一位官员，而竟被绑赴刑场斩首，依史书上所呈现的数据，可以肯定又是一场冤狱。如果说因为他曾攻击政府军，罪不可恕，但那是一次误会，在澄清误会后，立刻服从。而且，司马睿一听说蔡豹战败，不分青红皂白，便立即下令逮捕！晋帝国自开国以来，临阵脱逃，全军覆没，丢城失土的将军，多如驴毛，有谁受过诛杀？蔡豹不过一败之罪，何至严厉至此！

观察司马睿反应的迅速，可以察觉到他的那种迫不及待的复仇心情：“这一次你的小辫子可算抓到我手！”现有史料虽不能解答这场冤狱的原因，但已足够显示它是冤狱，凶手就是司马睿。

“妖言”“忠言”

前凉王国（首都姑臧【甘肃武威】）首领（一任成王）、西平公张茂，兴建灵钧台，仅地基就高达七十二尺。武陵郡（湖南常德）人阎曾，深夜敲公府的大门，喊叫说：“武公（张茂的老爹张轨）派我来问你：‘为什么劳动民众，去筑高台！’”有关单位认为这是妖言，请斩阎曾，张茂说：“我诚然劳动民众，阎曾说是老爹吩咐，向我规劝，怎么能叫妖言！”下令停止兴建。

“妖言”“忠言”，只看从哪个角度了解，用哪种心理评估。专制封建社会上，无法诉诸公道，完全由一个人或一小圈人决定。假如他们有私人恩怨，假如他们的层次太低，“是”和“非”就恰恰相反，“妖言”会成为“忠言”，“忠言”也会成为“妖言”。大分裂时代中这种恰恰相反的现象，尤其严重，但也正因为严重，才造成大分裂时代。

周颢招祸

晋帝国最高统帅（大将军）王敦起兵进攻首都（建康，江苏南京）。最高监察长（司空）王导，率领他的堂弟、中央禁军总监（中领军）王邃、首都东区卫戍司令（左卫将军）王度、高级咨询官（侍中）王侃、王彬，以及王姓家属二十余人，每天清早，到宫门外等候降罪。国务院执行长（仆射）周颢（音 yǐ【倚】）进宫，王导向他呼救："伯仁（周颢别名），一家大小，一百余口老幼男女的性命，交到你手！"周颢连一眼都不看，一直进宫；晋见司马睿后，竭力保证王导忠诚，营救保护，十分恳切，司马睿听信。周颢喜爱饮酒，于是，喝了个酩酊大醉，才拜辞出宫。王导仍在宫门，再度求他救命。周颢不但不理，反而对他的左右侍从们说："今年要诛杀那些乱臣贼子，换取斗大的黄金印，挂在手肘后头！"回到家里，又上书竭力说明王导无罪，言辞恳切。但王导并不知内情，对周颢痛恨入骨。王敦攻占首都后，从容问王导说："周颢拥有很高声望，请他们当宰相级官员（三司），应该可以胜任。"王导不回答。王敦又问："如果不给他们宰相级官位（三司），难道只能当国务院总理（令）或执行长（仆）？"王导又不回答。王敦说："如果不这样，只有诛杀。"王导仍不回答。王敦遂下令斩周颢。

对人有再造之恩，固不可以表功需索，但也不可以羞辱戏弄。如果说恐怕刘隗、刁协之辈，得到消息，从中破坏，则血淋淋地诟骂，并不必要。假如王导发现面临绝境，全家男女老幼一百余口，同时服毒自尽，岂不违反周颢本意？

王允之呕吐故事

王敦的堂侄王允之，十岁左右，王敦爱他聪明机警，总是带在身边。王敦常常彻夜欢宴。有一天，王敦又在深夜饮酒，王允之不胜酒力，先到帐中睡觉。王敦跟智囊钱凤，在灯下磋商叛变事宜，王允之完全听见，立刻警觉到大祸临头，就在床上呕吐狼藉，衣服上、脸上，全污秽不堪。钱凤告辞后，王敦忽然想起帐中有人，急举灯来看，发现王允之呕吐得满床都是，深信确实大醉，不再起疑。正巧，王允之的老爹王舒，升任司法部长（廷尉），王允之要求看望老爹，王敦送他回京（首都建康），王允之遂把王敦、钱凤的阴谋，告诉王舒。王舒和王导共同奏报皇帝司马绍，暗中戒备。

王允之小子这桩传奇的遭遇，在历史上留下佳话。然而，我们怀疑它的真实性。一个十岁左右的顽皮娃儿，不过小学四年级程度，即令他再聪明伶俐，也不可能了解两个大人的谋反谈话。因为任何谋反言辞，都不会出现赤裸裸的谋反字汇，出现的全是义愤填膺的控诉，王允之小子如何判断分辨？即令可以判断分辨，他又怎么会想到危险？王敦如果当了皇帝，王允之就是亲王，他如果想不到他的前途如锦，也就想不到亲爱的叔父大人会杀他灭口。这不是一个十岁乳臭未干的孩子所能了解的层面。

即令王允之小子聪明早熟，他又怎么能够呕吐得出来？而又呕吐得那么多，多到衣服上、脸上，一团肮脏？王敦和钱凤秘密磋商的声音，小子都听得很清楚，而呕吐的声音，王钱二位，岂没有发觉？何至后来才恍然惊悟。最可疑的是，皇帝司马绍在听到王导等的报告后，才暗中戒备。好像是如果没有小子通风报信，就没有戒备似的。难道司马绍从不知道王敦的危险性？事实上就在不久之前，他还任命郗鉴当兖州州长（刺史），目的就是对付王敦。

我们觉得根本没有王允之小子呕吐这一回事，从头到尾是一场骗局。王导和王舒在小子回京（首都建康）之后，教导小家伙一番说词，用来向皇家展示忠心。王

敦如果成功，他们有享不尽的荣华富贵，这件事就不会再提，反正奏报是秘密性质，了无痕迹可寻。而王敦万一失败，先布一个棋子安置在要害之处，不但可以免祸，还可以嚷嚷得天下皆知，忠肝义胆，照耀千秋。说来说去，官场上混世政客的小动作、小布局而已。

和稀泥

陶侃、温峤起兵讨伐苏峻时，号召各地方政府各军区（征镇），各率军入援京师（首都建康）。湘州（湖南）州长（刺史）益阳侯卞敦，却按兵不动，而又不供应勤王军给养，仅只派一位大营指挥官（督护），率数百人随从大军行动而已。政府和民间，对卞敦这种表现，大为惊骇叹息。等到苏峻之乱平定，陶侃弹劾卞敦阻挠军事行动，观望胜败，不赴国难，请用囚车押解京师（首都建康），交付司法部（廷尉）审判。王导却认为大乱之后，对有罪的人，应宽大处理，遂调卞敦当安南将军、广州（广东及广西）州长（刺史）。卞敦宣称有病，不去到任。于是召回中央，当特级国务官（光禄大夫），兼宫廷供应部长（少府）。卞敦忧愁羞愧，逝世。政府恢复他原来的官位，追加散骑侍从官（散骑常侍）。

司马光曰："卞敦位居封疆大吏，兵力和粮秣都十分充足，可是面对国家覆亡，却端坐在一旁，观看成败。人臣的罪恶，没有比此更为严重。结果既不能明确公正地用刑罚制裁，反而更赐给他高官贵爵荣耀，作为回报。晋帝国政府纲纪混乱，可想而知。负这个责任的，岂不是王导！"

中国官场文化中，王导先生属于和稀泥型。这一型官员，谈起话来满腹经纶，头头是道；而且除了贪赃卖法外，其他严重的缺点不多。最大的特征是喜爱"与人为善"，像一个云游四方、乞讨为生的托钵和尚，广结善缘，当赞扬别人对自己有利时，一定赞扬别人，当帮助别人对自己有利时，一定帮助别人。唯一的目的是希望不得罪人，永保自己的荣华富贵。于是，忠于君王对自己有利时，他忠于君；忠于奸臣对自己有利时，他忠于臣。最后，大家都说他是个"好人"。

问题在于，说他是"好人"的"大家"，并不是小民，而只是官场里打滚的一撮政客。小民的哭泣和愤怒，他听不到，船舵和桨楫损毁折断，他也看不见。他从不解决问题，而只会把问题用纸包住。尤其恐惧任何改革，一则是不愿放弃既得利益，一则是唯恐怕财团地主不高兴。于是，善良的人被压榨，正直有作为的人被排斥，恶棍所向无阻。是非黑白，全部颠倒。司马光直率地指出王导是晋帝国纲纪混乱之源，事实上，这种混世的"好人"，也是中国五千年来纲纪混乱之源。

陶侃跳起来

晋帝国（首都建康【江苏南京】）江州（江西及福建）州长（刺史）刘胤傲慢自大，专心经营私人商贩，累积财富有百万之多，纵情享乐，不顾政事。329年，兵变。变军首领郭默把刘胤的人头，送到首都建康。宰相（司徒）王导认为郭默骁勇善战，难以控制。于是大赦，把刘胤人头悬挂朱雀桥示众，任命郭默当江州州长（刺史）。全国武装部队总司令（太尉）陶侃（时驻巴陵【湖南岳阳】）听到消息，跳起来咆哮说："其中一定有诈。"下令动员讨伐。正巧，郭默派使节呈献美女及绸缎，并抄写皇帝任命他当江州州长（刺史）的诏书，呈给陶侃。参谋官及幕僚，都劝陶侃说："郭默如果不奉诏书，怎么敢做出这种事。一定要进军的话，也应先行呈报批准。"陶侃厉声说："皇上（司马衍）年纪还小，诏书不由他亲自做主。刘胤受到政府尊重，虽然不是封疆大吏的材料，但也何至于动用极刑？郭默仗恃他的勇猛，所到地方，贪污残暴。认为大乱刚刚平息（指苏峻之乱），法律纲纪十分疏阔，才利用这个机会，翻云覆雨！"派使节前往京师（首都建康），奏明出军情形，并写信给王导说："郭默杀州长就叫他当州长，难道杀宰相就叫他当宰相？"王导这才命人把悬挂在朱雀桥上示众的刘胤人头取下，回答陶侃说："郭默盘据长江上游，不得不隐忍包容，为的是争取时间，使政府得以秘密集结部队。等你的大军到达之时，中央大军自会会师。岂不是克制自己，保全大局之策！"陶侃笑说："其实，这正是姑息养奸。"

陶侃被推举领导西方勤王军时，最初是不肯，继之是准备抽出军队；在势阻粮缺，成败关头，他甚至威胁要打道回府。君王的安危固不当一件事，国家的治乱更置诸脑后。可是一听说刘胤丧生，反应之速，前后判若两人。只因如果不予郭默严惩，刘胤的遭遇，就可能发生在他身上。说来说去，只是绕着切身利害打转。陶侃是一代名臣，历史上留下不少佳话，尚且如此，其他角色，更可想而知。人才决定国运，晋帝国之凋谢，原因在此。

巨混之一

晋帝国（首都建康【江苏南京】）丞相王导，性情宽厚，所信任的将领赵胤、贾宁，多半不遵守国家法令，政府高级官员深感忧虑。最高监察长（司空）庾亮写信给武装部队总司令（太尉）郗鉴说：“主上（司马衍）自从八九岁起，入宫则生活在宫女宦官群中，出宫则只看到武官和一些小人物。读书时没有人教他们如何发言，如何断句；治理国家时，也没有遇到有见识有才干的正人君子。嬴政（秦王朝一任帝）打算使他的人民愚昧无知，天下人都认为不可以，何况有人打算使他的君王愚昧无知？而今，皇上的年龄逐渐长大，应该把政权交还。偏偏有人不但不肯交还政权，反而利用刚刚当上的太傅（上三公之二）的尊位，豢养大批流氓无赖。阁下跟我二人，同时受托孤重任，面对大奸大恶，不能扫除，将有什么面目见先帝（八任帝司马绍）于地下？”打算跟郗鉴联合起兵，罢黜王导。郗鉴不同意，只好作罢。

王导是历史上最成功的官场巨混之一，在攫取自己利益的私欲中，坚持使用亡国的方法治国。他追求的只是表面安定，对内脏的溃烂，视若无睹，因为他就是使内脏溃烂的主凶。他反对改革，并且用儒家恐惧改革的心理，对所有的事都大和稀泥。

庾亮因为年纪太轻，更事太少，所以闯下苏峻反弹的大祸，这使他的判断及能力无法受到尊重，因之也无法掀起反王导的政变。当人们习惯于和稀泥的政治运转方式时，就找不到国家衰弱的第一因，所以对王导一直保持敬意。庾亮的计划如果实施，早早把王导逐出政府，励精图治，晋帝国可能复兴，人民痛苦可能减少。可惜，庾亮不是适当的人选。

山遐

殷浩是晋帝国著名隐士，受全国官民的尊敬，他的老爹殷羡，当长沙郡（湖南长沙）郡长（相），贪赃枉法，凶暴残忍。立法院总立法长（中书监）庾冰，写信给荆州（州政府设武昌）州长庾翼，请庾翼照顾殷羡。庾翼回信说："殷羡骄傲蛮横，大概他觉得有一个好儿子可以仗恃，我也因此劝告大家，对他稍稍宽大容忍。观察帝国政治，财大势大的官宦豪门，常是人民的祸害。有时执行法律，只敢制裁无钱无权的贫寒之家。像前些时石头（建康城西北）仓库的食米，被盗卖一百万斛，明明是一批强悍的将领干的勾当，却不敢追查，结果仅把仓库主任斩首，搪塞责任。山遐当余姚（浙江余姚）县长时，向二千户官宦豪门之家，追缴所欠国家的捐税，有权势的人联合起来，把他赶走，使山遐连睡觉都不能安枕。虽然是前任宰相（王导）昏庸荒谬，然而，帝国大势已去，不能复兴，实由于此。我们兄弟，不幸陷在这种漩涡之中，无法跳出流行的风气之外。应用冠冕堂皇的手段，治理帝国。荆州（湖北与湖南）共辖二十余郡，只有长沙郡政绩最是恶劣，面对罪恶而不罢黜，跟只杀仓库主任，有什么分别？"山遐，是山简的儿子（参考312年4月）。

从庾翼这封短笺，可看出晋帝国的全貌：文官贪污，武官横暴，人民有苦无处申诉，跟石虎统治之下的后赵帝国，没有分别。王导小有才气，应付官场，谋求私人利益，是一个顶尖高手；面对国家和水深火热中的小民，他已没有余力关心。不过，历史书上对他却留下不少好评，原因何在？似乎很简单，历史是由知识分子动笔记载的，而当时的知识分子一旦当了官，立刻就凶狠贪污，用小民卖儿卖女的钱，过豪华生活。饮水思源，想到全是王导的好处，自然笔下生花。至于山遐之类，为小民利益奋斗，小民既不识字，又没有力量，纵有千万歌颂感谢，又有谁知道？

慕容翰

慕容翰在攻击宇文部落战役中，被流箭射中，卧床养伤，很长一段时间，不能起身。后来伤势好转，在家中庭院，试着骑马。于是有人向前燕王（一任文明帝）慕容皝打小报告，说慕容翰私自练习骑马，可能发动政变。慕容皝虽然利用慕容翰的英勇和谋略，然而心里却对慕容翰一直十分忌惮，遂令慕容翰自杀。慕容翰说："我身负重罪，出奔逃命（参考 333 年 10 月），不久又被接回（参考 340 年正月），今天才死，已经太晚。然而，羯蛮盗贼（后赵帝国），横跨中原，我不自量，打算为国家效力，统一中原，这个志向不能完成，空留余恨，只能归诸天命如此。"服下毒药而死。

慕容翰一代英雄，却陷于悲剧。当慕容皝初登宝座时，明知不相容，为了保命，不得不逃，但仍心怀祖国，阻止段兰大军进击，此志此情，上感苍天。可是段家部落覆亡，宇文部落狂虐，虽然想当一介平民，而不可得，终于仍回到当初所恐惧的环境，在迭建大功之后，还是死于慕容皝之手。

最大的悲剧是命运的悲剧，慕容翰的智勇可以旋乾转坤，却无法消除慕容皝丧失宝座的恐惧。慕容皝固然无一可取，但专制政治是制造悲惨历史的能源，使人民水深火热，无法自救，使英雄泪流满面，死不瞑目。

“犯兽”

后赵天王（三任武帝）石虎，喜欢打猎，到了晚年，身体发胖，体重增加，无法跨上马背；于是，特别制造猎车一千辆，定期集合出发。北自灵昌津（河南卫辉东古黄河渡口），南到荥阳（河南荥阳），东到阳都（山东沂南南），划作皇家狩猎区（从荥阳到阳都，航空距离四百五十公里，这可是人类有史以来最大的人工猎场，而且正位于中国人口最稠密的精华地带）。派监察官（御史）负责安全工作，皇家狩猎区饲养的野兽，跟皇家官员一样尊贵，人民有冒犯野兽，情节重大时，可能判处死刑。民间有美女，或健壮的牛马，监察官（御史）想夺取便夺取，胆敢拒绝，立刻就被指控“犯兽”——犯了冒犯野兽之罪。因此被诛杀的，前后有一百余人。

“犯兽”竟然成为一种罪行，真是石虎一项伟大发明。不过，事实上，每个朝代都有特定的兽，拦路蹲在那里，像一具神像，至为庄严肃穆。人民最大的任务是向它叩头膜拜，嘶喊万岁。如果一不小心，碰了它一下，或者家有美女牛马，奇异珍宝，而被诬指碰了它一下，灾难可是急如闪电。

帝王、礼教、军阀，就是古代的兽，被犯后所爆发的杀伤力十分可怕。“江山代有野兽出，各蹲路口数十年。”什么时候，“犯兽”不成为罪行，中国人才有尊严。

政客及官场

晋帝国豫州（州政府设芜湖【安徽芜湖】）州长（刺史）路永叛变，投奔后赵帝国（首都邺城）。后赵帝国天王石虎，命路永驻防寿春（后赵扬州州政府所在县，安徽寿县）。

苏峻之役，部将路永等发现大势已去，纷纷反正。苏峻失败后，宰相王导曾经要求赏赐给这批降将官爵。温峤竭力反对，史书记载分明：“王导才作罢论。”（参考 329 年。）好像他从善如流。可是从本年（345）路永再次叛国投敌看起来，王导并没有作罢，只是暂时不提，等温峤劲头一过（温峤一个月后便与世长辞），王导仍然和他的稀泥，这就是政客及官场。

苻健横暴

351年，晋帝国梁州（州政府设南郑）州长司马勋率步骑兵混合兵团三万人北伐，前秦天王（一任景明帝）苻健在五丈原（陕西眉县西北）迎击，司马勋屡战屡败，只好撤回南郑（梁州州政府所在县）。苻健对立法院总立法长（中书令）贾玄硕，开始时只提议尊奉自己当秦王，而没有提议直接尊奉自己当皇帝（参考351年正月），记恨在心，而且越想越怒不可遏。遂命人告发贾玄硕私通司马勋，逮捕贾玄硕，连同他所有的儿子，全部诛杀。

一个人的言谈行为，一旦被作恶意诠释，天下就没有不可诛杀之人。忠臣义士，随时都会变成叛逆，伏尸刑场。

一信抵万军

晋帝国征西大将军桓温，听到后赵帝国石姓皇族互相残杀、内乱已起的消息，请求出军，夺取中原。迄今两年有余，朝廷没有任何指示。桓温知道政府仗恃殷浩，跟自己对抗，十分愤恨；然而，他一向知道殷浩的为人，因此也毫不在意。只因国内没有发生其他事情，数年以来，一直保持平衡。351 年，桓温忍无可忍，再呈递奏章，请求北伐，并于当天采取行动，率大军四五万人，顺长江而下，驻屯武昌（湖北鄂州），朝廷震动恐惧。殷浩打算辞职，避免跟桓温公开冲突，又打算用“驺虞幡”阻止桓温前进。国务院文官部长（吏部尚书）王彪之，对会稽王司马昱说：“这都是只为自己打算，不为国家打算。如果殷浩辞职，人心动摇，大局一定瓦解，只剩下天子孤单单坐在金銮宝殿之上。到那个时候，必须有人承当重担，不是你是谁？”又对殷浩说：“桓温如果上疏指控罪人，你就是第一个。阁下身负政府重任，猜忌已经形成，就是想当一个平民，岂能保住活命？应该用宁静的心情，等待事情的发展。先请‘相王’（当宰相的亲王司马昱）亲笔写一封信给桓温，开诚布公，向他分析成败的契机，他一定会班师而回。如果不能阻止，我们再请皇上（司马聃）颁下诏书。如果仍不能阻止，到时候再用大义制裁。为什么无缘无故，先手忙脚乱，自己发疯？”抚军大将军府军政官（抚军司马）高崧（司马昱是抚军大将军），就当面代司马昱起稿说：“贼寇（后赵帝国）的灾难应该平定，时机的来临应该掌握，这实在是治理国家的远程谋略和安定天下的伟大计划，能够完成这项任务的，除了你，还能有谁？但是，兴师动众，必须粮秣辎重充足，作为基础。而粮秣辎重，运输艰苦，连古人都感到困难，不可以一开始就轻忽它们，不加以深思熟虑。我过去所以一直迟疑不决，原因在此。然而，一种突发性的非常举动，一定使大家惊骇恐惧、议论纷纷，想阁下也听到不少。人们为了不愿失去既得利益，往往什么事都做得出来。可能有些人利用情势，发动骚扰，虽然只是暂时，会立刻溃散。可是，政府的声望和实力，都将受到伤害，国家大事也将跟随而去。这都是因为我个人愚昧不明，而又性情懦弱所致，恩德和信誉还不能受到信任，也不能使民心镇静、国家平安。所以，对内深感惭愧，对外辜负良友。我跟阁下，职务上虽然有中央与地方之别，但安定皇家、保卫帝国，目标却是一致。天下安危，只在能不能开诚布公，我们应该先计划安

定国内，然后再向外发展，促使皇家基业日益兴盛，伟大正义更将弘扬天下。我对阁下的盼望，就是这一点点诚挚的心意，岂可以因为恐怕引起你的猜疑，而不向你尽言！”桓温即上疏道歉，回军基地（江陵，湖北江陵）。

司马昱署名的这封信，是政治杰作，婉转陈词，力量等于百万大军，可以作为模范文选。当然，桓温的本意也就是要吓殷浩一跳，而他已达到目的。

由桓温莽撞兴兵，说明晋帝国前途茫茫，连被称为一代枭雄的桓温，都有严重的无力感。349 年，后赵帝国正在土崩瓦解，那时候如果北伐，成功的可能性远超过以后的任何时机，晋政府却派出瘟生褚裒，招来惨败。为什么不派桓温？只不过怕他野心勃勃，一旦收复中原，统一全国，势将立刻失控！时到今日，保护一小撮人的政权最最重要，救国救民，不过在写政治文章时，才亮相示众。

我们不敢保证桓温在光复山河后，不夺取政权。同样也不敢保证褚裒在光复山河后，也不夺取政权。褚裒没有光复中原的能力，所以驯顺；一旦他有光复中原的能力，恐怕谁都挡不住他坐上宝座，这是封建专制社会根本无法解开的一个结。因之晋帝国掌握中央政府权柄的人，拼命阻挠桓温北伐，而北伐却是全国上下每天义愤填膺，嚷嚷呐喊的。这实在是一项伟大讽刺。

石琨不知历史

352年，后赵帝国汝阴王石琨，带着他的妻子、小老婆，投奔晋帝国（首都建康。石琨应自信都【河北冀州】出发）。晋政府把石琨绑到建康街市，斩首，石姓家族，遂完全灭绝。

石琨投奔前燕帝国，可能不死；投奔前秦帝国，也可能不死；投奔北方荒漠的代国，更可能不死。只有投奔晋帝国，铁定地非绑赴刑场、斩首示众不可。而石琨却偏偏选择了晋帝国。悲剧的症结在于石琨不知道历史，在他有生之年，晋帝国是唯一和平共存的邻邦。苦县屠杀（参考311年4月）、两京陷落（参考311年6月、316年11月），都发生在石琨出生之前，或出生之后不久，他既没有记忆，也不关心，但历史不因你主观漠视而不存在，石琨终于一头撞入血海深仇的司马家族虎口，代他伯父（石勒）、老爹（石虎），接受惩罚。

殷浩撤销学校

352年，殷浩率晋帝国北伐大军，进驻泗口（江苏淮阴），派河南郡郡长戴施，据守石门（河南荥阳北），荥阳郡郡长刘遯，据守仓垣（河南开封东北）。殷浩因军费浩繁，撤销国立大学，遣散所有学生，学校教育，从此停止。

337年，晋帝国在百废待举中，建立学校，迄今（352年）三十六载，突然被废。军费固然浩繁，但四世纪时一个大学的开支，不过数百人膳食而已，能有几何？却迫不急待地先把它取消。中国传统知识分子之受迫害，不仅来自非知识分子的武夫，同时更来自高级知识分子的官僚。武夫有时候还有内疚，并会受到抨击；而官僚却拥有深厚的理论根据，封学校，禁书刊，压制言论，捕人杀人，无不义正词严。殷浩封闭学校、遣散学生，军费浩繁不过是一个借口，真正的理由恐怕是，他这个平民出身的高官，好不容易挤到贵族阶层，实在不愿再受新生代知识分子的冲击，所以他在自己幸运的成功之后，还要防止别人幸运，他不是要消灭世家豪门，反而是要使包括他在内的世家豪门的地位，更为稳固。所以他必须摧毁新生代知识分子的制造所。

中国传统知识分子的灾难，大多数都来自做官的知识分子。

殷浩

晋帝国中军将军、京畿总卫戍司令（扬州刺史）殷浩，连年北伐，屡次受到挫败，粮秣武器，丧失净光。无论政府民间，一片愤怒怨恨。征西大将军桓温遂乘此机会，上疏指控殷浩罪状，要求罢黜。中央不得已，把殷浩贬作平民，放逐东阳郡（浙江金华）的信安县（浙江衢州）。从此，中央以及地方大权全归桓温。

殷浩自幼跟桓温齐名，暗中却不停竞赛，一争高低；但桓温一向瞧不起殷浩。殷浩既被放逐，虽然心里的忧愁怨恨，从不流露到脸面上，可是，却常用手指在空中书写："咄咄怪事（咄，音 duō【多】）。"很久之后，桓温对他的秘书（掾）郗超说："殷浩德行高洁，言谈清晰，当初如果叫他担任国务院总理（令），或执行长（仆），足可以作文武百官的表率。政府交付给他的任务，不适合他的才干。"桓温打算推荐殷浩当国务院总理（尚书令），写信征求他的意见，殷浩大为高兴，一口承诺。将要回信，可是担心回信写得不恰当，封口后又拆开，拆开后又封口，反复十几次，最后精神恍惚，竟把一张空白信纸装到信封里。桓温看到怪诞的空白回信，大为愤怒，从此跟殷浩断绝关系，殷浩最后逝世在他的贬所。

殷浩在没有担任政府官职时，人们对他有殷切的盼望，认为："殷浩如果不出来领导国家，谁救苍生？"两次战败而又贪恋权位，不肯去职，人们用同样迫切的心情叹息："殷浩已经出来领导国家，谁救苍生？"名和实的落差，竟如此之巨。

殷浩掀起万人倾慕的壮阔景观，自有他动人心弦之处，其实，他所表现的，不过一堆"大话""空话""马屁话"，以及当时最流行的"穷嚼蛆话"而已。他创造了奇迹，却没有能力保持奇迹！殷浩之后，多少"英明领袖"都跟殷浩一样，开始时享有高度的声誉，最后落入谷底，使人们在不断的兴奋与沮丧中循环，受尽煎熬。

关中之会

北海郡（山东昌乐东南）人王猛，从小喜爱读书，性情坦荡洒脱，志向远大，不斤斤计较琐碎的事务。当时人对他都很轻视，而王猛毫不在意，自得其乐。因天下大乱，所以隐居华山（西岳，陕西华阴南）。听说桓温大军入关，就穿着平常穿的粗布衣服，前往晋谒，手扪虱子，侃侃而谈，讨论天下时局，旁若无人。桓温大为惊异，问说："我奉天子（司马聃）之命，率精锐远征军十万人，为人民扫除残余的盗贼（前秦帝国）。可是，三秦（陕西中部）英雄豪杰，却没有人响应，什么原因？"王猛说："阁下从遥远的数千里之外，深入敌人国土，长安（前秦首都，陕西西安）近在咫尺，大军却不肯渡过湖水，人民不知道阁下到底有什么打算，所以没有人投效。"桓温沉默不能作答，慢慢说："江东（江苏南部太湖流域）没有人能跟你相比！"

桓温显然在等待前秦帝国内溃之后，再行进军，而关中（陕西中部）英雄豪杰，显然在等待桓温大军渡过灞水之后，才能对晋帝国远征军战力加以肯定，才愿在前秦帝国心脏造成内溃。稍后枋头之役（参考 369 年），桓温距前燕帝国首都邺城（河北临漳西南邺镇）近在咫尺，同样也是这般僵持。他的能力到此为止，无法提升。

白鹿原战役

桓温跟前秦帝国丞相苻雄，在白鹿原（陕西蓝田西）会战。晋军不利，死亡一万余人。最初，桓温作战计划中最重要的一点是要收割前秦帝国土地上的小麦，作为军粮，想不到前秦帝国在晋军抵达前，就把所有小麦割光，田野一片荒凉，晋帝国远征军的粮秣供应，开始不足。桓温只好撤退，裹胁关中（陕西中部）居民三千余户而回。任命王猛当大营高级指挥官（高官督护），邀请他一块南下，王猛辞让。

刘邦不失韩信，刘备不失诸葛亮，石勒不失张宾，而桓温却失王猛。事实上，不是桓温放弃王猛，而是王猛放弃桓温。一夕长谈的结果，王猛假如对桓温不过分失望，不会放弃追随。比起当初诸葛亮追随刘备时，桓温此时环境，可比刘备好出千倍。

斩薛珍

桓温驻屯霸上（陕西西安东灞河畔）时，顺阳郡（河南淅川南）郡长薛珍，劝桓温进逼长安，桓温不接受，薛珍率一支别动部队进击，大有斩获。等到桓温撤退，薛珍才不得不跟着撤退。薛珍在大庭广众中，经常和盘托出，夸耀自己的勇敢，责备桓温过分小心。桓温遂斩薛珍。

从一颗沙粒，可以看世界。从桓温之斩薛珍，可以看出桓温的见识胸襟，不过袁绍、赵染之类，不足以开创一个新的局面。他拥有灭国之威，尚且如此，其他人物，可想而知。

大分裂时代的现象之一是：群猪林立，人才寥寥可数。

殷浩逼反姚襄

354 年，投降晋帝国，后又投降前燕帝国的羌民族首领姚襄（时驻盱眙【江苏盱眙】），决定回到北方。356 年，姚襄攻击晋帝国冠军将军高季所据守的外黄（河南杞县）。

姚弋仲临终时，谆谆告诫他的儿子回归晋帝国。姚襄禀承遗命，带着老爹棺柩，率众南下，一心一意，为晋帝国效力。想不到以殷浩为首的当权鲨鱼集团，虽然对外没有能力，但对内化友为敌的本领，可是非常杰出（凡是对外无能的政府，往往精于窝里斗）。姚襄北上之日，距南下之日，不过三年。三年岁月，殷浩硬把一支忠心耿耿的劲旅逼反，他的罪恶，不应原谅。而效忠祖国的英雄眼泪，也洗不完心路历程上所受的创伤。这种悲哀，充满史册，岂止姚襄一人而已。

亲娘都不认

356 年，前秦帝国首都长安（陕西西安），狂风大作，掀起房盖，拔掉树木，皇宫惊恐，一片扰动。有谣言说盗贼将发动攻击，宫门白天紧闭，历时五天，才恢复正常。前秦帝（二任）苻生追查谣言，凡是说过“盗贼将发动攻击”的人，一律剖胸挖心。舅父左特级国务官（左光禄大夫）强平劝解说：“上天降下灾异，陛下应爱护人民，敬奉神祇，刑法宽大，培养恩德，作为因应，然后才可以消除灾祸。”苻生大怒，用铁锤敲碎强平的头顶，然后斩首。

首都卫戍司令（卫将军）广平王苻黄眉、前将军新兴王苻飞、建节将军邓羌，因为强平是强太后的老弟，再三叩头劝阻，苻生不理，外放苻黄眉当冯翊郡（陕西大荔）郡长（左冯翊），苻飞当扶风郡（陕西眉县）郡长（右扶风），邓羌代理咸阳郡（陕西咸阳）郡长，因对三人的骁勇，仍很珍惜，所以免死。强太后忧愁悔恨交集，逝世。

无限权力的毒素一旦发作，连亲娘都不认，专制独裁的可怕在此。

“伪君子”“真小人”

前秦帝（二任）苻生下诏，说：“我接受上天的命令，担任君王，统治万邦，自从登极以来，有什么地方不对？而诽谤的声音，竟被人煽风点火，传播天下！我所诛杀的，到今天为止，还不满一千人，却被人恶毒地咬定我残忍暴虐！路上行人肩并着肩，怎么能算减少！我仍要继续使用严刑峻法，谁又能把我怎么样！”文武官员请求苻生祭祀神灵，化解灾难，苻生说：“野兽肚子饥饿，当然吃人，吃饱了自然就不再吃，有什么祭祀可以化解？上天岂有不爱人之理，只因为犯罪的人太多，所以帮助我诛杀铲除。”

世间常有“伪君子”与“真小人”之辩，由于人们对“伪君子”的轻蔑痛恨，遂使有些聪明的文痞流氓之类，公开宣称自己是“真小人”，高举“真小人”招牌，希望大家产生“他不是伪君子”的印象，而从中获得利益，这正是“真小人”比“伪君子”可怕的原因。因“伪君子”有时被逼到墙角，他的良心还有萌芽可能，“真小人”则根本没有墙角。圣洁的理念，可能使“伪君子”醒悟，却不可能使“真小人”醒悟，“伪君子”有所顾忌，所以才伪。而“真小人”反正是挑明了我是无耻之徒，俗谚说：“硬的怕楞的，楞的怕横的，横的怕不要命的，不要命的怕不要脸的！”人到了“不要脸”的境界，便无所不为，所向无敌！苻生，不失“真小人”的本色！

千斤大牛

晋帝国征西大将军桓温，从江陵（湖北江陵）率大军北伐，派大营指挥官（督护）高武，进驻鲁阳（河南鲁山），辅国将军戴施，进驻黄河，自己率主力随后出发。他跟属官们登上座舰高楼，北望中原，叹息说："使中国陆沉，变成像百年无人居住的废墟，王衍那批人不能不承担责任！"记录官（记室）陈郡（河南淮阳）人袁宏说："命运有兴有废，怎么能肯定是某人过失？"桓温拉下脸来，严肃地说："从前，刘表有一千斤重的大牛，吃的粮草比平常的牛多十倍，可是驮东西、走远路，还不如一头瘦弱的老母牛。曹操到了荆州（当时荆州州政府设襄阳【湖北襄阳】），杀掉它慰劳将士。"

世界上假使有"混淆视听"这种事，袁宏就提供一个样版。桓温追踪的是天下大乱的第一因，袁宏那么一和稀泥，天下大乱不过是魔鬼的陷阱，在魔鬼的设计下，谁都没有责任，也谁都有责任！这是一个有毒的反应程序。千载之下，我们仍感痛心。

贾坚的控诉

前燕帝国泰山郡（山东泰安东）郡长贾坚（参考350年9月），驻防山茌（山东长清东南）。晋帝国徐、兖二州州长（刺史）荀羡（时驻下邳），率军北伐，贾坚被晋军生擒，山茌（山东长清东南）遂被晋军占领。荀羡对贾坚说："你的父亲、祖父，世代都是晋王朝的臣属，为什么忘本，拒绝投降？"贾坚说："晋国（晋帝国）自己抛弃中原，不是我们背叛。人民陷于无政府状态，遇到强有力的人物，只有接受他保护。既然当了人家的部下，怎么可以不忠？我自从求学读书以来，此身经历了赵（后赵帝国）、燕（前燕帝国）两个政府，从不改变，阁下怎么能匆匆忙忙叫我投降（贾坚曾任后赵、冉魏、前燕三个政权的官员，参考350年9月）？"荀羡仍责备他，贾坚吼叫说："你这个小丑，把我当成小娃了。"荀羡恼羞成怒，把贾坚推到大雨中，数日之后，贾坚愤怒怨恨而死。

荀羡不过是依靠裙带关系当官的花花公子，贾坚则是血汗培养出来的职业军官。可是，形势比人强，职业军官却栽到花花公子之手。贾坚的反驳，义正词严，掌权大爷抛下孤苦无告的小民，逃到江南，重享荣华富贵。偶尔派出一支脆弱的军队，俘虏了几个被遗弃的孤臣孽子，不但没有半点歉意，请求原谅宽恕，反而诟骂他们忘本，责备他们不肯投降。无能无耻，集于一身。荀羡的嘴脸，正是晋帝国流亡政权下官员的嘴脸，在这种嘴脸上，看不出复兴的火花，只看出堕落的幽灵。

段女士

前燕帝国吴王慕容垂（慕容霸），娶段家部落酋长段末柸的女儿（段末柸，参考325年3月），生儿子慕容令、慕容宝。段女士才华极高，性情刚烈，而又自认为姓氏高贵（段家跟慕容家本处于平等地位），对现任皇帝（三任景昭帝）慕容儁大老婆可足浑皇后，不太尊敬，可足浑皇后含恨在心。而慕容儁对慕容垂，又一向猜忌厌恶（参考354年4月）。寝殿侍奉宦官（中常侍）涅浩（涅，姓），打小报告指控段女士勾结吴国（慕容垂封国）王府图书管理官（典书令）、辽东郡（辽宁辽阳）人高弼，从事巫蛊诅咒。

慕容儁逮捕段女士跟高弼，交给皇后宫总管（大长秋）、司法部（廷尉）调查讯问。苦刑拷打下，段女士跟高弼意志坚强，不肯招认。因为得不到坦承不讳的口供，拷打更为惨酷。慕容垂怜悯妻子的悲遇，暗中派人通知段王妃说："人，总有一天会死，何必忍受这种荼毒，不如诬服。"段王妃叹息说："我岂是怕死的人，可是我一旦自诬，就成了叛逆，上对不起祖宗，下还要连累大王（慕容垂），后果严重，我绝不做。"在审问时，段王妃慷慨答辩，条理分明。慕容垂竟得以逃过这场灾难。可是，段王妃仍不得不死在监狱之中。

段女士出身名门，又身为王后，正是世间所谓真正的金枝玉叶，却能在丧尽自尊，苦刑拷打下，坚决拒绝自诬，这种刚毅和见识，可敬可哀。

在专制体制下，冤狱，不是小民的专利。

明显谎言

359年，慕容儁梦见故前赵帝国皇帝（三任武帝）石虎，咬了他手臂一口，惊怒交集。于是，挖掘石虎的坟墓（显原陵，今地不详），可是却只见空棺，不见尸体。悬赏二千两黄金，购买消息。邺城（河北临漳西南邺镇）一位名叫李菟的女子，知道石虎的尸体在哪里，报告慕容儁，就在东明观下边，把石虎尸体掘出。尸体已经僵硬，但没有腐烂（349年4月石虎死，迄今十年，尸体竟然只僵不坏）。慕容儁践踏石虎尸体，诟骂说："你这个死匈奴，怎么敢吓活天子？"一条条列举石虎的罪状，用皮鞭抽打尸体，投进漳水（流经邺城西北）。可是，石虎的尸体却在桥柱那里被绊住，没有顺水流走。等到前秦帝国消灭前燕帝国（参考370年11月），王猛特地为石虎诛杀李菟，收拾石虎尸体安葬。

石虎死后十一年，尸体才受鞭打；尸体受鞭打后十二年，前燕帝国才亡。石虎尸体肯定只剩下一堆破碎骨骼，却一直漂荡桥柱，既没有被水冲走，也没有被鱼鳖虾蟹吃掉，更没有被人发现，这是绝不可能的怪事。所以，王猛的安葬，是一项明显的谎言。不是王猛说谎，就是史书说谎。

“倨骄”“傲慢”

前燕帝国尊奉皇后可足浑为皇太后。任命太原王慕容恪当太宰（上三公之一），全权处理政府政务；上庸王慕容评当太傅（上三公之二），阳骛当太保（上三公之三）；慕舆根当太师（上公级），作慕容恪助理。慕舆根性情朴实刚强，仗恃是几代元老（慕容皝、慕容儁在位时，慕舆根都建立大功），对年轻的慕容恪，心里不服，所以言谈举止，十分傲慢。

《通鉴》史实，叙述到今天，已七百余年，超过全书所包括时间（一千三百六十二年）的二分之一，我们有一个发现：任何人，无论英雄豪杰或奸滑恶棍，有一天，在他名下忽然出现“倨骄”或“傲慢”之类字样，用不着读下去，就可以肯定下文是什么。他已踏动陷阱的机关，下一步就是翻滚而下，轻则事业失败，重则生命不保。慕舆根一代人杰，也跳不出这项定律。

鼓励诈欺

前燕帝国太宰（上三公之一）慕容恪，打算任命李绩当国务院右执行长（右仆射），前燕帝（三任幽帝）慕容暐拒绝，慕容恪屡次推荐，慕容暐说："国家大事，全由叔父裁决；只李绩这个人，由我作主。"把李绩外放当章武郡（河北大城）郡长；李绩忧愁过度而死。

去年（359年），慕容暐对李绩在老爹慕容儁面前没有在他头上戴光圈，没有把他形容得完美无缺，恨入骨髓。今年（360年），他不过十一岁，仍是一个小娃，竟如此记仇，其顽劣的程度使我们为他的帝国颤栗。

李绩所以仍能保住老命，只不过慕容暐此时还没有完全掌握权力，否则，不可避免地会出现诛杀场面。六世纪七十年代北周帝宇文赟，便是用诛杀回报忠心直言。

堕落的首领，鼓励诈欺，胆敢说实话，祸就不可预测，中国人的道德因之日益堕落。唯一的挽救，只有先行消除专制封建，别无他法。任何他法，都只是枝枝节节。

太平盛世

前秦帝国（首都长安）天王（三任宣昭帝）苻坚，下诏各州长、郡长、县长：保荐“孝悌”“廉直”“文学”“政事”人才，考察实质内容，如果保荐的真是人才，一律奖赏，如果不是人才，一律处罚。因此，没有人敢随便保荐；请托贿赂，人情面子，全告停顿，知识分子都能勉励自己；即令是皇亲国戚，没有才能的人全被摒弃，不能当官。在这个时候，无论中央或地方官员，都有才干而尽责任。农田深耕，荒田开垦，仓库粮食积储，十分充实，盗贼绝迹。

中国人向往的太平盛世，不过是官员不贪污、社会有公论。在一个英明领袖苻坚和一个法治派学者王猛主持的政府下，只几年工夫，太平盛世出现。

王猛跟樊世强烈的冲突，和对强国强烈的反应，使人想到公孙鞅，他们二位治理国家的方法，几乎完全一样，用法律手段，建立法律尊严。这跟儒家学派的明哲保身哲学，完全不同，儒家的改革所以不能成功，最后终于反对任何改革，在这个不同上，可找出原因。只因儒家学者都是聪明伶俐之辈，他们恐惧“后果”。王猛幸亏在平安和荣耀中逝世，假使他也步上公孙鞅后尘，儒家学派反对改革的理由，就更多了一个例证。

历史上，英明领袖属稀有动物，法治学派的政治家，在儒家学派长期而阴暗的压制下，更寥寥可数！没有法律保护自己，没有伸张公义的管道，是中国人的厄运。我们相信这厄运有一天会自动停止，那就是，当中国人有成熟的鉴赏能力，和有权选择国家元首之时。

无力感来自首领头颅头颟

最初，前燕帝国（首都邺城【河北临漳西南邺镇】）太宰（上三公之一）慕容恪患病时，知道前燕帝（三任幽帝）慕容暐年纪仍小，还不能掌握权力（去年【367】，慕容暐十八岁），而太傅（上三公之二）慕容评又十分猜忌，恐怕最高指挥官（大司马）的人选不能恰当。于是，特别嘱咐慕容暐的老哥、乐安王慕容臧说："现在，南方有残留下来的晋国（晋帝国）、西方有正在茁壮的秦国（前秦帝国），他们都有进入中原的志向，只因我们内部没有裂痕，才没有动手。国家的兴衰，全看宰相级的辅佐干部。最高指挥官（大司马）统率全国所有武装部队，不可以由一个不恰当的人选担任。我死之后，就亲疏来说，一定会由你或由慕容冲（慕容暐的老弟）接替，你们虽然聪明敏捷，然而年纪太小，还不能应付多灾多难的时局。吴王（慕容暐叔父慕容垂）天赋英明，才干杰出，谋略超过当世，你们如果能把最高指挥官（大司马）推让给他，一定可以统一中国，何况大门外几个强盗，还用得着担心？千万不可以贪图小利，忘记大害，要把国家利益放在心上，念念不忘。"又把同样的话，告诉太傅（上三公之二）慕容评。然而，慕容恪逝世后，慕容评不接受慕容恪的见解。

每一个王朝政权，甚至每一个公司或每一个家庭，在崩溃之前，都会先进入一个"无力感时期"，除了掌权首领，人人都知道崩溃迫在眉睫，可是人人都束手无策。并不是真的无策，而是掌权首领拒绝任何可拯救国家的策，千言万语惊不醒木牛流马。在前燕帝国末期，更是分明。皇太后可足浑和亲王慕容评，这一对断送国家和自己命脉的糊涂男女，恰恰是前燕帝国的掌权首领，一个多么使人震骇的讽刺！但他们在历史上也留下病历：无力感来自最高阶层的颟顸。

怨声载道

前燕帝国亲王、公爵、皇亲国戚，把人民大量地纳入"贵族包庇户"（荫户。帝国官吏，根据他们官职资格大小高低，分别规定他们可以包庇若干亲属，不但可以包庇同族，还可以包庇朋友、佃户。这些"包庇户"，不向国家纳税，也不供应政府差役，而只对封建主负责），以致全国总人口，远少过"包庇户"，国库空虚，财政困难。国务院左执行长（左仆射）、广信公悦绾说："而今，三国鼎立（没有把前凉王国【首都姑臧】看到眼里），互相有吞并的野心。我国法令规章和政治制度都还没有建立，豪门贵族横行霸道，以致民穷财尽，再没有余物缴纳政府。低级雇员常常领不到薪俸，将领士卒常常吃不到粮食，官员们靠借钱借米维持生活。这些丑事，既不可以叫敌人知道，又不是治理国家的方法。应撤销所有'包庇户'，全部交回郡县。"前燕帝慕容暐批准，命悦绾负责主持这项业务。悦绾纠正过去错误，揭发隐藏的奸邪之辈，没有人胆敢藏匿，于是国家凭空多出二十余万人口，但所有官员却对悦绾十分痛恨，怨声载道。悦绾本来早有疾病，自从亲手主持户籍校正，病势加重，不久逝世。

悦绾不过小小改革，已怨声载道，像公孙鞅、王猛那种惊天动地般的旋乾转坤，自然更没有好评。不知其人观其友，然而，更精确的判断方法，不如不知其人观其敌。反对人数的多少，不能作为评鉴标杆，而要看友是什么人，敌是什么人。只有伪装的朋友，没有伪装的敌人，所以从一个人的敌人身上，容易反射出正确信息。一个人受抨击是常事，重要的是抨击的内容和谁对他抨击。

我们用这种方法评估公孙鞅、王猛、悦绾，以及以后的王安石、张居正，结论都不太离谱。

猎鹰与命运

前燕吴王慕容垂逃亡，走到邯郸（河北邯郸），慕容垂最小的儿子慕容麟一向不受慕容垂宠爱，乘机逃回邺城告发，慕容垂左右侍从，很多也都逃走。太傅（上三公之二）慕容评立即奏报皇帝慕容暐，派西平将军慕容强，率精锐部队追赶，一直追到范阳郡（河北涿州）。世子慕容令率部队断后，慕容强不敢逼近。正巧黄昏日暮，慕容令对老爹慕容垂说：“本来打算据守故都（龙城），保全家门，而今事情泄漏，原定计划，已没有时间实施。而秦国（前秦帝国）天王苻坚，正在招请天下英雄豪杰，不如前往向他投靠。”慕容垂说：“到了今天这种地步，除此之外，还有什么办法？”大家遂四散分开，湮灭逃亡的踪迹，然后，沿着太行山麓，秘密返回邺城（河北临漳西南邺镇），躲藏在后赵帝国的显原陵（后赵帝国三任帝石虎墓，参考 349 年 6 月）。刚刚藏好，忽然有打猎的数百人，骑马奔驰，从四面八方向墓园包围，慕容垂发现，抵挡一定抵挡不住，逃走已无路可逃，情势十分危急，不知道如何是好。想不到，数百名骑马猎人的猎鹰，一霎时工夫，纷纷飞走，大家追逐，越追越远，危机竟得以化解。慕容垂遂宰白马，祭祀上天，跟追随他逃亡的人盟誓。

猎鹰之飞，就是“命运”。命运的意义，就是没有人可以预知，没有人可以控制的机缘变量。一个行为的介入或不介入，能使历史和人生转变方向。不相信命运的人，无法了解历史。然而，命运是一个残忍无情，而又诡谲无常的女神，你必须相信她存在，但你千万不可相信她会爱上你，也千万不可相信她会憎恨你！绝对不可以把自己全部都交付给她，任何一个把自己全部都交付给她的人，一定被她撕碎。

王猛之妒

前秦帝国辅国将军王猛，在首都长安出发时，请慕容令当他的军事参议官（参军事）。临走，王猛拜会慕容垂，筵席上，从容不迫地对慕容垂说："今天就要告辞，一去千里，老友送给我什么礼物，使我看到礼物，便想起老友。"慕容垂解下佩刀，送给王猛。王猛到洛阳后，用重金收买慕容垂的亲信金熙，由金熙以金刀为凭，传达慕容垂的话，对慕容令说："我们父子到此，只为了逃命，可是王猛却把我们当作仇人盗寇，恨入骨髓，挑拨陷害，一天比一天严重。秦国（前秦帝国）天王（苻坚）虽然外表上待我们恩重如山，可是心里想的什么，谁也不知道。大丈夫想逃死而终不免一死，徒使天下人失笑。我听说东国（前燕帝国）近来有点醒悟，开始后悔，皇上（慕容暐）跟太后（可足浑）互相抱怨，所以我决定回国，特别命金熙通知你，我已出发，你一有机会，就应脱离。"慕容令怀疑这话的真实性，犹豫踌躇整整一天，苦于没有地方求证。最后，无可奈何，只好率领旧部骑兵侍卫，假装到郊外打猎，直奔石门（河南荥阳北），投靠前燕帝国乐安王慕容臧。王猛立即上疏报告慕容令叛变。慕容垂大为恐惧，率领家属，再度逃亡，逃到蓝田（陕西蓝田），追兵赶到，全体被捕。前秦天王（三任宣昭帝）苻坚（本年三十三岁）在太极殿东堂亲自接见慕容垂，安慰说："你的家庭跟政府失去和睦，前来投奔，把身家性命，托付给我。你那位贤明的儿子，心里念念不忘根本，仍依恋故国。人各有志，不应该深加责备（包括慕容垂和苻坚在内，都认为慕容令是主动逃走）。燕国（前燕帝国）灭亡就在眼前，一个慕容令不能使它生存，可惜他白白跳进虎口。而且，父子兄弟，各人行为的后果，由各人承担，罪恶互不牵连，你为什么怕成这个样子，狼狈到如此程度！"待慕容垂跟过去一样。然而前燕帝国政府认为，慕容令既逃亡而又突然返回，老爹慕容垂仍受到前秦帝国尊重推崇，怀疑慕容令从事反间工作。于是，把他放逐到沙城——位于故都龙城（辽宁朝阳）东北六百华里。

一般人的判断习惯是：有事件结果做证据，就很难接受和结果相反的原始动机。慕容垂最后终于叛变，好像人们就可以一口咬定他当初早有叛变之心。这种思考方式，是一种受结果影响的成见。王猛不是神仙，怎么能预知十四年后（384年）发生的事？

而在本年（370年），慕容垂不但没有叛变行迹，反而如婴儿之投入慈母怀抱，对苻坚由衷地感激涕零。如果不根据证据，而仅根据预知，就可诛杀，那可是野蛮的巫师社会，是有权杀人的人的乐园。

我们十分清楚王猛没有预知能力（而且，即令有预知能力，也不可以作预防性的诛杀）。他之所以下手恶毒，似乎只有一个解释是合理的，那就是妒火中烧。王猛不过一介平民，全靠苻坚慧眼识英雄，才攀登高位；慕容垂以亲王之尊，拥有盖世勋业，突然出现，苻坚亲自到郊外迎接，可看出慕容垂的声势，咄咄逼人。王猛虽然有诸葛亮的能力，却没有受到诸葛亮所受到的礼遇。王猛可是自己晋见苻坚，请求录用的。英雄固不在乎如何进身，但相比之下，王猛如果感受到慕容垂已经严重威胁到他的前途，并不能算神经过敏。我们无法证明：如果苻坚先遇到慕容垂，还会不会那么重视王猛？

王猛是中国历史上的杰出人物，然而，杰出的人物也是人，人有人的软弱，对于慕容垂的栽赃诬陷，是王猛人格上的一项污点，幸亏苻坚是一位累世难寻的英明君王，没有跳进圈套，使王猛的罪恶减到最低。

慕容令与涉圭

被放逐到沙城（辽宁朝阳东北三百公里）的慕容令，自己知道最后仍是难逃一死，遂秘密准备叛变。沙城中被放逐的犯兵犯将，有数千人，慕容令厚待他们，倾心建立友谊。于是，击斩营门官（牙门）孟妫（音 guī【归】），沙城县长涉圭（涉，姓），大为恐惧，投降。慕容令信任他，把他留在自己左右，遂率领那些被放逐的官兵，向东袭击威德城（即宇文涉夜干所住，参考 344 年正月），击斩守将慕容仓，占领城池，部署各种事务，派人召集东西要塞驻扎的边防军，大家一致响应。镇东将军、勃海王慕容亮镇守龙城（辽宁朝阳），慕容令准备对龙城发动袭击，老弟慕容麟却通知慕容亮，慕容亮紧急戒备，闭城守卫。涉圭轮到值班，突击慕容令，慕容令单人匹马逃走，党羽崩溃。涉圭追击，直追到薛黎泽（今地不详），生擒慕容令，斩首。涉圭前往龙城（辽宁朝阳）报告慕容亮，慕容亮为慕容令报仇，斩涉圭，收拾慕容令的尸首埋葬。

慕容令被命运拨弄，身不由主，挣扎失败，使人叹息。而涉圭最后竟被诛杀，这个结局，更使人叹息不已。中国历史读得稍多时，就会发现：一个人面对是非黑白，要作重大选择时，是多么困难。

三流江湖郎中

前秦东征兵团深入前燕帝国国土，所经过的郡县都望风投降，前燕帝国大为震动。禁宫咨询官（黄门侍郎）封孚，问宰相府秘书长（司徒长史）申胤说：“你看事情有什么发展？”申胤叹息说：“邺城（前燕首都，河北临漳西南邺镇）必定陷落，我们都会被秦国（前秦帝国）生擒活捉。然而，天上的福星正是越王国的岁星，而吴王国却非讨伐越王国不可，结果吴王国反而大祸临头。（《左传》公元前510年：“吴王国攻击越王国，这是第一次攻击，史墨说：‘不满四十年，越王国一定消灭吴王国。因为，今年天上的福星正笼罩越王国，而吴王国却去冒犯，定有凶险的后果。’”）而今，福星正笼罩燕国（前燕帝国），秦国（前秦帝国）虽然达到目的，而燕国（前燕帝国）的复国，不会超过十二年。”

史墨和申胤所做的这类未卜先知的胡说八道，明显地是事情过去之后，为了某种目的，硬行编制出来的鬼话，写上史册。三流江湖郎中的诈欺勾当，史学家不应该传播这种诈欺，除非跟史墨、申胤二位先生有仇，要他们丢丑。

父子怪诞

吐谷浑汗国可汗（四任）慕容辟奚，是三任可汗慕容叶延的儿子（参考 329 年 12 月），喜爱读书，仁慈宽厚，但没有威严，优柔寡断。排行老三的弟弟（名不详），仗势专权，引起反感。秘书长（长史）钟恶地，在早朝座位上，逮捕三弟，斩首。慕容辟奚惊骇惶恐，从床上跌到地上。钟恶地急跳过去扶住他，报告说：“我们昨天晚上，梦见先王（老爹三任王【河南王】慕容叶延）下令：‘三弟就要叛乱，不可不杀。’所以才处决他！”但慕容辟奚受惊过度，不能平复，从此精神恍惚。告诉世子慕容视连说：“我害死了同胞兄弟，死了之后，有什么面目在地下见他？国家大事全交给你，随你治理，我剩下来的几年生命，苟且地活下去罢了。”终于因过度忧虑，逝世。慕容视连继位（五任可汗），不饮酒、不打猎，长达七年之久，国家军政大事全部交付辅佐大臣和将领。钟恶地规劝：人主应该自己寻找快乐，建立权威，传播恩德。慕容视连流泪说：“我家自从祖先以来，仁爱孝顺，忠厚宽恕，一脉相传，先王（老爹四任可汗慕容辟奚）想到手足之情，不能有美好的终结，悲愤而死。我虽然继承大业，不过像一具尸体一样，声色犬马的享受，怎能安心？至于立威布德，只有等到未来。”

慕容辟奚父子的行径，十分怪诞，因而我们根本怀疑它的真实。老弟被杀，老哥忧虑而死，有这个可能；但侄儿怀念叔父，不但七年不理国政，甚至要一辈子不理国政，就没有可能。任何忧伤的情绪，都无法维持如此之久，连所谓圣人，对老爹亲娘之死的哀悼，都不得不以“三年”为限。更重要的是，君王对“三弟”的强烈忧伤，势将激起凶手的反击。如果凶手势力太弱，不敢反击，那么，身为国王的苦主，不去执法，不去复仇，却只一味坐在那里哭泣得天下皆知，岂不反常？

法治出现奇迹

王猛当宰相，苻坚高坐宝座，无所事事。王猛主持政府，文武百官全体听命，无论国内国外、内政外交、军事政治，没有一件事不由王猛决定。王猛刚烈英明，正直果断，清廉严肃，对善恶是非，分辨得十分清楚，免除无能的官员，提升没有人事关系、被埋没在低阶层的人才，督促人民耕田播种，种桑养蚕，加强武装部队战斗训练；每个官员对他所担任的职务，都能胜任愉快；每项刑罚，一定都有犯罪证据。因此国家富裕，武力强大，攻无不胜，战无不克，前秦帝国完全治理。

从史书上有关王猛政绩的记载，看出一个成功的政治家，即令在战时，也可以创造出来一个善恶是非分明的太平盛世："每个官员对他所担任的职务，都能胜任愉快；每项刑罚，一定都有犯罪证据。国家富裕，武力强大！"三百余年大分裂时代中，中国像一块血腥的沙漠，到处狂风滚石，禽嚎兽奔，人们互相吞食，只有王猛治理下的前秦帝国，是沙漠中的唯一绿洲，每人都享有安富尊荣。这正是中国人一直追求的理想世界，显现出法治的奇迹。

法治是唯一的治国途径，不管什么种族、不管什么时代，也不管开发到什么程度，只要踏上这个途径，社会就会日臻健康。问题在于，人民必须担任苻坚大帝的角色，有能力和决心铲除樊世（参考 358 年 9 月）、强德（参考 359 年 8 月）之辈。

饭桶军阀

晋帝国最高指挥官（大司马）、南郡公（宣武公）桓温逝世（年六十二岁）。

桓温被称为一代枭雄，见识和才干，在晋帝国群官中，出乎其类，拔乎其萃。但这只能证明当时将相，全是草包，不能证明桓温真是第一流人才。他最大的缺点是在需要作最后决定时，他却丧失孤注一掷的胆量。克劳塞维茨说过："有人以为战争理论常劝人选择'最谨慎的'，这种想法，完全错误，如果理论确有所劝，以战争本质而言，他必劝人选择最有决定性的，也就是'最大胆的'。永远勿忘：没有胆量，绝不会成为伟大的统帅。"诸葛亮太过谨慎，所以永远不能够大胜，但也不致大败。桓温似乎只有一次大胜，但征服成汉帝国时的那次大胜，却出于部属对号令执行的错误，当他下令撤退时，部属竟击起进攻的战鼓，因错得福。可是，错永远是错，说明他在面对难以预测的情况时，总是逃避。以后的霸上之役、枋头之役，无不失利，原因全都在此。如果了解身为统帅的桓温的性格，几乎可以预料他的结局。

在霸上，跟长安相距咫尺，他不敢挺进；在枋头，跟邺城也相距咫尺，他也不敢挺进。两次溃败，都不是因为攻击，而都是因为撤退。为什么他不敢攻击？理由当然可以装一卡车，但主要的是，他的胆量不够，在必须冒险时，却出奇地畏缩。

同样，这种性格反映在桓温的政治行为上，他显然渴望篡夺政权，无奈，他虽有篡夺政权的决心，却不敢篡夺。十四任帝司马昱卧病，一夜之间，发出四次诏书，征召桓温进京，这是上天赐下的篡夺良机，桓温竟然拒绝，使人怀疑他的智力商数。他之所以拒绝，由于他的恐惧，恐惧掉进陷阱。因为他无胆，所以在节骨眼上，也就无能。桓温终于放弃晋帝国帝位，不是力量不够，而是他对自己的必胜把握，没有自信；而自信，正是英雄事业的必要条件。所以，桓温不能称为枭雄，不过一个较王敦略高一筹的饭桶军阀而已。

王猛

375 年，前秦帝国丞相王猛逝世（年五十一岁）。

王猛是中国成功的伟大政治家之一，在他之前有诸葛亮，在他之后有王安石，诸葛亮欠缺军事上的成就，王安石欠缺坚强的支持力量，所以王猛得以独展长才，把一团乱糟糟的流氓地痞、土豪恶霸，硬是凝结成为金刚；不但国泰，而且民安。距今虽已一千余年，但仍使我们对于那个辉煌的时代，怦然心动。

可惜王猛早逝，假使上苍延长他十年二十年寿命，他带给社会的政治轨道，会更稳固。

君臣相得

前秦帝国（首都长安【陕西西安】）天王（三任宣昭帝）苻坚（本年三十九岁），下诏说：“我曾经听说，君王在寻求贤能人才的时候，最为辛苦；而在寻求到贤能人才之后，十分悠闲，可以安心享乐。这话是何等的灵验！从前，我得到丞相（王猛）作为助手，常认为当君王是件最简单最容易的事。可是，自从丞相（王猛）弃世，我的头发已被工作压得一半变白，每一思及，不觉衷心悲恸。而今，天下没有丞相（王猛），政治教化可能有松懈之意，应该分别派出官员，前往各郡县视察，探求人民疾苦。”

君臣之相得，世称刘备与诸葛亮，实际上刘备在世之日，诸葛亮并没有受到超越常人的重视。五千年来，君臣相得史迹，姜小白与管仲、姬平与乐毅、嬴渠梁与公孙鞅、苻坚与王猛，屈指可数，如此而已。在此之后，君臣距离越来越远，君王的儒家系统作风越来越重，使改革成为绝不可能，更不要说突破。回头瞻仰苻坚大帝与王猛的公私情谊，和为人民带来的福祉，无限依依。

国亡得越早越好

前凉王国（首都姑臧【甘肃武威】）首领（七任王）、西平公张天锡（本年三十一岁），把所有时间都用到饮酒和美女身上，不去处理国家大事，人心愤怒怨恨。前秦帝国（首都长安）决定抓住这个机会，消灭前凉。先派国务院助理官（尚书郎）阎负、梁殊，携带诏书，前往姑臧（甘肃武威），征召张天锡前来京师（首都长安）朝见。张天锡召集文武百官，共同磋商。文武百官义愤填膺，说："我们世世代代，事奉晋王朝司马皇家，忠贞节义，四海之内，著有声名。一旦屈身盗匪的大庭之上，连祖宗都受到侮辱，真是最大的丑事。而且，河西走廊（甘肃中部西部）有天然险要，守一百年都守得住。如果动员全国所有的武士，西方邀请西域（新疆及中亚东部），北方邀请匈奴，支援作战，凭什么就认为我们不能传出捷报？"张天锡卷起袖子，舞动手臂，呐喊说："敢提议投降的，斩首。"把阎负、梁殊二人，捆绑到军营大门之外，下令士卒交叉射击，说："射不中他们，就是跟我不一条心。"二人遂惨死。

《伊索寓言》上有则故事说：一只螃蟹在水底傲然独步，渔夫用竹竿在它背上轻轻一敲，它就暴怒起来，喊说："什么东西，胆敢对我冒犯！"举起前螯，钳住竹竿不放，一直到渔夫把它提出水面，它还气冲斗牛。

张天锡十八岁时，竹竿敲到他背上，靠着一阵热血沸腾，夺取政权。现在，竹竿再度敲到背上，他再度乞灵于另一个热血沸腾。张天锡现在的处境，类似三世纪头十年赤壁之战前的孙权。不同的是，孙权心情恐惧沉重，而张天锡却认为只要用别人的血展示自己的决心就足够了。

张天锡和他的党徒刘肃之类，不过一群恶少暴徒。我们对前凉王国的覆灭，毫不关心，而只关心：在这群恶少暴徒治理下，小民过的是什么日子。前凉王国应该亡得越早越好。

苻坚盲点

前秦帝国征北将军、幽州（河北北部及辽宁）州长（刺史）、行唐公苻洛（时驻和龙【龙城】，辽宁朝阳），勇猛而体力强壮，能够坐在那里，拉住奔跑中的牛，射箭都能洞穿铁犁，自以为征服代国（首府盛乐【内蒙古和林格尔县】），立下大功（参考376年12月），要求加授开府仪同三司（宰相级）。中央没有同意，遂起兵叛变，率大军七万人，从和龙出发。前秦天王（三任宣昭帝）苻坚集结大军讨伐，窦冲等跟苻洛在中山会战，苻洛军大败，崩溃。政府军生擒苻洛，押送长安（陕西西安）。苻坚赦免苻洛，不加诛杀，放逐到凉州西海郡（内蒙古额济纳旗）。

每一个人，都有所蔽，也就是都有盲点，位置在盲区的东西，他就看不见。昏庸之辈，固然如此，俊杰之士，也是如此。苻坚大帝的睿智和见识，都是第一流的，却不能没有所蔽。宽容是一种高贵的美德，但对一个政治领袖而言，过度宽容，只看见面前的两行眼泪，看不见天下千万人的悲哭。宽容遂变成姑息，一定破坏法律的尊严，瓦解社会的稳定。

而且，宽容和爱心，绝对不像宗教家们所形容的那样，是一颗万灵仙丹。人与人之间的沟通了解，在于层面相同，高尚的美德遇到卑鄙的心灵，反而会被认为愚不可及。当你包容某人的过失时，如果他反而认为你又跳进他的圈套，爱心就变成培养忘恩负义的温床。质量高贵的人，才有感恩能力，不是每人都具备这种能力，苻坚不久就吞下他是非不分的恶果。

苻坚大战略

苻坚因氐民族增加迅速，人口渐多，380年把三原（陕西三原）、九嵕（音 zōng【宗】。陕西礼泉北）、武都（甘肃成县）、湖县（陕西陇县）、雍城（陕西凤翔）等地的氐民族十五万户，各由他们的酋长或族长率领，分别前往全国各军区定居，仿效古代帝王的封建制度。长乐公苻丕统御氐人三千户，命仇池（甘肃西和南）氐部落酋长、射击兵团指挥官（射声校尉）杨膺，当征东大将军府左军政官（征东左司马），九嵕氐部落酋长、外籍兵团指挥官（长水校尉）齐午，当右军政官（右司马），每人领导一千五百户，当长乐国（河北冀州）的世袭官职。苻坚在霸上（陕西西安东灞河畔）给苻丕饯行，随同苻丕出发的氐人，跟他们的父兄家人分别，忍不住失声恸哭，一片悲苦，连经过那里的旅客，都被感动。赵整因陪坐在旁，一面弹琴，一面歌唱："阿得脂／阿得脂（有音无意）／伯劳（鸟名）的舅爹是仇绥（"仇绥"不知是什么）／尾巴长／翅膀短／不能飞／把同种的氐人放逐到远方／却留下异族鲜卑／一旦有急难／你可依靠谁！"苻坚了解歌意，但只笑笑，并不采纳。

苻坚把他所属的氐民族，分派到全国各重要军区，是一项大战略计划。氐民族是五胡中人口最少的民族（羯人只是匈奴民族的一支），要想管理占绝对多数的非氐民族，唯一的方法是控制枢纽地带。十七世纪满洲人在中国建立清王朝政府后，把八旗兵团分别派到各地驻防，意义正是如此。我们不认为满洲人一定效法苻坚，但爱新觉罗家族对中国历史，至为熟悉。所以，满洲人的驻防制度，极有可能来自苻坚的启示。

然而，这是一个难以公开宣扬的秘密谋略，所以苻坚对任何反对，都一笑置之，智者的寂寞，往往如此。问题在于这个大战略实施得略略嫌早，在条件还没有完全成熟时，提前执行。提前并不是不可以，如果没有淝水之败（参考 383 年 11 月），这个大战略将产生八旗驻防制度的功能，使全国安定。但淝水之败使这个早产的大

战略产生致命的后遗症：京畿所在地自己的种族氐人已经挖空，非氐民族——尤其是鲜卑人，布满城内城外，正应验赵整所说："一旦有急难，你可依靠谁？"以致国本动摇，帝国崩塌。

上下交相骗

382年前秦帝国散骑侍从官（散骑常侍）刘兰，督促扑灭蝗虫，经过秋季又到冬季，不能完成任务，蝗虫依然成灾。主管单位奏请征召刘兰回京（首都长安），交付司法部（廷尉）审判。天王（三任宣昭帝）苻坚说：“蝗虫是上天降下的灾祸，人力无法抵抗，这是我的过失，刘兰有什么罪？”

然而就在本年，前秦帝国大为丰收，上等田每亩收割七十石，下等田每亩收割三十石，蝗虫始终限于幽州（河北北部），没有蔓延出境，而且不吃麻科和豆类，上等田每亩可收割一百石，下等田每亩可收割五十石。

蝗灾正严重的时候，全国竟然同时丰收，犹如一个人正患肺炎，身体检查报告却说他的健康处于巅峰一样，是不可能的事。《通鉴》上说：华北一片平原，蝗虫一直盘旋在幽州一隅，不肯南下。既不肯南下，为什么还要发动青州、冀州、并州人民扑蝗？而且留在幽州境内的蝗虫，既不吃麻，又不吃豆，甚至于每亩收割，超过三十石，已够骇人听闻，最后索性高达百石，更要荒唐。

然而，史书却如此记载，只是因为中央政府档案如此记载；中央政府档案所以如此记载，是因为地方政府如此呈报。在上位掌权的官员喜欢什么调调，在下位混饭吃的干部，就会唱什么调调，使在上位掌权的官员舒服过瘾。在上位的官员明知道在下位的干部在那里混饭，可是，既然自己舒了服，过了瘾，也就乐于有这种摇尾系统。

王猛的尸体未寒，所建立的诚实制度，已经解体，从蝗灾兼丰收案上，显露出上下交相骗的局势已成。这时候，人民假如没有能力更换政府，就应该准备接受灾难。

淝水之战

前秦帝国大军在淝水（东淝河）西岸，严阵以待，晋军在淝水东岸停住，不能前进。前锋司令官（前锋都督）谢玄，派人晋见前秦阳平公苻融，说：“阁下孤军深入，却紧靠河边构筑阵地，这是要长期抵抗，不是要速战速决。如果贵国大军稍稍向后撤退，使我们渡过淝水（东淝河），一决胜负，岂不是更好的策略？”前秦所有将领都反对后撤，说：“我们人多，他们人少，只要守住河防，阻止他们前进，我们就万分安全。”苻坚说：“我们不妨稍稍后撤，使晋军渡河，等他们渡过一半时，我们放出铁骑冲刺，就地屠杀，没有不大胜之理。”苻融同意，遂指挥大军稍稍退却，让出淝水西岸地带，容纳渡河的晋军。前秦大军遂向后移动，再想不到，一退不可遏止。晋帝国将领谢玄、谢琰、桓伊等，率军渡过淝水（东淝河），立刻猛烈攻击。苻融骑马奔驰，发号施令，打算对惊慌成一团的混乱情势，恢复控制；然而，马匹忽然倒地，被追击的晋军斩杀。主帅既死，前秦大军遂像雪崩一样，霎时瓦解，士卒四散逃亡。谢玄等乘胜追击，直追到青冈（寿县西十五公里），前秦大军逃跑中的将士，听到风吹鹤叫，都认为晋帝国的追兵赶到，于是昼夜不停地逃命，不敢走大路，死亡十分之七八（苻融统军三十万，死十分之七八，是二十一万至二十四万，可怕的悲剧）。最初，前秦大军稍稍向后移动时，朱序在阵后大声呼喊：“秦军败了！”前秦大军才开始狂奔。朱序遂奔还晋帝国。

敌前撤退，是一项危险的行动，军队必须有严格的训练。公元前七世纪城濮（山东鄄城西南）战役时，曾有过“退避三舍”的壮举，春秋时代周王朝的封国之一——晋国军队，在楚王国强大兵力之前，撤退二十五公里，撤退过程中，楚军尾追不舍，但始终不敢突击。晋国国君姬重耳从高处下望，看到他的军队在虎口下秩序井然，感慨说：“这都是元帅郄谷的功劳，有这样的军队，任何敌人都能克服。”

现在，一千零十五年后，前秦帝国三十万人的强大兵团，也敌前撤退，而且是在一种绝对优势，诱敌深入的战略下撤退。敌人既弱又少，更隔了一条使敌人不能立即发动攻击的淝水，天经地义地，应该十分安闲，从容不迫。可是前秦帝国虽然

猛将如云，却少一个像郄谷先生那样的统帅人才。我们揣测，苻坚这个退却命令下达后，全军同时行动，乱哄哄地变成排山倒海般的狂奔，以致失去控制。在军令体制下，苻坚的命令只对一个人有效，那就是前锋总司令官苻融，将士们必须进一步等待苻融的命令。而大军竟没有等到最后命令，就开始行动，并且一听有人高喊败了，就真的认为败了。这种军队，不像是前秦帝国征服前燕帝国、前凉王国，以及征服代国时所用的训练有素的劲旅。

这就是中国历史上著名的“淝水战役”，其实，并没有“战”，而只有“役”。前秦帝国不是战败，而是退败。我们固然可以在事过之后，在前秦帝国内部，找到必败的原因。但无论事前或事后，在晋帝国内部，却找不到必胜的原因，反而找到必败的原因。谢安的装腔做势，不过是殷浩、谢万等人物。然而，晋帝国终于胜了，使人叹息即令是国家巨变，或者在致千万人于死的战争中，都受命运的影响。至少，晋帝国靠命运女神的青睐，得以不亡。一种不能预见、不能想象的冲击介入，产生连锁反应，使历史的巨轮转向。赤壁战役使中国的大一统延缓七十年，淝水战役使中国的大一统延缓两个世纪。在这延缓的期间之中，战争更酷，屠杀更多。

奇迹仅此一次

晋帝国宰相（司徒）谢安，得到驿马车送来的报告，知道前秦大军已败，当时正在跟客人下棋，遂把信装好，放到床上（四世纪时，“床”是简易的坐具），脸上没有露出半点高兴颜色，只继续下棋。客人向他询问内容，谢安慢吞吞回答说：“娃儿们打了一个胜仗！”棋下完后，返回内室，过门坎时，忘了门坎，连木屐底下的木齿都被碰断。

谢安用一定会失败的手段，获得大胜的辉煌战果，在历史上写下一页奇迹。无数流泪流汗、艰苦工作，而竟不能踏上成功之境的人物，都会沮丧，无法解释其中奥秘。

好在是，四千年来，纯靠命运而建立功业的大事，仅此一桩。绝大多数情形下，还是要靠艰辛的努力奋斗。谢安偶一例外，不能推翻生命的正常法则。

姚苌杀降

前秦帝国（首都长安）新平郡（陕西彬州）粮食吃完，箭矢用尽，而外援不来（后秦围城，参考去年【384】10月）。后秦帝国（首都北地）万年秦王（一任武昭帝）姚苌，派人对郡长苟辅说：“我正在用正义夺取天下，怎么会仇恨忠臣？你只管率城里的部众，前往长安（陕西西安），我的目的不是杀人，只是取得这个城池。”苟辅相信，率居民五千人出城，姚苌派军包围，全部活埋坑杀，男女老幼，不留一个活口。只有前辽西郡（河北卢龙东）郡长冯杰（参考去年【384】10月）的儿子冯终，死里逃生（五千人中逃出一人），逃到长安。

合逻辑的，未必就是真理。合真理的，未必就是事实。在卑劣猥琐的情操下，阴谋成了沾沾自喜的阳谋。相信逻辑、相信真理的高贵气质，反而成了被耻笑的呆瓜。

民主政治容易产生庸才，专制封建社会则容易产生人渣。我们如果不能使诚实成为美德，如果不能建立一个公认的行为标准，姚苌之流的人渣，势将层出不穷，受害的不仅是苟辅五千人而已，而是全体人民。

苻坚失败原因

后秦帝国万年秦王姚苌，派人向被俘的前秦帝国天王苻坚，索取传国玉玺，说：“依照天命运转的法则，现在轮到了我姚苌，应该把皇帝印信交给我。”苻坚拒绝。苻坚因平生待姚苌最为有恩，所以感情上也特别愤怒，好几次都痛骂姚苌，只求一死，对张夫人说：“岂可以叫那些羌奴侮辱我的女儿？”遂先杀苻宝、苻锦。姚苌派人闯入囚禁苻坚的新平郡（陕西彬州）佛寺，缢死苻坚（年四十八岁）。张夫人、中山公苻诜，全都自杀（苻诜是苻坚幼子，参考382年11月）。后秦士卒，无不哀恸。姚苌打算掩饰自己的弑逆恶名，尊称苻坚绰号：壮烈天王。

司马光曰：“评论家一致认为，前秦帝国天王苻坚的覆亡，全由于他没有诛杀慕容垂和姚苌。只有我，认为并不如此。许劭曾经对曹操下评语说：‘太平盛世时的能臣，天下混乱时的奸雄。’假使苻坚治理国家，没有失去控制，则慕容垂、姚苌，全是太平盛世时的得力干部，他们怎么能够制造混乱？苻坚之所以覆亡，由于他突然获得胜利，因而骄傲自大之故。魏斯（战国时代魏国一任国君文侯）问宰相李克：‘吴王国为什么覆亡？’李克回答说：‘屡战屡胜！’魏斯说：‘屡战屡胜，是国家之福，怎么会覆亡？’李克回答说：‘不断战斗，使人民筋疲力竭；不断胜利，使领袖骄傲。以骄傲的领袖，统御筋疲力竭的人民，就不可能不覆亡！’前秦帝国天王苻坚，非常类似。”

苻坚绝不是因为不杀慕容垂、姚苌而失败，司马光的分析，至为透彻。另一个理由是：潜在的敌人是杀不完的，只要叛乱的条件成熟，叛乱就无法遏止，杀了张三，还有李四；杀了王五，还有赵六。

苻坚的失败，也绝不是因为把氐人调走一空，原因跟上述的相同。只不过苻坚这个大计划、大策略，像钢筋水泥的巨厦一样，还没有充分时间凝固，就发生淝水之战的十级地震。一千四百年之后的拿破仑的莫斯科之战，一败之后，引起连锁反应，帝国崩溃，皇帝被囚而死，情形相同。假定时间够久，各国各民族的独立冲动消失，

那时候才能发出它的功能。

苻坚的失败，也绝不是司马光和李克所说的“屡战屡胜”。任何一个政权和任何一个国家的建立，都必须“屡战屡胜”。历史上改朝换代战争，成功的一方，都必须打到全国人民快要死光，然后咬定牙关，作穷兵黩武的最后一击，才能建立大业。

苻坚以盖世英雄，却如此结局，我认为是厄运抓住了他。从淝水之战起，他就一直用一个翅膀飞行，另一个翅膀却被砍断。淝水之退，没有崩溃之理，而竟然崩溃。慕容垂要求外出，苻坚如果拒绝，则淝水之败，不过曹操赤壁之败，仍可维持原有江山。苻坚性情一向宽厚，忽然变成急躁，诛杀无辜的赵都，使姚苌惊恐逃走。如果不诛杀赵都，又该如何？苻丕袭击慕容垂，间不容发，慕容垂却能逃掉！苻坚几乎渴死姚苌，却只后秦军营倾盆大雨。西燕军营中纵火，本可里应外合，火却反扑。纵有千种奇计异谋，也受不了如此摧残。苻坚死时，内心的痛苦悲愤，我们深深体会，并在千载之下一哭，为他的遭遇哭，也为当时中国人民遭遇哭，苻坚死而姚苌生，优败劣胜，历史进入反淘汰的黑洞时代。付出代价的，是当时小民，要多受二百年之久的活罪，才能使大分裂时代结束。

最好不认识他

后秦帝国（首都长安）将领姚方成，攻击前秦帝国雍州州长（刺史）徐嵩堡寨，攻克，俘虏徐嵩，一件件数说他的罪状，徐嵩诟骂说："你们的姚苌，犯下滔天大罪，罪该万死。当初苻黄眉打算把他处斩，幸亏先帝（苻坚）阻止（此事应发生在姚襄败死的357年5月）。不仅救他一命，还任命他担任中央和地方重要官职，荣耀宠爱，都达到极点。可是姚苌却连狗马都不如，狗马还知道主人有养育之恩，姚苌却亲下毒手，做出大逆之事（指缢死苻坚，参考前年【385】8月）。你们这些羌人丑类，怎么可以当人看待？为什么不快点杀我！"姚方成大怒，分三次斩徐嵩（三斩：先斩脚，再斩腰，最后斩脖子），把徐嵩的将士全体活埋坑杀，将士们的妻子女儿，赏赐给自己军队。

后秦帝姚苌，把他的恩主、前秦帝国三任帝苻坚的尸首挖出来，抽打无数皮鞭，脱掉衣服，露出身体，用荆棘再包起来，重掘一个土坑埋葬（苻坚原葬在徐嵩、胡空两个自卫堡寨之间）。

慕容垂跟姚苌，先后背叛苻坚大帝，有他们不得不背叛的苦衷。慕容垂身受复国建国的压力，姚苌则害怕下一次的诛杀，我们充分理解，也充分同情。然而，既叛之后，慕容垂种种，仍是英雄豪杰本色，怀有浓厚的感恩和深切的惭愧之情，而姚苌却狼子野心，凶狠冥顽，不知道他对苻坚大帝为什么痛恨至此？小人物之所以用惨烈卑鄙的手段回报恩主，主要的是他必须这样，才能消化自己因忘恩负义所产生的内咎，和有希望使别人相信自己并没有忘恩负义。

世界上确有一种人，你最好不要认识他；不幸认识他，最好不要跟他有友谊；不幸有了友谊，最好不要对他有恩。但是，这种人往往有动人心魄的蛊惑力；连苻坚大帝，都不得不坠入陷阱。

刘勃勃

刘卫辰的幼子刘勃勃，投奔薛干部落。拓跋珪派人要薛干部落把他交出，薛干部落酋长太悉伏把刘勃勃送走，而对使节说：“刘勃勃国破家亡，穷途末路，前来投靠，我宁可跟他一同逃亡，怎么忍心捉住他交给贵国？”遂把刘勃勃送给没弈干（时据高平【宁夏固原】），没弈干把女儿嫁给刘勃勃。

评论姚苌时，我们曾说过一句话：“世界上确有一种人，你最好不要认识他……”391年出现的刘勃勃，是一个比姚苌更卑鄙、更毒辣的角色，也可能他比姚苌更有仪容，意气轩昂，堂堂一表，给人的印象十分良好，所以他为害的程度，也更猛烈。没弈干因赏识他，而把女儿嫁给他，他们父女也因此最先付出代价。

人生，变数太多，忘恩负义之辈，不管他是谁，不管他是干什么的，所制造的灾祸都是对善良人性本质上的伤害。人们发觉得越早越好，醒悟得越快，受伤也越轻！

王家少女

396 年，晋帝国（首都建康【江苏南京】）太子司马德宗（本年十五岁），娶故立法院立法长（中书令）王献之的女儿王神爱当太子妃。王献之，是王羲之的儿子（王羲之，是王导的侄儿，以书法闻名于世）。

仅仅阅读这段报导，虽在千载以下，我们仍然为那位王家少女高兴，她跃升到所有少女梦幻中的高位——太子妃。盛大的婚礼，高度的荣华，跟白马王子，双双对对，像每个传统童话的结局一样："快快乐乐过一辈子。"

然而，根据事实，我们却为那位王家少女兴悲，因为白马王子司马德宗是一个智商不过稍高于零的白痴。这使我们警惕：表相和真相，落差太大，是产生悲剧的原因之一。思考能力或判断能力，就是要探讨真相，而不受表相的蒙蔽，王女士的婚姻幸不幸福，就会得出正确答案。

女性巨星

晋帝（十五任孝武帝）司马昌明喜爱饮酒，整天沉醉在后宫之中，清醒而能过问国家大事的时候，少之又少，外人很难见他一面。后宫千万美女中，以张贵人最美貌绝伦（贵人，小老婆群第三级），最受司马昌明宠爱，其他小老婆群和宫女，都对她畏惧。一天，司马昌明在后宫欢宴，能歌善舞的美女和乐队，一旁伺候。张贵人年龄将近三十岁，司马昌明开玩笑说："以你的年龄，应该靠边站了，我爱更年轻的！"张贵人怒不可遏。当晚，司马昌明沉醉如泥，在清暑殿倒头大睡，张贵人拿酒赏赐所有宦官，打发他们走开。然后命贴身婢女用被子蒙住司马昌明的脸，把司马昌明闷死（年三十五岁）。然后重金贿赂左右侍从，声称："皇上睡梦中遇到鬼怪作祟，突然死亡。"太子司马德宗愚昧懦弱，会稽王司马道子昏庸荒淫，对司马昌明的死因，遂没有人追究查问。

中国皇宫，是世界上最豪华和最冷酷无情的美女人肉市场，主顾只有一个，就是帝王。几乎全世界的美女，都集中在这个大院，而她们唯一的盼望就是帝王恩准她爬上御床。如果她没有这种福气，或虽有这种福气，而终于又被抛到脑后，她只敢哀怨，不敢绝望，更不准愤怒——这就是圣人最欣赏的"哀而不伤，怨而不怒"的美德。有权玩人的人、有权不把别人当人的人，对这种美德，赞不绝口。假如有人在受到伤害后，竟然敢"绝望""愤怒"，立刻就成了危险的偏激分子，因为他使有权玩人的人和有权不把别人当人的人，心惊胆颤。

司马昌明在皇帝群中，不是一个坏蛋，对张贵人的一席话，在当时的封建社会中，也并不残忍。但我们欣赏张贵人的反击，历史上谋杀帝王的行为，数不胜数，但由宫中美女动手的，却只有两件：一件是张贵人，一件是 1543 年明王朝杨金英谋杀朱厚熜。杨金英女士的杀机不明，但我们可以确信她和张贵人一样，都由于不能忍受人格上的屈辱。她们的勇气是第一流的，敢于向最可怖的专制封建头目挑战，而不在乎自己的生死。

中国人一直被训练得不敢发怒，一切要求忍让，连被鞭打时呼痛呼冤的声音，都被认为受人利用，用来打击手握权柄的巨官。在这种暗无天日的教育熏陶下，前有张贵人，后有杨金英，成为历史上唯一的一对女性巨星，这种反抗人物增多的话，恶徒自会减少。不过，如果一切罪恶，都必须用血腥手段，才能对抗，就是一个灾难的社会，也是一个痛苦的民族。必须有一天，另有管道，用和平公义的手段，同样也能够消除迫害，中国人才有真正的幸福。

慕容麟

398 年，赵王慕容麟，领头向慕容德奉上皇帝尊号，慕容德（本年六十三岁）仿效老哥慕容垂前例，先称燕王，把永康三年改成燕王元年，把燕王府改成中央政府，颁发号令，设立文武百官（又一个“燕”兴起，史称“南燕”）。任命赵王慕容麟当最高监察长（司空），兼国务院总理（尚书令）；慕容法当中军将军；慕舆拔当国务院左执行长（尚书左仆射）；丁通当右执行长（右仆射）。

慕容麟又阴谋叛变，南燕王（一任献武帝）慕容德把他斩首。

慕容麟聪明伶俐，连一代枭雄、历尽人生沧桑的老爹，纵然在屡次被这位儿子出卖之后，仍爱他如初，说明慕容麟有他优越的反应能力和偶发性的超人见解。问题是，他缺少智慧。缺少智慧的人最大的特色是特别自私，一直扩张自己的空间，从不去想别人，也从不去看别人。正义、理想、亲情、友情，以及罗曼蒂克的高雅情怀，只有在有助于他获得现实利益的时候，他才重视。否则，不过一句虚话。慕容麟不断叛变，家国越是危险的时候，他越奸诈反复，原因在此。

有聪明而没有智慧的人，最后不一定都倒霉到被杀，但可以肯定：他所渴望得到的东西，往往一辈子也得不到。自私的程度，也就是痛苦的程度。

慕容盛

后燕帝国（首都龙城【辽宁朝阳】）平民天王（三任昭武帝）慕容盛（本年二十九岁），鉴于老爹慕容宝（二任惠愍帝）过度懦弱，以致国破身亡，所以竭力矫正，建立绝对威严，刑罚凌厉而残忍；而又自以为十分聪明，对很多人都心怀敌意，造成无穷无尽的猜忌。文武官员只要有一小点嫌疑，就不由分说，立即诛杀。因此，包括家族、元老、功臣在内，人人不能自保。

慕容宝失败的原因，在于他昏庸，不在于他懦弱。慕容盛检讨老爹失败的原因时，竟然检讨出来在于过度懦弱。犹如一个人中风死亡，验尸的结果竟说是因为脚趾长癣一样，十分奇异。

有一种检讨永远得不到正确答案，那就是主持检讨的人，无法承受正确答案的打击。慕容盛先天受到限制，他不能抨击老爹低能，所以只好胡扯，根据这个胡扯出来的病状，诊断治疗，当然开错药方。不但治不好病，反而越治使病越重。

张华

南燕帝国皇帝（一任献武帝）慕容德的娘亲，跟老哥慕容纳，都留在长安（陕西西安），慕容德派平原郡（山东平原）人杜弘前去探访。杜弘说：“我到长安，如果找不到太后，当西上前往张掖郡（甘肃张掖。前秦帝国时，慕容德当张掖郡郡长，老哥慕容纳就在张掖安家落户）。尽力完成使命，不死不止。我老爹杜雄，虽然年过六十岁，但仍请赐给他一份本县俸禄，回报对我的养育之恩。”立法院最高立法长（中书令）张华说：“杜弘还没有出发，就向皇上请求俸禄，要挟君王，罪大恶极。”慕容德说：“杜弘替君王迎接娘亲，替老爹请求俸禄，忠孝双全，有什么罪？”任命杜雄当平原（平原郡郡政府所在县）县长。

杜弘的行为只有一个，张华抨击他要挟君王，罪大恶极；慕容德则认为他恰恰忠孝双全。这正是中国人的悲哀，永远被人从两个极端评估，谁的权大，谁的评估就是正确。

慕容德虽然是干上了皇帝，还多少有点人性，知道除了自己有父母外，别人也有父母，对方索取报酬是合理的。张华人性已失（他只不过希望慕容德听了他的马屁话，升他的官而已），认为无权无势的小民，应该无条件为有权有势的大家伙牺牲。这种奴才根性，流毒到二十世纪之后，终于受到批判。

无限权力病毒

402年，晋帝国有关单位弹劾会稽王司马道子：酗酒、不孝，应绑赴刑场，斩首示众。晋帝司马德宗下诏（桓玄诏），把司马道子贬逐到安成郡（江西安福）；逮捕司马元显，以及东海王司马彦璋（司马元显的儿子）、谯王司马尚之、庾楷、张法顺、毛泰等，绑到首都建康街市，砍下人头。桓修为王诞竭力请求，仅把王诞贬逐到岭南（南岭以南）。

司马元显临死时，不过一个二十一岁、少不更事的花花公子。他的儿子司马彦璋，可能还是吃奶的婴儿。是无限权力的封建政治害了这对年轻父子，也是无限权力的封建政治害了中国人。无限权力这种滤过性病毒，连历尽人生艰难的老将都挡不住，何况一个小娃！

王始

403年，南燕帝国（首都广固【山东青州】）变民首领王始，自称太平皇帝。桂林王慕容镇率军讨伐，生擒王始。绑赴刑场，执行死刑时，有人问王始：老爹跟老哥老弟在什么地方？王始说："太上皇（老爹王固）蒙尘流亡在外，征东将军（老哥王林）、征西将军（老弟王泰），被叛军谋害！"他的妻子对他诟骂，王始说："皇后有所不知，自古以来，岂有不亡之国，朕宁可驾崩，正统不可更改。"

中国历史上改朝换代的运转法则，始终如一，自从有记事之后的四千年来，一直停留在野蛮部落为争夺酋长而作殊死斗阶段。疆场战胜，大义是他的，正统是他的。一旦战败，大义就成了别人的，正统也成了别人的。王始自称皇帝，既有政府组织，又有武装部队，恐怕为时少则一年，多则数年或十数年。史书上说：南燕帝慕容德曾嗤之以鼻，对左右失笑说："这个疯子，狂言狂语，怎么能不诛杀！"慕容德认为王始精神失常，不知天高地厚。事实上，王始的毛病出在枪杆不够多而已！只不过七年之后，慕容德一族，包括皇后老奶，以及"征东将军""征西将军"，全被绑赴刑场斩首。这是一个绝大的讽刺，假设黄泉路上，王始脚步稍慢，慕容一族的阴魂从背后赶上，不知道露出什么嘴脸！

王始过瘾，慕容德对他失笑；慕容德过瘾，建康人对他也失笑；政权稍微长一点的君王，一旦枪杆从屁股下面抽出，他就也会立刻一个倒栽葱下来，栽到刑场。大多数亡国君王，不过一堆笑料。王始建立的是个具体而微的迷你政权，如果要研究中国帝王，他是一个样板。

王始演出的，不过一幕闹剧，慕容德演出的，也不过一幕闹剧，岂止二人如此，历史上又有多少帝王，不是在演闹剧？既使人嗤之以鼻，又使人扼腕悲痛。

我们盼望这种闹剧永远消失，像传统社会中缠足、宦官永远消失一样，把政治斗争提高到民主层面，不再依靠杀戮。王始、慕容德之类人物，才不至霸住舞台不放，一直在那里笑别人和被别人笑。

吕隆

403 年，后凉王国（首都姑臧【甘肃武威】）亡，末任王吕隆及吕姓家族，全被迁往后秦帝国的首都长安。

吕隆临行之前，派使节向马上就要被铲成平地的一任王吕光祭庙，告别说：“陛下运用神奇的谋略，在中国西方建立基业，恩德推广到全体人民，声威震动远近。可是，枝叶后嗣不能振作，一连串篡夺谋杀；而又受到两个盗匪集团（指南凉王国和北凉王国）的轮流逼迫。我们马上要回到东方京师（后秦帝国首都长安），就在这里，跟陛下永诀。”悲痛流泪，在旁护送的后秦受降兵团，都被感动。

赌徒扫地出门时的心理状态和狼狈模样，倍觉可怜，但当初他们诛杀豪门立威，活埋甘愿当蛮族奴婢的饥民，却那么凶恶无比。我们不应该被他们的眼泪欺骗，更不能对把家产输光后发出悲啼的顽劣之辈同情。

报复

刘裕尚是小官时，品行低下，社会高阶层人士都不肯跟他来往，只有王谧对他另眼看待。刘裕曾跟刁逵一起赌博，赌输了却无钱偿还，刁逵把刘裕绑到系马桩上。403 年，刘裕率军击败叛徒桓玄，遂斩刁逵。

恩怨分明，稍稍报复过去所受的迫害和侮辱，是英雄气概，但不能超过公道。否则，不仅是气量狭小而已，更泄露了自己的素质卑鄙。事实证明，刘裕果然不是善类。

呼延平

最初，南燕帝国一任帝慕容德，在前秦帝国任张掖郡长，老哥慕容纳、娘亲公孙女士，一同在张掖定居。前秦帝苻坚于 383 年进攻晋帝国时，征调慕容德随军出征，慕容德临走，留下金刀，作为见证。后来慕容德追随兄长慕容垂再建燕国，前秦逮捕慕容纳和慕容德所有的儿子，全部诛杀，只公孙女士因年纪太老，特别赦免。慕容纳妻段女士，怀孕在身，羁押监狱，留待生产后处决。监狱看守员呼延平，正是慕容德旧部，秘密把公孙女士及段女士盗运出狱，逃往西羌地区，就在那里，段女士生下慕容超。公孙女士患病，死前把金刀交给慕容超。后来，呼延平逝世，段女士命慕容超娶呼延平的女儿为妻。

凡是大义，必有深情，一片尔诈我虞、反复残杀的苦海中，呼延平是人性的圣火，引导人类善良的心，航抵彼岸。

呼延平付出的代价是沉重的，不是一个庸碌之辈所能承受，所以不应要求每个人都能如此，但可以用来评估自己，当自己无法做到呼延平做到的事时，对侠情义行，就会充满尊敬。

李暠信

西凉王国（首都敦煌【甘肃敦煌】）首领凉公爵李暠，写信给他所有的儿子，大略说："从事政治的人，对奖赏和惩罚，应特别慎重，不可以被喜爱或憎恨的情绪控制。接近忠良正直，疏远邪恶奸佞，不要使左右亲近的人暗中窃弄权威。对你的诽谤和对你的称誉，都要一一检查它的真假。审理诉讼，要和颜悦色；判断曲直，要尽情尽理；千万不可以先行认定对方心怀奸诈，也千万不可以还没有经过多方面调查，就下结论。言谈和神色，要尽量温和。务必听取很多人的意见，不要自命不凡，专断独行。我主持政府，已经五年，虽然不能使人民安息，然而，我能尽量包容别人的缺点，所以早上还是仇人，晚上可能成为知心好友。大体上，对旧雨新知，都没有对不起的地方。处理事情，一定力求公平、心情坦荡、没有偏爱。最初，这样做还觉得十分勉强，难免愤愤不平。从眼前的利益来看，可能受到损失，可是往远处瞻望，受用无穷。希望在古圣先贤面前，无羞无愧。"

李暠所说的道理，是人生一条正当道路，用以作为自我训练的教材，启发性很大。可是，用来教育一个不受约束的权势人物，效果便等于零。像"接近忠良正直，疏远邪恶奸佞"，这一类话，哪个不知，哪个不晓？诸葛亮前后《出师表》，所有知识分子都曾经读过，"亲君子，远小人"，声震屋瓦！问题在于忠良和奸邪不容易分辨，即令可以分辨，有权大爷往往就是爱看别人不停摇尾，任何人对他都束手无策。

我们不能盼望人们都是智者圣贤，也绝不相信在没有刹车设施之下，智者圣贤有能力刹车，现代人需要的是权力制衡。

殷仲文

曾是桓玄死党的殷仲文，于投降晋帝国后，被任命为国务院执行官（尚书），后被外放当东阳郡（浙江金华）郡长，愤愤不平。江东五郡军区司令长官何无忌素来仰慕殷仲文，而今又是殷仲文的顶头上司，殷仲文答应顺道拜访，何无忌大为欢喜，准备盛大招待，可是殷仲文因官场失意，精神恍惚，竟没有前去，何无忌认为受到轻侮，大怒。407 年闰二月，镇军将军府部将骆冰，阴谋叛变，镇军将军刘裕斩骆冰，并接受何无忌建议，宣称殷仲文是骆冰同党，斩殷仲文，屠灭全族。

殷仲文不过是一个伶俐乖巧的小政客，这位桓玄的姐夫，一看桓玄势大，立刻投靠，在桓家班中，简直只有他忠心耿耿，万世不变。然而，一看桓玄势衰，又立刻开溜，运载两位皇娘返宫（参考 404 年 5 月），证据确凿地大义灭亲。

假如他能一直保持伶俐乖巧的程度，拍上新贵何无忌的马屁，仍有享不完的荣华富贵。然而，政客的主要特质是势利眼，而殷仲文也就死在势利眼上，严重而敏锐地看待得失，对方一失意就立刻翻脸，自己一失意自然魂不守舍。殷仲文真正谋反的罪行，成为他升官的阶梯；并没有谋反时，却硬被认为谋反，人生之难以预料如此。

势利眼对别人是一种刺激，可以刺激别人发奋上进，但对自己却是一帖毒药，轻则伤害自己心灵，重则就成了殷仲文，惹火上身。

野心家与忘恩负义

后秦帝国（首都长安【陕西西安】）与北魏帝国（首都平城【山西大同】）和解，被北魏消灭、投降后秦帝国的匈奴酋长刘勃勃，听到消息，大为愤怒，阴谋叛变，于是袭击他岳父高平公爵没弈干镇守的高平（宁夏固原），斩没弈干，吞并他的部众。

没弈干为了保护刘勃勃，被北魏帝国大张挞伐，受尽苦难。402 年，北魏长山王拓跋遵，千里突击，没弈干带着刘勃勃逃亡。当时，因为拓跋遵是敌人，敌人入侵，全境都惊，没弈干得以趁乱脱身。而 407 年这一次，刘勃勃入侵则不然，他打的旗号是还乡省亲，跟 453 年刘劭谋杀南宋帝国三任帝刘义隆一样，都居于不被怀疑的地位。一位是女婿、一位是儿子，身为岳父和老爹的当事人，遂不得不死。刘勃勃第一击的对象便是恩主，他宣称他之所以背叛，是后秦帝国跟北魏帝国和解的缘故。那么，他应该恨北魏帝国入骨才对。可是根据以后的发展，他对北魏帝国却畏惧如虎，碰都不敢碰，而只敢对恩重如山的后秦帝国，屡施毒手。忘恩负义之辈，不管他是干什么的，模式都千篇一律：口里说的是一套、笔下写的是一套，做的又是一套。

莫题事件

386年，北魏帝国一任帝拓跋珪起事，酋长之一的拓跋窟咄发兵反抗，另一酋长莫题认为拓跋珪只有十六岁，不可能成功，暗中跟拓跋窟咄联络，并送一支箭作为信誓说：“三岁大的小牛，怎么拉得动重车！”拓跋珪心里衔恨，一直不忘。408年，有人检举莫题不法，拓跋珪派人把当初那只箭送给莫题，问他说：“三岁大的小牛结果如何！”莫题父子相对哭泣。第二天，逮捕令下，斩首。

二十年前顺口一句话，拓跋珪隐忍不发，因为权力还没有稳固。一但稳固，旧账立刻清算，而在这二十年的漫长岁月中，莫题父子认为大人物一定有大度量，为了回报这份包容，立下不少汗马功劳。

不要盼望一个掌握权柄的人，会有宽恕的美德。因之，也只有掌握权柄的人对人宽恕，才是真正的高质量人格。而一个人在自以为得意非凡时，也应该千万记住，不要随便送出你的箭。

慕容超英勇迈向死谷

409 年，南燕帝国（首都广固【山东青州】）末任帝慕容超，宠信公孙五楼等，诛杀谏官，又横挑强邻，亡局已成。

南燕帝国的局势，不仅当时的人有一种无力感，就是一千五百年后的读者，无力感仍然存在。不过最痛苦的还是当时明智的爱国志士，他们清楚地看到危机，却无法阻止这个伶牙利齿的半吊子头目，向死谷英勇迈进。

无力感虽然不一定会覆亡一个国家，但一个国家在覆亡之前，人民一定会有强烈的无力感，眼睁睁地看着大厦瓦解，只能叹息。

拓跋珪

409年10月13日，北魏帝国一任帝拓跋珪诟骂贺夫人，打算杀她。贺夫人秘密派人通知她儿子清河王拓跋绍。拓跋绍本年十六岁，跳墙进宫，直奔天安殿。拓跋珪惊醒，急找武器却找不到，拓跋绍遂格杀老爹。

暴君被杀，使人欢呼；但老爹死于一个未成年的儿子之手，天伦巨变，却使人心情沉重。太美丽的东西，往往有毒，有它的道理，那位倒霉的丈夫就因为妻子太漂亮，而被人在胸膛上插刀。但生下的儿子刺死老爹，却跟娘亲太美丽无关。历史上很多这种例证，在探索原因时，却用几行文字，把真相掩住，而随便抓个其他理由充数。

拓跋珪之横死，他自己要负全责，倒悬入井，岂是教子之法？厌恶儿子，怎能迁怒儿子的娘，竟要杀人？至爱的太子一经召唤，便惊恐而逃，说明拓跋珪兽性发作时的可怖，兽性之所以可怖，是因为他手中的权力无限，假使权力有限，就不会有这场家庭悲剧。

慕容超

410 年，晋帝国大军攻陷南燕帝国首都广固（山东青州），南燕末任帝慕容超逃亡被擒，押回建康（南京市），绑赴刑场斩首（年二十六岁）。

慕容超一生遭遇，好像一出传奇戏剧，如果我们不知道这是真实历史，定会对作者幻想力的丰富，大为惊叹。先是前燕帝国灭亡，接着边城落户，金刀赠别，再接着，老爹参与军事叛变，大逮捕下，全家被屠，黑狱逃生，妻子生下遗腹之子，流亡万里。于是，突然间，乞丐变成白马王子，白马王子变成英明国王。欧洲童话中才有的故事，在五世纪的中国政治舞台上，竟真的实现，而以慕容超亲到马兰关迎接娘亲妻子，达到高峰。历史脚步如果停在高峰该多好，可是结局却如此悲惨，又是突然间，白马王子从宝座上跌下来，被当作江洋大盗，绑到刑场，砍下人头！心肠稍软的作家，都不忍心写下这种结局，但历史却会。

慕容超跟很多亡国之君一样，而他的坎坷遭遇，使他的罪恶，更为具体而明显。他从乞丐跳上宝座，立刻就忘了他是谁——世界上确实有很多人，能把过去忘得一干二净，不留痕迹。南燕帝国跟慕容超何干？当别人血战建国时，慕容超还在街头流浪，一旦掌权，就好像他原来就是白马王子、英明国王。刚愎自用，妄自尊大，自以为英明无比。他对别人的建议只有两种反应，一是严厉拒绝，一是诛杀。尤其不可原谅的，是它横挑强邻。南燕帝国活生生被他埋葬，可是从被俘到处决，他却面不改色，看起来是条英雄好汉，实际上正是死不认错，冥顽不灵，脑筋僵硬得像千年化石。

假使那时候的南燕帝国是一个民主国家，国会和舆论群起阻止慕容超施展他的聪明，岂不是不但救了帝国，也救了他自己，救了那么多战死的士卒，更救了被处决的三千男女。

桓姓家族屠灭

410年，桓家班残余分子桓石绥，乘卢循兵变，攻击晋帝国首都建康之际，在洛口（陕西洋县）聚众起兵，自称荆州州长。晋帝国魏兴郡（陕西安康）郡长傅弘元讨伐，斩桓石绥。桓姓家族，遂被屠灭。

桓姓家族的社会地位，居于最高阶层，权势和财富交集，盘根错节，除非叛变失败，其他任何方法都不能使他们灭绝。

专制封建社会里，最危险的行为，就是夺取政权，王始属于典型代表。这种走马灯式的循环，永无止境的屠杀，对中国人而言，完全没有能力解决，直到西方民主政治传入，清王朝皇族爱新觉罗家属，才总算保住性命，没有一个人砍头。所谓五千年的传统社会，每一个开国的所谓“太祖”“太宗”之类，都不过在那里玩命。

我们对王始帝国的公卿将相，深表哀悼。失败，当然灭九族；即令成功——再大的成功，最后仍是一团血腥（自古没有不亡之国），也同样付出九族。我们盼望终有一天，任何夺权的有志之士，都不必付出屠灭的代价，而大小当权派官员，也不必用杀戮保卫自己，大家都能快快乐乐地上坐，平平安安地下台。

姚兴

411年，后秦帝国二任帝姚兴下令文武官员，推荐贤能。国务院右执行长（尚书右仆射）梁喜说：“我始终没有发现适当人选，可以说世上缺少人才。”姚兴说：“自古以来，从不在古人行列里挑选宰相，也从不等待还没有出生的人来当大将。怎么可以信口开河，诬称四海无人！”

姚兴的话，十分精彩。然而，对人的观察，不能看他说什么，还应看他做什么。如果只看他说什么，近代大众传播媒体，充塞每个角落，一旦控制在当权分子之手，暴君全都成了可爱的小白兔。

姚兴不是一个坏人，但也绝对谈不到智慧，偶尔说了两句聪明的话，也到此为止，并没有能力实行。有些人就是这样，在言论上是一个明白人，在行动上是一个糊涂蛋。

严格执法

412 年，晋帝国全国武装部队总司令（太尉）刘裕，讨伐荆州州长刘毅，刘毅战败，深夜投奔牛牧寺。最初，405 年，桓蔚溃败时，也投奔牛牧寺。寺僧释昌把他藏匿，刘毅斩释昌。此次寺僧拒绝说："从前我那已亡故的师傅，收容桓蔚，被刘毅杀掉，今天，实在不敢开门接受外人。"刘毅叹息说："自己制定执法标准，自己伤害自己，竟到这种地步。"遂上吊自杀。

当初，公孙鞅失败逃亡，旅馆拒绝他投宿，他叹息说："作法自毙，一至于此！"现在，刘毅失败逃亡，庙宇拒绝他投宿，他也叹息说："作法自毙，一至于此！"我们不知道这两句话是不是真的出于二人之口，还是儒家学派为了证明法治的弊端，故意捏造出来，作为恐吓！而只知道，这两句话对读者有误导作用。

公孙鞅的失败，失败于新君要报宿怨。刘毅的失败，失败于他自己暴戾斗狠的个性。跟执法不执法，沾不上边。难道公孙鞅逃出关卡，刘毅在庙中睡了一觉，二人的灾难就可消灭？

时至二十世纪，已没有人再反对严格执法。不过，历史上偏有这么多和稀泥之士，辛辛苦苦不断地把所有罪恶都归于严格执法，而中国知识分子竟也接受这种反理性、反逻辑的推论，实在可惊。

功臣

北燕帝国（首都龙城［辽宁朝阳］）国务院总理（尚书令）孙护的老弟孙伯仁，当首都龙城市长（昌黎尹），跟另一老弟孙叱支乙拔，追随前燕天王（二任文成帝）冯跋起事，要求开府仪同三司（宰相级），冯跋不准，二人口出怨言，冯跋遂把二人诛杀。孙护闷闷不乐，冯跋又毒死孙护。辽东郡郡长务银提怨恨职位太低，打算投降外国，冯跋又斩务银提。

功臣是中国历史上最危险的一种职业。无论统一全国的大王朝，或割据部分地盘的小王国，都是一样。从名满寰宇的文种、伍子胥、白起、韩信，到小局面卑微的孙护、务银提，每一个人最后都大祸临头。不仅仅是当权大爷少恩、功臣功高震主而已，而是专制的制度，把人与人间的恩情道义，一笔勾销。吃了某种药，就会有某种症状反应。

智者

416年，西凉王国（首都酒泉【甘肃酒泉】）军政官（司马）索承明，上疏首领（一任武昭王）凉公爵李暠，建议出军讨伐西凉王国（首都姑臧【甘肃武威】）。李暠对索承明说：“沮渠蒙逊是人民的一大灾害，我怎么会忘记！只是我们的力量，还不能把他铲除。你一定有生擒沮渠蒙逊的谋略，就应该给我一个精密计划。如果只是满口大话，一味怂恿我大张讨伐，这跟过去有人拍胸脯说：‘石虎（后赵帝国三任帝）不过一个小丑，应该迅速捉拿归案，绑到街市斩首！’有什么分别？”索承明惭愧恐惧，辞别退出。

台湾有句谚语：“拿别人的手指捅蛇窝！”捅出黄金，多少还可以分点零碎。捅出毒蛇，反正咬断的是别人的手指。于是，行险侥幸之徒，总是经常的豪情万丈，煽动别人：“斯可忍，孰不可忍！”“拼啦！拼啦！”反正坏处属于别人，好处属于自己。

李暠没有被索承明的迷汤话奉承得忘了天高地厚，在这件事上，他是智者。

王镇恶

417 年，晋帝国（首都建康）击灭后秦帝国（首都长安），全国武装部队总司令（太尉）刘裕撤军之前，命王镇恶当军政官（司马），全权处理关中（陕西中部）军政事务。关中人一向尊敬王猛（王镇恶是王猛的孙儿），而攻克长安，王镇恶的功劳又最多，原籍江南的将领，羡妒交加，振武将军沈田子，及雍州总参谋秘书长（治中从事史）傅弘元，不断地警告刘裕说："王镇恶家在关中，不可信赖。"刘裕说："今天留下你们文武官员将士和精锐部队一万人，他如果要作乱的话，恰恰自取灭亡，不必多说。"刘裕又私下告诉沈田子说："钟会所以没有闹出大事，因有卫瓘的缘故，俗话说：'一只猛兽，不如一群狐狸。'你们十几个人，怎么还怕王镇恶。"

刘裕对王镇恶，从头到尾，没有一句肯定的话，当初贾充问司马昭："你是不是有点怀疑钟会？"司马昭回答说："现在我派你出征，难道也怀疑你！"（参考 264 年正月。）而刘裕连司马昭这几句话都没有，他对沈田子等的表态，无疑已把王镇恶当作一条鲜鱼，活泼泼地托到厨师的砧板之上，要厨师下刀。

王镇恶一直认为他已获得一个英明领袖的欣赏，人头卖给识货的，他已找到买主。万想不到，买主不过是一个鱼贩！英雄事业之难，在此。

“清议”

420 年，刘裕篡夺晋帝国皇帝宝座，建立刘宋帝国，第一个动作就是下诏：凡是受乡里舆论抨击的人，一律恢复名誉，使他们有改过自新的机会。

裴子野曰：“从前，姚重华（舜）接受国家大任，首先流放‘四凶’（四凶：共工、驩兜、三苗、姒鲧。参考 864 年 4 月注）。姬发（周王朝一任王武王）克服商王朝，把顽劣的遗民，迁到洛阳。只要是罪恶，到什么地方都是罪恶，冒犯乡里清议的人竟然赦免，是一项过错。”

裴子野的议论，暴露出他对孤寒骨体人士有一种迫害狂。“只要是罪恶，到什么地方都是罪恶。”话说得真漂亮，掷地有金石声。然而，桓玄篡夺是罪恶，刘裕篡夺为什么忽然不是罪恶，反而成了高祖武帝？姚重华之放逐“四凶”，是在一场激烈内斗中取得胜利后惩罚失败者的行为，只不过为扫除将来篡夺政权时可能出现的绊脚石。姬发眼中的“顽民”，正是商王朝的孤臣烈士。所谓乡里清议，应是民间的公论，可是大分裂时代的清议，握在有权有钱的地主和知识分子之手。刘裕对“清议”的流弊感觉深刻，所以一旦有权，立即废除。刘裕一生中很少有可敬的行为，洗刷乡里清议对孤寒骨体之士造成的伤害，应受赞扬。

谋杀末代帝王

篡夺帝位成功的刘宋帝刘裕，把一瓶毒酒，交给前琅邪国王府禁卫官司令（琅邪郎中令）张伟，命他毒死晋帝国被罢黜的最后一任帝、现在改封零陵王的司马德文。张伟叹息说："毒死君王而求保命，不如一死。"就在路上自己喝下，逝世。祭祀部长（太常）褚秀之、高级咨询官（侍中）褚淡之，都是司马德文正妻褚灵媛的老哥。司马德文妻妾群中，有人生下男孩，刘裕就命褚秀之兄弟，趁便扼杀。所以司马德文自让出宝座后，非常恐惧自己也遭到毒手，跟褚灵媛同住一间房子，在床前摆个火炉，自己煮饭烧汤；买菜买米都由褚灵媛出钱负责。刘裕派出的杀手，一时找不到机会，而刘裕不能等待。421 年 9 月，刘裕命褚淡之，跟老哥首都西区卫戍司令（右卫将军）褚叔度，前往探视妹妹，褚灵媛出来到另一间房子跟老哥相见。早已埋伏好的士卒，这时翻墙而入，把毒药递给司马德文。司马德文拒绝，说："佛教教规，自杀而死的，再世投胎时，不能得到人身。"士卒一拥上前，用棉被蒙住司马德文的头，闷死（本年，司马德文三十五岁，褚灵媛三十八岁）。刘裕率文武百官，亲临金殿三天，表示哀悼。

中国历史上，政权的转移，只有两种方法，一是篡夺，一是革命。前者是：君王手下的高官大将，本来是向君王叩头朝拜的，有一天，时机成熟，君王下一道诏书，把宝座让他来坐。至于革命，则是叛徒率领大军，打进京城。君王或逃或死，变成罪犯；叛徒登极，变成君王。

然而，当篡夺被赞美为禅让时，新当权的君王对于被罢黜的君王，往往饶他一命。王莽不杀刘婴，曹丕不杀刘协，司马炎不杀曹奂，连桓玄都不杀司马德宗，多少还有一点文明气息。可是，这种保持五百余年之久的一点文明气息，却被地痞流氓出身的刘裕摧毁。刘裕是第一个在篡夺后谋杀故君的人，他创下了恶例，只因他聪明过度，认为过去那种不开杀戒的办法，不足以保护政权。但是再也想不到，他创下的恶例，一直被后代篡夺者效法，而且变本加厉。最讽刺的是，刘裕的子孙，最先受到这种残酷恶例的回报（参考 479 年 5 月）。

虎牢陷落

422 年，北魏帝国倾全国之力，围攻刘宋帝国所属的虎牢（河南荥阳西北汜水镇）。守将毛德祖率军死守，二百余天，没有一天没有战斗，将士不能睡眠，眼都生疮。并开始缺水，受伤的人已流不出鲜血。423 年，终于陷落。

中国历史上最多的是内战英雄，包括韩信、关羽、张飞等一系列将领，杀的都是华人同胞。而对抗外国入侵的英雄，却寥若晨星。毛德祖和他麾下的几千无名战士，在真正的英雄谱上，写下血泪互映、最光辉的一页。虎牢以一座孤独的英雄之城，跟正兴旺中的北魏帝国对抗，北魏投下去全国兵力，一连三次增援，连他们的皇帝也都亲自出场。

二十世纪四十年代，柏杨先生曾访问该地，凭吊昔日战场，万壑千山，仍隐约响起哀兵的哭声和杀声。英烈在此，千古同钦！

团结

424 年，吐谷浑汗国（青海）九任可汗慕容阿柴逝世。逝世前，传位给同母异父的弟弟慕容慕馈。慕容阿柴命所有的儿子，每人拿出一支箭，在其中抽出一支，叫他的老弟慕容慕利延折断，慕容慕利延就把它折断。又把十九支箭合在一起，叫慕容慕利延折断，慕容慕利延无法折断。慕容阿柴警告大家说：“你们知不知道，一支箭容易折断，很多箭就难摧毁，你们当努力一心，然后才可以保国保家。”言毕逝世。

团结的重要，天下皆知，从理论到实际，每人都可以写一本书；演起讲来，更是慷慨激昂，吐沫横飞。然而，到了最后，竟仍不能团结，原因何在？不仅中国人如此，西方人亦然，波兰之连遭三次瓜分，就是因为当时的掌权贵族，宁可亡国，也不肯息争。中国人在这方面的表现，更超越波兰，以至被譬喻为“一盘散沙”。最精彩的是：越是破坏团结的大头目，越高喊团结，越高举慕容阿柴的大旗。

这不是说中国人没有团结能力，只是说中国人的团结，总要弱势伙伴屈服。团结是平等的，并肩携手，应彼此尊重，必须先承认对方存在，而且跟自己一样地光荣存在。而我们目前正缺少这种文化，稍有权势，便只有我、没有你！因之把让步视为懦弱，把谈判视为说服，把忍耐视为畏惧，把坚持视为冥顽不灵。大家既缺少共识，就只好“我团你的结”，把对方团结在自己的胯下，而不是肩并着肩。

“天无二日，民无二主”的单一观念，常使中国人要当“人上人”，而团结需要的，却是要每个人都当“人中人”。有平等，才有团结。必须互相尊重，才有平等。强梁的一方，必须不仗势欺人，才能互相尊重。

统万碑文

427年，北魏帝国大军攻陷胡夏帝国首都统万（陕西靖边北白城子）。胡夏一任帝（武昭帝）赫连勃勃，性情奢侈，兴筑统万城，城高七十尺，基厚三十步，上宽十步，宫墙高三十五尺，坚硬得可以用来磨砺刀斧。亭台楼阁十分雄伟壮丽，全部雕刻图画，用锦绣装饰，精致豪华，无以复加。北魏帝拓跋焘对左右侍从官员说："巴掌大的小国，竟把人民奴役到这种程度，要想不亡，怎么能够！"拓跋焘看到一篇对赫连勃勃过分赞美的文章，大怒说："写这文章的小子，无耻之极，怎么胆敢如此，他是谁？给我查出来。"文章是赵逸所作，祭祀部长（太常）崔浩说："马屁精写文章，无论是赞扬或抨击，大多言过其实，只不过不得不这么做，用不着惩罚！"事情才停止。

柏杨先生一面翻译统万这份碑文，一面汗流浃背。《通鉴》上说，北魏帝拓跋焘曾看到一篇马屁文章，气得发疯。所看到的，大概就是此文。《通鉴》认为是赵逸手笔，《魏书》认为是胡方回手笔，而《晋书》则认为是胡方回的老爹胡义周的手笔。不管是谁，史书之所以录下全文，用心良苦，显然地，它留下了历史上最完整、也最奋不顾身的一篇马屁作品典范，供后人鉴赏。

我从不反对歌功颂德，但必须对方有功有德。英雄豪杰，圣人贤才，以及对人类有贡献的君王、官员、将领、士兵、工匠，以及各色人等，只要他有功有德，我们就应歌颂，毫不掩饰内心的崇拜敬佩之情。但是，如果他无功无德，我们就不该把他当作有功有德的人看待；如果他作恶多端，我们就应有道德勇气，予以唾弃。马屁精文章的特质是：对应赞美的，抨击；而对应唾弃的，反而赞美。为了一个官，或为了几两银子，能把恶汉形容为圣徒，把杀人蜂形容为可爱的家鸽。

写马屁文章的知识分子，固是无耻，接受马屁文章的有权有钱大爷，同样无耻——他竟然相信那玩意儿是真的，囫囵下肚，而面不改色。两个无耻一拍即合后，乃完成一个双倍无耻。

一旦双倍无耻问世，辨别是非善恶、评断功过得失的客观标准，便被毁坏。有权有钱的大爷，会飘飘然乐不可支，不可避免地自傲自满，最后智力枯竭，做出许多马屁文章歌颂前，他绝不会做出的蠢事。

一猪成名万骨枯

430年，南北第二次大战爆发。刘宋帝国北伐，命刘义欣当北伐大军总司令（监征讨诸军事），到彦之当前锋司令官。大军从淮河进入泗水，舰队每天行十华里，自4月至7月，才到须昌（山东东平西北），进入黄河，逆流而上。北魏帝（三任太武帝）拓跋焘下令放弃黄河以南所有城池土地，各路兵马撤回河北。刘宋大军直抵潼关（陕西潼关），不费吹灰之力，没有经过战斗，失土全部收复。各军官兵，大为兴奋，只安北将军王仲德，满面忧愁说："各位将军对北方人（指北魏帝国）到底是怎么回事，全不了解，一定会跳进圈套。他们现在撤退所有的边防军，如果黄河冰封，势将再次南下，怎么不使人担心！"

南北第二次大会战前的情势如此，稍微有点头脑的人，都会有王仲德这种忧虑！敌人仍然强大，对千里江山，岂有轻易撒手不管之理？可是，也只有王仲德一人（或少数人），有这种警觉。包括前锋司令官到彦之在内，所有高级将领，不过群猪，诗云："一将功成万骨枯！"骨枯固然可悲，但总算造就一位名将。而一猪成名万骨枯，面对群猪，骨枯的岂不更加可悲。

官场老手

刘宋帝国雍州（州政府设襄阳【湖北襄阳】）州长张邵，贪污枉法，营私舞弊，赃款高达二百四十五万钱，431年，案发，被捕入狱。首都东区卫戍司令（右卫将军）谢述，上疏强调：张邵是一任帝刘裕的老部下，请求宽恕。刘宋帝刘义隆（刘裕的儿子）亲手写下诏书赦免。谢述对儿子说："主上怜恤张邵从前的忠诚，我所作的建议，不过是恰巧碰上时机，所以蒙受采纳。如果我做的事被宣扬出来，则是掠夺主上的恩德，是不可以中最大的不可以。"命儿子把奏章烧掉。后来，刘义隆对张邵说："你所以能死里逃生，谢述出了很大力。"

谢述真是官场高手，他既逢迎皇帝（刘义隆），又施恩贪官（张邵，他可是钱多如山），又得到"温柔敦厚"的美誉。然而，却没有一个人提起雍州人民在苦刑拷打下，用卖儿卖女钱行贿的断肠哭声！

沮渠蒙逊

罽宾王国（首都善见城【印度克什米尔斯利拿加市 Srinagar】。罽，音刂【记】）僧侣昙无谶，自称能驱使鬼神，医治百病，而且有秘密法术（如使女子多生儿子之类）。北凉王（二任武宣王）沮渠蒙逊，对他十分尊重，称他“圣人”。432 年，北魏帝（三任太武帝）拓跋焘听到消息，派人到北凉王国，征召昙无谶。沮渠蒙逊遂斩昙无谶。拓跋焘大为愤怒。沮渠蒙逊荒唐淫乱，猜忌暴虐，部属深感痛苦。

权力是一种巫蛊，无论大头目、小头目、不大不小的头目，中蛊的时间越久，变形的速度越快，不是变得昏庸，就是变得残暴，二者必居其一，或者二者兼备。三十年手握大权，纵是华盛顿先生，都会成为昏主暴君，何况沮渠蒙逊之类本来就是一个匪徒。

檀道济

刘宋帝国江州（州政府设豫章【江西南昌】）州长檀道济，享有威名，左右心腹将领都身经百战，儿子们又有才能。中央对这位老大臣，怀疑畏惧。刘宋帝（三任文帝）刘义隆一直患病，领军将军刘湛、游说宰相（司徒）刘义康，认为：“皇上一旦逝世，就没有人可控制檀道济。”正巧刘义隆病情转重，刘义康报告老哥，遂征召檀道济前来京师（首都建康）。檀道济的妻子向女士对丈夫说：“拥有当世所有人的大功，自古以来，都会受到猜忌。国内外并没有什么大事，却叫你入朝，大祸一定临头。”檀道济既到京师，逗留一个多月，刘义隆病势稍轻，打算仍命檀道济返回任所。檀道济已到了长江码头，而且下船，只不过还没有出发，而刘义隆病情却忽然转重。刘义康遂假传圣旨，命檀道济回城，参加为他举办的盛大饯别宴会。檀道济遵命回城，遂被逮捕。刘义隆下诏说：“檀道济暗中变卖他的财产，招募地痞流氓，趁我卧病在床，阴谋叛变。”连同檀道济的儿子十一人，一并诛杀，仅只饶恕年幼的孙儿辈不死。

本年（436），《资治通鉴》写到第五世纪，史迹历历，至少已证明一件事：中国传统专制政治下，任何一个爬到高位的野心家，无不想把帝王挤下宝座，而由自己的屁股去坐，为了防备旧帝王死灰复燃，还要用残忍的手段斩草除根。坐在宝座上的帝王，自然也用同样残忍的手段，去对付爬到高位上的野心家，以免他们的屁股发痒。所以中国统治阶级对于现实权力，具有高度的敏感和紧张。消耗帝王精力最多的，不是治理国家，而是防止一些爬到高位上的野心家。爬到高位的家伙，也特别用不揽权，事实上也就是不负责任，来表示自己并不是野心家，屁股从不发痒，希望帝王宽心，不下毒手，这就是明哲保身哲学的理论基础。

事实上，帝王屁股底下坐的，并不是一个宝座，而是一颗定时炸弹，（“自古没有不亡之国。”）所以他也是世界上危机意识最敏锐的人，恐惧之情，已到歇斯底里程度。结果产生两种奇异的反应，一是鼓励贪污，刘裕对王镇恶之所以容忍（参考417年9月），由此。另一则是制造冤狱，刘义隆之诬杀檀道济，由此。

贪赃枉法

北魏帝（三任太武帝）拓跋焘，因地方官员多贪污不堪，437 年下诏：准许官民检举郡长、县长贪赃枉法的行为。于是，狡猾的官吏和人民，专找郡长、县长的过失，勒索要挟，遂在地方上横行霸道。地方官员反而降低身份，和颜悦色地跟他们结交，继续贪赃枉法。

严刑峻法只是惩治贪污的一种手段，如果当作惩治贪污的唯一手段，结果就跟北魏帝国的吏治一样，反而使贪污更为严重。明王朝初期，对贪污官员处剥皮酷刑，结果中国历史上以明王朝的官员贪污最烈。

往深处探讨，北魏帝国官员如果不贪污，简直就没有天理，因为他们全都没有俸禄。耶稣曾告诉门徒，传道的人有接受俸禄的权利，偏偏北魏帝国认为官员既可以没有俸禄，而又必须不贪污。北魏帝国和明王朝，民变发生的次数最多，场面也最大（北魏帝国是无待遇政策，明王朝是低待遇政策）。他们既要马儿好，又要马儿不吃草，最后，马儿变成怪兽，不但吃草，连皇帝都吃下肚。

只治枝节，不治根源，越治越糟。

尹太后

北凉王国（首都姑臧【甘肃武威】）首领三任王沮渠牧犍，娶西凉王国（首都张掖【甘肃张掖】）一任王（武昭王）李暠的女儿为妻。437年，北魏帝国（首都平城【山西大同】）三任帝（太武帝）拓跋焘，把妹妹武威公主，强行嫁给沮渠牧犍，李后只好退位。此时，西凉已亡，李后随娘亲尹女士，迁居酒泉（甘肃酒泉），不久逝世。尹女士抚摸女儿尸体，不哭一声，只说："你国破家亡，今天才死，死得太晚！"又不久，尹女士秘密逃向尹吾（新疆哈密），投奔孙儿。酒泉郡长派骑兵追赶，尹女士对追兵说："郡长曾允许我回北方，为什么还要追赶？你们可以拿我的人头报命，我却不能回去。"追兵不敢逼迫，退回。尹女士死在尹吾。

尹女士身历各种哀伤：丈夫病死，儿子战死，女儿被遗弃死；王国覆亡，家庭粉碎，骨肉流散，从太后高峰跌下来，跌成一个无依无靠的软禁囚犯。这是一场悲剧，在大分裂时代中，比这更惨的悲剧，固然很多。然而，不同的是，她不哭一声，不掉一滴眼泪，内心有一种强韧的刚烈，不向恶势力（包括死亡）屈服，她倔强地接受挑战，给人生留下一段悲凉故事。

冯弘

436年，北燕帝国（首都龙和【辽宁朝阳】）末任天王冯弘被高句丽王国派军迎接到辽东（辽宁辽阳），高句丽王（二十任长寿王）高琏派使节慰劳说：“龙城王冯先生，光临敝国郊野，人马想都已疲劳！”冯弘对这种把自己当作宾客，甚至当作部属，而不当作主子的态度，既惭愧又愤怒。但仍以天王身份，下诏斥责高琏。高琏不能忍受，派军强行夺走冯弘身旁的美丽侍女，又拘捕太子冯王仁，充当人质。438年，冯弘派使节到刘宋帝国，请求出兵迎接，高琏遂诛杀冯弘和他的子孙十余人。

冯弘的行动，使人想起田地（参考公元前284年），简直是一个窑里烧出来的烂货：“愚而好自用，贱而好自专。”忘了自己是谁！而这世界上忘了自己是谁的人，触目皆是，所以，闹剧、丑剧、悲剧，才一出又一出地演出。

四学

刘宋帝（三任文帝）刘义隆，在首都建康（南京市）鸡笼山，兴建学校，分别请教师讲授史学、玄学、文学、儒学，称为“四学”。

司马光曰：“《易经》说：‘当一个君子，要多了解前人的言行，使自己的品德增加。’孔丘说：‘语文，求它能够表达。’这就可以看出：史学是儒学的一部分，文学是儒学中的小事。至于老子、庄子——玄学，则崇尚虚无，根本就不可以用作教材。求学就是追求真理，天下没有第二个真理，怎么会有‘四学’！”

司马光“可以看出”的结论，我们却实在“看不出”怎么会有那种结论，他所引用《易经》和孔丘的话，更跟他“可以看出”的结论无关。可是司马光却硬生生推出那种结论。意识形态一旦坚硬如铁，就会把所有的幻境当作磐石，在上面猛盖亭台楼阁。

五胡乱华时代

439年，北魏帝国西征大军攻陷北凉王国首都姑臧（甘肃武威），北凉亡。历时一百三十六年的五胡乱华时代结束。历时一百五十一年的南北朝时代开始。

北凉王国灭亡，北中国统一，五胡乱华十九国时代结束。一百三十六年中，几乎一支军队就能建立一个帝国。蓦然间，一批人马集结在一起，组织政府，封官拜爵，发表文告，自称圣君贤相，而称别人是盗匪贼寇。还没有等别人弄清楚怎么回事，它已风消云散；圣君贤相霎时变成了盗匪贼寇，下跪的下跪，砍头的砍头。结局是：匈奴民族、羯民族、氐民族，几乎全部灭绝，羌民族也几乎全部灭绝。只鲜卑民族，仍保持一个北魏帝国，等到下世纪（六世纪）末，这一支才完全华化。从此，中国本土再没有发生过少数民族问题。而五胡乱华时期大批流亡客的南迁，使人口稀少的南中国——长江以南，得到充实，逐渐开发。这是非常重要的一件事，二百年后的七世纪的唐王朝，能有那么强大的扩张力量，就靠富庶江南的支持。

刘湛

刘宋帝国中央军事总监（领军将军）刘湛，打算利用宰相刘义康的力量，倾覆对自己有恩、后来却所深恨的国务院执行长（仆射）殷景仁，又盼望刘宋帝刘义隆死后，由刘义康继位。440 年，流血大整肃爆发，刘义隆下令逮捕老弟刘义康，并诛杀刘湛和他的三个儿子，以及刘湛的党羽刘斌等八人。

刘湛是官场中一个高竿人物：典型的忘恩负义、典型的摇尾拍马、典型的嗜血鲨鱼。形式上，他对彭城王刘义康忠心耿耿，甚至主动地设计把刘义康推上宝座。实际上，那是一种狼性的忠，他不过把刘义康当作一根烧火棍，东挥西舞，南打北砸，替自己报仇雪恨、铲除前途路上的潜在敌人而已。天下本无事，是自以为聪明的蠢才，搞出来灾难。

刘湛之类的人越多，社会越乱。一个当领袖的人，在干部群中分辨谁是刘湛，应是第一要务。如果看不清、认不明，他就要付出刘义康所付的代价，失败，甚至死亡。

因何而反

441年，刘宋帝国晋宁郡（云南晋宁）郡长爨松子叛变，天门郡（湖南石门）蛮族酋长田向求也叛变，分别被刘宋政府军讨伐平定。

爨松子和田向求，是含冤难伸逼反？或是野心勃勃造反？或是作恶多端，收不了摊子，铤而走险？传统史书，对此没有说明，而只称之为“反”为“叛”。我们读者，应该三思。

崔浩

450年，北魏帝国（首都平城【山西大同】）发生空前的文字狱。最初，宰相（司徒）崔浩，仗恃自己的才华和智略，以及深受北魏帝（三任太武帝）拓跋焘的宠爱信任，在政府独揽大权。曾推荐数十人出任郡长，太子拓跋晃反对，崔浩坚持。立法院主任立法官（中书侍郎）高允说：“崔浩恐怕难免大祸临头，为了满足自己的私心，而跟有权势在上位的人对抗！”拓跋焘命崔浩和高允等，共同撰写北魏帝国开国史，告诫说：“一定要真实，是什么，就写什么！”书成，名《国史》，崔浩准备把全文刻在石碑上，用来炫耀正直无私的大无畏精神。高允听到，说：“这样做，只要有一个字的差错，恐怕就会为崔家带来万世难遇的灾难！”崔浩不理，共享三百万人的劳力，才告竣工。记载北魏帝国部落时代酋长，也就是拓跋焘祖先们的身世，非常详尽真实。石碑排列在交通要道的十字路口，来来往往，凡是看到的人，都十分震撼。而鲜卑人更大为愤恨，纷向拓跋焘控告，认为崔浩故意暴露祖先的罪恶（国恶），破坏国家形象。拓跋焘大怒若狂，召见崔浩，亲自审问，崔浩惶恐迷惑，不能回答。而高允对每件事，都叙述分明。拓跋焘下令斩崔浩，以及崔浩的部属，和部属的部属和奴仆，共一百二十八人，全部诛杀五族，又诛杀清河郡（山东临清）所有和崔浩有关系的崔姓男女老幼，跟崔浩有姻亲关系的范阳郡（河北涿州）卢家，太原郡（山西太原）郭家，河东郡（山西夏县）柳家，一律屠灭全族。把崔浩装在一个四周都是栏杆的囚车中，送到平城（山西大同）南郊，放在十字路口，任凭行人参观。守卫士兵几十个人，撒尿撒到崔浩头上、脸上、身上。崔浩悲号呼喊，发出“嗷嗷”哀叫，行路的人都听得清楚。拓跋焘不久就十分后悔，叹息说：“崔浩可惜！”

崔浩之狱，是中国历史上最大的疑狱之一。如果只为了他暴露“国恶”，则仅只《通鉴》记载，便漏洞百出，高允已经承认是他写的，跟崔浩毫无关系，可是刀光血影，仍一直罩住崔浩不放！于是有人认为可能是一场汉民族反抗鲜卑民族统治之战，崔浩密谋起义。这可是罗曼蒂克的想法，一个信奉“明哲保身”哲学的儒家高级知识分子，在一个日正东升、强大无匹的政府中，担任言听计从的宰相高位，他就永不会谋反。

帝王杀人，对不是谋反的人，还要诬以谋反；对真正谋反的人，反而隐瞒，逻辑的轨迹，岂不奇怪？而拓跋焘又怎么会在叛徒处死之后，立刻感到后悔？又有人认为，这是崔浩鼓励屠杀佛教徒的报应，就更不知所云，当是出自佛教徒之口，非佛教徒的人，不敢多嘴。

崔浩之狱，我们认为有两个原因，其一，仍是官方宣布的暴露国恶。其二，则是宫廷斗争。

问题在于，“国恶”是什么？和暴露了什么样的“国恶”？《通鉴》上一字不提，《魏书》上一字不提，《北史》上也一字不提，使人无法了解拓跋焘何以大怒若狂。但我们可以肯定，这个“恶”一定是一个使任何人都会唾弃的绝对的恶，史学家才不敢透露半点风声。不过，天网恢恢，疏而不漏，在史书的夹缝中，仍可以找到该“恶”。该“恶”是惊人的，所有史书都记载谋害老父拓跋什翼犍的凶手是拓跋实君，而事实上凶手却是拓跋珪。《晋书·苻坚载记》说：376 年，前秦帝国在消灭前凉王国后，派安北将军苻洛，向当时尚是代王的拓跋什翼犍进攻。拓跋什翼犍大败，向北逃亡，苻洛追击，拓跋什翼犍走投无路，逃入阴山。他的儿子拓跋珪，用暴力把老爹制服，投降。苻坚对这件悖逆行为，大为震骇，遂把拓跋什翼犍送到国立大学读书，而把拓跋珪放逐到巴蜀（四川）。直到淝水战后（参考 383 年 10 月），拓跋珪才追随舅父慕容垂，进入中山（河北定州）。而拓跋珪，正是北魏帝国的开国皇帝（太祖道武帝），也正是拓跋焘的祖父。面对创业始祖和敬爱的祖父竟是一个卖父求荣的逆子，而且刻石立碑，宣扬得全世界都知道，孝子贤孙像爆炸了似的急于报复，心情可以理解。

关于拓跋珪出卖老爹的行为，在一群文妖的设计下，就忽然冒出一个来历不明的“拓跋实君”，充当凶手；再冒出一个来历不明的“拓跋实”（二人名字几乎相同），充当现场目击证人，使拓跋什翼犍跟拓跋珪之间的父子关系，变成祖孙。拓跋皇族对这件事好像病牙一样，十分敏感，不但伪造一个拓跋实君当拓跋珪的爹，还一口否认拓跋什翼犍曾被前秦帝国俘虏过，因之顺理成章地也隐瞒了拓跋珪卖父求荣的事实。《宋书·索虏传》记载：“拓跋什翼犍被苻坚击破，掳往长安。”北魏帝国

为什么坚不吐实？只因一漏口风，数恶并发。崔浩相信拓跋焘的“务从实录”保证，而竟真的“是什么，就写什么”！高允所以没有事，因为《太祖记》（《拓跋珪传》）是邓渊所写，而拓跋珪老爹《拓跋什翼犍传》——出毛病的那篇，是谁写的？高允闭口不谈，他晓得问题出在那里，所以他知道他不会死。何况，他因站对了边，此时正在上风。

崔浩显然得罪了太子拓跋晃，任何一个宝座法定继承人，都注定会有一个摇尾系统。以崔浩的聪明，他当然了解不能跟正在受宠的太子对抗，但每个人都有盲点，而崔浩却有两个，一是他竟然真的相信专制头目的保证，另一是他竟然真的认为他可以击败拓跋晃的摇尾系统。高允已经一语道破他的危机：“为了满足自己的私心，而跟有权势在上位的人对抗。”

有一件反常的事是，崔浩自被捕到处决，当中经过皇帝拓跋焘的亲自审讯，他却始终没有说一句话，史书形容他“惶惑不能对”，而高允却条理分明。这可真是把读史的人，全当成呆头鹅，有人怎么说，我们就会怎么信！一个小人物受到控告，没有理还要说出一箩筐理，以崔浩的能力和口才，又面对五族屠灭的威胁，正是他申诉、辩解，甚至请求宽恕，或甚至表明严正立场的唯一机会，怎么反无一语？他又不是没有见过拓跋焘，又怎么会怕成那个样子？人在绝望之际，虽然因性格的不同，而反应不一，但不外是破口大骂，或侃侃而谈，或哀求呼冤，或吞声不语、悲愤抗议。而崔浩不然，他在被卫士撒尿到他头上、脸上、身上时，只能发出“嗷嗷”悲号，原因何在？我们认为，崔浩的口腔，恐怕是受到酷刑破坏，已不能言语。历史上有同类型的例证，可供参考，十九世纪二十年代，清王朝远征军在新疆生擒变民首领张格尔，清帝（八任宣宗）绵宁亲自询问他叛变原因，官员们恐惧他讲出官逼民反的黑幕，于是灌下毒药，使他的口舌溃烂。等到晋见时，张格尔口角吐沫，情状悲苦，对于绵宁所提的问题，一字不能回答，遂寸寸磔死。很显然的，崔浩一开始便遭到毒手。

凶暴的流氓——不管他是君王，或是黑社会头目，最大的变量是一样的，翻脸比翻书还要快，上一分钟还对你推心置腹，做出千金一诺，使你感动得愿为他效死，下一分钟他已把利刃插入你的胸膛。

垣护之

450年，刘宋帝国（首都建康【江苏南京】）皇帝（三任文帝）刘义隆告诉大家说："北方人民，受不了蛮虏（北魏帝国）的暴政迫害，反抗力量，不断兴起，军事行动如果延后一年，对他们的向心力，是一个打击。"于是，下令北伐，围攻滑台（河南滑县），不能攻克。钟离郡（安徽凤台）郡长垣护之听到北魏援军就要到达的消息，飞函劝围城指挥官王玄谟猛攻，警告说："今天的事，怎么可以考虑到士卒的生死疲惫，第一要务是攻克滑台，立即屠城！"

刘宋帝国北伐中原的政治号召，是拯救水深火热、日夜盼望"祖国王师"的人民。而垣护之第一想到的，却是屠城。当滑台攻防战激烈之时，城中居民，暗祷上苍，保佑"祖国王师"获胜，好拯救他们逃出灾难，却再也料不到，如果"祖国王师"胜利，一城男女老幼，都要死在他们的钢刀之下。当一个中国人，好苦！

八百大梨

刘宋帝国北伐主谋、宁朔将军王玄谟，军队声势旺盛，武器精良，本是一支强劲的战斗部队；但王玄谟刚愎自用，贪得无厌，性情凶恶，喜爱诛杀。初围滑台（河南滑县），沿黄河、洛水一带居民都向刘宋大军送缴粮食，手拿武器，成群结队，投奔刘宋大营的青年，每天都有数千人。王玄谟不维持这些群众的原来组织，却把他们拆散，分别配属给自己亲信的将领。发给每家一匹布，作为慰劳，但命每家交出八百个大梨，于是民心尽失。450 年，北魏帝（三任太武帝）拓跋焘渡黄河南下，大军号称一百万，战鼓如雷，大地震动。王玄谟肝胆俱裂，急行撤退，北魏军追击，格杀一万余人，王玄谟的部队几乎一个人不剩。

王玄谟的嘴脸，一向严肃，不苟言笑，俨然“君子不重则不威”。所贡献的北伐谋略，使刘宋帝刘义隆怦然心动，兴起封狼居胥山的壮志。则王玄谟的智慧聪明，以及才干能力，定有过人之处，刘义隆才把北伐大业，交他之手。再料不到，他真正关心的原来只不过“八百大梨”。当大军溃败，那些扶老携幼，成群结队，而又缴了“八百大梨”的起义人民，被杀被屠时，恐怕怎么也不了解死因何在。使人兴悲！

南北和亲

450 年 12 月，北魏帝（三任太武帝）拓跋焘率反攻大军，抵达瓜步（江苏六合南长江渡口），建造小筏，声称渡江进攻，刘宋首都建康（江苏南京）震动恐惧。拓跋焘表示愿意和解，并要求两国皇家缔结婚姻，说："宋国如果能把女儿嫁给我的孙儿，我也愿把女儿嫁给刘宋帝的儿子武陵王刘骏，自此友好，一匹马都不会南下。"刘宋帝刘义隆召集太子刘劭和文武百官讨论，大家都认为应该允许，只江湛反对说："蛮族没有亲情，允许他们没有裨益。"刘劭愤怒之极。散会时，刘劭命带刀卫士及左右侍从，推撞江湛，江湛几乎跌死。但北魏所提议的皇家通婚，竟不能实现。

北魏帝国和刘宋帝国，皇家通婚不成，受害最深的是中国平民。皇家通婚不可能阻止战争，但可以减少战争。最低，也可以使当前这一次的南北大战，中国人受到的灾难减轻。当明年（451）北魏军撤退时，可能免去一场恐怖浩劫。北魏军把江淮一带居民，用最残酷的手段杀光，血流千里。

一言丧邦，江湛目光如鼠。

人类的残忍

南北第三次大战，于451年结束。北魏共攻破南兖（江苏中部）、徐（江苏北部）、兖（山东西部）、豫（安徽中部）、青（山东半岛）、冀（山东西北部）六州。刘宋人民死亡残伤的无法计数。北魏对所遇到的刘宋青年，立即斩首，或拦腰砍断，对婴儿则用铁矛贯穿，然后舞动铁矛，使惨叫的婴儿在上面盘旋，作为娱乐游戏（妇女的遭遇如何，没有记载，但可想而知）。所经的郡县，烧杀一光。赤地千里，不见寸草，春季时节，燕子回来，没有房屋可栖，只好在树林中筑巢。北魏士卒战马，死伤也超过一半，连鲜卑人都有怨言。

当春回大地，候鸟北归时，再找不到熟悉的村庄，也再找不到亲切的庭院，见不到往来熟悉的行人，和跑着叫着、笑闹成一团、不知道忧虑的儿童。它回到了一个陌生地方，只见断垣残瓦，满地都是尸体。那些大小尸体的面貌，都似曾相识。它永远不知道这块土地上发生了些什么！幸亏它不知道，假如它知道，它会哭泣：“人，你为什么这么愚蠢，又这么残忍！”

对人和对己不同

刘宋帝（三任文帝）刘义隆的小老婆潘淑妃，生始兴王刘濬；皇后袁齐妫生太子刘劭，因嫉妒潘淑妃得宠，怨恨而死。刘劭对潘淑妃母子，十分憎恨。刘濬恐惧有一天会大祸临头，乃小心翼翼奉承刘劭，二人感情反而更好。刘义隆曾经斥责刘劭用人不当，刘劭写信告诉刘濬。刘濬复信说："那个人如果一直找麻烦，足以缩短他的残生，或许是盛大庆祝的前奏。"二人跟巫法师合作，共同诅咒巫蛊，雕刻一座老爹刘义隆的玉像，埋在含章殿前。不久，密谋泄露，刘义隆搜查出刘劭、刘濬来往信件几百封，又挖出藏在含章殿前的玉人。刘义隆整天叹息，对潘淑妃说："太子（刘劭）贪图富贵，还有得可说，虎头（刘濬）做出这种事，实在使人想不通，你们母子怎么可以一天没有我？"但仍不忍心制裁。

刘义隆杀檀道济（参考 436 年 3 月）、杀扶令育（参考 441 年正月），何等的当机立断，干净利落。面对自己的儿子，虽然叛逆证据确凿，仍不肯采取行动，只在那里作情绪性感慨，这是一个奇异的对照，对别人的儿子心狠手辣，对自己的儿子却下不了手。掌权人物一丁点私心，使历史面目全非。

都是别人的错

南北第四次战，在刘宋帝国北伐大军溃败后结束。刘宋帝（三任文帝）刘义隆因各将领屡次出击，都不能建立功勋，写信给江夏王刘义恭说：“早知道这些将领们如此，恨不得抽刀在他们背后督战，现在后悔已来不及。”

刘义隆对他属下将领们咬牙切齿之状，活跃纸上，检讨失败，千言万语一句话，都是别人的错——将领们既怕死，而又没有执行英明君主领袖的神机妙算。桓玄的阴魂，在刘义隆身上，幽幽重现。从没有一句话检讨到真正失败的原因！因为真正失败的原因，恰恰就在英明领袖身上。将领如猪，是谁任命的？难道是敌国介绍？一个靠猛烈摇尾取得高位的人，他的拿手本领就是摇尾，而不是作战。马屁拍得不舒服，可以责备他；作战不能取胜，怎么可以责备他？真正应受责备的，应是英明领袖自己。最离奇的莫过于“遥控指挥”，不要说一千五百年前的第五世纪，全靠快马传递讯息，建康（江苏南京）到历城（山东济南），航空距离五百五十公里，即令到了二十世纪电子时代，一个坐在大后方安全地带、温柔乡里的大军统帅，对千里之外，从大兵团会战，到小部队突击，都一一作细密安排，这种统帅如果不是全白痴，也准是半白痴。世界上没有一个人能用遥控指挥，获得战场胜利。问题是史迹斑斑，这种遥控指挥的动物，今天仍不绝种，而且有些人还以此自豪。可怜的是那些被遥控指挥的士兵，和战败后受苦受难的人民。

宗爱弑君之谜

452年2月，北魏帝国（首都平城【山西大同】）寝殿侍奉宦官（中常侍）宗爱，恐惧被三任帝（太武帝）拓跋焘诛杀，先下毒手，把拓跋焘刺死，拥立拓跋焘最小的儿子拓跋余即位（四任帝）。拓跋余对宗爱的专权跋扈，十分厌恶，准备剥夺他的权力，宗爱大怒，同年（452）10月，派人再刺死拓跋余。羽林警卫军初级警卫官（羽林郎中）刘居等，拥护嫡皇孙拓跋濬继位（五任文成帝），用五刑诛杀宗爱（五刑：脸上刺字，削鼻，砍下双趾，用鞭抽死，斩首后剁成肉酱），屠灭三族。

北魏帝国于一年之中，发生两次流血政变，连杀两位皇帝，疑云重重。宗爱先刺死拓跋焘，再刺死拓跋余，可是却只被指控刺死拓跋余一罪，对刺死拓跋焘事，一字不提。政治斗争中，对手没有弑逆，还要把弑逆大罪硬罩到对方头上，真的弑逆，怎么可能不对外宣布？两桩弑逆，只算一桩，原因何在？宗爱刺死拓跋焘，如果不是满朝文武一面倒，他怎么可能控制政府？拓跋余之登上宝座，如果全不合法，而只出于凶手挟持，又如何能没有一个人反应？一条狗被杀还有人围观，何况一个皇帝？凶手已获，为什么不一并算账，好像拓跋焘在床上终其天年，何故？

《魏书》《北史》把他们太美化，使人不能相信。《南史》《宋书》又把他们太丑化，自然更是扯谎。我们只知道发生了某些事，但不知道到底发生了什么事，留下的全是困惑，有待专家考证。

罪恶之家

453 年，刘宋帝国发生宫廷流血政变。皇太子刘劭，用老爹南宋帝（三任文帝）刘义隆的名义，发布一份给自己的诏书说：“鲁秀叛变，命你清晨守卫宫门，率军入宫。”宫门还没有开，刘劭全身武装，从万春门（皇宫东门）入宫。派张超之等数十人，直奔御用休息室（斋阁），拔出佩刀，直上合殿（西殿）。刘义隆通宵跟徐湛之秘密商谈，一直谈到天亮，蜡烛还没有熄灭，值班的卫士都还在睡觉。刘义隆突然发现张超之窜入，大为惊骇，举起身旁小几抵挡，张超之一刀砍下，刘义隆举起小几的五个手指，全被砍落，张超之再劈一刀，刘义隆遂被格杀（年四十七岁）。刘劭又派人闯入后宫，格杀潘淑妃等，一面紧急召唤潘淑妃的儿子始兴王刘濬。刘濬进宫晋见刘劭，刘劭说：“潘淑妃被乱兵杀害！”刘濬说：“正合我意，我一直在盼望！”

刘劭弑父，不过禽兽。刘濬对娘亲竟也如此冷血，是禽兽不如。一个人连最后一点母子之情都没有，不能完全用后天环境因素解释，不知道是不是可以在遗传学上找出答案。刘宋帝国一任皇帝刘裕，本身就是一个被人不齿的人渣，可能他身上有罪恶的基因，遗传给后代子孙，这种先天潜伏的种子，一旦放到权力位置上，就会破茧而出，百毒俱发。刘劭、刘濬，不过刚刚显露，稍后，刘骏（五任孝武帝）、刘子业（六任前废帝）、刘彧（七任明帝）、刘昱（八任后废帝），一代比一代使人作呕。

我们没有能力改造遗传，但应有能力建立一项政治规范，使恶质的遗传无法变成凶暴行为，则害人害己的程度，自会相对减低。

何偃因何赦免？

刘宋弑父自立的四任帝刘劭，擢升国务院总理（尚书令）何尚之当最高监察长（司空），仍兼国务院总理（尚书令）；儿子征北将军府秘书长（征北长史）何偃当高级咨询官（侍中）。父子二人，在刘劭政府中，居于权要高位。刘劭失败时，何尚之左右人员四方逃散，何尚之只好自己动手洗刷办公厅。等到同僚殷冲等受法律制裁，人们都替何尚之父子惧怕，新皇帝（五任孝武帝）刘骏，认为何尚之、何偃，一向有很好的声誉，而且在刘劭政府当官，用智慧跟叛逆周旋，时常救人免除灾难。所以，特别赦免。仍命何尚之当国务院总理（尚书令），何偃当最高指挥官司令部秘书长（大司马长史），官位和受到的宠信，没有更改。

何尚之父子，不是因为“用智慧跟叛逆周旋，时常救人免除灾难”，才获得赦免，而是因为身为新皇帝的刘骏，已经决定把他赦免，才发明他“用智慧跟叛逆周旋，时常救人免除灾难”。那些被诛杀的附逆分子，如殷冲、尹弘、萧斌，哪一个不可用这条破布擦得干干净净，他们为什么不能赦免？

法律，除了公正，还要公平。有些聪明型人物，认为只要写几行字，或说几句话，就能把不公平化成公平，把人骗得心服口服！他不会相信：小民终于是骗不了的，大骗小骗，都是制造灾难的酵母。

人才缺乏

刘宋内乱，南郡王刘义宣密谋反抗五任帝刘骏。豫州（州政府寿阳）州长鲁爽，以勇敢闻名于世，首先起兵，刘骏派左军将军薛安都讨伐，鲁爽将向薛安都挑战，可是，因饮酒过度，正精神恍惚，薛安都看到鲁爽本人，立即飞马而上，厉声呐喊，举矛直刺，鲁爽应声栽到马下，部众四散逃命。

观察鲁爽的行动，不过一个酗酒莽汉，既没有谋略，又不够勇猛，这种人成事不足，败事有余，可是，他却被称为一代英雄，可看出南北朝人物水平之低。

三国时代，因人才太盛，造成三国僵持。大分裂时代，因人才太烂，也造成大分裂僵持——三百年间，只不过君一人：苻坚；臣二人：慕容恪、王猛；武将数人：王镇恶、高欢等而已。其他，一蟹不如一蟹。

立子杀母

456年，北魏帝国（首都平城【山西大同】）皇帝（五任文成帝）拓跋濬，封贵人冯女士皇后，封皇子拓跋弘当太子。依照帝国惯例，先命拓跋弘的亲娘李贵人自杀，李贵人把托付兄弟的事，一条条写下，然后服毒身死。

李贵人的堪怜下场，跟她个人无关，那是时代的悲剧，更是文化的悲剧。她在战乱中被北魏帝国永昌王拓跋仁霸作小老婆，拓跋仁被诛杀后，发配宫中为奴。有一天，北魏帝拓跋濬登楼眺望，忽然看见她，认为她貌如天仙，问左右说：“那女子漂亮不漂亮？”左右说：“当然漂亮。”于是拓跋濬把她叫到斋库上床，而且怀孕，生下拓跋弘，最后擢升她当小老婆群第一级——贵人。可是好景不长，当她得知她的儿子封作太子时，她没有欢乐，只有哀痛，任何人都没有力量救她不死，临死时，每喊一声：“兄弟！”就悲不自胜，捶胸恸哭。

诛杀太子的亲娘，为的是要避免皇亲国戚弄权。犹如敲掉老虎口中一颗牙，便认为可以避免它吃肉一样，如何能办得到？只不过为人间增添一则不平。

源贺谋反案

北魏政府任命国务院执行官（尚书）、西平王源贺，当冀州（州政府设信都【河北冀州】）州长，改封陇西王。武邑郡（河北武邑）人石华，控告源贺阴谋叛乱。有关单位奏报，拓跋濬说："源贺诚心诚意，报效国家，我敢向你们担保，绝对没有这种事，情形十分明显。"命有关单位详细调查，石华果然自己承认诬告，拓跋濬诛杀石华，对左右说："像源贺这样的忠诚，仍无法避免被诬陷，不如源贺的人，怎么能不谨慎。"

源贺被检举阴谋叛变，有关单位查出是一项诬告，看起来北魏帝国的司法洞察秋毫，勿枉勿纵。不过，过程并不是如此简单明了。发现源贺被诬告，跟源贺没有阴谋叛变无关，而跟皇帝拓跋濬的先行保证有关。拓跋濬一番动容的谈话，显示源贺的皇家恩宠仍在巅峰，即令真的阴谋叛乱，也没有人敢碰。如果拓跋濬接到报告，是另一种态度，要有关单位"公正调查""慎重处理"，有关单位详细调查的结果，恐怕会是另一种结论："源贺已经自动招认。"原检举人石华不但不会被杀，包管还要得到一项大奖。

可惊的是拓跋濬得知源贺是被诬陷后的反应，他不是强调严防诬陷，也不是奖励昭雪冤枉的法官，而是特别嘱咐满朝文武，不要被别人诬陷。专制社会，首领的不安全感极为敏锐，无论官员或人民几乎没有人不被疑心。民主政府是要保护人民没有恐惧的自由，专制头目则恰恰相反，正是要人民普遍地心怀恐惧！

仁慈大家长

458 年，北魏立法院主任立法官（中书侍郎）高允，劝阻北魏帝（五任文成帝）拓跋濬兴建太华殿。拓跋濬对文武官员说：“你们虽然每天手拿刀枪弓节，在我一旁伺候，不过是白白罚站，从没有一句劝告我的话。只会看我颜色高兴，乞求赏赐一官半爵，虽没有功劳，却都位至王公。高允用一支笔，辅佐帝国数十年，贡献不小，却一直停滞在中级官吏位置上，你们难道自己不感惭愧？”乃擢升高允当立法院最高立法长（中书令）。

中国帝王真是一种怪诞的动物，不但要当人民的君，还要当人民的爹。一个政治头目，最初只不过“英明”而已，等权大势大之后，就忽然身兼政府大院的“仁慈的大家长”。儒家学派君尊臣卑的学说，作为它的理论根据，大家伙居于绝对的控制地位，小民万世不能翻身。

最讽刺的一段话，是拓跋濬指出摇尾系统向他乞官，一个个都无功而升到王公高位。听起来拓跋濬真是一个明白人，可是，既然知道他们无功，却为什么又要接受他们的播弄？大家伙明知道是不对的，为了显示他的权威，满足自己的虚荣，仍照样去干。干了后，再抱怨几句，表示自己并不浑蛋。

“君父思想”——既当英明领袖，又兼仁慈大家长的思想，是民主思想的大敌，这种思想如果不铲除，民主法治就不能建立。

刘骏奸母淫妹

刘宋竟陵王刘诞起兵反抗暴君五任帝（孝武帝）刘骏。刘诞把奏章投到城外，抨击说：“陛下闺房之内的丑闻，我怎么能够不说。”刘骏几乎爆炸，下令凡是刘诞左右侍从、心腹部属、同一个支派、穿丧服一年以上的近亲，而仍留在首都建康（江苏南京）的，全部逮捕诛杀，死亡以千为单位。甚至有些人，家属已被杀光，他还不知道，因不肯参与叛逆，而从刘诞根据地的广陵（江苏扬州）城中逃出来，也被诛杀。

一个人的罪恶，永远是他的痛脚，只要踩他一下，观察他的反应，就可精确地判断那是不是他的真正罪恶！拓跋焘对崔浩大肆屠杀，证明他祖父拓跋珪，无疑问地是卖父求荣的逆子。刘骏对刘诞大肆屠戮，同样证明，无疑问地，他是奸母淫妹的畜牲。

颜竣惨死

刘宋帝国东扬州（州政府会稽）州长颜竣，娘亲逝世，把灵柩护送回京（首都建康），刘宋帝刘骏待他仍很优厚。但颜竣对亲戚故旧，却不断抱怨，有时还批评政府。正巧，王僧达被捕（参考去年【458】7月），疑心是颜竣陷害，临刑之前，上疏陈述颜竣前后怨恨中央和攻击皇帝的话。刘骏遂命总监察官（御史中丞）庾徽之上疏弹劾，将颜竣免除官职。颜竣越发恐惧，上书请求处罚，饶恕自己一命。刘骏怒不可遏，用诏书回答："你讥刺诽谤，攻讦怀恨，已辜负我的期许。反而只担心自己安全，唯恐怕不能保命，岂是臣属事奉人主的忠诚之道！"稍后，竟陵王刘诞起兵背叛，刘骏遂乘机诬指颜竣跟刘诞私自勾结。逮捕颜竣，羁押最高法院监狱（廷尉），先砍断颜竣的脚，然后命他自杀；妻子儿女放逐到交州（州政府设龙编【越南共和国河内市东北北宁省】），走到宫亭湖（鄱阳湖湖群其中一湖），刘骏下令：把颜竣家中所有男人——包括大人小孩，全部投入宫亭湖溺毙。

刘骏固然是个畜牲，残暴寡恩，但对颜竣的处分，斩首算了，为什么还要先砍双脚？砍脚算了，为什么还要诛杀男口？在这件惨剧中，什么事激使刘骏兽性大发？闯下滔天大祸的，恐怕是颜竣那张毫无遮拦、称心快意的利口。当颜竣还是刘骏心腹时，所亲眼看到刘骏的闺房丑闻，和刘骏的种种愚蠢和邪恶行为，颜竣为了炫耀和主子关系密切，并窃弄权威，平常日子，恐怕泄露得太多。这是一个严厉的教训，如果用报导别人生活细节的方式，来展示他跟对方关系非常亲昵时，必须要小心翼翼，不可破坏对方形象，否则，灾难可是自己找上门的，大灾难就像颜竣所承受的，小灾难至少也会失去友情。

周朗的天真

刘宋帝国前庐陵郡（江西吉水）郡长（内史）周朗，曾经向刘宋帝刘骏进言（参考453年7月），态度恳切直爽，刘骏记恨在心。遂命主管单位弹劾周朗："在为娘亲守丧期间，言行不合礼教。"判决流刑，放逐宁州（州政府设味县【云南曲靖】）；而就在中途，刘骏下令诛杀。周朗出发，到宫门前叩辞时，高级咨询官（侍中）蔡兴宗，正在宫廷值班，要求跟周朗握别，遂被剥夺官阶，以平民身份代理现职。

453年，刘骏以皇帝之尊，发布正式命令，要求全国人民直言无隐地批评政府，周朗遵命发言。可怜的周朗，虽然他心里明白刘骏"并不是真心听取直言"，但每一个向当权分子进言的人，都会有一种假定：认为当权分子会被至诚感动，或被至理说服。刘骏的反应在历史上创下一个模式：用最诚恳的态度请求别人批评，而等到别人批评时，立刻恼羞成怒，翻脸撕咬。刘骏还算有点耐心，没有当时发作，但却记恨在心，长达七年之久，不但不忘，反而越想越怒不可遏，成为这种模式的变种。

对付手握无限权力的大家伙，至诚的功能很小，至理的功能更不高。只有用制衡手段，如建立一个强力议会之类，才能使刘骏之辈绝迹。

官大学问大

刘宋始兴公爵沈庆之，请求准许民间私自铸钱（沈庆之初议，参考456年12月），南宋帝（六任）刘子业批准。自此之后，钱不值钱，经济崩溃。一千铜钱串起来，高不满三寸（可见其薄），大钱小钱，都是一样，当时人称之为“鹅眼钱”。比这更恶劣的，还有“线环钱”，用线串起来后，放到水面，都不会下沉，用手一捏，钱都粉碎。十万钱连双手都捧不满，市场商店，不再计算数目。稻米每斗一万钱，货币交易完全停止。

沈庆之一直坚决主张民间私自铸钱，456年被颜竣驳倒后，465年再度提出，终于实施，结果如此之惨，和平时期而经济竟然崩溃，完全是政策错误。

沈庆之是一位名将，自击平刘诞的叛乱后，地位已达高峰，所以九年前失败的提案，得以复活。然而，经济是一件比军事要复杂万倍的事物，不是每一个人都懂。为了和北魏帝国开战，沈庆之曾经说过：“治国好像治家，关于耕田种地，应问农奴；关于纺纱织布，应问婢女。”货币政策，军人不应乱出主意，政府也不应去问军人，犹如战场之上，货币专家不应乱出主意，指挥官也不应去问货币专家如何肉搏。可是，沈庆之却违犯自己的名言。

一个人一旦官高权大，学问也会跟着猛涨。无论什么疑难杂病，他都是权威，结果中国越来越糟。

刘子业之死

刘宋帝（六任）刘子业一向讨厌御衣管理员（主衣）寿寂之（寿，姓），一看到寿寂之就咬牙切齿。一天夜晚，刘子业屏退所有侍从，只留下一些男巫女巫和宫女数百人，在竹林堂射鬼。射鬼已毕，将要演奏音乐，寿寂之抽出佩刀，直闯而入。刘子业突然看到寿寂之来势凶恶，拿起弓箭发射，没有射中，而宫女霎时间四散逃走，刘子业也拔腿飞奔，连喊“寂寂”三四次，寿寂之已经追及，当场砍死。

刘子业死在刀下时，连喊“寂寂”，没有人知道什么意思，我们猜想，可能是呼唤：“寂之、寂之！”希望用亲昵的称呼，向寿寂之求饶，只因恐惧过度，吐字不能完整。

本年（465），刘子业才十七岁，高级中学二年级学生的年龄。无限权力之害人害己，这个少年用他血肉一团的尸体，作为见证。而野心家却一直追求害人害己的无限权力，说明权力的诱惑是如何难以抵挡，以及如何需要另一种阻却力量，才能救人救己。如果是一个民主社会，刘子业现在正是一个见了妞儿就吹口哨、欢天喜地的准大学生，既害不了那么多人，也害不了自己。

殷孝祖

466 年，刘宋帝国内乱，建康政府（江苏南京）大军西上讨伐浔阳政府（江西九江）。建康政府抚军将军殷孝祖，认为只有他最最忠心，所以常欺负羞辱其他将领。建康部队中官兵，有父子兄弟在浔阳政府辖区的，殷孝祖主张全体逮捕审判。于是，军心愤怒散乱，不肯服从他的指挥。不久，殷孝祖就在增援赭圻战役中，中箭而死。

忠，是一种崇高的情操，对自己的责任和承诺，尽心尽力。不过腐蚀性极强的官场政治，会使“人忠”异化。异化成为“狗忠”，当事人最典型的誓言是：“生是主子的人，死是主子的鬼。”管你是对是错，我是忠定了你。主子是英雄我效忠，主子是邪恶的暴徒，我照样也效忠，而且以此自豪。另一种异化是成为“狼忠”，天下虽大，只有俺才忠心耿耿，必要时我可以杀妻、杀子、杀父、杀母、杀朋友、杀部属、杀长官、杀小民，甚至背叛国家；用别人的血，染红主子看得见的自己的一颗赤心。关键是，狼忠总是掉头而噬，谁的权大势粗，他就随时更换效忠对象。

“狗忠”“狼忠”，不是真忠，而是真忠之敌。

浔阳政府倾覆

浔阳政府（江西九江）国务院右执行长（尚书右仆射）邓琬，得到前方大军崩溃、司令官刘胡远逃走消息，忧愁恐慌，无计可施，紧急召集智囊、立法院立法官（中书舍人）褚灵嗣等商讨对策，大家都不知道如何才好。国务院文官部长（吏部尚书）张悦假装患病，请邓琬到私宅商讨大事。邓琬既到，张悦说："你当初第一个坚持称帝（参考去年【465】12月19日），今天，事已紧急，你有什么办法？"邓琬说："只好杀掉皇上（刘子勋），查封仓库，用来赎罪。"张悦说："你难道宁愿出卖陛下，只求自己活命？"遂呼唤拿酒，张悦的儿子张洵提刀冲入，砍下邓琬人头（年六十岁）。又逮捕邓琬的儿子，一齐诛杀。张悦遂携带邓琬的人头，乘一只小艇东下，向建康政府（江苏南京）建安王刘休仁投降。

浔阳（江西九江）大乱，建康政府（江苏南京）宰相府大营军事参议官（司徒中兵参军）蔡那的儿子蔡道渊，原被囚禁在浔阳（江西九江）武器制造厂（作部），这时，挣脱锁枷，进入浔阳，逮捕皇帝刘子勋，投入监狱。不久，沈攸之等军抵达浔阳，遂斩刘子勋，把人头送到建康（江苏南京）。刘子勋本年十一岁。

年仅十一岁的刘子勋小娃的悲剧，是上天注定，无法避免。失败时下场如此，即令胜利，下场也可以预测：邓琬、袁顗、刘胡、张悦，都非善良之辈，每个人都可能变成刘裕。以他们素质的卑劣，对人民制造的灾难，也不会轻于刘彧。

中国人的困局是：总是永远在"坏"和"更坏"之间轮回。我们希望有一天，能够在"好"和"更好"之间选择。

蔡兴宗先见

最初，刘宋帝（六任）刘子业横暴，国务院文官部长（吏部尚书）袁颢开始时很得刘子业信任，可是不久，刘子业对他的态度，作一百八十度转变，剥夺他的官阶，叫他以平民身份担任现职。袁颢大为恐惧，编了一套理由请求外调，刘子业遂命袁颢当雍梁军区司令官（督都雍梁诸军事）兼雍州（州政府设襄阳）州长。袁颢的舅父蔡兴宗对他说："襄阳的星辰凶恶，怎么可以去？"袁颢说："大刀迎头劈下，还管什么流箭！天文道理幽远难明，不一定全都应验。"稍后，刘子业下令江州（州政府设浔阳【江西九江】）州长晋安王刘子勋自杀。刘子勋遂被推上宝座，另组中央政府（浔阳政府），采取军事反抗。466年，反抗军失败，袁颢是时当征剿大军总司令官（督征讨诸军事），乘名叫飞燕的骏马，飞奔开溜，被鹊头（安徽铜陵北）驻军司令薛伯珍击斩，携带人头向建康政府军带兵官（军主）俞湛之投降，俞湛之斩薛伯珍，连同袁颢的人头，一并作为自己的功劳。当国务院右执行长（尚书右仆射）的邓琬，也被文官部长（吏部尚书）张悦诛杀，连同邓琬儿子的人头，向建康政府建安王刘休仁投降。刘子业在位时，知识分子为了躲祸，都盼望离开京师（首都建业），远到外地。等到浔阳政府瓦解，全部被杀，侥幸生存的，万人中不见得有一人，大家遂佩服蔡兴宗有先见之明。

蔡兴宗不是半仙之体，在跟袁颢对话时，怎么能预知刘彧胜而刘子勋败？不但不可能预知刘彧胜和刘子勋败，连刘彧和刘子勋先后坐上宝座，都不可能预知。社会一旦动乱，恐怖四塞，大家逃命，各人逃向自认为安全的地方，犹如空袭轰炸之下，谁能肯定躲甲洞安全，或躲乙洞安全？

史学家对蔡兴宗这方面的推崇，水准低俗，误用史学的纯正功能。

罩不上忠义

刘宋帝（七任明帝）刘彧因湘州（州政府临湘）总部执行官（湘州行事）何慧文文武全才，特命吴喜传旨赦免。何慧文说："我既身陷叛逆集团，亲手加害忠义，还有什么面目见天下人士（何慧文杀王应之，参考本年【466】6月）！"遂自杀。

何慧文这一段话，十分离奇。死皇帝没有儿子，帝位当然由老弟继承，不可能轮到老叔，所以叛徒不是刘子勋，而是刘彧；王应之起兵响应建康（江苏南京），或因政治观点不同，或因个人利害有异，我们不作责备，但是怎么罩也罩不上忠义二字，一定要罩的话，王应之恰恰犯上作乱。

我们不相信何慧文会说出那种自丧立场的话，当是吴喜行凶后，或何慧文慷慨就义后，吴喜编出来的说辞，既无聊，又愚蠢。

刘勔

刘宋帝国辅国将军刘勔，包围寿阳（安徽寿县）整整一年，因心肠宽厚，深得将士爱戴。浔阳政府（江西九江）覆亡后，守将殷琰（浔阳政府豫州【州政府寿阳】州长）打算投降北魏帝国，主任秘书（主簿）谯郡（安徽蒙城）人夏侯详，劝阻。殷琰遂率领他的将领参谋等，自行反绑双手，出城投诚。刘勔一一安慰，不杀一个人，进城之后，约束军队，不准抢劫。于是，城中生命财产，没有一分一毫损失，寿阳人欢天喜地。

沈约曰："吴汉消灭成家帝国，成都城内，鲜血淹没人的足踝（参考36年11月）；他的后代，在东汉王朝默默无闻。陆抗平定西陵，步家的大祸，连怀抱中的婴孩都不能避免（参考272年12月）；陆抗的儿子陆机、陆云，也被晋王朝诛杀（参考303年10月）。刘勔攻克寿春（寿阳），无论官员或平民，没有一个人因遗失一粒米而叹息，大家扶老携幼，歌唱而出重围。诚是至善至美。"

千载之下，我们仍向刘勔先生致谢，表达我们小民的感激和尊敬。

初期刘彧

刘宋帝国(首都建康【江苏南京】)镇军将军张永,无法抵挡北魏帝国(首都平城【山西大同】)镇东大将军尉元的追击,放弃下礚城(应在江苏徐州东南),在夜色掩护下逃走。不幸,天气骤变,狂风暴雪,泗水冰封,船舰不能移动,张永命大军放弃船舰,徒步南奔。士卒在严寒下,冻死的有一大半,手脚冻断的有十分之七八。尉元更超越到前面堵截,薛安都在后面追杀,就在吕梁(江苏徐州东南二十五公里)之东,前后夹击,刘宋兵团崩溃,被杀的以万人为计算单位,六十华里之遥,沿途尸体重叠,抛弃的军用物资及武器,更无法计数。张永的脚趾也被冻掉,跟中央禁军总监(中领军)沈攸之,仅仅逃出一命。而梁、南秦二州(州政府南郑)州长(刺史)垣恭祖等,被北魏军俘虏。刘宋帝(七任明帝)刘彧(本年二十九岁)得到消息,召见国务院左执行长(尚书左仆射)蔡兴宗,把大军惨败的战报,拿给他看,说:“在你面前,我深感惭愧。”(蔡兴宗劝刘彧不要出军淮北,参考去年【466】10月)贬张永当左将军,免除沈攸之官位,命他以贞阳公爵兼任现职(中央禁军总监【中领军】),仍返驻地淮阴(江苏淮阴)。

刘彧的政权,这时候还没有稳固,所以不敢毫无忌惮。有外在力量制衡时,他是多么可爱。一旦他认为已绝对控制局势,突然间成了全国第一号人物时,制约解除,兽性爆发,完全变成另一种动物,又是多么可恶。

品种的突变,只因为他吞下大量的权力毒药,值得三思!

“读书人”

禁宫护卫执行官（冗从仆射）垣荣祖，也从彭城（江苏徐州）逃到朐山（江苏连云港），因奉命游说薛安都失败（参考去年【466】正月八日），恐怕刘彧惩罚他，不敢露面。后来投奔萧道成，前往淮阴（江苏淮阴）。垣荣祖幼年就喜爱骑马射箭，曾经有人对他说：“军人生涯，十分危险，为什么不走‘读书人’这条路！”垣荣祖说：“从前，曹操父子，上马手舞长矛，下马提笔写诗。生在天地之间，才可说是不辜负天地养育之恩。像你们这些‘读书人’，连保护自己的力量都没有，跟狗羊有什么分别！”

垣荣祖的痛快淋漓，击中所谓“读书人”的要害，使人汗流浃背。

无官不贪

北魏帝（六任献文帝）拓跋弘（本年十四岁）的小老婆李夫人（小老婆群第三级），生下皇子拓跋宏（“弘”“宏”都音 hóng【洪】，父子名同音，不知如何区分，幸亏都当皇帝，没有人对他们呼名唤姓）。李夫人，是李惠的女儿（李惠，是李贵人的兄弟。李贵人，是拓跋弘的亲娘，被迫自杀。参考 456 年 2 月）。冯太后亲自喂养拓跋宏小娃。不久，把政权还给拓跋弘。拓跋弘开始亲自处理国事，辛勤劳苦，赏罚严明，擢升清廉有操守的人，罢黜贪官污吏。北魏帝国的州长、郡长，才开始有人因做官廉洁而受到赞扬。

北魏帝国于 386 年正式开国，迄本年（467）为止，已八十余年，如追溯到代王时期，至少也有一百五十余年。这么漫长的岁月中，没有官员不贪赃枉法，是一个多么堕落的罪恶渊薮，中华人深陷其中，任凭宰割，偶起反抗，复遭到血腥镇压，并被称为盗匪叛徒。后世的人看到的北魏碑帖和佛寺石雕，又能增加多少艺术知识？超度多少苦难亡魂？

刘彧式忘恩负义

471年，刘宋帝（七任明帝）刘彧，命他最亲密的弟弟建安王刘休仁进宫。当晚，刘彧派人送去毒药，刘休仁毒发身死。刘彧然后下诏宣布刘休仁的罪状说：“刘休仁暗中结交宫城禁卫官兵，阴谋叛乱，被我发觉，刘休仁忘恩负义，服毒自杀。”

刘彧恐怕引起公愤，乃颁发诏书给中央高级官员及地方军政主管，诏书上说：“刘休仁跟刘休佑，相交很深，休仁告诉休佑：‘你只管拼命拍马屁，这妙法足可保命，我一向很得马屁之力。’刘休佑之死，本来只是为民除害，可是刘休仁却从此越发恐惧，我每次唤他进宫，他都进去向娘亲杨太妃告别。春天，我常常跟他一块去射猎野鸡，偶尔因天阴落雨，不能外出，刘休仁就告诉左右：‘今天又多活了一天。’刘休仁曾经因为西征之故（攻击浔阳政府【江西九江】），跟皇家禁卫军将领，在一起共事，情投意合。我前些日，病势忽然转重，刘休仁出入宫廷，见到他们，没有一个不和颜悦色，安抚慰劳。以他的表现，无法预测下一步行动是什么，万不得已，反复思考，不得不作这项处分。恐怕你不一定全盘了解，所以特别向你简报。”

事实上是：刘彧对刘休仁忘恩负义，可是，他却痛斥刘休仁忘恩负义。拜读这份诏书，当时是不是有人兴起吐他一脸口水的念头，无法知道，但是至少，刘彧一定认为，经过他这么一努力宣传，就可一手遮住天下人的耳目。聪明得冒烟的人，往往认为别人都愚不可及，无论自己怎么说，别人都会怎么信。

刘彧诏书和统万碑文，是大分裂时代两大最无耻的文献。

刘彧杀吴喜

当初，刘宋淮陵郡（江苏盱眙）郡长吴喜，攻击拥护浔阳政府（江西九江）的会稽郡（浙江绍兴）时，报告刘宋帝刘彧说：“如果俘虏浔阳王（刘子房）跟贼寇（浔阳政府东方军）的将领，就在东部，当场诛杀。”后来生擒刘子房，却押送建康（江苏南京），而又释放吴郡（江苏苏州）郡长顾琛等（参考 466 年 2 月 22 日及 3 月 11 日）。刘彧因吴喜刚刚建立大功，不作追究，但心里深为痛恨（痛恨吴喜把烫山芋抛给自己）。不久，刘彧诛杀寿寂之（参考本年【471】5 月），吴喜得到消息，十分恐惧，上书刘彧，请求调职当初级资政官（中散大夫），刘彧大起疑心（郡长地位高有实权，初级资政官地位低而闲散，忽然请调，违反常情）。

这时，有人打小报告指控南兖州（州政府淮阴）州长（刺史）萧道成，在淮阴（江苏淮阴）私通北魏帝国。刘彧用银壶装酒，加上封条，派吴喜送给萧道成。萧道成震恐，打算逃亡，吴喜把实情告诉萧道成，并且先饮下一杯，萧道成才敢下肚。吴喜回到京师（首都建康），向刘彧保证萧道成忠贞。然而，有人秘密检举，刘彧认为吴喜计谋太多，而又很有人缘，恐怕不能侍奉幼主，遂召见吴喜到后宫寝殿（这是一项殊荣），纵情闲谈，间或打趣开开玩笑，十分亲密。吴喜告辞出来后，刘彧又赏赐给他名菜，接着命他自杀（年四十五岁），然而，仍颁发丧葬费用。

刘彧下诏给中央禁军总监（中领军）刘勔（时驻广陵【江苏扬州】）等，解释诛杀吴喜原因，说：“吴喜轻浮狡猾，变化万端，专会骗取人心。从前，六十年代初期（五任帝刘骏在位），黟县（安徽黟县。黟，音 yī【衣】）、歙县（安徽歙县。歙，音 shè【摄】），有亡命之徒数千人，攻击县城，杀戮官员，刘子尚（刘骏第二子豫章王）派精锐部队三千人讨伐，两次都被击败。孝武皇帝（五任帝刘骏）命吴喜前往，吴喜率数十人抵达县城，游说群盗，群盗立即归降。诡秘蛊惑之人，才能如此。我登极后不久，命吴喜向东出征，他不过只带三百人，竟能直入三吴（太湖流域及钱塘江流域），经过两次肉搏，自破冈（江苏句容东南）以东，直到大海（东中国海），共有十郡，全部扫荡平安。人民听说吴喜来到，都望风而走，不敢对抗。如果不是对三吴（太湖流域及钱塘江流域）人民积有深厚的恩情，怎么能使他们如此心服。探讨他的用意，绝不会尊奉正统君主，而坐在那里让千年难逢的良机消失！譬如吃药，当人发冷时，应服温身

之药；当人发烧时，应服退烧之药。并不是忘掉他的功劳，而是迫不得已。”

刘彧对诛杀吴喜所作的解释，说来说去，恐怕连他自己也不知道他在作什么指控。看情形凡是克敌制胜的将领，都是诡秘蛊惑、阴谋狡诈之辈，“探讨他的用意”，就非叛变不可。依此逻辑推断，大概只有被敌人阵前斩首的人，才算是忠臣良将。过度的私心私欲，不但白日做梦，而且还白日说梦。

政府已成制造工厂

北魏帝（七任孝文帝）拓跋宏下诏：“县长如果能平定一县的盗贼，准许他身兼邻县县长，并发双份薪俸。如果能平定两县的盗贼，准许他兼任三县县长，三年之后，升为郡长。郡长如果能平定二郡、三郡，情形相同，三年之后，升为州长（刺史）。”

在北魏帝国这种腐败而又专制的社会中，盗贼所以不能灭绝，是因为政府在努力制造盗贼。贪官污吏不能灭绝，是因为政府在努力制造贪官污吏。人民叛变不能灭绝，是因为政府在努力制造叛变。

政府已成为一座奇异的贪污制造厂。不阻止它制造产品，只阻止它销售，再过五千年，也不能使政治清明。

狗是人唯一朋友

刘宋帝（八任）刘昱乘坐露天无篷车，跟左右侍从，前往台冈（宫城的一个山冈），比赛跳高；跳高后，前往青园尼姑庵。夜晚，再到新安寺偷狗（五任帝刘骏的小老婆殷贵妃【刘义宣女】死，刘骏盖一庙院哀悼【参考 462 年 10 月】。殷贵妃生的儿子名刘子鸾，封新安王，所以名新安寺）。偷狗之后，找到昙度道人，煮吃狗肉。

人类最邪恶的行为之一，就是吃狗肉！

我亲眼看到过一幕狗主人杀狗的场景，一脸忠厚相的狗主人把他养的一条黑狗，用绳索绑起四肢，吊到树上，然后举起利刃，在他脖子上先轻轻摩擦。可怜的它，还以为主人像往常一样地跟它玩耍亲热！当凶器擦过它鼻下时，它还欢天喜地地伸出舌头，舐那刀口。没有挣扎、没有恐惧，因为它相信它是主人最要好的朋友，主人一定会保护它，绝对不会做出任何伤害它的事。直到利刃插入它的心脏，它才嚎叫一声，然而也仅仅只此一声，在断气的刹那，眼中仍闪动着充满托付终身的光芒。恐怕必须等它的一缕幽魂，在冥冥中回顾凡尘，才会发现它死在谁手。它的痛苦，不是被谋杀，而是被朋友出卖。

狗是人类唯一的朋友，可以推心置腹，可以相依为命，然而人类对它，却像暴君一样，随时随地都会翻脸无情。狗对人已付出忠心，人对狗付出什么，付出一把利刃？

吃狗肉的社会，是一个以出卖朋友为美德的社会。

诛杀刘昱

刘昱吃过狗肉后，饮酒饮得沉醉不醒，遂回仁寿殿睡觉。弄臣杨玉夫，一向得到刘昱的宠信，而今天，刘昱对杨玉夫忽然大为痛恨，一看见他就咬牙切齿，说："明天，就杀了你这小子，挖出肝肺！"入夜，刘昱命杨玉夫观察织女渡河，警告杨玉夫说："看见织女渡河时，马上叫醒我；看不见，就杀掉你。"当时，刘昱出宫进宫，没有一定时间，全凭兴之所至，宫中各阁门，夜间都不敢关闭，负责宫廷安全的官员，恐惧跟皇帝碰面，没有一个人敢出房子。禁卫军士卒更是躲得远远的，内外一片紊乱，互不相关。夜晚，杨玉夫等到刘昱呼呼大睡，跟杨万年联手，拔下刘昱的防身佩刀，砍下刘昱人头（年十五岁）。

我们再一次为一个暴君之死欢呼，也再一次为一个孩子之死悲泣！

“血”和“脑”

诛杀刘昱后，萧道成全副武装，在金銮宝殿槐树之下，以皇太后王贞风的名义发令，召集国务院总理（尚书令）袁粲、立法院总立法长（中书监）褚渊、立法院最高立法长（中书令）刘秉，入宫举行高阶层会议。萧道成对刘秉说：“这是你们刘家的事，应如何决定？”刘秉还没有回答，萧道成霎时间勃然大怒，胡子乱翘，双目发出凶光，像两道闪电。刘秉说：“国务院（尚书）的事，可以交付给我。军事措施，全依靠你。”萧道成依着次序，让给袁粲，袁粲推辞不敢当。王敬则拔出佩刀，在座位旁跳起来，厉声说：“天下大事，全都要萧公裁决，胆敢说半个不字，血染我刀！”亲自取出白纱帽，戴到萧道成头上，要求萧道成登极称帝，威胁说：“今天谁敢乱动？大事要乘热一气呵成。”萧道成板起面孔。喝止说：“你不知道你干什么！”袁粲打算讲话，王敬则大声喝他闭嘴，他只好闭嘴。褚渊说：“非萧公不足以办理善后！”就把需要皇帝裁决的奏章，全部交给萧道成。萧道成说：“既然大家都不肯接受，我怎么可以推辞。”于是，提议：准备法驾（皇帝仪队），前往东府城（建康城南，宰相府），迎接安成王刘准继任皇帝。萧道成卫士抽出佩刀，筑成刀墙，命袁粲、刘秉起身，二人面无人色，告辞。刘秉出宫，路上遇到堂弟刘韫，刘韫开车门迎问：“今天的事，是不是归你？”刘秉说：“我已让给萧道成。”刘韫捶胸说：“你肉里有没有血？今年，全族难逃屠杀。”

刘韫问刘秉说：“你肉里有没有血？”我也想问刘韫说：“你头里有没有脑？”刘家靠枪杆登上台面，而今，枪杆在萧家之手，怎么敢妄想仅靠议会桌上三言两语，就可挽救危机？看当时情形，萧道成眼中喷火，王敬则拔刀跳跃，换了刘韫在座，他能夺回江山？刘宋帝国九个帝王，一连六个都是暴君，拼命自割咽喉，连上帝都救不了。刘韫责备刘秉的话，充分暴露他头脑简单，而又利欲熏心。

官场恶斗

北魏帝国徐州（州政府设彭城【江苏徐州】）州长（刺史）李䜣（音 xīn【新】），在六任帝（献文帝）拓跋弘在位时，当国务院粮食部长（仓部尚书），对卢奴（定州州政府所在县，河北定州）县长范标，宠爱信任有加。李䜣的老弟、左将军李瑛警告说："范标一直笑脸迎人，用财物结交权贵，鄙视恩德道义，眼睛只有势利。听他说的话，比蜜还甜；观察他的行为，却十分邪恶，不早一天跟他断绝来往，后悔时已来不及。"李䜣不但不相信，反而把心中秘密，更都告诉范标。

国务院执行官（尚书）赵黑，跟李䜣都受拓跋弘的宠爱，也同时都当国务院考选部长（掌选部）。李䜣用他的私人当州长，赵黑报告拓跋弘，从此，二人互相怨恨。不久，李䜣报复，检举赵黑任前任官职时，贪赃枉法，盗用国家财产。赵黑遂被罢黜，充当城门看守员。赵黑痛恨李䜣入骨，饭也吃不下，觉也睡不安。过了一年，拓跋弘命赵黑当高级咨询官（侍中）。

479 年，拓跋弘逝世，赵黑向冯太后打小报告，说李䜣弄权专横，于是外放当徐州（州政府设彭城【江苏徐州】）州长。范标知道冯太后痛恨李䜣（因李䜣告发她的情夫李奕，参考 470 年 10 月），遂向冯太后检举李䜣私通外国，打算献出土地，投降敌国（指刘宋帝国）。冯太后把李䜣召回首都平城（山西大同）审问，李䜣回答说根本没有这种事，冯太后命范标当面作证。李䜣对范标说："你今天血口喷人，诬陷于我，我还能说什么！然而，你受我的恩惠，如此之厚，怎么忍心下此毒手？"范标说："我受你的恩惠，怎比得上你受李敷的恩惠？你忍心对李敷下此毒手（参考 470 年 10 月），我为什么不能忍心对你。"李䜣叹息，说："我不听李瑛的话，后悔果来不及。"赵黑再在中间落实他的罪名。冯太后遂斩李䜣以及他的儿子李令和、李令度。赵黑的饮食，才恢复正常。

李䜣忘恩负义，是卖友求生，一定要原谅的话，勉强可当作一种紧急避难。范标忘恩负义，则是卖友求荣，看准了买主，然后端出货色，即令官场之中，也是可憎人物。宁逢李䜣，勿逢范标。

任遐看透褚渊

刘宋帝国全国武装部队总司令部右秘书长（太尉右长史）王俭，知道萧道成想些什么。有一天，他向萧道成请求密谈，遂建议萧道成篡位。萧道成说："你说的不是没有理由。"王俭说："不过这件事应先告诉褚渊，我愿传达这个意思。"萧道成说："由我亲自前去。"过了几天，萧道成亲自拜访褚渊，说："我梦见升官。"褚渊说："刚刚发表人事命令（指全国武装部队总司令、军区司令长官），一二年间，恐怕不见得再有机会，而且吉祥的梦，未必马上就能应验。"萧道成回来，告诉王俭，王俭说："褚渊只是没有开窍！"王俭遂提议加授萧道成太傅（上三公之二），再赐给皇帝诛杀专用的铜斧（黄钺）。命立法院立法官（中书舍人）虞整，撰写诏书。萧道成亲信任遐说："这种大事，应该告诉褚渊。"萧道成说："褚渊万一不同意，怎么办？"任遐说："褚渊珍惜生命，爱护妻子儿女，一个平凡家伙罢了，并没有奇特的才能和特别的节操，我能摆布他。"褚渊果然不表反对。

任遐对褚渊可说是看穿肺腑，四个字就可形容这种软骨头人物：明哲保身。

王敬则

479年，传说北魏帝国将向南齐帝国，发动攻击。南齐帝国南兖州（州政府广陵）州长王敬则，听到北魏军将渡淮河南下，大为恐惧，抛弃州城（广陵，江苏扬州），逃回首都建康。知识分子及平民惊骇四散。可是到了最后，北魏军始终没有出现。萧道成因王敬则是功臣，不予追究责任。

王敬则在帮助萧道成夺取政权时，既会伏地谛听，又会深宫拔刀，大蹦大跳，好不英勇，可是，一听说外国大军要到，连同土地人民一齐抛弃，拔腿便跑。

历史上太多这一类窝里斗人物，对内内行，对外外行，对本国人是一种嘴脸，上谄下骄；对外国人又是一种嘴脸，惊惧交集。

监狱代表国家

南齐帝国首都建康市长（丹阳尹）王僧虔上疏，说："郡县监狱中，世代相传一种谋杀：看守员把有毒的汤药，端给有病的囚犯下肚，名义上治他的病，救他的命，实际上是强迫灌下毒药，制造残酷冤狱。生死大事，岂可以由卑微低贱的衙役控制？我愚昧地认为：囚犯害病，一定要报告郡政府，而由有关官员会同医生，共同诊断，如果是远县的囚犯，则应等到他家里来人察看，然后服药。"萧道成批准。

远地囚犯害病，如果必须等他家人前来，然后才可以诊治服药，结果一定小病拖成大病，大病断送性命。不切实际的善政，一定变成恶政。可是，如果不这样限制，囚犯一旦稍有头痛发烧，被狱吏灌下毒药，也要丧生。

中国人苦，中国女人更苦，中国囚犯尤其悲惨。观察一个国家是文明或是野蛮，只要看他们的监狱，足够。

萧道成

482 年，南齐帝国一任帝（高帝）萧道成，在临光殿逝世（年五十六岁）。萧道成胸有成竹，宽宏大量，博学多才，而能写文章，性情淡泊节俭，御衣管理局（主衣）中，存有“玉导”（头上装饰用的玉制品），萧道成告诉立法院（中书）说：“留着它，一切毛病都会出来。”下令把它敲碎。并命主管官员搜索检查，看是不是还有别的奇异对象，一律遵照此项指示处理。萧道成常对人说：“让我治理中国十年，当使黄金跟泥土同等价钱。”

萧道成自期：“让我治理中国十年，当使黄金跟泥土同等价钱。”中国帝王群中，有这种抱负的人，少之又少。萧道成不是一个才华四溢的人，只是被暴政推动，遂坐上宝座，世代荒淫奢侈的政风之下，他能念及苍生，还更确实地一步一步实践施行，尚不愧是一位英明之主，是南北朝时代百余年中，少数值得尊敬的君王之一。

“士大夫”

南齐监督院总监督长（侍中）江敩（音 xiào【孝】），当国务院法务部长（都官尚书）时，立法院立法官（中书舍人）纪僧真受萧赜的宠信，仪容举止，都有“士大夫”的风采。他报告萧赜说：“我的出身，不过是本县（纪僧真是建康县人）一个武官，侥幸地遇到圣明时代，官阶和荣耀，已经到此。又给儿子娶了荀昭光的女儿，别无其他盼望，唯一的盼望是，请求陛下准许我当‘士大夫’。”萧赜说：“这件事，应去求江敩、谢瀹（音 yuè【越】），我不能做主，你自己去找他们。”纪僧真遵照圣旨指示，拜访江敩，脱下木屐、登上榻席坐定，江敩回头吩咐左右说：“把我的床抬得远远的离开客人！”纪僧真挨了一记闷棍，垂头丧气而回，告诉萧赜说：“原来皇上没有权力任命‘士大夫’！”

天下最使人沮丧的事，莫过于因果颠倒。“士大夫”的命脉，明明握在帝王之手，经过萧赜的指点和纪僧真的恍然大悟，竟然把“士大夫”形容成一个可以跟帝王对抗的阶层，真够白痴水平。大家都没有想个清楚，世家豪门如果一连两代没有官做，他们的“士大夫”便立刻土崩瓦解。土崩瓦解还是三生有幸，六十年后，杀手侯景先生对“士大夫”所作的惨酷反应：屠杀男子，奸淫妇女，叫他们普遍地受到饥饿蹂躏，“士大夫”也就面貌全非。

“士大夫”的定义是“高级知识分子，包括在职官员和退休士绅”。而在某种场合，像萧赜、纪僧真、江敩等所谓的“士大夫”，则专指以做官为人生唯一目的，其他任何事情都不会做，也不屑做的社会蠹虫。

“士大夫”建立起来只有中国才有的官场文化，贪赃枉法，互相勾结，阻挠改革，成为中国人灾难之源。

礼教吃人也吃鬼

南齐帝（二任武帝）萧赜，下诏规定皇家祖庙四季的祭品：萧承之（一任帝萧道成的老爹，绰号宣皇帝）牌位前供奉发面饼、鸭肉稀粥。陈道正（一任帝萧道成的娘亲，绰号孝皇后）牌位前供奉嫩笋、鸭蛋。一任帝（太祖）萧道成牌位前供奉肉酱、酸菜汤。萧道成正妻（昭皇后）刘智容牌位前供奉清茶、散子（即今馓子，一种油炸面食）、烤鱼，都是他们生前喜爱吃的食物。萧赜做梦，梦见老爹萧道成对他说："宋国（刘宋帝国）那些皇帝，常挤到皇家祖庙里，向我讨饭，你可以另找一个地方祭祀我。"萧赜遂命豫章王萧嶷的正妻庾女士，于春夏秋冬四季，在清溪故宅（萧家故居），祭祀祖父母、父母。祭祀时用的肉和穿的衣服，都用家人间的礼节。

司马光曰："从前，屈到最喜爱吃菱角，他的儿子屈建，却从祭桌上把菱角撤除，只因为不可以因私人的嗜好，破坏礼教。（《国语》：屈到喜爱吃菱角，病重时，特别吩咐："祭祀我的时候，一定要用菱角。"屈到死后，家人准备供上菱角，屈到的儿子屈建反对，说："国君的祭品用牛，国务官【大夫】的祭品用羊，普通官员【士】的祭品用猪狗，平民的祭品用鱼。其他肉酱肉干之类，则不分等级。不应有特别的食物，也不应有奢侈的东西，不可以因私人的嗜好，破坏礼教。"）何况，儿子当皇帝，却用平民的礼节，祭祀他的老爹，对礼教更是过分违背。卫郑（春秋时代卫国二十四任国君成公）打算祭祀姒相（夏王朝五任帝），国务官（大夫）宁俞尚且认为不当，（《左传》公元前 629 年：卫国迁都帝丘【河南濮阳西南】，国君卫郑，梦见卫国开国祖先姬封【卫国一任国君康叔】说："姒相强夺我的祭品。"卫郑命另外祭祀姒相。宁俞反对，说："鬼神对不是他家人的祭祀，不会接受。杞国、鄫国都是夏王朝的后裔，他们的国君干什么事？姒相已很久不被祭祀【夏王朝亡于公元前 1766 年，距卫郑做梦之年〔公元前 629 年〕，长达一千一百三十七年】，不是我们卫国的罪过，不可以超出中央政府规定祭祀的范围。"）何况又降了一等，在私宅中祭祀祖父母、父母，而更使庶子的妻子主持！"

古代因为相信人死了之后，鬼魂还在，所以才有祭祀。把祭祀纳入一个规范，免得失于奢侈、轻佻、残忍，所以才有祭礼，一切都是为了使世上的人，和阴间的鬼，

过得安适欣喜。

在祭案摆上菱角，竟然因违犯祭礼，而强行撤除，不过是屈到的鬼魂倒霉，望着好吃的东西，被忤逆的儿子端走，顶多流流口水而已。而卫郑的老祖宗姬封，可严重得多，他的饮食被姒相抢走，当他盼望子孙分一碗饭给姒相，免得他再来抢夺时，子孙之一的宁俞，却出来阻挠，拍巴掌说："姒相没饭吃，不是我们的过错。他们姒家的子孙干什么！"于是，老祖宗只好长期处于饥饿状态。二十世纪二十年代开始，中国人开始觉醒，认为"礼教吃人"。看了屈到和姬封悲惨的遭遇，礼教还吃鬼。

司马光对萧赜用"家人礼"祭祀老爹萧道成，严厉责备。因为萧道成的儿子当了皇帝，遂不能用平民的礼节。从这项责备，可分析出官场文化，本质上是势利眼文化。一个人一旦当了官，就必须端起架子、摆起谱。当了领袖，如皇帝之类，就更要大变。如果不变，儒家学派的礼教，先饶不了他。只因萧道成是皇帝，所以，他就不同凡品，庶子的正妻就连在家祭祀的权利，都被剥夺。

社会上固必须有一个运转规范，但这规范一旦僵固到使老祖宗挨饿，势利到一当官就变形，这个规范就是一种非人性的、阻碍自由心灵发展的桎梏。

绰号的困扰

491 年，北魏帝拓跋宏下诏，说：“烈祖（一任帝拓跋珪）有创业的大功，世祖（三任帝拓跋焘）有开拓的贡献，皇家祭庙应追为祖宗，百世不变。平文皇帝（拓跋郁律）的功勋，少过昭成皇帝（拓跋什翼犍），庙号却是太祖（398 年 12 月，一任帝拓跋珪追尊这位曾祖父）；道武皇帝（一任帝拓跋珪）的功勋，高过平文皇帝（拓跋郁律），庙号却是烈祖（410 年 9 月二任帝拓跋嗣追封），并不公平。我现在重新调整，追封烈祖（一任帝拓跋珪）为太祖，而以世祖（三任帝拓跋焘）、显祖（六任帝拓跋弘），作为两房远祖，其他的祭庙，都依照顺序废除。”

北魏帝国建立之后，最有趣的一件事是：第一任皇帝拓跋珪，大笔一挥，把他的历代祖先，都追封为各种名号的皇帝。这一套本是中华人发明的，但鲜卑人搞起来，比中华人还勇不可当，一回溯就回溯了一百八十年，一百八十年间那些至死都不过荒漠中一个牧羊老汉，霎时间都成了皇帝，绰号满天飞舞，使历史学家大瞪其眼。从拓跋宏这篇短短的诏书，可感觉出来绰号对读者造成的困扰，如果不加批注，简直没有人知道“平文皇帝”根本不是皇帝，也没有人知道“太祖”和“道武”，竟是一人。而改来改去，盖住了头却露出了脚，北魏帝国遂出现了两个“太祖”，叫人昏眩。

因此，我们更加相信，取消绰号——不管是帝王的绰号或官员的绰号，是对中国历史所做的最重要的清洗工作之一。

拓跋宏厚薄

北魏帝国诛杀李惠（参考478年11月）时（李惠的女儿李贵人，是现任皇帝拓跋宏的亲娘），李贵人（绰号思皇后）的亲兄亲弟，全被处死；堂弟李凤，当安乐王拓跋长乐的主任秘书（主簿）。拓跋长乐被指控阴谋叛变，诛杀（参考479年9月），李凤受到牵连，处死。李凤的儿子李安祖等四人，逃亡躲藏，得以保住性命，后来遇到大赦，才从躲藏的地方出面。不久，拓跋宏寻访舅父家仍活在世间的亲人，查出李安祖等，全封侯爵，加授"将军"官衔。稍后，接见四位表兄弟，说："你们先人，当年两次犯罪。君王设立官职，是要任用贤才。由皇亲国戚进身，末世才有。你们没有特别的才能，不妨回家。自此之后，皇亲国戚没有能力的，援照此例。"后来，又把四人降封伯爵，撤销"将军"名号。时人认为拓跋宏待冯家太厚，待李家太薄。祭祀部长（太常）高闾曾经提醒拓跋宏，拓跋宏不理。

冯太后是拓跋宏的嫡祖母，不但毫无血缘关系，更惊人的是，冯太后既杀拓跋宏的娘，又杀拓跋宏的爹，更杀拓跋宏娘亲的全家。拓跋宏对这个血海深仇的老太婆，不但没有复仇之意，反而深为爱戴，守丧守得哭了又哭，骨瘦如柴。而对真正的娘亲、娘舅——自己身上的血，有他们的一半，却端出嘴脸，冷漠无情。拓跋宏对李家那一番谈话，掷地有金石声，可作为万古金律，可惜却只对李家而发，对冯家全不适用。待冯家太厚，还可说他天性就厚，待李家太薄，则百思不得其解。不过，一定有解。我们且保留臆测，留给考据学家或心理学家一个重要课题。

“宣”“灵”之事

北魏帝国南阳公爵郑羲，当西兖州（州政府设滑台【河南滑县】）州长（刺史），贪赃枉法，卑鄙下流。冯太后在世时，命北魏帝拓跋宏收纳郑羲的女儿当小老婆，遂召回郑羲，当皇家图书馆长（秘书监）。郑羲逝世，国务院（尚书）议定绰号“宣”。拓跋宏下诏说：“棺木钉牢之后，确定绰号，显示一个人是清澈，还是混浊。所以，何曾虽然孝顺父母，优良的史学家却把他的绰号定为缪丑。贾充虽然对国家有贡献，正直人士却坚持他的绰号为荒公。郑羲虽然在文学上有造诣，但做官却不廉洁，国务院（尚书）怎么可以只顾人情，而违背公平原则，触犯典章。依照谥法：‘博闻多见（见多识广）曰文；不勤成名（懒惰却有名声）曰灵。’可以追赠他死时的官职，绰号文灵。”

拓跋宏既然知道郑羲这么坏，不在他生前惩罚，却在他死后的绰号上咬文嚼字，引经据典，显然是他自己“只顾人情，违背公平原则，触犯典章”。却希望借着议定绰号的小动作，使人民认为他宽厚聪明。那些为了行贿而卖出的儿女，仍屈辱在奴隶主的淫威之下，那些因屈打成招而被杀被砍，或惨死牢房的冤魂，依然在鬼门关前啼哭，看到“宣”“灵”之争，恐怕更泪落如雨。

躁进

南齐帝国立法院主任立法官（中书郎）王融，自认为才能和门第，都超过别人，不到三十岁，就想当宰相。曾经在立法院（中书省）值夜，手摸桌子，叹息说：“竟然寂寞到如此程度，惹得邓禹耻笑。”有一次经过朱雀桥，正逢有巨船出入，吊桥中开，行人车马，喧哗拥挤，寸步难行，王融捶着车厢，伤心欲绝，说：“车前没有八个骑兵卫士开道，怎么算是大丈夫！”

493 年，南齐帝（二任武帝）萧赜病势加重，忽然休克，而皇太孙萧昭业还没有入宫，内外惶惶不安，文武百官都已穿上丧服。王融打算假传圣旨，命竟陵王萧子良继承帝位，诏书的草稿已经写妥。稍后，萧昭业入宫，王融阻止东宫（太孙宫）卫队进宫。一会儿工夫，萧赜悠悠转醒，问皇太孙（萧昭业）在哪里，才下令放东宫卫队入宫，把国家大事托付给国务院左执行长（尚书左仆射）、西昌侯萧鸾。顷刻之间，萧赜气绝，逝世（年五十四岁）。王融采取紧急措施，命萧子良的亲军接管宫城各门。萧鸾得到消息，骑马飞奔到云龙门（宫城【台城】东门），命左右侍从，把萧子良扶出金銮宝殿。王融知道他的阴谋无法实现，只好脱下武装，返回立法院（中书省），叹息说：“王爷（萧子良）误了我的前程！”

王融、张敬儿，都是躁进之士，不同的是，分属文武。躁进之士患有权势饥渴症，总盼望拿别人的人头，去撞开更高阶层荣华富贵的大门。一旦别人拒绝被当作工具去撞，或是把别人撞得脑浆崩裂而仍没有撞开，他就会暴跳如雷，认为是别人误了他、害了他。

躁进之士跟野心家不同，野心家有时候还可以克制自己，躁进之士则身不由主地到处寻觅可以撞门的别人的人头，更为劳苦、危险。

摇尾奇功

南齐帝（五任明帝）萧鸾，设宴招待文武百官，下令有功的人员饮酒，王晏等立刻挺身，只谢瀹（音 yuè【越】）一个人不理，说：“陛下接受天命，上应天意，下顺民心。王晏怎么把上帝意思，当作自己的功劳？”萧鸾大笑，给他们排解。散席之后，王晏招呼谢瀹，一块乘车回国务院，谢瀹板起脸孔说：“你的巢穴在哪里？”王晏对他十分畏惧。

谢瀹露的这一手，使人倍增感慨。高贵门第——豪门世家和强大宗族，所以维系不坠，就是因为世代有官做；世代所以有官做，就是高贵门第中人物，都有一套摇尾奇功，拍马屁而使人觉得并不是拍马屁。谢瀹对于不足以影响他当官、又不能断送他老命的寒门世族，是一副嘴脸；对于足以影响他当官、足以断送他老命的大家伙，又是一副嘴脸，两个嘴脸都恰到好处，权势就会永在。

拓跋英

北魏帝（七任孝文帝）拓跋宏在钟离（安徽凤阳东北临淮关镇）时，仇池镇（骆谷城，甘肃西和南）防守总司令官（镇都大将）、梁州（州政府骆谷城）州长（刺史）拓跋英，请求率领州政府所辖部队，会同平南将军刘藻（去年【494】11月，派刘藻出征），攻击南齐帝国的汉中（南郑，陕西汉中），拓跋宏准许。南齐梁州（州政府南郑）州长（刺史）萧懿，派部将尹绍祖、梁季群等，率军两万人抵抗，霎时崩溃。北魏军乘胜长驱直入，大破萧懿军，遂包围南郑。拓跋英严禁将士奸淫烧杀，不准抢夺凶暴，人民不分远近，都心悦诚服，争相供应军队粮食。

中国人真是可怜，永无尽期地处于暴政之下，偶尔遇到一个不贪污不凶暴的官员，或一支不奸淫不烧杀的军队，便感恩戴德，主动地送酒肉、送粮秣，不管你是中华人、鲜卑人，或其他任何人，任何民族！

元宏吞下中华文化

北魏帝国（首都洛阳【河南洛阳东白马寺东】）皇帝（七任孝文帝）拓跋宏（本年三十岁）下诏说：“鲜卑人（北人）把大地称为‘拓’，把君王称为‘跋’。我的祖先，原是黄帝姬轩辕（黄帝王朝一任帝）的后裔，我们的保护神是大地之神（土德王），所以姓拓跋（一任帝拓跋珪称帝时，追认姬轩辕为始祖，以及选择“土德”，参考398年12月）。土，是万种颜色中最纯正的颜色——黄色，更是万物的元始，所以皇家拓跋，应该改姓元。功臣元老，从代都（故都平城，山西大同）南迁，凡是复音节的姓，一律改成单音节的姓。”

元宏非常重视门第家世（自此开始，皇家正式姓“元”），再下诏，问：“近代，一个人身份地位的高低，都与生俱来，比较固定，这件事到底好或不好？”李冲回答说：“不知道开天辟地以来，政府设立公职，目的是为了高贵门第子弟们当官，还是为了治理国家？”元宏说：“当然是为了治理国家。”李冲说：“既然如此，陛下遴选文武百官，却为什么只看他的门第家世，而不看他的才干？”元宏说：“一个人假设有超过常人的才干，不怕别人不知道。然而，名门世家的子弟，即令他没有才干，不能贡献当世，但至少品德端正、心地纯洁，所以我才任用他们。”李冲说：“傅说（商王朝宰相）、姜子牙（周王朝宰相），在高贵的门第家世中，怎能找得出？”（傅说出身土木工人，姜子牙出身屠户渔夫。）元宏说：“非常的人才，几百年才出现一两个。”皇家图书馆主任（秘书令）李彪说：“陛下如果专用门第家世作标准，不知道鲁国的三家世袭贵族（季孙家、孟孙家、叔孙家），胜不胜得过孔丘的四科学生（四科：德行、言语、政治、教育）？”国史编撰助理官（著作佐郎）韩显宗说：“陛下怎么可以使豪门强族，世世荣华富贵，寒门平民，世世贫苦低贱，不能翻身？”元宏说：“如果有高明的人才，出类拔萃，我也不严格要他的门第。”过了一会，宋王刘昶入朝（自彭城【江苏徐州】来），元宏对刘昶说：“有些人说，用人的时候，应该只看他的才干，不一定要求他出身高贵的门第。我却认为不然，为什么？清水和浊水同流，上面和下层平等，德行好的人和人格卑劣的人，官职没有差别，简直是绝对不可以。在我们帝国之中，八族（鲜卑八姓）以上的知识分子，有九个等级（品）。九个等级下，家世贫贱寒微的官员，有七个等级。如果真有盖世奇才，他可以

不必由下往上升迁，一入政府，就使他位居三公。问题在于，真正的贤才难以得到，不应该为了一个难以得到的人才，而搞乱我的典章制度。”

元宏是北魏帝国第一个接受完整教育的君王，当然接受的是纯中华教育，也就是纯儒家学派教育。因为鲜卑民族来自北方荒漠，连文字都没有，遂使元宏对中华文化产生盲目崇拜，认为中华民族一切都是进步的、好的，而他自己鲜卑民族，一切都落伍不堪。崇拜一旦由理智的尊敬，转为感情的信仰，他就拒绝承认中华文化也有缺点，而鲜卑文化也有优点。

全盘中华化的推行，说明在元宏领导下，鲜卑民族仍具蓬勃的生命潜力。只有奄奄一息、僵硬待毙的民族，才会用种种借口，拒抗改变。不幸，元宏在中华文化最堕落的时候开始吸收，而且吸收的几乎全是中华文化中最糟粕的部分。

其一，元宏把五胡乱华十九国时代已被破坏了的门第制度，用政治力量恢复，使它再度跟政治结合，在本来等级疏阔的鲜卑社会结构中，生硬地制造出一批又一批门第世家。世家子弟们的唯一出路，就是做官，政府公职永远被他们把持。普通人民——既非“国姓”，又非“郡姓”出身的“小人”，天生地是被统治者，只能当低级职员，不能升迁。元宏坚持：政府用人，只允许看门第，不允许看才干，而门第又分六等：第一等膏粱门第，三世中出过三个宰相级（三公）官员。第二等华腴门第，三世中出过三个副宰相级（尚书令）官员。第三等甲姓门第，三世中出过重要部长级（尚书）官员。第四等乙姓门第，三世中出过次要部长（九卿）或州长（刺史）。第五等丙姓门第，三世中出过副部长级（散骑常侍）官员。第六等丁姓门第，三世中出过司长级（吏部员外郎）官员。每一等级的子弟，都有他做官的管道和保障。像司长级位置，必须由第一等膏粱子弟或第二等华腴子弟担任。州政府秘书长（长史）或郡政府主任秘书（主簿），必须由四姓（甲乙丙丁）子弟担任。身为平民的知识分子，只有望洋兴叹。这是一种最奇特的政治制度。

其二，元宏把儒家学派中的主要精髓——礼教，全部下肚。鲜卑民族有他自己的生活方式，当然比较简单，但是直率亲切、朴实可爱。元宏为了巩固权力、提高

威严，认为简单就是落后，直率就是粗暴，亲切就是野蛮。因而非常欣赏儒家学派那一套繁文缛节，所以首先改变他的宫廷和政府结构；皇家和官员们的身价，遂与日俱增。皇帝和亲王大臣之间的关系，也越来越加疏远。亲王大臣跟部属，下级官员跟人民，也日渐隔绝。统治阶层的生活，更趋腐烂。婚丧仪式，变得复杂不堪，鲜卑人从前死了父母，可以照常供职。华化之后，他就必须辞职，回家守丧三年。除非他是一个大地主，否则他的生活就会立刻陷于困境，这促使大部分官员——尤其是父母还活着的官员，必须疯狂贪污，才能积蓄足够的财富，维持父母死后三年、甚至六年的失业日子。而礼教对人们思想上的限制，更演进成对人性尊严的摧残，随着门第的建立，纷纷毒发，西汉王朝董仲舒播下的罢黜百家、独尊儒术的种子，在元宏手中结出果实。

中华文化中两项最受人诟病的部分，元宏却当作活宝，不久，他的帝国就付出这种错误选择的代价。

萧鸾和鳄鱼

南齐帝（五任明帝）萧鸾（本年四十七岁）患病，因最近的血亲孤单衰弱，所以对一任帝（高帝）萧道成、二任帝（武帝）萧赜的子孙，深为畏惧。当时，萧道成、萧赜的儿子，还剩下十人，都封亲王。每逢初一日和十五日，金銮宝殿朝见，萧鸾退朝回到后宫，总是叹息说："我跟我老弟萧缅的儿子，年纪都不够大，可是高帝（一任萧道成）、武帝（二任萧赜）的儿子，都一天比一天茁壮！"萧鸾打算把萧道成、萧赜的后裔，全部杀光，曾旁敲侧击，询问陈显达的意见，陈显达说："这些事还用考虑！"又询问京畿总卫戍司令（扬州刺史）、始安王萧遥光，萧遥光认为应该有计划实施。萧遥光的脚有毛病，生下来就是一个跛子，萧鸾常命他乘坐小轿，从望贤门入宫。萧遥光每次跟萧鸾屏退侍从，作长时间的密谈之后，萧鸾命送进香火，痛哭流涕，一旦如此，左右侍从就知道，第二天定有诛杀。正巧，萧鸾病情忽然严重，昏迷很久而又悠悠苏醒，萧遥光遂开始行动。

第二天，一口气诛杀：河东王萧铉（十九岁）、临贺王萧子岳（十四岁）、西阳王萧子文（十四岁）、永阳王萧子峻（十四岁）、南康王萧子琳（十四岁）、衡阳王萧子珉（十四岁）、湘东王萧子建（十三岁）、南郡王萧子夏（七岁）、桂阳王萧昭粲（八岁）、巴陵王萧昭秀（十六岁）。于是一任帝（高帝）萧道成、二任帝（武帝）萧赜、文惠太子萧长懋的儿子，被屠杀罄尽（萧铉，是一任帝萧道成的儿子。"子"字辈，是二任帝萧赜的儿子，"昭"字辈，是萧长懋的儿子）。

萧铉等已死，萧鸾仍命三公及部长级官员，上奏检举他们的罪状，提出弹劾，请求叛处死刑。萧鸾下诏批驳。三公及部长级官员，再度上奏指控，萧鸾这才勉强批准。

萧鸾是一个小动作特别多的老流氓，动物中有"鳄鱼眼泪"，鳄鱼在吞食小动物前，会流下眼泪。政坛上则有"萧鸾眼泪"，在屠杀他的恩人亲属前，也会流下眼泪。这不是良心责备，而是希望别人对他产生"天良未泯""迫不得已"的印象。在一口气屠杀十个亲王之后，才命有关官员告发那十个亲王（最小的只有七岁）谋反。奇妙处不在于死后告发，而在于萧鸾竟驳回这项告发，必须等有关官员继续坚持，

他才勉强批准。

萧鸾玩的这些小把戏，给我们一项启示：任何史料，都不能因它来自正式文件——无论是政府或私人文件，就认为事件真实可靠、绝对正确。如果根据驳回不准的诏书，推断萧鸾并不是那么凶狠，或推断十位亲王当时仍然未死，那就铸成大错，而这正是萧鸾之辈的盼望。

只有小动作特别多的人，才坚信只要有小动作，就可以牵着别人的鼻子走。

李彪发明“木手”

> 498年，北魏帝（七任孝文帝）元宏大举南征，李彪、李冲，跟任城王元澄，共同主持首都洛阳留守政府。李彪性情刚强豪爽，所有议论，有时很是奇异乖张，不断跟李冲辩论争执，争执时，李彪声音高大，面色难堪，而且认为自己是执法高官，别的人无法对他控告，所以处理事务，任性专断。李冲无法压制自己的忿怒，于是，收集李彪前后所犯的过失罪恶，下令把李彪囚禁国务院（尚书省），上疏弹劾：“李彪趾高气扬，公然违犯法令。坐在轿子上，直入皇宫（国务院【尚书省】在宫城之中），私自取用皇家器物，时常乘坐御马，毫不畏惧。我已在国务院高级官员会报室（尚书都座），召集部长（尚书）以下、初级助理（令史）以上，当众把李彪所犯罪状，告诉李彪，调查它的真假，李彪已完全承认。请求就李彪现行罪状，免除他的职务，交付最高法院（廷尉），对他的罪行，加以惩治。”李冲继续上疏，补充说：“我跟李彪相识，将近二十年，发现他才干优异、学问渊博，议论刚毅正直，遂愚昧地认为：我已为帝国选拔了公正清廉的人才。后来逐渐发现，他这个人性格残酷、做事急躁，但仍认为他的长处多而缺点少。然而，自从陛下南征，李彪兼任国务院财政部长（兼度支尚书），早晚在一起共事，才了解他的横暴专断和毫无忌惮，只知道有自己，不知道还有别人。听他的言论，好像是开天辟地以来，他就是最忠最恕的圣贤；可是考察他的行为，实在是吹牛、拍马、谄媚、凶恶的蠹贼。我跟任城王（元澄）委曲求全，好像恭顺的老弟，事奉凶暴的老哥。李彪想要的，即令不合道理，我们也都竭力服从。依照事实，探索真情，都有具体的证据，如果我说的话是实在的，应该把李彪放逐到北方荒漠诛杀，以铲除扰乱政事的奸邪；如果我说的话没有证据，则应把我贬谪到四方边疆地带，用以平息谗言陷害。”李冲亲自撰写奏章，家里的人都不知道。

李彪行事，八个字是最恰当的形容：“忘恩负义，过河拆桥。”然而，这不过是私人品德，如果不涉及大众公义，理他可以，不理他也可以。但李彪却是一个酷吏，以发明“木手”闻名于世，为了“攻破心防”，要囚犯“坦承不讳”“自动招认”，他用木手猛击囚犯腋下肋骨，被击死后悠悠还魂的人，不绝于庭。中央政府曾派他

前往汾州（州政府设蒲子城【山西隰县】）安抚宣慰叛变的蛮族，他把那些相信政府承诺、出来投降的酋长们，先用皮鞭抽打脸部，等鼻眼在哭号中全毁之后，才拖出斩首。他的残忍和对国家、对君王的效忠无关，当被罢黜的皇太子元恂——年仅十五岁，李彪平常见了他毕恭毕敬的那个娃儿，明明已经悔过，李彪却密告他谋反，并且扣留他写给老爹哀哀上诉的信件（参考497年4月）。

李彪从贫贱中爬起来，外貌忠厚，内心奸诈。元宏被宋弁播弄于股掌之上，竟把他轻轻放过，政治怎能不黑暗如漆。

三寸金莲

500年，南齐后宫失火，当时南齐帝（六任）萧宝卷出游大街小巷，没有回宫，外人不敢擅自打开宫门，宫里的人遂无法逃生。打开宫门时，烧死的宫女、宦官，遍地尸体，房舍烧毁三十余间。当时，受宠爱的家奴弄臣，都用“鬼”字作为绰号。有一位“赵鬼”，能够读《西京赋》，对萧宝卷说：“柏梁台火灾之后，建章宫兴筑。”（东汉王朝张衡，作《东京赋》《西京赋》，有此二语。柏梁台火灾及建章宫兴筑事，参考公元前104年。）萧宝卷遂大兴土木，兴建芳乐、玉寿等殿，竭尽奢侈豪华，堂皇富丽。工匠夜以继日，从晚上做到天亮，仍赶不上萧宝卷要求的进度。

后宫小老婆群及宫女的服装和使用的器物，都非常奇异珍贵。萧宝卷用黄金雕成莲花，贴到地上，命贵妃潘玉奴在上面行走，说：“这才是步步生莲花！”

一种不确定的传说：残害中华民族妇女最厉害的“缠脚”风俗，出自六世纪头十年、南齐亡国之君萧宝卷的创意，而由潘玉奴演出。大概黄金莲花还不能烘托玉足的雪白，稍稍用薄纱把玉足松松地包住，似乎比光脚更为性感。于是，日复一日，年复一年，到了八世纪唐王朝之后，缠脚风气，竟势不可当。中华妇女不得不陷于万劫不复之地，一千年来，一半以上的中华人的双脚，硬被人力摧残，趾骨寸断，脚不像脚，倒像一根舂米用的木杵。每天夜晚，我们如果倾耳静听，会听到中国境内，家家户户，都有少女的悲惨哭声，当西方小女孩正在读幼儿园，读小学，欢天喜地，成为父母宠物的时候，中华少女却被父母施以酷刑。这种缠出来的小脚，不但外貌丑陋，而且还会发出一种奇臭。但是却被一些文妖之类，化腐朽为神奇，反而成了瘦不盈握、香喷喷的三寸金莲。把事实颠倒到如此程度，使二十世纪之后出生的中华人，羞愧难当。

这是一项很大的困惑，不禁要问：中华民族有没有美感细胞？中华人分清

分不清什么是美，什么是丑，什么是香，什么是臭？中华人有没有鉴赏能力？在传统深处，我们不了解美，因而畏惧、排斥美，甚至认为美是一种恶。发展到终极，恶反而变成了美。女人缠脚，就是例证。

崔偃死于政治吊诡

南齐帝（六任）萧宝卷暴虐。500年，平西将军崔慧景拥护江夏王萧宝玄，率军反抗，失败被杀。幼子崔偃，当始安郡（广西桂林）郡长，弃职逃亡。不久，雍州（州政府设襄阳）州长萧衍，及镇军将军萧颖胄，再起兵反抗，拥护南康王萧宝融当皇帝（七任）。萧宝融任命崔偃当宁朔将军。崔偃到宫城大门，上疏说："我暗中思量：高宗（五任帝萧鸾）有忠臣孝子，昏君（萧宝卷）有乱臣贼子。高宗（五任帝萧鸾）的忠臣孝子是：江夏王（萧宝玄）和陛下（萧宝融）；昏君（萧宝卷）的乱臣贼子是：我的老爹（崔慧景）和镇军将军（萧颖胄）。虽然成败的结果不同，但所使用的方法相同。何况先帝（五任帝萧鸾）的儿子、陛下的老哥（萧宝玄），从前所走的道路，正是陛下今天的道路。这种情形下如果不蒙抚恤，其他的人还有什么希望？而今，不可以认为小民没有知识而对他们欺骗；如果有人告诉他们其中情节，因而纷纷逃亡，陛下将如何因应！"奏章呈上后，被搁置在那里，没有答复。崔偃又第二次上疏，说："近来，冒昧地陈述江夏王（萧宝玄）所受的冤枉，实在不知道圣明的政府，为什么不肯答复！如果认为：疯狂的天子虽然疯狂，仍然是天子；江夏王（萧宝玄）虽然贤明，仍是人臣；我的父亲（崔慧景）拥护人臣，冒犯天子，绝不可以。那么，不知道今天动员大军，直指宫门，却是什么缘故！如果认为我父亲（崔慧景）派出的使节，江夏王（萧宝玄）曾把他诛杀，所以我父亲是叛徒；那么，征东大将军（萧衍）的使节（王天虎），为什么也被斩首？陛下斩征东大将军（萧衍）的使节，目的只在欺骗刘山阳（参考去年【500】11月）；江夏王（萧宝玄）拒绝我父亲（崔慧景）的使节，目的也只在图谋孔矜（参考去年【500】3月22日），只因天命另有安排，大事不能如愿以偿。仍愿陛下为我父亲（崔慧景）申冤昭雪。"萧宝融下诏（萧颖胄诏）回答："知道你心中悲痛，自当公开追赠官爵，制定绰号。"不久，崔偃就被逮捕，死在监狱。

崔偃以锐利的逻辑推论，对实际掌握权柄的萧颖胄，不留退路地咄咄进逼，锐不可当，无懈可击。然而，机械的逻辑有震撼的力量，没有说服的力量。政治行为

是吊诡的，在甲时空，A 是 A，在乙时空，A 是 B，在丙时空，A 是反 A。崔偃忘了一点——那是致命的一点，当老爹崔慧景要诛杀萧宝卷的时候，萧颖胄是站在萧宝卷一边的。

萧衍与潘玉奴

南齐反抗军统帅萧衍进驻阅武堂，下令大赦。又下令：“凡是不合理的制度和不合理的捐税，滥用的刑罚，过分的劳役，都要检讨最初的原因，完全撤销。主持人已离开岗位时，各种开支报销，应精确整顿，恢复原状。”又下令：“普遍检查国务院（尚书）各部各司（曹），萧宝卷在位时各种事务争论，以及诉讼纠纷，和主管官员推拖积压，不及时办理的，应详细地深入了解，依照事实奏明。”又下令：“安葬正义之师（反抗军），以及叛徒（中央军）的尸体。”贵妃潘玉奴，天姿国色，萧衍打算留她当小老婆，询问监督院总监督长（侍中）、中央禁军总监（领军将军）王茂的意见，王茂说：“灭亡齐国（南齐帝国）的，正是她这种东西，留下她恐怕受舆论攻击。”萧衍遂命监狱行刑队，把潘玉奴绞死，并诛杀萧宝卷宠爱的家奴弄臣茹法珍等。另行遴选宫女二千人，赏给将士。

在江陵政府中，元首是萧宝融，萧衍不过征东大将军。在建康政府中，元首是宣德太后王宝明，萧衍不过是骠骑大将军。可是，他当权不到三天，竟大赦天下，下令如同下诏。

潘玉奴不过一个靠美色讨男人欢喜的可怜玩物而已，南齐帝国之亡，史迹斑斑可考，与她有什么相干？王茂竟一口咬定亡在她手，跟坚持夏王朝亡于施妹喜，商王朝亡于苏妲己一样，这种把责任移花接木的和稀泥手段，我们必须洞烛其奸。

萧宝晊

南齐帝国湘东王萧宝晊（音 zhì【至】），是安陆王（昭王）萧劢（五任帝萧鸾的老弟）的儿子，很喜爱文学。萧宝卷被杀，萧宝晊盼望大家拥护自己登上宝座，所以坐在家里，等待皇帝专用的法驾，前来迎接。不久，王珍国等把萧宝卷的人头，送给梁公爵萧衍，萧衍任命萧宝晊当祭祀部长（太常），萧宝晊心中不安。几天后，萧衍宣称：萧宝晊谋反。于是，连同萧宝晊的老弟、江陵公爵萧宝览、汝南公爵萧宝宏，一并斩首。

萧衍自己在那里谋反，却指控支持政府的人谋反；自己在那里叛变，却指控并没有叛变的人叛变。这是历史悲剧：谁有权，谁就有理。大厦已倾，刀已当头劈下，萧宝晊还在那里等人抬上花轿，愚蠢得使人生气。

吉翂案

南梁帝国冯翊郡（侨郡，湖北宜城东南）人吉翂（音 fēn【分】）的老爹，当原乡（浙江安吉）县长，被部属诬告，中央政府下令逮捕，押解京师（首都建康），交付最高法院（廷尉）审判。最高法院认为他有罪，判处死刑。吉翂年十五岁，到宫门外敲响登闻鼓，请求代父一死。南梁帝（一任武帝）萧衍认为吉翂的年龄是那么小，定然有人在背后指使，命最高法院院长（廷尉御）蔡法度，严厉地威迫利诱，要吉翂供出实情。蔡法度把各种拷打的刑具，都摆到庭上，询问吉翂说："你请求代替老爹一死，皇上已经批准，难道你真的要死？而且，你还是个不懂事的傻小子，如果是别人教你，现在后悔还来得及。"吉翂说："我虽然愚劣幼稚，怎么不知道死的可怕！只因不愿见我老爹受到极刑，所以请求替他一死，这不是一件小事，怎么能接受别人教导。皇上既已发布诏书，准我代替，在我看来，好像登天成仙，怎么会有反悔。"蔡法度更满脸慈祥，引诱吉翂说："皇上已经知道你老爹没有罪，马上就会释放，看你的模样，一定是一个好孩子。今天你如果改变说辞，可能父子全都活命。"吉翂说："我老爹被人用重罪弹劾，一定会受刑罚，我闭上眼睛，伸长脖子，等候斩首，没有多余的话可说。"当时，吉翂脚镣手铐，身上全是刑具，蔡法度顿觉可怜，命改换轻一号的。吉翂不肯，说："犯死罪的囚犯，只有加重刑具，怎么可以减少！"竟不肯脱下。蔡法度据实奏报，萧衍赦免吉翂的老爹。

吉翂小娃代父一死的整个事件，都在"背后有没有人指使"上打转。只要有人指使，父子就一同治罪；没有人指使，则老爹就轻松出狱！没有一句话提到吉老爹是否冤枉。事实上，他是被诬陷的，但他却不是因为无罪获免，而是因为儿子没有人指使获免。翻来覆去，法律事件不用法律解决，却用政治解决，这就是文化传统。

我们对那位幕后教导的神秘人物的谋略和道德勇气，深为尊敬，明哲保身的人早就跟吉家划清界限，谁肯一伸援手？传统知识分子一向怀有神经质恐惧，直迄二十世纪，仍然如此，遇到有人诉苦呼冤，从不先问对方是不是苦冤，而只紧张万状地追究："谁在幕后指使他诉苦呼冤！"这种奇怪反应，竟然从来没有受到谴责！

赵修

北魏帝国顾问院总顾问长（散骑常侍）赵修，出身寒微，家庭贫贱，却突然之间，身居高官贵爵。仗恃北魏帝（八任宣武帝）元恪对他的宠爱，骄傲放肆，凌辱亲王公爵，人人都对他痛恨入骨。元恪为赵修兴建住宅，豪华盖世，可以跟王府相比，邻居捐献土地给赵修的，往往会被越级超等擢升，出去当大郡的郡长。赵修请求回家安葬他的亡父，一切开支和差役，都由地方政府供给（赵修是赵郡【河北赵县】人）。赵修回家途中，照旧荒淫放纵，皇帝左右侍从就利用赵修外出，不在皇帝身边的机会，揭发他的恶行。所以赵修回京（首都洛阳）之后，受宠爱的程度，稍稍降低。元恪的舅父、国务院执行长（仆射）高肇，遂抓住机会，秘密陷害。监督院总监督长（侍中）、兼总监察官（领御史中尉）甄琛，监督院宫廷监督官（黄门郎）李凭，最高法院院长（廷尉御）、阳平郡（河北馆陶）人王显，一向攀附谄媚赵修，是赵修的死党，现在发现情势有变，恐怕赵修一旦垮台，自己受到牵连，于是，立刻跟赵修保持距离，反而帮助高肇，共同打击赵修。北魏帝元恪命国务院执行官（尚书）元绍，主持调查审问，下诏公布赵修的奸恶罪状，赦免他的死刑，命打一百皮鞭，放逐敦煌（甘肃敦煌）做一个普通士兵。赵修性情愚昧粗疏，一直都被蒙在鼓里，竟察觉不出周遭的气氛异于平常，更不知道大祸已经临头，还在中央禁军总监（领军）于劲家里打牌赌博。羽林警卫军官几个人，宣称皇帝有诏召见，命赵修前往，赵修出来后，即被押送到中央禁军总监部（领军府）。由过去亲信死党甄琛、王显监刑：事先，甄琛、王显在行刑队中，特别遴选力大无穷的壮士五人，轮流鞭打，目的就是要赵修死在鞭下。可是，赵修不但肥胖，而且健壮，禁得起毒打，以致暗中增加到三百鞭，而仍不死。甄琛、王显只好叫来驿马，命赵修立即出发前往敦煌（甘肃敦煌）报到，赵修出城之后，身上伤势太重，在马上已无法坐稳，押解人员用绳子把他捆绑到马鞍上，鞭打马背，狂奔八十华里，赵修才终于断气。

官场友谊，变化多端，在赵修的密友甄琛、王显身上，充分显露。不过，二人

翻脸之后，挑选壮士，在一旁监刑，固然面目狰狞，但在翻脸之前，他们可是有马屁奇功，使有权的大爷——赵修，舒服得要死，信任得入迷。世界上有谁不愿舒服得要死和信任得入迷？所以官场友谊，也长存人间。

强棒战术

北魏帝国（首都洛阳【河南洛阳东白马寺东】）音乐管理官（太乐令）公孙崇，上疏北魏帝（八任宣武帝）元恪，请求由卫军将军、国务院右执行长（尚书右仆射）高肇，担任“雅乐”修订总监。元恪批准，但也知道高肇不懂什么雅乐，再命祭祀部长（太常卿）刘芳，当他的助理。

中国传统社会中有一项铁则：官大，学问就跟着也大。在文明社会，知识即是权力；落后的封建社会中，权力即是知识、即是智慧、即是至仁至圣、即是正确的英明领导。公孙崇在漫长的三年碰壁、沮丧、摸索、绝望之后，终于发现这个穴道，然后一击而中。从前，没有人能负责，没有人敢负责，也没有人肯负责。公孙崇选中了大家伙高肇，在官场学中，谓之“强棒战术”，无往而不利。连皇帝都知道高肇对雅乐是个白痴，但仍命他当最高编辑，不为别的，只为强棒才可以击出全垒打，却不管会不会把球打烂，以及会不会一棒击中裁判的天灵盖！

元勰之死

北魏帝（八任宣武帝）元恪，擢升高贵嫔当皇后时，彭城王（武宣王）元勰一再劝阻，元恪拒不接受。但高肇从此把元勰痛恨入骨，不断在元恪面前，陷害元勰。508年，元恪邀请元勰、高阳王元雍、广阳王元嘉、清河王元怿、广平王元怀，以及高肇，入宫宴会。元勰的正妻李妃，正要生产，元勰一再推辞不去，而皇宫使节前后相继催促，元勰不得已，跟李妃告别登车，从东掖门进入宫城。到了夜晚，元珍率武士带着毒酒来到，元勰说："但愿面见主上。"元珍说："主上怎么能够面见！"元勰说："主上圣明，请准我跟告我的人，当面对质！"武士上前，用刀柄猛撞元勰的肋骨，元勰哀号说："冤枉！苍天！"武士又用刀柄殴击元勰，元勰只好饮下毒酒，武士遂上前乱刀砍死（年三十三岁）。黎明时分，用褥子把元勰尸体裹住，运回家宅，宣称：元勰因喝得太醉逝世。政府中无论大小官员，全垂头丧气，道上走路的平民男女，都哭泣流泪。

冤狱是一种无奈，人，一旦无辜被捕，往往十分理直气壮地认为：只要能见到大家伙当面申诉，定可迎刃而解。元勰就有这种盼望。鲨鱼群当然不允许他见到元恪，以防变卦。事实上，即令他见到元恪，也无法化解元恪心里不可告人的杀机。无罪不能无刑，元勰岂能例外。

性格造成悲剧，往往指前进不已，贪心不止的人。而元勰几乎与世无争，儒家学派所赞扬的美德——包括明哲保身，元勰完全具备。但并不能救他一命；用血腥手段从事政治斗争的社会，是悲剧之母！

沈约

> **南梁帝（一任武帝）萧衍，曾经跟总监督长（侍中）、太子教师（太子少傅）、建昌侯沈约，就有关栗子的掌故，分别提出。沈约提出的，比萧衍提出的，要少三条。沈约出宫后，对人说：“这位老爷（萧衍）护短，如果不让他比我多三条，他会羞死。”萧衍接到报告，恼羞成怒。萧衍对张稷十分不满（参考511年正月），曾经很温和地跟沈约谈及，沈约说：“以国务院左执行长（左仆射）之尊，怎么可以去边疆当一个州长（张稷出任青、冀二州【州政府郁州】州长）！过去的事，已经过去，还提他干什么！”萧衍知道沈约跟张稷两家有姻亲关系，勃然大怒说：“你说这种话，难道是忠臣！”站起来就上车回宫。像一个霹雳打到沈约头上，沈约恐惧战栗，神志混乱，连皇帝上车回宫，都察觉不出来，仍呆呆坐在那里，一动不动。被宫廷侍卫唤醒后，恍恍惚惚回家，还没有走到床前，忽然踏空，一头栽倒在地。惊恐加上跌伤，遂生病卧床。病中梦见萧宝融（南齐帝国七任【末任】和帝），用佩剑割下他的舌头，沈约更为不安（沈约劝萧衍诛杀萧宝融，参考512年4月10日），于是，请道士向上天呈奏赤章（道教向天神祈求时，把祷辞写在赤红纸上焚化），声明说：“改朝换代的事，不是我出的主意。”萧衍派文书助理官（主书）黄穆之，探望他的病，晚上回宫，没有马上报告病情轻重，恐怕受到斥责，遂揭发“赤章”之事。萧衍大怒若狂，一个接一个派出使节，对沈约盘问诟骂，沈约越发震恐。终于沈约逝世（年七十三岁）。**

沈约是中国文学史上不可磨灭的重要人物之一——他发现了中国语言的四声，对中国语言发音的精确度，贡献至大。然而，他品德上的卑鄙程度，使人失望。他以六十二岁的高龄（六世纪时，五十岁便算高龄），帮助萧衍夺取政权。夺取政权不是罪恶，但他利用萧衍对复仇的恐惧，坚持诛杀萧衍本来不准备诛杀的萧宝融。真是为了当一个官，不惜丧尽天良。后来，他梦见萧宝融用剑割他的舌头时，为了保命，却把责任一股脑推到萧衍头上！一同做贼，自己又是主角，一旦败露，硬称清白如水，东西都是别人偷的，可笑亦复可憎。一个人，一生中连续不断地一个接一个全是卑劣行为，他就一生可耻。

〔下册〕

人民东方出版传媒
東方出版社

毁灭之旗招展

506 年，南梁帝国临川王萧宏，以南梁帝萧衍老弟的身份，统率大军北伐。萧宏性情愚劣，而又胆小如鼠，处理军务，错误百出。北魏帝（八任宣武帝）元恪下令邢峦渡过淮河，跟中山王元英（时驻寿阳）会师，共同攻击梁城。萧宏得到消息，大为恐惧，逗留不动。北魏东征兵团知道萧宏是个懦夫，派人送给他妇女用的包头巾和首饰，萧宏恐惧过度，唯恐怕触怒敌人，于是下令军中："人马敢向前走一步的，斩首。"将领士卒全都怒不可遏。

夜晚，洛口（洛涧注入淮河处，安徽怀远西南）天气突变，一夜狂风暴雨，南梁帝国北伐军大营，发生夜惊，萧宏心胆俱裂，抛下自己统率的大军，单人匹马，仅携带随从数人，落荒逃走。将领们在发现统帅失踪后，霎时之间崩溃，死亡将近五万人。

515 年，北魏帝国岐州（州政府设雍城【陕西凤翔】）州长（刺史）、赵郡王元谧，对人民凶暴狠毒。有一天，不知道什么缘故，突然关闭城门，大肆搜查，逮捕很多人，苦刑拷打，手段残酷；而又毫无理由地把六个人斩首。全城恐惧，人民纷起抗暴，大声呼喊，封锁城门。元谧登上高楼，拆除楼梯，保住性命。胡太后派游击将军王靖，乘驿马车飞快前往，安抚劝告暴动民众，暴动民众才打开城门，表示有罪，送回城门钥匙。中央遂免除元谧州长（刺史）官职。元谧的正妻，是胡太后的侄女。元谧返回洛阳，被任命当农林部长（大司农卿）。

南梁帝国北伐兵团统帅萧宏，抛下大军逃亡，政府不但不闻不问，反而升他的官。北魏帝国的州长元谧，关闭城门屠杀，逼起民变，政府不但不闻不问，也同样升他的官。这种只有卡通片上才出现的讽刺镜头，却是现实政治。

无论南北，表面上都是太平盛世，只不过，是非颠倒、黑白混淆的毁灭之旗，已经迎风招展，预告大苦难就要来临，犹如山顶已鸣起紧急空袭警报，轰炸不久就会开始！两个帝国，行将在两幅毁灭大旗下，分别收拾摊子。

淮河大坝

南梁帝国淮河大坝总监（都督淮上诸军事）康绚，被召回京师（首都建康），徐州（州政府钟离）州长（刺史）张豹子，如愿以偿地接任他的工作，但对大坝不再修护保养。

516年，淮河水位暴涨，大坝崩溃，发出巨雷般声响，三百华里之遥，都听得清楚。沿淮河下游两岸所有村庄十余万人，全被洪水吞噬，漂入大海（东中国海）。最初，北魏帝国对淮河大坝深感忧虑，命任城王元澄当最高统帅（大将军）、南征大军最高司令长官（大都督南讨诸军事），率大军十万人，进入紧急状态，将由徐州（州政府设彭城【江苏徐州】）出动，攻击大坝。国务院右执行长（尚书右仆射）李平认为："不需要动用兵力，大坝最后一定自己毁坏。"等大坝崩溃消息传到京师（首都洛阳），胡太后大为高兴，对李平的赏赐，极为厚重；元澄大军也不再出动。

淮河大坝自514年10月兴建，南梁帝国投入人工二十万。515年大寒，冻死的也有十五万人，而终于在516年4月完成，历时一年零七个月。完成后只维持五个月，霎时之间，竟告崩溃，淮河下游村庄人民，席卷一空，全部冲入大海，死亡又十余万人。

当大坝兴建之初，具有专业知识的工程人员，就提出警告：沙多水急，河床不够稳固，不可能成功。然而，以南梁帝（一任武帝）萧衍为首的大权在握官员，认为大坝可以成功时，就表明大坝一定可以成功；那些指出淮河沙多水急、河床不够稳固的专家，只不过是专唱反调、受外国人利用、别有居心、顽强的叛乱分子。

历史上无数"淮河大坝"事件，多少中华人，在权力就是知识的颟顸决定下受辱受苦，丧失生命。这一观念如不能改，中华人还要继续付出代价。

一对混账兄弟

南梁帝国临川王萧宏，自从洛口溃败逃回（参考 506 年 9 月），既惭愧，又懊恼。首都建康（江苏南京）每次发生群众集结或混乱暴动，差不多都利用萧宏的名字，作为号召。不断被有关单位弹劾，南梁帝萧衍每次都赦免不问。有一次，萧衍前往光宅寺（萧衍故居改建），有刺客埋伏骠骑桥，准备萧衍夜间经过时，发动突击。萧衍就要动身，忽然第六感使他心中一动，临时改走朱雀桥。阴谋后来泄漏，刺客被捕，供称是萧宏派遣。萧衍哭泣流泪，对萧宏说："我的才能，超过你一百倍，身居此位，仍恐怕不能胜任，你怎么做出这种事？我不是不能当刘恒（西汉王朝五任帝文帝。刘恒杀老弟刘长事，参考公元前 174 年），只是可怜你愚不可及。"免除他的官职。

萧宏奢侈豪华，超过一个亲王应有的限度。聚敛金银财宝，贪得无厌。家有庞大库房将近一百间，在寝宅的后院，门窗紧闭，封锁森严，有人怀疑里面储存武器，向萧衍告密。萧衍对兄弟之情，极为浓厚，所以心中大不愉快。某一天，萧衍送一桌丰盛的酒席给萧宏最宠爱的小老婆江女士，吩咐说："我马上来欢宴。"到时候，萧衍只带老部属、射击兵团指挥官（射声校尉）丘佗卿前往，跟江女士、萧宏痛饮。酒过三巡，有点半醉，萧衍说："我到你后院走走。"立刻乘轿前往，萧宏恐怕萧衍发现他收藏的贿赂，脸色大变，萧衍越发怀疑。于是一个屋子挨一个屋子查看，每一百万钱作为一堆，悬挂黄色标帜；十堆（一千万钱）作为一库，悬挂紫色标帜。仅钱库就有三十余间。萧衍跟丘佗卿屈指计算，现钱就有三亿余万。其他房间则储存布匹、绸缎、蚕丝、绵花、油漆、蜂蜜、细麻、蜡烛等杂货，只看到把仓库填得满满的，不知道到底多少。萧衍这时候才知道并不是武器，大为高兴，对萧宏说："阿六，你生活过得不错！"（萧宏是六弟。）于是，更开怀大饮，在侍卫人员高举火炬下回宫，兄弟之间，遂更和睦。

萧宏原不过是一个小职员——南齐帝国北翼警卫指挥官（北中郎将）、桂阳王（萧烁）的人事管理员（功曹史）。老哥萧衍政变成功，改朝换代，真是一人得道，连蟑螂虫蛆都跟着升天，萧宏也忽然成了亲王。官场定律，官大权大，财富一定也大；

但再也想不到，十余年间，竟增加得如此之速和如此之巨。这都是小民卖儿卖女，当奴当娼的钱。身为国家元首的萧衍，不但没有愤怒，追查他钱财来源，反而因不是武器，而大为欣慰。暴露出中国五千年来难解的一个结：首领对部属的效忠，一直建立不起来信心，所以总是要求忠，而不要求廉，积年累月下来，政府官员贪赃枉法的行为，遂像癌症一样，成为中国传统中最可耻、最致命的一种病毒。

洛阳兵变

519 年，北魏帝国首都洛阳，发生暴动。

征西将军张彝的儿子张仲瑀，向胡太后呈递“亲启密奏”，建议改变铨叙条例：排斥军人，使军人不能转为文官。消息传出后，引起强烈回响，军人开始号召袍泽在指定的时间地点集合，采取共同行动，准备屠杀张彝全家。但张彝父子反应冷淡，在家安住，毫不在意。不久，羽林及虎贲禁卫军，将近一千人，到国务院（尚书）集结，大声诟骂，要国务院交出张仲瑀的老哥、国务院财政部户籍司长（左民郎中）张始均。无法得到，于是用砖瓦石头，猛烈攻击国务院大门，政府自高级长官到低级雇员，都被恐惧震慑，不敢出面干预。变兵遂转移方向，拿起火把，一路点燃路边民间堆积的木柴和蒿草，用木棍和石头作武器，直扑张彝住宅，把张彝拖到院子里，百般侮辱，痛加殴打。变兵呐喊欢呼，声震天地，然后纵火焚烧房舍。张始均跳墙逃走，中途又折回来，向变兵下跪叩头，变兵冲上来拳脚交加，把他抬起投进熊熊烈火。张仲瑀也被打得身负重伤，挣扎逃掉，得免一死。张彝奄奄一息，仅只挨过一晚，于第二天死亡。无论远近，听到这个消息，无不恐惧惊骇。胡太后下令逮捕变兵首领和最凶悍的暴徒八人，斩首，其余的不再追究。胡太后下令大赦，并准许军人可以依照武官资历，转任文官。有见识的人，知道北魏帝国就要大乱。

仅只根据《资治通鉴》所显示的史料，我们已听到北魏帝国合唱的“亡国进行曲”，一个政权在长期腐败——贪赃枉法、赏罚颠倒和严重的颟顸无能之后，一声响亮，亡国进行曲的乐声大作。洛阳暴动就是这声响亮，像安徒生童话中的魔曲，北魏帝国统治阶级，抛弃荣华、舍掉富贵，如痴如醉地紧随在魔法师——暴君贪官之后，奔向死谷，谁也阻挡不住。

变兵在大街小巷公布集合日期，政府如果早早出面，或张彝父子如果稍稍让步，事情可能因安抚而化解。可以想象，一定有人向张彝父子提出过警告，父子二人的反应在预料之中：“什么！嘿嘿嘿，他们敢！沟通？他们没有撒泡尿照照尊容，随便几个犯上作乱的武夫喊叫几句，政府就改变立场，威信安在？他们胆敢动一动，军法伺候！”这就是冥顽不灵，一针扎不透，两针则扎死。洛阳暴动，就是两针。

有人认为北魏帝国之亡，亡于对洛阳暴动案处罚得不够严重。这些人包括高欢在内，都没有看清楚病因，胡太后的善后动作，是她这一生中唯一的一次最正确、最智慧的措施。变兵一千人，诛杀领导八人，已经够多，难道必须全体处决，北魏帝国才能有救？不立即大赦，势将逼出更难控制的反击。一千将士加上他们的同党，在首都作殊死战，恐怕将再蹈王允的悲剧（参考 192 年）。而立即废除新法，更显示胡太后应变的能力，如果她要坚决维持所谓政府威信，那可是埋下威力更大的定时炸弹。

洛阳暴动是中国有史以来，影响最大的暴动之一，虽然它仅只停留在暴动阶段，并没有晋升到政变层面，但亡国进行曲既起，北魏帝国尊贵的皇亲国戚，就只好像猪羊一样被屠被宰，别人既不能使他们身陷灾难，也不能使他们免于灾难。十年之后，胡太后跟小娃皇帝，被投入黄河，活活淹死；十六年之后，北魏帝国分裂；三十四年之后，两家魏帝国先后瓦解。统治者在势力强大时所作的孽，一一回收——拓跋家族遇到的是历史上最残酷无情的回收。

凶钱

北魏帝国末期，皇亲国戚、当权官员，互相比赛奢侈。高阳王元雍，无论官位爵位和拥有的财富，都居全国第一，王府房舍，花园猎场，跟皇宫禁苑，相差无几。奴仆六千人，婢女五百人，出来的时候，仪队卫士，塞满道路，在家的时候，歌声乐声，日夜不断，一顿饭就消费数万钱。李崇的财富跟元雍相当，但性情吝啬，曾经对人说："高阳王（元雍）的一顿饭，够我吃三年。"河间王元琛，屡次想跟元雍斗富，养有骏马十余匹，马槽都用银铸成；门窗上面，雕有口衔铜铃的玉凤，和口吐旌旗的金龙。曾经有一次，元琛邀请各位亲王欢宴，酒器中就有水晶酒杯和玛瑙酒壶，以及赤红色的璧玉酒瓶，制作精巧，都是中国所没有的进口货。同时展示女子歌舞和名贵骏马，以及各色各样奇异宝物；再引导所有亲王，逐栋地参观他的仓库、钱库，绸缎布匹，多到无法计数。回头对章武王元融说："我不恨看不到石崇，只恨石崇看不到我（石崇事，参考 282 年正月）。"元融素来自负他的财产，回家后叹息三天，甚至病倒。京兆王元继得到消息，前往探视，对他说："你的财富不少于他，怎么会惭愧羡慕到这种程度！"元融说："最初，我以为比我有钱的只有高阳王（元雍），想不到又出了河间王（元琛）！"元继说："你好像袁术（参考 197 年正月），盘据淮河以南，不知道世界上还有刘备。"

看了元雍、元琛二位先生斗富，晋王朝时王恺、石崇二位先生斗富情景，重现眼前。这些财富是特权阶级所独有，每一文钱，都是小民的一掬血泪，或一声哀号、一声叹息，可称之为"凶钱"。

种下凶钱的因，定有凶杀的果。稍微有点历史知识的人，都会毛骨悚然，只有富贵之家的子弟还在那里乐不可支。

师承

北魏帝国民间音乐师陈仲儒，上疏请依照京房所定的标准，调整八音（金【钟】、石【石磬】、土【埙——陶瓷乐器】、革【鼓】、丝【琴】、木【柷——桶状乐器】、匏【笙】、竹【箫笛】）。主管官员质问陈仲儒："京房所定音律，乐器虽然仍在，可是实际了解的人不多。你是哪个教师传授的？根据什么经典？"陈仲儒回答说："我性情喜爱弹琴，而且曾经读过司马彪撰写的《续汉书》，看到京房所定的音律，数字十分明显。我竭尽能力，深入研究，为时相当长久，很有收获。燧人氏（"五氏"第二氏）没有人教导，自己却发明钻木取火；焦延寿（京房的教师，参考公元前37年6月）没有缴过学费，却能改变音律（变十二律为六十律）。所以说：知道的人，想教人没有管道；明白的人，用不着教师讲解，自己就可领会。任何一丝一毫收获，都经过用心思考，为什么非要有教师传授，才算是学问！"国务院执行官（尚书）萧宝寅奏报胡太后，说："陈仲儒没有经过教师传授，竟然轻率地创造发明，不敢核准。"事情遂被搁置。

师承，是一种毒药，两千年来，一直在摧毁中国人的创意，阻挠社会进步。西方文化精髓最早表现在亚里士多德的一句话："我爱我师，但我更爱真理。"酱缸文化则恰恰相反："我爱我师，因为我师就是真理！"实际情形是："我师就是饭碗！"真理一旦和饭碗结合，事态就十分严重，不但自己不敢批判教师的见解，也不准别人批判，如果有人批判，立刻奋不顾身，群起猛攻。蠢血沸腾地去保卫教师，也就是保卫自己的饭碗。对教师的任何质疑，都是异端，罪大恶极。

为什么把师承看得跟何仙姑的大腿一样，既不敢摸，也不敢碰？因为在政治力量介入之下，师承不仅是饭碗，同时也是帮派。不加入帮派，就别想在码头上立足，没有师承，同样也别想在大学堂里混。陈仲儒就是这种毒药的牺牲品，政府所以拒绝他的学说，并不由于他的学说错误，而只由于他没有师承。虽然陈仲儒提出燧人氏和焦延寿，作有力的反驳，但酱缸蛆的老昏病一旦发作——六世纪就开始了的老昏征候，对任何新生事物，都竭力排斥。一句话就堵死了陈仲儒的嘴：“你可不是燧人氏、焦延寿！”师承既有此奇异力量，怎能不被当作真理！

不扬弃师承，中国学术水平就一直倒退，不能跃升。

地万事件

柔然汗国(瀚海沙漠群)可汗(十一任伏跋可汗)郁久闾丑奴登上宝座(参考508年12月)后，最小的儿子郁久闾祖惠，忽然失踪，虽经悬赏寻找，却找不到。有一位名叫地万的女巫说："郁久闾祖惠正在天上，我能唤他回来。"于是，在荒野草泽地带，搭起篷帐，祭祀天神，郁久闾祖惠此时忽然在篷帐中出现，自称：他一直住在天上。郁久闾丑奴大为欢喜，称地万是"圣女"，正式娶作皇后。地万既然会左道旁门的巫术，人又生得美丽，郁久闾丑奴对她又敬又爱，十分相信她的话，地万遂干涉政治。这样过了几年，郁久闾祖惠逐渐长大，告诉他的娘亲说："我一直住在地万家，从没有上过天，我所以说住在天上，是地万教我。"娘亲把情形告诉郁久闾丑奴，郁久闾丑奴说："地万能未卜先知，你不要暗箭伤她。"然而，地万开始恐惧，就在郁久闾丑奴面前，诬陷郁久闾祖惠，老爹遂把这个千方百计才寻回来的幼子诛杀。身为祖母的候吕陵太后大怒，派她的大臣具列等，绞死地万。郁久闾丑奴悲愤咆哮，打算诛杀具列等报复。正巧，阿至罗部落(属于高车种，游牧于今内蒙古乌兰察布盟东部)侵入边境，郁久闾丑奴迎战，大败而回。候吕陵跟汗国高官，共同诛杀郁久闾丑奴，命他的老弟郁久闾阿那瑰继任可汗(十二任)。郁久闾阿那瑰登极十天，族兄郁久闾示发，率部众数万人，发动攻击，郁久闾阿那瑰战败，跟他的老弟郁久闾乙居伐，在轻装备骑兵保护下，投奔北魏帝国(首都洛阳)。郁久闾示发遂斩候吕陵及郁久闾阿那瑰的两位老弟。

传统社会中，女人不是人，没有人的地位。不过，女人的威力一旦发作，仍势不可挡。因为受知识、见解，以及男女性别的限制，女人所制造的灾祸，往往会反弹到自己身上。地万以一人之力，引起一连串屠杀，最后甚至引起汗国覆亡，只有在封闭社会中，为权力而发狂的女人，才有这么强大的爆破力。

地万排除万难，走上绞架。胡太后也正在排除万难，走向黄河。读史至此，能不兴悲！

萧衍的怪诞

南梁帝国豫章王萧综，自疑非南梁帝（一任武帝）萧衍的儿子，而是南齐末任帝（六任）萧宝卷的遗腹子。525 年，萧综驻防彭城（江苏徐州），北魏帝国临淮王元彧，逼到城下，很久不能决定胜负。萧衍恐怕萧综全军覆没，命萧综撤退。萧综认为如果南返，以后可能不会再回北方边界，于是派出密使，晋见元彧表示降意。北魏军大营所有的人，面对敌人大军统帅忽然提出投降之事，全都目瞪口呆，誓不相信。密使几经往返，萧综遂趁夜秘密出城，徒步投奔北魏大营。第二天黎明，萧综统帅府后院寝室的门，仍没有打开，却听见城外北魏帝国围城军士卒，高声喊话通知守军："你们的豫章王（萧综）昨晚投降，人已在我们大营，你们待在那里干什么？"南梁军刹那之间崩溃，四散逃走。北魏军追击，南梁官兵死亡十分之七八。南梁帝（一任武帝）萧衍得到报告，大为惊骇。有关单位奏请取消萧综的皇族资格，剔除皇家名簿上的名字，把萧综的儿子萧直，改姓为"悖"，称"悖直"，萧衍批准。可是不到十天，萧衍又下诏恢复萧综的皇族身份，封萧直当永新侯。 西丰侯萧正德，从北魏帝国逃回（参考 522 年 12 月）后，丝毫没有后悔之意，反而变本加厉，集合很多地痞流氓和亡命之徒，于夜深人静，到路上抢劫。北伐大军出发时，萧正德以轻车将军身份，率军跟随萧综北伐。萧综投奔北魏，萧正德抛弃军队，再行逃回，萧衍累计他前后所犯的罪行，下诏撤除他的官位和封爵，放逐到临海郡（浙江台州西北章安镇）。萧正德还没有到目的地，萧衍派人追上去赦免。

国家也好，政府也好，像一座大楼，法纪像大楼的钢架；没有钢架，建筑物一定倒塌。北朝有胡太后，南朝有萧衍，显然认为砍断钢架没有什么关系，于是用种种出人意表的手段，加以破坏。

六世纪往事，已相当遥远，此后不断有一些有权大爷，仍坚持胡太后和萧衍的信念，认为摧毁法律，可以显示恩德；显示恩德，可以换取效忠。结果是钢架因不断受到破坏而寸寸断裂，而恩多反而成怨。回顾历史轨迹，有无限感叹。

胡太后

528年，北魏帝国车骑大将军尔朱荣，派骑兵进入首都洛阳，逮捕胡太后及年仅三岁的皇帝（十任）元钊，送到河阴（河南孟津西北）。胡太后见到尔朱荣，对自己的行为，百般辩护，反复解释，尔朱荣不耐烦再听，拂袖而去，下令把胡太后及元钊投入黄河淹死。

胡太后统治一个庞大的帝国，前后六年之久，享尽人间荣华富贵。直到本年（528），也不过四十岁左右，正是一个成熟少妇的年龄，然而她的美貌和伶牙俐齿，无法动摇尔朱荣处死她的决心。

没有结婚的女人前途是不可限量的，尤其是美女，一婚定天下，只要嫁对了人，她甚至可以控制（或者断送）一个帝国。历史上层出不穷的女主临朝，可作证明。问题是，受环境和内在心智的影响，女主很少不伤害她的帝国。胡太后并不比其他女主更坏，但她犯了一项严重的错误：就是毒死皇帝元诩！只不过为了纵欲方便，便对亲生之子下手，不仅邪恶得离谱，也愚蠢得离谱。武曌同样谋害亲生之子，但她还有别的亲生之子，而胡太后却只此一子，她不知道爱护这只唯一的权力魔杖，反而予以摧毁。至于皇女登极，轻易改变性别，把性命交关的政治当作儿戏，把人民当作虫豸，狗男女在密室中沾沾自喜的表情，跃然纸上。

河阴屠杀

北魏尔朱荣溺毙胡太后及小娃皇帝（十任）元钊后，刚投降尔朱荣的武卫将军费穆，向尔朱荣秘密建议，说："你如果不大肆惩罚诛杀，建立你自己的党羽，恐怕你北返之日，还没有穿过太行山，中央就会发生变化。"尔朱荣同意，对亲信慕容绍宗说："洛阳繁华，人民骄傲奢侈，成为风气，如果不加以翦除，恐怕永远不能控制。我想利用文武百官出城迎接皇帝的机会，全部诛杀，你意下如何？"慕容绍宗反对。尔朱荣不理，于是请新登极的皇帝（十一任孝庄帝）元子攸沿黄河西行，抵达陶渚（河阴西北一公里），把中央政府出迎的文武百官，引导到行宫西北，宣称要祭祀天神。大家既集合完毕，蛮族骑兵在四周团团围住，尔朱荣斥责说："天下大乱，皇上（九任帝元诩）死于非命，都由于官员贪污残暴，虐待人民，不能辅佐矫正。"蛮族骑兵万马奔腾，冲入人群，刀锋马蹄，作无情屠杀，自丞相高阳王元雍、最高监察长（司空）元钦、仪同三司（宰相级）义阳王元略以下，死二千余人。元子攸左右侍从，诈称严密保护，防备恶徒突击，把元子攸连拖带抱，拉进篷帐；留在外面的卫士，遂斩无上王元劭、始平王元子正。又派数十人，把元子攸强行押送到黄河大桥，安顿在营帐之下。

从某一个角度评论河阴屠杀，包括把现任皇太后和现任皇帝，全部投到黄河里活活淹死，诚是一项惊天地、泣鬼神的壮举，这是对腐败凶暴统治者的大反扑和大报复。暴君暴官临死时的悲惨，正是他们加到小民身上的悲惨的再现，昔日凶恶之徒，一个个哀号而死，全体小民，都为这场屠杀，发出欢呼！

然而，政治不是军事，大屠杀的后遗症是，还会发生更多的大屠杀。中国历史显示出一种使人困惑的轨迹，人民除了走向河阴——用暴力对抗暴政外，几乎没有第二条路可走。问题在于，暴力对抗暴政之后，留下的却是更大的暴政，需要更大的暴力，才能再把它推翻。暴力复暴政，循环不息。

河阴屠杀是一个企图用军事手段解决政治问题的案例，启示是多方面的，每一方面都使人警惕。

陈庆之

528年，南梁帝（一任武帝）萧衍，封请求政治庇护的北魏北海王元颢当魏王。派太子宫值阁将军陈庆之，率军护送元颢返回祖国。529年，南梁军攻陷北魏首都洛阳，元颢登极称帝，志得意满，密谋摆脱南梁控制，陈庆之暗中戒备。不久，北齐太原王尔朱荣发动反攻，秘密渡过黄河，袭击元颢的儿子、中央禁军总监（领军将军）元冠受大营，生擒元冠受。安丰王元延明部队听到噩耗，立刻溃散。元颢像巨雷轰顶，不知所措，率侍从武士数百骑兵，出洛阳城向南逃走。陈庆之集结步骑兵数千人，向东撤退。尔朱荣亲自追击陈庆之，正巧，嵩山水（源出嵩山【南岳，河南登封西北】南流注入颍水）突涨，陈庆之兵团死亡、逃散，几乎全被消灭；陈庆之剃光头发，假装和尚，从小路穿过汝阴（安徽阜阳），返回建康（南梁首都，江苏南京），仍以功勋被南梁政府任命当首都西区卫戍司令（右卫将军），封永兴县侯。

陈庆之率七千人一支孤军，深入敌国国土，破坚城，陷首都，扶持新帝登极，历经四十七次野战，战无不胜，攻无不取，使人想到迦太基共和国的汉尼拔。东西两大名将，战功彪炳，史册互相辉映。

然而，两位名将最后都归失败，不是被敌人击败，而是被自己窝囊腐烂的祖国击败。陈庆之早看出危机，要求增援，要求离开洛阳，都被拒绝，悲剧已经注定，纵有通天本领，都无法挽救。可是，在大局崩溃之际，仍能全军东撤，如果不是嵩山水猛涨，拦住去路，他更会全军而归。即令嵩山水猛涨，如果涨在南梁兵团渡河之后，大军照样可以保全。国家领导人的决策错误，使东西两大英雄，饮恨千古，怎不掩卷叹息。

尔朱荣

北魏帝（十一任孝庄帝）元子攸，在明光殿东厢，设下伏兵，声称皇子降生，派元徽骑马飞奔到尔朱荣宅报告：尔朱荣跟元天穆一起入朝。元子攸听到尔朱荣已来，脸色大变，立法院立法官（中书舍人）温子升警告说："陛下脸色有异！"元子攸连连索酒来喝，命温子升撰写大赦令。温子升完稿之后，拿着出宫，正巧尔朱荣从外面进来，问说："你手里是什么文件？"温子升镇静如常，回答说："圣旨。"尔朱荣竟没有要过来过目，即行入宫。宫廷膳食部副部长（光禄少卿）鲁安、宫廷事物管理官（典御）李侃晞等，抽出佩刀，从东厢门闯入，尔朱荣一跳而起，直扑元子攸。元子攸事先把一把刀横在膝下，遂把尔朱荣劈倒，鲁安等挥刀乱砍，尔朱荣（年三十八岁）与元天穆，同时被杀；尔朱荣的儿子尔朱菩提（年十四岁），及车骑将军尔朱阳睹等三十人，随尔朱荣入宫，也被伏兵格毙。元子攸说："这个无赖，如果过了今天，对他就无法制服。"消息传出，宫内宫外，一片欣喜，欢呼之声，震动洛阳。夜晚，北魏长公主率尔朱荣留在京师（首都洛阳）的部众，纵火焚烧西阳门（洛阳西面南数第一门），出城驻屯河阴（河南孟津东，河阴屠杀故地）。

魏收曰："尔朱荣身为帝国的将帅，凭借部属对他的效忠，正巧碰上皇帝（九任孝明帝）元诩中毒而死，人民怨恨，神灵愤怒，遂有扶危救亡的大志，支援旧主，驱逐邪恶，这是上天为他打开大门。当时，上下离心，文武解体，渴望有人发出忠义的声音，像姜小白、姬重耳一样，兴起勤王之师。果然，尔朱荣一帆风顺，战马不曾出汗，政府和民间全都顺从，拥护亲王（元子攸）登极。政府主持有人，祭祀皇家祖先，配享上天香火，帝国旧有传统，毫无损害。之后，生擒葛荣，诛杀元颢，处死邢杲，翦除韩楼、万俟丑奴与萧宝寅，全都绑赴刑场，砍下人头。这些民变首领，割据一方，并不是小小的偷鸡摸狗之辈，占一个城池或一个村落而已。假如不是尔朱荣竭尽全力，消除灾难，则真不知道几人称帝，几人称王！尔朱荣所建的功勋，岂不盛大。可是，他一开始就有非分的妄想，企图夺取宝座，而又把胡太后及元钊（十任帝少帝），沉入黄河，永不复返。河阴之役，高贵的官员全被屠杀，这正是受人神谴责，终于被灭之故。假如当初尔朱荣没有犯下奸诈残忍的错误，而以道德仁义自勉，则伊尹、霍光，又算什么！然而到

了后来，虽没有叛变的事迹，却受到猜忌，仓卒横死！蒯彻所以游说韩信（参考前 203 年 2 月），原因在此。”

尔朱荣跟董卓是一对双胞胎，董卓走过的脚步，尔朱荣小心翼翼地踏着前进。两个不懂政治的粗汉，都必须作出正确的政治决定，结局是可以预期的：害人害己。

然而，即令尔朱荣懂得政治，悲剧也不可能避免。如果他像魏收所盼望的，先修道德仁义，则结果恐怕仍要受到诛杀，“功高震主”，封建头目绝不允许一个使自己芒刺在背的人，长期站在身旁。尔朱荣如果用严密的戒备，得免一死，也不过是曹操第二，由他的后裔发动不流血政变，最后仍是夺取政权。

专制政治运作中，帝王一旦被踢下宝座，靠别人的力量再把他抱上去，他就像一只陷在非洲流沙里的犀牛，不挣扎还好，越挣扎就陷得越快、越深。这是专制政治的游戏规则，道德仁义无法解开，只有民主政治才可以解开。

不称“伪”

528年，河阴屠杀时，北魏帝国汝南王元悦，及中央驻东部特遣政府总监（东道行台）、临淮王元彧，投奔南梁帝国（首都建康）。从前，归降的北魏官员，都在原来的官职之上，自行加上“伪”字，而元彧上疏给南梁帝（一任高祖）萧衍，却自称“魏（北魏帝国）临淮王”，不肯加“伪”，萧衍体谅他的高雅，并不责备。

531年，北魏帝（十三任）元恭下诏，命有关单位，以后不可再对南梁帝国称“伪”。

前有元彧，投降南梁帝国，不肯追随众降徒之后，称自己的王爵是“伪”（参考528年4月）；后有元恭，身为北魏皇帝，下令不可称邻国——南梁帝国是“伪”。直到近代，中华文化仍激荡在自我膨胀和自我作贱两个极端之中，产生不出来平等情绪。于是，五千年历史中没有敌人，只有盗匪、贼寇、叛徒、蛮虏。一旦情势倒转，被敌人克制，就只好自己诟骂自己，把自己诟骂得越下流、越卑屈，就越觉得安全。而俘获了敌人，同样要求敌人也诟骂他们自己，把他们自己骂得越下流、越卑屈，就越觉得自己伟大。

元彧、元恭两位鲜卑人所持的态度，却在六世纪时代，就把它办到，使人钦敬。

何智通案

南梁（首都建康【江苏南京】）京畿卫戍总司令（扬州刺史）邵陵王萧纶，派人到街头商店，购买锦绣绸缎及棉布数百匹，不付价款，强行赊欠。于是商店关闭，纷纷罢市。宫廷供应部秘书长（少府丞）何智通，奏报南梁帝（一任武帝）萧衍，萧衍责备萧纶，命他离职回家。萧纶大怒，派王府禁卫官（防合）戴子高等，埋伏小巷，用铁槊刺杀何智通，刀刃自前胸插入，于后背穿出。何智通认识戴子高，手沾自己的鲜血，在车壁写下"邵陵"二字，写毕气绝，于是事情被发觉。萧衍下令撤销萧纶爵位，贬作平民，并用铁链把他锁在家里。然而，二十天后，萧衍命解除铁链；不久，再恢复萧纶爵位。

萧纶迫令小民吞食鳝鱼而死的暴行，以及被免除官爵、剥夺采邑的往事，记忆犹新（参考 525 年 12 月）。正当我们认为这位王子终于受到法律制裁之时，想不到就在本年（532），他却忽然以京畿总卫戍司令（扬州刺史）的高贵身份，再肆暴虐。再肆暴虐的结果，跟上次一样，过了二十天后，仍一切依旧。

很早就有圣人说过："王子犯法，与平民同罪。"可怜的何智通，他忍痛用自己的血写下凶手的名字，因为他认为一定可以伸冤。看了萧纶的故事，恐怕会恍然大悟，在中国，王子犯法，恐怕永不会跟平民同罪，此之谓"说不准学"，我们可以用这门学问，准确无误地测出它是一个什么样的时代。

元修浅碟子

532年，北魏（首都洛阳）反抗军首领高欢，攻入首都洛阳，尔朱家族覆灭，亲王们纷纷逃亡，平阳王元修躲在乡下农家。高欢打算拥护他当皇帝，命斛斯椿查访。斛斯椿找到元修的亲信太原（山西太原）人王思政，问元修在什么地方，王思政说："我想了解你找他的用意！"斛斯椿说："打算拥护他当天子。"王思政才告诉他地址。斛斯椿遂跟随王思政，去见元修，元修脸色大变。斛斯椿飞马回去报告高欢，高欢派出四百名骑兵，到乡间迎接元修，护送到毡毛营帐（酋长所居）。高欢向元修陈述自己的诚心，泪流满面，沾湿衣襟。第二天凌晨，文武百官手拿马鞭，到毡毛篷帐朝见。高欢命斛斯椿领头上疏给元修，拥护他登上天子宝位。斛斯椿进入帐门，低头弯腰，不敢前进。元修命王思政从斛斯椿手中取过来劝进奏章，说："我不得不称'朕'了。"

元修在紧要关头，露出原形："我不得不称'朕'了！"我们虽然没有亲眼看见他的表情，但可以想象出他那副沾沾自喜的嘴脸，泄露他的底牌，只不过是一个浅碟子，浅碟子只能装下对自己的欣赏。摆在他眼前的是，五年之内，就有四个活生生的覆车：十一任帝元子攸、十二任帝元晔、十三任帝元恭、十四任帝元朗，一个个被推上宝座，转眼之间，一个个又被人一脚踢下。元修应该警觉到他屁股底下，坐的是尖端朝上的万把钢刀。然而，浅碟子被一个"朕"字就装满了，眼睛完全看不见万把钢刀，所以他过的日子十分快活，认为高欢要靠他才有饭吃。

不过，元修虽然沾沾自喜，他的浅碟子里还总算装了一个"朕"字，一定要沾沾自喜的话，也有资格沾沾自喜。而有些更浅的碟子里，不过只装一点微不足道的东西——诸如一个官、一点钱、一点权、一点知名度，就霎时满盈，这才使我们失笑。

元修企图独霸此瓮

532 年，北魏帝国皇帝（十五任孝武帝）元修，在圆坛上祭祀天神。下令诛杀被罢黜的十二任帝元晔、十四任帝元朗（年二十岁）。

本是同根生，相煎何太急？更何况，都是天涯沦落人！元恭、元晔、元朗，虽然都当过皇帝，却都是身不由己，元修自己同样也是身不由己，仔细想一想，大家全属瓮中之鳖。想不到后来的一鳖，却把前来的三鳖咬死，认为自己从此可以独霸此瓮。也只有浅碟子的人，才干出这种自以为聪明的蠢事。

卑屈的族群

北魏关西特遣全权政府总监府（关西大行台）军政官（府司马）宇文泰，跟总部的官员，轻装飞马，奔往平凉（甘肃平凉），迎接关西总监贺博岳的灵柩，命杜朔周先率军据守弹筝峡（甘肃平凉西五十公里）。当时，民心一片混乱，惊惶恐惧，纷纷逃避，军队士卒争着想乘机抢劫，杜朔周说："宇文公正在为天下人民，讨伐罪魁，怎么可以帮助盗贼（指侯莫陈悦）虐待人民！"对难民加以安抚，放他们逃走，远近无不心悦诚服。宇文泰听到消息，对他嘉勉。杜朔周本姓赫连，曾祖父赫连库多汗，因逃避灾难，才改姓杜。宇文泰命他仍恢复原姓赫连，命名赫连达。

中国农民多么容易满足，只要官员的鞭子稍停一下，就充满感激。难民逃亡，只要士兵对他们不奸淫烧杀，便远近心悦诚服。太多的苦难，养成一个卑屈的族群！

元修下场

北魏帝国皇帝（十五任孝武帝）元修，闺房之内，荒淫乱伦，堂妹同他上床、不能出嫁的有三人，都封公主。平原公主元明月，是南阳王元宝炬的亲妹，也跟随元修入关（函谷关）。丞相宇文泰说服皇家各亲王，逮捕元明月，诛杀。元修大不高兴，有时弯弓拉弦，有时愤怒地搥打桌案，跟宇文泰的感情完全破裂。534 年，元修饮酒，而酒中有毒，遂毒发身死（年二十五岁）。

历史上，身为帝王的人，什么时候对武装部队失去控制，什么时候就是他的末日，没有例外。元修除非拒绝高欢的拥戴，否则，命中注定他不会有好的结局。他如果乖得像一只小白兔，再加上好运气，将来被赶下宝座后，还可能（也仅仅可能）寿终正寝，东汉王朝末任帝刘协就是。如果他理直气壮地仍要行使最高统治权，好像对武装部队并没有失去控制一样，他就要断送自己性命。凡是不知道，或是不服气的人，上天就会降下无情的惩罚。

而且，元修积极夺权行为，也发动得太早。高欢不像尔朱荣，尔朱荣的部落结构，已是一个影子政府，一旦进入洛阳，大权立刻掌握。高欢所领导的只不过一个拼凑的班底，所以中央大权才落到斛斯椿之手。尔朱荣凶暴成性，随时可以翻脸，元子攸如坐针毡，早日下手，可以理解。高欢的智商超过尔朱荣百倍，他知道他需要皇帝这块金字招牌掩护，至少在高欢在世期间，元修没有危险。

问题是，元修却自认为他的聪明可以使他突破困局。他唯一的一条生路，是亲率大军，杀入敌阵，击败高欢南下攻势，但对一个皇子皇孙而言，他不可能亲冒乱箭飞石。所以，元修只好用小动作，刺一点心前血送给贺拔岳，争取效忠；至于给高欢下的诏书，简直每一句话都在白日说梦。高欢贫寒出身，元修富生富长，高欢百炼金钢，元修不过纨绔子弟，他跟高欢斗智，甚至竟认为高欢有可能跳进他的圈套，越发显出他不自量力。

元修最愚不可及的，是他投奔宇文泰。宇文泰之行凶，依照封建政治运转定律，在意料之中，唯一出人意料之外的是，下手竟如此之快速——疾如闪电。元修之死，本无可救，但刚刚折腾，就被诛杀，则是因为他始终没有认清他所扮演的角色，认为他竟真的是一个“朕”，忘了是在别人刀口之下，苟延残生。

高澄通奸事件

东魏帝国（首都邺城【河北临漳西南邺镇】）丞相高欢，原封勃海王。勃海世子（高欢嫡长子）高澄（本年十四岁），跟老爹的小老婆郑女士通奸。高欢从前方回到总部所在晋阳（山西太原），一个婢女向高欢告发，两个婢女出面作证。高欢打高澄一百军棍，把他囚禁；发怒如狂，连王妃娄昭君，都拒不见面。高欢接收北魏帝国十五任帝元修的皇后尔朱英娥（尔朱荣的女儿）当小老婆，对她十分宠爱，生儿子高湝，高欢打算罢黜高澄，另立高湝当世子。高澄发现情势严重，急向国务院左副执行长（尚书左仆射）司马子如求救。司马子如到王府探望高欢，假装不知道发生什么事，请求晋见王妃娄昭君，高欢告诉他原因。司马子如说："我儿子司马消难，也跟我的小老婆通奸，这种家丑只可以遮盖，怎么可以宣扬！王妃跟你是结发夫妻，一直用她娘家的钱财供你使用。你受棒打苦刑，背上血肉模糊，王妃日夜守候在侧，照顾侍奉。后来，为了躲避葛荣，一同逃到并州（州政府设晋阳【山西太原】），贫贱穷苦交加，王妃燃烧马粪，给你煮饭，亲自为你缝制皮靴，这种恩义，怎么可以忘记。皇天有眼，使你们夫妻感情和睦，女儿匹配天子，儿子（指高澄）又继承大业。而且领军将军（娄昭君的老弟娄昭）建立的功勋，又怎么可以抹杀！女人（郑女士）不过一棵小草，岂值得珍惜！何况，婢女的话，不要相信。"高欢遂命司马子如重新审问。司马子如用暴烈手段，处理得干净利落。他探望高澄，斥责他说："大丈夫为什么害怕权威，自己诬陷自己！"迫两个挺身作证的婢女誓言她们所作的是伪证，又强迫那位挺身告发的婢女上吊而死，说她畏罪自杀，然后报告高欢说："果然是假的！"高欢大为高兴，传见王妃娄昭君及世子高澄。娄昭君遥遥望见高欢，走一步跪下叩一个头，高澄也一面叩头一面向前爬，于是父子夫妻，相对哭泣，和好如初。高欢设筵相谢，说："成全我们父子的，是司马子如！"送给他黄金一百三十斤。

在高欢父子"和好如初"之时，我们为那三个可怜的婢女流泪。无知无识、一片纯真的少女，沦为婢女，已够悲惨，又不幸陷入主母和大少爷通奸漩涡。检举人被逼自缢，证人虽然改口，岂能再活人世。她们都是父母的爱女，只因为家没有钱，家人没有权，受人宰割。

娄昭君一代女杰，在那个半原始社会，她以富家之女的高贵身价，在一群低贱的苦工群中，委身高欢，高欢人财两得之后，才能起步。然而，贫贱夫妻的感情，一旦今非昔比，往往异化。儿子做错了事，跟娘亲何干？高欢所以迁怒老妻，只因为她是老妻而已，千年难逢的除旧换新的日子已到，不但儿子换，老婆也换，换上尔朱英娥。从娄昭君遥遥看见老公，一步一叩头，颤栗恐怖表情，平日所受的折磨和痛苦，完全显露。贫贱夫妻百事哀，贫贱夫妻辛苦耕耘，成为富贵夫妻后，百事可能更哀。

诬以抢劫

南梁帝国（首都建康【江苏南京】）皇帝（一任武帝）萧衍，兴筑皇基寺，为老爹萧顺之的亡魂，祈祷佛祖赐福，命有关单位收集良好木材。曲阿（江苏丹阳）人弘先生（名不详），从湘州（州政府设临湘【湖南长沙】）购买巨大木材，顺长江东下。南津（安徽当涂采石矶）保安司令（南津校尉）孟少卿，为了谄媚萧衍，诬谄弘先生是强盗，处斩，巨大木材没收，用作皇基寺建材。

无论“诬以谋反”，或“诬以抢劫”，目地只不过是向上谄媚表态，以便无官有官、有官升官，如此而已。法律在豺狼手中，比没有法律还要可怕。

一缕私心　双目全盲

东魏帝国（首都邺城）勃海世子高澄，年十五岁，当中央特遣全权政府总监（大行台）、并州（州政府设晋阳【山西太原】）督导官。高澄请求到中央政府任职，丞相高欢不准。丞相府主任秘书（丞相主簿）乐安（山东广饶）人孙搴（音 qiān【千】），代高澄请求，高欢才批准。东魏皇帝（北魏【东】十六任孝静帝）元善见下诏，命高澄当国务院最高执行长（尚书令），加授领军将军、京畿总司令官（京畿大都督）。中央政府官员虽然听到过高澄的器宇见识，但总认为他不过一个少年。高澄既抵达首都邺城（河北临漳西南邺镇），执法严厉，推动政令，通行无阻，没有人敢拖延耽误，内外都感到震惊敬佩。

高欢是一代豪杰，他跟曹操一样，受到世人相当高的推崇，比起南朝那些君王，诸如刘裕、萧道成、萧衍、陈霸先之类，高欢高居天上。但是，他对儿子们的骄纵，却是大错。刘裕虽然加封儿子名号，还知道用佐理人员负实际责任，而高欢却命一个十五岁的小娃，直接掌握政权，这等于把一条毒蛇交给三岁顽童。高欢竟然不知道它的危险性，诚不可思议。只不过一缕私心，遂使双目全盲。

三流野台戏

南梁帝国（首都建康）国务院事务秘书（尚书右丞）、考城（河南兰考）人江子四，呈递“亲启密奏”，直率抨击政治上的缺失。南梁帝萧衍下诏回答，说：“古人有句俗话：‘屋顶上漏水，屋底下的人先知道。’我有过错，自己不能察觉，江子四等呈递‘亲启密奏’所作批判，国务院（尚书）应时常加以检查约束，对人民有害的措施，要马上向我作详细报告。”

江子四岂敢真正直言，萧衍又岂能作一星点改过。上书下诏，一出三流野台戏。

应变能力

542 年 9 月，东魏帝国（首都邺城）丞相高欢，向西魏帝国（首都长安）发动总攻，大营连结四十华里。西魏帝国驻东方特遣政府总监（东道行台）王思政，坚守玉壁（山西稷山），阻止东魏军前进。高欢写信向王思政招降，说："你如果改变立场，当任命你当并州（州政府设山西太原）督导官（刺史）。"王思政回信说："可朱浑道元投降（参考 535 年），为什么没有教他主持并州！"高欢大军包围玉壁（山西稷山），总共九天，遇上大雪，士卒饥寒交迫，很多人饿死冻死，高欢无奈，解除包围，撤退。

11 月，东魏政府任命可朱浑道元当并州督导官（刺史）。

可朱浑道元之获得任命，明显地受王思政的刺激。在这场事件中，我们可看出高欢的应变能力之强，他有胆量和见识，用极其猛烈的手段，不怕伤害自己的面子，去纠正自己的错误。

崔暹

东魏帝国（首都邺城）丞相高欢，前往首都邺城（河北临漳西南邺镇）朝见皇帝元善见，中央政府文武百官，都到紫陌（邺城西北三公里）迎接。高欢握住总监察官（御史中尉）崔暹的手，慰劳他说：“从前，中央难道没有执法官员？只是没有人敢提出弹劾而已！你一心一意，为帝国献身，不躲避强横凶暴，促使无论远近的政府官员全部守法，冲锋陷阵，有的是人，古人说：‘做官刚正，神色严肃。’今天，我总算见到。你所享的荣华富贵，是你自己凭本领换取，高欢父子无法报答。”赏赐给崔暹一匹骏马；崔暹屈身叩拜，骏马受到惊吓，突然间嘶叫窜走，高欢亲自拉住，把缰绳交给崔暹。元善见在华林园设筵，宴请高欢，请高欢向中央政府中最正直的官员敬酒，高欢走下台阶，下跪，向元善见报告说：“只有崔暹有资格接受敬酒，我愿把因比赛射箭（宴前游戏）得到的赏赐绸缎一千匹，转送给他。”散席之后，高澄对崔暹说：“我尚且怕你羡你，何况别的人。”

然而，崔暹有他的精明之处和因应技巧。最初，高阳王元斌，有一位庶出（小老婆所生）的妹妹元玉仪，全家都不把她当人。后来，元玉仪沦落到孙腾家当歌舞女郎，孙腾又把她抛弃。有一天，高澄在路上遇见她，惊为天仙，接回家当小老婆，对她特别宠爱，元善见封她“琅邪公主”。高澄对崔季舒说：“崔暹一定直言直语劝我，我有办法对付他。”崔暹有事请示时，高澄就收起笑脸，板起面孔。这样一连三天，崔暹了解他面对的是个什么结，第四天，崔暹请示时，他的一张名片恰到好处地，一不小心，滑落到地上，高澄问说：“你带名片干什么？”崔暹惊慌地说：“我还没有晋谒公主。”高澄高兴得跳起来，捉住崔暹的手臂，拉到后堂拜见元玉仪。崔季舒对别人说：“崔暹平常一直愤怒地指摘我摇尾谄媚，在最高统帅（大将军高澄）面前，总是说我这个叔父该杀。看他干的勾当，本领可比我高强！”

高欢对于抑制官员们的暴行，整肃贪污，用心良苦。看高欢的出击及克服阻力情形，跟苻坚当年无异。有异的是，王猛在苻坚心中，是位高贵的朋友，崔暹在高澄眼中，不过是个弄臣家奴。世人一味讥讽崔暹谄媚，并不公平。物以类聚，在高澄当权的政府中，有尊严、有原则的知识分子，岂有生存余地？能生存的，全是跟高澄同一种货色。

权力痴呆症

南梁帝国（首都建康）总顾问长（散骑常侍）贺琛，上书陈述四事。奏章呈上，皇帝萧衍大怒若狂，召唤图书管理员（主书）到面前，口述他斥责贺琛的诏书，大意是："我主持帝国，四十余年，由宫门转报上来的正直言论，每天都会听到，他们陈述的内容，跟你并没有差别，只因每天忙碌，所以没有一一答复，因而你再上此疏，加深我的困惑。不应该跟那些肤浅卑劣的人一样，只不过为了提高知名度，就到处宣传说：'我能够上奏皇帝，只恨政府不听我的。'你为什么不具体地指出：哪一个州督导官（刺史）横暴？哪一个郡长贪污？国务院（尚书）、总监察署（兰台），哪一个人老奸巧滑？哪一个人宰割人民？姓什么？名什么？向什么人敲诈勒索？只要明白写出，我自会诛杀贬降，另行物色优秀人才。至于士大夫（高级知识分子及在职官员或离职士绅）平常饮食过分，你建议严加禁止。须知巨宅深院，房间隐密，路径曲折，政府有什么办法知道他的酒席豪华？如果家家搜查，恐怕凭空增加骚扰。如果你指的是我，我可绝对没有这种事。从前皇帝祭祀，都用家畜，而我早就不再宰杀。宫中设筵聚会，也只吃蔬菜。如果指的是我在佛事上所做功德（如供佛祖、供和尚、无遮会、无碍会），所用的全是御花园的产物，一个瓜烹出数十种不同的形状，一样菜调出数十种不同的滋味，只是变来变去而已，怎能称为浪费？我自己除非因公设宴，从来不吃国家的饮食，很多年来，都是如此。甚至包括宫女在内，也都不吃国家的饮食。所有建筑，从不麻烦宫廷供应部总工程师（少府寺材官将军）和政府工程部门，一切都用我自己的钱。官员中有勇有怯、有贪有廉，各有用处，并不是政府对谁庇护，给他们插上翅膀，叫他们出来作恶！你认为政府悖谬，可是你却乐意享受这个悖谬，所以你应该想一想，使政府悖谬的人何在？你又说：'应引导他们节俭！'我断绝男女房事，已三十余年，我的卧室仅能放下一张床铺，雕刻装饰的东西从来不准进宫。我天性不喜爱饮酒、不喜爱音乐，这种情形，各位贤能的官员，都亲眼看到。我每天三更（午夜稍后），就起床处理国家大事，依照事情多少，来定办公时间，事情少时，中午以前可处理完毕；事情多时，太阳偏西，才进午餐。一天常常只吃一顿，不分昼夜。从前，身体肥胖，腰围超过五尺，而今削瘦，腰围才二尺稍多。旧时的腰带仍然保存，并不是凭空捏造。我这是为了谁？只是为了拯救

天下苍生。你又说：‘文武百官，纷纷上疏，用诡计谋求进取。’现在如果不让外人呈递奏章，那么，让谁呈递奏章？古人说：‘只听从一个人，产生奸邪。只信任一个人，造成混乱。’嬴胡亥专任赵高，王政君专任王莽，指鹿为马，怎么可以效法！你说：‘专门挑剔毛病。’是哪个人挑剔？‘陷害越深’，是哪件事陷害？官署、王府、州郡驻京办事处、市场，哪一个应该废除？哪一个应该裁减？什么地方的建筑不是急需？什么地方征调民夫可以稍缓？应一一列举事实，具体奏报。用什么方法使国富兵强，又用什么去使人民休养、差役停止？都应写明。你如果不能桩桩件件，明白列出，你就是欺骗蒙蔽中央，打击领导中心。现在应再行奏报。”贺琛只好承认自己错误，请求宽恕，不敢再说话。

萧衍这个人，对所有官员太过宽大，州长郡长大多剥削人民，中央派出的钦差使节，对郡县百般压榨、刁难、勒索。萧衍信任奸佞，喜爱挑剔别人的小毛病。大量建造佛塔寺庙，无论政府与民间都受损失。长江以南地方，久享太平，风俗奢侈，生活糜烂，贺琛所说的，全是实情。但也正因为所说的全是实情，所以萧衍才大怒若狂。

萧衍厉声质问：贪污的是谁？横暴的是谁？要贺琛提出名字。这种镜头，二十世纪的读者，恐怕都曾亲耳听到，也都曾亲眼看到，多少大家伙理直气壮地咆哮，叫人指出名字、拿出证据。指出名字、拿出证据，是检察官法官的事，舆论只是就现象呼吁，当人们向消防队报案时，消防队一定叫他指出确实地点和揪出火主，才肯出动，甚至因他不能说出确实地点和揪出火主，而认为他别有居心，动用大刑，这才是中国人面对的困局。

姒文命（禹）闻过则喜，萧衍恰恰相反，他闻过则怒。凡闻过则怒的人，他所闻的过，一定不假。好像一钢叉扎到他屁股上，他非歇斯底里叫起来不可，假如扎到砖墙上，他自然不会出声。闻过则怒是医生的诊断器，可诊断出批评的真实程度。无论是歇斯底里叫起来，恼羞成怒吼起来，都证明它确实是批评对了。

萧衍

萧衍崇尚文雅，刑法简单疏略，从高高在上的三公及部长级官员起，都不把人民诉讼以及审判当作一回事。邪恶的官员利用权势，贪赃枉法，收受贿赂，像菜市场上交易一样地公开，被冤枉被滥杀的人很多。大概两年有期徒刑的，每年有五千人；被罚做苦工的，共分五种，没有专长的囚犯，则戴上脚镣铜，囚禁牢房。可是，如果患病，脚镣就可暂时解除。于是产生流弊，有钱的囚犯送上贿赂，法官就说他患病；没有钱的囚犯无力拿出金钱，即使真的患病，也不能解除，使痛苦更重。当时，王爵侯爵等高门第世家的子弟，大多骄傲荒淫、违犯国法。萧衍年纪已老，对处理国家事务感到厌倦。又专心信佛，遵守佛教慈悲为怀的告诫，每次在批准重刑时，整天心里都感悲凄。

胡三省曰："即令遇到叛国谋反大事，阴谋被发觉，萧衍也不过哭泣一阵，下令赦免。于是，贵族们更加横暴凶恶，甚至光天化日之下，在闹市杀人；甚至趁着黑夜，公开抢夺劫掠。犯罪恶徒逃亡，躲藏在亲王家里，治安机关不敢搜捕。萧衍也深知道种种弊端，但因过度慈爱，不能禁止。"

放纵罪恶，不是慈爱，而是暴行。

侯景投降南梁

归降西魏（首都长安）、并接受西魏官爵的侯景，派特遣政府助理官（行台郎中）丁和，前往南梁帝国（首都建康），向南梁帝萧衍呈递奏章，说：“我跟高澄有过冲突，请准许我献出函谷关（河南新安）以东、瑕丘（山东兖州）以西等十三州，回归祖国。只有青州（州政府设东阳【山东青州】）、徐州（州政府设彭城【江苏徐州】）等数州，还需要写信召唤，才可以顺服，但他们位于黄河以南，全在我的管辖之下，取得二州，易如反掌。二州一旦平定，就可再进一步讨论黄河以北燕赵（河北）事务。”萧衍召开御前会议。国务院执行长（尚书仆射）谢举等一致反对，萧衍说：“你的话很对，可是，收容侯景，塞北（长城以北）就可肃清，机会难得，怎么可以死脑筋！”

野心是促使人类进步的第一因，但超过自己能力的野心，一定闯祸。面对千载难逢的良机，第一件事必须先评估自己的能力。自我膨胀会被良机压死，自我萎缩会使良机丧失。

评估自己的能力，是一种智慧，刘秀曾明智地拒绝西域各国所呈献的荣耀（参考 46 年），萧衍这头猪，却想坐豺狼虎豹之辈抬的轿子，独霸山林。

高澄跳舞事件

547年，高欢逝世，最高统帅（大将军）高澄忧虑各州发生变化，秘不发丧，亲自出巡各地，沟通安抚，而留段韶坐镇根据地晋阳（山西太原），把军权交付给他。命陈元康仿效高欢的笔迹，写下数十张手令，交给段韶及赵彦深，在高澄出发后，依照先后顺序，交付有关单位实行（显示高欢仍在人世）。高澄临出发时，握住赵彦深的手，流泪哭泣说："我把娘亲和弟弟托付给你，但愿你了解我对你这份心。"

高澄到首都邺城（河北临漳西南邺镇），晋见东魏帝（北魏【东】十六任孝静帝）元善见。元善见设筵欢宴，高澄起来跳舞，有见识的人，就知道高澄不会有好结果。

高澄仅只跳了一个舞，司马光就代表"有见识的人"，预测高澄没有好结果；而胡三省也斥责高澄丧失人性，并认为天老爷对人世忤逆之子的恶行，会一一惩处，毫无遗漏。无疑地，这种话对读者是一种严重蒙骗，仅跳一个舞就没有好结果，那么，芈商臣把老爹绞死，他为什么反而成了"楚穆王"，快快乐乐、威威风风地过一辈子，而于十三年后寿终正寝！就是李世民大帝，也是把老爹赶下宝座的（参考626年6月），可比跳一个舞不孝得多，为什么反而成了中国历史上最英明的君王！

然而，问题不在于此，在于这场跳舞风波中，高澄并没有错。胡三省也承认："老爹刚刚逝世，封锁消息，不对外发布。"当然有舞就跳、有歌就唱，这是一种策略，目的就在使人相信他的老爹仍坐镇晋阳，所以他才兴高采烈。司马光及胡三省明知道高澄秘不发丧，仍忍不住露出"大儒"嘴脸，来一个"有见识的人，就知道他不会有好结果"的教训，颠倒是非，混淆真相，不但自己远离道德规范，而且还沦为恶毒诅咒。难道要高澄号啕大哭，露出马脚，天下暴动四起，才算大孝？到那时候，恐怕又该责备他装得不像、哭得太早！

安全互动

东魏帝国（首都邺城【河北临漳西南邺镇】）中央驻东南特遣政府总监（东南道行台）慕容绍宗，指挥精锐骑兵五千人，夹攻据守涡阳（安徽蒙城）的侯景。侯景大败，向南撤退，日夜不停行军。东魏帝国追击，侯景派人告诉慕容绍宗说："我如果被消灭，你还有什么用处？"慕容绍宗遂让侯景逃走。

中国政治有一种传统：当帝王们取得政权，并肯定政权已没有危险时，总是屠杀功臣。

所以，有头脑的功臣都了解，要想保护自己的性命和荣华富贵，唯一的办法就是要培养敌人，保持彼此的安全互动。

朱异

驻守寿阳（安徽寿县）的侯景，已确知南梁帝萧衍将与东魏帝国和解，把他遣返，于是上书陈情，十分哀切。又写信给萧衍的宠臣朱异，赠送黄金三百两。朱异收下黄金，但仍搁置这份奏章，不代他转呈。

俗话说："拿人钱财，给人消灾。"朱异收了贿赂，竟连奏章都不肯转呈，是吃定了侯景，认为侯景不过一个游魂，有苦也无处伸诉，两眼只看到黄金，没有看到灾祸。事实上，不是朱异看不到灾祸，而是他认为根本就没有灾祸。

不过，朱异的罪恶却不在受贿，而在他隔绝上下，使下情不能上达，使在上位的人面前一片漆黑，作出错误的决策。萧衍固是一只猪，但朱异却在一旁用鞭子抽打这只猪，把它赶下悬崖。

食言代价

南梁与东魏和解，经秘密谈判，已经成熟，侯景上书萧衍，坚决反对。萧衍下诏说：“我与你之间，君臣大义已定，怎么会抛弃你。”侯景再上书，萧衍再答复说：“我是全国最高领袖，怎么会在这种小事上失信，不必再上奏章。”侯景仍不安心。于是，进行试探，伪造了一封从东魏帝国首都邺城发出的信，要求用去年（547）被东魏俘掳的南梁贞阳侯萧渊明交换侯景，萧衍复信说：“萧渊明早上归来，侯景晚上回去。”侯景看到这封复信，对左右侍从说：“我早就知道这个老家伙心肠恶毒。”王伟警告侯景说：“坐在这里是死，叛变也是死，只看大王怎么抉择！”侯景决定叛变，把所属各郡县城池居民，全部征召入营当兵，停止征收商店捐税及田赋；民间男童全部发配给将士当奴仆，民间女子全部发配给将士当妻妾。

萧衍向侯景信誓旦旦：“我与你之间，君臣大义已定。”“我是全国最高领袖，怎么会失信！”一副忠厚面孔，使人觉得对说这话的人，如果再有一丝一毫怀疑，简直是对神明的不敬，自己都感到羞愧。任何正常人都不会相信：它竟然真的是美丽的谎言。侯景崛起最低阶层，深知政客们的保证，不可信赖，所以，追根究底，终于发现真相，使萧衍付出食言的代价。

柳仲礼

侯景大军包围首都建业（南京市），各路勤王军云集。扎营在秦淮河南岸，总司令官（大都督）柳仲礼，却只知道和歌女舞女、小老婆群，不断摆设筵席，饮酒寻乐。各将领每天前往请求出战，柳仲礼一律不准。安南侯萧骏，警告邵陵王萧纶说："京城（首都建康）危急到如此地步，总司令官（大都督柳仲礼）却不援救，万一发生难以预料的事，殿下有什么面目活在世上！现在应该把大军分为三路，发动盗贼（侯景军）意料之外的攻击，可以达到目的。"萧纶不接受。柳津（柳仲礼的老爹）登上城墙，向柳仲礼遥呼："你的老爹和君王身在危难之中，你却不肯尽心竭力营救，百年之后，人们将怎么对你评论！"柳仲礼毫不在意。萧衍向柳津询问还有什么办法可以解围，柳津回答说："陛下有萧纶，我有柳仲礼，集不忠不孝于一身，盗贼（侯景军）怎么会平定！"

柳仲礼本来是一员猛将，看韦粲对他的推许，看他正在吃饭，听到韦粲被攻，投下碗筷，立刻出击，他的英勇应受到肯定。可是，过去在边疆一带任职，虽然不断战斗，遇到的对手，都不是够水平的角色。而侯景却是第一流强敌，涡阳之战，连名将慕容绍宗、斛律金都震惊恐惧。于是，叶公画龙，真龙上场，青塘泥沼之中，柳仲礼被敌军包围，长矛乱刺，使他终于发现：这才是真的战斗，下一次可能无法逃生，于是心胆俱裂。

超过一个人所能承担的压力，会摧毁他原有的优点。柳仲礼面对自认为必败的厄运，只有用傲慢凶狠的态度来平衡内心的羞惭，希望给人们一个印象：他之不出击侯景，不是因为他害怕，而是因为他不屑。所以即使在严厉的宗法时代，连老爹的呼救，都置之不理。

萧允酸话

包围南梁帝国首都建康（南京市）的叛军主帅侯景，派部属于子悦进城，请萧衍接受和解，萧衍派总监察官（御史中丞）沈浚前往侯景大营。侯景事实上没有解围离去的意思，对沈浚说："现在，天气正热，军队不可以调动，请准许我留在京师（首都建康），立功报效。"沈浚大怒，责备侯景；侯景不作回答，只把佩刀横在膝前，喝他闭嘴。沈浚说："忘恩负义，叛盟背誓，天地不容。我沈浚今年已经五十岁，一直恐惧死得不是地方，何必用死吓我！"扭头便走。侯景决开玄武湖水灌城，从四面八方发动攻击，日夜不停。邵陵王（萧纶）世子萧坚，防守太阳门（宫城【台城】六门之一），每天从早到晚，都在赌博饮酒，对低级官员及士卒丝毫不知道体恤珍惜。他的文书助理（书佐）董勋、熊昙朗对他十分痛恨。引导侯景军攀上城墙。首都陷落，萧衍等全成俘虏。建康知识分子和平民，四散逃生。太子宫图书管理官（太子洗马）萧允逃到京口（江苏镇江），留下来不再续逃，说："生死命中注定，怎么能逃得掉？灾祸所以临头，都是因为贪图名利，如果我不贪图名利，祸从哪里发生？"

548 年 10 月之前，建康宫城（台城）有居民十万人、武装战士二万人。侯景大军围城，只五个月，到了 549 年 3 月，居民死亡八九万，武装战士死亡一万六千，难道每一个人都因为贪图名利？

传统知识分子有一个特征：酸！虽然他内心对名利热情如火，却总是坚决表示轻视名利，萧允就是一个代表人物。在这种口是心非的理论之下，千万保国卫民的英雄豪杰，抗暴除奸的仁人志士，一旦不幸失败，立刻就成了贪图名利之辈。遥想当年：萧允安坐在温暖的火炉之旁，眼看他的亲友被奸、被杀、被抢、被辱，而暗自庆幸自己：幸而没有贪图名利！真是一个卡通镜头。

饿死宫城

南梁首都建康（南京市）陷入叛军首领侯景之手后，南梁帝萧衍所要的东西，多数都被拒绝，甚至连一日三餐都被减少，萧衍忧虑忿恨，一病不起。太子萧纲把最小的儿子萧大圜，托孤给湘东王萧绎，再寄上自己的头发、指甲，表示永别。萧衍躺在净居殿，口干舌苦，要人送杯蜜水，没有人理会，萧衍一再重复说："荷！荷！"不久断气。年八十六岁。侯景对萧衍的死亡保守秘密，不对外宣布，把灵柩抬到昭阳殿（侯景就住昭阳殿），到永福迎接太子萧纲，像平常一样，只传旨叫他入朝。萧纲听到老爹去世，流泪悲哭，不敢出声，殿外文武百官全不知道。

即令是再可敬的巨头，都无法阻止脑力的退化，和生理机能的衰败。老家伙往往轻视他所遇到的困难，认为他的能力仍然保持巅峰，习惯于摇尾分子驯顺的面貌，对任何批评，都会认为充满恶意。然而，最糟的是：他累积下来的无比威望，使他所作的错误的决定，都没有人敢提出反对。

人们会叹息说："他如果早死几年该多好！"萧衍可为我们作证，他如果在三年前死掉，这一生该是多么圆满。可惜，他多活了三年，以致自己死得凄凉，而又带给人民难以负荷的苦难。一个人，如果死得恰是时候，真是最大幸运。

王思政被俘

被东魏帝国大军包围的长社（河南长葛），城中缺盐，人民都患痉挛水肿，病死的十分之八九。而西北忽然发生狂风，激起巨浪，涌到城中，城墙遂告倒塌。东魏帝国最高统帅（大将军）高澄，向城中军民宣布："能够生擒王统帅（大将军王思政）的，封侯爵；如果王统帅受到伤害，他的亲近侍从，全体处斩。"西魏最高统帅（大将军）王思政率军登上土山，对部属说："我力量用尽，智谋用竭，只有一死，上报国家。"因而仰望上天，放声大哭，向西方（祖国在西）作两次叩拜，打算用刀自断咽喉。司令官（都督）骆训说："你常告诉我们：'你拿着我的人头投降，不但可以得到富贵，也救了一城人。'而今，高丞相（高澄）既然有这种命令，你难道不哀怜你的士卒，让他们受到诛杀！"大家一齐动手，绑住王思政的双臂，不准他自刎。高澄派副总顾问长（通直散骑常侍）赵彦深，前往土山，赠送白羽毛扇，握住王思政的手，传达高澄的意思，再手牵手下山。高澄不准王思政叩拜，请他上座，十分敬重。王思政最初进入颍州（河南长葛）时（去年【548】4月，共被围十五个月），将士八千人，等到陷落，只剩下三千人，始终没有一个人背叛。高澄把剩下来的残余部众解散，发配到边远地方，把颍州改称郑州，对王思政至为礼遇。西阁研究官（西阁祭酒，三公等府属官）卢潜说："王思政不能以身殉国，有什么了不起！"高澄对左右说："我有卢潜，是又得到一个王思政。"

王思政保卫长社（河南长葛），已尽到他的能力和责任，城破之日，为了救他左右的性命，不得不降，使人感叹。而一个坐在妻儿身旁，既无危险，又无负担的白面书生，却在那里斥责他没有自杀死节！很多人都是这样，对别人的生命，特别慷慨。卢潜必须看到王思政自己抹脖子，王思政的部属被高澄一一诛杀，他才心满意足。

生命绝对重要，人权更崇高到无以取代。一个将领在尽力尽责，仍无法挽救危局之时，他还有最后的一项任务，就是保护他部属的安全。自己不肯死，却动不动就要求别人死，是一种魔鬼特制的卑劣动物。

兰京万岁

北魏帝国最高统帅（大将军）高澄，捕获南梁帝国徐州（州政府设京口【江苏镇江】）州长（刺史）兰钦的儿子兰京，用作厨房奴隶。兰钦要求赎回，高澄不准。兰京屡次当面请求，高澄命用木棍殴打，咆哮说："你再请求，就杀掉你！"兰京遂跟他的同党六个人，阴谋反击。高澄在邺城（河北临漳西南邺镇）时，居住北城东面"柏堂"，迷恋琅邪公主（参考545年3月），为了跟她来往不受打扰，所以，常把左右侍卫差遣到外面。549年，高澄屏除左右，秘密商议命东魏帝元善见禅位事宜，并拟定文武百官名单。就在这时候，兰京送来饮食，高澄叫他退出，对其他人说："我昨天梦见这个奴隶用刀砍我，应该马上把他除掉。"兰京听到这段话，于是，把短刀放在托盘下面，再度送来饮食。高澄大怒说："我没有叫送东西，你来干什么？"兰京举起短刀，回答说："我来杀你！"高澄从床上跳下，脚部跌伤，急忙爬到床下，兰京把床掀起，诛杀高澄（年二十八岁）。

有句俗话："好死不如赖活着。"以致有些人活得辛苦、活得卑贱，只要不死，叫他当狗他当狗，叫他当猪他当猪。忍耐是一种美德，但无限忍耐，则是一种病态。

兰京为中华人立下尊严的榜样，他以一个奴隶身份，向凶恶的暴君发出反击，这就是正义。假定中华人都有兰京先生的精神——不要说多数，只要少数就够了，中华人就不会有近代贫穷、悲惨和愚昧的局面。我们厌恶暴力，但赞美受尽委屈的兄弟姐妹，为了人性尊严，所做出的不计死生的搏斗，兰京万岁！他的高贵行为，鼓舞中华人跳出自我作贱的情结。

王琳故事

552 年 4 月，南梁帝国武陵王萧纪称帝，由成都东下。同年 10 月，湘东王萧绎也称帝（四任元帝）。553 年，萧纪率军东下，萧绎无法敌挡，于是，再把囚禁监狱的谢答仁释放，命他当步兵指挥官（步兵校尉），配备给他军队，叫他增援前方。又派人把王琳送到长沙，使他说服长沙守将陆纳投降。 围城军统帅王僧辩，把王琳带到阵前让陆纳看到，陆纳部众全都叩拜，流泪哭泣，派人对王僧辩说："政府如果真的赦免了王郎，让他进城。"王僧辩不准，再把王琳送回江陵。而萧纪攻势猛烈，萧绎打算召回包围长沙的军队，又恐怕从此对陆纳无法控制，于是，再派王琳前去，准他入城。王琳既进入长沙，陆纳遂率军投降，湘州（州政府临湘）完全平定。萧绎恢复王琳的官职爵位，命率军西上，增援峡口（湖北宜昌西）。

看了萧绎对王琳事件的处理历程，使我们对"天下本无事，庸人自扰之"成语，有会心的领悟。

势利眼和报复心

北齐帝国（首都邺城【河北临漳西南邺镇】）皇帝（一任文宣帝）高洋，还没有担任东魏帝国宰相之前，太保（上三公之三）、主管政府机要（录尚书事）、平原王高隆之时常对他侮辱。后来将要接受禅让，高隆之又认为不可以（参考 550 年 5 月），高洋一一记恨在心。而崔季舒又暗中陷害，说："高隆之每逢审问官司，脸上都故意露出悲哀同情的神情，表示他不能做主。"（报复受鞭打及贬谪边疆，参考 549 年。）高洋把高隆之囚禁在国务院（尚书省）。高隆之曾经跟元旭饮宴，对元旭说："跟大王交朋友，无论生死，都不辜负。"有人打小报告，高洋怒不可遏，命武士痛殴高隆之一百余拳才停，高隆之遂死在路上。很久之后，高洋回想当年高隆之的嘴脸，忽然大怒若狂，逮捕他的儿子高慧登等二十人，排列在马前，高洋用鞭杆在马鞍上一敲，二十把钢刀闪电出鞘，二十个人头同时滚落在地。高洋下令把二十个尸体，全投入漳水；但仍不能解心头之恨，再把高隆之的尸体挖出来，将骨骸剁成碎块，用火焚化，也投到漳水。

势利眼最大的危险是看走了眼，被轻视的家伙忽然平地一声雷，势利眼就只好盼望对方福大量大。一旦对方恩怨分明，睚眦必报，势利眼就得付出势利眼的代价。高隆之是个典型，不过，他付出的代价过分昂贵。

势利眼使人厌恶，但世界上如果没有势利眼，那就是说：世界上如果再没有嫌贫爱富事件，再没有狗仗人势行为，这世界就不能像现在这样的多彩多姿。我们也不反对对势利眼的报复——除非报复得过了头，像高洋对待高隆之。因为报复心理是贫贱人士的一种刺激，成为社会进步的动力之一。

殷不害寻母

南梁帝国立法院主任立法官（中书郎）殷不害，原先在别的地方督战，江陵沦陷时，娘亲失踪。当时气候严寒，冰雪交加，冻死的人填满壕沟，殷不害一面哭一面找娘亲尸体，走遍每个角落，见到沟中死人，一定跳下去捧头细看，全身又冻又湿，汤水也不入口，哭号之声，始终不停。七天之久，才总算找到。

孝行是一种美德，可是，中国历史上，美德带给人的常常不是愉悦，而是痛苦。因为儒家系统把美德标准提升到很难做到，甚至根本无法做到的程度。殷不害寻找母尸，我们崇敬，但“七天汤水不入口”，就没有这个可能。三天汤水不入口就四肢无力，五天汤水不入口一定仆倒。七天哭号不绝，使人怀疑它的真实。

古书上对孝行的记载，都出于这类模式——有时更加上“泣血”“体弱昏厥”之类，假如必须付出这么大代价，才能显示美德，势将使人畏惧美德。

萧绎读书万卷

西魏帝国大军攻陷南梁帝国首都江陵（湖北江陵），俘掳南梁帝（四任元帝）萧绎，萧绎向长孙俭请求交还他的小老婆王女士、荀女士，以及最小的儿子萧犀首。长孙俭把他们一块交还给萧绎。有人曾问萧绎："你烧书什么意思？"萧绎说："读书万卷，还有今天下场，所以把它烧掉。"

萧绎读万卷书不假，问题只在，全都读到狗肚子里去了。

尹德毅馊主意

西魏大军在江陵时，投降西魏，被西魏封为梁王的萧詧的部将尹德毅，游说萧詧：“魏国（西魏帝国）蛮虏，贪婪无穷，毫无忌惮地屠杀掠夺官民，罪行之多，记都记不完。江东（南梁帝国）人民受苦到如此程度，都认为是殿下造成。殿下既杀人家的父兄，使人家的子弟成为孤儿，几乎人人都是仇敌，谁跟你共治帝国？而今，西魏精锐部队，全部集中江陵，如果殿下摆设盛大宴会，请于谨等赴宴饮酒共欢，预先设下埋伏，因而把他击杀，分别命各将领突击他们的军营，大肆歼灭丑类（西魏帝国军），使他们一个不留。集结江陵人民，妥加安抚，文武百官依照才能任用。西魏政府受到致命打击，不敢大声呼吸，当然更不敢再来送死。王僧辩之辈，写一封信就可召来。然后穿上皇家正式服装，顺长江东下，到建康登极，顷刻之间，大功可以建立。古人云：‘上天给你你如果拒绝，反而会受到责罚。’请陛下厘订长程谋略，不要像一个普通平民，总记着小恩小信。”萧詧说：“你这个策略，不是不好，然而魏国（西魏帝国）待我太厚，不可以背叛，如果照你的计划行事，人人都会对我唾弃。”

尹德毅口齿之流利，如长江大河，一泻千里。然而，他对当前的形势，至少在两个致命的关键上，故意滑过：一、没有人会容忍尹德毅设计的这种忘恩负义的背叛，公孙渊远在大海之外，及斩张弥，孙权仍准备远征（参考 233 年 12 月），何况江陵近在西魏咫尺。即令西魏远征军全部覆灭，西魏帝国仍然强大，长平损失四十万人，赵王国仍可攻击燕王国（参考公元前 251 年），可作例证。历史定律是：横挑强邻，必然覆亡。二、尹德毅认为，一封信就可以使王僧辩归附，简直想入非非，萧詧是王僧辩的杀主之仇，王僧辩纵是呆子，也可看出自己举足轻重，他为什么不另行拥立一个萧绎的儿子，率军西上，讨伐叛逆？西魏再乘机出军，萧詧将被腹背夹攻，呼天不应，呼地不灵。

凡是充满激情，而把严重关键轻松带过的说辞，都是馊主意，如果没有定见，一定会惹火上身。

政治狂犬病

556年，有一天，北齐帝（一任文宣帝）高洋，对着文武官员哭泣流泪，说："黑獭（宇文泰的乳名）不接受我的命令，怎么办？"司令官（都督）刘桃枝说："给我三千骑兵，我去长安（陕西西安）捉他回来。"高洋认为他壮志凌霄，赏赐绸缎一千匹。赵道德插嘴说："两国分列东西，强弱大小，都差不多，他可以被我们捉来，我们也可以被他捉去。刘桃枝胡说八道，应该诛杀，陛下怎么能乱赏？"高洋说："你说的对。"把绸缎一千匹转送给赵道德。高洋骑马，打算从悬崖跳进漳水，赵道德抓住缰绳，把马拉回。高洋大怒，要斩赵道德。赵道德说："我死而无恨，我会在地下报告先帝（高欢），说他的这个孩子酗酒成性，暴虐疯狂，无法教训。"高洋沉静下来，停止行刑。过了几天，高洋对赵道德说："我饮酒过量，你应该狠狠揍我。"赵道德举棍揍他，高洋逃走，赵道德追赶，呼叫说："你忘了你是什么人，做出这种事！"内宫管理助理员（典御丞）李集，当众向高洋直言规劝，把高洋比作历史暴君姒履癸（桀）、子受辛（纣）。高洋叫人把他绑住，把头按到水里，等了很久才拉出来，问他说："我比姒履癸、子受辛如何？"李集说："你比姒履癸、子受辛更残暴！"高洋再命把他按到水里，再拉出来，再问；反复三四次，李集一直如此回答。高洋大笑说："天下竟有如此白痴，我才知道关龙逢、比干，并不是什么明智之士。"把李集释放。一会工夫，高洋传见李集，发现李集似乎又要开口规劝，下令把他架出去，腰斩。高洋喜怒无常，对人赦免或诛杀，没有人能预测。

一个人开始掌握权力——无论是有限权力和无限权力之日，都是他被政治狂犬咬了一口，病毒开始侵入体内之时，病毒几乎立刻就蚕食他心灵上从小培养出来的、诸如忠孝仁爱礼义廉耻等美德。最后，他的狂犬病——政治狂犬病发作，势不可当。因先天品质和后天修养的差异，抵抗狂犬病发作的时间，及发作起来的模式和程度，虽有差异。但是，只一点是毫无差异的：没有人能抵挡得住它的发作。高洋的种种暴行，使人发指，但我们如果念及他不过只是得了政治狂犬病，假如老哥高澄不死，高洋仍是一个他娘亲口中称许的戆直青年，只是在被狂犬病毒侵入神经中枢之后，才完全失去自制，岂不应为他悲哀！

然而，野心家偏偏都渴望有一天也被政治狂犬咬一口，因为，政治狂犬病患者跟吸食海洛因患者一样，身心同时飘飘然欲羽化而登仙，永远看不到对人对己所造成的伤害。正因为如此，历史上的暴君暴官，才层出不穷。

宇文觉

北周帝国天王（一任闵帝）宇文觉，性情刚强果敢，对晋公爵宇文护手揽大权，专断独行，非常反感。国务院财政司长（春官府司会中大夫）李植，自宇文泰时，就当丞相府机要室主任（相府司录），参与政府作业。国防部军政司长（夏官府军司马中大夫）孙恒，也久居权要职位。后来，宇文护当权，李植、孙恒，恐怕受到排斥，遂跟国务院宫廷司长（天官府宫伯中大夫）乙弗凤、贺拔提等，共同在天王宇文觉面前，打宇文护的小报告。李植、孙恒说："宇文护自从诛杀赵贵以来，威望权势，日益上升，有谋略的智囊，沙场上的老将都争着向他靠拢，军国大小事务，都由宇文护裁决。依照我们的观察，他不可能保持臣属的节操，希望陛下早日下手。"宇文觉认为正确。乙弗凤、贺拔提说："像先王（宇文泰）那样的英明，还把政府交给李植、孙恒。而今，把这件事交给他们，何必担心不成功？而且，宇文护总是把自己比作姬旦（周公），我们知道，姬旦摄政的时间是七年，陛下怎么能委屈七年？"宇文觉越发相信。

北周帝国初建，跟西汉王朝八任帝刘弗陵在位时的情形一样，都是主少国疑。可是，刘弗陵的年龄较宇文觉仍小，他却有能力发觉上官桀等人对霍光的诬陷（参考公元前 80 年），而宇文觉小娃却被几个野心家拨弄得急吼吼地要杀人夺权。以一个十六岁的孩子，我们没有理由相信他夺权后不变得跟高洋相同。直到目前为止，宇文护对帝国对皇家，都有不可抹灭的贡献，他的杀戮出于自卫。以李植等的躁进和无理取闹，我们也没有理由相信他们不会变成陈霸先。

宇文觉小娃的愚昧，不但为自己找来大祸，也紧逼宇文护走上不归之路：最后不是登上宝座当圣帝贤王，就是摔下来当乱臣贼子。

陈霸先

558 年，刚建立的陈帝国（首都建康【江苏南京】）皇帝（一任武帝）陈霸先，派人害死南梁帝国逊位的皇帝（六任）萧方智（年十五岁），然后封南梁武林侯萧谘的儿子萧季卿当江阴王。

谋反，是一件大事。不到死在眉睫，谁肯铤而走险！只陈霸先是一个例外，简直找不出他非谋反不可的原因，使他大怒若狂的，只有一件，那就是杜龛在吴兴郡（浙江湖州），对违法乱纪的陈霸先家族，用法律制裁。只五年时间，陈霸先从卑微的职位，爬到宰相级高官，受最高统帅王僧辩的宠爱信任，托付给他把守北门的重责。瀑布般倾泻到他身上的，全是日渐增加的荣耀和权力，没有丝毫恐惧和压力。

这种人竟然谋反，使研究行动政治学的朋友，张口结舌。如果表面上理直气壮的理由是理由的话，王僧辩因向北齐帝国屈膝，陈霸先同样也向北齐帝国屈膝；如果说陈霸先的屈膝是不得已，王僧辩的屈膝又何尝是得已。陈霸先指控王僧辩的罪状说：萧衍的子孙很多，只有萧绎可以复仇雪耻，他的儿子有什么罪，为什么罢黜？那么，王僧辩不过把萧方智罢黜而已，仍封他当太子；陈霸先则不但罢黜萧方智，而且还把他诛杀。但陈霸先最大的罪恶，却是为江南（长江以南）人民招来北齐帝国入侵的灾祸，王僧辩正是为了避免这场灾祸，才接受萧渊明，跟北齐帝国和解。

大分裂时代中，创业帝王即令不是英雄好汉，至少也略具才智，只有陈霸先，不过是一个躁进的蟊贼。

舍身佛寺

陈帝陈霸先，前往大庄严寺舍身。文武百官上疏请他回宫。

胡三省曰：“前面的车已经翻覆（指萧衍），后面的车不知道警戒。只因耳目对于佛教礼仪已经习惯，不能发现其中错误。”

只因为自认可以愚弄群众的人，层出不穷，所以世界上的混乱，才层出不穷。只因为再明显的诈欺圈套，都有人往里跳，所以自认可以愚弄群众的人，就永远不会绝迹。

元韶一言丧邦

北齐帝国天文台长（太史）奏称：“今年将除旧换新。”北齐帝高洋问“特进”（朝见时位在三公之下）、彭城公爵元韶说：“刘秀（东汉王朝一任帝）怎么能够中兴？”元韶回答说：“因为王莽没有把姓刘的赶尽杀绝。”高洋于是下令，把所有姓元的，不分男女老幼，全部屠戮，用以解除将来危机。先行诛杀始平公爵元世哲等二十五家，接着逮捕囚禁元韶等十九家。元韶被囚禁地牢，高洋断绝他的饮食，元韶吞食衣袖，最后仍然饿死。

自古有人“一言兴邦”，也有人“一言丧邦”，而元韶的一言，可谓世界上最大的丧邦一言。我们固然为他引起的大祸悲痛，同时也奇怪他怎么会说出这种肤浅的荒谬答案。因为每个政权的覆没，毫无例外地，都由于自己的腐败，而不是由于旧势力的反扑。

元韶的见解，虽然肤浅荒谬，却是正统的看法，新兴王朝把旧王朝皇族杀光，成为保护自己的唯一法门，这种肤浅荒谬的见解，一直引导中国古代的政治运作：除了杀，还是杀，虽然为被压迫的贫贱小民出一口气，却也使暴戾的层次，不断升高。

窝里斗

北齐帝（二任）高殷，从晋阳（山西太原）前往邺城（河北临漳西南邺镇），文武百官一致认为皇叔高演，一定会留守皇家根据地（晋阳），可是当权人士却打算命高演跟随高殷同赴京师（首都邺城），而留另一皇叔长广王高湛镇守晋阳。不久，当权人士又疑心高湛，训令两位亲王与皇帝同行。政府官员听到这项措施，全体震骇惊愕。当权人士又训令王晞当并州（州政府设晋阳【山西太原】）秘书长（长史）。高演既动身，王晞到郊外送行。高演恐怕有人侦察，命王晞回城，抓住王晞的手说："努力，保重！"拨转马头，扬鞭而去。平秦王高归彦负责总管皇家禁卫，杨愔传达高殷训令，留随驾禁卫五千人在西中（西部中央，即晋阳），用以暗中防备非常事变。抵达邺城数日之后，高归彦才知道，因此对杨愔大为怨恨。领军大将军可朱浑天和，是可朱浑道元的儿子（可朱浑道元自陇右【甘肃】投奔高欢，参考535年），娶皇帝高殷的姑妈东平公主（高欢的女儿），常说："如果不诛杀两位亲王，幼主没有平安之理。"国务院右执行长（右仆射）燕子献更考虑把太皇太后娄昭君，强行迁移到北宫，而把大权交给皇后李祖娥。

北齐、北周、陈，三大帝国，数年之间，先后进入瓶颈。这个时期好像台风眼，表面上平静无事，实际上浩劫正在四周酝酿。如果没有强有力的领导，窝里斗就会发生，血流成河。如果有强有力的领导，最后总是被逼上篡夺或屠杀之路，同样血流成河。

陈昌走入虎穴

南梁帝国江陵（湖北江陵）陷落时（参考554年），当时尚是长城公爵的陈霸先的世子陈昌，及立法院主任立法官（中书侍郎）陈顼，都被北周帝国俘掳，押解长安（陕西西安）。陈霸先当皇帝（参考557年10月）后，不断向北周帝国请求，北周帝国允许把陈昌送回，但一直不肯放行。等到陈霸先逝世，北周帝国才命陈昌动身（早送陈昌回去，可以继承一个帝国，对北周有无限好处。陈霸先一死，陈昌不过长安市上一介平民，毫无政治价值。北周帝国有官僚而没有政治家，所以落后一步）。因南梁帝国郢州（湖北武汉）政府的大军据守长江中游，道路不通，陈昌不能前进，暂住安陆（湖北安陆）。不久，郢州政府瓦解，陈昌从安陆出发，将过长江时，写信给陈帝国现任（二任）皇帝陈蒨，措辞傲慢，陈蒨大不愉快，召见侯安都，心平气和说："太子就要回来，我当请求封我一个藩国，退休养老。"侯安都说："自从古代以来，天子怎么可以交班！我固然愚昧，不敢接受这项命令。"因此请求迎接陈昌。于是，文武百官纷纷上疏，建议封陈昌爵位。陈蒨遂任命陈昌当骠骑将军、湘州（州政府设临湘【湖南长沙】）州长（牧），封衡阳王。

陈昌手无寸铁，身居非被扑杀不可之地，步步走入虎穴，采取最低姿势，都不足以保命，他唯一的保命方法是永不回来，老死异国，这就是政治。而他竟出言不逊，认为陈蒨会被他吓住，满怀歉意地吐出政权。怎么没有想到：那将逼陈蒨除了急下毒手外，别无选择。而侯安都，一个急功好利的莽汉，陈昌没有先把他收买——例如承诺封他一个王爵之类，怎么竟然敢只身过江？

陈昌这类浅碟子，如果他是一个普通人，不过闹些笑话，作为茶余饭后的谈助，偏偏他是皇位继承人，浅碟子只好用来装自己的血。

愚君政策

陈帝（二任文帝）陈蒨，身体不适，皇太子陈伯宗个性软弱，陈蒨担心他不能保持皇帝的位置，对老弟陈顼说：“我打算效法吴太伯往事（吴太伯事，参考 252 年闰四月注。此处暗示让位给老弟）。”陈顼伏身地上，哭泣流泪，坚决辞让。陈蒨又对国务院副执行长（尚书仆射）到仲举、国防部长（兵部尚书）孔奂等说：“而今，三国鼎立（陈蒨故意抹杀仍然存在的南梁帝国），四海之内，事务繁重，需要年长的君王。时间近的，我打算效法司马衍（晋帝国九任帝成帝），时间远的，我打算效法商王朝帝位传递法则（司马衍传位老弟司马岳【十任康帝】。商王朝兄终弟及，传弟不传子）。你们应服从我的意愿。”孔奂流泪回答说：“陛下不过饮食上一时失调，不久就会痊愈。皇太子年纪还轻，但高贵的品德，每天都在进步。安成王（陈顼）以陛下老弟的崇高地位，足可以担任姬旦（周公）的角色。陛下如果有心罢黜太子，另立新君，我们愚昧，不敢接受命令。”陈蒨说：“古人的正直风范，在你们身上再现。”命孔奂当太子宫总管（太子詹事）。

司马光曰：“身为臣属，事奉君王，最标准的态度是：当君王显示美德时，臣属应顺势赞扬；当君王言行失误时，臣属应竭力补救。孔奂在陈帝国是核心人物，身负重任，裁决帝国的大计方针。假如认为陈蒨的话并不诚实，应该像窦婴那样提出分辩、像袁盎那样当面澄清（二事均参考公元前 154 年正月），在小的地方就要着手防范杜绝窥伺宝座的野心。如果认为陈蒨的话真心真意，则应该当时就请陈蒨颁发诏书，昭示中外，让陈蒨显示子力所有的美德（子力，春秋时代宋国十三任君宣公，于公元前 729 年逝世时，不把宝座传给儿子子与夷，而传给老弟子和【十四任国君穆公】），而使陈顼免除芈围（楚王国十任王灵王）所犯的罪恶（楚王国八任王康王芈昭病重，老弟芈围进宫问安，就在病床上把芈昭缢死，又把芈昭的两个儿子杀掉，而自己篡位）。否则，既然认为太子是唯一合法继承人，不可以随便更换，打算辅佐保驾，就应该竭尽忠心，守节不屈，像晋国的荀息、赵国的肥义（《左传》公元前 651 年。晋国十九任国君献公姬诡诸病重，把儿子姬奚齐托孤给国务官【大夫】荀息，荀息叩头回答说：“我自当竭尽全力，献出忠心，如果失败，只有一死。”姬诡诸逝世，姬奚齐登位【二十任国君】，另一国务官里克

诛杀姬奚齐。荀息再拥护姬奚齐的老弟姬卓子【二十一任国君】，里克再诛杀姬卓子，荀息殉难。肥义事，参考公元前 295 年）。为什么当君王还活的时候，揣摩他内心深处的隐密，去迎合他；等他死了之后，面对当权分子篡夺帝位，却不能挽救，继承人失去帝位，又不死节，这才是最大的奸恶谄媚。而陈蒨竟称之为有古代正直的遗风，而把孤儿寡妇托付给他，岂不荒谬。”

孔奂不过一个平庸的凡夫俗子，既不特别好，也不特别坏。臣属对君王的效忠，本质上就是一种揣摩心意、拍马摇尾，有趣而又危险的游戏，杀机四伏，谎言泉涌。孔奂在陈蒨面前拥护太子，不过是保护自己的一种自然反应，他怎么知道陈蒨不是在那里试探他？而司马光竟责备稍后陈伯宗小娃帝位被篡夺时，孔奂没有死节！这是一种慷他人之慨的心理，对别人的生命自由毫不珍惜，认为小官小民随时随地都应该为君王（或为类似的玩意）人头落地。这跟我们的认知恰恰相反，我们的认知是：生命尊严，自由可贵。当君王用“愚民政策”对付人民时，人民有权用“愚君政策”对付君王；当人民挖心呈献，君王却把它当作驴肝时，人民有权呈献有美丽包装的砒霜。我们绝不动辄要求人去死，而只要求人尽力尽责。

杰克上尉

北周帝国信州蛮（重庆奉节一带蛮族）酋长冉令贤、向五子王（五子王，三字名）等，在巴峡（奉节东【白帝城东】）起兵，攻陷白帝（重庆奉节东）；变民蜂起，蔓延二千余华里。北周帝国政府前后派开府仪同三司（勋官五级）元契、赵刚等讨伐，都不能攻克。北周帝（宇文邕）下诏再命开府仪同三司（勋官五级）陆腾，增援讨伐。 陆腾南渡长江，一连攻克八城，选拔及征求敢死勇士，分兵数道，进攻水逻城（重庆奉节东）。蛮族两位将领冉伯犁、冉安西，一向跟冉令贤有仇，陆腾派人说服他们，又用金银绸缎贿赂，使二人同意充当向导。水逻城旁有石胜城，冉令贤命他的侄儿冉龙真驻守，在陆腾暗中引诱下，冉龙真献出城池投降；水逻城遂告崩溃，政府军格杀一万余人，俘掳一万余人。冉令贤逃走，政府军追赶，捕获，斩首。陆腾把所有尸首堆积在水逻城附近，用土覆盖，筑成高台。以后，蛮族看到它就放声大哭，不敢再反抗。

美国印第安酋长“杰克上尉”有一段沉痛的话：“你们白人并没有打败我们，打败我们的是我们的同族。”信州蛮酋长冉令贤临刑时，我们可以听见他同样沉痛的话：“你们汉人并没有打败我们，打败我们的是我们的同族！”

高俨小娃

北齐帝国太上皇高湛（四任武成帝）任命三皇子、十岁的东平王高俨当宰相（司徒），高俨深受高湛及胡太后的宠爱。此时，高俨小娃身兼京畿总司令官（京畿大都督），又兼领军大将军，又兼总监察官（御史中丞）。北魏帝国前例：总监察官（御史中丞）出门，跟皇太子分道而行（总监察官【御史中丞】如果像普通官员一样，也要避到一旁，便不能显示监察权的尊严），王爵公爵跟总监察官（御史中丞）相遇时，远远地都要停住车子，把拉车的牛解下，使车辕抵触地面，等待总监察官（御史中丞）过去后，才可以重新驾车前进。如果停车卸牛，或抵触地面的动作稍慢，总监察官（御史中丞）的开道卫队，立即就用赤红警棍殴打。然而，自534年迁都邺城（河北临漳西南邺镇）后，这种规矩已经废除。高湛打算使他这个十岁的儿子更尊贵荣耀，下令恢复旧有制度。高俨刚从北宫出来，前往总监察署办公，所有京畿范围内的野战军步骑兵、禁卫军所有官员、总监察官卫士、宰相卫士，都全体出动跟随。高湛及胡太后在华林园东门外设立篷帐，坐在篷帐下观看，派宫廷特使骑马飞奔，直闯总监察官（御史中丞）的开道卫队，被开道卫队拦阻，宫廷特使声称奉有皇帝指令，话刚出口，开道卫队的赤红警棍，已击碎马鞍，坐骑受惊，高举前蹄长嘶，宫廷特使从马上跌下。高湛大笑，认为真是过瘾。命高俨停下座车，慰问很久。居民倾城出来观看。

高俨经常留在皇宫，登含光殿办公，叔父们都向他叩拜。高湛有时前往并州（州政府设晋阳【山西太原】），高俨一定留守京师（首都邺城）。高俨每次给老爹送行，有时送到半路，有时索性送到晋阳（山西太原）才回。所用的器具、珍宝、服装、饰物，跟老哥、北齐现任皇帝（五任帝）高纬，完全相同，一切供应，全由政府负担。有一次，在南宫看见刚从冰库中取出的新鲜李子，回来后（高纬住南宫，高俨随父母住北宫），大发脾气说："俺哥有，我为什么没有？"从此，只要高纬比他先得到新奇的东西，供应官及工人一定受到惩罚。高俨性情刚强明快，曾经问老爹："俺哥懦弱，怎么能领导帝国？"高湛不断夸奖他是一个奇才，有意罢黜高纬，命高俨登极；胡太后也劝他如此做，但并没有认真，不久也就不再谈及。

读史读到高湛如此这般宠爱他的儿子高俨，用不着算卦，就可知道有什么结局。历史的教训对当权派的影响甚微，但对旁观者，却能增加人生经验，提高对政治的分析能力。只可怜高俨这个十岁小娃，白白被混蛋老爹断送！

毕善昭杀父

北齐国务院国防部长（七兵尚书）毕义云，残忍暴虐，对待部属，狠毒超出人类想象；对待家里的人，手段尤其可怖。一天夜晚，被刺客暗杀，刺客把凶刀留在床上，检验结果，竟是他儿子毕善昭的佩刀。主管官员逮捕毕善昭，斩首。

法律的基础建立在正义和公道之上，才有不可侵犯的尊严。当法律落到恶棍之手，用法律横肆残酷时，则上帝欣赏小民自救。

黄龙汤

北齐帝（五任）高纬，命和士开当国务院最高执行长（尚书令），封淮阳王。
和士开的权势和威望，一天比一天尊贵，政府中有些无耻官员，有的甚至甘愿做他的养子，跟一些做生意的富商，混在一起（二十世纪以前，中国一直是一个重农轻商社会，商人没有社会地位）。曾经有一次，和士开患病，一个知识分子晋见和士开问候，正碰上医生给和士开诊治，开药方时，医生说："大王所害的伤寒，病势严重，其他药物都没有效，要想活命，只有饮下黄龙汤。"（传统的中国医药，任何东西都可以列入处方。六世纪时，民间常把人粪装到瓮里，塞住瓮口，放到仓库之中，若干年后，粪便化成浓汁，颜色漆黑，味道奇臭奇苦，名"黄龙汤"。据说对治瘟疫有特别功效，有时病人就要断气，服用黄龙汤之后，都会痊愈。）和士开听了，脸上露出为难的表情，那个知识分子说："黄龙汤容易下肚得很，大王不要担心，我先替大王尝尝。"把盛着粪汁的碗，举到口边，一口气喝光。和士开被他的诚心感动，勉强服下，病竟痊愈。

摇尾分子在飞黄腾达之后，人们往往诟骂他谄媚，却没有想到，摇尾分子都是用特殊材料做成的，不是每个人都能胜任，至少，如果不能大量喝黄龙汤，他就不能成为一个注册合格的一等一级的马屁精。

精密伎俩

北齐斛律皇后的叔父斛律羡，当司令官（都督）、幽州（州政府设蓟城【北京】）州长（刺史）、中央特遣政府国务分院总理（行台尚书令），精通军事，兵强马壮，沿边要塞关卡，戒备森严，突厥汗国（瀚海沙漠群）对他十分敬畏，称之为“南可汗”。

匈奴人赞扬李广，称之为“飞将军”，游牧民族豪迈爽朗，敬重英雄，可以理解。而突厥人赞扬斛律羡，称之为“南可汗”，便难使人相信。世界上从没有一个有自尊心的民族，会把邻国，甚至敌国的一个将领，推崇到“君”“父”地位。用作贱自己去烘托对方的谄媚手段，是中国官场文化中所独有的一种精密伎俩。把这种手段反转过来，那就一定作贱对方，来抬高自己的身价。宋王朝知识分子便是此中能手，坚称金帝国百战百胜的大军，尊称岳飞为“岳爷爷”！

斛律光

572年，北齐左丞相、咸阳王斛律光进宫，走到凉风堂，刘桃枝从背后扑上来，斛律光没有跌倒，回头说："刘桃枝，你常干这种事，我不辜负国家。"刘桃枝跟其他三位力士，用弓弦套住斛律光的脖颈，把他勒死（年五十八岁），血流满地，以后无论怎么洗涤、铲磨，血迹历历，都不消灭（碧血丹心，使人落泪）。北齐帝高纬下诏，宣布斛律光谋反，并斩他的儿子开府仪同三司（宰相级）斛律世雄、仪同三司（宰相级）斛律恒伽。

祖珽命国务院法务部畿外司长（二千石郎）邢祖信，没收斛律光家产。祖珽在国务院（都省）查问没收到什么武器，邢祖信说："弓十五张，宴会时用的箭一百支、刀七把，皇上赏赐的长矛两枝。"祖珽厉声大喝："还有什么武器？"邢祖信说："还有枣木军棍二十捆，凡斛律家奴仆跟外人打架，不管错在何方，先打一百军棍！"祖珽大为惭愧，压低声调说："政府已经判处重刑，你竭力替他昭雪，有什么用？"有人责怪邢祖信太正直，邢祖信感慨万千，说："贤明的宰相已被诛杀，我何必珍惜残生。"

高纬派使节前往梁兖二州，就在州政府斩斛律武都，又派中央禁军总监（中领军）贺拔伏恩，乘政府驿马车前往幽州，逮捕斛律羡。幽州斥候报告斛律羡说："中央使节外罩官袍，内穿铠甲，马身有汗，应先行关闭城门！"斛律羡说："对中央使节怎么可以怀疑拒抗！"遂出来接见，贺拔伏恩把斛律羡逮捕，斩首。他的五个儿子：斛律伏护、斛律世达、斛律世迁、斛律世辨、斛律世酋，全都处死。

北周帝国皇帝（三任武帝）宇文邕，听到斛律光被诛杀，大喜过望，大赦。

李百药曰："斛律光是上将之子，天质沉稳刚毅，无论指挥作战及统御大军，都暗合兵法。面对敌人，争取胜利，有无穷变化。然而，政治混乱，谗言陷害，加上斛律家权威太重，早使君王内心猜忌；领袖昏庸，时局艰难，自己动手拆毁坚固的篱笆。从前，李牧当赵王国的大将，北方翦除匈奴，南方击退秦王国军队，而郭开暗下毒手，李牧处死，赵王国灭亡（参考公元前228年）。北齐帝国诛杀斛律光，莫非是北周帝国的间谍奇计得逞？为什么诬害方法相同，灭亡的速度也相同！对内使将领离心解体，对外为强敌报仇。苍天，以后的人应该作为鉴戒。"

斛律光陷在鲨鱼群中，全家被屠，李百药哀伤地说："以后的人应该作为鉴戒！"然而，不久就又有张雕、崔季舒等更可怖的千古奇冤（参考明年【573】10月）。在以后岁月中，越发层出不穷，包括岳飞、于谦、袁崇焕，构成中国历史上最悲惨的冤狱系列。后世当权分子没有多少人作为鉴戒，甚至人民也丧失伸冤辩诬、维护法律正义尊严的执着能力，只会对事件摇头叹息，或许还讥笑被害人真是傻瓜，不知道明哲保身，因而暗中庆幸自己没有卷进漩涡。

政府制造冤狱，并不一定使政府马上覆亡，但可削弱人民对政府的支持。太多的千古奇冤，人权受到长期摧残，对社会的影响，既深远而又凶恶，使人民患上神经质恐惧症——恍惚、反复、狡狯，只敢崇拜权势，不敢明辨是非。

无力感

北齐最高监察长（司空）赵彦深，私下请教皇家图书馆长（秘书监）源文宗对时局的看法，说："东吴（陈帝国）嚣张，竟到如此地步！你曾经当过秦州（州政府秦郡）、泾州（州政府设石梁【安徽天长西】）二州州长（刺史），熟悉长江、淮河间的事务，现在有什么方法抵御？"源文宗说："国家的精锐部队，当权人士一定不肯多交给出征将领。如果只出动几千人，不过像鱼饵一样，只供东吴（陈帝国）吞食。尉破胡的人品，大王（赵彦深封宜阳王）深知，怎么可能取胜！沙场战败，不在早晨，就在晚上。政府对待淮南（淮河以南，侯景之乱后夺取自南梁帝国的土地），好像一只草箭（"草箭"，六世纪时谚语，意思是丢掉也不觉可惜）。如果问我的意见，我建议最好是授给王琳全权，命他招募淮南（南梁帝国故土）士卒三四万人，王琳跟他们风俗相同，心灵相通，可以得到他们的效力。我们的将领，可以驻军淮北（淮河以北）。要知道，王琳对于陈顼，绝对不可能面向北方，事奉他当君王，事理至为明显，我认为这是最上等的策略。如果不能够诚心对待王琳，甚至更派人监视牵制，将使大祸加速来临，绝对不可以做。"赵彦深叹息说："你的这项计划，足可以在千里之外，克敌制胜，但我费尽口舌，竭力争取，已十天之久，没有人听得进去。事情已到这种地步，还有什么可说。"相对流泪。

当一艘满载客人的巨轮，迷失航道，即将撞向冰山之时，船舵却握在一个毫无航海知识的地痞流氓之手。全船静悄悄的，大多数人都进入甜蜜梦乡；只有几个乘客，发现危险，他们奔向舰桥，想警告舵手改道，可是舰桥紧闭，他们再奔向船长室，船长正在那里饮酒取乐，任他们擂动门窗，哭号哀求，所得到的只是不理不睬，最后，黑暗中闯出打手，把他们捆绑囚禁，甚至枪决。

这就是无力感，自己有方法拯救巨轮，却眼睁睁看着巨轮一直撞向冰山，而自己又偏偏身在这巨轮之上！

张雕、崔季舒

北齐帝国国立贵族大学校长（国子祭酒）张雕，当过北齐帝（五任）高纬的教师，教导高纬研读儒家学派经书，高纬对他十分尊敬。张雕跟受高纬宠爱的匈奴人何洪珍，情谊密切，于是引起穆提婆（骆提婆）、韩长鸾等的厌恶。何洪珍推荐张雕当总监督长（侍中），加授开府仪同三司（宰相级），主管财政业务（奏度支事）。张雕自到职后，高纬对他很是信任，看见他总是称呼他“教授”。张雕知道自己来自寒微的民间，而竟被擢升到高位，内心感激，一直打算多做贡献，用以报答皇家恩德，所以无论评论人物，或讨论时政，都放胆直言，没有顾忌，主张宫内不必要的开支，应尽量节省；皇帝身旁骄傲放纵的臣属，应制裁约束。张雕不断讥刺当权的贵人，提出重要方案，高纬对他非常依靠。573 年，高纬打算前往晋阳（山西太原），总监督长（侍中）崔季舒跟张雕商议，认为：“寿阳（安徽寿县）正陷重围，大军出动作战，信差来往，事事要请皇上裁决，沿路小民可能惊慌过度，认为圣驾（高纬）逃向并州（州政府晋阳），为的是要躲避南方贼寇（指陈帝国）。我们如果不上疏规劝，深怕人心震动。”于是跟随驾文官，联名上疏劝阻。韩长鸾警告高纬说：“中华人官员竟然采取一致行动，联名上奏，表面上看是劝阻陛下前往并州（州政府晋阳），事实上未必不是暗中谋反，应该诛杀。”高纬召集全体签名的官员，在含章殿集合，包括张雕、崔季舒、封孝琰、总顾问长（散骑常侍）刘逖、宫廷顾问官（黄门侍郎）裴泽、郭遵等，就在殿前大庭，全部斩首；家属放逐到北方边境，妇女配给奴工署（奚官），男孩送手术室（蚕室）割掉生殖器，财产全部没收。高纬继续行程，前往晋阳（山西太原）。

张雕、崔季舒等的遭遇，跟斛律光等的遭遇，同属六世纪七十年代奇冤。高纬本年十七岁，这个少年对他一向尊敬的教师和前辈，突然翻脸，说明他已杀滑了手，认为别人的生命跟蝼蚁一样。但对张雕等的家属，成年男子充军，幼年男子割掉生殖器，妇女罚作奴工，怨毒何以如此之深？当是韩长鸾挑起的族群情结。一窝禽兽组成的北齐帝国王朝，不过一个恐怖剧场。

假如历史可以提供教训的话，张雕等这场千古奇冤，至少可以告诉我们一件事：中国人必须对“进谏”的功能，予以重估。尤其有些人认为：进谏者只要态度谦恭，理由充分，忠诚十足，君王就不会不听；君王所以不听，只不过因为进谏者态度不够谦恭，理由不够充分，忠诚不够十足。张雕等的血，淹没了这种奴才神话。中国人追求的应该不再是婢膝奴颜、诚惶诚恐地向领袖进谏，而是义正词严地陈述自己的意见、指责他们的过失。

王琳

573 年，陈帝国北伐军统帅吴明彻，攻击寿阳（安徽寿县），在淝水（东淝河，流经寿阳城东）兴筑堤坝，引水灌城，城中军民死亡十分之六七。遂把寿阳攻克，生擒守军统帅王琳，押送建康（陈首都，江苏南京）。

王琳面貌神态，安详文雅，喜怒从不在脸上表达。反应敏捷，记忆力强，总部官员数千人，王琳都能叫出他们的姓名。刑罚公正，轻视金钱，敬爱人才，官兵对他一片忠心，虽然没有立锥之地，流亡邺城（北齐首都，河北临漳西南邺镇），但北齐帝国官民都推崇王琳的忠义。寿阳陷落后，王琳被俘，他过去的部属，很多人在吴明彻军中任职，看到统帅受难，都悲痛叹息，不忍心抬头，争着向吴明彻请求宽恕王琳性命，又纷纷赠送给他路费行装。吴明彻恐怕发生变化，派使节追赶，在寿阳东二十华里处追上，斩首（年四十八岁）。消息传出，民间一片哭声，远听像是响雷。有一个老汉提着一壶酒和一块干肉到尸体旁祭奠，放声大哭，哀痛欲绝，把流在地上的血刮起来带走。田野间农夫或乡村父老，不论见过王琳没有，听到王琳被杀，没有人不流泪哭泣。

王琳是中国历史上第一流英雄人物，因为民间对他敬爱！

儒家成为儒教

北周帝国皇帝（三任武帝）宇文邕，集合文武百官，以及佛教和尚、道教道士，宇文邕自己登上高座，命与会人士辩论三教的先后等差。认为：儒教最先，道教第二，佛教最后。

儒家学派忽然被称、同时也自称“儒教”，在《通鉴》上首次出现，只不过是为了对抗佛教、道教，所作的一种弹性反应。儒家看起来相信鬼神，祭祀和丧礼几乎是儒家的命脉，但事实上，儒家又不相信鬼神，从皇家祖庙“亲尽则毁”的规定上，可发现在儒家设计下，祖先的灵魂最后一定全被子孙饿死。因此，儒家虽披上宗教的外衣，却始终不能升华成为宗教，而只能扮演尘世间人伦规范角色。与其称儒家是一个宗教，不如称儒家是一个思想上的宗派，到了后世，更沦为一个争权夺利的帮派。

以德报怨

北周帝国派开府仪同三司（勋官六级）伊娄谦，前往北齐帝国探听虚实，收集情报（参考575年）。伊娄谦的军事参议官（参军）高遵，把这项秘密任务透露给北齐政府。北齐政府遂把伊娄谦囚禁晋阳（山西太原）。后来，北周攻陷晋阳，北周帝宇文邕召见伊娄谦，安抚慰劳，然后逮捕高遵，交给伊娄谦，要他随意报复。伊娄谦叩头，请求赦免高遵。宇文邕说："你可以集合大家，在众人面前，唾他的脸，使他知道惭愧！"伊娄谦说："高遵犯的那种罪，仅仅唾他的脸，实在太轻！"宇文邕欣赏他的话，遂不再追究。伊娄谦待高遵跟当初一样。

司马光曰："对功劳奖赏，对犯罪惩罚，是君王的责任。高遵担任使节，前往外国，而竟泄漏国家重大密谋，乃是叛徒！宇文邕自己不直接诛杀，竟然交给伊娄谦，由他报仇报怨，已使法律失去尊严。孔丘曾经说过：'如果用恩德回报仇怨，那么，用什么回报恩德？'为伊娄谦设想，他最好是拒绝接受，而把高遵送给有关单位，公开他的罪状，予以公平处罚。他不这样做，却竟然请求赦免，借以博取私人宽厚的美名。美名虽是美名，但违反公义。"

凡"以德报怨"的人，多少都心怀诡诈，希望博得宽厚美名；再不然，就是过度愚昧，想不到自己还有尊严；再不然，就是患有神经质恐惧，唯恐怕恶棍一旦翻身，对自己更为不利；再不然，就是企图换取更大的现实利益。

对恶棍有能力报复而报复，是一种神圣权利；有能力报复而不报复，是一种广阔高贵的胸襟；没有能力报复而誓言不报复，是一条可怜虫；没有能力报复而誓言报复，徒招反击；有能力报复反而施给对方倾盆大雨般的恩惠，一定是一个大奸大慝。

伊娄谦已在计算机上计算出答案，他在对高遵这场"以德报怨"斗智中，收获的丰富，远超过孔丘的"以直报怨"。

高欢家族无善类

577年，北齐帝国亡。广宁王高孝珩，率五千人跟任城王高湝，在信都（北齐冀州州政府所在县，河北冀州）会师，共同策划中兴大业，开始招募勇士，前来应征的有四万余人。北周帝宇文邕派齐王宇文宪、柱国（勋官二级）杨坚攻击，大军推进到信都（河北冀州），高湝在城南列阵抵抗。高湝所任命的中央禁军总监（领军将军）尉相愿投降，军心震恐。高湝遂屠杀尉相愿的妻子儿女。明天，两军再战，宇文宪生擒高湝及广宁王高孝珩。宇文宪问高湝说："你何苦弄成这个样子！"高湝说："我是神武皇帝（高欢）的儿子，兄弟十五人，侥幸地只剩下我仍在人间，偏偏遇到帝国倾覆，我所作所为，只希望不使祖先坟墓蒙羞。"宇文宪又亲自给高孝珩洗伤敷药，十分礼遇。高孝珩叹息说："自神武皇帝（高欢）以来，所有的叔父（高孝珩是高澄的儿子，高洋以下，都是他的叔父），没有一个人寿命超过四十岁，岂不是上天注定。继位的君王没有独到的远见，宰相也都不是栋梁之材。自恨我不能手握军权，使用皇帝诛杀时的专用的铜斧，施展我的心志。"

北齐帝国的覆亡，是因为君王昏暴，高孝珩却认为是他的那些畜牲叔父，寿命太短。他根本弄不清症结所在，如果担当大任，不过又一个高洋、高湛。感谢上帝，使他们早就翘了辫子，如果再活二十年，小民何堪！

不要同情这些反扑失败的高家班残余，他们现在被驱入屠场，才驯顺得楚楚可怜。高姓家族中，无一善类，我们没有理由相信这些残余，在当权后，不更昏暴。

作践自己

南梁帝国（首都江陵【湖北江陵】）皇帝（八任孝明帝）萧岿（本年三十六岁），前往邺城（河北临漳西南邺镇）朝见北周帝宇文邕。
宇文邕设宴款待萧岿，酒饮得半醉，宇文邕亲自弹琵琶，萧岿离座，随节奏跳舞，说：“陛下既然亲弹五弦琴，我怎么敢不像一只野兽！”宇文邕大为高兴，赏赐十分丰厚。

《尚书·舜典》上说：“姚重华（舜）弹五弦琴，说：‘咦，敲着石头，拍着石头，百种野兽，争相跳舞！’”两国因强弱不同，萧岿说几句奉承的话，把宇文邕比作儒家系统中的圣君姚重华，使宇文邕喜上眉梢，一切都在情理之中，但何至卑鄙到把自己比作野兽！

有些人在居于优势时，往往用作贱别人的手段，抬高自己的身价；在居于劣势时，又往往用作贱自己的方法，取悦对方。这是一个丧失尊严的病态文化，使人与人之间的平等基石，难以建立。

奢侈的政治表演

北周帝宇文邕到方形神坛祭祀，下诏说："供皇帝休息的会议、崇信、含仁、云和、思齐各殿，都是晋公爵宇文护执政时兴筑，奢侈豪华，超过祭祀圣贤时所用的庙宇，应全部拆除，拆下来的砖瓦木材等，赏赐给贫穷民众。以后，任何建筑装潢，都要朴实简单。"又下诏说："晋阳宫（在晋阳【山西太原】）、邺城宫（在邺城【河北临漳西南邺镇】）各殿，及高台楼阁，如有特别壮丽的，依照此例办理。"

司马光曰："宇文邕可以说知道怎么保持胜利！别人胜利后越是挥金如土，宇文邕胜利后却越发节俭。"

宇文邕的节俭，使人感动。问题是为什么中国人只会用这种摧毁旧建筑的方法，表达他的节俭？金碧辉煌的宫殿，一旦拆卸，能剩下几砖几瓦？为什么不想到仍保留它，作其他用途。诸如，满可以用这些殿堂陈列胜利者的战利品！项羽也曾用同一理由，烧光阿房宫。自认为这才算是仁君，结果他比谁都凶恶。

李重美曾提醒要纵火焚烧皇宫的刘皇后说："新皇帝绝不可能露天睡觉，以后一定会再驱使人民出力建盖，我们临死还要使小民怨恨，有什么意义！"（参考936年闰十一月。）拆宫焚宫，只是把小民卖儿卖女的钱，拿来作一场奢侈的政治表演。

高欢神话

北周帝宇文邕决定消灭高欢后裔，遂诬称：温公爵高纬（本年二十一岁）勾结宜州（州政府设泥阳【陕西耀县】）州长（刺史）穆提婆（骆提婆）武装叛乱。于是，宇文邕下令，连同其他高姓家族，一律自杀。高姓家族很多人同声呼冤，竭力证明没有这回事，只有高延宗卷起衣袖，泪流满面，不发一语。最后，行刑队用毒椒塞到他口中，毙命。高纬的老弟高仁英，天生白痴；另一老弟高仁雅，是一个哑巴，得免一死，但仍放逐巴蜀（四川、重庆），其他皇亲国戚，没有被诛杀的，北周政府把他们拆散，发配到西疆（甘肃），后来都死在那里。

宇文邕把高湝的正妻卢女士赏赐给部将斛律征。卢女士蓬头垢面，长斋吃素，不进荤腥，不言不笑。斛律征兴趣索然，放她自由，卢女士遂当尼姑。北齐帝国的一些皇后、嫔妃，后来很多人穷困到贩卖蜡烛为生。

史书上有关高欢神迹的记载，多如驴毛。他阁下老爹高树住的地方，就曾经冒出过红光紫气，引起邻居轰动。有一次，尚是穷苦佣工的高欢，出去打猎，走到一个独立家屋。两个年轻人攻击高欢，一位瞎老太婆用手杖敲打两个年轻人，说："为什么冒犯皇上？"然后设宴招待，高欢饭毕告辞，走了数华里之后，再回来寻找，一片荒野，人屋全都不见。又有一次，他寄住在朋友庞苍鹰家。每天，高欢回来时，主人就听到巨大的声音由远而近，而又看到高欢居住的房子，一股赤气，上冲霄汉。某一个晚上，庞苍鹰去探望高欢，一个身穿平民服装的勇士，从黑暗中现身，拔出佩刀喝阻说："你为什么打扰君主？"说罢，忽然无影无踪。庞苍鹰大惊之余，暗中窥探，只见床上躺的不是高欢，而是一条赤炼蛇。后来，高欢当晋州（州政府设平阳【山西临汾】）州长（刺史）时，仓库中的号角，无缘无故自动发出声音。

根据这些记载，显示天神对高欢是如何眷顾，所以才派出无数小神，作全天候的严密保护，并不断显露一些小动作，使人人相信：高欢将大富大贵。再也想不到，集玉皇大帝、耶和华宠爱于一身的高欢，却生了一窝蛇蝎。其中只有高延宗似乎差强人意，诸如太原反击，临死不语，塑造出来的是一个英雄末路形象。事实上当他任定州（州政府设中山【河北定州】）州长（刺史）时，就在楼上大便，而命人在楼下张口承接；又把猪肝之类的东西羼和人粪，做成食物，命左右官员吞食，脸上稍微有点困难的颜色，立刻鞭打；高延宗并且常用活人试验他的刀剑是不是锋利！他如果保卫政权成功，人民面对的将是另一个暴君。

高姓家族的屠灭，使人忍不住欢呼，而高家妇女的下场，则充满警世的哀伤。高洋（一任文宣帝）的正妻文宣皇后李祖娥，亡国后被掳往长安（陕西西安），而在北周亡国后，返回故乡赵郡（河北赵县），下落不明。高演（三任孝昭帝）的正妻孝昭皇后元女士被北周掳到皇宫为奴，杨坚当宰相时，才释放出来，返回山东（崤山以东），下落也不明。最精彩的则是高湛（四任武成帝）的正妻武成皇后胡太后，北齐亡国时，不过四十余岁，跟她的媳妇、高纬（五任帝）的正妻、年才二十余岁的后主皇后穆黄花，就在北周首都长安闹市，悬挂绿灯，公开卖淫。由妓女而当皇后，古今中外都有，由皇后而当妓女，世界上可能仅此一家，生意自然兴隆。胡太后曾对穆黄花说："为后不如为娼，更有乐趣！"人类渣滓，竟全集高家一门！至于淑妃冯小怜，被发配给代王宇文达当小老婆，也受到宠爱，但排场架势，自不如当初。冯小怜在一次弹琵琶时，忽然一弦崩断，吟诗说："虽蒙今日宠 / 犹忆昔时怜 / 欲知心断绝 / 应看胶上弦。"宇文达因冯小怜之故，对正妻李妃大大开罪。后来，杨坚当权，斩宇文达，隋帝国建立，又把冯小怜赏赐给李询，而李询正是李妃的老哥。李询的娘亲为女报仇，命冯小怜改穿粗布衣服，每天捣米，再加复仇性的凌辱虐待，冯小怜只好自杀。

高欢家族先前的祥瑞和稍后遭遇的悲惨结局，强烈对比，使人惊恐。想不到，所谓祥瑞，原来竟是丧钟，先到人间传递噩耗。可是古书也好，现代媒体也好，祥瑞不绝，说明中华人对权势的崇拜狂热，内心深处似乎埋伏一种"张昌仪情结"（参考 705 年正月二十二日），认为只要有一分钟眼前富贵，再悲惨的结局都甘愿承受！

看了高家故事，知识分子再为有权大爷捏造祥瑞时，可得小心！

传子不传弟

578 年，北周帝（二任武帝）宇文邕身体不适，留在云阳宫（陕西泾阳西北）。命北伐大军停止前进，派驿马车回首都长安，召唤宫廷部皇族事务长（天官宗师）宇文孝伯前来行宫。宇文邕握住他的手，嘱咐说："我自知不可能痊愈，后事全托付给你。"当天夜晚，加授宇文孝伯当太子宫卫队司令官（司卫上大夫），指挥所有禁卫军。命宇文孝伯乘政府驿马车返京（首都长安）坐镇，防备事变。宇文邕随即逝世，年三十六岁。

在后嗣的不肖上，宇文邕很像晋王朝一任帝司马炎，只不过，司马衷是个白痴，宇文赟是个无赖。白痴如有妥善的辅导，仍可能成为圣君；而无赖登场，连老天爷都束手无策。司马炎当时有弟可传而不传，宇文邕既知长子不才，又知余子也不才，却也不肯传弟。北周帝国建国之初，一直是兄终弟及，宇文邕自己的宝座，就是老哥传给他的，既有前例，为什么不援用？私心越重，盲点越大。

我们说宇文邕愚不可及，似乎与史实不符，看他东征西讨，战无不胜，固有知人之明，可是，管教儿子，竟全靠体罚，认为体罚可以使一个人改过向善，这是一种错到了底的观念。宇文赟以后的种种暴行，可以说就是对他老爹这种凶恶的体罚教育，所作的反弹。

宇文宪之死

北周新登极的皇帝（四任宣帝）宇文赟，因齐王（炀王）宇文宪，辈尊望重，十分忌恨，对宇文孝伯说："你能为我干掉齐王（宇文宪），你就继任他的官位。"宇文孝伯叩头说："先帝（宇文邕）遗命，不准滥杀至亲骨肉。齐王（宇文宪）是陛下的叔父，功劳大，威望高，是帝国的重要栋梁。陛下如果无缘无故把他害死，我又顺应陛下的意思完成谋杀，则我就是不忠，陛下就是不孝。"宇文赟大不高兴，从此跟宇文孝伯疏远，改跟开府仪同大将军（勋官六级）于智、郑译等，暗中策划。命于智前往宇文宪家请安问候，回来后，立刻指控宇文宪领导叛乱。宇文赟遂派宇文孝伯告诉宇文宪说，皇上打算任命宇文宪当太师（三公级），宇文宪推辞谦让。宇文赟再命宇文孝伯前去召唤宇文宪，吩咐说："晚上，请跟其他亲王，一起进宫！"大家既到殿门，宇文赟单独接见宇文宪。事先，宇文赟埋伏勇士。宇文宪进殿，埋伏发动，立即被捕。宇文宪申辩他一身清白，宇文赟命于智当面证实，宇文宪悲愤交集，目光如同火炬，跟于智对质。有人告诉宇文宪说："以大王今天的情势来看，多说有什么用！"宇文宪说："我岂是为了要活！只因娘亲在堂，恐怕受到牵连！"最后，把笏版投到地上，遂被绞死（年三十五岁）。

宇文宪之死，历史上再一次出现千古奇冤。于智在一次会面之中，就能制造出一个贵为亲王的叛乱证据，而且对质时气不发喘、脸不改色，可谓栽赃天才。

王子犯法

陈帝国（首都建康）豫章郡（江西南昌）郡长（内史）、南康王陈方泰，任期届满，派人到街上纵火焚烧民间住宅，趁燎天火势，大肆抢劫，并逮捕有钱的人，下狱拷打，索取贿赂。陈帝（四任宣帝）陈顼阅兵时，陈方泰应该陪同（陈方泰是陈昙朗的儿子、陈顼的堂侄），陈方泰声称母亲患病，要在家伺候，不肯随驾，却改穿平民衣服，到民间奸淫别人的妻子，被京畿总卫戍司令部（扬州州政府）逮捕。陈方泰命他的武装卫士拒抗，杀伤治安人员。有关单位奏报，陈顼大怒，逮捕陈方泰，投入监狱，免除官职，撤销爵位采邑。但不久又全部恢复。

常有人高呼："中国是文明国家，王子犯法，与庶民同罪！"用以证明传统文化的优越性。而陈方泰正是"王子犯法"的榜样！其实，陈方泰并不十分突出，在他之前，我们看过太多的"王子犯法"，在他之后，也看过太多的"王子犯法"。

"王子犯法型"的特质，就是对凶手根本不作处罚，或者，在处罚了之后，不久就旱地拔葱，东山再起，比处罚前更凶！

高绍义

北周帝国派汝南公爵宇文神庆、警备官（司卫上士）长孙晟，护送千金公主前往突厥汗国（瀚海沙漠群）完婚。

北周政府再派建威侯贺若谊，前往突厥汗国，贿赂阿史那佗钵可汗（四任），游说他交出北齐流亡皇帝高绍义。阿史那佗钵可汗应许。于是陪同高绍义到汗国南境狩猎，而命贺若谊生擒高绍义。高绍义被押解抵长安（北周首都，陕西西安），贬逐到巴蜀（四川、重庆）；很久以后，就在巴蜀（四川、重庆）病死。

当高绍义投奔突厥汗国时，阿史那佗钵可汗对他既敬又爱，允许他组流亡政府，出任流亡皇帝，又配给他军队作战（参考 577 年 2 月），可谓义薄云天；曾几何时，又亲自把他交给世仇之手。高绍义的妻子封女士从突厥汗国逃回她的故乡勃海（河北东光），高绍义在巴蜀（四川、重庆）写信给她，说："蛮族没有信义，送我到这里。"咦，这就是政治，既现实而又无情。

蛮族如果没有信义，高绍义恰恰正是蛮族！他对酒的爱好，几可媲美他的老爹高洋，而他的凶暴，在幼年时就已养成，曾乱棒打死大学教授（博士）任方成。高欢家可谓禽兽世家，最后一只蛇蝎，根断巴蜀（四川、重庆），应是人间大庆。

隋禁娱乐

581 年，隋帝国（首都大兴【陕西西安】）大赦。解散祭祀部（太常）热门乐团（散乐），乐师一律遣送回乡重作平民（北齐帝国末期，盛行热门音乐【散乐】，北周帝国四任帝宇文赟把乐师们征召到首都长安）。政府仍继续禁止杂耍、戏剧。

隋政府取缔热门音乐，显示中华人的心灵生活，最晚在六世纪末期，已被封杀；北齐帝国还有“破阵乐”。以后在酱缸文化强大的腐蚀下，中华人遂进入无声状态。

隋击陈

581年，隋帝（一任文帝）杨坚，任命上柱国（勋官一级，从一品）长孙览、元景山，同时当大军统帅，向陈帝国发动攻击。

自从公元前二世纪西汉王朝七任帝刘彻，攻击朝鲜王国以来，历代王朝遣将出征时，几乎都采用双头马车制，同时设置两个地位权柄完全相等的统帅。检查《通鉴》记载，稍微大规模的军事行动，都是如此，但以本年（581）隋帝国此次出兵，更为具体，两位统帅连官衔都一模一样。这种现象，以后层出不穷。封建君王的不安全感，是多么严重，日夜都怕被猛喊万岁的忠贞分子，砍下脑袋。

禁止元宵花灯

隋王朝执法监察官（治书侍御史）柳彧，因近世的风俗，每逢正月十五日夜晚，民间都燃放花灯游戏，上疏请求禁止，说："我在京师（首都长安）以及外州外县，都曾经看到，每年正月十五日夜晚，大街小巷挤满人群，呼朋引类，锣鼓喧天，火炬相连，照耀大地，人民往往倾家破产，在这个时候争强斗胜。一家大小，全体出动，不管是贵族或是贫贱平民，男女混杂在一起，和尚道士跟世俗人士，无法分辨。奸淫的事情，由此促成；盗贼的案件，也由此发生。这种恶劣风俗，年复一年，没有人提高警觉。燃放花灯之举，对推广儒家学派的教育文化，毫无裨益，对人民的善良风俗及社会安宁，却有伤害，请下诏全国，立即禁止。"杨坚批准。

直到近现代，中国农家，正月一日才开始吃肉（假使他有肉可吃），吃到正月十五日、正月十六日之后，便再无肉。辛苦日子，重新开始，花灯不过可怜的小民在停止吃肉前最后一次的休闲活动，短短一晚，使人忘掉就要再行投入漫长艰苦岁月的明天。可是，柳彧却把它形容成万恶之源。看不得小民的笑容，听不得小民的笑声，这种强制人民每天呆坐在那里猛想圣人的办法，才是真正的万恶之源。道学之成为吃人的礼教，就是因为它扼杀人性的正常发展。长期而过度的压抑，制造出来的全是畸形人，摇摆过市，好不热闹。

千金公主

突厥汗国沙钵略可汗（六任大可汗）阿史那摄图，不断被隋帝国击败，遂向隋帝国请求和解。千金公主也自动请改姓杨，当杨坚的女儿。杨坚派开府仪同三司（勋官六级，正四品上）徐平和，前往突厥汗国聘问，改封千金公主当大义公主。晋王杨广建议趁这个机会发动突击，杨坚不许。

千金公主宇文女士跟杨坚先生之间，有灭族深仇，竟然委曲求全，认贼作父。杨坚改封她为大义公主，应指的是“大义灭亲”，大义竟如此颠倒，也只有政治上才会出现。千金公主面对这项巨变，我们可体会出她锥心的痛苦。形势比人强，可悲。

父尊子卑

吐谷浑汗国（青海）可汗（十五任）慕容夸吕，在位长达一百年（事实上只五十二年【540年至591年】，似应为“寿命长达一百岁”），因为喜怒无常，所以不断罢黜太子，甚至诛杀。最后一位被封太子的儿子，十分恐惧，打算把老爹制服，然后向隋帝国投降，请求隋帝国边防军将领出军接应，密谋泄漏，被老爹慕容夸吕处死，再立他的幼子、嵬王慕容诃当太子。慕容诃又恐惧被杀，密谋率他的直属部落一万五千户，向隋帝国投降；派使节到隋帝国首都长安（陕西西安），请求派兵迎接。杨坚说：“吐谷浑贼风贼俗，人伦亲情跟中国全不一样，父亲既不慈爱，儿子也不孝顺。我一向用品德勉励人民，怎么可以帮他完成叛逆恶名？”对使节说：“老爹有过失，做儿子的应该婉言规劝，怎么可以暗中用非法手段，身被不孝的恶名！普天之下，都是我的子民，你们每人都做善事，我就会十分喜悦。慕容诃既打算归附，唯一的办法是他要懂得做臣属、做儿子的道理。我不会遥远地派出军队，去助人作恶。”慕容诃才打消原意。

父亲不断诛杀儿子，儿子一个接一个被诛杀，都想叛想逃，定有内情，必须经过深入探讨，才能了解。就眼前有限的资料评估，慕容夸吕可能是一个不可理喻的粗暴老汉。杨坚既不救陷阱中的羔羊，又不制止食子的豺狼，只一味要羔羊更要驯服，何以颟顸到这种地步？唯一的解释是：他所以强力推销父尊子卑观念，实质上跟君尊臣卑观念，互辅互成。杨坚既是“父”，又是“君”，尊卑分明所带来的利益，可是双料丰收，滴水不漏。至于别人心胆俱裂的恐惧，人伦大变的悲惨，他一点都不在意，他所在意的只有从他坚持推广的这个美德中，是不是可以得到好处！

杨坚侵南梁

587 年，陈帝国接受南梁帝（八任明帝）萧岩投降，隋帝（一任文帝）杨坚十分愤怒，对高颎说："我当人民的父母，怎么可以因为隔着一条衣带宽的长江，而不前往拯救？"下令大量建造巨舰。有人请求保守秘密，杨坚说："我公开执行上帝发动的诛杀，有什么秘密可言？"命把造舰时削下的木屑，全部投入长江，任它顺水流下，说："如果他们因恐惧而能改过，我还有什么要求！"

中国人一旦做了一个官，有了一点权，则急急于当小民父母的观念，就油然而生。有此一念，小民注定地永远是一群未成年的儿童，"君王"之类，有神圣的义务，为小民厘定行为规范：什么事可做，什么事不可做！什么书可读，什么书不可读！什么观念可有，什么观念不可有！什么梦可做，什么梦不可做！于是，小民需要领导，儿童需要管教，有权大爷成了小民的老爹，遂乐不可支，认为这种政治制度，才是天下第一好的政治制度。

亡国之君

589年，陈帝国首都建康（江苏南京）被隋军包围，情势危急。镇东大将军任忠战败，奔回宫城（台城），向陈帝（五任）陈叔宝报告战败情形，说："陛下好好保重，我已无能为力！"陈叔宝付给任忠黄金两袋，命他出去招兵买马，继续作战。任忠说："陛下最好坐船往上游投奔大军（指周罗睺军），我当拼死保卫。"陈叔宝信以为真，叫任忠出宫部署，命宫中后妃宫女，整理行装，等待任忠。可是过了很久，不见任忠回来。当时隋帝国庐州军区（总部设庐州【安徽合肥】）总司令（庐州总管）韩擒虎，正向建康推进，任忠率领几个骑兵，前往石子冈（南京南）迎降。引导韩擒虎军直入建康（南京）朱雀门，陈军打算迎战，任忠挥手叫他们散去，说："我这个老汉尚且投降，你们还想做什么！"大家都自动逃走。于是，政府各单位文武官员，一逃而空。陈叔宝对袁宪说："我平常待你，不比待别人好，今天使人惭愧。不仅仅是我没有品德，也是江东（太湖流域及钱塘江流域）知识分子的道义和担当，完全丧失。"

亡国之君往往以无比的勇气，奔向悬崖绝壁，凡劝阻他，或想要拉住他的人，都会被他诛杀。可是当他一头撞下深谷时，却痛恨那些未被他诛杀的朋友，当初为什么不肯劝他一句，或拉他一把；尤其痛恨他们竟然不肯跟自己一同摔死。于是，陈叔宝诟骂江东知识分子丧尽道义，朱由检诟骂"臣都是亡国之臣"，希特勒更诟骂德国人堕落，竟拒绝为他阁下一个人而全体送命！

王颁焚尸复仇

隋帝国开府仪同三司（勋官六级，正四品上）王颁，是王僧辩的儿子，隋灭陈后，深夜，挖掘陈帝国一任帝陈霸先的坟墓，挖出骨骸，用火焚化成灰，溶到水里喝下（报复陈霸先叛杀老爹王僧辩之仇，参考 555 年 9 月）。然后自己捆绑，向晋王杨广投案自首。杨广转报中央，杨坚下令赦免。但仍指派五户人家，负责洒扫陈帝国一任帝（武帝）陈霸先、二任帝（文帝）陈蒨、四任帝（宣帝）陈顼等三座坟墓。

中国历史上两大鞭尸巨案，一是伍子胥对付芈弃疾，一是王颁对付陈霸先。伍子胥首先为复仇者创下佳话："黄金千两酬漂母，藤鞭三百报平王（芈弃疾）。"引起英雄志士的万丈豪情，和暴君暴官神经末梢的恐惧。它提示人生一种高贵的指标：是非分明，善恶分明，恩怨分明，大丈夫固当如是。可是伍子胥的行为流传千古，而王颁的焚骨饮灰，却默默无闻。只因酱缸越深，君王越是尊严得像老虎屁股，没有人敢碰，司马光能照实转录，应受钦敬。

我们赞扬鞭尸，因为冤酷难伸的人，有权报复。以芈弃疾、陈霸先罪恶标准，衡量中国历史上五百五十九个帝王，恐怕只有很少几个人，才能逃过这项惩罚。

方块字的凝聚力

589年，陈帝国覆亡（陈霸先于557年建国，589年降隋，立国三十三年，凡五位君王）。隋王朝政府领土增加三十州、一百郡、四百县。隋帝（一任文帝）杨坚下诏：建康（江苏南京）的城墙和宫殿，全部摧毁拆除，改作农田，供人民耕种。在石头城（南京西北）另设蒋州。

陈帝国覆亡，大分裂时代和大分裂时代后期的南北朝时代，同步结束。国家在隋政府领导下，又归统一。中华人经过二百八十六年的离乱隔绝和互相仇恨之后，重新团聚。大分裂像一个大火炉，中国境内各民族，几乎全被中华人消化。再没有严重的鲜卑人、匈奴人、羯人、氐人、羌人之分。这个新的国家，因含有新的血液，充满了生命的活力。

中国传统社会中有一种强烈而持久的统一诉求，可能是长期统一的一种惰性，也可能跟儒家“定于一”的思想有关。所以，即令在大分裂时代，统一却一直是一种憧憬。这是中华人显著的特性——总是求同。

促成中国统一的动力中，方块形状的中文，强烈地发挥它的凝聚力。欧洲自五世纪西罗马帝国亡后，四分五裂的现象，并不比中国大分裂时代更糟。欧洲人和若干雄才大略的君王，与天主教教宗，也都怀着再统一的雄心壮志，可是欧洲失败而中国成功。即令是一个民族，如果分裂过久，因言语的不同，以及所导致的文字的不同，都会成为若干截然不同的国家。罗马帝国使用的拉丁文是一种拼音文字，一旦两地隔绝，言语相异，各自用字母拼出各自的语言，不同的各种文字，自纷纷出现。自从腓尼基人发明拼音字母，欧洲就注定了不能统一。中国境内语言的分歧，比欧洲更甚。可是没有字母这项工具，各地不能用拼音的方法创造相异的文字。在广大辽阔的疆域之内，中文遂像一条看不见的魔线，把语言不同、风俗习惯不同、血缘不同的人民的心灵，缝在一起，成为一种自觉的中国人。虽然长久分裂，却一直有一种心理状态，认为分裂是暂时的，终必统一。因之，国与国合并之后，人际只有地域性的冲突，没有民族性的冲突。不像欧洲，合并成为一个国家之后，立刻就发生问题。假定拉丁文也是方块字而不是拼音字的话，欧洲可能像中国一样，早统一成为一个单一国度。

高颎妒心太重

杨坚在发动攻击陈帝国战争中，经常派高颎向上仪同三司（勋官七级，从四品上）李德林请教谋略，然后转告晋王杨广。现在，杨坚赏赐这项功劳，加授李德林：柱国（勋官二级，正二品），封郡级公爵，发给绸缎三千匹。诏令已经宣布，有人警告高颎说："现在把功劳都归给李德林，那些在疆场上死战的将领们，一定愤愤不平。而且，后世看来，一切计策都出自李德林指示，你这个总部秘书长（晋王元帅长史），好像有也可，没有也可。"高颎进宫禀报，杨坚下令收回。

西汉王朝建立时，气象盖世，刘邦把所有的功劳，归于张良、萧何、韩信。韩信的战绩震耳欲聋，其他将领当然不会反对，但张良却隐在幕后，处境跟李德林完全一样，刘邦硬把张良突出到万军之上，显示刘邦确实具有英明领袖必须具有的洞察力和开阔的胸襟。杨坚因李德林反对他滥肆屠杀（参考 581 年 2 月），记恨在心，所以遇机即发，而高颎也深知谗言一入，杨坚就会立刻顺水推舟，把李德林一笔抹杀。高颎是一个知识丰富的谋士，无论待人或处理事务，很多地方值得赞许，但他的嫉妒心太强，既嫉妒张丽华之美，又嫉妒李德林之能，使他跟杨坚一样，难以跃升到智者层面。

弘演与任忠

杨坚下诏，任命陈帝国国务院总理（尚书令）江总，当上开府仪同三司（勋官五级，从三品）；国务院执行长（仆射）袁宪、骠骑将军萧摩诃、镇东大将军任忠，全当开府仪同三司（勋官六级，正四品上）；国务院文官部长（吏部尚书）吴兴（浙江湖州）人姚察，当皇家图书院主任秘书（秘书丞，正五品上）。杨坚嘉许袁宪的高尚节操，下诏说他是江表（江东）第一人，命他当昌州（湖北枣阳南）州长。杨坚听说陈帝国总顾问长（散骑常侍）袁元友，过去不断向陈叔宝直言规劝，特任命袁元友当国务院文官部爵位司长（主爵侍郎）。杨坚公开对文武百官说："削平江南（长江以南）的时候，我后悔没有立刻诛杀任忠。他接受人家的荣耀俸禄和重要委任，不但不能横尸一死，身殉国难，反而借口说他已无能为力，比起弘演剖腹，把君王的肝脏藏到腹中，相差岂不太远！"（弘演剖腹把卫国国君【懿公】卫赤的肝藏到自己的肚子中，参考397年8月。）

中国帝王最主要的一项任务（甚至是唯一的一项任务），就是如何使部属效忠，一切儒家学派的努力，也都朝向这个指标。礼教所以被重视，就是它可以使人心甘情愿地当仆当奴。于是弘演剖开自己的肚子，收藏君王的肝脏，遂被钦定为一个可敬的天下第一忠，也成为历代帝王意淫中的高贵典范。我们尊敬弘演的情操，但认为剖腹藏肝是一个杜撰的野蛮神话。

任忠已尽了他的职责，但他无力挽回大局。杨坚之所以恨任忠不死，只是希望自己的部属不要效法任忠，而要效法弘演，为杨坚剖肚、也为杨坚藏肝。但我们小民则希望将军们都能像任忠一样，竭尽自己的职责就够了，应把杨坚的肝，抛到阴山背后！

刘孝孙

最初，隋政府颁布《张宾历》，全国通行（参考584年正月）。广平（河北永年东南广府镇）人刘孝孙、冀州（河北冀州）秀才刘焯，先后指摘它的错误。可是张宾正受隋帝杨坚宠爱信任，天文台长（太史令）刘晖，又附和张宾，共同抨击刘孝孙，把他逐出京师（首都长安）。后来，张宾逝世，刘孝孙当掖县（山东莱州）主任秘书（丞），辞去官职，前往京师（首都长安）上书，重提当年争论，杨坚下诏调他到天文台当顾问官（直太史），一连很多年，都没有升迁。最后，刘孝孙手抱他的著作，命他的学生抬着棺木，到宫城门下，伏地痛哭。执法人员把他逮捕，上奏杨坚，杨坚大为惊异，询问国立贵族大学校长（国子祭酒）何妥，何妥证明刘孝孙的历书正确。杨坚遂命人比较《刘孝孙历》与《张宾历》的优劣。顾问官（直太史）勃海（河北东光）人张胄玄，跟刘孝孙共同指出《张宾历》缺失，但反对意见也跟着兴起，议论纷纷，很久不能获致结论。杨坚命在很多问题中，增加讨论日蚀问题，杨素等覆奏，说："天文台长（太史令）刘晖前后预测日蚀二十五次，全都没有应验；张胄玄的预测，全部应验；刘孝孙预测超过一半应验。"杨坚于是召见刘孝孙、张胄玄等，亲自慰劳勉励。刘孝孙请先把刘晖斩首，然后才有可能厘定新的历法。杨坚大不高兴，命搁置新历。刘孝孙不久逝世。

刘孝孙的学识，应受到肯定，甚至不得不用政治手段，去争学术真理，我们也万分同情。然而，刘晖不过一个差劲的学棍，并不是江洋大盗，在假面具被拆穿后，唾弃他就够了，刘孝孙怎么会想到还要索取他的性命？

学术辩论，败者固要杀人，胜者也要杀人，高级知识分子都成了黑社会堂主，中国文化停滞和落后的原因，在此现出端倪。

萧吉、王劭之辈

杨坚喜爱向鬼神祈福，上仪同三司（勋官七级，从四品上）萧吉上疏说："岁逢'甲寅''乙卯'，天地相合，今年（594）乃'甲寅'之年，而'辛酉'（十一月一日）正巧是'冬至'之日。明年（595）乃'乙卯'之年，而'甲子'（五月七日）正巧是'夏至'之日。冬至之日，阳气始生，到首都南郊祭祀天神之日，恰是皇上（杨坚）的本命之年（鼠年生，则每逢鼠年，就是本命之年）。夏至之日，阴气始生，到首都北郊祭祀地神，恰是皇后的本命之年。皇上的恩德像天一样覆盖大地，皇后的仁爱像地一样承载万物。因之，天地阴阳二气，在这个时辰会合。"杨坚大为高兴，赏赐萧吉绸缎五百匹。编制外初级监督官（员外散骑侍郎，从五品下）王劭声称杨坚的面貌好像盾牌，庄严神圣；并指示他的部属注意这项特征。杨坚大喜，命他当皇家图书院国史编撰官（著作郎，从五品上）。王劭不断上疏，指出杨坚接受上帝旨意，登上皇帝宝座，天神显示的祥瑞，非常之多。同时收集民间歌谣，引用神秘预言书（图书谶纬），更把佛教经典中的文句，加以更改，甚至使意义完全相反，撰写《皇隋灵感志》三十卷，呈报杨坚；杨坚命全国人民都要阅读。王劭召集各州派到中央的进奏官，洗手焚香，把该书恭放案头，高声朗诵，抑扬顿挫，好像唱歌，为时十天甚至一月之后，从头到尾再朗诵一遍，这才结束。杨坚越发高兴，对王劭的赏赐越来越多。

知识分子为了升官保位，厚颜无耻地撰写文章谄媚当权头目，不过是小号文妖。如果再昧尽天良，还要用别人的生命自由作自己升迁的垫脚石，则是大号文妖。至于听见其他文化人遇难，立刻划清界线，落井下石，不过中等文妖。像萧吉、王劭两个可怜兮兮的干法，一个白日说梦，一个洗手焚香，恭读"训词"，乃吃剩饭角色！这种蕞尔之辈，越到后代不但不绝，反而像春雨后的狗尿苔，更遍地都是，使人为中华民族的品质担忧。

独孤是女权悍将

皇太子杨勇喜爱女色，东宫很多美女受到宠爱，而云昭训尤其艳丽照人，压倒群芳。正妻元妃跟杨勇感情不睦，心脏病忽发，只两天时间，即行逝世（参考 591 年正月）。杨勇的娘亲独孤皇后，认为元妃死得离奇，可能被人谋害，对杨勇严厉责备。从该年（591）开始，云昭训主持东宫，生长宁王杨俨、平原王杨裕、安成王杨筠；高良娣生安平王杨嶷、襄城王杨恪；王良媛生高阳王杨该、建安王杨韶；成姬生颍川王杨煚（音 jiǒng【窘】）；其他美女则生杨孝实、杨孝范。独孤皇后越发愤愤不平，不断派出暗探，寻求杨勇过失。

赵翼曰："自古以来，宫中妒妇，没有一个人能超过隋王朝的独孤皇后，不仅自己嫉妒，连儿子或臣属的小老婆，她也嫉妒。儿子对小老婆好，对正妻不好，娘亲厌恶，犹可说是家庭常情，至于臣属之有小老婆，跟皇后有什么相干，竟然也痛恨入骨，岂不是妒得出奇。"

独孤女士应是中国历史上最早的一位女权运动悍将，而班昭女士（曹大姑）之流，在男子脚下，赔笑求全，自我作践，不过一名女奴集中营总管罢了。可惜独孤没有建立一个理论基础，在那个大男人沙文主义的中古时代，她的主张只能产生压力，不能产生说服力，受惩罚的人不知道犯了什么罪，独孤女士除了自己生闷气外，徒制造笑料。

婆媳文化

603年，隋帝（一任文帝）杨坚（本年六十三岁），命幽州军区（总部设幽州【北京】）总司令（幽州总管）燕荣自杀。

燕荣性情严苛残暴，对左右官员常常鞭打，每次甚至以一千鞭为单元。曾经在路旁见到荆棘，认为可以当作刑杖，命人砍下制造，制成后用人体做试验。那个人诉说无罪，燕荣说："这次等于预支，以后你有罪时，可以抵销。"不久那人犯了罪，燕荣下令鞭打，那人说："前天被打，大人说以后有罪，可以原谅。"燕荣说："没有罪还打，何况有罪！"照样鞭打。

观州（河北东光）秘书长（长史）元弘嗣，调任幽州秘书长，元弘嗣恐怕受燕荣的屈辱，坚决辞职。杨坚特下训令给燕荣："元弘嗣如果犯的罪要责打十鞭以上的，要先奏报批准。"燕荣跳起来说："好小子，你敢玩我！"于是派元弘嗣监收仓库粟米，如果颗粒不够饱满，或扬起来仍有谷皮的，立刻处罚，虽然每次鞭打，都不满十下，但一天之中，甚至打三四次。这样经过一年，双方怨恨日深，燕荣索性逮捕元弘嗣，囚禁监狱，不准家人给他送饭，元弘嗣饥饿难忍，把衣服里的棉絮抽出来，用冷水吞食。他的妻子前往长安宫门外呈递奏章，请求伸冤。杨坚派使节调查，完全是事实，弹劾燕荣暴虐，而贪赃枉法，尤其严重。杨坚遂把燕荣召回京师（首都长安），命他自杀。

元弘嗣接任燕荣的官位，残酷凶暴，比燕荣更厉害。

燕荣和元弘嗣的故事，使人震惊，不是震惊燕荣暴虐，而是震惊元弘嗣的更暴虐。有句谚语说："苦命媳妇熬成婆！"熬成婆后，不但不为苦命的媳妇解除苦命，反而比原来的恶婆更凶暴地虐待苦命的媳妇。

中国古代的革命一直是"元弘嗣打倒燕荣"模式，所以一代不如一代。这使我们警觉到，仅只拯救受苦受难的小民是不够的，必须有超过夺权层面的最高理想，作为革命的指导原则。否则小民就永远有个恶婆，就永远被燕荣和元弘嗣轮流施暴！这正是中国人的悲哀。

杨谅起兵

隋帝（二任炀帝）杨广，派车骑将军（正五品上）屈突通（屈突，复姓），携带亡父杨坚的诏书，征召杨谅到中央朝见。最初，杨坚跟杨谅秘密约定：“我如果用政府诏书或训令征召你，‘敕’字旁特别加上一点，再跟玉麟兵符相合，你就上道。”杨谅看到诏书上没有那一点，知道发生变化，盘问屈突通。屈突通态度强硬，不肯屈服，被送回长安。杨谅遂动员军队叛变。总部军政官（总管司马）皇甫诞，恳切劝阻，杨谅把皇甫诞逮捕囚禁。宣称杨素谋反，起兵讨伐。

杨谅如果宣称讨伐弑父凶手杨广，声势会锐不可当，可能此时弑父的消息，还没有泄漏。然而，专制社会中的政治斗争，不择手段，与其栽赃说杨素谋反（杨素并没有谋反），何如一口咬定杨广弑父？杨谅在正式起兵后还弄不清作战目的——是摧毁中央？还是只求割据？就可看出杨谅不过一个簇花饭桶！

王頍警语

杨谅反抗军将领王頍（音 kuǐ【傀】），屡次提出建议，都被杨谅拒绝，对他的儿子说："情况恶劣，大军一定失败，你要紧跟着我。"中央军杨素向杨谅发动攻击，杨谅束手无策，请求投降。王頍知道无法逃生，告诉他的儿子说："我的谋略不亚于杨素，只因所有建议都不被接纳，遂到今天这种地步。不能坐在这里等他们捉拿，让那些无赖小丑成名。我死之后，你快逃命，无论如何，不可投奔亲戚朋友！"于是自杀，尸体暂时掩埋在石洞中。他的儿子几天没有饭吃，只好投奔亲戚朋友，最后终被生擒，连同王頍的尸体，送到晋阳（山西太原），一齐斩首。

王頍警告他的儿子："不可投奔亲戚朋友！"字字是人生历练，老爹王僧辩所遇非人，变生肘腋（参考 555 年 9 月）；王頍同样所遇非人，被拖下水。然而不经此变，这段智慧言语，不能留传。

大难临头之际，敌人的天罗地网，一定设在自己的亲友之家，王頍之子不去行乞讨饭，而去投奔舒适之地，正是天堂有路他不走，地狱无门偏自来，不知道杀手早已埋伏停当。即令没有埋伏，在威逼利诱下，亲戚朋友的情谊有其极限，沈充在兵变失败后，投奔部将吴儒家，就是一个血淋淋的例证（参考 324 年 7 月）。

凡是要逃亡或正在逃亡的英雄豪杰，都要谨记王頍之言。

杨坚五子同一母

隋政府文武百官上奏，认为汉王杨谅应该诛杀，杨广不许，而只开除杨谅的官籍，从皇家户籍中剔除姓名，杨谅遂被囚禁而死。杨谅的部属及辖区平民，被牵连而遭处死及流放的，有二十余万家。最初，一任帝杨坚跟独孤皇后，互相敬爱，发誓绝不准许有异母兄弟。杨坚曾经对文武百官说："从前的帝王偏爱小老婆，嫡子与庶子遂互相斗争，终于罢黜太子，另立储君，甚至把国家搞亡。我从没有小老婆，五个儿子，都是同一娘亲所生，可以说是真正的骨肉手足，所以我从没有这方面的忧虑！"杨坚又鉴于北周帝国各亲王力量太弱，所以命他的儿子们分别据守重要军事基地，独当一面，权力跟中央政府相等。到了末期，父子兄弟互相怀疑猜忌，五个儿子全都不能终其天年。

专制封建制度是一个绝症患者，治愈了跛脚，却引起瞎眼；治愈了瞎眼，又引起屁股溃烂；治愈了屁股溃烂，又发生老年痴呆；治愈了老年痴呆，又得了脑膜炎。反正是扶得东来西又倒，病情越治越严重。开国帝王都想矫正前朝的弊端，然而，上帝注定一定会再生出他意想不到而又招架不了的另一种弊端。

官场友谊的可怕

蜀王杨秀事件时（参考 602 年闰十月），右卫大将军（十二禁军第二军，正三品）元胄，被控跟杨秀有私人友谊，开除官籍，长久不能复职。当时，慈州（河北磁县）州长上官政，也因犯罪贬逐岭南（南岭以南），将军丘和因不能固守蒲州（山西永济），也被免职。元胄跟丘和是多年老友，两人相聚，酒酣耳热，元胄对丘和说："上官政，一代英雄，流放到岭南（南岭以南），会不会乘机发动大事？"然后抚摸自己的肚子，说："如果是他，他不会没有作为。"丘和上疏检举，元胄竟被处死。于是，杨广任命上官政当骁卫将军（十二禁军第七军，从三品），丘和当代州（山西代县）州长。

元胄为了投靠权势，乘危陷害老友元旻，内心的险恶使人血液都结成一团（参考 600 年 9 月），所得到的赏赐还没有用完，他的老友丘和也在他背后插上一刀。我们从来不机械地相信善恶必有报应，但是如果有证据显示确有报应时，也不禁抚案叹息。再想不到，官场友谊，竟这般可怕！

云定兴出卖外孙

云定兴（故太子杨勇正妻云昭训的老爹）、阎毗（前车骑将军），因谄媚故太子杨勇，连同妻子都被判刑，男当官奴，女当婢女（参考600年10月）。杨广登极，大量兴建土木工程，听说云定兴心思灵巧，遂特别召见，命他负责主持这项工作，而授阎毗当“朝请郎”（散官，正七品上）。当时，宇文述正在当权，云定兴送给宇文述夜明珠、细罗帐，以及新奇的衣服装饰，和歌声悦耳的舞女，向宇文述摇尾，宇文述大为欢喜，把他当作老哥看待。 杨广将向四方蛮族挑战，大量制造兵器，宇文述推荐云定兴负责监制，杨广同意。稍后，宇文述告诉云定兴说：“你所制造的武器，皇上都称心合意，可是始终不能得到一个正式官职，只为了长宁王（杨俨）兄弟迄今仍没有死！”云定兴说：“那几个没用的东西，你为什么不劝皇上把他们除掉？”宇文述遂奏报杨广，说：“房陵王（杨勇）的几个儿子，都慢慢长大。现在陛下要出兵征伐四邻，如果教他们随驾行动，看管比较困难，如果集中管理，恐怕又发生问题。反正他们也没有用处，请早日决定处分。”杨广同意，于是毒死长宁王杨俨，把他的七个弟弟流窜到岭表（南岭以南），但仍派出杀手尾追，在中途全部诛杀。

长宁王杨俨兄弟的父母杨勇及云昭训，不幸被仇家害死，兄弟八人，像暴风雨中的孤雏，朝不保夕，唯一可倚靠的就是外祖父云定兴。在他们有限的记忆里，只不过八年之前，外祖父还把他们当作凤凰，灾变突降，老人家是唯一的庇荫。

然而，官场文化中，为了夺权争位，可以随时丧尽天良。云定兴之出卖血亲骨肉，比起杨广之弑父，不过小事一桩。

裴蕴与薛道衡

副立法长（内史侍郎，正四品）薛道衡，以才干及学问闻名于世，在中央长期掌握权柄。一任帝杨坚末年，出任襄州军区（总部设襄州【湖北襄阳】）总司令（襄州总管）。杨广登极，薛道衡当番州（广东广州）州长，杨广命他回京，打算用他当皇家图书院长（秘书监，从三品）。薛道衡抵达中央后，呈递《高祖文皇帝颂》（杨坚颂），杨广阅读后，大不高兴，回头对苏威说："薛道衡赞扬前任政府，仿效《鱼藻》诗篇，来意不善。"（《诗经·鱼藻》："鱼在海藻里游／好大的头／君王居住镐京【陕西西安西】／快乐饮酒。""鱼在海藻里游／好长的尾／君王居住镐京／饮酒沉醉。""鱼在海藻里游／紧傍着水草／君王正在镐京／屋美楼高。"本是一首普通抒情诗，却有人赋给它政治意义。《毛诗·小序》说：这是卫国十一任国君【武公】卫和，讽刺周王朝十二任王【幽王】姬宫涅的诗，意思是："万物失去和谐，姬宫涅身居镐京，将无法独自快乐，于是君子思念一任王【武王】姬发。"这种怪诞的解读，连理学大师朱熹都不能接受，可是杨广却因弑父之故，过度心虚，以致兴起杀机。）遂改命薛道衡当京畿总安全官（司隶大夫，正四品），准备对他下手。京畿安全署（司隶台）地方安全官（司隶刺史）房彦谦，看出情形不对劲，劝薛道衡闭门不再会见宾客，言辞卑屈，在政坛上保持低姿势，薛道衡不能接受。

正巧，杨广下诏重新修订法令，大家议论纷纷，很久不能决定，薛道衡对同僚说："如果高颎仍在，早就施行！"有人检举，杨广大怒说："你想高颎是不是？"下令有关司法单位调查审理。裴蕴奏报说："薛道衡自负才能，又仗恃他是陛下的旧人，所以心中没有君王，把过错罪恶都推给国家，随意制造灾祸。仅只论他的罪名，好像隐约不明，可是探讨他的心意，却是一个很险恶的叛逆。"杨广说："对极！我从前和他一同作战（指南征陈帝国之役），他瞧不起我这个无知少年，跟高颎、贺若弼等，在外专权独断，作威作福。等到我登上宝座，他心里不能平衡，幸好天下无事，才没有谋反！你认定他心存叛逆，真是观察入微，真知灼见。"

薛道衡认为自己被指控的并不是大的过失，就催促司法机关早日结案，他相信奏报上去时，杨广一定赦免；命家人准备饮食，用以供应前来道贺慰问的宾客。再也想不到，奏报上去后，

杨广下令薛道衡自杀。薛道衡仍不在意，不肯服毒。司法机关第二次奏报，杨广下令把他绞死（年七十岁），妻子儿女放逐遥远的且末郡（新疆且末）。天下人为他呼冤。

文化人向专制政治首领歌功颂德，已够下流，裴蕴竟至于甘作帮凶，引导钢刀，更是标准的下流胚。下流胚并不白干，往往可以换取到一官半职，和因之而来的一星点荣华富贵。

薛道衡献了一篇《高祖文皇帝颂》，便被诛杀，只因为他拍马屁拍错了地方，拍到马屌上了。杨广弑父，老爹成了他的痛牙，说明下流胚的魅力固有升官发财的功能，但也潜伏着误拍马屌的危险，并不一定无往不利。

裴矩、郭衍、宇文述

杨广经常夸奖裴矩的才干，对文武官员说："裴矩完全了解我的意向，所有报告都是我心里早计划好，不过还没有说出口，裴矩竟然都能想到，如果不是尽忠国家，怎么能够这样？"当时，裴矩与右翊卫大将军（十六禁军第二军，正三品）宇文述、副立法长（内史侍郎）虞世基、总监察官（御史大夫）裴蕴、光禄大夫（九大夫之一，从一品）郭衍，都以谄媚受杨广宠爱。宇文述的功夫尤其精致，容貌举止，无一不迎合杨广的心意，杨广左右侍从官员，全都向宇文述学习。郭衍曾经向杨广建议每隔五天出席一次朝会，警告说："不要效法高祖（一任帝杨坚），自己白白辛苦。"杨广越发认为他忠心耿耿，说："只有郭衍的心，跟我相同。"

摇尾系统在没有当权时，不过只是摇尾，为害不大。一旦当权，立刻就成了鲨鱼，为害酷烈。从摇尾到噬人，"权势"使他成长。这些人在把同辈忠良吞食罄尽之后，很难不掉过头来，吞食主人。

张金称

清河郡（河北清河）变民首领张金称，攻陷平恩（河北邱县西南），一个早上就屠杀男女一万余人；又攻陷武安（河北武安）、巨鹿（河北巨鹿）、清河（河北清河）。张金称比其他变民首领更为残暴，所经过的地方，不留一条人命。

我们真要看清楚，历史上确实有一种层出不穷、令人沮丧的现象：争取民主的人不了解什么是民主，一旦当权，往往更跋扈独裁。反抗暴政的人，不一定崇拜自由平等，而是他要自己爬上高位，由他施暴。

历史上的变民，固不一定是强盗，但也不一定就是正义之师。俗话说：政府军杀人劫掠如同梳子，变民军杀人劫掠如同篦子。梳齿的间隔大，还可能留下残余；篦齿密密排列，真是点滴不漏。苦媳妇一但熬成婆，往往比原来的恶婆更恶，中国人的无穷灾难，种因于此。

张须陀是名将

荥阳郡（河南郑州）郡长、郇王杨庆，是杨弘的儿子（杨弘，是一任帝杨坚的族弟，参考580年7月24日），对变民军首领翟让无力讨伐。隋帝杨广，调张须陀当荥阳郡副郡长（通守），专门对付翟让。翟让从前屡被张须陀击败，听到消息，大为恐惧，打算逃走躲避。李密说："张须陀勇敢而没有头脑，在战场上又不断取得胜利，将士们骄傲凶狠，可以在一次战役中，把他活捉，你只管严阵以待，我保证为你大获全胜。"

翟让不得已，集结部队，准备会战。李密派一千余人埋伏大海寺（荥阳县北）北树林之中。张须陀一向瞧不起翟让，用方阵推进，翟让攻击，情势不利，张须陀乘胜反攻，向北追赶十余华里。李密发动伏兵袭击，张须陀战败。李密、翟让、徐世勣、王伯当，各路变民军联合围攻，张须陀突围而出，而左右将领不能全部脱险，张须陀再跃马杀入重围，救他们出来，这样来往三四次，终于阵亡。他所率领的将士官兵日夜悲哭，数天都不停止；黄河以南郡县，士气沮丧。

张须陀阵亡，官兵士卒悲号哭泣，数日不绝，这才是名将。像霍去病不把部下士卒当人，不过是一个侥幸成功的无赖汉而已。

杨广是亡隋主凶

越王杨侗派祭祀部秘书长（太常侍）元善达，辗转穿过变民军控制地区，从小路前往江都（江苏扬州），面见杨广，奏报说："李密拥有武装部队百万之多，进围东都（洛阳），盘踞洛口仓（河南巩义东北），而东都（洛阳）城里没有粮食。陛下如果能够早还，乌合之众，一定四散。不然的话，东都不保。"忍不住呜咽流涕，悲痛不已，杨广脸上也显出心情沉重。虞世基在旁报告说："越王（杨侗）年纪还小，是他们这班人骗他。如果真的像所说的那么严重，元善达怎么能够走到这里？"杨广勃然大怒，咆哮说："元善达，你这小子，竟敢在金銮宝殿上，当面侮辱我！"命他穿过变民军控制区，前往东阳（浙江金华）催运粮草，元善达遂在中途死于变民军之手。从此之后，政府官员人人闭口，没有一个人敢报告一句变民军的消息。

虞世基容貌端庄，做事谨慎，沉默寡言，所说的话，差不多都深合杨广的心意，因此，也特别受杨广的宠爱，没有人能跟他相比；虞世基的亲友党羽，仗恃他的权力，卖官卖爵，贪赃枉法，公开收受贿赂；趋炎附势的人奔走他的家门，热闹得好像菜市场。因此，无论政府或民间，对他都十分痛恨。立法院立法官（内史舍人）封德彝谄媚虞世基，因虞世基不太了解文官制度，封德彝暗中为他规划，竭力执行杨广命令和顺从杨广旨意；文武官员的奏章有触怒杨广可能时，都放到一旁，不肯转呈；审理诉讼案件，常引用最严厉的条文，加深诬陷；可是论功行赏时，却又尽量挑剔，使之符合最低条文。所以杨广对虞世基的信任日益增高，隋政府的政治遂日益败坏，都是封德彝所作所为。

隋王朝政治日益败坏，责任在杨广一人，跟虞世基何干？又跟封德彝何干？这不是说摇尾系统鲨鱼群都一身雪白，而是臣属没有能力颠覆一个王朝。首领才是主凶，主凶才有这种能力。

洛水对峙

越王杨侗派虎贲指挥官（虎贲郎将）刘长恭等，率守城部队，庞玉率偃师（河南偃师）民兵，与王世充等会师，共十余万人，进攻变民军首领李密据守的洛口（河南巩义）。隋政府军与李密变民军，中隔洛水，互相对峙。杨广下诏命各军都受王世充指挥。

关于王世充与李密的对峙，《通鉴》上的处理，最为平实。《略记》说："王世充攻击李密，所向无敌，没有一次不能摧毁，传递捷报的文书，相继不断，人民欢欣，路上都有歌声。"《蒲山公传》说："自秋季僵持到冬季，凡三十余战，王世充大多失败。"《河洛记》说："四十余战，王世充没有功绩。"

这些史料给我们启示：对一件事情的探讨，不但不能听一面之词，甚至在你听了三面之词后，仍不能了解真相，古代事情简单，尚有如此针锋相对的记载，时至二十一世纪，信息多如倾盆大雨，要作正确判断，更需要智慧。

杨广伏诛

616年3月，政变在江都（江苏扬州）爆发，虎贲指挥官（虎贲郎将）司马德戡等，率军从玄武门进入宫城，隋帝（二任炀帝）杨广听到消息，急忙脱下皇帝衣服，换上普通服装，逃到西阁。裴虔通跟元礼率军攻击东阁，魏女士把门打开，政变军进入宫中小巷（永巷），询问说："皇上在哪里？"一个美女出来，指指西阁。指挥官（校尉）令狐行达，拔刀直进，杨广隔着窗子，问令狐行达说："你是不是打算杀我？"令狐行达说："不敢，只是打算请你西返！"遂押住杨广，走下阁楼。杨广当晋王的时候（六世纪八九十年代），裴虔通是他的左右亲信，现在，杨广一看到裴虔通，就说："你难道不是我的老友？有什么怨恨，一定要谋反？"裴虔通说："我不敢谋反，只为了将士们想回自己家乡，打算请你回京（首都长安）而已。"杨广说："我正是要回京，只因上江（长江）运粮船还没有到，才一直拖延，现在就和你一同动身！"裴虔通派军队看管杨广。孟秉派武装骑兵迎接宇文化及，宇文化及害怕得抖成一团，说不出话，有人前来晋见，宇文化及只会手扶马鞍，不敢抬头，连称："罪过！"等到了城门，司马德戡晋见，把宇文化及引到金銮宝殿，尊称他"丞相"。裴虔通对杨广说："文武百官都在金銮宝殿，陛下必须亲自出去慰劳。"把自己所骑的马拉过来，逼杨广上马，杨广嫌马鞍和缰绳破旧，不肯上马，裴虔通命换一副新鞍新缰，杨广才上马。裴虔通一手拉缰，一手提刀，走出宫门，政变军大为兴奋，呐喊号叫，声音震动大地。宇文化及大声斥责说："把这个东西弄出来干什么？还不带回去下手！"杨广问："虞世基在哪里？"政变军将领马文举说："已砍下人头。"政变军再把杨广拉到寝殿，杨广叹息说："我有什么罪？这样待我！"马文举说："陛下背弃皇家祖庙，不停地出巡游逛，对外不断发动战争，对内极尽所能地奢侈荒淫，使全国青年死在刀箭之下，妇女儿童的尸体填满水沟山谷，人民失业，盗贼遍地；专门信任花言巧语的马屁精，粉饰太平，拒绝规劝，怎么能说你没有罪？"杨广说："我实在辜负人民，但对于你们，荣华富贵，应有尽有，而且都到顶点，为什么这个样子？今天的事，谁是首领？"司马德戡说："普天之下，全都怨恨，岂止一个人！"宇文化及又派封德彝条条宣布杨广的罪状。杨广最疼爱的幼子、赵王杨杲，年十二岁，在杨广身旁不停悲号哀哭，裴虔通举刀一挥，砍下杨杲人头，鲜

血喷到杨广衣服上。政变军就要向杨广动手，杨广说：“皇帝自有皇帝的死法，怎么可以死于刀锋，把毒酒拿给我！”马文举等拒绝，令狐行达抓住杨广领口，猛地一按，按得杨广跌撞坐下。杨广发现大势已去，于是解下自己的丝巾，交给令狐行达；令狐行达遂用那条丝巾，把杨广绞死（年五十岁）。萧皇后跟宫女、宦官，拆掉漆床上的木板，做一个棺材，把杨广和赵王杨杲，一起浮厝在西院流珠堂。

杨广天生的大头症，患有一种肤浅而又强烈的炫耀狂。他所以在一个地方总是坐不住，就因为他总是想去另一个新的地方，向新的对象，炫耀他的财富、权力，和炫耀他压根所没有的仁义道德。

引起杨广败亡的直接导火线——辽东三次战役，起因非常简单，他不过渴望在高句丽国王高元面前，满足一下大头症，偏偏高元不肯给他这个机会，一种失落感使杨广发疯。高元所以不肯亲身晋见，当然是怕杨广突然翻脸，留住他不放回国。那是不了解杨广身患大头症的缘故，根据他的病历表，我们可以肯定，高元如果到中国晋见，像突厥可汗阿史那染干那样，作卑屈的表演，他所得到的馈赠（都是中国人民的血汗），一定多得使他吃惊。

杨广当了十五年皇帝，死时才五十岁，他的故事像一则伊索寓言：一个农夫牵一匹驴子走过悬崖，牵它靠里面一点，驴子坚决不肯，越向外挣扎，终于跌下深谷，粉身碎骨。农夫探头说：“你胜利了。”杨广曾经向人表示：“我天性不喜欢听相反的意见，对所谓敢言直谏的人，尤其不能忍耐。”杨广也跟那匹驴子一样，最后大获全胜。

然而，杨广给我们一项最大的贡献，却是他挺身为我们作证：权力制衡是多么重要！小人物不断往上攀爬，往往会成为“两截人”，有权前是一种人，有权后立刻异化，变成另外一种人，嘴脸完全不同。杨广在掌握政权之前，受他律和自律的内外控制，给人的印象是喜爱读书，会作文章，沉默寡言，每一发言都十分中肯，殷勤、节俭、敦厚、朴实、谦虚、恭敬，集人间最好的美德于一身；想不到一旦取得权力，他律解除，自律瓦解，邪恶的心灵无法产生高贵情操，长期被压制的兽性，遂像火山一样爆发，任何事物都阻挡不住他奔向绞绳。如果隋王朝是一个民主法治的社会，或是一个有制衡的社会，杨广的大头症，将永不会发作到不可收拾的地步，甚至，他可能成为一位英明的首领，中国人也可能免除那么多悲惨遭遇。我们与其痛恨杨广，不如痛恨中国人并没有从杨广的暴行中，引发出权力制衡的沉思，反而一直酱在圣君贤相的诉求中，原地盘旋。

自我作贱

唐王朝一任帝（高祖）李渊，每天朝会时，都自称名字，还邀请高阶层官员同坐在一个席垫之上。刘文静劝告说：“从前，王导有句话：‘如果太阳跟地下万物一模一样，人民还怎么能仰望日光普照（参考318年3月）？’如今尊贵的陛下和卑贱的臣属，竟没有分别，不是正常现象。”李渊说：“从前，刘秀（东汉王朝一任帝）跟老友严光，同睡一床，严光把脚压到刘秀肚子上。（《后汉书·严光传》：刘秀把严光接到内室，谈论往事旧情，整整一天，相聚一起，刘秀从容问说：“我比从前怎么样？”严光说：“陛下比从前略微有点进步。”晚上，同榻而眠，严光的脚压到刘秀肚子上。明天天文台长【太史】奏报：“客星侵犯帝座，来势紧急！”刘秀笑说：“是我跟老友严光睡在一起！”）而今，各位高阶层官员全都德高望重，又是我平生好友，当年欢聚之情，怎么可以忘记，你不要在意。”

君王偶尔流露一点人性，不但没有人赞美，反而如刘文静之类马屁精，为了自己的一点官运，不惜砍掉那点人性，务使君王坚硬得像一个干屎橛。

这种自我作贱，并要求别人也跟着自我作践的思想，是民主政治道路上的绊马索。

不明白的孩子呀！

隋王朝东都（洛阳）政府魏公爵李密，每次战胜，都派使节向隋帝（五任）杨侗，奏报捷音，东都政府官员十分高兴；只有王世充告诉他的部属，说：“元文都一帮不过舞文弄墨之辈，我观察这种形势，一定被李密生擒活捉。而且，我们官兵长期跟李密作战，杀死他们的父兄子弟，前后已经够多！一旦当他们的部下，我们势必一个不留。”用以激怒他的部众。

元文都得到消息，大为恐惧，遂跟卢楚等秘密定计，准备趁王世充朝见时，伏兵把他诛杀。段达性情愚昧而又胆小如鼠，恐怕事情万一不成，于是派他的女婿张志，把卢楚等的阴谋，告诉王世充。王世充率军袭击含嘉门，乱刀砍死卢楚。

杨侗派人登上紫微观（紫微门门楼），询问王世充：“带兵来干什么？”王世充下马道歉，说：“元文都、卢楚等，无缘无故要把我害死。请诛杀元文都，我甘愿受罚。”段达在杨侗旁，命将军黄桃树逮捕元文都，送给王世充。元文都对杨侗说：“我今天早上死，晚上就会轮到陛下。”杨侗大哭，元文都一出兴教门，政变军乱刀齐下，像砍卢楚一样，把他砍死。段达又传达杨侗训令，大开宫门，迎接王世充入宫。王世充派他的部属接管所有宫廷侍卫，然后到乾阳殿晋见杨侗，杨侗对王世充说：“你专权独断，擅自诛杀，可曾奏报？岂是做臣属的道理！你仗恃手握兵权，可敢杀我！”

国剧中有《打渔杀家》一戏，当男主角萧恩携带女儿去刺杀恶霸复仇，准备再入江湖，临出发时，女儿把门锁好，又担心家具被人拿走，徘徊之间，萧恩长叹一声，说：“我那不明白的儿啊！”使人悲伤。本年（618），杨侗小娃不过十五岁，从没有面对过社会，纯洁得一如萧恩之女，所以竟然说出：“你可敢杀我！”我们也忍不住长叹一声，说：“你这个不明白的孩子啊！”

专制制度下的政治斗争，权在人在，权亡人亡，血腥扑面，立竿见影。失败的一方，逃生是例外，遇害是正常。面目如画的杨侗，又怎能了解？而我们对专制政治之所以深恶痛绝的原因，也正在此。

朱粲吃人

自称楚帝的变民军首领朱粲，有部众二十万人，抢夺劫掠汉水、淮河一带，飘忽不定，每次攻破州县，还没有把仓库里的粮食吃完，就再他往；临走时，把不能带走的东西，全部焚烧。朱粲的部众又不自己耕种，人民饿死的尸体堆积如山（人间惨事）。到了最后，已经没有多余的粮食可供抢夺，军中粮食缺乏，朱粲乃鼓励士卒煮吃妇女、婴儿，声称："人肉才是最美味的肉，只要别的地方有人，我们何必担心饿肚！"隋王朝国史编撰助理官（著作佐郎，正七品）陆从典、主任巡察官（通事舍人，从六品。此时属巡察署【谒者台】）颜愍楚，因案被中央政府贬到南阳郡（河南邓州），开始时，朱粲请他们做他的贵宾，后来军中无粮，二人全家老幼，都被朱粲煮吃。朱粲又下令给所属各城村镇，运送老年人和幼童到大营，供士卒吞食。

受暴政迫害的人，并不每个人都值得同情；反抗暴政的人，也并不每个人都值得尊敬。有时候，被迫害的人或反抗暴政的人，反而更加凶恶，必须仔细区分。当然不能一棍子打落一船人，但也不能只因他们都是从天上下来的，就不去辨认谁是天使，谁是撒旦。

宇文化及不过一猪

自称许帝的宇文化及，和自称夏王的窦建德，在聊城（山东聊城）郊区会战，窦建德连战连胜，宇文化及退回聊城（山东聊城）坚守。窦建德四面八方猛攻，协防聊城的变民军首领王薄，大开城门，迎接夏军。窦建德进城，生擒宇文化及，晋见隋王朝萧皇后（杨广正妻），自己称“臣”，身穿白色服装，追悼杨广，至为悲哀；掳获皇帝使用的各种印信（包括传国玉玺），和护卫仪队。窦建德安抚隋王朝旧有官员，逮捕宇文化及的党羽宇文智及、杨士览、元武达、许弘仁、孟景，在隋王朝官员面前，把杨士览等斩首，人头悬挂大军营门之外；用囚车载着宇文化及，和宇文化及的两个儿子宇文承基、宇文承趾，押解襄国（河北邢台），斩首。宇文化及临斩时，没有其他的话，只说：“我不幸负夏王（窦建德）。”

宇文化及不过一只富贵惯了的猪，有权有势的家族中，往往多的是这种子弟，只是宇文化及做出了一件受万人欢呼的神圣大事——绞死暴君杨广。

可惜他这一辈子也只做对了这一件事，对一个英雄人物而言，已难抵抗当时封建势力的重压，何况一猪？当初众人起义时，如果不选择他当领袖，而选择一位豪杰，以手下骁果武士的善战和思乡心切，有很大的可能性开创一个新的局面，想不到，大家被宇文化及的官位迷住了心智，认为“既然当那么大的官，一定有那么大的本领”，却忽略了官场之中，官位和能力，不成正比。

一头猪，纵然当上高官，甚至当上领袖，甚至幸运地还创下一点奇迹，但他仍然是一头猪！

邺城贱民

夏政府普乐（河北鸡泽）县长程名振，向唐军投降。唐帝（一任高祖）李渊任命程名振径任永宁（当时尚是夏政府首都，河北永年东南广府镇）县长，派他率军在河北（黄河以北）夺取土地。程名振于夜晚袭击邺城（河北临漳西南邺镇），裹胁男女一千余人而去，走到距城八十华里处，检查妇女乳房，凡是有乳水的（表示家有婴儿）九十余人，教她们全部回去。邺城人感激程名振的仁慈，特别设斋供应佛家和尚，为程名振祈福。

强盗攻破城市，掳掠男女一千余人，走到半途，叫每个女子露出双乳，检查有没有乳水，有乳水的九十余人，释放她们回家。这个城市人民对这位强盗头目竟然感激涕零，认为他是一个"仁人"，因而大肆施舍，为他祈福。

这真是骇人听闻的奇事，中国人活得竟是如此地屈辱！九十余位有奶水的年轻母亲，固然返回子女身旁，可是，剩下的处女和没有奶水的少妇，以及男性丁壮，他们的遭遇将是什么？却一字不提。只因释放了十分之一女性，强盗头目便成了"仁人"。在暴政长期凌虐摧残下，"仁""义"二字，竟被糟蹋成这个样子！如果全城人民都在感恩，那是无耻。如果只不过被放回者家人感恩，又怎么说是全城？为什么对那些未被放回者的命运，和他们家人的悲哀，如此地漠不关心？更严重的是，强盗不但没有受到谴责，反而成为被害人的恩主！

在这件公案中，没有正义，没有公理，更没有尊严。城中那一小撮人，只要自己的女人回来，就心满意足，可谓标准的贱货。暴君暴官对这种人，如果不下毒手，真是天理不容。

窦建德之败

621 年，唐军与夏军在武牢（河南汜水）决战，从早上七时到下午一时，士卒饥饿疲倦交加，纷纷坐下休息，又互相争夺饮水，徘徊不定，有撤退迹象。李世民命宇文士及率三百名轻装备骑兵，经过夏军阵地西端，向南狂奔，吩咐说：“盗匪（夏军）如果纹风不动，你就马上回来，如果他们有什么反应，就发动攻击。”宇文士及抵达夏军阵前时，夏军果然骚动，李世民大喜说："总攻击的时间已到！”当时，在黄河北岸放牧的战马，恰巧赶来，李世民率轻装备骑兵先发，主力在后续进，蹚过汜水，向东一直冲入夏军营阵。夏政府文武百官正在朝会，唐军突然出现，文武百官恐惧惊慌，一直奔向窦建德，窦建德急下令骑兵出击，可是文武官员却阻住去路，无法通过，窦建德指挥文武官员退出，而就在这一刹那，唐军大量杀到，杀声震野，尘土遮天。而窦建德突然从马背栽下，白士让举起长矛，就要刺下，窦建德说：“不要杀我，我是夏王，可以使你富贵。”杨武威下马，把窦建德捆绑，教他骑上备用的马，一同晋见李世民。

隋王朝末年，各地起兵抗暴的武装首领，几乎仍免不了暴行，窦建德由平民崛起，贵至夏王，而仍保持善良，不但在隋王朝末年变民群中，放出光辉，就是在中国全部反抗暴政历史中，也受最大尊敬。

然而再伟大的英雄人物，都会被命运左右，李世民因蛇逐老鼠而逃脱一命，窦建德却在最最紧要关头，马失前蹄。使人对自己不能控制的因素，心生敬畏。

李世民斥苏威

唐政府秦王李世民坐在阊阖门（隋王朝时代洛阳没有阊阖门），前隋王朝宰相苏威请求晋见，声称年老多病，不能叩头，李世民派人斥责他说："你是隋王朝宰相，王朝快要倾倒，你不扶持，竟然使君王被杀，帝国灭亡。见到李密、王世充，你都跪下叩头（参考618年7月及619年3月），而今，既然又老又病，不必劳动相见。"后来，苏威到了长安（唐首都，陕西西安），又请求晋见，李世民又拒绝。苏威年纪确实已老，而且贫穷，没有官职爵位，在家逝世，年八十二岁。

苏威是一代贤才，李世民责备他："王朝快要倾倒，你不扶持，竟然使君王被杀，帝国灭亡！"好像杨广之死，和隋政府瓦解，责任都在苏威一人肩上，这种责备不但不公平，而且离谱太远。苏威不过说了一句变民太多，不过呈献了一部《尚书》，便被免官削爵，几乎被诬以谋反，全家抄斩，对那座快要倾倒的大厦，叫他如何去扶？李世民的老爹李渊，贵为公爵，又被封唐王，他为什么不扶？甚至还要篡夺？宇文化及和裴矩之流，都是当权人物，连一句有心肝的话都不说，李世民不但没有为他们罩上这顶铁帽，反而加以重用，叫他们当官。

李世民之怒，是怒苏威没有向他叩头，而向别人叩头，吃醋而已。

窦建德之死

唐帝（一任高祖）李渊，接见郑帝王世充，列举他的罪状，一一责备。王世充说："我固然应该斩首，然而秦王（李世民）答应饶我一命。"李渊遂下诏赦免王世充，贬作平民，连同兄弟子侄，全族流窜巴蜀（四川、重庆）；在街市斩窦建德（年四十九岁）。

窦建德，一代豪杰，竟被诛杀，千年以来，赢得国人多少叹息悲恸。窦建德是隋王朝末年所有武装首领中，最杰出的一位。英武仁厚，远超过李世民，李世民曾残忍地屠过一城（参考 620 年 5 月），而窦建德没有，如果上天真的有眼，应该赐福给窦建德。

王世充本属猪狼之辈，李世民能饶他不死，却容不下一个窦建德，原因何在?似乎只有一个解释比较合理，李世民对窦建德之深受人民爱戴，既恐惧而又嫉妒，窦建德在，李世民父子夜不安枕，而一百个王世充堆在一起，李世民连看一眼都不会。

李渊杀萧铣

621年，唐政府赵郡王李孝恭，率大军向南梁首都江陵（湖北江陵）发动灭国性攻击，梁帝萧铣下令打开城门，出城投降，城中守军一片号哭。萧铣率文武百官，身穿麻衣、头裹布巾，前往唐军营门头投降，对李孝恭说："应该死的只我一人，人民无罪，请不要烧杀抢劫！"李孝恭进入江陵，把萧铣押送长安，唐帝（一任高祖）李渊责备他，萧铣说："隋王朝的鹿走失，天下人共同追逐。我因为受不到上天的保佑，所以到今天这种地步。如果认为这就是罪，我就难逃一死。"李渊竟把萧铣绑到街市，斩首（年三十九岁）。

萧铣虽然昏庸，并不凶暴，天下大乱之际，李渊把隋王朝皇帝赶下宝座，夺取政权，在传统政治规则下，罪不容诛。而萧铣不过从隋王朝手中恢复旧有国土而已，跟李渊风马牛毫不相干，萧铣告诉李渊说："我不过是称王的田横，并不是背叛西汉王朝！"而且，唐军兵临城下，萧铣立即投降，并没有拒抗。亏得李渊有那么多理由对他责备，目的不过是一杀。

成则王侯败者贼，是中国历史金科玉律，"天命""大义"永远站在胜利者的一边，"盗""匪""叛""逆"永远罩到失败者的头上。

洺水之战

622年，唐政府秦王李世民，与变民军首领汉东王刘黑闼，在洺水（滏阳河支流，流经洺州城南）僵持六十余日。李世民推测：刘黑闼的军粮吃完时，一定发动决战，就派人到洺水（滏阳河支流，流经洺州城南）上游筑坝，告诉守坝官："等我跟盗贼（刘黑闼）会战，你就破坏堤防。"会战既起，刘黑闼率部众作殊死抵抗，自中午苦战到黄昏，历经几个回合，汉东军渐渐不能支持。王小胡警告刘黑闼说："我们的能力智慧已经枯竭，最好是早点抽身！"王小胡与刘黑闼遂先行逃走，而主力部队还不知道，仍在那里肉搏。唐政府守坝官掘开堤防，大水排山倒海而下，洺水暴涨，深达一丈有余，汉东军遂完全崩溃，斩首一万余人，淹死数千人；刘黑闼跟范愿等二百名骑兵，投奔东突厥汗国（瀚海沙漠群），山东（崤山以东）全部归附唐政府。

一般战争中，使用水攻，都在敌人"半渡"之时，或进军半渡，或退军半渡，这样才可发挥歼灭性的战果。洺水之战则不然，李世民的命令，没有提到敌人"半渡"，而是明确地说："等我跟盗贼会战，你就破坏堤防！"两军会战时凿堤，大水没有眼睛，岂能分辨敌我！很明显的，李世民在这场战役中，采取的是敌我同归于尽的战术，李世民和高级将领没有危险，因为他们早就脱离战场。

政府军统帅弃军而逃，乃家常便饭，变民军统帅一旦弃军而逃，他对残兵败将就很难重新集结，所以，他们绝不能怯懦。然而刘黑闼却因王小胡一句话就背弃部属逃生，实不可思议。

可能是，王小胡得到了李世民要两军同归于尽的消息，才劝告刘黑闼迅速走避，史书上不敢大胆记载！李世民决心要牺牲那些效忠他的政府军士卒，用以消灭刘黑闼这个突然崛起的劲敌。否则，不会在两军杀成一团的会战时毁堤。这场在历史上并没有名气的水淹三军，恐怕是一个残酷的集体谋杀。

玄武门事变

626年6月4日，唐政府发生政变，秦王李世民率长孙无忌等入朝，在玄武门（宫城北门）设下伏兵。张婕妤已探听到消息，急派人飞奔报告太子李建成，李建成召唤齐王李元吉商量。李元吉说："应该动员我们所控制的军队备战，一面声称有病，不要入朝，观察形势变化。"李建成说："护卫军已经出动，戒备森严，自当跟你一同入朝，看看到底是怎么回事。"于是一同入朝，直向玄武门。走到临湖殿，发觉情况不对劲，立即拉转马头，奔回东宫（太子宫），李世民拍马追上，高呼："大哥！"李元吉举弓射击李世民，因过度紧张，三次都无法把弓拉满（弓拉不满，箭在中途就会落下），李世民瞄准李建成，一箭射死。尉迟敬德率骑兵七十人随后赶到，左右射击李元吉，李元吉从马上栽下。李世民坐骑受到惊吓，失去控制，往树林狂奔，被树枝挂住，李世民摔倒在地，无法爬起，而李元吉突然出现，夺下李世民手中的弓，打算勒死李世民。尉迟敬德飞马而来，厉声大喝住手，李元吉徒步逃命，打算逃往武德殿。尉迟敬德追到，射死。

唐帝（一任高祖）李渊正在海池（皇宫人工湖）泛舟，李世民派尉迟敬德进宫保护。尉迟敬德头戴铁盔，身穿铠甲，手拿长矛，一直走到李渊面前。李渊大为震惊，问说："今天作乱的是谁？你来这里做什么？"尉迟敬德回答说："太子（李建成）和齐王（李元吉）叛变，秦王（李世民）出动军队，把二人诛杀，恐怕惊动陛下，派我前来保驾。"李渊对裴寂等说："想不到今天发生这种事，应该怎么办？"萧瑀、陈叔达说："建成、元吉，本来没有参与当初起义行动，对于帝国的建立，也没有功劳，嫉妒秦王（李世民）功高望重，共同设下奸谋。如今秦王（李世民）既已出军把他们扑灭，功盖宇宙，全国人民向他归心，陛下如果封他当太子，把政权交给他，就再不会发生其他事端。"李渊说："你说的对，这也正是我的心愿。"当时宫廷禁卫军及秦王府军，跟太子宫及齐王府军，仍在鏖战，尉迟敬德请求李渊下令阻止，并命各军都受秦王（李世民）节制，李渊听从。

一个新建立的王朝，用不了多久，就会进入瓶颈，能通过瓶颈则一片兴旺，不能通过，这个新建立的王朝，可能一爆而碎。而这项瓶颈，往往与夺嫡有关，嬴胡亥如此，刘恒如此，司马衷如此，杨广如此，李世民也如此。

只要是专制政治，就无法排除这项瓶颈，也无法化解夺嫡斗争，司马光把消灭祸乱，建立在不可能的假设上，与现实完全脱离。就好像说，假如上帝抽去人类身上的权力欲望，世界就更加和平一样，这种话说了等于没说，毫无意义。因为专制政治一定产生瓶颈效应，容易溃烂成为夺嫡恶疮。幸运时，或许可以避免，问题是，人类并不幸运。

李建成是一位忠厚善良的老哥，李元吉则是一个机警伶俐的恶少；老哥变得越来越不能包容，这个恶少老弟要负重要责任。激情的表态，常把首领或伙伴导入难以回头的狭径，狭径总是通向死亡之谷。《通鉴》上足迹斑斑，李元吉不过小角色而已。

玄武门骨肉相残，是一项命中注定的悲剧，李渊在得到二子被杀的消息时，连哭都不敢，而且对最钟爱的一群幼孙，眼睁睁看着他们被砍下人头，同样不敢阻止，幸亏他退位得快，不然的话，他就是下一个刀下之鬼，这跟李世民不友不孝无关。专制病毒一旦发作，就是这么残酷无情，人在其中，身不由己。极权分子，以及“天纵圣明”和摇尾系统之辈，只看到“民主”对他们的权力有所压抑，却看不到“民主”对他们的保护功能，使他们在失败之后，仍可以自由自在登台高论，仍可以自由自在到海边晒晒太阳、到饭店吃吃大餐，而不必像李建成、李元吉一样，亲兄弟反而成了恶毒的凶手。

然而，中国人应庆幸李世民夺嫡成功，他阁下为中国带来名垂千古的“贞观之治”，成为盛世的典范。就已知的史料推测，如果李建成当了皇帝，因为有李元吉在旁的缘故，他的治绩不可能比李世民更好。

无冤狱时代

李世民因国务院国防部军政司长（兵部郎中）戴胄，忠贞清廉，公平正直，擢升他当最高法院副院长（大理少卿）。很多申请当官、等待任命的候补人员，往往伪造资历，冒充世家高门。李世民下令，命他们向政府自首，如果不自首而被查出，一律死刑。不久，一个人被查出诈欺，李世民打算诛杀。戴胄上疏说："依照帝国法律，应判流刑。"李世民大怒说："你遵守法律，却叫我丧失信用！"戴胄回答说："陛下命令，起因于一时喜怒，而法律却是政府的公信。陛下对一些候补人员的诈欺，十分愤恨，所以打算诛杀，后来发现不可诛杀，而回归法律正规，这正是忍小忿而存大信的做法。"李世民说："你能维护法律的尊严，我还有什么忧虑！"

戴胄前后很多次冒犯李世民的盛怒，坚持维护法律尊严，建议事项如同泉水，李世民都接受他的意见，天下遂没有冤狱。

要想了解一个国家，看它的监狱。要想了解一个国家的政治，看它的司法。人权没有保障，滥捕滥杀的国家，当权者一定是一群自称英明的狗男女。审判独立，不受政治影响，或不太受政治影响的国家，正是我们所盼望却一直难以实现的天堂。

"贞观之治"在历史上留下光辉，其中最重要的是，它没有冤狱，或很少冤狱！仅就人性尊严的观点，中国虽有其他太平盛世，也只有贞观之治（七世纪二十至四十年代），才算是黄金时代，我们为生长在这个时代的中国人庆幸。唯一可惜的，是这个时代太短。

《杨广文选》

李世民对侍从官员说："我阅读《杨广文选》，发现杨广的文字深奥，学问渊博，他也知道赞扬伊祁放勋（尧）、姚重华（舜），更知道严厉斥责姒履癸（桀）、子受辛（纣）。可是，他做出来的事情，却为什么跟他的言论，恰恰相反？"魏征回答说："君王虽是圣贤哲人，也应该虚心接受别人的建议，这样才能使智者贡献他的谋略，勇者贡献他的力量。杨广仗恃自己敏捷干练，骄傲不可一世，沾沾自喜，所以虽满口仁义道德，却一肚男盗女娼，从来想不到大祸会临到他头上。"李世民说："从前的事不远，我们应该记取教训。"

《杨广文选》，是杨广对人类所做的唯一贡献，他现身说法，为"满口仁义道德，一肚男盗女娼"，树立一个活生生的榜样。

中国古代政治领袖有一种毛病，在享尽现世欢乐之余，还想高升圣人宝座，以便他的大名，永垂不朽。"大诰""皇训"之类，遂纷纷出笼，除了培养子民服从的惯性外，更希望别人产生一种印象："说这种好话的人，不会做出和这种好话恰恰相反的坏事。"不但希望用文字洗清自己的血手，也希望用文字把自己塑造成一个仁慈的天使，翱翔天空。

《杨广文选》同时也给我们一项教训：观察一个人，无论他是帝王或是领袖，无论他是知识分子或一字不识的流浪汉，绝不可以只看他说了些什么，而应追查他做了些什么！如果仅就他说的话，就信以为真，那可是人类有史以来所能犯的错误中最大的错误。每个人都必须成为一个高水准的鉴赏家，否则有人怎么说，大家就怎么信，杨广就会再度骑到我们头上，灾难可是自己找的，怪不了谁。我们必须记得，当初希特勒上台，可全靠他的大著《我的奋斗》！

李纲忠义

631 年，太子少师（太子三少之一）、新昌公爵李纲逝世（年八十五岁）。

最初，北周帝国齐王宇文宪的女儿，夫死而又没有儿子，李纲一直对她馈赠安慰，情义深厚。李纲逝世，宇文宪的女儿把李纲当作父亲安葬。

李纲曾当过宇文宪的军事参议官（参考 578 年 6 月），宇文宪身陷冤狱，被杀丧生，不久北周帝国覆亡。而李纲对老长官的遗孤，爱心如炉，看惯了变色虫的忠贞嘴脸，我们对李纲的忠义，倍生尊敬。

小报告的威力

河内（河南沁阳）人李好德，精神失常，满口胡说八道，被认定妖言惑众。唐帝（二任太宗）李世民下令调查审判，最高法院主任秘书（大理丞）张蕴古奏称：“李好德精神失常，早有医生证明，依照法律，不应定罪。”副总监察官（治事侍御史）权万纪提出弹劾，说：“张蕴古家在相州（河南安阳），李好德的老哥李厚德当相州州长，张蕴古为了奉承州长，存心庇护，办案不公。”李世民大怒，下令在长安（陕西西安）街市上斩张蕴古。然而，不久李世民就后悔，下诏说：“自今以后，我定人死罪时，即使下令立即斩决，主管单位也应覆奏三次，才可执行（隋王朝时已有此诏，参考 596 年 8 月）。”

权万纪跟监察官（侍御史）李仁发，都因不断揭发别人隐私，受李世民宠爱，政府高级官员因此每每受到责备。魏征提醒李世民说：“权万纪等一群卑鄙小人物，不知道大体，认为揭发别人隐私，才是正直；陷害别人受苦，才是忠贞。陛下并不是不知道他们并不可靠，只是看重他们那种无畏无避的精神，用以激励文武百官。可是权万纪等因宠而骄，却去实现他们的诡诈阴谋，所作的检举弹劾，都不是真的有罪。陛下纵然不能提拔善良人士，为世俗作榜样，也不必亲近奸佞，自毁形象。”李世民沉默不语，赏赐魏征绸缎五百匹。很久之后，权万纪等的邪恶行为败露，全被定罪。

“贞观之治”是中国历史上最重要的一个黄金时代，李世民是中国历史上最顶尖的帝王之一，但是仍挡不住权万纪之辈鲨鱼群，在政海中从容遨游，左吞右噬。原因在于帝王领袖人物喜爱他们的小报告，认为天下人都有叛意，只有他们这一小撮人忠心耿耿。这一小撮人不断陷害无辜，使自己在文武官员中越发孤立，帝王领袖人物最欣赏的就是他们这种孤立。鲨鱼群也正好利用帝王的这项盲点，把帝王拨弄得或坐或站，或跳或喊。李世民英明盖世，也无法逃出他们的手心。

魏征指出，造成这种形势的原因，不是领袖人物不知道他们满身罪恶，而是喜欢他们敢于下口吃人，尤其当自己拉不下仁慈假面具时，需要有人代他动手，而且借着他们的小报告，去了解部属们的动向。有则美国小故事说：一个董事长向朋友抱怨他的秘书小姐一无是处，朋友劝他说："你可以开除她！"董事长大惊说："你怎么会有这种想法，如果把她开除，职员们在下面干什么勾当，我就什么都不知道了。"在自由社会，秘书小姐不过一条绊马索，顶多把人绊倒；在专制社会，权万纪之类却是森森钢牙，造成惨剧。

李世民责备张元济

> **李世民曾经跟侍从官员讨论司法的公正性，魏征说："隋王朝杨广在位时，曾经有过一桩强盗抢案，杨广命于士澄搜捕（于，姓），只要稍微涉及一点嫌疑的，全都在苦刑拷打下，自动招认，坦承不讳，结果强盗集团扩大到两千余人，杨广下令一律斩首。最高法院主任秘书（大理丞）张元济对竟然有这么多强盗，感到奇怪，试探着作深入调查，发现其中只有五个人确实当过强盗，其他的全是无辜平民。可是，他竟不敢据实奏报，最后仍是全部处决（此案《通鉴》无记载。于士澄，参考 621 年 5 月）。"李世民说："这岂止是杨广昏暴，事实上当臣属的也并没有尽忠。君王臣属都是如此，怎么能够不亡！各位要引以为戒。"**

李世民责备张元济没有尽忠，他忘了仅只四个月之前，张蕴古就是为了尽忠，在发现冤狱后，上奏申诉，被李世民诛杀。责备别人容易，自己做难。

高昌模式

焉耆王国（新疆焉耆）国王龙突骑支，派使节前来中国进贡。

最初，焉耆王国跟中国来往，一向都穿过沙漠；隋王朝时，沙漠交通阻塞关闭，改走高昌王国（新疆吐鲁番东）。现在龙突骑支请求解除沙漠封锁，使来往更为便利，李世民批准。因此，高昌王国愤恨，派军袭击焉耆王国，大肆劫掠而去。

焉耆王国宁愿经过危机四伏的沙漠，而不愿经过繁荣舒适的高昌王国，可推测焉耆使节经过高昌时，所受的是什么待遇，一定比沙漠更要可怕。可能包括：应付不完的勒索抢劫，甚至身陷牢狱，备受酷刑。

高昌的激烈反应——派军大肆劫掠，证明我们的推测无误，如果焉耆使节团可以带来财富，成为高昌王国争取对象的话，高昌为什么不用诚恳亲切的服务争取？在把客人吓走了之后，为什么不检讨自己的缺失，却用凶暴手段追求必须用温和手段才可以建立的感情？结果一定落空，而且带来恰恰相反的后遗症，更加憎恨。可是，直到二十世纪，我们仍看到无数高昌模式的英雄好汉，向别人诟骂出拳，去争取自己所渴望的友谊。

十个“要想到”

特进（文散官二级，正二品）魏征呈递《十思疏》，说：

“政治领袖建立大业，有好开始的多，而能一直维持到底的少；难道是夺取政权容易，保护政权困难？只因开始时心怀忧患，一定竭诚对待部下，等到大功告成，生活安乐，自然骄傲放纵，态度轻佻怠慢。竭尽诚心对待部下，胡人（北方蛮族）越人（南方蛮族）都可以同心合力；态度傲慢，则六亲都会叛离，即令使出权威和震怒，加以镇压裹胁，大家也不过表面顺从，心却不服。

“政治领袖在兴起贪念时，要想到知足；在兴建高楼大厦时，要想到停止；为了预防自己身处高位、自我膨胀时，要想到谦卑；每逢自己洋洋得意时，要想到自我克制；喜爱安逸享受时，要想到节约用钱；在快乐时，要想到后患；避免受人蒙蔽时，要想到接受别人的劝告建议；厌恶奸邪陷害忠良时，要想到增进自己的品德；实施奖赏时，要想到会因喜爱而重赏；实施惩罚时，要想到会因气忿而重罚。

“综合上述的十个‘要想到’，再授权给有才干能力的人，则陛下即令不做什么事，天下也可以太平。又何必劳苦精神，去代理文武官员的职务。”

魏征的《十思疏》，名震天下，是政治史上一篇重要的文献，受后世敬佩称赞。然而，仔细阅读，也不过一篇疲软的诤谏八股。没有突破性的建议，也没有震撼性的警告。只是泛泛地综合若干现象，用最不起眼的简单文字写出：盼望君王内省。

问题在于：如果君王在面对十个“要想到”问题，却拒绝去“想”，应该怎么办？想到了之后，发现都是别人的错，又该怎么办？传统知识分子没有一个人提出具体方法，解开这个结！遂使中国政治，一直在原地盘旋，不能提升。

李世民评“文集”

皇家图书院（秘书省）助理编撰官（著作佐郎）邓世隆，上疏请求李世民把所写的文章整理出版选集。李世民说：“我的言论、文章，对人民有益的，史书上会记载下来，足可以不朽。如果对人民无益，仅出选集，有什么意思？萧衍（南梁帝国一任帝）父子、陈叔宝（陈帝国五任帝）、杨广（隋王朝二任帝），都有选集流行于世，并不能拯救他们的国家于不亡。当一个政治领袖，应只担心对人民没有恩德，不必担心言论文章不受敬重！”不准。

李世民七世纪时的真知灼见，直到二十世纪，仍有些政治头目如希特勒等，硬是无法想通，一个个不但要成为当代人物，还要成为光芒万丈的历史人物，企图集文学家、政治家、教育家、军事家、哲学家、物理学家、理论家，和其他乱七八糟的什么家于一身，自信靠他那点“窝里捧”资本，就能一枝独秀，永垂不朽。

我们希望这种闹剧，在进入二十一世纪之后，不要再演，希望每一位政治领袖，都有李世民的智慧，不再浪费世上的森林资源。

张玄素与孙伏伽

李世民听说太子宫事务署长（右庶子）张玄素在东宫（太子宫）不断地规劝太子李承乾，擢升张玄素当银青光禄大夫（文散官五级，从三品），兼太子宫政务署长（左庶子）。

张玄素少年时曾当国务院司法部法务司管理员（刑部令史，官阶低微，在文官最低阶“从九品下”之下，俗称“不入流”或“流外”），有一天，李世民当着文武百官，问张玄素说：“你在隋王朝当什么官？”张玄素回答说：“县政府防卫员（县尉，从九品）。”李世民又问：“县政府防卫员（县尉）之前，当什么官？”张玄素回答说：“流外。”李世民又问：“在哪个单位？”张玄素至为羞惭，沮丧恍惚，出阁时几乎迈不动脚步，面色如同死灰。高级顾问官（谏议大夫）褚遂良上疏，说：“君王能体恤他的部属，部属才能竭尽忠心。张玄素虽然出身寒微，陛下敬重他的才能，擢升到三品高位，辅佐皇储（太子李承乾），怎么可以对着文武百官，穷追他的门第！抛弃从前的恩德，使他霎时间羞愧得无地自容，痛苦椎心，怎么能要求他为节义而死！”李世民说：“我也后悔问这些话。”

最高法院院长（大理卿）孙伏伽跟张玄素在隋王朝时，都当管理员（令史），孙伏伽却不在意出身低微，往往在大庭广众中，述说他的往事，毫不避讳。

“尘沙一入成灰烬，断金千锤色益红。”只有英雄豪杰，才能保持本色；只有胸襟开阔，才能保持一贯；只有仁慈宽厚，才能保持童心；只有自我肯定，才能不在乎贫贱，尤其是过去的贫贱。

李世民建屋论

一天，李世民指着宫殿房舍对侍从官员说：“治理帝国就好像兴建这个房屋，既然落成，就不要经常更改搬动。即令换一根椽柱，改一片屋瓦，脚踩到上面，都会造成损害。如果希望建立特别功勋，改变法令制度，不能常守美德，骚扰人民的事一定很多。”

历代的国家领袖，包括英明的李世民和邪恶的朱元璋，在儒家学派保守心态的侵蚀下，都认为自己已尽善尽美，唯恐怕子孙改革。于是，用教条、用刑法、用哀求、用恐吓等，各式各样手段，阻止别人变更他们创立的美法良制。文化潮流在政治铁闸下，遂逐渐沉淀为一潭死水，几十几百年下来，当全民必须奋起改革时，已经因缺氧过久而四肢无力。

这正是二十世纪时，中国人必须付出比西方国家更加倍的努力，而仍难达到现代化水平的原因，使人扼腕。

高句丽英雄杨万春

645年，唐帝（二任太宗）李世民，亲率远征军攻击高句丽王国（首都平壤，朝鲜半岛平壤市），包围安市（辽宁海城）。李世民听到城里有鸡和猪的叫声，对李世勣（徐世勣）说："围城已久，城里的烟火渐少，而今鸡猪的叫声震耳，定是犒劳战士，准备夜晚出击，应该严密戒备。"当天夜晚，高句丽守军数百人，从城上缒下，李世民接到报告，亲自抵达城下，集结部队急行反击，杀数十人，残余的高句丽军退回城中。

江夏王李道宗督促士卒在安市（辽宁海城）东南角，兴筑土山，进逼城池，安市（辽宁海城）守军也增加城墙高度拒抗。远征军士卒轮流出阵，每天有六七次会战，冲锋战车发射出的石炮，击碎城楼，城中守军立即筑起木栅，塞住缺口。李道宗脚部扭伤，李世民亲自为他针灸。远征军土山不断扩张及增高，六十天之久，日夜不停，共享五十万工，土山顶距安市（辽宁海城）城墙数丈，向下眺望城中，一览无遗，李道宗命地方征兵府副司令（果毅）傅伏爱率军驻扎山顶，防备敌人突袭。忽然间，土山崩塌，压到城墙上，城墙跟着崩塌；就在这千钧一发的紧要关头，傅伏爱私自离开部队，高句丽守军数百人，从崩塌缺口杀出，夺取土山，挖掘沟壕，反过来抵抗远征军。李世民大怒，斩傅伏爱示众，下令各将领攻击土山，三天不能攻取。李道宗双脚赤裸，前往御营军旗下，请求处罚。李世民说："你的罪状应该诛杀，但我认为刘彻（西汉王朝七任帝）斩王恢（参考公元前133年），不如嬴任好（秦国九任国君穆公）任用孟明视（前公元627年，秦国国君嬴任好派大将孟明视暗中进军，袭击郑国，回军途中，晋国在崤山设下埋伏，把秦军全部消灭，俘掳孟明视，但不久释放。孟明视回国后革新政治，加强军事训练，公元前624年，反击晋国，掩埋崤山秦军枯骨，遂称霸西戎）；而且你有攻破盖牟（辽宁抚顺）、辽东（辽宁辽阳）的功劳，所以对你特别赦免。"

李世民发现辽左（辽宁省）严寒气候来临较早，草木枯干，河水结冰，士卒马匹都难久留，而且粮食又快吃完，遂下令班师。事先裹胁辽州（辽东【辽宁辽阳】）、盖州（盖牟城【辽宁抚顺】）所有居民，渡过辽河，移居中国。在安市（辽宁海城）城下，举行阅兵大典，展示威力，然后撤退。城中守军不敢出战，城防司令（城主）登上城墙叩拜送别。李世民对他抵抗到底，

不肯屈服的精神，十分嘉许，特别赏赐他绸缎一百匹，作为对忠心事奉君王的一种勉励。命李世勣、江夏王李道宗率步骑兵四万人，担任后卫。

安市城（辽宁海城）防守司令（城主）坚毅不拔，史书记载，历历如绘，高句丽王国的野战军主力，在驻骅山（六山）之役，已全部瓦解，安市城一旦陷落，高句丽势难不亡。城防司令（城主）孤城孤军，奋勇守卫，山崩墙倒之际，正是中国远征军攻城之时，守军却抢先出击，占领土山，反客为主，反败为胜，可看出他的反应，迅如闪电，英勇无匹。

可是无论高句丽或中国，对这位伟大的将领，都没有留下姓名。中国史籍上不载，勉强可以理解，高句丽史籍上不载，便使人惊疑。难道是，他被高句丽激烈的内斗所吞食！他最先反抗渊盖苏文，在击退中国远征军，立下天地震动的大功之后，渊盖苏文可能用盛大欢迎仪式，把他欢迎到首都平壤，升官晋爵，给他殊荣，稍后再诬以谋反，并从各种记载上抹去他的姓名。

但我们却在韩国民间记载中，找到这位英雄的名字——他叫杨万春，我们向这位伟大的高句丽英雄致敬。

李世民检讨成功原因

李世民登翠微宫正殿，问左右侍从臣属说："自古以来的君王，即令可以平定战乱，统一中国，但不能制服蛮族，我的才能不如古人，而成果超过古人，连我自己都不知道什么缘故，请各位随意发言，告诉我实情。"文武百官一致说："陛下的功劳恩德，如同天一样高、地一样厚，万物渺小，无法赞美！"李世民说："不然。我所以能办到古代君王都办不到的事，原因有五：一是，古代君王对比自己能干的人，总是嫉妒，我发现别人的长处，好像发现自己长处。二是，人的行为和能力，不可能十全十美，我总是忘记别人的缺点，欣赏别人的优点。三是，政治领袖往往有一种毛病，引进贤才时几乎把他抱到怀里，罢黜恶劣干部时几乎恨不得把他丢到山沟，我看到贤才时对他敬重，看到恶劣干部则充满怜惜，使优秀的和恶劣的都得到适当的位置。四是，政治领袖对正直的行为和言论，都很厌恶，有时公开诛杀，有时暗下毒手，这种情形，没有一个世代没有，我自登极以来，正直的干部，肩并肩在政府任职，没有斥退或责备一个人。五是，自古以来的政治领袖，都是大中华沙文主义，轻视蛮族，只我对华人和蛮人，同等看待，所以蛮族部落依靠我如同依靠父母。这五项，是我有今天这样成就的原因。"问监督院副监督长（黄门侍郎）褚遂良说："你曾经当过史官（褚遂良于644年被擢升当副监督长【黄门侍郎】、三级实质宰相【参预朝政】，才不兼皇家生活记录官【起居郎】），我说的这些话，是不是实情？"褚遂良回答说："陛下的伟大功勋，多到无法记全，而只提此五项，实在是太谦卑的缘故。"

李世民自述成功原因，并非自夸，因为他确实建立了盖世的丰功伟绩；出于己口，说明他的自信和对自己的认识之深。我们听多了领袖人物"忘了自己是谁"的言论之后，对李世民更为敬佩。他揭示的五项，是万世准则。

李世民猜忌李世勣

李世民告诉太子李治说："李世勣（徐世勣）的才能智慧，绰绰有余，但你对他没有恩德，恐怕难以使他效忠。我今天把他贬窜到外地，如果他马上出发，等我死后，你就擢升他当国务院最高执行长（仆射），可对他信赖；如果他犹豫拖延，只有把他诛杀。"遂贬逐宰相（同中书门下三品）李世勣当叠州军区（总部设甘肃迭部）总司令（叠州都督）。李世勣接到诏书，没有回家，立即动身前往。

根据史书记载，李世民与李世勣（徐世勣）之间，两情契合，水乳交融，也正是英雄豪杰所追求的"外虽君臣，内实骨肉"的锦绣场景。当李世勣有病时，李世民听说胡须灰可以治病，就把自己的胡须剪下，焚烧和药。有一次，李世民告诉李世勣说："我要把儿子托孤给你，你不辜负李密，怎么会辜负我？"李世勣感动得把手指都咬出鲜血。看起来李世民对李世勣信任之深，李世勣对李世民忠心之固，都留下珍贵的一页，感人至深。然而，就在李世民死前的这项试探事件中，所有美好镜头，全部拆穿，焚须咬指，不过是一件官场舞台上演出的两出野台戏。

李世民对李世勣并不信任，因为他太能干，太无懈可击；而李世勣事实上也同样不信任李世民，因为政治领袖人物，本质上就浑身是假，所以当他突然无缘无故被贬到千里之外、万山丛中的叠州（甘肃迭部）时，立刻警觉到刀已加颈，连家都不敢回，可以说洞察李世民的肺腑。所有美好的形容词，诸如"大义""推心置腹""诚能格物"，不过一幅《聊斋》上的"画皮"。

我并不责备李世民恶毒，也不责备李世勣逆诈，而只责备封建专制的政治制度，使历史上一位名震宇寰的伟大君王，和一位名震宇寰的伟大将领，竟爆发出如此丑陋的内幕。那是一种把说谎当成美德，把诚实当作罪恶的制度，互相用动人的言辞欺骗，谁对谁都没有真话，领袖和干部同走在一条钢索之上。李世勣假如是一个实心眼的呆瓜，在奉命后回家向娘亲辞行（那是儒家系统最崇拜的孝道）；或者霉运当头，正逢妻子儿女卧病，甚至断气之际，希望见夫父一面，回家作一次探望，全家势必被屠！思念及此，大为惊恐。

隋唐人口

唐帝（三任高宗）李治问国务院财政部长（户部尚书）高履行说："去年（651）增加多少户口？"高履行说："去年（651）共增加十五万户（一户以五人计，约七十五万人）。"李治顺便问隋王朝全国有多少户以及现在全国有多少户。高履行说："六世纪九十年代，隋王朝全国有八百七十万户（约四千四百万人）；现在全国有三百八十万户（约一千九百万人）。"

从高履行举出的具体数字，可发现即令唐王朝建立已三十五年，而又经过"贞观之治"的黄金时代，人口仍不及隋王朝的一半，隋王朝末年天下大乱，杀戮之惨——至少有三千万人（占全国人口三分之二）丧生，使人哀痛。这悲剧不过由于一个邪恶的领袖杨广一人引起，即令核子大战造成的灾祸，也不过如此。暴政岂止猛于虎而已，更超过核战浩劫。

“人生有常”

653 年，唐王朝第二次夺嫡斗争结束，新任帝（三任高宗）李治（本年二十六岁）下令：房遗爱、薛万彻、柴令武斩首；李元景、李恪、高阳公主、巴陵公主，一律自杀。李治悲伤流泪，问侍从官员说：“荆王（李元景）是我的叔父、吴王（李恪）是我的老哥，打算赦免他们不死，可不可以？”国务院国防部长（兵部尚书）崔敦礼反对，于是行刑。吴王李恪临死时，诟骂说：“长孙无忌窃弄权威，陷害忠良，皇家祖先有灵，不久你就要全族屠灭。”江夏王李道宗贬窜岭表（南岭以南）。李道宗一向跟长孙无忌、褚遂良互相排斥，所以也被陷进谋反巨案。

长孙无忌，名叫“无忌”，实际上却无往而不忌，而且是大忌特忌。李恪之被杀，可看出以皇帝爱子之尊，也难敌“诬以谋反”铁帽。《旧唐书》抨击说：“长孙无忌嫉妒，后来全家被灭，岂不是暗下毒手之报？”报，渺不可期，但到了最后，长孙无忌竟死于他全心爱护的甥儿李治之手（参考 659 年 7 月），使后人对历史上的若干“人生有常”，瞠目结舌。

武曌现身

> **王皇后没有儿子，萧淑妃（小老婆群第二级，正一品）受李治宠爱，王皇后十分嫉妒。**
>
> **李治当太子的时候，有一天进宫探望老爹，无意中看见才人（小老婆群第十六级，正五品）武曌，她的美艳引起他极大震撼。老爹逝世后，所有小老婆都被送到感业寺当尼姑。忌日（父母死亡的那天一天，称忌日。此处忌日根据李弘生于652年，应指李世民逝世一周年的忌日，即650年5月26日），李治前往感业寺焚香祭悼，在庶母群中，忽然看见武曌，武曌感怀身世，忍不住低头哭泣，李治也跟着哭泣。王皇后听到这个消息，暗中命武曌留长头发，劝李治把她接到后宫，希望离间李治对萧淑妃的宠爱。武曌心思灵巧，聪明智慧，富于权术谋略。最初进宫时，说话谦恭，行为卑屈，刻意谄媚王皇后，王皇后把她当作知己，至为亲爱，不断在李治面前称赞她的美丽。可是不久，李治就迷上武曌，封她昭仪（小老婆群第五级，正二品），王皇后及萧淑妃反而同受冷落。两位从前的情敌，遂联合起来自救，排斥武曌，但李治却全不接受。**

650年时，李治二十三岁，武曌二十七岁，比李治年长四岁。一个没有人生经验的年轻男子，一旦落到一个年纪稍长，经过长夜痛哭，企图心强烈，机诈万端，心理又已成熟的美女之手，那就好像一只苍蝇一头撞到蜘蛛网里，除了听凭摆布外，很难逃生。所以仅只短短四年，李治就成了武曌的掌中玩物，一连串灭绝人性的屠杀，也由此开始。

向鳄鱼乞求

国务院教育部长（礼部尚书）许敬宗、兼最高立法长（中书令）李义府，迎合皇后武曌的心意，上疏检举最高监督长（侍中）韩瑗、最高立法长（中书令）来济，结合褚遂良，秘密准备政变，因桂州（广西桂林）是军事上险要之地，所以才调褚遂良当桂州军区（总部设广西桂林）总司令（桂州都督），打算作为外援。李治下诏贬韩瑗当振州（海南三亚西崖州区）州长，来济当台州（浙江临海）州长，终身不准到京师（首都长安）朝见。再贬褚遂良当爱州（越南共和国清化市）州长，荣州（四川荣县）州长柳奭当象州（广西象州）州长。

褚遂良抵达爱州（越南共和国清化市）任所，感觉出情势有变，上疏陈情说："从前，濮王（李泰）跟恒山王（李承乾）斗争正烈之时，我不顾死亡的危险，效忠陛下。当时，岑文本、刘洎奏称：'承乾罪恶已经显著，被安置在别的地方，而东宫（太子宫）不可以长期没有主人，拟请命濮王（李泰）移居东宫（太子宫）。'我又挺身抗拒，竭力争取，都是陛下亲眼看到。最后终于和长孙无忌等四人，共同决定大计（封李治当太子，参考 643 年 3 月）。先帝（李世民）临死，只有我和长孙无忌在榻前接受遗命（参考 649 年 5 月）。陛下突然遇到巨变，难以克制哀恸，我用国家为重的理由，安慰陛下宽心，陛下手抱我的脖子。我跟长孙无忌处理国家大事，毫无缺失，几天之间，内外安静。然而，我的力量太小，而责任太重，一举一动，都犯错误，我像一只卑微的蚂蚁，残余的生命有限，请陛下哀怜！"奏章呈上后，没有回音。

仁慈的领袖可以用深情感动，英明的领袖可以用理性说服，复仇泄愤的领袖则像一条入睡的鳄鱼，谁也唤它不醒。褚遂良爱州（越南共和国清化市）之奏，当是感觉到武曌的复仇泄愤之剑，已悬头顶，用最感人的往事，希望软化号称"仁厚"，昔日言听计从、手抱己颈的年轻小友。问题是，褚遂良重提李治真性挚情的往事，徒使李治痛恨自己的丑态落到对方之手，无地自容，因而恼羞成怒。感恩图报是一种高贵的情操和强大的能力，李治，一个虫豸而已，何况又有一个完全可以控制他的恶妻，他就更彻底丧失灵魂。

马屁精致化

658年，太尉（三公之一）长孙无忌等，奏报“新礼仪”修订完成，唐帝（三任高宗）李治（本年三十一岁）下诏公布实施。

最初，关心国事的人认为二任帝李世民在位时，礼仪不够完备，所以命长孙无忌等修订。此时，最高监督长（侍中）许敬宗、兼最高立法长（兼中书令）李义府，正在当权，无论是增加或删除，全都逢迎唐帝李治，及皇后武曌的心意，引起学者专家们的抨击。祭祀部礼仪官（博士）萧楚材等，认为君王活着的时候，就为他制定身后的礼仪，不是一个臣属应该做的事；许敬宗、李义府深为同意，遂把其中《国恤篇》烧掉，因此，独缺少葬礼。

专制封建的密度越浓，摇尾系统的谄媚方法也越精密，以至礼仪中竟然缺少葬礼，而仍能颁行于世，实在使人咋舌。唐王朝共有二十二个君王，没有一个死后被野狗吃掉的，全都依照一定规程，把尸体装进棺材，然后拉到墓地埋掉。所以葬礼仪式是存在的，只不过不允许列入典章。只因几个摇尾分子——萧楚材、李义府、许敬宗要用精密马屁术达到升官发财目的而已，诚是官场中奇异的一章。

许敬宗做对了一件事

659 年，李治下诏，将《氏族志》改编为《姓氏录》。

最初，二任帝李世民命高士廉等编纂《氏族志》（参考 638 年正月），裁定门第的升降，以及增加新的世族和黜退旧的世族，当时人士认为处理恰当。而现在，许敬宗等因该书所收大姓，不包括武姓在内，于是奏请修改，李治乃命国务院教育部教育司司长（礼部郎中）孔志约等，依照过去格式，重新调整高低，而把武姓列为第一等，其他则全部依照政府中的官品，作为高低标准，分为九等。因此，平民出身的士卒，因战功升官到五品，也升入士大夫（知识分子及在职官员或退休士绅）阶层，当时人讥之为“功勋表格”。

许敬宗一生罪恶，只做对了一件事，就是打碎过去行之有年的门第世家制度。我并不赞成许敬宗新编的等级，但那些丧失既得利益者所讥讽的“功勋表格”，却是气昏了头的酸葡萄呓语，因为他们就恰恰是这种“功勋表格”的产品。不妨查看一下，家门中如果三代没有出过官，没有在“功勋表格”上露一露脸，他这个门第世家还能存在？

小人

最高立法长（右相）河间郡公爵李义府，主持官员任免升降工作，仗恃皇后武曌的权势，专门出卖官爵，对官员的资历，随意排列，以至大街小巷充满怨恨之声。唐帝（三任高宗）李治（本年三十六岁）不断听到报告，有一次，心平气和地提醒李义府说："你的儿子和女婿，很不谨慎，做了很多犯法的事，还得我出面替你掩饰，你要小心。"李义府脸色骤变，脖子面颊上的青筋都暴出来，质问说："谁告诉陛下的？"李治说："只要我说得对，为什么要我交出检举的人？"李义府一点也不在乎，也不自责道歉，竟迈开脚步，缓缓走出去。李治因此大不高兴。

孔丘说："只有卑鄙的小人和女人，最难相处，亲近他，他会轻视你，疏远他，他会怨恨你。"对于女人，并不准确；但对于卑鄙的小人，却是洞察入微，你最好不要有这种朋友。李义府就是一个活榜样，连皇帝老爷都承担不了认识他的后果。

李世勣的漂亮报复

李治谈论杨广（隋王朝二任帝），对左右官员说："杨广因拒绝臣属的规劝，以致帝国覆亡，我时常作为警戒，虚心诚意，要求直言，可是竟然没有人说话，什么缘故？"司空（三公之三）李世勣（徐世勣）回答说："陛下作为，都尽善尽美，臣属们无从规劝起。"

李治明知道拒绝规劝的严重后果，却诛杀规劝他的褚遂良、韩瑗，连赤胆忠心、把他抱上皇帝宝座的舅父长孙无忌，都逃不脱一刀。大家面对淋淋鲜血，自动封嘴，李治却忽然说他一向"虚心求谏"，反而奇怪竟然没有人规劝，这种既不能自欺，也欺不了人的屁话，跟车胎放气的声音，没有两样。

李世勣（徐世勣）阿谀李治尽善尽美，真是世界上最漂亮的报复，君王既然不把人当人，用血腥戏弄臣属——从李世民临终时，对李世勣颁下杀机四伏的调职令（参考 649 年 5 月），可以证明。臣属就有权口是心非，说几句马屁话，使君王陷入迷魂大阵，万劫不复。

虚情假意过了头

最初，刘仁轨当监督院御前监督官（给事中），参与调查审理毕正义案（参考656年8月），李义府对他十分怨恨，把他贬出当青州（山东青州）州长。正巧遇上东征军讨伐百济王国，刘仁轨负责海上粮运工作，因风向不对，不能开航，李义府严厉督促，刘仁轨不得不出发，果然遭受狂风袭击，船只沉没，很多水手淹死；中央派行政监察官（监察御史，正八品下）袁异式前去调查。李义府告诉袁异式说："你只要能办成这件事，不必担心没有官做。"袁异式抵达青州后，警告刘仁轨说："你难道不知道跟中央什么人结仇？最好是早作打算。"刘仁轨说："我当官没有尽到职责，政府自有正常裁判，你依照法律把我处死，我绝不逃避。如果要我自杀而使仇人称心快意，我不甘愿。"就把事情始末，奏报中央。袁异式临回京（首都长安）复命时，亲自用铁链把刘仁轨锁住，把调查结果呈报，李义府对李治说："不杀刘仁轨，不能向人民赎罪。"立法官（舍人）源直心说："海上大风突起，不是人力所能控制。"李治命把刘仁轨开除官籍，而以平民身份从军（参考660年12月）。李义府又暗示大军统帅刘仁愿秘下毒手，刘仁愿不忍行动。

后来，刘仁轨当总监察官（大司宪），袁异式大为恐惧，内心不安，刘仁轨把酒浇到地上，告诉他说："我如果把过去的事记在心上不忘，就好像这杯酒。"现在，刘仁轨更升任宰相（右相【最高立法长】），袁异式不久也升任太子宫总管府主任秘书（詹事丞，正六品上），一时之间，大家议论纷纷，刘仁轨听到消息，索性推荐袁异式当国务院（中台）财政部税务司长（司元大夫，从五品上）。行政监察官（监察御史）杜易简对人说："这可正应验了古人所说的：虚情假意过了头！"

公报私仇，固然人品卑劣；但以德报怨，也必然心怀奸诈，连孔丘对这种行为，都深恶痛绝。

高句丽王国

668 年，中国东征军统帅李世勣（徐世勣）夺取大行城（辽宁丹东），分道并进的各路兵马，也抵达会师，推进到鸭绿江高句丽营寨之前，发动攻击，高句丽江防军抵抗，李世勣等奋勇战斗，大破高句丽江防军，追击二百余华里，攻陷辱夷城（应在平壤城西北），其他各城守将，都弃城逃走，或献城投降，前后相继不断。契苾何力率军首先进到平壤城（朝鲜半岛平壤市）城下，李世勣率军随后抵达，把平壤团团围住，历时一月有余，高句丽国王（末任）高藏，派渊盖男产及政府各单位首长九十八人，手举白旗，前往中国远征军营帐，向李世勣投降，李世勣很礼貌地接待，但渊盖男产的老弟渊盖男建，仍紧闭城门，坚决反抗，不断出兵攻击，可是每次都被中国击败。渊盖男建把武装部队全交给佛教和尚信诚，而信诚发现大势已去，暗中派人晋见李世勣，表示愿当内应。五天后（9 月 12 日），信诚大开城门，迎接中国远征军，李世勣命士卒登上城墙，擂起战鼓，大声呐喊，并焚烧城上四角碉堡。渊盖男建自杀，又被救活，高句丽王国到此灭亡。

自公元前 37 年，高朱蒙先生建立高句丽王国，历时七百零五年，经过二十八任君王，而于公元 668 年亡于中国。激烈的窝里斗是亡国的主要原因，但高句丽王国特有的地缘位置，和国家领导人的错误决策，当是更主要的原因。

高句丽王国的国土，先天注定的，会不断受到邻国威胁。它的西邻是一个强大的中国，中国又一直想统一天下。稍后，它的东邻又是一个强大的日本，日本也一直想开疆拓土。这是客观事实，无力改变。可是，高句丽王国不但轻视这项事实，反而犯下不可饶恕的错误：它一直锲而不舍地横挑强邻。

因应强邻的唯一办法是，姿势必须放低，外交弹性，必须扩大。自从春秋战国时代，历史就留下这项定律：弱小的国家不断横挑强邻，一定招来承担不了的灾祸。用此衡量古今史迹，没有例外。

混世哲学

渭南（陕西渭南）县政府保卫员（尉）刘延佑，不到二十岁就“进士及第”（中央最高考试及格），从政成绩在京畿（雍州）所有州县中，列为第一（首都长安城内有二县：长安县及万年县，分别称“赤县”和“京县”，首都长安城外京畿区【雍州】各县，称“畿县”）。李世勣（徐世勣）警告他说：“你年龄很轻，却获得盛名，最好对自己加强克制，不要总是想超过别人。”

李世勣（徐世勣）提示刘延佑的话，是忠厚长者爱人以德，所作的苦心教诲。中国是一个“勇于敢则杀，勇于懦弱则活”的静止而寂如长夜的社会，不允许有人跟大家不一样。一旦发现有人跟大家不一样，大家就立刻恐惧不安，必须把冒出来的新事务铲平，晚上才能入睡。

李世勣（徐世勣）说的话是真实的，没有骗刘延佑，李世勣就是在这种戒慎恐惧、战战兢兢的心情下，保持活命和富贵。但是，中国社会之所以僵固成性，中华人之所以缺少想象空间，不能破茧而出，也由于有这些古老的混世哲学。

高真行一窝畜牲

680 年，左卫（卫军第一军）将军高真行的儿子高政，在太子宫当饮食局秘书员（典膳丞），牵连到皇太子李贤谋反案，李治把高政交给他老爹高真行，命高真行自行责罚。高政一进家门，高真行首先用佩刀刺中他的喉管，高真行的老哥、国务院财政部副部长（户部侍郎）高审行，又把佩刀刺入高政的腹部，肝肠流出，高政哀号，高政的侄儿高璇再用佩刀砍下他的人头，然后把尸首抛到路上。李治得到报告，大不高兴，贬逐高真行当睦州（浙江淳安）州长，高审行当渝州（重庆）州长。高真行是高士廉的儿子（高士廉是李治的娘亲长孙皇后的舅父，参考 647 年正月）。

高真行这个家，可谓一窝畜牲。

名门世家内幕

苏州（江苏苏州）州长袁谊，认为自从他的祖先——刘宋帝国全国武装部队总司令（太尉）袁淑以下，代代忠良（袁淑死难，参考 453 年 2 月；袁颉死难，参考 466 年 8 月；袁昂守城不降，参考 501 年 12 月；袁宪最后陪伴陈叔宝，参考 589 年正月），而琅邪（山东诸城）王家，虽然累世烜赫，历代都居宰相辅佐高位，却不足以跟袁家相比（王导首先辅佐晋帝国，参考 307 年 9 月。可是子孙中，王弘帮助刘宋帝国篡夺晋帝国政权，参考 418 年；王俭帮助南齐帝国篡夺刘宋帝国政权，参考 478 年 9 月；王亮帮助南梁帝国篡夺南齐帝国政权，参考 502 年 4 月；王克帮助侯景篡夺南梁帝国政权，参考 552 年 3 月），袁谊曾经说："名门世家之所以尊贵，主要的是世代忠良，有才能的人和有品德的人，接连出现。他们那种把婚姻当作商品，换取金银财宝，和高官厚禄的人，有什么可尊贵的！"世人肯定他的见解。

袁谊揭开了乌衣巷王姓家族身上的膏药，叫人瞧瞧所谓名门世家膏药下面的烂疮——靠出卖儿女的婚姻敛财，对名门世家，是一项严正的评估。可是，袁谊所称袁家祖先全都有才能和有品德，却与事实不符，袁淑对刘劭（刘宋帝国四任帝）之准备弑父，依违之间，刘劭大不耐烦，才把他诛杀；袁颉更是临阵脱逃，千古蒙羞；袁昂虽最初拒不投降，但最后仍是投降；袁宪也不过在陈帝国亡国时，陪陈叔宝坐了一会台子而已。贪婪的政客只看到对方的烂疮，就奋不顾身地急急吼叫，却看不到自己身上有同样更大的烂疮。

论人标准

682 年，唐政府国务院教育部长（礼部尚书）闻喜公爵裴行俭逝世。裴行俭有发掘人才的智慧，最初，任国务院组织部副部长（吏部侍郎），前进士王勮、咸阳（陕西咸阳）县政府保卫员（县尉）苏味道，都还不被世人所知，裴行俭第一次看到他们，就说：“二位将来会先后负责全国官员的升迁调补工作，我的儿子还小，托付给二位！”当时，王勮的老弟王勃，与华阴（陕西华阴）人杨炯、范阳（河北涿州）人卢照邻、义乌（浙江义乌）人骆宾王，都以能写文章，享有盛名；国务院文官部副部长（司列少常伯）李敬玄，对他们尤其敬重，认为将来必然做到高官。裴行俭说：“知识分子所以能担负重任，应该先具备开阔的胸襟和前瞻性的见识，然后才可以谈到文章造诣。王勃等虽然文采四射，可是轻浮、急躁、浅薄、炫耀，怎么会是块稳坐爵位官职的材料？杨炯比较沉默安静，有可能做到大县县长，其他的人当一个小县县长，就很走运了。”不久，王勃渡海时堕水（王勃的老爹王福畤当交趾【越南共和国河内市】县长，675 年，王勃前去省亲，在南中国海溺死，年二十八岁），杨炯在盈川（浙江衢州东北）县长任内逝世，卢照邻身患恶疾，无法痊愈，投水自杀（卢照邻体弱多病，服法术师玄明的药，病转沉重，本来就生活贫穷，至此更衣食不继，双脚抽筋变形，一只手也残废，终于投颍水而死），骆宾王因反抗政府受到诛杀（参考 684 年 11 月）。王勮、苏味道，果然后来都高升到负责选拔官员的高位，跟裴行俭所预言的一样。裴行俭无论当将领或统帅，所推荐的将领，像程务挺、张虔勖、王方翼、刘敬同、李多祥、黑齿常之，以后很多都成名将。

杨炯、王勃、卢照邻、骆宾王等四位，在文坛上居重要地位，被尊称为“初唐四杰”。可是在裴行俭心目中，却因为他们没有当上官，或没有当上大官，就嗤之以鼻。自公元前二十七世纪黄帝王朝，迄今二十一世纪行将开始，四千七百年之久，中国社会是一个超稳定的结构，做官成为知识分子唯一追求的目标，裴行俭用能不能做官升官衡量人的价值，文学家、画家、音乐家，在官场文化中，自然不值一屁。

司马光在同一理念之下，态度比裴行俭还要激烈，甚至不惜曲解史实，以证明裴行俭官场理论的正确。王勃渡海落水，杨炯病死盈川，岂因他们是作家之故？卢照邻患的只是重病，司马光却一口咬定患的竟是恶疾，“重病”“恶疾”，相差太远，为什么对一个穷困的文化人如此丑化？骆宾王只不过起义失败，竟被斥为是一个叛徒，充分露出不分是非、只问官运，“想官狂”的错乱心态。

生子当如李俊李杰

黔州军区（总部设四川彭水）总司令（都督）谢佑，逢迎皇后武曌的意旨，强逼零陵王李明自杀（李明被贬，参考 680 年 10 月），李治深为怜惜，黔州军区总部官员全被免职。 谢佑的卧室在平台小楼，跟婢女和小老婆等十余人共住，一天夜晚，他的尸体躺在血泊之中，人头却不知被谁砍去。689 年，李明的儿子零陵王李俊、黎国公爵李杰，被武曌害死，主管官员查抄没收他们的家产，搜出谢佑的人头，上面涂一层油漆，当作尿壶，题字“谢佑”，才知道李明的儿子派刺客复仇。

生子当如李俊、李杰，为冤死的老爹，作出恰如其分的报复。我们一向反对私下报复，但必须有其他管道可以获得公平。在一个无法无天的社会中，报复是一种应受赞扬的勇气和美德，只要这报复不超过恶徒应该得到的。

武曌演技

683年，李治病势沉重，下诏取消明年（684）嵩山大祭（中岳封禅）。

李治因头部一直昏眩沉重，长久以来，深受痛苦，而且眼睛失明，命御医秦鸣鹤诊疗，秦鸣鹤认为如果在头上刺出鲜血，就可以痊愈。皇后武曌根本不要李治痊愈，在珠帘后面义愤填膺，咆哮说："这个人应该斩首，竟然敢在天子头上刺出鲜血！"秦鸣鹤叩头乞求饶命。李治说："不妨试试看，不见得有害处。"秦鸣鹤遂用针刺"百会"（头顶前部半寸）、"脑户"（枕骨后半寸）两个穴道，李治说："我似乎看得见了！"（《旧唐书》说：秦鸣鹤刺，微出血，头疼立刻停止。）武曌举手放到前额上，说："这是上天的恩赐！"亲自背彩色绸缎一百匹，赏赐给秦鸣鹤。

武曌本年（683）六十一岁，早已迫不及待地要李治送命，李治不仅挡了她的夺权之路，而且，对这个脓包，武曌也根本瞧他不起。当时的宫廷以及政府，武曌已完全掌握，她如果想谋害李治，跟谋害一条蛆一样地易如反掌，但她宁可使他自然死亡，不肯急吼吼一刀两断，这是她最聪明的谋略。谋杀帝王，事体太大，阴谋非常容易泄露，她不能冒这个险。但李治的病似乎相当离奇，我们怀疑是一种慢性中毒，检查武曌用毒的前例，一定印象深刻。她对亲生之女都下得了手，丈夫又算老几？李治不死，她不会鲁莽地操刀一割，但李治慢性中毒，全世界都无可奈何。

徐敬业起兵失败

684 年，反抗军首领徐敬业在下阿溪（高邮湖支流）南岸布阵，政府军后军司令（后军总管）苏孝祥，率军五千人，于夜晚分乘小船，渡溪攻击，失败，苏孝祥阵亡。总指挥官李孝逸等待各路兵马到齐后，发动几次攻击，都被击败。李孝逸恐惧，打算撤退，魏元忠和作战机要秘书（行军管记）刘知柔建议李孝逸说："现在猛刮顺风，野草干枯，正是火攻的有利时机。"坚决主张决战。反抗军日夜戒备，为时已久，士卒体力不继，军心不稳，队伍凌乱；李孝逸发动攻击，顺风放火，反抗军大败，被杀七千人，淹死不计其数。徐敬业等骑快马逃回江都（江苏扬州），携带妻子儿女，南下投奔润州（江苏镇江），打算渡过东中国海，前往朝鲜半岛。李孝逸进驻江都，派军分头追捕。徐敬业逃到海陵（江苏泰州）境，遇到顶头风，他的部将王那相改变主意，击斩徐敬业、徐敬猷及骆宾王，提着他们的人头，向政府军投降。社会秩序，完全恢复。

徐敬业反抗军的失败，在于他还没有进攻，就想找一个失败后的安乐窝。竟然相信薛仲璋说的"长江天险"，使人惋惜！任何天险顶多只能保护有长期基础的国家，诸如东吴帝国、晋帝国、刘宋帝国等，不能保护一个突然爆出来的叛乱集团。即以唐王朝而论，李渊如果不能势如破竹，攻陷长安，而退回太原，怎么能够支持？

革命也好，谋反也好，都是闭着眼往黑暗里一跳，无论信心如何充足，都是前途莫测。新兴力量假设不能滚雪球般越滚越大，则一次战场失败，就会全盘皆输。

刘仁轨害姜嗣宗

685年，国务院左最高执行长（文昌左相）、一级实质宰相（同凤阁鸾台三品）、乐城公爵刘仁轨逝世（年八十四岁）。

刘仁轨是一员战将，更是一个狡狯的政客，以致美好的声誉传播人间。然而，684年时，刘仁轨已八十三岁，贪图富贵的欲火仍然烧心，把姜嗣宗陷害到一个申诉无门的惨境，我们有理由怀疑他的美好声誉，到底是不是真？

《罗织经》

索元礼是一个外国人（国籍不详），知道武曌的心意，遂向铜匦告密，武曌在召见时，印象深刻，擢升他当游击将军（武散官十五级，从五品下），命他专门调查皇太后交办的叛乱案。索元礼性情残暴恶毒，审问一个人，一定要他牵连数十人甚至数百人；武曌好几次特别召见索元礼，用以增强他的权力。于是，国务院总务官（尚书都事，从七品上）周兴、万年（首都长安东半城）人来俊臣之流，纷纷效法。周兴被擢升到国务院司法部副部长（秋官侍郎，正四品下），来俊臣被擢升到副监督官（御史中丞），彼此私人都畜养地痞流氓数百人，唯一的任务就是告密。如果决定陷害某一个人，就命这些地痞流氓在各处同时发动，内容完全一样。来俊臣和最高法院助理审判官（司刑评事，从八品下）万国俊，共同撰写《罗织经》数千字，教导他们属下的特务，如何陷害清白无罪的人，以及如何编造一件谋反故事，结构严谨，布局精密，情节复杂曲折。武曌接到这些告密状，通常情形是先交给索元礼等调查。这些特务像参加酷刑比赛一样，争着发明逼供新法：制造长枷，依照长枷的重量，分别定名为“定百脉”“突地吼”“死猪愁”“求破家”“反是实”等。有的把短木绑到被告手足上，像扭绞毛巾一样，扭绞双臂双腿，名“凤凰展翅”；有的把被告拦腰绑到柱子上，向前猛拉套到囚犯颈上的长枷，称“驴驹拔撅”；有的命被告跪下，双手捧枷，另把砖头堆到枷上，称“仙人献果”；有的命被告爬上高梯，用绳子拴住枷尾，慢慢向后拉，称“玉女登梯”；有的把被告头下脚上倒着悬挂，在颈上吊一个大石头；有的用醋灌被告的鼻孔；有的用铁环套到被告头上，而在空隙处打入木楔，使脑浆崩裂。每次审问，先把这些刑具陈列出来，叫被告观看，无不恐慌颤抖，汗流浃背，仰望法官颜色，自己竭力诬陷自己，承认有罪。每次，政府颁布大赦令，来俊臣就命监狱官先把重要囚犯诛杀，然后才正式宣布赦令。武曌认为他真是忠心，对他越发宠爱信任。无论中央或地方，对这几个人都十分畏惧，超过畏惧虎狼。

美国训练间谍手册中，有一段话说：“当敌人对你用刑的时候，你要高兴，那说明他们对你一无所知。”这正是一个幸福家庭长大的公子哥儿口吻，不知道人生

艰难。专制政治下的苦刑拷打，岂仅是要你供出你隐瞒的事，而是，他还要你供出你从没有做过的事！你必须不断揣摸审问官的心理，察言观色，一步一步编出置自己于死地的罪行。揣摸试探之际，也就是苦刑拷打之时，审问官发现你的口供不能称他的心，如他的意，一定怒不可遏，只有苦刑拷打才能帮助你充分发挥罗织自己罪状的想象力。

告密是一种绝对的恶，即令在充满罪恶的社会，有这种恶的人，也被唾弃。武曌对中国最大的伤害，在于把这一种恶，用强大的政治压力，竟使它变成深受赞扬和应获奖赏的善，人类特有的价值观完全倒错。

历史上有好几个大魔头是采取法律手段消灭异己的，第一是武曌，第二是朱元璋，他们扩大冤狱功能，任用特务，在合法的外貌掩护下，作大规模屠杀。

酷刑以及告密，是衡量一个国家文明程度的指标，希望这两项恶，都能彻底绝迹。

郝象贤反击武曌

688年，武曌诛杀太子宫事务管理官（太子通事舍人，正七品下）郝象贤。郝象贤，是郝处俊的孙儿。

最初，武曌对郝处俊至为痛恨（李治打算命武曌摄政，郝处俊劝阻，使武曌夺权时间延后九年之久，参考675年3月），一直在找机会报仇，正巧，郝象贤的家奴诬告郝象贤叛变，武曌命国务院司法部副部长（秋官侍郎）周兴调查，判决郝象贤全族屠灭。郝象贤的家人前往政府办公处所（朝堂，皇宫南城），向行政监察官（监察御史）乐安（山东惠民）人任玄殖诉冤。任玄殖上疏指出郝象贤被控叛变，没有证据，武曌把任玄殖免职。郝象贤在绑赴刑场途中，用尽所有脏话，诟骂武曌，揭发武曌的淫行隐私，又闯到路边夺取驻足观看者挑卖的木柴，用来攻击刽子手，负责维持街市秩序的金吾卫（卫军十一、十二军）士卒一拥而上，把郝象贤乱刀砍死。武曌下令将郝象贤的尸体割裂分解，再挖掘他的老爹及祖父（郝处俊）的坟墓，捣毁棺木，焚烧骨骸。从此，一直到武曌逝世，司法单位每次处决囚犯，都先用一块圆木球塞住囚犯的口。

郝处俊不过阻挠过一次武曌摄政而已，事隔十三年，武曌终于用屠灭全族的酷刑作为报复，胸襟之狭窄，心灵之恶毒，使人生厌。然而也因此之故，郝象贤没有后顾之忧，得以把武曌的丑事，全盘抖出来，留传人世，武曌泄愤的结果徒使自己更为羞辱。人事难料，往往如此。

郭霸尝粪

宁陵（河南宁陵）县政府主任秘书（丞）庐江（安徽庐江）人郭霸，用精密的马屁术，谄媚武曌，被任命当行政监察官（监察御史）。

副总监察官（御史中丞）魏元忠患病，郭霸前往问候，把魏元忠的粪便放到自己嘴里品尝，欢天喜地说："大人的粪，味道如果是甜的，就应该忧虑；可是，今天它的味道既臭又苦，不要担心！"魏元忠大为厌恶，到处宣扬。

和士开的"黄龙汤"，早闻名于世（参考570年7月），但当事人姓名不传；郭霸的行径相同，却名留史册。为了当官，连主子的粪便都可啧啧下咽，喜形于色，功力之高，用心之苦，使人叹为观止。列宁曾说："资本主义越到东方，越是无耻。"岂止资本主义，专制封建越到东方，同样地也越是无耻。每当高官大员在那里眉飞色舞、趾高气扬时，思及他们说不定昨天晚上刚喝过更大阔佬的黄龙汤，或尝过更大阔佬的粪便，便忍俊不禁。

一个什么诱因，难道是单纯的"当官狂"，就使人格堕落到这种程度？值得沉思。

娄师德唾面自干

693 年，南周政府任命国务院国防部副部长（夏官侍郎）娄师德，当二级实质宰相（同平章事）。

娄师德的老弟被任命当代州（山西代县）州长，将要前往就职，娄师德告诉他说：“我身居宰相(同平章事)高位，你又当一州州长，所受的宠爱荣耀，都达到巅峰，正是人们嫉妒的对象，你有什么办法使自己免于灾祸？”老弟直起上身，恭敬地说：“从今以后，即令有人唾我的脸，我只把脸擦干净而已，希望不让你担忧！”娄师德悲哀地说：“这正是让我担忧的地方！人家唾你的脸，是生你的气，你把唾沫擦干净，表示反抗，就会使他更加生气。切记，唾到脸上的口水，不可以擦掉，它自己会干！你应该满面笑容，随人家唾！”

娄师德的唾面自干学，是官场文化中的主要功课。数千年来，中华人一直卑屈地残喘求活，中国小民在小官前，小官在大官前，活得像条虫蛆，任凭诛杀拷打，戏弄凌辱，而仍“满面笑容，随人家唾”！只要能给他官做。娄师德为这种无耻行径，提供哲学基础。

大多数人都用不尊严的手段取得尊严的地位，又用不尊严的手段保护尊严的地位，是中国这艘船无法走上航道，一直撞山触礁的原因。

冯小宝下场

南周帝（一任）武曌的情夫冯小宝，越来越傲慢任性，武曌对他逐渐厌恶。冯小宝既纵火焚烧皇家大会堂（明堂），内心不安，言谈之间，越发狂悖；武曌秘密挑选健壮有力的宫女一百余人，暗中戒备。命建昌王武攸宁率勇士埋伏瑶光殿，就在殿前树下，制服冯小宝，乱棍打死。把尸体送到白马寺（洛阳城东），烧成灰烬，和在泥里建造佛塔。

冯小宝横死，我们为他兴悲。他不过洛阳街头一个摆地摊的粗汉，生意如果稳定，他会娶妻生子，建立一个幸福的家庭。却不幸被几个有权有势的女人，弄到闺房之内，安置在一个他根本不能了解的高位之上。突然间尝到权力的滋味，昨天他连做梦都高攀不上的大人物，现在都反转过来向他胁肩谄笑。在这种世界颠倒的巨大变化之下，要冯小宝不几近神经错乱，殆不可能。

冯小宝无法适应这种优渥的巨变，从他在内心已感不安之后，不但不知道改弦易辙，反而更为骄傲不逊，看得出来。但是，任凭谁处于冯小宝那个位置，恐怕都无法使自己平衡！

契丹崩溃

697 年，契丹部落可汗孙万荣，被家奴格杀。

孙万荣击破王孝杰时（参考 697 年 3 月），在柳城（营州州政府所在县，辽宁朝阳）西北四百华里处，依靠山川险要，兴筑一座新城，把老弱妇女，以及从战场俘获的武器财产，和金银珍宝，都留在城里，命妹夫乙冤羽镇守，而自己率精锐部队进攻幽州（北京）。唯恐怕东突厥汗国（瀚海沙漠群）可汗（十九任大可汗）阿史那默啜袭击他的后方，特派五人使节前往黑沙（阴山北麓，东突厥王庭所在），告诉阿史那默啜说："我已击破王孝杰的百万大军，中国人心胆俱裂，请会同可汗，乘胜共同出军，攻击幽州（北京）。"三人先到，阿史那默啜大喜，赏赐他们红色官服（四五品）。二人稍后才到，阿史那默啜对他们姗姗来迟，火冒三丈，要把二人斩首。二人说："请让我们说一句话再死！"阿史那默啜问他们说什么，二人把契丹部落基地空虚情形告诉他。阿史那默啜遂把早到的三人诛杀，而赏赐给后到二人红色官服（四五品），命他们充当向导，而自己亲率大军，直扑契丹新城。出发时，诛杀所俘掳的凉州军区（总部设甘肃武威）总司令（都督）许钦明（参考 696 年 9 月），用鲜血祭祀天神。突厥军围攻新城三天，攻克，把城里所有的人全部俘掳，班师；只释放乙冤羽，命他飞马报告正在前方的孙万荣。

当时，孙万荣正跟中国军队对峙，得到消息，军心震恐；奚部落军（滦河上游）首先叛变，中国北征军、神兵方面军指挥官（神兵道总管）杨玄基攻击契丹军正面，奚部落攻击契丹军背后，生擒契丹勇将何阿小；孙万荣大军霎时崩溃，率轻装骑兵数千人，向东奔驰。中国前军司令（前军总管）张九节派军在前面埋伏，迎头痛击，孙万荣走投无路，和家奴逃到潞水（海河支流）东，在树林中休息，悲戚说："时到今天，我打算归降中国，但闯下的祸，已经够大；而归降突厥，也是死路；归降新罗（首都金城【朝鲜半岛庆州市】），照样是死路，叫我往哪里去！"家奴砍下他的人头，提到中国远征军大营投降，武曌下令把它悬挂在礼宾馆（四方馆）门前（四方馆在皇宫南城【朝堂】西）。

696 年 10 月，东突厥首次袭击契丹部落基地，俘掳所有辎重人口。不满一年，

697年6月，东突厥再次袭击契丹部落基地，也俘掳所有辎重人口。两次战役，攻守两方，所用的是同一战略计划。

契丹可汗孙万荣，是一员战将，而且也有智谋，但他在第一次失败后，竟无法避免模式完全相同的第二次失败，实在可哀。无法从失败中学得教训的人，一定会受到严厉的惩罚。

张说拒绝伪证

祭祀部主任秘书（司礼丞）高戬（音 jiǎn【剪】），是太平公主所喜爱的人。正巧，南周帝（一任）武曌身体有点小病，张昌宗恐怕武曌一旦逝世，会被魏元忠诛杀，于是在武曌面前陷害魏元忠和高戬，说他们暗中讨论："皇上已老，不如保驾太子（武显【李显】），才能长久。"武曌大怒，逮捕魏元忠、高戬下狱，准备在金銮宝殿上，跟张昌宗当面对质。张昌宗秘密找到立法官（凤阁舍人）张说，允许给他一个高官肥缺，只要他肯出面证明他确实听到魏元忠讲过那样的话。张说应许。明天，武曌召集太子武显（李显）、相王武旦（李旦）和各宰相，命魏元忠和张昌宗对质，双方指控、辩护，一来一往，无法发现真相。张昌宗拿出最后法宝，说："张说曾经亲自听见魏元忠那样说，请召见张说查证。"张说登殿，武曌问他当时情形，张说还没有回答，魏元忠对这位突然出现的原告证人，大为恐惧，向张说呼喊："张说，你打算跟张昌宗联手陷害魏元忠，是不是？"张说喝止他，说："魏元忠身为宰相，为什么竟跟巷口小人物，说的话一样！"张昌宗在旁催促张说，命他赶快发言。张说说："陛下请看，在陛下面前，张昌宗还逼我到这种程度，可以想象他在外边时的气焰。我站在金銮宝殿之上，不敢说谎。我实在没有听见魏元忠说那句话，只是张昌宗逼我非作伪证不可。"张易之、张昌宗大为惊骇，喊叫说："张说跟魏元忠一同谋反！"武曌命二人陈述，张易之、张昌宗回答说："张说曾经形容魏元忠是伊尹、姬旦；伊尹罢黜子太甲，姬旦代理国王，不是谋反是什么？"张说回答说："张易之兄弟是卑劣小人，只听说过关于伊尹、姬旦的故事，却不知道伊尹、姬旦的行为！前些日子，魏元忠刚穿上紫色官服（三品以上官服），我以立法官（凤阁舍人）的身份，前往道贺。魏元忠告诉客人说：'没有功劳而受皇上宠爱，十分惭愧畏惧！'我确实这么说：'你身负伊尹、姬旦的重任，不过当一个三品官，有什么值得惭愧恐惧！'伊尹、姬旦，身为国家高官，心怀至忠，自古迄今，谁不仰慕！陛下选用宰相，不叫他效法伊尹、姬旦，叫他效法谁？我岂不知道，今天迎合张昌宗，立刻就能高升到最高阶层！不敢作伪证的结果，会立刻召来全族屠灭！但我畏惧魏元忠死后，冤魂不散，不敢诬陷。"武曌大怒说："张说这个反复无常的小人，应该一并逮捕，连同魏元忠一起惩罚。"过了几天，再传见张说盘问，张说的证词跟以前一样。

武曌怒不可遏，命各宰相会同河内王武懿宗共同审理，张说坚持他的初供。

道德勇气是使人类向人生更高境界跃升的最大动力。对张说的英雄行为，我们有无限尊敬。

特务果报

唐帝（六任中宗）李显下诏："684 年（武曌夺权之年）以来，被抄家的政治犯子孙，一律恢复旧有的资历及庇荫，只徐敬业、裴炎不在此限。"（徐敬业，参考 684 年 9 月；裴炎，参考 684 年 10 月。李显被武家班及新兴的韦家班玩弄在手掌之上，毫无知觉。）再下诏："特务周兴、来俊臣等，已死的剥夺他们的官爵，还没有死的流窜岭南（五岭以南）凶恶地方。"（此时特务还活着的，有唐奉一、李秦授、曹仁哲。）

民主国家的特务，是保护国家的隐秘医生；专制国家的特务，则是保护某一姓、某一党，或某一小撮人，或某一个人的隐秘毒蛇。

特务的泛滥使用，武曌首发其端，但武曌手下特务所受的果报也最惨，自身被诛杀外，子孙也受羞辱。然而，任何凶险的果报，都不足以阻吓后世的野心无赖，奋不顾身地也去充当毒蛇。张昌仪所说的："一天快乐也就足够！"是这一类型特务的唯一经典，他连自身的荣誉和安全都不管，何顾子孙！

事后惩处作恶的特务，不如事先预防特务的作恶。

论武曌

705年，南周帝（一任）武曌，在上阳宫逝世，年八十二岁。遗诏："撤销皇帝称号，改称'则天大圣皇后'。王、萧二人家族（王皇后及萧淑妃被谋害，参考655年11月），以及褚遂良（参考658年11月）、韩瑗、柳奭（二人均参考659年7月）亲属，全部赦免。"（这些家族，已流窜五十年。）

武曌是中国历史上，空前成功的第一位女强人，也是一个可怕的怪胎。不要说古代女人望尘莫及，就是现代女人也没有谁能比得上。她拥有盖世的美丽、绝顶的聪明、超凡的理智、彻底的无情，和刻骨的恶毒，再加上强烈的政治欲望，以及无与伦比的好运。她综合许许多多绝对的条件，全力发挥，终于在权力争夺的杀戮战场上，创下奇迹，在传统的父系社会中，建立一个女性当君王的崭新帝国。这是任何女人都办不到的事，而武曌办到了。

武曌自从被罢黜退位，囚禁上阳宫，长达十月之久，躺在病榻上，只不过少数宫女留在身旁，她所习惯的热闹场面不再，她视如生命的权力霎时滑走，她一生对太多的人忘恩负义，如今她开始尝到被人忘恩负义的滋味，这位曾经使世人震悚的政坛大玩家，现在，眼睁睁看着她所建立的南周王朝烟消云散，眼睁睁看着她的情夫被杀，而她手中已没有一点筹码，这十个月足够她作种种回忆。依她的个性，她不可能忏悔，只有良知未泯的人才有罪恶感，才会忏悔。武曌这种女人，她所思考的恐怕是如何再夺回权柄，和再夺回权柄后，怎么对付那些把她驱下宝座的叛徒，这些幻想，成为死前的唯一娱乐，使她稍稍得到安慰。

武曌到了末期，要选立继承人时，才发现陷于两难之境，在传子与传侄之间，无法决定。依照常情，儿子当然比侄儿亲密，而且无论律法或宗法，天经地义地都要传给儿子，问题在于，武曌的江山，却是夺自儿子之手，宝座传给儿子后，南周王朝自然消失，唐王朝自然再现，武曌追求的目标，便全部落空。可是，如果传给侄儿——她原来计划就是如此，偏偏武家班全是脓包，用冤狱陷害几个人，绰绰有余，但是要接管一个帝国，却没有一个人有这种能力，这是武曌的悲哀，她一心一意要当一个王朝的创始人，却被继承问题困住，束手无策。

事实上，到了最后，维持南周王朝的和平稳定，跟人们的预期心理有关。武曌一天比一天衰老，一天比一天接近死亡，朝野都在屏息等待，这就是人心。如果武家班出现一个强人，他当然有可能扭转历史。问题是，武家班根本不可能出现强人，因为武曌自从杀子夺权，自我个体凌驾一切，对任何人都不信任，她不会允许别人比她更能干、更杰出，即令是她想传位的侄儿。

武曌的下场应该大出她的意料之外，这个满身邪门的八十二岁的老太婆，在她生命的历程中，制造了无数罪恶之后才死。她的影响，似乎到二十世纪末叶，仍然存在，后世很多女性野心家，兴致勃勃地把她当作榜样，有些甚至成功了一半，只因为缺少稍高的智慧和更多的好运，最后全都倒毙。

李显毒发身死

最高顾问官（散骑常侍）马秦客精通医药，宫廷膳食部副部长（光禄少卿）杨均，会烧一手好菜，都因此得以自由出入内宫，受韦皇后宠爱，恐怕事情泄漏，受到诛杀；而安乐公主李裹儿又盼望娘亲韦皇后主持政府，自己就可以当皇太女。这些人共同进行弑逆阴谋，把毒药放到饼馅里，唐帝（六任中宗）李显吃下后，毒发身死（年五十五岁）。

李显毁灭在三个他最亲密的女人之手：老娘武曌、娇妻韦女士、女儿李裹儿。他阁下的头跟他老爹李治的头一样，好像都被笨驴踢过，同属“六不分动物”：是非不分、亲疏不分、黑白不分、忠奸不分、恩仇不分，利害不分，注定他从生到死，窝囊到底。

贾南风第二

> **710 年，唐王朝宫廷政变爆发，临淄王李隆基跟刘幽求等，暗中进入皇家林苑（禁苑，皇城以北），在官舍跟钟绍京会面，二更时分（二十一时至二十三时），天上星斗向四方散落，一片洁白，好像下雪，葛福顺拔出佩剑，一直闯进羽林军（禁军第一、二军）大营，斩韦璿、韦播、高嵩，砍下人头，拿给大家观看，葛福顺宣告说："韦皇后毒死先帝（李显），阴谋推翻政府，今天晚上当同心协力，诛杀韦家班，比马鞭高的男女，全部斩首。拥护相王（李旦）当皇上，安定天下，胆敢三心二意或帮助叛徒的，屠灭三族。"李隆基命葛福顺率左翼万骑卫士攻击玄德门，李仙凫率右翼万骑卫士攻击白兽门，约定在凌烟阁前会师；于是大声嘶喊，白刃冲锋，葛福顺等斩守门将领，砍开城门，一涌而入。李隆基率军在玄武门外备战，三更时分（二十三时至次日一时），听到嘶喊声起，立刻率自己的卫士及羽林军入宫；在太极殿守护李显灵堂的卫军士卒，听到外面杀声震天，全都披上铠甲响应。韦皇后惊慌失措，逃到飞骑卫士营，一个士卒大刀一挥，砍下她的人头，呈献给李隆基。安乐公主李裹儿正在照镜子画眉，士卒冲进去，一刀砍死。在肃章门外斩武延秀。**

中国有句俗话，讥讽欲望强烈、头脑简单的蠢人："只看见强盗吃肉，没看见强盗砍头。"韦女士平庸得简直是第二个贾南风，只懂富贵，不懂政治，她只看见婆母武曌当上皇帝，没有看见那玩意儿的高度危险。只看见一辆满装硝化甘油的卡车，偶尔驶过密集布雷区而没有爆炸，就认为自己照样也可以穿越，自然被悲剧抓住。

韦女士最大的错误是她毒死丈夫，使她丧失权力魔杖。武曌当她早已控制全局的时候，仍不敢动丈夫一根毫毛，她知道，纸包不住火。还有一项是，武曌有四个亲生儿子，杀了两个，还剩两个。如果武曌一开始就没有儿子，或者把儿子统统杀光，情势将会大变，事实上是，她的两个儿子保护她得以死在床上。韦女士却只有一个半吊子女儿，根柢空虚。

韦家班跟武家班也有相同之处：他们都缺少英才，误认为仅靠刑罚就可立威。在那种惊天动地大变革之际，必须用恩德相结。官位崇高，并不代表控制能力坚强，韦家班盘踞要津，用平时的富贵，去因应临时突发的灾难，不过一堆砧板上的肥肉。

李显冥顽

唐政府把六任帝（中宗）李显，安葬定陵（陕西富平西北七公里龙泉山），祭庙名中宗。政府有关单位会议决定：韦皇后犯罪，不应合葬。于是，追赠故英王妃（李显前妻）赵女士绰号和思顺圣皇后，寻求她的尸首，已没有人知道埋在什么地方（赵女士死事，参考675年4月），于是用她祭祀时穿的衣服，招魂入棺，把祭服代替尸体，跟李显合葬。

李显的前妻赵女士，是常乐公主的女儿，因娘亲得罪武曌，于675年突然被逮捕囚禁，活活饿死，年龄当在十九岁左右。少年夫妻，如漆投胶，在巨变中被外力分离，并不是两情破裂，李显即令是一只毛虫，也应多少有点思念。可是705年李显重登宝座，直到710年被害身死，五年之久，连寻找她的尸首，另行迁葬，都没有做。这件事对一个普通平民来说，限于能力，可以理解，但对一个皇帝而言，不过动动嘴就可办到，而他竟没有动嘴，可见他已全忘。冥顽不灵的程度，跟他的老爹李治一样，难以思议。

裴伷先传奇

唐帝（八任睿宗）李旦下诏，恢复裴炎生前官爵（裴炎事，参考684年10月）。
最初，裴炎的侄儿裴伷先，从贬所岭南（南岭以南）逃回，被政府捕获，打一百棍，流窜北庭（新疆吉木萨尔）。裴伷先抵达贬所，经营商业，行侠仗义，时常派人到京师探听动静。武曌诛杀流刑犯时（参考693年2月），裴伷先事先得到消息，遂向北逃亡，投奔游牧部落。北庭总督府（设新疆吉木萨尔）追捕，把他生擒回来，囚禁监狱，专案请示如何处理。而钦差大臣不久抵达，执行武曌命令，流刑犯全部丧生，可是裴伷先却因等候批示之故，反而没有处决。不久，武曌下诏安抚，还没有处死的流刑犯，一律赦免释放，裴伷先因此被释放回京。710年，政府寻找裴炎的后裔，只有裴伷先仍在人世，遂任命他当太子宫总管府主任秘书（詹事丞，正六品上）。

裴伷先的遭遇，正是一篇暴政下写实的伤痕小说，包括中国传统戏剧的四大要素：忠、孝、节、义，以及主角的急智和传奇，动人心弦。

孙佺

幽州军区（总部设北京）总司令官（大都督）孙佺、跟奚部落（滦河上游）酋长李大酺，在冷陉（今地不详）会战，全军覆没。 当时，孙佺率左骁卫（卫军第五军）将军李楷洛，左威卫（卫军第九军）将军周以悌，以及步兵二万人、骑兵八千人，分作三路，袭击奚部落及契丹部落（辽河上游）联军。将军乌可利劝阻说："道路艰险，天气酷热，孤军深入敌境，一定失败。"孙佺说："薛讷在边疆多年，竟不能为国家收复营州（营州【辽宁朝阳】沦陷事，参考 696 年 5 月）。今天趁蛮虏没有戒备，发动突击，一定可以建立功勋。"命李楷洛率骑兵四千人当前锋进发，遇到奚部落骑兵八千人，李楷洛进攻，情势不利，孙佺胆小如鼠，不敢增援，反而放弃身陷危境的前锋骑兵，打算率主力撤退，奚部落军乘势反击。李大酺派使节质问孙佺说："中央政府既然跟我和解，你为什么对我攻击？"孙佺说："我奉到的指示本来就是安抚慰问，李楷洛却不听命令，擅自出兵跟你交战，愿把他斩首，作为赔罪。"李大酺说："如果是真的，用什么证明？"孙佺只好搜括军中所有绸缎，凑到一万余段（四匹是一段），连同紫袍（三品以上官服）、金带、鱼袋（参考 690 年 10 月），一并送去。李大酺全部收下，说："请将军撤退，不要再找麻烦。"可是中国将士过度震恐，争先恐后逃走，不成队伍，奚部落军遂展开追击，中国军霎时崩溃。孙佺、周以悌被奚部落生擒，东突厥汗国（瀚海沙漠群）可汗（十九任大可汗）阿史那默啜把二人斩首。李楷洛、乌可利脱险回国。

孙佺背靠权势时，大义凛然，"虽千万人，吾往矣"！冒犯他的人非死即囚。可是背后的权势一旦支撑不住他，他就宁可抛弃战友，甚至诬陷战友，向敌人下跪叩头，哀求饶命。

一个人一生中遇到一次这样的长官，或这样的朋友，就够消化的了，我们真为李楷洛、乌可利庆幸。

预知的惊恐

有相面师警告一级实质宰相（同中书门下三品）窦怀贞（窦从一）说："你将面对刑事厄运。"窦怀贞（窦从一）恐惧，向唐帝李旦请求辞职，愿到安国寺（在首都长安长乐坊）当庙奴。李旦批准。不久，李旦再任命窦怀贞（窦从一）当国务院左最高执行长（左仆射）兼总监察官（左御史大夫）、特级实质宰相（平章军国重事）。

人类未来的命运，如果是上天注定，不能改变，那就怎么躲都躲不过，预知它有什么用？如果可以改变，或可以躲过，那就不是上天注定，便无法预知。

然而，自从潘多拉女士把"预知"紧扣在宝箱之内，千千万万年以来，人类一直在作各种努力，企图俘获那个小精灵，无论富贵贫贱，都希望清晰地看到未来。

只有聪明得冒了泡的人，才会相信某位法术师已经把小精灵擒拿到手。

崔湜站错了边

唐帝（九任玄宗）李隆基，准备诛杀窦怀贞（窦从一）等，召见崔湜，打算收作自己心腹。崔湜的老弟崔涤对他说：“皇上有什么问你，你不可以隐瞒。”崔湜不接受。窦怀贞（窦从一）等伏诛后，崔湜跟国务院右秘书长（右丞）卢藏用，都被检举跟太平公主上床，判处流刑，崔湜流窜窦州（广东信宜），卢藏用流窜泷州（广东罗定南）。新兴王李晋临斩首时，叹息说：“这项密谋，本来是崔湜提出，今天我死，崔湜却活着，岂不冤枉！”正巧，主管官员在侦查宫女元女士时，元女士招出跟崔湜准备下毒阴谋，李隆基下诏，命贬谪途中已走到荆州（湖北江陵）的崔湜自杀。

崔湜虽然有很高的才能，事实上不过官场一只甲虫，他之飞黄腾达，只是因一直站对了边，站在韦家班这一边，但后来，在姑侄一场火并中，他选择了太平公主，才全盘皆输。如果福至心灵，选择了李隆基，虽然他这一生做尽了卑鄙勾当，岂不仍被赞美为著名卿相。

中国历史上的人物，很少为了坚持理念被杀头的，大多数都是为了站错边而丧生，站对了边就有荣华富贵，站错了边就成了盗匪奸邪，与贤愚忠奸无关。越到近代，越是如此，使人浩叹！

半截症

714年，李隆基因社会风俗一天比一天奢侈糜烂，下令说："皇帝多余的车辆、衣服和金银珠宝器具，以及所有装饰品，有关单位应把它拆毁，供应军事及国家使用；珠宝璧玉、锦绣绸缎，都在金銮宝殿前焚化。皇后妃妾以下宫中妇女，都不准戴珠宝璧玉、穿锦绣绸缎。"再下令："文武百官衣服上、腰带上，以及饮酒用的器具、马勒马镫，三品以上官员可以镶嵌璧玉，四品官员可以镶嵌黄金，五品官员可以镶嵌白银；其他一律禁止。妻子的衣服、装饰，跟她的丈夫的或儿子的相同。旧有的锦绣绸缎，一律染成黑色。从今之后，全国不准买卖珠宝璧玉，不准纺织锦绣，违犯的打一百棍；工人减一等处罚（唐律，减一等即减少二十棍）。"撤销设于首都长安及东都洛阳的皇家锦绣纺织厂（织绵坊）。

司马光曰："李隆基当皇帝的初期，为了追求国家安定及社会繁荣，如此厉行节俭，自我刻苦，到了晚年，却仍然因奢侈而导致失败！可怕，奢侈靡烂的生活，太容易把人淹没。《诗经》说：'如果没有好的开始，很少有好的结束。'怎么能不谨慎！"

宝座上的帝王，一旦疯狂杀人，或疯狂挥霍，儒家学派一直没有良好的对策。唯一的办法是盼望他们自我克制，如果不能，小民只好自认倒霉。于是，忽然间，一个帝王颁布一道命令，声称他要厉行节约，实行仁政，大家就欣欣然额手称庆，谢天谢地。

从没有一个帝王能始终如一，包括模范生李世民在内，到了晚年，也开始异化。历史上满坑满谷的，全是半截英雄，前半截还可能有精彩之处，后半截无不终于露出马脚。司马光没有提出阻止或医治"半截症"的良方，仅只强调前半截节俭的必要。这是中国政治的退化论，显示所有的政治领袖都越活越坏。

保持或提高政治领袖的品质，只有一种特效药，就是必须依靠外在权力的制衡，绝不能依靠内心的省悟。什么时候中国人发现"天纵英明"是一项诈欺，什么时候中国人相信权力制衡是一项万能奇药，什么时候中国人才有能力建立一个现代化民主自由的国家。

伴食宰相

唐王朝（首都长安【陕西西安】）皇帝（九任玄宗）李隆基，擢升摄理最高监督长（检校黄门监）卢怀慎，当摄理国务院文官部长（检校吏部尚书）兼最高监督长（黄门监）。卢怀慎清廉谨慎，节俭朴素，从不经营家产，虽然已到宰相高位，但所得的薪俸随时都散发给故旧亲友，以致妻子儿子都难免不挨饿受冻，住家破烂，遮不住风雨。

最高立法长（紫微令）姚崇（姚元崇），曾经因儿子的丧事，请假十余天，立法院（紫微）公务堆积如山，卢怀慎不能裁决，惶恐不安，进宫报告李隆基。李隆基说："我把天下事交给姚崇（姚元崇），而把你安置在可有可无的位置上！"

卢怀慎跟姚崇（姚元崇）同时当宰相，自己知道才干不如姚崇（姚元崇），所以每次遇到事情，都不敢表示意见，推给姚崇（姚元崇）决定；世人称他是"伴食宰相"。

司马光曰："从前，鲍叔牙之于管仲，公孙罕虎之于公孙产，官位原来都在对方之上，但在发现对方的贤德才能后，就曲意结交，把国家权柄，交给他们，孔丘都予以赞美。曹参自知不如萧何，所以一意遵守萧何所订的法令规章，不作任何变更，西汉王朝的大业得以完成。卑劣的人当权，做部属的人，爱惜自己的身家，保护自己的俸禄，曲意听从，而不顾国家的安危，诚然是罪人。但贤能的人当权，做部属的人，愚昧地干扰他的政令，坚持自己的见解，牵制他的权柄，嫉妒痛恨，摧毁他的成果，刚愎自用，博取美名，更是罪人。姚崇（姚元崇）是唐王朝的贤能宰相，卢怀慎同心协力，共同缔造太平盛世的李隆基时代，他有什么罪？《秦誓》说：'这里有一个官，诚诚恳恳，没有什么特别专长，然而他心肠善良，胸襟开阔。别人有才能，就好像自己有，别人有美德，内心就充满羡慕；别人有嘉言，就好像是他自己说出来的一样。这种有包容性的人，可以保护我的子孙及人民。他的官职，对国家有利。'卢怀慎正是如此。"

卢怀慎被称为"伴食宰相"，是国人直截了当认定他不过是一具饭桶，除了陪别人吃饭外，没有别的功用。司马光却打抱不平，认为卢怀慎完美无缺，更引用千年前的古书，倍加赞扬。

根据史册记载的资料，卢怀慎有两大特点，一是把所有薪俸都给了亲友故旧，以至于自己全家陷于饥饿；二是他面对堆积如山的政府文书，呆若木鸡。使妻子儿女啼饥号寒，是他对家庭缺乏责任感，既没有资格为人夫，更没有资格为人父。把薪俸分散给别人，如果他不知道钱的价值，那是白痴，如果他知道钱的价值，他所企求的恐怕是更高的目标、更多的财富。面对国家大事束手无策，说明他昏庸颟顸，无药可救。把一艘船交给一个连他自己都承认没有航海技能的水手掌舵，我们为这艘船上的乘客颤栗。

然而，司马光却对他十分欣赏，只因为卢怀慎属于猪八戒的脊梁，无能之辈，不敢改革，也不会改革，正符合司马光反改革的政治心态。

司马光说："贤能的人当权，做部属的人，愚昧地干扰他的政令，坚持自己的见解，牵制他的权柄，嫉妒痛恨，摧毁他的成果，刚愎自用，博取美名，就是罪人！"话说得如此明白，那么，王安石领导政府时，司马光却为什么愚昧地干扰王安石的政令，坚持自己的见解，牵制王安石的权柄，嫉妒痛恨，摧毁王安石的成果，而自己刚愎自用，博取美名？

一个既得利益者，为了维护既得利益，一定坚决反对改革，而且什么手段都用得出来，连一具名垂史册的饭桶，一个标准的官场混混卢怀慎，都突然间成了圣人，不可不叹息中国历史上的是非标准，为什么总是为了一时的自私，如此地随意颠倒。

慷别人之慨

太上皇李旦，在百福殿逝世（年五十五岁）。唐帝（九任玄宗）李隆基，命女儿万安公主当女道士，把献身所得到的福分，追献给祖父李旦。

先前，李旦命他的女儿金仙、玉真公主终身不嫁，去当女道士，为祖母祈福。李隆基又命他的女儿万安公主终身不嫁，去当女道士，为祖父祈福。

有权有势的人，对牺牲别人的幸福，以展现自己的优美品德，总是慷慨得不得了。

柳树林之役

716年，东突厥可汗阿史那默啜在北方攻击拔野古部落，在独乐水（蒙古国土拉河）大破拔野古军，凯旋而归，仗恃自己战胜余威，毫不戒备，拔野古部落逃亡战士颉质略，突然从柳树林中冲出，斩阿史那默啜。

当时，大武军（山西代县北）子将郝灵荃，奉命去东突厥汗国办事（“军”在最初只是军事基地，设大将一人、副大将二人、子将八人），颉质略把阿史那默啜的人头交给郝灵荃，一同带到长安朝见，李隆基下令把阿史那默啜的人头悬挂大街。拔野古部落、回纥部落（蒙古国乌兰巴托市）、同罗部落（蒙古国北部）、霫部落（辽河以北）、仆固部落（蒙古国东部）共五部落，都投奔中国，中国政府把他们安置在大武军（山西代县北）以北。

柳树林之役，战无不胜、攻无不克、横行北亚洲二十年、所向无敌的沙漠之王阿史那默啜，突然丧生，这是一个“忘了我是谁”的傲慢人物，所受到的最严厉的惩罚。他阁下在摧毁一个强大敌人后，竟真的认为头上已自动自发地冒出光圈，即令没有人保护，也会有神保护。

最可敬的是颉质略先生，在绝望中发出奋勇一击，他不过是一个亡国之余的残兵败将，普通情形下，兵败如山倒，连胆都被吓破，突然遇见“电视上时常出现的那个大家伙”，只有目瞪口呆，浑身发抖，哭求大王饶命的份儿，但颉质略却隐秘埋伏，一跳而起。如果失败，他除了身死之外，还会留下笑柄，多少聪明人都将讥讽他不自量力。

然而，颉质略却发出无畏的闪电一击，我们佩服他至死不休、誓不屈服，与敌人宁可同归于尽，宁可失败而死，也不苟且偷生的精神。英雄！勇士！正是颉质略当之无愧的荣耀。

父尊母卑

立法院初级立法官（右补阙）卢履冰上疏说："依照古礼，老爹仍在，而娘亲逝世，给娘亲穿丧服一年。则天皇后（武曌）时，改为穿粗生麻布缝边丧服（二级次重）三年（齐衰。参考 674 年 12 月）。请恢复古礼。"唐帝（九任玄宗）李隆基交付有关单位研究讨论。监督院最高顾问官（左散骑常侍）褚无量，赞成卢履冰的意见，但也有人反对。大家议论纷纷，一连几年，不能决定。
719 年，李隆基下令说："自今以后，丧服等差，一律遵照《丧服传》全文。"然而高级知识分子（士大夫）仍然争论不息，于是，各照各的意见施行。褚无量叹息说："圣人岂不知道娘亲的厚恩？但等差的规定，只是使尊贵与卑贱，中国与蛮族，有明显的分别。世俗的感情十分肤浅，不了解圣人的用意。正当的制度一旦混乱，谁能改正！"

从为父母所穿丧服的不同上，再一次显示儒家的等差制度，连父母都要分别高低：老爹是尊贵的，娘亲则较卑贱。一旦有人主张父母应该平等，圣人之徒立刻哄堂大怒。这种违反人性的观念，一直坚持不变，并且还振振有辞！八世纪时，已经僵化到这种程度，使人感到解脱儒家思想的束缚，是如何地困难；同时也使人发现，在中国人内心深处培养平等观念，是如何地重要。

吴兢

安州（湖北安陆）总秘书长（别驾）刘子玄逝世（年六十一岁）。刘子玄，就是刘知几。因"几"跟皇帝李隆基的"基"同音，遂改用别名。 皇家图书院编撰官（著作郎，从五品上）吴兢，撰写《则天实录》，记述宋璟反激张说，使张说挺身证明魏元忠无辜（参考703年9月）。张说参与整理国史时，看到那一段，知道是吴兢下笔。可是，却假装抱怨说："刘子玄（刘知几）一点也不看情面！"吴兢站起身来回答说："这是我写的记录，草稿还在那里，请不要冤枉死人！"在座的同僚，一个个面无人色。后来，张说暗中疏通，请吴兢修改几个字，吴兢始终拒绝，说："如果听你的吩咐，这本史书就不诚实，对后人就没有公信力。"

我们向吴兢先生致敬，拒抗一个宰相的压力，需要异于常人的胆量和见识，从同僚们全都面无人色上，可推测出他已身陷不测。如果他听话，随即来的是享受不完的荣华富贵，然而他却拒绝，这种行径，当时人对他的评论是什么，我不知道，但现代人对他的评论，我却知道，恐怕只有一个字："傻！"或三个字："老天真！"

中国知识分子，似乎比其他国家的知识分子的负担，更为沉重。

征兵改募兵

北周、隋，及唐王朝初叶，行征兵制，沿边驻扎的边防军，平时一直保持六十余万人，八世纪二十年代，唐王朝宰相张说认为北方并没有强大的敌人，上疏建议裁减二十余万人，使他们返乡务农。李隆基犹豫不定，张说说："长久以来，我都在疆场，对边防军情况，了解十分清楚，那么多人，只不过供将领们用来当自己的卫兵，或替他们私人办事而已。即令为了抵御强敌，争取胜利，也不需要这么多多余的士卒，去妨碍农耕。陛下仍然疑惑的话，我愿用一家百口的人命，作为保证。"李隆基这才批准。

最初，各卫军施行征兵制度：人民二十岁成年，服役从军，六十岁除役，家人又不能免除捐税差役，长时期下来，士卒的家庭渐贫、身体也渐弱，遂纷纷逃亡，十室九空，民间苦不堪言。张说建议："另行招募青年，代替征兵，充当各卫军战士；不追查过去，优先录用；则逃亡的士卒，一定争先恐后，出来应募。"李隆基批准。十天半月时间，集结精锐部队十三万人，分别拨付各卫军，轮流调派中央服役。"兵""农"分离，自此开始。

《新唐书·兵志》上说："唐王朝统治全国二百余年，兵役制度大体上有三变：最初国力鼎盛时，有府兵，府兵废后有彍骑，彍骑又废，而地方性的武装力量兴起。"有些人责备张说废除征兵，改为募兵，是一种罪行，事实上，唐王朝时代的征兵制度，到了张说时，已完全破坏，如果不改作募兵，全国就陷于无兵之境，因为青年大量逃亡，无兵可征。

唐王朝征兵，是北周帝国草原兵制的一种农兵合一，农闲时实施军事训练，战争时集合出征。出征时不但伙食、铠甲要自备，连武器也要自备。在一个简陋的社会结构中，还可以适应，一旦战争频繁，长期缠斗，便难以负荷。到了后来，贪污盛行，边防军将领不得不向中央主管官员行贿，他的财源之一，就来自可怜的士卒。将领们用威迫利诱的手段，要士卒把钱财存放总部保管，然后把他们硬生生凌虐至死（娘亲给孩子的一块平安玉，就足以使孩子死在长官之手），其中有多少悲惨故事，催人泪下！士卒要想不死，只有逃亡。张说之改为募兵，不但使国家的兵源恢复，同时也挽救了多少青年战士的性命！

杨思勖官升二品

724 年，溪州蛮（溪州【湖南永顺】蛮族）酋长覃行璋，聚众起兵。 李隆基任命宦官、左监门卫（卫军十三军）大将军杨思勖，当黔中道讨伐司令（招讨使），率军出击。杨思勖生擒覃行璋，杀三万人，班师。李隆基加授杨思勖辅国大将军（武散官二级，正二品），薪俸、卫士，都依照官阶设置（一品官卫士九十六人，二品官卫士七十二人，三品官四十八人，四品官三十二人，五品官二十四人，六品官仆役十五人，七品官四人，八品官二人，九品官也是二人）。

唐王朝制度，宦官不能当三品，而今，李隆基首先摧毁这项制度，杨思勖一下子就高升到二品。破坏制度的人，总是负责维护制度的人，无权无势的小民，除非革命，岂有能力破坏制度？又岂有能力维护制度？

浑天仪的发明

726年，用水力操作的“浑天仪”（观察天体运转的仪器）完成，上面排列星群；把水注进去，水的压力使齿轮转动，仪器遂自行旋转，一昼一夜，恰巧自转一周。另有两个齿轮，带动悬挂在空中的两球，分别代表太阳、月亮，作反方向移动，快慢恰到好处。又设计“地平仪”（地平令仪）木柜，一半埋在地下，地上有两个木头人，每十五分钟敲一次鼓，每一个小时敲一次钟，机器都藏在木柜之中。

中国史书，除了记载帝王将相之外，遇到儒家系统有一丁点表现，总是特别夸张，以使他们流芳千古。而对非儒家知识领域的发明创造，几乎全部抹杀。八世纪二十年代制造的“浑天仪”“地平仪”，依照描绘，应是一个精密的天体物理学上重大贡献，然而史书却潦草几句，既不记载是谁发明的，也不记载是怎么制造的。多少天才，被酱缸埋葬。

大门艺事件

勃海王国（首都忽汗城【黑龙江宁安】）国王（二任武王）大武艺（大，姓），派他的胞弟大门艺，跟他的舅父任雅，率军攻击黑水靺鞨部落（乌苏里江东）。大门艺劝阻，大武艺不接受，强迫他出征。大门艺率军抵达边境，再写信回来劝阻，大武艺怒不可遏，派堂兄大壹夏接替他的元帅职务，命他回京（首都忽汗城【黑龙江宁安】），打算处死。大门艺抛弃大军，绕道小路，投奔中国。唐帝（九任玄宗）李隆基命他当左骁卫（卫军第五军）将军。大武艺暴跳如雷，派使节上疏李隆基，指控大门艺有罪，请求中国斩大门艺。李隆基把大门艺秘密送到安西（新疆库车），留下勃海王国的使节，另派钦差去勃海王国，告诉大武艺说："已把大门艺流放到岭南（南岭以南）。"可是大武艺得到情报，上疏说："天朝大国，应该诚信待人，怎么可以有欺骗小动作？"坚决要求诛杀大门艺。李隆基因藩属事务部副部长（鸿胪少卿）李邃道、源复，不能监督属官，以致泄漏国家的机密，予以贬降。暂时命大门艺前往岭南（南岭以南），作为对大武艺的回应。

司马光曰："圣明的君王所以使四方蛮族都心悦诚服，依靠的不过是威武和诚信而已。大门艺因忠心而被认为有罪，投奔中国。中国自应调查是非真伪，奖励大门艺而处罚大武艺，才是立国的正道。即令不能讨伐，也应该正正当当地把大门艺无罪的原因，告诉大武艺。而今，李隆基威武不能使大武艺屈服，恩德不能庇护大门艺不受流刑，却效法市井小人物，瞪着眼说谎，竟被小国当面拆穿，受到窘困，却怪罪藩属事务部（鸿胪卿）泄漏机密，岂不羞愧！"

李隆基对大氏兄弟窝里斗的处理态度，诚如司马光所言，应受批判。但司马光认为不应该处罚泄漏机密的官员，却值得商讨。任何情形之下，泄露国家机密，都是一种罪行。两国相交，可能因外交官一句不谨慎的话，引起战争，或埋伏下以后杀戮的种子，如果是接受贿赂，出卖情报，就更严重。

政府处罚违法乱纪官员的行为，不但不羞愧，恰恰相反，明察秋毫，执法不阿，应是最高的光荣。

杜暹势利眼灾难

杜暹当安西总督（驻新疆库车），突骑施汗国（伊犁河中下游）的皇后是中国的交河公主，派大营指挥官运牧马一千匹，前往安西（龟兹【新疆库车】）贩卖。使节前往安西总督府宣读公主训令，杜暹大怒说："阿史那怀道的女儿，怎么敢对我下训令！"把使节棍打囚禁，不准离开，牧马经过几场大雪，全都死光。突骑施可汗苏禄大怒，出军攻击四镇（龟兹【新疆库车】、焉耆【新疆焉耆】、疏勒【新疆喀什】、于阗【新疆和田】）。正巧杜暹前往京师（首都长安），赵颐贞代理安西总督，登城固守。四镇人民、家畜和储蓄的粮食，都被突骑施汗国军掠夺，仅只安西（龟兹【新疆库车】）还保持完整。后来，苏禄听说杜暹出任宰相，才稍稍后退，不久，也派使节朝贡。

中国官场的贪污根性，千年不变，偶尔遇到一个不贪污的官员，简直全国皆惊，奉为神明，因而遂衍生出来一种清廉后遗症。有句形容美女的谚语说："一白遮百丑！"男人心目中，女孩只要肌肤洁白，就是美女，其他方面的缺点，全可掩盖。清廉后遗症也是如此，人们似乎一致认为："一清遮百恶。"不管官职大小，只要不贪赃枉法，其他行为，甚至杀人放火，都可以原谅。《老残游记》对此有详细的描述，审判官刚弼，在"清廉"的铁网保护下，无情地摧残人权，没有人敢提出疑议，否则你就是拿了别人的钱。

杜暹的行政节操，大概可以肯定；政绩如何，可能只限于不扰民而已。他最得意的一件事就是曾经拒绝过突骑施汗国一次赠金，这不但使他声名大噪，升官复升官，更使他得意忘形，毫无忌惮地为所欲为。交河公主固是阿史那怀道的女儿，但经过皇家册封公主，她就是公主，派人前来卖马，并不犯法，杜暹竟然大发雷霆，人囚马死，如果交河公主是真的皇帝的女儿，他岂不照样是"乖乖牌"玩偶？他清廉是有的，但除此以外，别无他物，至少，他具备了绝对不可以担任重要职务的缺点：那就是不识大体，以致引起突骑施汗国的反击，多少生命财产，以及中国西疆的安定和领土，都葬送在他一个人没有见识的势利眼上。

儒家的政治魔术，最喜欢强调“德治”，所谓的“德治”，除了忠贞之外，清廉是其中极品。而清廉只不过一个公务员的起码条件，人民对官员的要求，远超过于此。像杜暹之类，对国家的伤害，比贪赃枉法更重，因为他犯了严重错误之后，却仍可夸耀他的清廉美名。

李隆基潜在恐惧

> **李隆基任命他所有的儿子、庆王李潭等，分别担任特级州州长（州牧）、普通州州长（刺史）、军区总司令（都督）、战区总司令官（节度大使）、大总督（大都护）、军事指挥官（经略使），但实际上他们不过只遥领一个头衔，什么事都不准过问，本人仍继续留在京师（首都长安）。**
>
> **当初，二任帝李世民喜爱皇子晋王李治，不使他搬出皇宫；豫王李旦因是武曌的小儿子，也不搬出皇宫，直到被封皇嗣，再封相王，才出宫居住。六任帝李显在位时，皇子谯王李重福，不受宠爱，贬到外州。温王李重茂，已十七岁，仍住深宫。**
>
> **李隆基登极称帝，在苑城旁边兴筑十王院，命皇子集中居住，由宦官负责管理，皇子们不再出宫，虽然设有王府，任命官属，甚至兼任地方政府首长，但完全不能问事，唯一的工作是，当皇帝读书时，进宫陪读。至于王府官员，不过每年元旦，前来报名请安，问候身体健康。而地方政府官员，连报名请安也都不准。**
>
> **后来，孙儿们越来越多，李隆基命再兴筑百孙院。太子也不住东宫，常住老爹游玩的其他宫院。**

李隆基以亲王的身份，发动流血政变，夺取政权，内心深处，一直恐惧有别的亲王比着葫芦画大瓢。所以对皇兄、皇弟，以及皇子们，防范至为严厉，不让他们跟文武百官接触，而采取隔离看管手段，像养猪一样，把他们养在庞大的猪窝里，他们越孤单，李隆基认为自己的宝座就越安全。

问题是，皇族势力太强，固然危险（如晋王朝），皇族势力太弱，也同样危险（如曹魏帝国），李隆基更把皇族圈在一起，不让他们面对社会，结果大家都成了白痴，不过提供军阀权臣屠杀时一种便利。

专制政权本身就是一个建立在刀口上的制度，毛病百出，只作枝节的改进，没有裨益。

药罗葛护输

东突厥汗国（瀚海沙漠群）可汗（十九任大可汗）阿史那默啜强大时（本世纪【八世纪】头十年），强行占领铁勒部落（蒙古国）的土地，于是，回纥部落（原驻蒙古国哈拉和林市）、契苾部落（原驻蒙古国乌兰巴托市西）、思结部落（原驻蒙古国车车尔勒格城西南）、浑部落（原驻乌兰巴托市西），躲避迫害，分别南渡沙漠，迁居甘州（甘肃张掖）与凉州（甘肃武威）之间。王君㚟（音 chuò【绰】）年轻当平民时，经常来往四部落之间，备受他们的轻视，后来，王君㚟当河西战区（总部设凉州【甘肃武威】）司令官（节度使），运用权力，限制四部落行动。四部落十分怨恨，于是派遣密使前往东都洛阳，向中央呼冤。王君㚟立即派人乘政府驿马车，抢先上疏奏报说："四部落桀傲不驯，难以控制，暗中有叛变意图。"李隆基派宦官前往河西（甘肃中部）调查，宦官庇护王君㚟，四部落的痛苦竟被抹杀。于是，李隆基训令，逮捕瀚海军区总司令官（大都督）回纥部落酋长药罗葛承宗，流窜瀼州（广西上思）；浑部落酋长大德，流窜吉州（江西吉安）；贺兰军区总司令（都督）契苾部落酋长承明，流窜藤州（广西藤县）；卢山军区总司令（都督）思结部落酋长归国，流窜琼州（海南定安）。

药罗葛承宗的侄儿、瀚海军区（总部设甘肃白亭河流域）军务秘书长（司马，从四品下）药罗葛护输，集结志士，为药罗葛承宗报仇。正巧，吐蕃王国（首都逻些城【西藏拉萨】）派使节从小道前往东突厥汗国（瀚海沙漠群），王君㚟率精锐骑兵，在肃州（甘肃酒泉）截击，班师途中，走到甘州（甘肃张掖）城南巩笔驿（张掖西南），药罗葛护输发动埋伏，掳获王君㚟所带的皇家符节，首先诛杀总部执行官（判官）宋贞，挖出他的心脏，说："第一个提出毒计的，是你！"王君㚟率左右卫士数十人苦战，从早上直到下午，左右卫士全被格杀。药罗葛护输斩王君㚟，用车拉着尸首，投奔吐蕃王国；凉州兵团追击，药罗葛护输抛弃尸首，逃走。

王君㚟是一员战将，但他的忠贞和勇敢，只在十分有把握的表态时才有，目的不过升官发财，一旦瓜州（甘肃安西）陷落，老爹被俘，他就忠勇全失。他的狭隘胸襟和复仇性格，不但不能化解昔年怨恨，反而被昔年怨恨折磨得越发恶毒，终于做出陷害忠良、诬以谋反的丑事。咦，小人物往往三十而呆，四十而无耻，五十而心智枯竭，六十而肆无忌惮。

药罗葛护输伏击王君㚟之举，义薄云天，智勇双全，令人击节赞叹。当一切合法的和正常的管道，都被堵死时，被迫害的人，有神圣的权利，用非常的管道，伸冤雪恨。法律是尊严的，神圣不可侵犯，但是，法律之上，还有正义。

齐澣麻察事件

> **开府仪同三司（文散官一级，从一品）王毛仲，跟左龙武（禁军第三军）将军葛福顺，缔结姻亲。王毛仲深受李隆基宠爱信任，所提的请求李隆基无不批准，所以禁军各将领全都奉承他，或进或退，都听他指使。国务院文官部副部长（吏部侍郎）齐澣（音 huàn【换】），利用机会，向李隆基密奏，说："葛福顺统御禁军，不应该跟王毛仲成为亲家。王毛仲不过一个卑劣的小人物，宠爱他太过分时，他会生出邪念，如果不早防备，怕有后患。"李隆基大为高兴，说："知道你一片忠心，等我慢慢想一个妥当办法。"齐澣说："君王不守秘密，就丧失忠臣；请陛下保密。"正巧，最高法院主任秘书（大理丞）麻察，因犯法被贬到兴州（陕西略阳）当总秘书长（别驾），齐澣跟麻察一向亲密，所以特别在城外设筵给麻察饯行，顺便提起他在皇宫中向李隆基所作的建议；麻察性情轻率阴险，立刻上疏检举。李隆基大怒，召见齐澣，责备他说："你疑心我不能保守秘密，却自己先告诉麻察，他难道能为你保守秘密？而且，麻察品德素来恶劣，你岂不知道？"齐澣叩头认罪。李隆基训令："齐澣、麻察，互相勾结，陷害将相，挑拨君王与臣属间的感情。贬齐澣当高州（广东高州北）良德（高州州政府所在县）县政府主任秘书（丞），贬麻察当浔州（广西桂平）皇化（桂平东北）县政府防卫员（尉）。"**

嘴巴说得明白，包括笔下写得明白的人，不见得心里想得明白，更不见得一定能身体力行。

只听一个人说的话，或只看一个人写的文章，必须小心，那可能是一幅引导你迷失的错误地图。了解一个人，必须看他做的事。

王毛仲事件

唐帝（九任玄宗）李隆基突然下诏，斥责王毛仲行为不忠，心怀怨恨，贬作瀼州（广西上思）总秘书长（别驾）。葛福顺、唐地文、李守德、王景耀、高广济，都贬作边远各州当总秘书长（别驾）。王毛仲四个儿子也都贬作边远各州当参谋官（参军）；受牵连的有数十人。王毛仲走到永州（湖南永州），李隆基派使节追上，命他自杀。

自此以后，宦官势力膨胀，高力士尤其受李隆基的宠爱信任，曾经说："高力士值班时，我睡觉都安心。"所以高力士多半时间留在宫内，很少返回外宅。全国各地呈递的奏章，都先送请高力士过目，然后再拿给李隆基批阅；遇到小的事情，高力士就自己裁决，权势震撼中外。

历史上，政府官员跟帝王家奴斗，帝王家奴一定胜；帝王家奴跟宫庭宦官斗，宫庭宦官一定胜。谗言像一塘池水，头目泡到池塘里，泡得久了，怎能不被泡得全身发肿，头脑发昏？

姜子牙庙

李隆基训令两京（首都长安及东都洛阳）跟全国各州，分别兴建姜子牙庙，由张良配享香火；并遴选古今著名将领，共称“十哲”（除张良外，尚有齐王国最高指挥官【大司马】田穰苴、吴王国将军孙武、魏王国西河郡郡长【西河太守】吴起、燕王国昌国君乐毅、秦王国武安君白起、西汉王朝淮阴侯韩信、蜀汉帝国丞相诸葛亮、唐王朝国务院右最高执行长【尚书右仆射】卫国公爵李靖、司空【三公之三】英国公爵李世勣【徐世勣】）。规定每年二、八月第一个有“戊”字的日子，举行祭祀，礼仪跟祭祀孔丘相同（祭祀“武成王”从此开始）。

唐王朝兴建以姜子牙为首的“武庙”，与以孔丘为首的“文庙”并存，意义深长，儒家传统的重文轻武观念，借此稍加修正。“文庙”十哲，事迹寥寥，知识分子不过仅知道他们的姓名，有时候，甚至连姓名都弄不清楚，“武庙”十哲，每人都功勋彪炳，家喻户晓。

司马光对于把孔丘被排斥“武庙”之外，大为不悦。理由十分离奇，认为孔丘曾经阻止过莱夷部落变乱，又曾经派人击退过费城入侵军队，足够证明孔丘懂得军事，所以他应在将领群中，居于领导地位。这就好像一个人只不过开了两公里汽车，就认为他足有资格参加航天员俱乐部，且有能力领导航天员登陆冥王星一样。至于肯定姜子牙不如孔丘，更匪夷所思，犹如一个皮鞋匠和一个面包师，无法相比，不能认为皮鞋匠无法跟面包师抗衡，也不能认为面包师无法跟皮鞋匠抗衡。司马光对孔丘的造神运动——把他造成一个文武全才的努力，只会把自己累得要死。

杨国忠有四十余兼职

国务院财政部会计司长（度支郎中）兼中央监察官（侍御史）杨国忠，能精确地揣摩李隆基的心意，对李隆基喜爱什么和厌恶什么，了如指掌，然后百般迎合，李隆基对这位善解人意的贵妃杨玉环的族兄，大为欣赏，而杨国忠更用种种方法压榨人民，为李隆基聚敛金钱，供他挥霍，于是获得快速升迁，就在本年（748），他兼任的机关首长，超过十五个。不久，李隆基再擢升他当御前监督官（给事中），兼副总监察官（御史中丞），专门处理国务院财政部事务（专判度支事）；所受的恩宠，与日俱增。

杨国忠（杨钊）一身竟兼那么多机关首长，叫人头昏目眩。四年后的752年，他终于当上宰相，兼职更多达四十余个。可以考察的有：最高监察官（御史大夫）、主管全国财政事务（判度支）、暂代皇家库藏部长（权知太府卿事）、蜀郡（四川成都）郡政府政务秘书长（长史）、剑南战区（总部设蜀郡【四川成都】）副司令长官（节度副大使）、战区后勤补给副总监（支度副大使）、战区屯垦副总监（营田副大使）、剑南道（首府蜀郡【四川成都】）巡察绥靖特使（采访处置使）、山南西道（首府汉中【陕西汉中】）巡察绥靖特使（采访处置使）、两京（首都长安及东都洛阳）皇家库藏部仓库财务官（太府出纳监仓）、祭祀管理总监（祠祭使）、木炭供应总监（木炭使）、宫内市场管理总监（宫市使）、长春宫管理总监（长春宫使）、九成宫管理总监（九成宫使）、关内道（首府设首都长安）巡察绥靖特使（采访处置使）、京畿（关中【陕西中部】）巡察绥靖特使（采访处置使）、国务院文官部长（吏部尚书）、皇家编译院研究官（集贤殿学士）、皇家宗教署研究官（崇玄馆学士）、国史馆长（修国史）、太清宫管理总监（太清宫使）、紫微宫管理总监（紫微宫使）、全国田赋差役总监（管当租庸）、中央造币厂总监（铸钱使）等等。

从这一连串官衔中，发现中国虽大，却人才已尽，只剩下杨国忠一个宝贝，他是如此地能干，远近兼控，大小通吃，性质完全不同的工作，都非他不行，唐王朝政府如果没有杨国忠，就无法执行公务。问题是，任何时代，人才都不会枯竭，当政府头目感到人才枯竭，少数人非大肆卡位、猛兼其差不可之时，也就是人才大量倒流到反抗阵营，准备随时颠覆政府之日。用来观察治乱，屡试不爽。

攻取石堡城

749年，李隆基下令进攻石堡城（青海湟源西南）。

陇右战区（总部设西平【青海乐都】）司令官（节度使）哥舒翰，率陇右兵团、河西兵团，以及突厥部落阿史那阿布思兵团；中央又增援朔方（总部灵武）兵团、河东（总部太原）兵团，共六万三千人，攻击吐蕃王国（首都逻些城【西藏拉萨】）于741年夺走的石堡城（青海湟源西南）。石堡城三面都是悬崖绝壁，只有一条小道可以攀援爬上，吐蕃贮存大量粮食和树木滚石，只派数百人据守，中国远征军前仆后继，不断进攻，一连数天，不能攻克，哥舒翰召集将领高秀岩、张守瑜，喝令处斩；二人请求宽限三天，哥舒翰同意，果然在限期内夺取到手。俘掳吐蕃守军铁刃悉诺罗等四百人，中国士卒死亡数万，果然应验王忠嗣的预言（参考747年10月）。不久，哥舒翰又派军在赤岭（青海共和东）以西，武装开田垦荒，更派流刑犯充军的士卒二千人，驻守龙驹岛（湖心岛），入冬之后，湖水结冰，吐蕃兵团大量涌到，守军全部被俘。

石堡城（青海湟源西南）是中吐边界重镇，自从两国发生冲突以来，此城三得三失，而中国进攻不能攻克的，共有两次，其中一次还是由于河西战区（总部设武威【甘肃武威】）司令官（节度使）王忠嗣故意破坏（参考747年10月）。但无论胜负，每次都没有惨重死亡的报导，只有749年这次战役，《资治通鉴》特别强调说："死亡数万，果然应验王忠嗣的预言。"使人感到蹊跷。《通鉴》资料，来自《旧唐书》，而《旧唐书》资料，来自王忠嗣子孙编写的碑文家传。其他所有史书，全没有"数万"记载，连欧阳修都不相信它的真实，所以在《新唐书》中把这段形容死亡惨重，和赞美王忠嗣有先见之明的话删除。

石堡城三面都是悬崖绝壁，只有一条羊肠小道可以仰攻，远征军两个将领率敢死队单线直进，即令是上一个，死一个，上两个，死一双，只三天工夫，也不可能死亡数万！这虽然是一场激烈的争夺战，但对此一小城，中国出动大军六七万，不过是用来断绝吐蕃援军而已，并不是全部用来攻城。信安王李祎于 729 年第一次进攻石堡城时，将领们恐惧的，就是吐蕃援军抵达后，中国军队撤退无路。

王忠嗣之被诬陷，我们深为痛惜，但他于 747 年表面答应支持当时的远征军统帅董延光，暗地里却破坏攻击计划，使大军失败，王忠嗣为他迹近反叛的行为辩护，说他坚持人道主义，不忍心看到士卒在攻坚搏斗中牺牲。问题是，他阻挠军机，造成失利撤退，反而使死亡更重。这种残民误国的行为，却因陷害他的人是恶徒之故，而被美化。司马光是宋王朝极端的反战人物，对王忠嗣自然拍案欣赏，这正是他采信王忠嗣家人杜撰预言应验的原因。

朔方兵变

750年，朔方战区（总部设灵武【宁夏灵武】）司令官（节度使）张齐丘，因处理军粮不公平，士卒们怒不可遏，殴打执行官（判官）；中央贬张齐丘当济阴郡（山东定陶）郡长，命河西战区（总部设武威【甘肃武威】）司令官（节度使）安思顺，暂行代理朔方战区司令官（权知朔方节度事）。

太平盛世而竟发生兵变，是一个不祥之兆，指出这个太平盛世建筑在定时炸弹上，随时都会粉碎。北魏帝国变兵殴打征西将军张彝父子（参考519年2月），高欢立刻警觉到帝国就要大乱。而今，朔方变军竟直接攻击统帅，当时的人也应该看出危局。

军队是最有组织，服从性最强的族群，除非积怒太久，或军纪太坏，不可能有犯上行为，既有犯上行为，任何一种原因都足够瓦解一个政府。

中国极盛时期

八世纪五十年代，中国强大的国势达到巅峰，从首都长安（西安）安远门（西面最北第一门，隋王朝时称开远门）西行，走到中国最西边界，有一万二千华里，村庄房屋，前后相连，都可以望见，桑树麻田，铺满大地原野，是中国最富庶的地方，没有哪里可以比得上陇右（青海东部）。哥舒翰派出呈报奏章的使节，常骑白毛骆驼，一天奔跑五百华里。

诚如史书揭示，八世纪五十年代前期，中国鼎盛，河西一带村落密布，大地如锦。然而，这一个巅峰时代，在八世纪六十年代以后，战乱频仍，河西不能再恢复往日繁华，迄今一千二百年之久，终于化成一片荒土，主要的是水利破坏，迫使民穷财尽。回顾史书对第二次黄金时代最后几年的描绘，恍如一梦，也可了解中国之所以衰败的原因所在。

火拔归仁下场

756 年，自称燕帝安禄山的叛军，西上攻击潼关（陕西潼关），哥舒翰率大军迎战，失败，哥舒翰逃到关西驿（陕西华阴东），张贴告示，收集四散逃亡的士卒官兵，打算再守潼关。蛮族将领、燕山郡王火拔归仁（参考 754 年 3 月）等，率一百余骑兵包围驿站，晋见哥舒翰，说："盗贼已到，请长官上马。"哥舒翰上马出站，火拔归仁率领部众叩头说："元帅率大军二十万，一次攻击中，全部丧失，还有什么面目去见天子？而且，元帅难道没有看见高仙芝、封常清的下场（参考 755 年 12 月）？元帅不如投奔东方！"哥舒翰拒绝，打算下马，火拔归仁用毛绳把哥舒翰的双脚绑到马肚子上，并逮捕其他不愿归降安禄山的将领，一齐向东进发。正巧，燕军大将田乾真抵达，火拔归仁向他投降，全被押解到洛阳。安禄山任命哥舒翰当司空、宰相（同平章事），然后对火拔归仁说："你背叛主人，不忠不义。"把火拔归仁绑赴刑场，斩首。

忠义是一个绝对值，即令不忠不义的人，也痛恨不忠不义的人。

李隆基逃亡

潼关失守后，李隆基登勤政楼，下诏宣布即将御驾亲征，黄昏时分，命龙武（禁军第三军）大将军陈玄礼，秘密集结禁卫各军，赏赐大家大量钱财绸缎，挑选御马九百余匹。这些应变措施，外人全不知道。

第二天，天刚泛白，李隆基上马，跟贵妃杨玉环姐妹、皇子、王妃、公主、皇孙、杨国忠，以及亲近的宦官、宫女，悄悄溜出延秋门（宫城西门），向西逃亡。凡在宫外的王妃、公主、皇孙，全被抛弃。凌晨，文武百官有人进宫朝见，到了宫门，仍听到深宫传出报时的滴漏声音，禁卫仪仗队排列两旁，跟往常一样肃穆森严；一会儿工夫，宫门打开，宫女宦官争先恐后冲出来，乱成一团，宫内宫外，天翻地覆，都不知道皇帝哪里去了。于是亲王、公爵、官员、平民，像炸裂了的碎石块似的，向四面八方奔走逃命；而山野小民则争着冲进皇宫和高官贵爵的家里，或偷或抢，夺取金银珠宝，有的更骑着小毛驴，奔上金銮宝殿。

当李隆基下诏亲征之日，也正是他决定脚底抹油、拔腿开溜之时。摇尾系统总是灌输小民一种思想：英明领袖集诚信、智慧于一身，永远正确，永远不背弃他的部下和人民；他从不欺骗，从不说谎；所作的承诺，无不一一履行。五千年历史和五千年的政治舞台，可以证明：谁要是相信这些鬼话，谁就注定地要痛哭到肝肠寸断。

马嵬驿

李隆基逃出首都长安第三天，抵达马嵬驿（陕西兴平西北），护驾禁军将领士卒饥饿疲惫，愤怒如火。龙武（禁军第三军）大将军陈玄礼认为大祸都是杨国忠惹出来的，打算把他诛杀；遂透过太子宫宦官李辅国，禀告太子李亨，李亨犹豫不决。正巧，吐蕃王国（首都逻些城【西藏拉萨】）使节二十余人，正拦住杨国忠马头，诉苦说找不到饮食，杨国忠还没有回答，士卒们就大声呼喊说："杨国忠联合蛮虏叛变！"有人一箭射出，射中杨国忠的马鞍。杨国忠惊骇逃跑，逃到驿站西门里，士卒们一拥而上，把他乱刀砍死，并像杀猪一样，剁下他的四肢，用长枪挑起人头，竖在驿站门口；同时诛杀他的儿子、国务院财政部副部长（户部侍郎）杨暄，及韩国夫人、秦国夫人。李隆基听见人声喧哗，问外面发生什么事，左右侍从回答说：杨国忠叛变！李隆基拄着手杖，脚穿便鞋，走出驿站大门，慰劳士卒，命他们集合回营；士卒们不理。李隆基派高力士前往询问，陈玄礼回答说："杨国忠叛变，贵妃（杨玉环）不应该留在陛下身旁，请求割舍恩爱，维护法律尊严。"李隆基说："我自有处置。"回到驿站门里，扶着手杖，低头沉思。很久，首都长安特别市政府总务官（京兆司录）韦谔上前说："众怒难犯，我们是平安或是危险，就在顷刻之间，请陛下迅速裁决。"叩头流血。李隆基说："贵妃（杨玉环）一直住在深宫，怎么知道杨国忠阴谋？"高力士说："贵妃（杨玉环）当然没有罪，可是，将士们已杀杨国忠，贵妃（杨玉环）仍留在陛下左右，他们心里怎么放宽？请陛下三思，将士安全，陛下才能安全。"李隆基乃命高力士把杨玉环带到佛堂，把她绞死（本年，杨玉环三十八岁，李隆基七十二岁）。

七月鹊桥初架日，长生殿前人双至。
比翼连理渡银河，海誓山盟谁逾此。
全仗恩爱护终身，身尚未终恩爱止。
君王若是有情时，马嵬怎不同生死？

宴会的豪华

当初，李隆基每逢宴会，先把祭祀部（太常）演奏雅乐的乐团，分为两部：一部称坐部，坐在堂上演奏；一部称站部，站在堂下演奏；雅乐开场之后，接着是鼙鼓、喇叭、蛮族声乐、戏剧歌舞、京师戏曲、民间杂耍；又用“山车”“旱船”，载着他们，来回演出（“山车”，车上装潢楼阁山村；“旱船”，就是船状的车），由宫女歌舞《霓裳羽衣曲》。又命会跳舞的马一百匹进场，每匹马都口衔酒杯，向皇上呈献，表示祝福。又把受过训练、十分驯服的犀牛、大象，带到宴会现场，它们或者表演跪拜，或者踏着音乐跳舞。安禄山看到，大为喜悦。既攻克长安（陕西西安），下令搜捕皇家乐师，连同乐器、舞衣，以及会跳舞的马、犀牛、象，全部运到洛阳。

豪华奢侈的结果有二：一是经济穷困，一是心灵堕落。以帝王之富，也必须吸取人民的血，才能补充，一个人一旦得了夸耀狂大头症，只好用非常手段，才能获得充分供应。当身心都沉溺于感官享受时，他集中的精力就只限于感官，再不能思考，也再不能滋生出来只有人类才有的高级情操。

所以，豪华奢侈绝得不到正常人的尊敬，只能换取马屁精的摇尾。而对于马屁精的摇尾，用更低廉的价格，照样可以购得。因此之故，任何情形下，节俭都是美德，不但能保持心灵，还能保护老命。

房琯之败

唐政府命首都长安征剿司令（招讨西京）房琯，率大军反攻安禄山的燕军，房琯命中央兵团及北冀兵团当前锋。两兵团在咸阳郡（陕西咸阳）东方的陈涛斜，跟燕军将领安守忠相遇，房琯使用车战古法，集中牛车两千辆，在步骑兵左右掩护下出击，燕军顺风擂动战鼓，嘶叫呐喊，驾车的牛震动惊骇。燕军纵火烧车，逃命的士卒和被烧痛狂奔的牛只，互相冲撞，火窟中乱成一团，唐政府军死伤四万余人，生还的不过几千人而已。房琯亲自指挥南冀兵团攻击，又大败；南冀兵团司令杨希文、中央兵团司令刘贵哲都投降燕军。新登极的唐帝（十任肃宗）李亨听到房琯失败，大怒。幸李泌竭力营救，李亨才原谅他，待他跟从前一样。

房琯断送四万余人的生命，竟不受任何责罚，国法正义，一笔勾销。

李亨反击安禄山

757年，唐政府准备向叛军首领、自称燕帝的安禄山，发动反攻，唐军集结完毕，皇家资政（侍谋军国）李泌，建议派遣安西战区特遣兵团跟西域（新疆及中亚东部）各国的部众，依照彭原对策（参考去年【756】12月），沿着西北边塞，向东北进击，自妫川郡（河北怀来）、密云郡（北京密云），南下夺取范阳郡（北京）。唐帝（十任肃宗）李亨说："而今，大军已经到齐，捐税物资也都运来，正应该趁着锐利的士气，直捣盗贼的心脏，不这样做，反而行军数千华里，远到东北边塞，先夺取范阳郡（北京），岂不是绕得太远！"李泌回答说："用我们现有的军队，直接攻击两京（洛阳与长安），当然可以攻克。问题是，盗贼势将转弱为强，我们反而会再陷困境，不是谋求和平安宁的长程谋略。"李亨说："为什么？"李泌说："我们所仗恃的主力，都是西北边防军和各蛮族部落军，能够忍耐寒冷，却不能忍耐炎热。如果趁他们刚来时的一股锐气，攻击安禄山已经疲惫的军队，一定可以战胜。然而，两京（洛阳与长安）的气候，已经转暖，盗贼一定收拾残兵败将，逃回他们的北方巢穴。关东（潼关以东）地带更是炎热，边防军及蛮族部众因不能适应，必然遭受到无法克服的困难，渴望早日班师，归心一动，就不可挽留。盗贼休养士卒，喂饱战马，等到政府军撤退，定会再度南下，战争可能没完没了。不如先派他们到寒冷地带，扫荡盗贼的巢穴，盗贼既无家可回，就可以彻底铲除。"李亨说："我急切地盼望收复京师（首都长安），迎接太上皇（李隆基）回来奉养，不可能实行你的计划。"

一个人一旦心有所蔽，便两目全盲。高瞻远瞩的大谋略、大战略，往往被一撮小人物眼前的一点芝麻大的利益破坏，历史上著名的隆中、彭原两大对策之先后失败，原因在此。李亨所以急于进入长安，只不过为了他的皇帝宝座得来勉强，必须建立克复京师之类的盖世奇功，才能保住，否则，皇兄皇弟多如过江之鲫，万一半途杀出一个程咬金，后悔已来不及。至于奉养老爹，不过是一句套餐式的激情话而已，激情话成事固然不足，但用来堵别人的嘴，却绰绰有余。

房琯无耻

二级实质宰相（同平章事）房琯，性情高傲简慢，国家正在多灾多难，他却经常声称有病，不参加早朝，而且不把分内工作放在心上，每天跟太子宫政务署长（左庶子）刘秩、监督院高级顾问官（谏议大夫）李揖，高谈阔论佛道二教；或者听他的门客董庭兰弹琴。董庭兰遂利用宰相对他的欣赏，包揽权势，收受贿赂；总监察官（御史大夫）弹劾董庭兰贪赃枉法。李亨下令免除房琯的宰相职务，改当太子少师（太子三少之一）。另任命监督院高级顾问官（谏议大夫）张镐，当副立法长（中书侍郎）兼二级实质宰相（同平章事）。

唐王朝到了今天，危如累卵。前方将士，正血染沙场，房琯以宰相之尊，又刚打了一场败仗，多少战士被他害死在敌锋之下。他不但不自我检讨，反而毫无内疚，每天跟一群官场混混穷嚼蛆。知识分子的尊严，可谓丧失殆尽！

李亨出卖人民

757年，唐政府军开入首都长安（燕军将领孙孝哲于去年【756】6月23日入据长安，迄今共一年四个月）。

李亨急于收回京师（首都长安），承诺回纥汗国（瀚海沙漠群）说："克复京师（首都长安）那天，土地和男子归中国所有，金银财宝和女人、儿童，全部交给回纥带走。"现在，回纥亲王（叶护）要求履行承诺。全国野战军最高指挥官（元帅）广平王李俶，在回纥亲王（叶护）马前，低头拱手行礼，说："现在才收复西京（首都长安），如果立即抢夺财产、掳掠妇女，东京（洛阳）人民都会替盗贼固守，恐怕再不能取得，我建议改到东京（洛阳）兑现。"回纥亲王（叶护）大吃一惊，从马背跳下来回礼，捧住李俶的脚，说："我们愿为殿下改到东京（洛阳）。"遂即会合仆固怀恩，率回纥兵团及西域（新疆及中亚东部）各国联军，从长安南郊绕道过去，在浐水（流经陕西蓝田西南注入渭水）东岸扎营。居民、士卒、蛮族们见到李俶，都叩头拜谢，流泪说："广平王（李俶）真是中华人和蛮族敬爱的领袖！"李亨听到消息，高兴地说："我不如他！"李俶整顿部队，进入首都长安，男女老幼，在道路两旁欢呼，悲喜交集，涕泪齐流。

当初，长安陷落在即，老皇帝李隆基抛弃他声称最亲爱的小民，拔腿逃命，任凭小民被叛军奸淫烧杀。这些小民日夜盼望政府军反攻拯救，再想不到，新上任的小皇帝李亨却把他们像猪崽一样地秘密出卖：男人卖给李亨手下的军队当兵，女人和儿童卖给回纥汗国当奴。这种使人血都冻结的镜头，就是诗人歌颂的"王师北定中原日，家祭勿忘告乃翁"的浪漫憧憬！

长安之终于逃过一劫，由于李俶马前一拜，回纥亲王慨允契约延后到洛阳履行。于是，"居民、士卒、蛮族"，都感动得流泪哭泣说："广平王（李俶）真是中外敬爱的领袖！"李俶所以为长安小民求情，不是因为他爱长安小民，而只是害怕长安洗劫之后，洛阳小民势将誓死抵抗；延后履行，足使洛阳小民误认为王师真的是为了解救他们而来，张开欢迎的双臂！奇异的是，洛阳人难道不是子民？难道没有华蛮两大民族？《通鉴》上看不到收复洛阳后的记载，但《旧唐书》《新唐书》上有，我们无法回答他们哭号的询问："为什么这样？"

任何人，只要做出这种出卖同胞的事，他就是卖国贼。可是李亨、李俶父子，却连长安居民都歌颂他们仁慈，使人想起鸡笼效应：读者一定见过鸡笼，当厨师把手伸进笼子，要抓出来一只鸡宰杀时，鸡群因惊恐而会啼叫蹦跳，震动耳鼓，可是，一旦抓定一只拖了出去，其他鸡的叫跳，也就停止，安静地排排而卧，感谢厨师手下留情，准许它们继续活在这块使它们温饱的土地上。

中国社会就像一个鸡笼，鸡笼里的鸡，对别的鸡的性命，毫不吝惜，对别的鸡的痛苦，也毫不关心，当厨师伸出巨爪时，大家有一个可怜的信念：相信绝不会抓到自己，而只会抓到别的鸡，好死不如赖活着，只要厨师老爷总是抓别的鸡，还没有被抓到的鸡，就不惜对厨师老爷赞不绝口。李亨、李俶父子的行径，使我们发现：专制独裁政治下的头目，都不可信赖。

李泌归隐

李亨收复首都长安后，李泌不断请求回山，李亨坚决挽留，不能回转李泌心意，于是准他返衡山（湖南衡山西）隐居，训令郡县政府，在衡山中给李泌兴建房舍，供应三品官员的待遇。

李泌是皇帝李亨的师友，所受的尊崇和信任，举世无匹。而且，李亨就要以战胜者和收复京师的盖世奇功，重返长安。正在这个时候，李泌坚决辞职回山，这种情节，传奇小说里才有；现实政治上，可以说从来没有听见过。李泌可能发现李亨颟顸无能、是非不分，不屑跟他共事；也可能发现张良娣和李辅国的勾结已深，不屑跟他们斗争。也可能另有其他原因，不过肯自动拒绝逼面而来荣华富贵的人，实在寥若晨星，李泌却彻底做到。只有耐得寂寞，才能保护自己高贵的情操，甚至自己的性命，李泌不但是一位奇士，更是中国历史上一位有最高智慧、最高尊严的知识分子，可与西汉王朝的张良媲美。

论张巡

李亨登丹凤楼，宣布大赦，只安禄山叛变的同党，跟李林甫（参考752年11月）、王铁（参考752年4月）、杨国忠（参考756年6月）的子孙，不在赦免之列。许远、张巡都追加赠官，他们的子孙和其他阵亡将士的家族，全部免除田赋、劳役两年。有些关心国事的知识分子，质疑张巡坚守睢阳郡（河南商丘），不肯投降，最后竟然成了吞食活人的局面，为什么不早日撤退，保全人民的生命？张巡的朋友李翰特别为他撰写一篇传记，奏报皇帝，指出："张巡以少数抵抗多数，以弱小抵抗强大，保护江淮（华东地区）安全，等待陛下大军，想不到大军抵达时，张巡已经殉职，他的功劳太大。可是有些舆论却认为吃人是一种罪恶，坚守睢阳郡（河南商丘）是一种错误。对国家有功的行为没有人提，而受争议的行为却被宣扬；谨记他的瑕疵，抹杀他的贡献，我深感痛心。张巡所以坚守不屈，只为了等待政府军的援救，援救不来而粮食吃完，粮食吃完于是进一步吃人，实在违背他的平生志愿。假设张巡开始守城时，就有心吃人，存心屠杀数百人来救天下苍生，我认为他的功过仍可以相等；何况，吃人不是张巡的本意！而今，张巡死在大难之中，没有看到国家升平，再高的荣耀和官职爵位，对他而言，都没有意义，有意义的只剩下美好的名声。如果不立即记录，时间久远，事迹可能遗忘，不能流传。让张巡无论生前或死后，都不逢时，实在可悲。我斗胆地撰写《张巡传》一卷呈上，请求交付国史馆官员。"议论才告平息。

张巡守卫睢阳（河南商丘）引起的争议，千年以来，始终不息。但李翰的主题："损失数百人，而保全天下。"却是一项诈欺，这种诈欺所造成的伤害，足以把一个正常人变成疯狗。孟轲曾说："杀一无辜而得天下，不为。"这种道德勇气，是政治领袖最高贵的品质。如果有人愿为国而死，那是他个人尽责的诚实行为，但绝不可以慷他人之慨，强迫别人也以身相殉。更不可以杀战友，尤其不可杀妇女儿童；用战友和妇女儿童的血去展示自己的忠贞，是禽兽行径，爱国不过借口，那不是职务责任。

美国和墨西哥战争时，戴维·克拉克先生曾经死守阿拉姆城，但他先疏散没有战斗力的老弱妇孺，然后征求“与城共存亡”的志愿军，经过一场惨烈的攻守战，全城被屠，跟睢阳之围的故事中国家喻户晓一样，阿拉姆之围的故事美国也家喻户晓。然而，阿拉姆之围，可歌可泣，睢阳之围，我们没有歌，只有泣，那是已瘦成一把骨头的女人和孩子们，被暴官们宰杀时痛彻骨髓的哀泣。中国人没有生命的尊严，在恶君凶臣、强盗匪徒眼中，一文不值；就是在所谓圣君贤相、忠臣义士，以及高级知识分子眼中，也不过是使他成功的一种手段。每一思及，悲愤交集。

割据开始

平卢战区（总部设营州【辽宁朝阳】）司令官（节度使）王玄志逝世。李亨派宦官前往慰问安抚将士，并在军中遴选继任人，准备把印信符节交给他。 高句丽（朝鲜半岛）人李怀玉，担任初级军官（裨将），诛杀王玄志的儿子，推荐侯希逸当平卢军（辽宁朝阳）基地司令（军使）。侯希逸的娘亲是李怀玉的姑妈，所以李怀玉拥护他（二人是表兄弟）。唐政府遂任命侯希逸当副司令官（节度副使）。战区司令官（节度使）由军中将领士卒自己遴选拥护，自此开始。

千言万语一句话："军必须有军纪，国必须有国法。"可是司马光却硬是把它跟"礼"拉上关系，而且扯了那么一大堆。儒家系统一直弄不清"礼"跟"法"的分别，甚至还认为"礼"还包括了"法"，实在恍惚得可以。

李隆基

762 年，太上皇李隆基在神龙殿逝世，年七十八岁（杨玉环若在，本年四十四岁）。把尸体放到太极殿。李亨因仍卧病在床，只能在寝殿哭泣，文武百官则到太极殿哭泣，蛮族官员劈面割耳哀悼的有四百余人。

中国历史上有些政治领袖，给人的第一印象，绝对不像一位暴君，甚至因为层出不穷的小聪明，还觉得他颇有点可取之处。然而，如果剥下五彩缤纷的外衣，就会看到他满身的罪恶，远超过那些恶名昭彰，被人诟骂千载的流氓恶棍，李隆基就是一个标本。

在文学作品的渲染下，人们很容易认定李隆基是一个戏剧界祖师爷和爱一个美貌少妇爱得发疯的情圣，而这些恰恰就是五彩缤纷的外衣。当我们评论一个船长的优劣功过时，不能只看他会不会唱歌，或曾不曾为一个女子割腕，而应看他有没有使巨轮平安航行，有没有把巨轮撞到使乘客死亡的礁石上。

755年，安禄山兵变时，李隆基的宫女，竟有四万人之多，完全供他一个人的淫乐，真骇人听闻，创下中国五千年历史上最高纪录。那一年，全国人口五千三百万。764 年，史朝义被消灭后的次年，战乱平息，全国人口只剩下一千七百万，死亡高达三千六百万，是全国总人口的五分之四。十年之中，平均每天有九千八百六十三人，丧生在刀口之下，或饿死在空屋道路之中。强大无比的唐王朝，因此土崩瓦解，中国人再度陷入大苦大难，最初是军阀割据，最后是每寸土地，都发生屠杀，在长达二百年的黑暗时代里，哭声震天。

历史上没有几个政治首领能制造出这么规模庞大和这么惨毒而沉重的悲苦。最荒唐的姒履癸（桀）、子受辛（纣）、希特勒，以及被称“杀人八百万”的黄巢，他们都做不到，他们制造的只是一个短时期、低程度、低数量的悲苦，而李隆基却做到了。读《通鉴》时，每一件伤心记载，都提醒我们它所来自的第一因，便忍不住对李隆基这个被美化了的人渣，扼腕切齿。

李适受责

雍王李适（音 kuò【阔】）抵达陕州（河南三门峡），回纥登里可汗药罗葛移地健在河北县（山西平陆）扎营。李适率左右属官及骑兵数十人，北渡黄河晋见。李适用平等的礼节相待，药罗葛移地健认为受到轻视，责备他为什么没有舞蹈叩头（此舞蹈不是二十世纪所说的舞蹈，而是“山呼舞蹈”，金銮宝殿上臣属晋见皇帝的礼节之一，现已不传，大概手挥脚跳，表示卑屈）。药子昂回答说：“依照礼仪，本不应舞蹈叩头。”回纥将军车鼻说：“唐王朝皇帝（李豫【李俶】）跟我们可汗是结拜弟兄，对雍王（李适）而言，可汗就是叔父，他怎么敢不舞蹈叩头？”药子昂说：“雍王（李适）是皇帝的长子，现在当全国野战军副最高指挥官（天下兵马副元帅）。哪有中国的储君，向外国可汗舞蹈叩头的道理？而且，两位皇帝（李隆基和李亨）的灵柩，还没有安葬，也不应该舞蹈。”竭力分辩，车鼻遂逮捕药子昂、魏琚、韦少华、李进，各打一百皮鞭；认为李适年轻不懂事，送他回营（本年，李适二十一岁）。魏琚、韦少华过了一夜，即行断气。

儒家系统的礼仪，建立在一个不平等的基础上，所谓“刑不上大官，礼不下平民”，要维持这种不平等的礼仪，需要有强大力量。没有这种力量，而仍想骑到别人头上，自然会受到反击。李适没有理由不向登里可汗下拜，论私，登里可汗是叔；论公，李适仅只唐王朝一个亲王，对方则是一国君主；论现实，当时的唐王朝全靠回纥救援。完全屈居劣势，而仍摆出架势，不以平等待人，登里可汗之怒，是争取尊严的正义之怒。

回纥攻入洛阳

回纥军进入东京（洛阳），毫无忌惮地大肆奸淫烧杀、劫掠抢夺；居民死亡以万为单位计算，大火数十天不熄。朔方战区及神策军基地特遣兵团士卒，认为东京（洛阳）、郑州（河南郑州）、汴州（河南开封）、汝州（河南汝州），都是“贼境”“匪区”，所经过的地方，同样奸淫烧杀、劫掠抢夺，三个月才算停止。于是家家户户，只剩下空荡荡的房屋；仍活着的人，不管是官是民，是男是女，衣服因为全被剥光，只好用纸裹到身上。

读史至此，再一次为中国人哭。黄河以南各州地下军和抗暴人民，竭力抵抗“盗匪”，渴望政府反攻，把他们救出水火，而结局却是如此。中国最大的灾难来自“官”“匪”不分，有时候，官甚至比匪还要可怖。过去的历史如此，将来的历史是不是会再重演？使人忧心！

冒充太子母

皇太子李适（音 kuò【阔】）的娘亲沈女士，是吴兴（浙江湖州）人，安禄山部将孙孝哲攻陷长安（西安）时（参考 756 年 6 月），把皇宫里嫔妃宫女，全部押送到洛阳宫，沈女士也在其中。李豫（李俶，十一任帝代宗）克复洛阳（参考 757 年 10 月），曾经看到沈女士，还没有来得及迎回长安（西安），而洛阳又被史思明攻陷（参考 759 年 9 月），沈女士遂从此失踪，不知流落何方。李豫（李俶）登上皇帝宝座（参考 762 年 4 月）后，曾派使节到各地寻找，没有找到。

765 年，寿州（安徽寿县）崇善寺女尼广澄，声称她就是李适的娘亲，调查盘问的结果，发现她只不过当时少阳院（太子所住）的乳娘。李豫（李俶）下令把她乱鞭打死。

乳娘怀中的婴儿，虽不是亲生，但喂奶难道不是恩情？广澄女士不过贪图荣华富贵，冒充混骗而已，不犯死罪，更不应承受乱鞭打死的酷刑。而且，宫廷夺床斗争惨烈，有多少人在恐惧“太子母”返宫！说不定广澄就是真的，所以才乱鞭泄恨。然而不论如何，李豫（李俶）只是对有枪杆的军阀宽厚而已，对一个可怜弱女却勇不可当。

钱从哪里来?

西川战区（总部设成都府【四川成都】）司令官（节度使）崔旰，到京师（首都长安）朝见时，命他的老弟崔宽当候补司令官（留后）。泸州（四川泸州）州长杨子琳率精锐骑兵数千人，乘虚突袭成都（四川成都），占领城池。中央政府得到消息，加授崔旰中央官位：国务院摄理工程部长（检校工部尚书）；命崔旰改名崔宁，放他返回任所。崔宽攻击杨子琳，不断失败。崔宁（崔旰）的小老婆任女士，拿出私房钱数十万，招募兵马数千人，崔宽率他们反攻，把杨子琳军击破，杨子琳撤出成都，退走。

战区司令官（节度使）的一个小老婆，就拿出供应数千人马的巨款，这钱是从哪里来的?

军营已成火药库

泾原战区（总部设泾州【甘肃泾川】）司令官（节度使）马璘病重，命作战参谋长（行军司马）段秀实暂时代理司令官（知节度使），托付给他死后的事。段秀实下令全军戒备，防范非常情况。马璘逝世，军中得到消息，奔丧痛哭的有数千人，在门外喧哗呜咽，段秀实一律禁止他们进门。命内营管理官（押牙）马頔（音 dí【笛】）在营内办理丧事，另一内营管理官（押牙）李汉惠在营外接待宾客；马璘的正妻、小老婆、子孙，在室里哀悼，马姓家族在院里哀悼，将领军官们在大营门前哀悼，士卒留在营帐、居民留在家里哀悼。有离开自己的位置，到街上和另外的人聚会谈话的，立即逮捕囚禁。送葬时，不是护丧人员，不准远送。至于祭奠仪式，都有严格规定；送丧路程远近，都有明确指示，违犯的一律军法审判。总纠察官（都虞候）史廷干、作战司令（兵马使）崔珍、带兵官（十将）张景华，阴谋利用这次葬礼，发动兵变，段秀实得到消息，上疏保荐史廷干前去中央充当禁卫军官，调崔珍移防灵台（甘肃灵台），调张景华到外州县任职，不杀一个人，战区却得以安然无事。

八世纪五十年代之后，唐王朝传统的政治伦理，全部瓦解；马璘是中央直属战区的司令官，一旦身死，从段秀实种种激烈措施，可看出军营已成为一个火药库，随时都会爆炸。皇家大军尚且如此，割据称雄的地方军阀——藩镇，更危机四伏。于是，凶暴的人有福了，既不要命、又不要脸的人有福了，权力、荣耀都是他们的，社会已成反淘汰漩涡，老虎生狗、狗生耗子，一代不如一代。

斩将之谜

郭子仪从邠州（陕西彬州）返京师（首都长安）朝见，命执行官（判官）京兆（首都长安）人杜黄裳留守。
总纠察官（都虞候）李怀光秘密计划取代郭子仪，遂伪造皇帝诏书：诛杀大将温儒杰等。杜黄裳发现真相，盘问李怀光，李怀光大为恐惧，汗流浃背，承认自己犯罪。杜黄裳遂把一些桀骜不驯，难以控制的将领，假传郭子仪的命令，把他们全部派到外地。总部内斗，才告结束。

李怀光阴谋代替郭子仪，事情十分突兀，这是一件严重的叛逆，仅矫诏一项，就是死刑，何况还要处决一批正在前方作战的高级将领，罪状更不容诛。可是，事发之后，没有任何惩戒行动，可谓怪诞。这不过是冰山一角，隐藏在水面下的政风军纪，恐怕已败坏到不堪闻问，不但杜黄裳无奈，郭子仪也无奈。

三救牌

皇家文学研究官（翰林学士）、监督院最高顾问官（左散骑常侍）张涉，接受前湖南道（首府设潭州【湖南长沙】）行政长官（观察使）辛京杲的金钱贿赂，事情被发觉，李适大怒，打算依法处死。这时，那个被淮西战区（总部设蔡州【河南汝南】）赶走（参考去年【779】3月）的李忠臣（董秦），正以摄理司空（三公之三）、二级实质宰相（同平章事）的身份，特准参加御前会报（奉朝请），对李适说："陛下以皇帝的尊贵，却使老师因生活贫苦而去犯罪，依我看来，不是老师的过失。"李适的怒气稍稍平息。只免除张涉官职，遣送回乡。

辛京杲因自己的私忿，把部属乱棍打死，有关单位奏称："辛京杲罪该处决。"李适打算批准。李忠臣（董秦）说："辛京杲早就应该死。"李适问什么缘故，李忠臣（董秦）说："辛京杲的老爹、叔父、兄弟，都为国战死，只辛京杲到今天还活着，所以我认为他早就应该死。"李适也感到悲戚，只把辛京杲贬作亲王师傅（从三品）。李忠臣（董秦）利用机会救人，多半用这种方法。

李忠臣（董秦）这种貌似忠厚的行为，就是官场文化的"三救三不救学"："救生不救死，救富不救贫，救官不救民。"救"生"，活人可能有回报；死人冤屈得伸，遗族自认为本应如此，难有感恩之心。救"富"，有钱人可以把金银财宝立刻送上大门（或送进银行），享受是立竿见影的；穷光蛋顶多歌颂你是"青天老爷"，焚香为你祝福而已，怎能拿出政治献金？救"官"，道理比二加二等于四还要明显，官有权使你贵，也有权使你富，普通小民顶多心存感激，有什么用？李忠臣这种出卖良知人格，出卖人性尊严的"三救牌"，竟得到"救人"的好评，正是中华文化中的一种毒素。

郭子仪

781 年，汾阳王郭子仪逝世（年八十五岁）。

郭子仪身为帝国上将，手握强大的武装部队，宦官程元振、鱼朝恩对他谗言诬陷、肆意诋毁，千方百计要置之于死。可是只要一纸诏书颁下，没有一次不立即动身上路，因此陷害不能成功。郭子仪曾经派人去田承嗣那里，田承嗣面向西方下跪叩头，说："这膝盖不向别人弯屈，已很多年！"李灵曜在汴州（河南开封）兵变（参考 776 年 5 月），无论政府及民间，所有经过汴州（河南开封）的公私物品，李灵曜一律扣留，只对郭子仪的东西特别放行，还派卫士护送出境。郭子仪兼最高立法长（中书令）二十四年，每月俸禄二万串钱，私人财产收入尚不包括在内，所以库房里的金银珠宝，堆积如山。郭家大门之内，有三千人，八个儿子（郭曜、郭晞、郭旰、郭昭、郭晤、郭暧、郭曙、郭映）、七个女婿，都在政府担任显要官职；孙儿辈数十人，每次到面前问安，郭子仪也弄不清楚谁是谁，看见有人叩头，就点头而已。仆固怀恩、李怀光、浑瑊，最初都是他的部将，虽然每人都尊贵到封王封爵，但郭子仪对他们却随意指使，他们也甘愿东奔西走，听从呼唤；郭家的人把这些大将当作家里的奴仆一样。帝国的安危，维系在郭子仪身上，几乎长达三十年（郭子仪于 756 年从朔方战区【总部设灵州】崛起，迄今二十六年）。功劳虽倾盖天下，但领袖对他没有疑心；官位虽高到仅次于皇帝，但大家并不忌妒；生活虽穷极奢侈，但人们并不认为他不对。享年八十五岁，寿终天年。他的部将、参谋等，擢升到高官，或身为一代政治家的，非常之多。（"几乎长达三十年"下，有胡三省的注，原文是："自柔兆涒滩至重光作噩，二十六年耳。""柔兆涒滩""重光作噩"是什么？为什么不注为："自至德元载至建中二年。"却舞弄无聊玄虚，以表示学问奇大！现在，"柔兆涒滩"译作"756 年"，"重光作噩"译作"781 年"，高级知识分子用文言文唬人的伎俩，也就拆穿。）

郭子仪在历史上有崇高的地位，但几乎无人可比的，却不是他的战功，也不是他一身系国家安危，而是他虽然享尽世间荣华富贵，而仍能保住人头，不被砍掉；身死之后，子孙还继续享福数十年，甚至百余年。中国人最奇特的命运是：你如果不照着当权人物的模式，而擅自爱国，爱国就会成为一种危险行为。大多数对国家有贡献的人，最后往往都是被逐、被囚、被杀、被屠，或在死后祸延子孙。只郭子仪是极少数的例外——至少，他最被人称道。

我们肯定郭子仪的功劳，以及对国家所作的努力，但史论家认为他：“权势倾盖天下，中央并不猜忌；功劳超过当世，皇帝毫不怀疑；穷奢极侈，舆论却不抨击。”对读者简直是存心诈欺，郭子仪受猜忌、受怀疑，史不绝书，事实俱在，黑字印在白纸上，而刘昫、裴垍、宋祁之辈竟公然扯谎，说没有这回事，把中国人全都当成废铁罐。

非洲有一种被称为哈伊那（hyena）的土狼，它们打斗起来，凶猛异常，但一方如果战败，它就四脚朝天的躺到地上，把身上最脆弱的部分：咽喉和小腹，毫无保留地呈现在敌人锋利的爪牙之下。敌人这时走到跟前，在咽喉和小腹上，用鼻子察勘，发现对方确实屈服之后，也就摇尾而去，不作攻击。

郭子仪对来自四面八方的猜忌怀疑、谗言陷害，采取的就是哈伊那（hyena）式策略，把自己的咽喉小腹，毫无保留地呈现在皇帝、宦官和权臣等鲨鱼群之前，乞灵于对方相信他的忠心——不但绝不反击，而且毫无怨言，更重要的是乞灵于他的运气，使鲨鱼群相信他确实于己无害！感谢上帝，他判断正确，如果判断错误，他就得付出韩信、彭越、檀道济，以及后来的岳飞、熊廷弼、袁崇焕的代价，这代价是凄惨的，所以连忠心耿耿的李光弼、李怀光，都不敢一试。

郭子仪不是一个成功的将领，当十司令官（节度使）在邺城（邺郡，河北临漳西南邺镇）围攻安庆绪，战斗最危急时，郭子仪第一个先拍马而逃，引起大军崩溃（参考 759 年 3 月），但他却是一个官场文化中最成功的政客，用矮化自己，去明哲保身；这种权力游戏中的“柔能克刚”哲学的生存方式，形成中华人的特有品质，以致中华人在再尊贵的时候，随时都在准备卑屈地作践自己。郭子仪最受部属爱戴的所谓宽厚，事实上不过是纵容部属蹂躏残害小民，小民不敢呼冤而已。他的儿子郭晞在邠州（陕西彬州）的暴行（参考 764 年 11 月），足够说明小民在郭子仪宽厚手段之下的悲哀命运。但小民的声音既没有人听到，也没有人记载，史册上记载的全是将领及官员们歌颂他的声音，因为他们虐待小民却不必受到惩罚，剥削勒索小民卖儿卖女的钱一直都在增加，郭子仪是他们的保护神，歌颂的声音自然响彻云霄。

错误的决策

782 年，唐政府军削平成德战区（总部设恒州【河北正定】）首领李惟岳的反抗。李惟岳任命的定州（河北定州）州长杨政义也归降中央，黄河以北大致平定，只有田悦仍据守魏州（河北大名），还没有攻破。黄河以南中央各军包围平卢战区（总部设郓州【山东东平】）首领李纳据守的濮州（山东濮县），李纳势力日渐萎缩，中央认为全国不久就可恢复大一统的和平局面，一片乐观气氛。就在这时候，中央发布人事命令：命张孝忠当易定沧三州战区司令官（节度使）、王武俊当恒冀二州民兵司令官及行政长官（都团练观察使）、康日知当深赵二州民兵司令官及行政长官（都团练观察使）。把德州（山东陵县）、棣州（山东惠民）划归朱滔，命朱滔返防。朱滔一再请求把他现在驻军的深州（河北深州）划归自己，中央不准，因此朱滔大为失望和怨恨，留在深州（河北深州）不肯返防。（胡三省注：“朱滔讨伐李惟岳，连战连胜，可是中央瓜分成德战区【总部设恒州，河北正定】分别赏赐一些投降的将领时，朱滔连一寸土地都没有分到，还命他自行攻取仍属平卢战区【总部设郓州，山东东平】的德州【山东陵县】、棣州【山东惠民】。这就是《左传》说的周王朝政府所以失去郑国【河南新郑】的原因。”《左氏春秋》公元前 717 年：郑国国君【三任庄公】姬寤生，进京【首都洛阳】朝见周王朝国王【十四任桓王】姬林，姬林因郑国曾强割麦禾，所以对姬寤生态度傲慢，周公爵姬黑肩警告姬林说：“中央自迁到东方之后，完全依靠郑晋两国，今天对郑国国君如此不礼貌，郑国不会再来朝见了。”）王武俊一向瞧不起张孝忠，而且自认为亲手诛杀李惟岳，功劳在康日知之上，可是张孝忠贵为战区司令官（节度使），而自己和康日知却只当民兵司令官（都团练使），而且又失去赵州（河北赵县）及定州（河北定州），也大不高兴；同时又接到诏书，命他供应粮食五百石给朱滔、战马五百匹给马燧，王武俊认为中央不打算用成德战区（总部设恒州【河北正定】）旧人当司令官（节度使），一旦攻克魏博战区（总部设魏州【河北大名】），下一步就要夺取恒州（河北正定）、冀州（河北冀州），所以故意分散他的粮食及战马，削弱他的力量，越想越怀疑不安，不接受命令。

当一场战争就要结束，一阵尘埃就要落定之际，胜利者一方的领袖和他的智囊最容易犯的错误，莫过于轻估残局的危险性和敌人的反弹力量。刘邦在击斩项羽之后，立即驰入韩信大营，夺取帅印，应是政治上最睿智的措施。反过来检讨项羽，他却被胜利冲昏大脑，认为他那一套是天下第一奇套，于是，胡乱封王（当然，他自己讲起来也头头是道），他的性格和见识都证明他只有小聪明而没有大智慧。

天下本来可以一片和睦，庸才却把它搞得水深火热。第一个决策错误之后，像推骨牌一样，接着而来的将是一连串更大的错误，使情势更坏，终于无法收拾，连当初决策的所谓英明首领，都无法阻止。

卢杞深恨颜真卿

宰相卢杞最讨厌太子太师（太子三师之一，从一品）颜真卿，誓言把他排出首都长安（陕西西安）。颜真卿得到消息，告诉卢杞说："你父亲的人头传送到平原（山东陵县）时（卢杞的老爹卢奕当副总监察官【御史中丞】，于洛阳沦陷时，被安禄山所杀，颜真卿时任平原郡长，参考755年12月），我用舌头舐他脸上的血，而今，你难道真的忍心排斥！"卢杞想不到他会说这段往事（迄今已二十三年），惊慌地跳起来，向颜真卿叩谢大恩，但心里对颜真卿更为痛恨。

对卑劣的人有恩，是一种危险，只有高贵的心灵才会图报，卑劣的人缺少这种心灵，他反而希望早日把恩人排除——或诛杀、或斗臭，用以遮盖昔日自己的卑鄙狼狈，直到世界上再没有人知道自己的往事时，心情什么时候才能平衡。

撒尿李元平

783 年，淮宁战区（总部设许州【河南许昌】）司令官（节度使）李希烈派部将李克诚，袭击汝州（河南临汝），攻克，生擒总秘书长（别驾）李元平。

李元平本是湖南道（首府设衡州【湖南衡阳】）执行官（判官），很有点聪明才干，但粗枝大叶，态度傲慢，洋洋自得，不可一世，高谈阔论起来，毫无忌惮，尤其喜爱就军事方面发表议论。宰相关播认为他是天下奇才，推荐给唐帝（十二任德宗）李适（音 kuò，【阔】），赞扬他有担任大将、宰相的才能，因汝州（河南临汝）距许州（河南许昌）最近，于是擢升李元平当汝州总秘书长（别驾），兼代理州长（知州事）。李元平到差后，立刻招雇工人修建城墙；李希烈暗中派人冒充工匠投效，有数百人之多，李元平没有察觉。于是，当李希烈派他的将领李克诚率数百名骑兵突然抵达城下时，埋伏的工匠在城里响应，生擒李元平，飞奔出城献俘。李元平身材短小，没有胡须，看见李希烈，心胆都碎，屎尿同时流出来，撒得一地都是，李希烈诟骂说：“瞎宰相，用你对付我，竟这么看不起人！”

宋王朝有“带汁诸葛亮”，唐王朝有“撒尿李元平”，前后辉映，成为奇观。小人物当身处绝对安全之境，说些慷慨激昂之话，向人夸耀他是天下第一忠义兼第一韬略，甚至第一英勇，到最后往往演出“带汁”“撒尿”节目，并不足怪。怪的是竟会有人对这样的慷慨激昂，信以为真。历史之所以多彩多姿，大概在此。

陆贽对猪弹琴

李适向皇家文学研究官（翰林学士）陆贽询问目前最重要、最急切的事，应该是什么。陆贽认为不久前之所以发生祸乱，乃由于上下隔阂严重的缘故，建议李适接近部属，采纳规劝，于是上疏陈述。

《通鉴》史迹，只是纵贯记载，各类奏章，则是历史的横切面，使人对当时社会得以深入了解，尤其陆贽的奏章，在政治史上占重要地位，他的对象虽只是李适一人，但我们读起来，发现他几乎把一个愚而好自用的小丑，描写得栩栩如生。李适之类人物，历史上多得连脚趾头加上都数不完，就在二十世纪，我们还亲眼看到过，或亲身遇上过。

陆贽的奏章，《通鉴》只是节录，如果读全部文献《陆宣公奏议》，当更可发现他的洞察力深刻入骨。在泾原兵变之前，他就预料到要发生灾祸，在灾祸发生之后，他更直率地指出，灾祸之源就是李适，虽然措词婉转，但诉求十分明显。无可奈何的是，在那个时代，人民不能更换领袖，唯有盼望李适自我检讨。可是李适自我检讨的结果，跟现代有些中学生在"周记簿"上自我检讨的结果一样，都是："我太好了，所以才受别人的骗！"在李适口中，他自己简直纯洁得像一个胖嘟嘟的天真婴儿。

陆贽奏章可以查考的，共五十六篇，李适只采纳了十五篇，还包括只采纳一部分的在内，而这十五篇又几乎全不重要。所以用一句话可以形容陆贽奏章的效果："对猪弹琴！"心地单纯的领袖，只要有优秀的辅佐，还有可能把国家治好，昏庸猜忌的领袖，则即令拥有陆贽、李泌等天下奇才，也救不了他，唐王朝在李隆基手中破碎，再经李适勇猛地践踏，遂再难复原。

李适对萧复逆诈

宰相萧复曾经向李适建议说：“自从天下大乱，宦官很多被派出担任‘监军’，仗恃领袖对他的信任宠爱，横行霸道、无所不为。这种人只应该管理宫里的事，不应该交给他们军权，干涉国家大政。”李适大不高兴。萧复又曾经向李适警告说：“陛下登极不久，神圣的恩德就普及天下。然而，自从杨炎、卢杞当权以来，政治混乱，以致落得今天下场。陛下如果真的能改变心意，我怎敢不竭尽心力。假如希望我因循顺服，只求平安，我实在办不到。”之前，有一次，萧复和卢杞一同奏事，卢杞顺着李适的话说，萧复板起面孔说：“卢杞胡说八道！”李适愣在那里，退朝之后，对左右侍从说：“萧复瞧不起我！”遂贬萧复当山南东西、荆南、湖南、淮南、江西、鄂岳、浙江东西、福建、岭南等道慰劳安抚特使（宣慰安抚使），实际上，是疏远他。不久，另一宰相刘从一以及一些中央官员，纷纷上疏请求把萧复留在京师（首都长安）。李适对陆贽说：“我考虑到，自从播迁以来，江淮（华东地区）遥远，有些事情，传闻跟事实可能不符，打算派重要高官前去安抚慰劳，曾经跟宰相和官员们谈过，都认为恰当。可是，今天却反复无常到这个样子，几天以来，我一直闷闷不乐。莫非是萧复后悔，不肯前去，发动他们上疏？你了解萧复这个人，他不打算前去，那么，他打算干什么？”陆贽上疏说：“萧复刻苦自修，砥砺品德，只知洁身自好，忠贞报国，行事显然有不周到的地方，但他的人格我可以保证！至于轻率狡诈到如此地步，他绝对不会去做。即令萧复希望留下，刘从一又怎么会听他的！既然出现矛盾现象，我建议陛下就应公开而明确地向他提出质问，听他解释。如果萧复想借机另有请求，刘从一又怎么会为他隐瞒！如果刘从一有他的道理，则陛下就不应再疑心萧复。陛下为什么怕把真相探讨清楚，而一直闷在心里？查明事实，就不致困惑不安，给他辩护机会，就不至使人蒙冤。人生最大的惨痛是先被肯定诈欺却不准说明真相，最刻毒的冤枉是先被肯定犯罪而不准他解释内情。于是，‘真’‘伪’相混，‘忠’‘奸’不分。这是领袖驾驭干部最主要的关键，请陛下特别留意。”但李适拒绝进一步追查。

陆贽认为只要说明真相，解释内情，就可以解除困扰，免除冤枉。在某种情形下，可能如此。但并不常常有效，有时候领袖“择善固执”，只要跟他的认知或盼望不一样，你讲任何合情合理的事，他都不会相信，使人陷于百口莫辩的苦境。就在《通鉴》上，便可找出千万例证。如果领袖竟是幕后真凶，则解释就更无意义。人生最大的幸运，就是永远不要遇上这种困扰和冤酷，假如你发现你的头目从不探讨真相，或任凭怎么拿出证据，他都不信，他一定属于愚恶之辈，那么，劝你赶紧另投明主，离开得越远越好。

李晟家书

李适加授李晟：鄜坊、京畿渭北、商华等各战区野战军副最高指挥官（副元帅）。
李晟家属一百余人，以及神策军官兵家属，都留在首都长安，自称汉帝、占据首都长安（西安）的朱泚，待他们十分优厚。勤王军中有人谈到家事时，李晟哭泣说："皇上如今在哪里？我们怎么敢想家！"朱泚派李晟的亲近送家信给李晟，说："大帅家平安无事。"李晟大怒说："你竟敢做逆贼的间谍！"立刻斩首。

传递平安家书，怎么就是间谍？报告家人消息，又犯了什么重罪？竟然斩首。这就是官场文化，用别人的性命，表演自己的忠贞，好让主子疼爱！

朱泚不过一只笨黄瓜

溃败的汉帝朱泚，逃出长安（陕西西安），打算投奔吐蕃王国（西藏）。随从部众一路上逃亡，抵达泾州（甘肃泾川）时，只剩下一百余名骑兵。泾原战区（总部设泾州【甘肃泾川】）司令官（节度使）田希鉴紧闭城门坚守，拒绝收容，朱泚对他说："你的官是我任命的！为什么在危难时，如此忘恩负义！"下令纵火焚烧城门，田希鉴把符节投到火里，叫说："奉还给你！"朱泚部众痛哭失声，向田希鉴投降。朱泚率范阳（卢龙战区，总部幽州【北京】所在城）亲兵及朱姓家族宾客向北逃命，奔向驿马关（甘肃庆阳西南），宁州（甘肃宁县）州长夏侯英闭城拒抗，朱泚继续逃亡，抵达彭原西城屯（甘肃镇原东），他的部将梁庭芬一箭射中朱泚，朱泚落马，掉到一个土坑中，大将韩旻等斩朱泚（年四十三岁），携带人头，前往泾州（甘肃泾川）投降。朱泚的宰相源休、李子平投奔凤翔，凤翔战区（总部凤翔府）司令官（节度使）李楚琳把他们斩首，连同朱泚的人头，一起送到唐帝所在地。

史迹斑斑，急于当皇帝的人，没有一个有好下场，这就跟地基刚铺上水泥，还没有凝固，就急着盖百层高楼一样。而且，当国王还有后退的空间，当皇帝就踏上不归之路。孙权劝曹操当皇帝时，曹操失笑说："这小子想把我弄到火炉上坐！"朱泚何德何能，一看宝座空出来，屁股立刻就往上凑，仅此一点，他就头脑简单。如果效法曹操，接回李适，挟天子以令诸侯，岂不是天赐良机！十年二十年后，宝座仍属己有。李怀光军势稍弱，朱泚就马上端起嘴脸，化友为敌，见识何以如此浅陋？一个只知道摆架子过干瘾的人，层面就未免太低。最后甚至提醒田希鉴："你的官是我任命的！"如果田希鉴反过来提醒他："你的官是李适任命的！"不知朱泚如何反应。智慧及常识两缺，朱泚不过一只笨黄瓜而已。

李璀滥杀

最初，李怀光解除奉天（陕西乾县）包围（参考 783 年 11 月 20 日），李适擢升李怀光的儿子李璀当行政监察官（监察御史），特别优待。后来，李怀光阴谋叛变，李璀首先透露消息，李适向他说："你有什么办法使自己免除这场灾难？"李璀说："我之报告陛下，不是为了苟且偷生。我老爹失败，我只有跟我老爹同死，哪有别的办法？假使我出卖老爹，只求活命，陛下难道还用这种人！"李适说："你不要轻易说死，我派你再去咸阳（陕西咸阳）一趟，向你老爹用心解释，使君臣父子，都能保全，岂不更好！"李璀从咸阳回来，报告李适说："事情完全绝望，请陛下严密戒备，千万不要相信别人认为我老爹可以改变立场的说法。我这次前去，向老爹千方百计劝解，我老爹斥责说：'你这个小子懂得什么？领袖言而无信，不遵守承诺，我并不是贪图荣华富贵，只是怕死而已，你怎么可以把我陷害到绝地！'" 785 年，李怀光在围城中悬梁自尽，李璀先格杀他两位弟弟，然后自杀。

李璀身处人伦变局，以及当时的社会价值，使他不得不死，事至可哀。然而，死亡是件大事，不可以擅自替别人做主，两位弟弟是两个完整而自由的独立个体，应由他们自己决定，怎么可以为了自己表态，强行夺取别人的生命！

李适贪婪

河南（黄河以南）、江南（长江以南）、淮南（淮河以南）赋税清查处理特使（句勘东南两税钱帛使）元友直，运送现金、布匹二十万到京师（首都长安），李泌命全部交给皇宫大盈库。但李适并不能遵守承诺（参考787年9月），仍不断派宦官到各地宣读圣旨，索取金银财宝，并训令各道不要让宰相知道。李泌听到消息，深感沮丧，不敢再作劝阻。

司马光曰：“帝王把天下当作自己的家，天下所有的财富，都属帝王私有。用天下的财富，养育天下的人，自己一定过得快乐安适。如果君王仍然积蓄私房钱，这是市井小民干的事。古人说：‘贫穷的人，用不着学习节俭。财富太多，自然奢侈浪费。’李泌打算消灭李适的欲望，而增加李适的私房钱；殊不知财富越多，欲望就越大。财富不能满足欲望，怎么能不搜括？等于替他开了门，却禁止他出入一样。虽然是李适的行为荒唐，也因李泌辅佐他的方式不是正道。”

专制政治的特质，就是领袖的权力不受限制。儒家学派学者一直想解决这个问题，却一直无法解决，唯一的办法是希望帝王恐惧上天的谴责，而自我约束；帝王如果不在乎上天，不能自我约束，儒家书呆子则只好希望当宰相的人，苦苦规劝。问题就出在这里，如果帝王依然随心所欲，那将怎么办？儒家书呆子就完全瞪眼，只好日夜盼望冒出一个能自我约束的“天纵英明”，和一个使顽劣首领言听计从的贤能宰相。

司马光认为财富多了才欲望无穷，违背常识。贫穷人的欲望同样无穷，李泌依照李适的要求，加倍供应，一则希望他天良未泯，二则也希望确定够他使用。试问一声，李泌不加倍供应，难道李适就没有物质欲望、老老实实地“贫不学俭”？

政治领袖好像一只白额猛虎，要想它不跳出笼子吃人，有赖于驯兽师手中的皮鞭。专制制度下，驯兽师赤手空拳，根本无法使它听命，把一切责任都推到宰相身上，是奴才思想，他不敢斥责首领，只敢斥责辅佐，不敢指摘兽性大发的白额猛虎，只敢怪罪赤手空拳的驯兽师。事实上，李泌任何方法都不能阻止李适为非作歹，孔丘、司马光坐在李泌的座位上，也是如此，批评李泌“不是正道”，不禁要问：什么才是正道？在拘束君王行为上，儒家学派的想法简直邪门，李适不过是一个小教材而已。在那个什么都说，偏不说权力制衡的政治思想指导之下，中国政治怎么会有秩序？中国人怎么会有尊严？

李泌

788年，宰相李泌逝世（年六十八岁）。李泌有谋略，但是喜欢谈神仙鬼怪，听起来荒唐怪诞，所以受世人轻视。

自三世纪二十年代诸葛亮当蜀汉帝国宰相算起，迄八世纪八十年代，六百年间，杰出的宰相不过王猛、房玄龄、杜如晦、姚崇等五六人而已。孔丘说："人才难得！"平均一百年才勉强出一个优秀的政治家，而在这寥寥的几个人中，房玄龄、杜如晦，不过是君王的秘书和助理，办办文书，姚崇也不过维持现状。只有李泌，不仅是王猛之后第一人，在中国宰相群中，也居高位。

但是，他信仰道家和道教，跟儒家学派发生严重的抵触，遂被大儒之类指为怪诞。他没有身段，却有幽默，以端嘴脸为第一要务的大儒之类，对他当然越看越不顺眼。跟诸葛亮一样，他们的顶头上司全部是标准的顽劣之辈，不过刘禅安于愚昧，而李适却愚而好自用，当李适的宰相比当刘禅的宰相困难万倍。李泌绝对有异于传统的知识分子和孔家班系统，他做事既切实际而又有前瞻，粮食俸禄以及疆场作战，都能深入掌握，而外交政策的成功，更料事如神。他当宰相的时间不过一年十个月，对国家贡献之大，已无与伦比。

李泌的品格，自诸葛亮以来，更是第一人。李亨在位时，李泌弃宰相如破鞋；回到衡山隐居，更足使一些热肠滚滚的儒家知识分子恼羞成怒，是以刘昫反扑说："居相位而从事鬼神，乃见狂妄浮薄之踪。"宋祁也酸溜溜说："异哉，其谋事近忠，其轻去近高。"反正是"非我族类"，李泌怎么做都不对。不过从李泌屈居孙儿辈李适之下，也看出他的悲哀。三世君王，从李亨开始，一蟹不如一蟹，而人的生命有限，再不拣起最后李适这只烂蟹，便无蟹可拣，历史如果抽出李泌，吐蕃灾难必不能息，中国人的苦楚，还可胜言！

窦参案

窦参当宰相时，厌恶国务院左主任秘书（左司郎中）李巽（音 xùn【训】），把他贬出来当常州（江苏常州）州长。后来，窦参贬作郴州（湖南郴州）总秘书长（别驾），李巽已升任湖南道（首府设衡州【湖南衡阳】）行政长官（观察使），恰巧是窦参的顶头上司。

宣武战区（总部设汴州【河南开封】）司令官（节度使）刘士宁送给窦参绢（厚绸）五十匹，李巽知道后，上疏检举窦参秘密交结地方军事将领。李适大怒，打算诛杀窦参，宰相陆贽认为窦参的罪状还不应处死，李适才算停止。可是不久就又派宦官告诉陆贽，说："窦参交结中外高官，居心不良，显然对帝国安全造成伤害，事情十分严重。你认为应该如何定罪，马上奏报。"陆贽上疏说："窦参是政府的高官，陛下不可以没有罪名，就把他处决。从前，刘晏之死（参考 780 年 7 月 27 日），罪名就不清不楚，直到今天，大家仍愤愤不平，以致叛徒们拿来作为借口（参考 781 年 2 月）。窦参贪赃纵欲的罪行，天下皆知；至于阴谋叛逆，证据却十分薄弱，如果不经过公开审判，就动用极刑，势将造成可怕的震动。陛下深知窦参对我并没有半分友谊，我岂想营救他这个人，只是珍惜司法尊严，不可滥用。"

李适仍下诏把窦参再贬作驩州（越南共和国荣市）军务秘书长（司马），家人不分男女，全部流窜边疆。

李适再命惩罚窦参的亲戚朋友，陆贽反对，上疏说："犯罪有主犯及从犯之分，法律有重惩及轻罚之别，窦参既然蒙陛下赦免宽恕，亲戚朋友当然也在赦免宽恕之列。何况，窦参定罪的时候，私党已经受到连坐处分；人心已经安定，请求不再追问。"李适接受建议，但又要把窦参的家人、家产全部没收，陆贽也反对，上疏说："依照国家法律，叛徒们的家人以及财产才全部没收；至于贪污犯，则只追缴他所贪污的数目，而且还要在判刑确定后，才开始执行。现在，窦参的罪名还没有确定，而且又蒙陛下宽恕，如果没收他的家人和财产，恐怕不是正义的行为。"

但是，宦官们把窦参恨入骨髓，不断打小报告陷害。李适终于下手，窦参在前往驩州（越南共和国荣市）路上，圣旨到达，命他自杀，全部家产及所有奴仆婢女都用驿马车送到京师（首

都长安）。

专制时代，心直口快的人，固然容易招祸；而城府深不可测、阴险入骨的人，灾患有时往往更惨。我们对窦参的遭遇，十分感慨！但有兴趣的是，这样一个包藏祸心的坏胚，李泌怎么会坚决推荐他继任宰相？是不是窦参已把李泌玩得眼花缭乱？自古以来，杰出的人才总是无以为继，萧何、诸葛亮、王猛的接班人，全是碌碌庸才，但也不过碌碌庸才而已，而李泌竟犯下这么样的大错，使人万分困惑。

八世纪的中国

794年，宰相陆贽建议阻止地主剥削。上疏说：“现在，京畿地区（陕西中部）田赋，每亩，政府向地主征收五升，而地主向佃农甚至征收一石，是私税高于公税二十倍之巨（十升一斗，十斗一石）。即令是中等情况，也征收五斗。土地，是国家所有，耕田种地，是农夫辛苦勤劳，可是兼并土地的大地主，却居然从中榨取暴利。”又说：“我建议人民拥有的耕田，政府应制定法律，限制它的数目；同时明令减少向佃农收缴田租的数目，务必使贫苦的农民受到裨益。法律的尊严在于能彻底执行，千万不可以苛刻，制度的建立应该宽厚，但违背它的，必须惩罚。略微降低富豪乡绅的利益，稍为提高贫农的收入；降低一点利益，并不损害有钱人的财富，提高一点收入，却可以救济贫农于饥寒。这是保护财产、怜恤贫穷的最好办法，不应舍弃。”

中国八世纪时候的社会横切面，在陆贽的奏章上，完全暴露：经济破产，元首昏庸，官员顽劣，地主凶暴，政府成为一个庞大的贪污集团和压榨机器，千万以农耕为主的中国小民，在政府与地主、军队，以及水旱天灾蹂躏下，不过一群热锅上的蚂蚁。这种悲惨生活，在以后漫长岁月中，不但没有减轻，反而一年比一年更为凄苦，可悲！

贪污大王

河东战区（总部太原府）司令官（节度使）李说逝世。
李适命本战区作战参谋长（行军司马）郑儋当司令官（节度使）。李适遴选可以接替郑儋的人，想起国务院司法部法务司副司长（刑部员外郎）严绶，在当幕僚的时候，就懂得向皇帝呈献贿赂（参考 796 年 6 月），印象深刻，于是命严绶当作战参谋长（行军司马）。

李适身为圣明天子，对于向自己行贿的官员，竟如此欣赏，不次擢升，使人张口结舌！中国五千年来一直无法建立一个廉洁的政府，我们终于找出缘故：原来，国家的最高领袖，他自己就是贪污大王！

李适

805 年，唐帝（十二任德宗）李适逝世（年六十四岁）。

李适（音 kuò【阔】）并不是一个特殊人物，他不比其他君王更差，也不比其他君王更坏，而且他应该是最幸运的一位。司马徽有言：“卧龙、凤雏，两人得一，可安天下！”李适文有李泌、陆贽，武有李怀光、李晟、马燧，都是王猛、诸葛亮、韩信、李靖高层面人物。李适如果能做到刘阿斗所做到的十分之一，唐王朝可能重振，人民也可能免除以后长达两百年之久的大黑暗时代，可是，李适亲手摧毁了他的福气。

李适以神经质的猜忌闻名于世。但是，他只是对不应猜忌的人猜忌，对那些伤害他最严重的邪恶之辈，却信任得如醉如痴，即令把真凭实据拿到鼻子上，他的信任也毫不动摇。唯上智与下愚不移！上智对正确的判断不移，下愚对错误的信心不移！杨广是一个典型的真小人，明目张胆地宣称他不喜欢听逆耳之言。李适则是一个典型的伪君子，只敢在暗中憎恨正直和智慧。卢杞、裴延龄等并没有特制的政治迷幻药，唯一的妙法是拍马屁拍得李适好不舒服，只有在马屁精面前，李适觉得自己才有尊严，不会自惭自己的无知和无耻。只有智者才有能力接受批评，顽劣分子一定闻过则怒。

对狼弹琴

唐王朝十二任帝（德宗）李适在位末年（八世纪九十年代），一连十年没有大赦，文武官员因小小过失而被贬窜的，再没有机会获得任用。十三任帝（顺宗）李诵登极，下诏命忠州（重庆忠县）总秘书长（别驾）陆贽（参考 795 年 4 月 25 日）、道州（湖南道县）州长阳城（参考 798 年 9 月 23 日）返回京师（首都长安），但陆贽和阳城都在诏书到达之前逝世（陆贽年五十二岁，阳城年不详）。

我们现在看二十世纪初叶一些抨击女人缠脚的文章，心情已没有什么激动，因为现代妇女早已不再缠脚。然而，陆贽所写的奏章，时代背景是八世纪的中国，而在二十世纪的今天再读，竟觉得场景仍在目前，感慨于酱缸文化的既深且浓，依然如昔，千年之久，都没有稍稍稀释。在某一个角度来看，陆贽还算是幸运的，对猪弹琴的结果，不过贬官，若遇到统治者凶悍如狼，知识分子升级到对狼弹琴，后患遂不可测。必须有一天，知识分子不管对什么东西弹琴，都平安无事时，中国才是法治国家，中华人才能算是文明民族。

潘孟阳贪污案

前往江淮（华东地区）慰劳安抚的全国财政暨盐铁专卖及运输副总监潘孟阳（派遣事，参考 805 年 8 月 25 日），所到的地方，专门从事游戏和欢宴取乐，仅仆从就有三百人，大量收受贿赂。唐帝（十四任宪宗）李纯接到报告，调潘孟阳当最高法院院长（大理卿），免除他财政暨盐铁专卖及运输副总监官职（度支、盐铁转运副使）。

中国始终不能建立廉能政府，原因何在？李纯和潘孟阳二位先生，再一次现身说法。国家最高领袖，就有贪污狂，而查办赃官的人，他自己就是赃官。这种情形，即令上帝亲自出面，也无法拯救。

国法的制裁力量，必须使李纯和潘孟阳之流，也乖乖就范，法治才能建立。改任潘孟阳当最高法院院长，等于把猛虎赶进羊群，司法黑暗的原因，在此也找到答案。

李锜腰斩

镇海战区（总部设润州【江苏镇江】）司令官（节度使）李锜叛变失败，被押解到长安（陕西西安），唐帝（十四任宪宗）李纯登宫城兴安门当面盘问，李锜回答说：“我最初并不打算谋反，是张子良等教唆我谋反！”李纯说：“你身为大军统帅，张子良等谋反，为什么不先把他们斩首，然后来中央朝见？”李锜张口结舌，答不出话。于是连同李锜的儿子李师回，一起腰斩（李锜年六十七岁）。

大丈夫敢作敢当，李锜在失败后把责任全部推到别人头上，只不过一个老脓包而已。强弓特种部队和外籍特种部队士卒，为他争相自杀，除了证明再愚恶的人都有人效忠之外，别无其他意义，但李锜也被误导得认为天下所有的人都愿为他战死，以六十七岁的高龄，去做只有两营人马才赞成的大事，则不仅老脓包，而且是老浑蛋。

刘晏平

唐政府讨伐吴元济时，平卢战区（总部设郓州【山东东平】）司令官（节度使）李师道，悬赏征求可以充当使节前往蔡州（河南汝南）观察形势的人，营门纠察官（牙前虞候）刘晏平应募。于是，穿过汴州（宣武战区总部，河南开封）和宋州（河南商丘）之间空旷地带，秘密抵达蔡州（河南汝南）。吴元济大喜，馈赠他厚礼，送他回去。刘晏平回到郓州（山东东平），李师道屏退左右侍从，召见他询问，刘晏平说："吴元济把好几万军队，投置到荒郊旷野，危险到如此程度，他却每天跟小老婆和一群奴仆，在深宅大院里赌博游戏，从容不迫，一点也不忧虑。以我的观察，他一定灭亡，而且用不了多久。"李师道一向倚靠淮西的支持，听到他不愿意听的话，震惊之余，恼羞成怒。找一个借口，把刘晏平乱棍打死。

胡三省曰："以刘晏平的洞察入微，一定有超过常人的知识和见解，李师道不能推心置腹，用作智囊，谋求自救，反而大怒，把他诛杀，自然非亡不可。"

刘晏平看对了吴元济，却看错了李师道，他事实上或许也不见得真的看错了李师道，只不过一念之忠而已。天下多少英雄，为此悲叹！

沂州之屠

兖海沂密道(首府设沂州【山东临沂】)行政长官(观察使)王遂，本是一个管理钱粮的官员，性情急躁刻薄，没有见识。当时，道政府匆匆建立，人心不安，王遂的治理手段却严厉残酷，所用行刑的棍棒都比常用的粗得多。每次诟骂士卒，都咆哮说："反叛蛮虏！"又在炎热盛夏，驱使士卒兴建道政府及行政长官(观察使)居住的官邸，督促急迫、责罚严厉，将士们愤怒怨恨。做苦工的士卒王弁(音 biàn【变】)跟他的朋友发动突击，活捉王遂，立即斩首。

唐政府中央准备出动军队讨伐王弁，又恐怕青州(山东青州)和郓州(山东东平)跟随响应。于是中央发布人事命令，命王弁当开州(重庆开州)州长，派宦官把任用状交给王弁。宦官郑重告诉王弁说："开州(重庆开州)可能已派人上路迎接，你应该早一点动身。"王弁当天就从沂州(山东临沂)出发。前导和后卫还有一百余人，可是进入徐州(江苏徐州)辖境之后，每到一个地方，当地政府就裁减他若干人，而他的卫士看情形不对，也开始逃亡，最后逮捕王弁，戴上脚镣手铐，骑驴西上，押到长安腰斩。中央下令兖海沂密道(首府设沂州【山东临沂】)新任行政长官(观察使)曹华，率棣州(山东惠民)民兵，前往沂州追查严办。沂州将领出来迎接，曹华态度诚恳，情意温暖，说尽好话安抚，命将领们先行回城，安慰其他同事及全部官员；大家心情坦荡，没有一点怀疑。曹华接事三天，举行盛大宴会，招待将士，在帐幕下埋伏一千人，集合大家宣布说："天子因郓州(山东东平)官员有迁徙的辛劳，特别另行赏赐，最好分开排队，郓州(山东东平)人站左边、沂州(山东临沂)人站右边。"分别既定，命沂州(山东临沂)人全体出去，只留下郓州(山东东平)来的官兵。曹华下令关闭大门，对郓州(山东东平)来的官兵宣布说："王大帅(王遂)奉天子的命令，在此统率全军，你们怎么可以把他杀害！"话还没有说完，伏兵已起，团团围住，大肆屠杀，一千二百人全死刀下，没有一个人逃生，大门屏风间赤雾冉冉上升，有一丈余高，过了很久才散。

沂州之屠，告诉我们一项真理：没有权力制衡的政治领袖，是一种危险动物，比疯狂了的毒蛇还可怖，他随时会食言，而且还有充足的食言理由。相信这种人的承诺，就好像把自己的头放到轮盘上当赌注，赢了不过活命，输了就失去人头。

牛李党争

皇家文学研究官（翰林学士）李德裕，是故宰相李吉甫的儿子，因立法官（中书舍人）李宗闵曾在考试问卷上，讥讽他的老爹，所以对李宗闵痛恨入骨(李宗闵条陈事，参考808年4月)。而李宗闵又跟皇家文学研究官（翰林学士）元稹，在官场斗争中发生摩擦。立法院初级立法官（右补阙）杨汝士，跟国务院教育部副部长（礼部侍郎）钱徽，主持全国文官考试（掌贡举），西川战区（总部成都府【四川成都】）司令官（节度使）段文昌、皇家文学研究官（翰林学士）李绅，各人都把自己请托的考生姓名，写给钱徽。等到发榜，段文昌、李绅请托的考生，统统没有录取，而“进士及第”的，有监督院高级顾问官（谏议大夫）郑覃的老弟郑朗、河东战区（总部设太原府）司令官（节度使）裴度的儿子裴撰、李宗闵的女婿苏巢、杨汝士的老弟杨殷士，于是引起强烈反弹。 段文昌报告唐帝（十五任穆宗）李恒说：“今年大考，教育部毫不公正，所录取的‘进士’，都是贵族豪门的子弟，没有才艺，只靠打通关节。”李恒征求各皇家文学研究官（翰林学士）的意见，李德裕、元稹、李绅众口一词说：“段文昌的话真实！”李恒乃命立法官（中书舍人）王起等举行复试。下诏罢黜郑朗等十人，把钱徽贬作江州（江西九江）州长、李宗闵贬作剑州（四川剑阁）州长、杨汝士贬作开江（开州州政府所在县，重庆开州）县长。 有人劝钱徽把段文昌、李绅的请托函件，呈报李恒，李恒一定会醒悟这是一场报复诬陷，钱徽说：“只要问心无愧，得到或丧失，都是一样，把别人的私信呈献皇上，岂是正人君子的作为！”遂将段文昌、李绅的函件拿出来烧掉，当时的人深为赞叹。 自此以后，李德裕、李宗闵分别结党，互相倾轧，前后长达四十年。

九世纪唐王朝的牛李党争，起因于李吉甫当宰相时，官位低微的牛僧孺、李宗闵等，对政府弊政，直率抨击，李吉甫当时就立即反扑（参考808年4月）。李吉甫逝世后，他的儿子李德裕继续寻衅复仇，政府文官系统遂分为两大阵营，以李德裕为首的称“李党”，以牛僧孺为首的称“牛党”，两党人马，分别追求宰相高位，

并在夺取到宰相高位后，尽量擢升本党同志进入中央，而把敌人贬出京师（首都长安）。这种情形似乎可以勉强用现代民主政治交替作为说明：“牛党”胜，牛党的人纷纷上台；“李党”胜，李党的人纷纷上台。不同的是，牛李两党的胜败，不取决于选民，而取决于皇帝和宦官。同时，民主政治下的党可以和平共存，专制政治下的党则属于殊死斗；“牛党”“李党”之间，就是殊死斗。自808年李吉甫向牛僧孺等反扑，就已开始，牛李二人虽死，党派的利害冲突仍在，直到880年，抗暴首领黄巢攻陷长安，七十年之久，几乎全国所有高级官员都卷入这项党争，两党都以正人君子自居，而矢言对方全是卑劣小人，并且用最恶毒的言词抨击结党的行为不当，以反证自己并没有结党。是非完全混淆，社会出现只问党不党，不问义不义的畸形标准，连皇帝老爷都束手无策。为了夺权，两党比赛着向皇帝的亲信宦官谄媚献身，结果是宦官除了掌握军队外，还拥有自动投靠的重量级官员群，威权更猛不可当。

牛李两党不但为九世纪的中国制造灾祸，也为后世若干史学家带来纷扰，一派史学家认为李德裕无党，牛李乃指牛僧孺、李宗闵二人而言；另一派史学家恰恰相反，认为牛僧孺无党，所谓牛李党争，乃双李党争——李李党争，即李德裕跟李宗闵的党争。在长达七十余年的官场混战中，如果说两大党魁竟然不是党魁，而是出于污泥而不染，痴呆得如同一块木偶，毫不知情，不但跟史实不符，也严重违反经验法则。一般小市民，如果意见相同，诉求相同，利害相同，都会结成一个阵线，何况剑及屦及、瞬息万变的官场系统。

惨烈的劣质党争，使政府成了赌场，公权力式微，人民像赌场中的筹码，以致九世纪以降，唐王朝政府只剩下一群又一群翻云覆雨的党棍，再没有一个像样的政治家，成为帝国瓦解的主要原因。

无田可归的解甲

唐王朝十五任帝（穆宗）李恒刚登极时，两河（黄河南北）粗略平定，宰相萧俛、段文昌建议："天下已经太平，应该逐渐裁军，请下达秘密诏书给各军事单位，规定每年一百人中，必须逃走或死亡八人。"李恒正沉迷在声色犬马、饮酒欢乐之中，对国家大事，毫不在意，所以立即批准。于是大量士卒脱离军籍，无事可做，就聚集在山上水边，当起强盗，四出劫掠。

没有周密计划的善后安置，就命武职人员解甲归田，他们除了集结自救外，别无其他求生之途。政府如无强敌，他们就当盗；政府如有强敌，他们就投敌。这种严重的错误措施，历史上不断重演。无他，有决定权力的官员，既没有头脑，而又不肯稍读历史。

汴州兵变

宣武战区（总部设汴州【河南开封】）兵变，变兵首领李夼（音 jiè【介】）自称候补司令官（留后），李夼把总作战司令（都知兵马使）李质当作亲信心腹；后来，中央征召李夼担任禁卫将军，李夼拒绝，李质屡次规劝，李夼都不接受。稍后，李夼头上长疮，派李臣则等率军前往尉氏（河南尉氏）抵抗李光颜（阿跌光颜）。不久，中央大军从四面八方开来，变军屡次战败，而李夼病势更重，于是把军事行动全部交给李质，在家中卧床养病。李质跟监军宦官姚文寿生擒李夼，斩首。伪造李夼军令，征召李臣则等班师，等李臣则等回来，全都斩首；逮捕李夼的四个儿子，押解京师（首都长安）。新任司令官韩充既到差后，军心略微安定；于是秘密调查这次犯上作乱的一千余人，有一天，连同他们的父母妻子儿女，全体驱逐出境，警告说："胆敢逗留境内不离开的，斩首！"于是军政完全纳入正常轨道。

胡三省曰："消灭暴乱，彻底拔除祸根，暴乱就无法再度发生。"

胡三省的评论，泄露了统治阶级的单向思考，五千年来，恶行坏事之不断重演，大多是这种单向思考的产物。汴州（河南开封）兵变，灾祸是军官凶恶骄傲，贪赃枉法，只铲除抗暴的民，不能阻止变乱，必须铲除施暴的官，才是彻底解决之道。高级知识分子胡三省的心窍都被酱成这个样子，连源头都找不到，甚至不敢找，那才是中国人真正的灾祸。

苏玄明张韶事件

824年，唐王朝首都长安，发生戏剧化的暴动怪事。算命师苏玄明跟皇家洗染坊工人张韶友情至厚。苏玄明对张韶说："我替你卜了一卦，算定你会坐在皇帝宝座上，跟我在一起共同进餐。现在，皇上日夜不停地打猎玩球，经常不在皇宫，我们可以完成大事。"张韶深信不疑，乃跟苏玄明秘密集结洗染坊工匠及街头流氓无赖一百余人，把武器藏到装紫草的车子里（胡三省注：紫草，根可以染色），运进左银台门（大明宫东），准备于夜晚发动攻击。还没有走到目的地，禁卫人员警觉到车载太重，拦住盘问，张韶紧张，格杀那个禁卫，跟他的徒众换上衣服，挥动武器，大声嘶喊，冲入皇宫。唐帝（十六任敬宗）李湛，当时正在清思殿打马球，宦官们大为惊骇，急奏报李湛，而变民已砍开宫门，一拥而入。先前，右神策军总指挥宦官（中尉）梁守谦深受李湛宠爱，所以每次两军作技艺比赛时，李湛总是偏袒右神策军，给右神策军加油。现在，李湛魂不附体，狼狈逃走，打算投奔右神策军，左右宦官说："右神策军太远，恐怕半路遇到强盗，不如投奔左神策军。"李湛同意。左神策军总指挥宦官（中尉）马存亮听到皇帝驾到，急忙出迎，亲自把李湛背到大营，派大将康艺全率骑兵进宫搜捕变民。再派骑兵五百名，把两位太后迎接到军营。

张韶登清思殿，坐上皇帝的宝座，跟苏玄明一起吃东西，高兴说："你卜的卦真准！"苏玄明大惊说："难道你只为了这个！"张韶这才醒悟他已闯下滔天大祸，大为恐惧，立即逃走。正巧康艺全跟右神策军作战司令（兵马使）尚国忠率军抵达，左右夹攻，斩张韶、苏玄明跟大部变民，死尸满地。直到夜晚才恢复秩序，残余分子四散躲藏在禁苑里。第二天，全部擒获。

我们无法相信，苏玄明、张韶难道真的不知道杀进皇宫的严重后果？也无法了解，苏玄明、张韶到底向工匠流氓说了些什么，竟使那么多人甘愿赴汤蹈火？当苏张神气活现坐在御床上大吃大喝时，他们想些什么？当大家四散逃亡被捕杀时，他们是什么样的心理状态？这一切，我们全不知道，但这桩历史公案，至少提醒我们，要特别小心，因为我们身边可能就有苏玄明、张韶之辈，正掇弄我们欢天喜地地奔向金銮宝殿！

强烈的私欲，加上一连串小聪明，和对权力的狂热，是大多数灾难的来源。苏玄明、张韶只看到他想看到的，他不想看到的，则全不存在。结果是，把锅玩砸了之后，一走了之，或一死了之，而留下追随他的信徒受苦！

定期“三把火”

唐帝（十七任文宗）李昂（李涵）在当亲王的时候，就深刻了解老爹（十五任帝李恒）和老弟（十六任帝李湛）在位时政治上的种种弊端。所以，等到登极，专心整顿，排除奢侈，力求节俭，对没有职务的宫女，都遣送出宫，一次就送出三千余人。皇家五坊所畜养的鹰鹞猎狗，依照九世纪头十年、十四任帝李纯登极时前例，除了留下一些供打猎使用外，其他全部释放。有关单位供应皇宫每年物品，则遵照八世纪八十年代、十二任帝李适在位时前例。裁减皇家歌舞团（教坊）、皇家文学研究院（翰林院）、林苑总监署（总监）等机关多余官员一千二百多人，停发皇宫各单位新添的衣服粮食。御马坊牧场、球场，以及近年来另行储存的粮食及钱财，跟所占用的田地，完全发还有关单位。前任帝（十六任敬宗）李湛传旨索取的刺绣、雕刻等对象，全部停止。

李湛在位时，每月上朝不过一二次，李昂恢复传统制度，每逢单数日子，没有一天不主持朝会，向宰相及文武百官询问政事，很久才退。等待皇帝随时差遣的一些官员（待制官），过去虽然设立，但皇帝对他们从来没有召见过，现今，李昂才经常问他们的意见。李昂只在双日才停止朝会，假日也都放在双日。中外一致庆贺，认为太平日子就要到来。

官场有句话：“新官上任三把火！”新首领上任，同样也会有三把火。而且，几乎所有新鲜人，都烧过三把火，虽然大多数都无以为继，使人失望，但至少可以告诉我们一件事：如果能经常定期地有新鲜人上任烧三把火，弊端就有改革、人民生活品质就有改善的可能。民主政治带给我们的正是这种定期出现的三把火。

“债帅”“债官”

忠武战区（总部设许州【河南许昌】）司令官（节度使）王沛逝世。
唐帝（十七任文宗）李昂，命畜牧部长（太仆卿）高瑀当忠武战区司令官（节度使）。
自八世纪六十年代、十一任帝李豫（李俶）在位末期以来，各战区司令官（节度使）差不多都出身禁军，禁军大将有资格出任战区司令官（节度使）的，都用比平常要高两倍的重利，向富家借钱，用来贿赂神策军总指挥官官（中尉），贿款动不动就超过一万万钱，然后才能取得皇帝任命，从来没有一个战区司令官（节度使）来自宰相推荐。这些人到任之后，沉重的贷款压力使他们迫不及待地搜括征取。直到现在（827 年，已六十余年），王沛逝世，裴度、韦处厚才奏报派高瑀接任。中央及地方一致庆贺说：“从今以后，‘债帅’就要少见！”

“债帅”一词，动人心弦，我们不能想象这种将领面对战争的时候，有什么心理反应。二十世纪后，民主时代来临，“债官”又生，借钱竞选，屁股一旦坐上公堂，当然是急吼吼地搜括勒索，先偿欠账，再储蓄下次竞选资本，为选民服务的空间，自相对缩小。如何避免“债帅”“债官”的产生，是一个重要课题，否则，贪污就永远不能根绝。

卢龙兵变

卢龙战区（总部设幽州【北京】）监军宦官奏报说：战区司令官（节度使）李载义跟钦差宦官，正在球场后院举行宴会，副作战司令（副兵马使）杨志诚和他的党徒部众发动兵变。李载义跟他的儿子李正元，逃奔易州（河北易县）；杨志诚又诛杀莫州（河北雄县鄚州镇）州长张庆初。

唐帝（十七任文宗）李昂召集各宰相讨论应变，牛僧孺说："范阳（幽州州政府所在城，北京）自从安禄山、史思明以来，已不属于中央政府，刘总短暂的回归（参考821年2月），中央政府共支出八十万串钱，结果竟毫无所得（参考821年7月，中央主权共行使六个月）。而今被杨志诚夺取，跟前些时李载义夺取（参考826年8月），有什么分别！最好是顺势安抚，使他抵抗北方蛮族，不必追究他是逆是顺！"李昂接受。李载义自易州（河北易县）前往京师（首都长安），李昂因李载义有击溃横海战区（总部设沧州【河北沧州东南】）变军首领李同捷的功劳（参考829年4月），而且对中央的态度一向恭顺，遂命李载义当太保（三师之三），仍兼二级宰相（同平章事，使相）；而命杨志诚当卢龙战区候补司令官（留后）。司马光提出严厉抨击。

看到一个驼背的人，在那里诟骂另外一个人驼背，实在啼笑皆非，司马光痛斥牛僧孺姑息偷安，我们的感觉就是如此。不同的是，牛僧孺面对的问题是一个死结，除了因循、敷衍、和稀泥外，没有第二条路。宋王朝初年则是一个活泼的转型期，司马光却坚持姑息偷安！

卢龙（总部设幽州【北京】）孤悬边疆，北方群蛮逼塞，南方军阀林立，中央军刚在成德（总部设镇州【河北正定】）战败，不得不在极端屈辱下收场，难道要牛僧孺再在比成德更远的北方，发动另一场必败的战争？不承认或看不出自己的劣势，只一味拍胸脯、喷唾沫，作激情的煽动，是逼人做出惨烈反应的一种不负责任的行为。尤其，当中央政府不得不任命更凶悍、更嗜杀的王庭凑、朱克融当战区司令官（节度使）时，司马光却不说一句话，独对态度比较温和的杨志诚，提出抨击，使我们发现：司马光的抨击，只是对人而发。如果就事论事，牛僧孺所提出的，恰是当时唯一可行之策，无他，形势比人强，只有委曲求全。

宋申锡谋反案

唐帝（十七任文宗）李昂跟宰相宋申锡，密谋诛杀宦官（参考去年【830年6月】），宋申锡推荐国务院文官部副部长（吏部侍郎）王璠，当首都长安特别市市长（京兆尹），把皇帝的秘密指示告诉他。想不到王璠却把消息泄露。宫廷机要室主任宦官（枢密使）王守澄，跟王守澄的智囊郑注，得到消息，暗中布置。李昂的老弟、漳王李凑，英明贤能，有很高声望，郑注命神策军总纠察官（都虞候）豆卢著，诬告宋申锡阴谋拥护李凑登极称帝（传统的“诬以谋反”手段）。王守澄报告李昂，李昂信以为真，勃然大怒，下令查办。王守澄打算派骑兵二百人立即屠杀宋申锡全家，皇家飞龙厩御马总监宦官（飞龙使）马存亮坚决反对，说：“如果这样的话，京师（首都长安）先乱！应该跟其他宰相共同讨论这件事。”（马存亮曾救十六任帝李湛，参考824年4月。）王守澄才停止行动。李昂派宦官传话，紧急召集各宰相到立法院（中书省）东门。宦官宣告说：“召见的人中没有宋申锡的名字！”宋申锡这才知道他已身陷重罪，望着延英殿，用笏版敲打自己头部，告退。各宰相抵达延英殿，李昂把王守澄的奏章拿出来传阅，大家面面相觑，全部呆在那里。李昂命王守澄逮捕豆卢著列举的主要关系人：亲王十六宅采购宦官（宫市品官）晏敬则，及宋申锡的侍从官（亲事）王师文等，到宫中审讯。王师文得到消息逃亡。贬宋申锡当太子宫事务署长（右庶子）。上自宰相以及所有高级官员，没有人敢公开说宋申锡冤枉。只首都长安特别市市长（京兆尹）崔琯、最高法院院长（大理卿）王正雅，前后上疏，请求把人犯从宫廷监狱，移交政府司法单位调查审判，因此严重情形，稍稍和缓。晏敬则等都一一自动招认（这其中有过多少苦刑拷打，可悲），供称：宋申锡曾派王师文晋见李凑致意，结下异日的知遇之恩。全案确定。李昂召集太师（三师之一）、太保（三师之三）以下，跟中央各院部监署（台省府寺）全体首长，当面询问大家的意见。将近中午，监督院最高顾问官（左常侍，正三品）崔玄亮、御前监督官（给事中）李固言、监督院高级顾问官（谏议大夫，正四品下）王质、监督院初级监督官（补阙，从七品上）卢钧、舒元褒、蒋系、裴休、韦温等，请求再开延英殿，建议应把全案移交政府司法单位重审。李昂说：“我已经跟高阶层官员讨论过了。”不断命他们退下，大家不退。崔玄亮叩头哭泣说：“杀一个小民还不

可不慎重，何况杀一个宰相！”李昂怒气稍稍平息，说：“我会跟各宰相再作商议。”于是命各宰相再度进殿，牛僧孺说：“人臣的最高官位，不过宰相，而宋申锡已是宰相，假如像指控的他另有企图，他不过仍当宰相，还要追求什么？宋申锡应该不至于如此。”郑注恐怕重审会使真相大白，态度软化，劝王守澄建议皇帝，不定大刑，只罢黜贬谪。遂贬漳王李凑当巢县公爵，宋申锡当开州（重庆开州）军务秘书长（司马）。宋申锡最后死在贬所（开州【重庆开州】）。

在这场权力倾轧的血腥窝里斗中，仍有人冒死刑或放逐的危险，坚持是非。千年以下，我们向马存亮、崔琯、王正雅、崔玄亮、李固言、牛僧孺等人，致最高敬意。没有这些人不自量力，用螳臂阻挡巨蟹，宋申锡满门男女老幼，早化成一滩血泥。为人申冤辩谤，才是真正的英雄豪杰！

司马光诬陷牛僧孺

> **西川战区监军宦官王践言调回京师（首都长安），当宫廷机要室主任（知枢密），屡次报告唐帝（十七任文宗）李昂："逮捕悉怛谋送给蛮族，使蛮族称心快意，关闭以后投降门路，不是好谋略！"李昂也感到后悔，抱怨副立法长（中书侍郎）、二级实质宰相（同平章事）牛僧孺决策错误。赞成李德裕的人，因而强调："牛僧孺跟李德裕之间互相怨恨，嫉妒他为国立功。"李昂对牛僧孺越发疏远。牛僧孺心中不安，正巧，李昂登延英殿，对宰相们说："天下什么时候才能太平？你们是不是有意于此！"牛僧孺回答说："真正的天下太平，并没有特别突出的现象。现在的情势是：四方蛮族没有侵略，广大人民没有流散，虽然谈不上是太平盛世，但也勉强可称'小康'。陛下如果更要追求天下太平，就不是我们能力所可办到。"退朝之后，告诉同事说："领袖对我们的责备和期望，如此之高，我们怎么能长久地坐在这个座位？"遂不断上疏请求辞职。李昂批准，命牛僧孺遥兼二级宰相（同平章事，使相），充任淮南战区（总部设扬州【江苏扬州】）司令官（节度使）。**
>
> **司马光曰："君王圣明，臣属忠诚，在上位的人发令，在下位的人服从，有才干的当权，邪恶之辈放逐远荒，礼仪实施，教育推行，司法清廉，政治和平，贼盗消失，战争暴乱平息，地方政府听命，四方蛮族敬畏，风调雨顺，农田丰收，家家户户，都很丰富，这就是太平景观。而在唐王朝末期，宦官专权，在宫内威胁君王，君王无法跟他们疏远。军阀割据，在外地欺凌中央，中央无法对他们控制。士卒们诛杀或驱逐统帅，反抗命令，独立自主，从没有人过问。战争每年都有，对人民的横征暴敛，一天比一天惨急！血肉白骨，纵横原野；纺纱织布的器具，村落中已再找不到。这种悲惨情况，牛僧孺竟称之为'太平'，岂不是诈欺！当李昂（唐王朝十七任帝文宗）追求天下太平的最高理念时，牛僧孺正当宰相，前进只不过苟且偷安，博取君王的包容，窃取官位；后退则欺骗君王，蒙蔽人民，博得美名，世界上有谁的罪恶比他更大！"**

司马光全力抨击牛僧孺自称"太平"，态度的激烈，前所未见。问题是，牛僧孺从来没有自称"太平"，而只自称"小康"，并且承认他没有能力达到"太平"

之境，因之辞职去官。司马光却把牛僧孺从没有说过的话，硬塞到牛僧孺之口，然后万箭齐发。

但最奇怪的是，牛僧孺发现他能力不足而提出辞呈时，司马光却严肃地指摘他：“前进只不过苟且偷安，博取君王的包容，窃取官位；后退则欺骗君王，蒙蔽人民，博得美名，世界上有谁的罪恶比他更大！”是牛僧孺不辞职也不行，辞职也不行！无论政治家或政客，除非他犯了刑案，所谓政治责任，不过辞职，牛僧孺已经辞职，司马光还谴责不已，难道要牛僧孺从不曾出生？司马光也曾经辞职过，为什么就不是罪大恶极！

至少在这件攻击牛僧孺的评论上，司马光故意捏造证据，欺骗国家元首，诬陷无辜，使人震骇！

官员结党

宰相李宗闵向唐帝李昂抗议说：李德裕的任命已经发表，不应该随他的意变更。李昂遂再命李德裕当镇海战区（总部设润州【江苏镇江】）司令官（节度使），但没有遥兼二级宰相（兼平章事，使相）。当时，李德裕、李宗闵各自结党，对同党支援，对异党排挤，李昂深为忧心，常叹息说："消灭河北（黄河以北）盗匪容易，消灭官员结党太难！"

司马光曰："君子跟小人之互不兼容，犹如冰块和炭火不可以放在同一个罐子里一样。所以君子当权则排斥小人，小人得势则排斥君子，这是自然之理。然而，君子当权，进用贤能，贬逐败类，居心公正，论证都是事实。小人则只称赞他所喜爱的，诋毁他所讨厌的，居心褊私，论证全属虚伪。公平而实在，称为'正直'，自私而虚伪，称为'结党'，全看领袖是否能够分辨。所以，英明的领袖在上，应该衡量部属的品德行为，再给他官职，考察部属的干才能力，再交付他工作；有功时奖赏，有罪时处罚；不受奸诈的人迷惑，不随谄媚的话改变，能够如此，结党营私的事，怎么能够发生！那些昏庸的领袖就做不到，有眼不能观察，有权不能判断，邪恶的人和正直的人一并进用，诋毁和赞誉混杂而来，决定的权柄不在，威福的根基暗中移到别人之手。于是，奸佞的人扬眉吐气，'结党'的议论兴起。

"木材腐败就会生出蛀虫，醋变酸就会引来蚊蝇，所以政府官员结党，领袖应该责备自己，不应该责备部属。李昂假如忧心文武百官结党，为什么不调查：那些人所抨击、所赞誉的，是真？是假？所推荐、所贬逐的，是贤良？是奸邪？然后考察当权者的用心，是公？是私？当权者自己，是君子？是小人？假如他是真实、贤能、公正、君子，不但要采纳他的建议，更应该重用他的人。假如他是诬陷、奸邪、自私、小人，不但要拒绝他的意见，还应该给他惩处。如果这样，即令是驱赶他，使他结党营私，谁又敢结党营私？不在这上努力，而只一味抱怨文武官员难以统治，好像不播种、不耕种，却抱怨田地荒芜一样。连政府中的结党营私都不能消灭，何况消灭河北（黄河以北）盗贼？"

在威权领导的社会中，人的思想陷于二分法模式，犹如孩子们看电视，常向大人询问荧光幕上人物："谁是好人？谁是坏人？"儿童世界就是如此单纯。传统社会把政治道德化，人民遂被区分为两极：一是"君子"，一是"小人"。这种两极思考，使中国人的头脑越来越奇异，越来越辨识不出是非，甚至弄不清什么是"是"，什么是"非"。历史上所有的理念斗争，儒家学派一律称之为"君子"和"小人"的道德斗争，而且坚称自己是"君子"，对方是"小人"——延伸为自己是"贤良"，对方是"奸佞"，自己"无党"，对方"有党"。最后，诉求帝王裁判（而不是诉求选民裁判），请帝王支持"君子"一方的"公道"和"大义"，也就是把"小人"的对方，逐出政府，或绑到刑场斩首。文质彬彬的大儒，在这个节骨眼上，没有什么温柔敦厚，赤裸裸地露出凶相。这种互罩铁帽的卑鄙手段，往往使帝王哑然失笑，大家都是家奴，家奴的长相又都一样，狗咬狗，每只狗都一口毛，简直无法分辨谁真谁假，以及几分是真，几分是假。最后一视同仁，杀谁剐谁、赏谁贬谁，只看心里高兴不高兴。"君子""小人"，不过政治斗争的一种制式工具，毫无意义。

有政府就一定有人结党，独夫式强势领导只能使结党隐形，不能根绝。二十世纪以来，国民党提出过梦幻口号："党外无党，党内无派！"结果，党外始终有党，而党内的派系倾轧，更是惨烈。迄今为止，人类智慧还不能消灭结党分派。

郑注的富民奇法

风翔战区（总部设风翔府【陕西风翔】）司令官（节度使）郑注，常自负他有救世富民之才，唐帝（十七任文宗）李昂问他使人民富裕的方法，郑注回答不出来，只建议征收茶税，李昂遂命宰相王涯兼全国茶税总监（榷茶使）。王涯明知道不能这样，但又不敢违背，人民深受剥削的痛苦。

李昂问郑注如何使人富起来，郑注的办法却是加重茶税。无论如何，在那个一元化的农业时代，加税只能使人穷，怎么能使人富？连白痴都懂，只李昂不懂。人，稍有所蔽，再光亮的颜色都看不见，再荒谬的道理都听得进去！

“亲笔”的功能

甘露事变的第二天，文武百官进宫早朝，太阳东升，才开建福门（宫城南面西头第一门），守门禁军只准每人携带一个随从进宫，卫士钢刀出鞘，夹道而立，到宣政殿，门还没有开。当时，没有宰相、监察官（御史）出席，官员们已不能排列就位。唐帝（十七任文宗）李昂登紫宸殿，问说：“宰相为什么不来？”仇士良说：“王涯等叛变，囚禁监狱。”遂把王涯手写的自动招认的供状呈上，并召唤国务院左最高执行长（左仆射）令狐楚、右最高执行长（右仆射）郑覃等到殿上审视。李昂悲愤得几乎无法克制，问令狐楚等说：“这是不是王涯的亲笔？”令狐楚等说：“是的。”李昂说：“真这样的话，诛杀仍有余罪！”遂命令狐楚、郑覃晚上就住在宰相联合办公厅（中书）参与机要政务。又命令狐楚撰写诏书，把事变经过昭示中外。令狐楚叙述王涯、贾悚谋反的事时，用词空泛，仇士良大不高兴，令狐楚也因此不能擢升宰相。

面对一个政治犯写下的足以置自己于极端不利的自白书，只因是出于亲笔，就对它深信不疑的话，他如果不是一只天真的小白兔，就一定是一只心怀叵测的恶狼。小白兔不过轻信而已，恶狼则不然，他内心并不深信，但他却认为深信比不深信对自己有利。甘露事变中，李郑失败，李郑所引进的宰相在被捕之后，立刻坦承谋反，这种明显的自诬，连小白兔都骗不过。但李昂却“悲愤得几乎无法克制”。当初三任帝李治杀他的舅父长孙无忌时，就表演过这种节目（参考659年4月），如今重演一遍，使人拍案叫绝。在鲨鱼群眼中，这就是口供主义最引人入胜的功能，妙不可言。

群官屠灭

左神策军派士卒三百人，高举李训（李仲言）的人头充当前导，押解王涯、王璠、罗立言、郭行余；右神策军派士卒三百人，押解贾餗、舒元舆、李孝本，一起前往皇家祖庙（太庙）及农神地神祭坛（太社），像呈献畜牲一样行呈献仪式，然后押解到东市、西市，游街示众。命文武百官监刑，在独柳之下，全体腰斩，砍下人头，悬挂兴安门外。他们的亲属家人，不管远近亲疏，一律处死，连怀抱中的婴孩和无知的儿童，都不留一命。妻妾儿女逃过一死的，也都被没收到官府当奴仆婢女，围观的长安（陕西西安）居民，怨恨王涯增加茶税，有的诟骂，有的用瓦片石子向他投击。

甘露事变为历史提出一个浓缩的模式：在激烈夺权的窝里斗中，奇计百出的政客们发起飙来，既不要脸，又不要命！

王沐

王涯有位远房堂弟王沐，家住江南（长江以南。王涯是太原【山西太原】人），年纪老迈而家贫如洗。听说王涯高居宰相，千里迢迢，骑驴到京师（首都长安）投奔，打算谋求县政府一个文书员（簿）或防卫员（尉）低微官职。逗留长安（陕西西安）两年有余，才见到王涯一面，王涯对这位远房堂弟十分冷漠。过了很久，王沐透过王涯心爱的家奴，才说出自己的希望，王涯允许派他一个小官，从此，王沐早晚都到王涯家宅，排班请安，等候差遣。禁军逮捕王涯全家时，王沐正巧也在那里，跟王涯同时腰斩。

胡三省曰："王沐之陪伴送命，是躁进惹的祸。舒守谦之侥幸平安，是厚道余下的福。福祸的应验，上天岂会忘记。"

王沐先生，不过一个穷苦的乡巴佬，万里投奔凉薄的族兄，希望谋一个小差，糊口而已，天天排班，仰望家奴颜色，其情堪怜，哪里来的"躁进"？犹如一个失业老汉，冒着烈日酷暑、狂风暴雪，东街晋谒，西街应征，只希望找一工作，喂饱妻子儿女的肚皮，哪里来的"躁进"？腰斩之后，胡三省没有一句同情的话，反而嘲笑讽刺，这种冷血心态，使人冽冽生寒。至于舒守谦得以保命，不过一种侥幸，如果仅靠厚道就可以不遭横死，推理的结论必然是：凡横死的人，都非厚道之辈。这种逻辑，恐怕只有中国这个酱缸文化中才有。

李石装腔作势

甘露事变后，宰相联合办公厅（中书）只剩下空旷荒芜的断墙破屋，连桌椅都没有。江西道（首府设洪州【江西南昌】）、湖南道（首府设潭州【湖南长沙】），呈献一百二十人的衣服和粮食，供应宰相重组侍卫。新任宰相李石上疏拒绝，说：“宰相如果忠心耿耿，神灵都会保佑，即令遇到盗匪，也不会受到伤害。如果心怀奸诈，即令保护得密不通风，连鬼都会把他诛杀。我愿竭尽赤心，上报国家，仍应依照前例，用金吾卫（卫军第十一、十二军）士卒，作为前导就足够。两道所呈献的衣服粮食，请求他们停止。”李昂批准。

李石拒绝重组侍卫，炎炎大言，可贯天日，最后证明，他不过在那里故意地搔首弄姿。依照他阁下的说法，武元衡、裴度受到狙击，一死一伤，岂非“心怀奸诈，即令保护得密不通风，连鬼都会把他诛杀”！再想不到，稍后不久，李石遭受暗箭攻击（参考 838 年正月），吓得胆破心裂，连宰相都不敢再干，岂不反证他并不忠心耿耿，所以神灵不佑！他如果老老实实地说：“宰相警卫，中央自会负责，地方政府盛情，体制上不便接受！”岂不更好！很多人不喜欢真话真说，一旦认为厄运绝不会罩到自己头上时，就忍不住装腔作势，以示不同凡品！于是乎，忽然间厄运降临，就把自己陷于难堪窘困之境。

维州事件

843年，宰相李德裕追究维州（四川理县）守将悉怛谋（怛，音dá【达】）事件（参考831年9月），上疏说：

“维州（四川理县）位于高山绝顶之上，三面江水环绕，是吐蕃王国（首都逻些城【西藏拉萨】）重要门户，也是中国军事上向吐蕃进兵的孔道。当初，河西（甘肃）、陇右（青海东部）同时沦陷，只维州（四川理县）仍然独存，为中国固守。吐蕃暗中把一名妇女嫁给此州守门官吏，二十年后，她所生的两个男孩，都长大成人，暗中打开城门，迎接吐蕃军夜晚进入，城遂陷落，吐蕃称之为‘无忧城’，自此之后，吐蕃南方无后顾之忧，才得以全力经营中国西部边疆，攻击京畿（首都长安），历代皇帝都为此饮食不安。八世纪九十年代，西川战区（总部设成都府【四川成都】）司令官（节度使）韦皋准备收复河湟（甘肃及青海东部），因为必须先行收复此城，才能开始。于是发动精锐大军，强行攻击，苦战数年，虽然生擒论莽热而回，但维州城垒坚固，竟无法攻克（参考802年正月）。

“我最初到西蜀（四川）时，对外宣扬国威，对内整顿边防军备，维州（四川理县）信服我的号召，空城归降。我一接受他们的要求，南方蛮族震动慑服，山西八国（成都西方群山八【九】个部落，参考793年5月），都愿归属，吐蕃所辖合水、栖鸡（二城均在四川茂县西北）等城，丧失保障，势将陆续归降，中国就可以减少八个重镇的兵力，坐在那里，收复一千余里的帝国旧土。而且，维州（四川理县）没有归降的前一年（830年），吐蕃曾经围攻鲁州（河曲六蛮州之一，参考786年12月），哪里来的信守盟约？我在受降之初，曾经指天发誓，当面向悉怛谋等承诺：转奏陛下，定对他们各有赏赐。

“可是，当时排斥我的官员（指宰相牛僧孺），无缘无故，妒火中烧，诏书颁下，命我把悉怛谋等全部逮捕，交还给吐蕃，任由他们屠杀。我岂能忍受断送三百余人的性命，抛弃信义、苟且偷安！屡次上疏陈述，乞求怜悯赦免，而诏书严厉急切，终于把他们捆绑送回。悉怛谋等脚镣手铐，刑具满身，用竹筐抬起，当抬他们上路的时候，他们呼冤叫屈，哀号痛哭，文武官员面对着我，无不哭泣流涕。吐蕃将领更向押解的士卒嘲笑说：‘他们已经投降中国，送回来干什么？’于是就在中吐边界之上，用残忍的手段，把投降的人全部诛杀，用以阻吓内部的叛离，甚至将婴儿高抛到半空，下面用枪尖承接。

“断绝境外效忠归顺的道路，使凶暴的敌人大肆称心快意，自古迄今，从没有发生过这种惨事，虽然时间已过去一纪（十二年为一纪），但影响可达千年。我建议追溯奖励已死的忠魂，对各人予以褒扬赠官。”

唐帝（十八任武宗）李冲，下诏追赠悉怛谋当右卫（卫军第二军）将军（从正三品）。

朱桂曰：“李德裕果然是文学高手，以写作而论，这份维州事件的奏章，真是一篇动人心弦的文学创作，无怪乎世人受它的迷惑。李德裕这份奏章，主要目的在陷害牛僧孺，正巧因刘稹兵变，才抛弃利用维州，而采取另一种更恶毒的手段。

“维州（四川理县）在成都西北，岷江西岸，杂谷河（注入岷江）北方，邛崃山高踞西境，岷山高踞北境，九顶山隔岷江高踞东境，三面都是三千五百米以上的崇山峻岭，仅东南沿杂谷河一线，曲折而到成都（维州至成都航空距离一百三十公里）。由成都前往吐蕃王国，有两条道路可走：一由成都西南行，经新津（四川新津）、邛州（四川邛崃）、雅州（四川雅安），横越大渡河，进入吐蕃国土；一由成都沿岷江东岸北行，经过茂州（四川茂县）、松州（四川松潘），横越岷山，再进入吐蕃国土。两条路都不经过维州，只因维州西方的邛崃大山，‘连岭而西，不知其极’。稍北的大雪山，更是‘终年积雪如玉’，插翅难飞。即令上述两条道路，也不适合大军行动：由松州（四川松潘）出境，必须翻过岷山、西倾山、积石山、巴颜喀喇等巨山；由雅州（四川雅安）出境，则须翻过邛崃山、折多山、大雪山、宁静山等巨山。而诸山之间，都紧夹着从北向南奔腾倾泻的急流，那种艰难险阻，绝不是坐在舒适的政府大厦里的官员，所能想象。维州对外交通，除了东方可到汶川（四川汶川）外，只有沿杂谷河西北，穿过邛崃山区，抵达小金川（流经四川小金注入大金川），然而这也是采药人所走的羊肠鸟道，大军无法通行。吐蕃每次攻击维州，都由松州（四川松潘）南下。763 年，也是先攻陷松州（四川松潘），再攻陷维州（四川理县）和天保军（理县西北）。维州对成都的安全，固然重要，但是如果强调它是‘中国进兵西藏的要道’，则是诈欺。中国军队既不能横越万重高山向西出击，而松州（四川松潘）当时仍在吐蕃之手，又怎么能通过它北伐？李德裕说：‘河西陇右全都陷落，只维州仍存。’事实上，维州于 763 年跟松州（四川松潘）同时沦陷，并没有‘仍存’（参考763年12月），而在此之前，吐蕃已经攻陷京师（首都长安。参考763年10月），用不着先得到维州，才能东进。当时，中央可曾用维州牵制吐蕃？河西陇右的丧失，不由于先失维州，而九世纪五十年代之收复河西陇右，也不因先收复维州。试考察二十世纪三十年代以前，可曾有谁率军由维州（四川理县）进入吐蕃？

“李德裕奏章中最有趣的是：吐蕃嫁女给维州（四川理县）守门官吏，诚是传奇中的传奇，神话中的神话。维州跟松州（四川松潘）、保州（理县西北）于763年12月同时沦陷，都由于军备废弛，战区司令官（节度使）高适坐视不救，难道其他二州是被攻破，只维州独有内应？自763年上溯二十年，应是743年，当时皇甫维明、王忠嗣、哥舒翰正在青海湖大破吐蕃军，彼时吐蕃怎能预知日后中国有安史之乱，竟能全部占领河西陇右，因而暗中把女儿嫁给万山之外的维州守门官吏？又怎能预知她必定生下儿子？即令生下儿子，又怎敢肯定他们一定顺从娘亲通敌，而不顺从老爹尽忠？事实上吐蕃对维州并不重视，李德裕强调：‘悉怛谋不久就率一城军民，连同州政府印信以及铠甲武器，塞满道路，空城向我归降。’空城是何等壮观，而这空城壮观不过三百人而已，当时吐蕃驻防松州（四川松潘）的国防军却有二千八百人，维州是不是十分重要，本身已作说明。

“无论‘牛党’‘李党’，都坚持诚信，问题是：李德裕所守的是政府官员对归降人士所作的承诺，一旦拒绝受降，是迫使他个人失信于悉怛谋。而牛僧孺所守的，则是皇帝命宰相跟吐蕃使节论讷罗所签的正式国际条约，中国并派刘元鼎当特使（参考821年9月），代表中国前往吐蕃再度立誓，祭告天地，歃血结盟，并且把盟约刻在石碑上，公告天下，共同遵守。这两种诚信，哪个轻哪个重？如果必须背弃其中之一时，哪一个应该背弃？当王宰自作主张，收受刘稹降表时，李德裕上疏斥责：‘只可使王宰失信，不可伤害中央尊严！’（参考844年正月。）为什么李德裕不可失信而王宰可失信，为什么李德裕当宰相，中央就必须维持尊严，牛僧孺当宰相，中央要维持尊严时，就变成妒贤害功？李德裕对杀降之事，表现得痛心疾首，所以指出：‘从前，白起杀降，终招杜邮（陕西西安西北）大祸；陈汤被贬谪，是替郅支单于报仇。’李德裕奏章写于843年，而第二年（844），中央讨伐刘稹，诏书明确公告：‘昭义战区将领中，如果能舍弃叛徒，归顺中央，率军投降，中央一定厚厚赏赐；如能生擒刘稹，当另行加授给他采邑，酬劳功勋。’可是等到郭谊等杀了刘稹投降，李德裕却把郭谊以下降将全部处斩，又命降将李丕等，写出刘稹同党，甚至连新任战区司令官（节度使）卢钧，都认为杀得太滥。此时，李德裕又怎么没有白起、陈汤的前车之鉴！

“李德裕强调维州一旦归降中国，吐蕃立即破胆。吐蕃王国版图，平方万里，武装部队数十万，当中国国力最强之时，皇甫维明攻破洪济城（参考743年4月），王忠嗣在青海湖传出大捷，哥舒翰强夺石堡城（参考747年10月），为什么吐蕃没有破胆，而维州三百人投降，却恐惧得非破胆不可！牛僧孺警告说：‘吐蕃在蔚茹川（宁夏固原北）集结战马，东出平凉阪（甘肃平凉东南四十里铺镇），一万人骑兵攻击回中（甘肃泾川境），理直气壮，不过三日，就到咸阳桥。’当时吐蕃重兵驻扎原州（宁夏固原），由平凉阪（平凉东南四十里铺镇）不到一天，就可抵达泾州（甘肃泾川。原州与泾州航空距离六十公里），由泾州（甘肃泾川）东南下，经过邠州（陕西彬州）、乾州（奉天【陕西乾县】），抵达咸阳（陕西咸阳），骑兵恰是三天行程，而驿马车则只需一日（泾州与咸阳航空距离一百八十公里），牛僧孺丝毫没有危言耸听。当国力不振之时，有责任的国家领导人，不可不特别慎重。

“李德裕以西川战区（总部设成都府【四川成都】）司令官（节度使）的身份，站在他的岗位上，当然希望接受悉怛谋的归降，当时一般知识分子及后世爱国读者，基于民族感情，也赞成接受。但牛僧孺不同，他位居中央领导人岗位，一身系国家的安危，不能不统筹全局。如果万山之外得到一个维州，却招致敌骑近逼京师（首都长安）；为维护三百名降人的性命，而使百万中国人丧生，哪一个轻，哪一个重？哪一个利，哪一个害？怎么可以毫不计算。倘若牛僧孺闭口不言，则真成了乡愿。为国家献身的人不顾自己，图谋大事的人不贪小利，牛僧孺对于他的职责，完全没有遗憾。（姑且举一个近代史上的例证作为说明：甲午中法之战，李鸿章评估当时形势，深知国力不足，竭力主张忍耐让步，可是诸如张佩纶之类的清流，叫嚣呼喊，讥讽攻击，一口咬定李鸿章懦弱卖国。结果，战端一开，在马尾抱头鼠窜，只剩下一只靴子的，正是张佩纶。）讨论国事，必须为大局着想，本位主义只会坏事。国力没有充实之前，不可轻率地挑起战争，李德裕打算‘派生羌部落三千人，焚烧十三桥，直捣吐蕃心脏（首都逻些城【西藏拉萨】）！’真不知他怎么翻越过横断山脉，真正是痴人说梦。当时宦官专政于内，军阀割据于外，怎么可以轻率地横挑强敌。牛僧孺如果为自身利害，批准李德裕的奏章，后果难道还能想象！”

最高正义一定符合最大利益，最大利益也一定符合最高正义。孟轲的“义”“利”之辨，不过一堆腐儒挤在一起咬文嚼字。董仲舒之后，二者更被激化，更被尖锐对立，以致朱熹批评维州（四川理县）事件时，竟然说出这样精神恍惚的话：“牛僧孺论点正大而心中有私，李德裕论点诡异而心中公正。”就心论事，而不就事论事，真理遂被埋没。司马光把一件国际事务的“利”“害”判断，引入抽象化的“义”“利”之争，就不得不信口开河，远离主题。王夫之充满种族歧视，仇恨践踏爱心，不时显露杀机。他支持李德裕的西进论，但是他对维州地势，却全不了解，所强调的“韦皋一次战胜，而陇右的灾患平息”，颇像舞台上的“数来宝”，比“游辞”还差。

维州（四川理县）之必须放弃，只因为中国当时没有力量回应吐蕃万一发动攻击时的变局，所以我同意朱桂的见解。只除了一点：他认为“送还俘虏，或杀或赦，权在吐蕃”。我不认为如此，三百人性命的重要，超过一个城池，中国可交还城池，不可交还降民；即令可交还降民，但必须得到吐蕃的确实承诺：不加杀戮。否则，就应拒绝遣返。我们不能保证吐蕃不翻脸，但在一个土地比人命值钱的时代，吐蕃又得到收复失地的颜面，有接受这项条件的可能性。如果是牛僧孺坚持非连人也遣回不可，那才是他应受严厉谴责之处。生命尊严，不可以随便摧残。

吴湘冤死始末

847年，前永宁（河南洛宁北）县政府防卫员（尉）吴汝纳，向中央提非常上诉，陈述他的老弟吴湘所犯的并不是死罪，说："李绅跟李德裕互相勾结，欺骗武宗（十八任帝李炎【李瀍】），冤杀我的老弟，请求召回江州（江西九江）户籍官（司户）崔元藻（当年任行政监察官【监察御史】），负责调查此案（参考845年正月），等候对质。"
唐帝（十九任宣宗）李忱，命总监察署（御史台）对吴湘事件重审奏报。总监察署（御史台）奏报说："据崔元藻列出的吴湘受冤情形，跟吴汝纳诉状相同。"李忱下诏，把太子少保（太子三少之三）、东都（洛阳）办公的李德裕，再贬为潮州（广东潮州）军务秘书长（司马）。

吴湘之死，看起来像是党派斗争下的产物，实际上不过是李德裕个人为了泄愤，制造出来的一场冤狱。吴湘受贿部分，依照《唐律·杂律》第一条："因受赃定罪，一尺笞二十，八匹加一等，十匹徒刑一年，十匹加一等，最高徒刑三年。"《职制》第五十条："诸监临之官，受所监临财物者，一尺笞四十，一匹加一等，八匹徒一年，八匹加一等；五十匹流二千里。共犯，减五等，罪止杖一百。乞取者，加一等。"明显看出，吴湘罪不至死。强娶民女部分，依《户婚》第三十七条："诸监临之官，娶所监临女为妾者，杖一百。"也罪不至死。何况岳父大人颜悦先生，曾当过官，岳母也是世家出身，依当时解释，都不是平民，所以此部分根本无罪。

李德裕之所以一定要把吴湘置于死地，主要原因是吴湘的叔父吴武陵种下的祸根。史书记载：吴武陵性情暴躁，行为轻佻，跟若干达官贵人，都发生过冲突。有一次，尚是"举人"（被保荐到京师参加"进士科"考试的知识分子）的吴武陵，晋谒已当了州长的李吉甫，希望得到一点物资帮助。李吉甫态度倨傲，吴武陵大怒，遂把李吉甫的老爹当年落魄时晋谒宋甄，宋甄架子奇大，李老爹吟诗求情，宋甄才送了点薄礼，打发李老爹一事，写在一篇文章里，再度投递。李吉甫大为惶恐，唯恐这项糗事传播出去。好不容易等到天黑，召见吴武陵，送了一份厚厚的馈赠。后来，李吉甫当宰相，崔郃主持全国最高考试，已内定录取二十七人，李吉甫问："吴武陵考得怎么样？"主管官员揣摩心意，认为宰相关心旧日老友，兴高采烈地回答说："吴武陵已经及第。"正在这时候，钦差宦官驾到，传达皇帝命令，互相揖让就座，崔郃拿出草榜，填上吴武陵名字，呈请宰相过目。李吉甫说："吴武陵是一个粗汉，怎么能允许他上榜？"但已无法更改。

吴武陵向李吉甫"打秋风"不能如愿，竟利用李吉甫的隐私勒索，格调不高，而李吉甫却企图断绝那个时代一个知识分子的唯一生路，作为报复，行为也属下流。以后互相格斗，虽然史书不载，可能更形激烈。但这只是吴武陵一个人的冒犯，李德裕竟把仇恨延伸到吴武陵的侄儿身上，使人出汗。

李绅有一首著名的诗："锄禾日当午，汗滴禾下土。谁知盘中餐，粒粒皆辛苦！"仁人慈心，跃然纸上。何以到了最后，一旦当了一条摇尾狗，就不惜用别人的性命，来换取自己的官位？观察一个人，切记：只可看他做什么，不可只看他说什么和写什么！

河州之役

吐蕃王国（西藏）变军首领论恐热在河州（甘肃临夏）扎营，鄯州战区（总部设鄯州【青海乐都】）司令官（节度使）尚婢婢在河源军（青海西宁）扎营。鄯州将领们打算发动攻击。尚婢婢说："不行！我们不断获得胜利，一定对敌人心存轻视。而他们穷途末路，只有以死相拼，这时候发动攻击，结果一定失败。"各将领不接受。尚婢婢知道结局是什么，就在黄河桥头筑垒，严阵以待，大军果然失败。尚婢婢收拾残余部众，焚烧桥梁，退回鄯州（青海乐都）。

一个大军统帅，明知道发动攻击一定失败，却无法阻止将领们发动攻击，恰恰说明这个统帅没有统御能力，不堪胜任他的工作。史书上对尚婢婢太多赞扬之辞，使人相信他是韩信再生。河州（甘肃临夏）之役是一次严格考验，他不过一个平常之辈！

李德裕为复仇而活

849年，崖州（海南琼山）户籍官（司户）李德裕逝世（年六十三岁）。

《周秦行纪》不是牛僧孺的作品，理由十分明显，纵是天下第一驴蛋，也不至在手无寸铁之时，写出使自己全族陷于屠灭、直接冒犯在位皇帝的淫秽文章。当李党于九世纪三十年代，拿这篇文章作为证据，向十七任帝李昂发动诬陷时，李昂一眼就看出破绽，说："一定有人栽赃，牛僧孺是德宗（十二任帝李适）在位时的进士，怎么敢称德宗（李适）是沈老太婆的儿子？"幸亏李昂明白，否则牛僧孺全族，那时候就成一堆白骨。很多人考证，《行纪》是李德裕同路人韦瓘执笔，李德裕则据此而主张杀尽牛家人丁。自己伪造证据，再自己举发，朱桂称之为"狐埋狐搰"，可谓洞穿心肺。

我们把《周秦行纪》及《周秦行纪论》，全篇抄录，而不零碎引述，就是希望读者对全文有完整印象，以判断是非。官场文化中一种现象：当政治斗争一旦白热化，一定会升高到"诬以谋反"层面！牛僧孺不过一个谨慎小心，既没有能力，又没有担当的和稀泥型官僚政客而已。李德裕强悍干练，行事有方，自超过牛僧孺百倍，牛僧孺虽一度挡住了李德裕的仕宦之路，但他并不犯死罪，李德裕用尽千方百计，一击不中之后，又要用维州事件陷害，再次一击不中之后，更加抓狂，索性诬陷牛僧孺跟昭义战区（总部潞州）叛军勾结。西汉王朝有"腹诽"之刑，李德裕更发明"叹息"有罪，最后凶性大发，索性警告皇帝说：牛僧孺即令他自己不叛变，他的子孙也会叛变，为了消灭后患，斩草除根，要求对牛僧孺全家作预防性的屠杀，连怀抱中的婴儿都应处死。苍苍者天，这就是所谓的"正人君子"！

秦桧陷害岳飞，家属不过贬谪，李德裕陷害牛僧孺，却连妇女、儿童，以及牛僧孺的朋友，都要死在钢刀之下。最冷血的是，李德裕在被放逐到崖州之后，仍写下《行纪论》之文，希望别人代他动手，万计俱穷之后，只好一口咬定二百四十年后，牛姓后裔定会篡夺政权。而二百四十年后的1089年，正是宋王朝七任帝赵煦在位，姓牛的并没有坐上宝座，而且直到二十世纪结束，也没有一个姓牛的朋友当上皇帝，李德裕却企图用一个遥远预期的谋反行为，煽动别人蠢血沸腾！如果当时真的把牛家屠灭，李德裕还可能大肆庆幸消灭灾难于未然！而在昭义战区，并没有搜出牛僧孺书信，李德裕明知如此，却在《周秦行纪论》中斩金断铁地说搜出书信。李德裕是为复仇而生、为复仇而活，用心之卑鄙恶毒，使人强烈地想唾他的脸！

张义潮

沙州（甘肃敦煌）警备区司令官（防御使）张义潮出军扫荡从吐蕃王国（首都逻些城【西藏拉萨】）手中夺回的瓜州（甘肃安西）、伊州（新疆哈密）、西州（新疆吐鲁番东）、甘州（甘肃张掖）、肃州（甘肃酒泉）、兰州（甘肃兰州）、鄯州（青海乐都）、河州（甘肃临夏）、岷州（甘肃岷县）、廓州（青海化隆），总共十州。派他的老哥张义泽，携带十一州（连同沙州）地图及重要档案，前往京师（首都长安）晋见，于是河湟（甘肃及青海东部）土地，全数回归中国版图。

中国内乱，河湟万里，于一夜之间，陷于吐蕃（西藏）；吐蕃内乱，河湟万里，也于一夜之间，回归中国。溯自八世纪五十年代覆没，直到九世纪五十年代收复，恰恰一百年，张义潮虽是时势造成的英雄，但英雄毕竟是英雄，假如他割地自保，以当时中国的力量，对他固无可奈何。始终心怀祖国，他给我们的是一个尊严的榜样。

鸡山惨案

三川特遣兵团总作战司令（三川行营都知兵马使）王贽弘，讨伐鸡山（四川营山境）变民，全部平定。

当时，山南西道战区（总部设兴元府【陕西汉中】）司令官（节度使）封敖奏报说："巴南妖贼（指蓬、果二州变民，二州都在川、陕交界大巴山脉以南），言辞凶恶无礼，冒犯皇家。"唐帝（十九任宣宗）李忱听到，怒火烧得几乎发疯。宰相崔铉说："他们都是陛下的子民，只因饥寒交迫，在高山深谷间，偷盗玩弄陛下的武器而已，根本没有资格劳动中央大军，政府只要派一个使节前去安抚，就可以平息。"李忱遂派首都长安（西安）特别市副市长（京兆少尹）刘潼，前去果州（四川南充）慰问安抚。变民都抛下弓箭，向他叩头，请求归降。

刘潼回到果州（四川南充）宾馆，而王贽弘会同钦差宦官似先义逸（似先，复姓）率军已抵达鸡山山麓，竟发动突击，把已投降的变民全部屠杀。

可怜的鸡山变民——不过一群失去土地、饥寒交迫的农夫农妇而已，他们受刘潼先生感动，双膝下跪，叩头投降，等候救济。但等到的却是政府军无情屠杀，使人涕泪滂沱。

韦厘事件

农林部长（司农卿）韦厘，渴望出任夏绥战区（总部设夏州【陕西靖边北白城子】）司令官（节度使），有一个法术师得到消息，到韦厘家门求见，保证说："我最精通的是祭祀星辰，祈祷神灵，无论求官求财，没有一件事不使你满意。"韦厘相信，就在夜晚，在院子里设立祭坛，法术师说："请你把你所想得到的官位，亲笔一一写出！"法术师在拿到那张字条后，霎时翻脸，仰天大号说："韦厘阴谋叛变，命我祭祀天神！"韦厘全家下跪叩头，哭泣哀告说："一百口人的性命，求山人恩典！"把家中所有金银珍宝，全部馈赠给法术师。法术师遂一夜之间，成为巨富。可是，平常看惯他清寒装束的巡逻警察，见他忽然间衣帽一新，华丽耀眼，认定他定干了强盗勾当，于是把他逮捕，追查金钱来源。法术师情急，招供说："韦厘请我祭祀天神，我打算告发他，他用家产求我！"主管单位奏报皇帝。李忱召见韦厘，当面盘问，完全了解受害情形，告诉宰相说："韦厘是京师（首都长安）城南世家，拥有高贵门第（当时，城南韦杜两大家族，住处分称"韦曲""杜曲"），被恶人诬陷，不要叫狱卒对他凌辱。"立刻把法术师交给首都长安（西安）特别市政府，乱棍打死。韦厘贬永州（湖南永州）军务秘书长（司马）。

肃清贪污、根绝勒索，最有效的方法，莫过于追查财富来源，一个人的开支如果超过他的合法收入，多余的钱，一定来自非法。调查开支，比调查银行存款或珠宝房产，要容易得多。一个月薪一千元的家伙，竟购买一只价格十万元的钻戒，或购买一座价格一百万元的房舍，他就必须解释钱从哪里来。

二十世纪中叶以后，香港政府成立"廉政公署"，就用这种方法，使举世诟病的贪污政治，焕然一新，香港因之成为少数以中华人为主，而官员却相当清廉的地区。希望有一天，中国大陆也能实施这种早在九世纪韦厘案中，就证明有效的肃贪手段。只有如此，我们才能建立一个清廉的政府。

应不应向侄儿叩头

国务院文官部长（吏部尚书）李景让上疏说："穆宗（十五任帝李恒）是陛下的老哥，敬宗（十六任帝李湛）、文宗（十七任帝李昂）、武宗（十八任帝李瀍），都是陛下的侄儿。陛下向老哥叩头还可以，难道向侄儿也叩头？而且这样的话，也使陛下不能祭祀七代祖先（仅老哥和侄儿就占了四代），所以四位皇帝的牌位，应迁出皇家祭庙，而迎回代宗（十一任帝李豫）以下的牌位（参考 846 年 6 月）。"李忱命文武百官讨论，很久都无法做出结论，才算停止。当时的人因此看不起李景让。

儒家学派的丧礼、葬礼、祭祀，真是博大精深，一辈子都弄不通，它的繁文缛节和违反人性，更是造成社会争端的主要原因，十一世纪的"濮议"，十六世纪的"大礼议"，都使人叹为观止。即以李景让认为叔父不应向侄儿叩头，竟受到当时一些人轻视，奴性之深，应算是儒家文化一大奇观。

唐王朝的皇帝服毒求寿

859 年，唐帝（十九任宣宗）李忱，吞服医师李玄伯、道士虞紫芝、隐士王乐的药，背上长出大疮。不久溃烂，日夜睡在寝殿，宰相以及政府官员都不能见面。

唐王朝很多皇帝，包括英明盖世的李世民，都死于道教的长生不老仙丹，他们用自杀方法，去追寻健康和长寿！吞食毒药，好像吞食糖果。奇怪的是，前人的失败对后人竟然毫无影响，谁要是告诉他真相，反对他吞食毒药，他可能把这个救命恩人，恨入骨髓。连野兽都不会犯的错误，豺狼一旦发现猎人的饵是有毒的，它绝不会再吃，还会阻止小狼吃。只唐王朝的皇帝老爷，屡犯不改，而且代代相传，越犯越勇。

从四世纪晋王朝开始到九世纪唐王朝末叶，是道教外丹术盛行时期，他们用铅、汞之类重金属，和硫、砷之类的化学元素，当作仙丹，而完全不管它们所含剧毒，像铅，即令吸收一点点，也会在体内凝聚，引起慢性中毒，轻则改变一个人的性情，重则瘫痪不起，神经错乱。而汞中毒更为惨烈，首先是口腔麻痹、四肢麻痹，接着是中枢神经损害，肌肉抽搐痉挛，失去平衡。硫、砷更能迅速致命。以这些为主的道教仙丹，连道教自己的高士，都不敢下肚。孙道胤已经炼出“仙丹”，可是自己不肯下肚。名震天下的陶弘景，还严加斥责说：“世界上哪有白昼升天的仙人！”不过，晋王朝的知识分子和唐王朝的皇帝，却深信不疑。皇帝紧闭深宫，临死时是什么模样，外人不知，史书更语焉不详。但我们却可引述两段文字记载，代作说明：一是韩愈撰写的《李于墓志铭》，记载李于在吞服仙丹后：“往往下血，经四年而毙命。”一是国务院工程部长（工部尚书）归登，自述吐血十年的惨景：“有如烧红的铁棍，从头顶直插，像火炭一样强行而下，火焰焚烧七窍，狂痛如割，哀号大哭，乞求一死。”我们可以想象唐王朝那些尊贵的皇帝老爷，在宫中受的是何等酷刑！世间的事，往往如此，有一百个理由绝对不可做的事，只要有一个理由动心，就会全力以赴！那个理由不过是可告人或不可告人的一点私欲而已，能不毛骨悚然。

李忱小太宗

唐王朝十九任帝（宣宗）李忱，性情聪敏，明察秋毫，又沉默寡言，判断中肯，执行国法，大公无私，接受臣属的劝告，自然得如同流水，非常看重官位，珍惜赏赐，虔敬谨慎，俭省节约，爱惜人民的物力财力，所以在位时的施政，直到十世纪初期唐王朝灭亡，人民对他仍十分赞美，称之为“小太宗（二任帝李世民）”。

李忱是唐王朝最好的君主之一，《旧唐书》称他：“使权豪敛迹，奸臣畏法，宦官收敛，刑政不滥，贤能致用，十余年间，颂声载路。”但因他排斥李德裕之故，李党把他批评得一钱不值，甚至认为唐王朝之亡，亡于李忱，暴露出李党本质的凶恶。

任何一个王朝，代代相传，帝王品质一定一蟹不如一蟹，再高的聪明才智，跳不出他的环境，东方式的宫廷生活，更只能使人堕落，不能使人长进。李忱幸亏早年并不如意，对帝国才有这样的贡献，使唐王朝的灭亡不致提早来临。他的儿子李漼、孙子李儇，才是摧毁帝国的杀手。李忱的“大中之治”，虽不过是一种回光返照，然而，即令是回光返照，也带给中国人十三年的和平。从此之后，直到《通鉴》结束后的十世纪七十年代，一百二十年间，每年都充满血腥屠杀，使人越发怀念这十数年的幸福岁月。

新设定边战区

凤翔特别市（陕西凤翔）副市长（少尹）李师望上疏说："嶲州（四川西昌。嶲，音 xī【西】）地位重要，控制大礼帝国（首都苴咩城【云南大理】，苴咩，音 xié miē【协乜】）的门户。成都（西川战区总部所在府）道路遥远，难以应变。我建议另成立定边战区，在嶲州（四川西昌）驻扎重兵，而把总部设在邛州（四川邛崃）。"中央政府认为合理，遂命李师望当嶲州州长，充任定边战区司令官（节度使），兼眉州（四川眉山）、蜀州（四川崇州）、邛州（四川邛崃）、雅州（四川雅安）、嘉州（四川乐山）、黎州（四川汉源）等州行政长官（观察使），及各蛮族部落管理总监，兼各战区道特遣兵团及军政总监等官职（这一连串官衔读起来真得喘一口气）。李师望企图完全控制一个地方政府，所以提出这项集军政大权于一身的建议。事实上，邛州（四川邛崃）距成都才一百六十华里（航空距离七十公里），嶲州（四川西昌）、邛州（四川邛崃）之间却远达一千华里（航空距离三百二十公里），李师望欺上瞒下，都是如此。

传统史书最大的特征是没有地图（《二十六史》及《资治通鉴》原书，就没有一幅），不但没有地图，司马迁于公元前一世纪便创造的列表格式，以后也被废弃不用。历史学者迷信文字万能，以致一页表格或一幅地图，就可以说明的事，宁可写上三十页，而结果仍说不清楚，尤其关于疆域方面的记载，好像痴人徜徉云端。知识分子创造力严重退化，才留下如此不堪的痕迹。

唐王朝政府大概没有一幅边疆地图，即令有，官员也懒得一看，否则，对李师望的荒唐建议，摊开地图瞄上一眼，便可了然，何至被愚弄得团团乱转。时至二十一世纪，仍有视历史为畏途的学生，恐怕就跟没有地图有关。

周重

变军领袖庞勋攻陷彭城（江苏徐州）。一位名叫周重的人，平常非常自负他的才干和智谋，庞勋迎接他到行政长官公署，尊为上宾。周重替庞勋起草奏章，声称：“我现在所有的战士，都来自西汉王朝皇家兴起的地方（西汉王朝一任帝刘邦，在徐州所属的沛县聚众起兵）。数年之前，只因战区司令官（节度使）克扣军饷，剥削军粮，刑罚赏赐，失去公平，以至发生追逐事件，而陛下却撤销战区，消灭全军（指“银刀部队”事件，参考862年8月），有的丧生，有的流窜，冤滥横死，不计其数。而今听说对本道又要诛杀屠灭，将士难忍悲愤，推举我暂时代理后补作战司令（权兵马留后），用以统御十万大军，安抚四州土地（四州：徐州【江苏徐州】、宿州【安徽宿州】、濠州【安徽凤阳】、泗州【江苏盱眙淮河北岸】）。我曾经听说：‘抓住有利的机会，乘势而起，是当帝王的资本。’我见到机会就立刻抓住，遇到变化决不犹豫。敬乞神圣恩慈，赐给符节印信。不然的话，我就挥动刀枪剑戟，前往皇宫朝见，相信那一天不会来得太晚。”

庞勋此时已处绝境，唯一可以活下去的希望，是立即想办法跟附近的割据军阀取得联系，缔结同盟；和立即贿赂及说服中央当权人物，向皇帝苦苦哀告，要求赦罪。这样做或许还有一线生机。不此之图，却写出如此高姿态的奏章，除了刺激中央更为愤怒外，不会有任何效果。中央此时仍有强大优势，岂能接受恐吓。而且即令中央想自动下台，这份高姿态的奏章，也把台阶拆除。信函，唯恐伤人。这位浅薄如纸的周重，平常自负他的才干及智谋，看起来不过一个大言不惭，只会发泄发泄情绪，出出一己鸟气的文痞而已。

庞勋招兵

庞勋招兵买马，民众贪图入伍后可以大肆抢劫掠夺，于是争着应募，甚至老爹送他的儿子，妻子鼓励她的丈夫，没有武器，大家就砍断锄头，把木棍削尖，拿着它前往投军。

庞勋招兵，暴露出九世纪六十年代人性的严重堕落，对忠义的认知，从此一笔勾销。人只想到自己削尖的锄杆刺进别人的咽喉，却想不到别人削尖的锄杆也同样会刺进自己的咽喉！老爹鼓励儿子、妻子鼓励丈夫踊跃从军，不是为了保乡卫国、反抗暴政，而是为了烧杀劫掠和自己一样贫苦甚至更贫苦的农夫小民。贪婪一旦进入无耻之境，反弹一定残酷无情，整个社会都要承担恶果。此后一百年之久使人酸鼻的种种灾难，早在这里种下恶因。

父亲向儿子跪拜

庞勋命他的老爹庞举直当最高统帅（大司马），跟许佶等留守徐州（江苏徐州），有人说："将军正在宣扬盛大的兵威，不可以因父子之情，失去长官与部属之间的礼节。"于是命老爹庞举直用小细步跑到大庭中央，跪下向庞勋叩头，做儿子的庞勋则骑在马上，手按马鞍，坦然接受。

儒家文化中，人有亲疏等级的划分，根据这项人为的划分，一种势利眼和不平等的伦理观念，深入骨髓。庞老爹竟向儿子下跪叩头，以及连刘邦的老爹都不敢接受儿子的请安。（《史记·高祖本纪》：刘邦每隔五天朝见老爹一次，像普通平民家人一样行礼。管家警告刘老爹说："天上没有两个太阳，地上没有两个领袖，皇上虽然是你的儿子，但却是全国最高领袖，你虽是老爹，仍是臣属，怎么可以让领袖拜见臣属，这样的话，威令就无法执行。"后来，刘邦又来请安，乡巴佬老爹跪在门口，一步一步退回屋内，刘邦大吃一惊。老爹说："皇上容禀，你是领袖，怎么可以因我的缘故，破坏国法？"）唯一的原因不过是儿子的官比老爹高，权比老爹大。直到二十世纪，用官阶或财富来对人定位，仍是中华文化的一项传统，严重地扼杀民主和法治。必须建立人格的独立，人，生而平等，生而有尊严，不需要任何身外之物的零件。有这样的共识，才能脱离对"官"和"钱"的痴迷和崇拜。

崔荛喝尿

陕虢道（道政府设陕州【河南三门峡】）民变，驱逐行政长官（观察使）崔荛（音 ráo【饶】）。崔荛对自己的才干器宇，以及清高格调和翩翩风度，十分满意，从不过问行政。农民向他诉说旱灾，崔荛指着庭院里的树木说："它们还有绿叶，怎么能叫大旱？"把农民拖下棍打。农民们愤怒反抗，把他赶走。崔荛逃到一家民宅，口干舌渴，乞求给一杯水，住民撒一泡尿灌他喝下。中央贬崔荛当昭州（广西平乐）军务秘书长（司马）。

中国人身负长期沉重的苦难，而仍不灭绝，大概由于仍有一线幽默，使精神生活得以滑润运转。对崔荛这种顽劣的官员，在那个杀人如麻的时代，却只让他喝一点尿，不由得不击节欣赏，这比砍下他的人头要有意义得多！当我们想到有些贪官污吏杯中的酒，有一天会忽然转化成小民的尿时，就忍不住莞然一笑，希望他也能像崔荛那样有幸，在史册上留下有趣的事迹，和可敬的姓名。

刘瞻荣归

唐政府命虢州（河南灵宝）州长刘瞻，当国务院司法部长（刑部尚书）。刘瞻当初被贬谪时（参考 870 年 9 月），无论是贤是愚，没有人不悲痛叹息。等他重回京师（首都长安），长安东西两市居民，自动自发地依照贫富比例收钱，演出各种戏剧杂要，盛大欢迎。刘瞻听到消息，变更回京日期，改走其他小路。

当政府文武官员全都明哲保身，闭口不言时，只刘瞻一人为冤狱中的囚犯请命，岂止长安市民向他欢呼回报而已，千年以后，我们仍深为感动。遥祝刘瞻在天之灵，为迄今仍不能完全享受人权的人民，赐下祝福。

杨知至应得最佳勇气奖

875年，秋季，七月，一望无际、漫天遍野的蝗虫，从东方飞向西方，把太阳都遮住，暗不见天日，所经过的地方，树叶跟田里庄稼全被吃光，只剩下赤地千里。

首都长安特别市长（京兆尹）杨知至（参考870年9月）奏报说："蝗虫飞到京畿（首都长安特别市），不吃庄稼，都抱着荆棘而死。"宰相们纷纷向皇帝祝贺。

胡三省曰："杨国忠曾说连绵大雨不伤害田苗，韩晃曾说连绵大雨不破坏盐场，而今杨知至又说蝗虫不吃稻米、身抱荆棘而死。唐王朝官员蒙蔽领袖，早成习惯，其来已久。"

道德固需要勇气，谄媚尤其需要勇气。一个人的廉耻必须丧尽，或降低到某种程度，叫人背皮发紧的言语，才说得出口；叫人肉麻抽筋的行动，才做得出来；叫人汗流浃背的文章，才写得出来。杨知至的演出，可得马屁精最佳勇气奖。

暴力索债

忠武战区（总部设许州【河南许昌】）特遣兵团大将李可封，参加秋季边防期满，率军返防，路过邠州（陕西彬州），用暴力威胁统帅，强迫偿还从前积欠特遣兵团官兵们的粮秣、食盐，在邠州（陕西彬州）停留四天，全境惊恐。李可封回到许州（河南许昌），战区司令官（节度使）崔安潜把他们逮捕，全部诛杀。

部属用暴力胁迫统帅，当然应该制裁，但部属如果只是为了讨回统帅的欠账，事情就不平常。当权的人只追究他们犯上作乱，却不追究他们为什么犯上作乱，是鼓励人们继续不断地犯上作乱。问题就出在这里，如果追究统帅，而统帅的官位是向全国最高首领——无论他被称为“皇帝”“宰相”“总统”，花大价钱买来的，统帅也只好剥削部属。威权政治下任何腐败，第一因永远是最高首领，没有人敢追究的原因在此，而中国祸乱之永不能消失的原因也在此！

辛谠垂死忧国

岭南西道战区（总部设邕州【广西南宁】）司令官（节度使）辛谠，派代理巡察官（摄巡官）贾宏等前往鹤拓帝国（参考878年5月），还没有到达，就前后相继地在中途病死，随从人员也逝世大半。此时，辛谠身患瘫痪，卧床不起，召唤另一代理巡察官（摄巡官）徐云虔，握住他的手，说："我已上疏奏报，要派使节前往南诏（鹤拓帝国），想不到使节接连去世，怎么办？你既担任国家官职，自然想到为国献身，能不能走这一趟？我恨我半身不遂，不能向你下跪叩头！"流涕满面，呜咽哭泣。徐云虔说："士为知己者死，大帅擢升我这个官职，一直自恨没有能力回报大恩，怎么敢不完成这次使命。"辛谠大喜，为他准备丰富的行装，送他上路。

唐王朝政府到了九世纪七十年代，已烂了个透，官全腐而民全叛，将领把士卒当猪狗，士卒则一有机会就把刀插到将领背上，所谓忠孝节义，到此完全失踪。辛谠先生垂死之际，还为国家忧心，为这个黑烟滚滚的世纪末日，带来一滴清泉。

侯昌业悲剧

关东（潼关以东）变民蜂起，各地纷传狼烟，而唐帝（二十一任僖宗）李儇（本年十九岁），却不问国事，专门游戏玩耍，随意赏赐，毫无节制。宦官田令孜专权独断，没有把少年领袖看到眼里，以致天象改变，帝国陷于危急。监督院（门下省）见习监督官（左拾遗）侯昌业，上疏苦苦规劝，李儇火冒三丈，召唤侯昌业到宦官总管署（内侍省），命他自杀。

根据《通鉴·考异》所引《续宝莲录》，李儇加到侯昌业头上的罪状是："侯昌业出身平民之家，擢升到清高亲近官位，不知谨慎言行，反而愚妄地奏报一些捕风捉影的闲话，侮辱最高领袖，诽谤百次征召才允就职的各位官员，依照国法，不能宽容。赐他自尽。"

自本年（880）算起，二十七年后（907），唐王朝亡，李姓皇家屠灭。上帝都救不了的灾祸，侯昌业如何能救！

邛州变民

邛州（四川邛崃）变民首领之一的罗夫子，战败后逃到另一变民首领阡能的大营，共同计划出动全军，决一死战。讨论还没有完，天色已晚，在延贡（四川大邑东南）归降政府的变民已经涌到，阡能、罗夫子骑马巡视防御工事，打算反攻。可是命令下达后，部众没有人行动。政府军统帅高仁厚，率大军在夜色掩护下，逼近变民大营，明天早晨，变民军各寨知道政府大军已经逼近，就高声呼叫呐喊，争着出寨，搜捕阡能。阡能窘困交加，打算投井，被大家生擒，无法自杀，部众又打算生擒罗夫子，罗夫子举刀自杀。大家携带罗夫子的人头，把阡能绳捆索绑，命他走到前面，迎接政府大军。看见高仁厚，大家拥着马头，大声呼喊，哭泣叩头说："人民含冤受苦很久，没有地方申诉。自从间谍回来，我们伸长脖子盼望，一分钟犹如一年，而今遇到大帅，是把我们从九泉之下救出，再见天日，我们已死，现在回生！"雀跃欢呼，不能停止。其他地方有变民军营寨的，高仁厚派出将领分别前往招安。共计出军六天，五个变民集团全被平服。每克服一个城或一个县，都委任一个卫戍司令（镇遏使），命他安抚返乡的新户。

被政府称为"盗"、称为"贼"、称为"匪"的邛州变民，一听到赦免不死，立刻欢欣鼓舞，举手投降，他们的顺服、善良、懦弱，跃然纸上。这样的人民竟会被政府逼反，说明官员们的贪污颟顸和凶悍，已无人可以克制。

历史上的中国，官如果不逼，民不会反。民如果反，一定由于官逼，这就是我们的传统。

黄巢末日

> **感化战区（总部设徐州【江苏徐州】）将领李师悦，会同降将尚让，追击抗暴首领、自称齐帝的黄巢，追到瑕丘（兖州州政府所在县），大破齐军，齐军几乎全被消灭，最后，进入狼虎谷（山东莱芜西南）。黄巢的外甥林言，格杀黄巢和黄巢的兄弟妻子儿女，砍下人头（黄巢自 875 年 6 月聚众起兵，于 884 年 6 月覆灭，前后十年），打算呈献给感化战区（总部设徐州【江苏徐州】）司令官（节度使）时溥，中途遇到沙陀军及博野兵团（当是李偎所率博野军第二代。参考 822 年 3 月），把黄巢等人头夺去，同时斩林言，连同林言的人头，一并呈献时溥。**

政治运转的轨迹，常被政治文化所决定，中国古代每次革命都停留在原地盘旋，不但不能起飞，反而更向地狱下陷，原因脉络可寻。西方则无论英国推翻专制、美国建立三权分立、法国砍掉国王人头，而政治质量都在节节跃升，人性尊严也日益提高。西方文化中，很早就肯定人权、平等、自由、法治和权力制衡，而用心追求。中国恰恰缺少这些，自西汉王朝罢黜百家、独尊儒术以来，两千年间，政治以及学术思潮，漫漫如同长夜，一片漆黑，所有反抗暴政的斗争，几乎每次都带给人民比原来暴政更沉重的枷锁。

最使人困惑的一件事是：罗马帝国怎么一开始就有元老院？当中国正沉醉在“罢黜百家，独尊儒术”、求思想统一的时候，希腊、罗马已了解议会政治和权力制衡的功能。而中国知识分子却只会注注《论语》、解解《孟子》，寻章摘句地研究研究圣人的微言大义，盼望出现明君贤相，以致政治上的任何冲击，都只在原地踏步，没有崭新的终极理念，和最高的指导原则。历史上所有的革命首领，他只要坐上帝王宝座，最初还有一点清爽的措施，最后千篇一律地都会堕落得比旧统治者更为腐败。中国人被美丽口号戏弄了个够之后，唯一的收获是更痛苦和更失望。

黄巢在历史上得到两种极端的评价，一派称他为盗匪，一派称他为义军，事实上，他什么都是，也什么都不是。在那个时代，无论政府军和变民军，无一不是盗匪，所以他不能单独承担盗匪的责任。至于义军，如果靠几句话、几份文件，几桩善行，就可证明好人好事，则政府军恐怕更像正义之师。黄巢不过抗暴力量中的一支，暴政之下，他不得不反。在饥饿的人民日益增多时，参加变民军是唯一求生的道路，所以他的武装部队越滚越大。

同时，黄巢也不得不当皇帝，而当皇帝后比当皇帝前更为凶残，也是中国政治上婆媳文化——“苦媳熬成恶婆文化”必然发生的结果。从前大家庭中，做媳妇的往往受婆母迫害，唯一盼望是自己也成为婆母，早日脱离苦海，可是等她成了婆母后，想到的却不是如何使她的媳妇永远不再受苦，而是她要继续在媳妇身上肆虐，好好享受自己得来不易的婆母权威。中国历史上的革命家，只要屁股坐上金銮宝殿，他就从一个可怜兮兮的小媳妇，变成一个青面獠牙的狠毒婆母，这正是中国人挥之不去的恶梦！

黄巢夫人义正词严

感化战区（总部设徐州【江苏徐州】）司令官（节度使）时溥，派使节押解黄巢以及他家属的人头，连同侍女、小老婆，抵达成都（四川成都）。唐帝（二十一任僖宗）李儇登大玄楼受降（大玄楼，是四川成都外城【罗城】正南门楼），询问黄巢侍女、小老婆说："你们都是皇亲国戚、高官贵爵家的女儿，世代承受国恩，为什么顺从盗匪？"最前面的一位回答说："盗匪猖狂，叛逆凶恶，我们政府出动百万雄师，结果仍被击败，连皇家祖庙都保护不住，连最高领袖都被迫流亡巴蜀（四川、重庆），而今陛下却拿不能抵抗盗匪的重罪，责备一个女子，请问，把那些高官显要，置于何地？"李儇目瞪口呆，不再多问，把她们绑赴街市刑场，全部斩首。路人纷纷献上酒食，其余女子都陷于悲痛恐怖，或昏迷不醒，或饮酒沉醉，只有最前面的那位，不饮酒、不哭泣，一直到刽子手行刑的时候，神色不变。

我们向这位居首的女子致敬，可惜史书没有记下姓名，姑且称她为"黄巢夫人"，真是一代豪杰，和被高骈诛杀的那位夫人媲美。一番义正词严的谈话，使李儇这个小猪仔，当场现出原形。李儇如果稍有天良，应该向各女道歉，礼送她们回家。问题是，如果李儇能有这种良知，他就不是小猪仔，也不会为国人带来灾难！

群驴时代

广陵（江苏扬州）变军首领毕师铎，派部将孙约到宣城（安徽宣城），催促秦彦（宣歙行政长官）迅速渡长江北上。有人向毕师铎建议说："你前些日子发动兵变，只因吕用之那些人邪恶横暴，高骈坐在那里，既聋又瞎，不能处理，所以顺应军心民意，为大家除去祸根。现在，吕用之已经失败，军政两大部门，秩序也恢复正常，你应该尊奉高骈，当他的辅佐，只要能掌握全部军权，对外用高骈的名义发号施令，谁敢不服？吕用之不过淮南战区（总部扬州）一个叛将，发出一纸文书，立刻可以生擒斩首。这样的话，你外有拥护老长官念旧尊贤的美名，内有夺权吞并壮大成长的实利。即令中央得到消息，也并不损害你臣属的操守。假使高骈够聪明的话，一定感到惭愧；如果仍不觉悟，他也不过砧板上的一块肉而已，为什么把这么难得的奇功大业，交给别人？不但受别人控制，末了恐怕难免不互相攻击，自相残杀。前天，秦稠先派军据守仓库，他对你的不信任，已十分明显。而且，秦彦来当战区司令官（节度使），庐州（州长杨行愍）、寿州（州长张翱），难道肯当他的部下？我已经看到攻伐战斗，没有终了的一天，岂只淮南（总部扬州）人民血肉满地，恐怕你的功名是成是败，也不敢肯定！现在还来得及，请你立即阻止秦彦，不要让他过江（长江），他如果头脑稍微清醒，也决不敢轻率前进，即令后来责备我们毁约，我们至少也是高家的忠臣！"毕师铎大不以为然。第二天，把这件事告诉郑汉章，郑汉章兴奋地说："他可是一个智囊！"分头派人到各处寻找，那个人畏惧大祸临头，竟不敢再出面。

生在群驴时代，对智士而言，怎不气沮！

张全义保洛阳

东都（洛阳）经过黄巢之役的战乱（参考 880 年 11 月 13 日），残留下来的市民，分别聚集三城自卫（洛阳三城：河南、中州、中潬）。但是接踵而来的秦宗权、孙儒，穷凶极恶，残杀破坏，最后，三城只留下断垣残壁。新被任命的洛阳特别市长（河南尹）张全义刚到时，城池四周田地不见庄稼禾苗，只见遍地白骨，荆棘野草，一片荒凉，居民还不到一百户，张全义的部属也不过一百余人，就连同残存的一百户人家，一同据守中州城（洛阳三城中间城），四郊没有一个人耕田。张全义就在部属中遴选有才干、可以做事的十八个人，每人发给一面旗帜和一张文告，称之为屯垦司令（屯将），前往洛阳特别市所辖的十八县，在废墟残瓦中，树起旗帜，张贴文告，号召流亡失散的人口归来，鼓励他们耕田种桑。没有严刑峻法，没有田租赋税，各地流民投奔而来的，就像上市场那么踊跃。又挑选年轻力壮的勇士，实施军事训练，防御强盗匪徒的劫掠。几年之间，城市街巷渐渐恢复旧观，各县户口也大都复员，所种的桑麻长得葱绿茂盛，地面上再没有荒田，可以服兵役的青年，大县有七千人、小县也不少于二千人，于是上疏中央，分别设置县长及幕僚官，从事管理。

全国都是地狱，只洛阳复成人间，我们向张全义先生顶礼！

零卖人肉

庐州（安徽合肥）州长杨行密（杨行愍），包围广陵（江苏扬州）长达半年之久，战区司令官（节度使）秦彦、毕师铎，大大小小数十次出击，多数失利，而城里缺粮，一斗米值钱五十串，草根树皮，全都吃尽，就用黏土做出饼来吃，饿死的有一大半。宣歙兵团士卒绑架平民到大街上贩卖，屠杀切割，跟对待猪羊一样，这些被掠卖的人，直到临死都发不出一点声音，堆积的骸骨和流出的血液，满布街市。

中国人，你的名字是苦难！

天才秦宗权

宣武战区（总部设汴州【河南开封】）司令官（节度使）朱全忠（朱温），把在蔡州（河南汝南）称帝的秦宗权押送京师（首都长安），在独柳（位于长安西市）之下斩首。斩首时，由首都长安特别市长（京兆尹）孙揆监刑，秦宗权在槛车中伸出来头，对孙揆说："大人明察，我怎么会是叛徒，只不过对国家一片忠心，投效无路！"一旁围观行刑的群众，忍不住捧腹大笑。

秦宗权真是一位天才，认为他的谎言，无论跟事实相反到什么程度，只要他说得出口，就一定会有人相信。观众捧腹大笑，实在出他意料，否则，他可能不致如此明目张胆地无耻。不过，虽然时到二十一世纪，秦宗权的阴魂仍然不散，秦宗权二世、三世、八世、九世，仍然不断在舞台上伸出头来，演出精彩节目，使我们也捧腹大笑！

刘巨容炼金术

前山南东道战区（总部设襄州【湖北襄阳】）司令官（节度使）刘巨容，在襄阳（襄州州政府所在县）时，有位名叫申屠生的法术师，教给他烧炼黄金的方法。宦官田令孜的老弟有一次经过襄阳，刘巨容把烧炼出来的黄金拿给他看。后来，刘巨容流寓成都（赵德諲攻陷襄阳，刘巨容逃往成都，参考884年11月），田令孜向他索取炼金秘方，刘巨容拒绝，田令孜怀恨在心，斩刘巨容，屠灭他的全族。

被人勒索，最大的灾难，是对方不断地作超过自己承受能力的勒索。当你确实被榨干，而对方却认为你还有油水时，情形最惨。因为你已没有能力使对方满足，而对方则认为你竟然仍想藏匿，必须再加点压力才能使你醒悟。尤其初起时，被勒索的人确实有过这种护财的本能反应，遂使勒索者认为：必须一次又一次地施暴。

刘巨容之陷于绝境，不是他拒绝交出炼金秘方，而是他根本就没有这个从不存在的秘方。当田令孜肯定有这个秘方，而他却解释说，他不过在那里骗骗驴蛋罢了，田令孜岂能轻易相信？刘巨容显然已交出所有的炼金秘方，却没有一个秘方可以炼出黄金——直到二十世纪，世人才发现：拥有三千年记录的道家炼金术，不过一场骗局。但当时人们却十分深信，而且又有亲眼看见的黄金作为证据，田令孜又怎么不怀疑刘巨容藏匿真方不献？

象因象牙杀身，而一头没有牙的象，硬被猎人认为有牙，问题同样严重。

朱全忠孙儒交恶

变民首领孙儒（淮南【总部扬州】司令官）向朱全忠（朱温）请求和解，朱全忠上疏任命孙儒当淮南战区（总部设扬州【江苏扬州】）司令官（节度使）。可是不久，朱全忠诛杀孙儒的使节，再成仇敌。

东汉王朝末年，英雄辈出，那才是真正的英雄，除了袁术几个脓包外，几乎全属菁英，斗智斗力，无论成败，每人都有可爱之处。而唐王朝末年和小分裂时代，却完全不同，除了少数一二人，如杨行密、徐温等，稍稍有一星点头脑外，所有的其他人物，包括朱全忠、孙儒两位在内，简直一窝土狼。看他们反复无常、寡廉鲜耻，翻滚吞食的丑恶形状，叫人连发出斥责，都羞于下笔，只能质问上帝：为什么如此不仁，把中国人蹧蹋成虫豸！

孙揆锯死

征剿副总司令（副招使）孙揆，从晋州（山西临汾）出发。叛军河东（总部太原府）将领李存孝（安敬思）得到情报，在长子（山西长子）以西山谷里，埋伏骑兵三百人。而孙揆却命前导仪队，高举“征剿副总司令”的大旗，和皇帝赐给他的符节，身穿长袍大袖官服，坐在高大伞盖的豪华车子上，威风凛凛，浩浩荡荡，前呼后拥，向潞州（山西长治）进发。李存孝（安敬思）发动突击，把他生擒活捉，连同送达符节的宦官韩归范，以及卫士五百余人，全部俘掳；其他官兵狂奔逃命，李存孝（安敬思）追赶，追到刁黄岭（山西长子西南），全部屠杀。李存孝（安敬思）给孙揆、韩归范戴上脚镣手铐等械具，用素色绳索拴住脖子，牵到潞州（山西长治）城下，让城上守军观看，说：“中央命孙揆当司令官（节度使），派韩归范送来符节。葛从周应该尽快返回大梁（河南开封），由孙揆上任办公。”把孙揆捆绑起来，呈献给李克用，李克用下令锯死孙揆。可是肌肉有弹性，铁锯无法锯入。孙揆诟骂说：“死狗奴才，锯人应该用夹板，你们怎么会知道！”行刑队遂用两张木板把孙揆夹住，一直锯到死，孙揆诟骂不停。

王铎、孙揆二人死亡之惨，不忍卒睹。但回顾二人致死的原因，使我们发现：当社会已经发生巨变时，总会有些既得利益分子，硬是察觉不到巨变的脉搏，于是呈现出一般人所谓的颟顸顽固，和不识时务。结果不仅给自己带来伤害，也给对手以及整个社会，带来伤害。不敢面对现实，一直认为今天仍是昨天，是痛苦之源。

成都围城

891年，永平战区（总部设邛州【四川邛崃】）司令官（节度使）王建，包围成都，城里粮食将要吃完。大街小巷，都是被抛弃的小孩和婴儿。有些暗中到中央讨伐军营地买卖稻米的小贩，被巡逻士卒捉住，报告征剿司令（招讨使）韦昭度，韦昭度说："满城饥饿，怎么能忍心不救！"不再追究，命把他们释放。也有人被城里守军逮捕，报告战区司令官（节度使）陈敬瑄，陈敬瑄说："我自恨没有办法救他们一命，他们能自救，不要禁止！"因此从事卖米的小贩，一天比一天增加。然而数量不过几升几斗，运进城后，把直径一寸五分的竹竿，横截成筒。深约五分，用来量米零卖，每筒一百余钱。饿死的人杂乱堆积，无论军民，强壮的或衰弱的，互相格杀。官员们对凶手一律斩首，但不能禁止，于是使用更残忍的酷刑，有的从腰部砍断，有的斜劈——从左肩到右腿，每天被处死的一个接连一个，却不能阻止互相吞食。而人们看惯残酷血腥的行为，也不再害怕。官民一天比一天绝望，差不多都在讨论不如投降，陈敬瑄便把这些人连同他们的家族亲友，全部逮捕诛杀，凄惨恶毒，各种苦刑，没有一件不用。内外总指挥官（内外都指挥使）、眉州（四川眉山）州长、成都人徐耕，性情仁慈厚恕，救活数千人。田令孜警告他说："你手握生死大权，竟不肯诛杀一个人，难道你有贰心？"徐耕恐惧，夜晚，提出俘掳来的中央军士卒，绑到街市斩首。

中国人，你的名字是苦难！

杨行愍马鞦上金饰

唐政府新任命的淮南战区（总部设扬州【江苏扬州】）司令官（节度使）杨行密（杨行愍），对于骑马射箭和十八般武艺，都不见长，但心胸宽厚，处理事情简单扼要，有智慧谋略，会安抚驾御将领士卒，跟他们同甘共苦。推心置腹地待人接物，不存猜忌。曾经早晨外出，随从卫士把马鞍套住马尾的皮带（鞦）剪断，盗取上面的黄金装饰，杨行密虽然看见，却不查问。过了几天，照常早晨外出，人们钦佩他的度量。（这段记载看不懂，发现断带失金而不言语，固可称为度量宽大，但跟过了几天仍然早出有什么关联？又怎么会因照常外出而被称度量宽大？）

杨行密在唐王朝末年，无论胸襟、品德、见识，都高过当时其他军阀。可是只六年工夫，大地衰败，荒草依然千里，他的马鞍皮带上，竟然有黄金装饰。杨行密出身穷苦，又以节俭闻名于世，却霎时间如此阔绰，则其他军阀的贪残凶暴，可以推测，举目所及，不仅群驴而已，中国境内，到处蛇蝎翻滚！

李匡筹

河东战区（总部设太原【山西太原】）司令官（节度使）李克用，派军进攻卢龙战区（总部设幽州【北京】）司令官（节度使）李匡筹，李匡筹派军从居庸关（北京昌平西北居庸关）出击，李克用命精锐骑兵迎战，使卢龙（总部幽州）军队筋疲力尽，然后派步兵将领李存审从小路抄到背后，前后夹击，卢龙（总部幽州）军大败，阵亡及被俘的数以万计。李匡筹携带他的家族，逃奔沧州（河北沧州东南）。义昌战区（总部设沧州【河北沧州东南】）司令官（节度使）卢彦威，贪图李匡筹的财富和美貌小老婆群，于是派军前往景城（河北沧州西）李匡筹住宅，格杀李匡筹，其他人全部俘掳（李全忠夺取幽州，参考885年5月。传三届，前后十年而灭）。李匡筹一向昏聩懦弱，夺取军政大权时，老哥李匡威在外得到消息，对各将领说："老哥失掉，老弟得到，仍没有离开家门，有什么怨恨！只是李匡筹没有才干、无力保守，能维持两年，就算幸运。"

李匡威对他老弟的判断，使人钦佩，但他判断自己时，却错得离谱，一是他判断他奸淫弟媳，老弟不会为了一个女人叛变；一是他判断王镕不过一个小娃，夺取军权易如反掌。

判断别人，即令正确得分毫不差，也不能证明自己聪明，蠢才评论起别人来，有时候也会头头是道。

董昌疯狂

义胜（总部设越州【浙江绍兴】）司令官（节度使）董昌，一心一意要当皇帝，特别集合文武官员，作形式上的讨论。战区副司令官（节度副使）黄碣说：“大王（董昌封陇西郡王）从民间崛起，受中央深厚的恩宠，官位文到宰相，武到大将，富贵荣华，已抵极点，为什么一天之间，改变主意，去做这种屠灭全族的勾当！我宁愿一死去当忠臣，也不能活着去当叛徒。”董昌大怒，认为黄碣妖言惑众，斩首，把人头投到粪坑里，诟骂说：“你这个贼奴才，辜负我提拔你的心意，好好的太平宰相不干，却非急着找死不可。”越说越恨，下令把黄碣的家属八十人一并诛杀，掘一个大坑埋葬。董昌再问会稽（越州州政府所在县，浙江绍兴东）县长吴镣，吴镣回答说：“大王不当真国王传给子孙，怎么想起来当假皇帝自取灭亡？”董昌也屠杀吴镣族。告诉山阴（浙江绍兴西）县长张逊说：“我深知道你的行政能力，等我坐上宝座，任命你当总监察官（知御史台）。”张逊说：“大王从石镜镇（浙江临安东南）开始（参考 878 年 12 月），在浙东道（道政府设越州）竖起皇家颁发的高官旌旗，荣华富贵，近二十年，为什么非效法李锜（参考 807 年 11 月）、刘辟（参考 806 年 9 月）不可！”董昌又把张逊斩首，告诉亲友说：“除掉这三个人，其他就再没有人反对。”

二十世纪六十年代，我触怒当时的蒋家父子政权，被囚禁军法监狱，用“唯一死刑”条款起诉，命在旦夕。有一天，一位同房难友忽然警告我说：“你经常自言自语！”根据牢狱经验，一个囚犯如果经常自言自语，接着便是精神错乱，最后一定陷于疯狂。我向他求援说：“拜托，每当我自言自语时，请用手肘撞我一下。”不久，他忽然撞我，我惊讶说：“怎么打人？”他说：“你刚才自言自语！”我了解我确已濒临崩溃边缘。开始时他每天几乎要撞我十几次，以后则只撞两三次，最后终于停止。如果我当初把警告和推撞当作侮辱冒犯，可能早就死在疯人院中！这一点毫不夸张，因为囚犯一旦发疯，下场都是如此。而政治犯疯后，比普通疯人更惨，因为特务最初总是咬定你竟想用孙膑那一套耍他！

民主政治的可贵，就在于使当权分子不断受到口头警告和手肘推撞，以便保持正常清醒，不至于像董昌一样，忽然间膨胀莫测，忘了自己是谁！批评者的言论固然令耳朵不舒服，但它却可以救命。问题在于，世界上很多人都太聪明，爱自己的耳朵远胜于爱自己的命。

李克用失去良机

> **李克用派机要秘书（掌书记）李袭吉，到中央叩谢皇帝（二十三任昭宗）李晔（李敏）的恩典，秘密奏报李晔说："近年以来，关辅一直不能安宁（关是关中，辅是三辅，仍是关中。即指陕西中部），应该利用这次军事胜利，收回凤翔（陕西凤翔）。一次辛苦，可换取永久安逸，不要失去机会。我驻军渭河北岸，只等皇上一声令下。"李晔跟权贵及亲近商议，有人警告说："如果李茂贞覆灭，沙陀一定更为强大，失去平衡，中央将陷于险境。"李晔乃下诏给李克用，褒扬他对帝国及皇家的忠诚，强调说："叛徒们的罪行，王行瑜最为严重。自从我离开京师（首都长安）之后，李茂贞、韩建都自己知道有罪，没有忘记帝国对他们的厚恩，进贡纳税，前后不断。而且，也应该让人民和士卒，都获得休息。"李克用接到诏书，只好停止行动（从此，李克用战斗力日衰，九年之间，李晔被俘掳、被凌辱、被处死，李克用再不能援救），私下告诉传达诏书的使节说："我看中央的意思，似乎疑心我别有用心。问题是，如果不铲除李茂贞，关中（陕西中部）就永远没有安宁的一天。"李晔又下诏给李克用，特别允许他不来京师（首都长安）朝见。将领们有的愤愤不平说："距皇宫这么近，怎么可以不去朝见天子！"李克用犹豫不能决定，盖寓说："以前王行瑜那群人，带着军队，犯上作乱，害得连皇上都得逃命，人民四下流散。今天，天子在宝座上还没有坐稳，人民仍是惊弓之鸟，大王如果率军南渡渭河，恐怕会使京师（首都长安）再次惊恐。一个人是不是尽忠报国，在于竭力办事，不在于晋见皇帝，希望多加考虑。"李克用笑说："连盖寓都不愿我进京（首都长安），何况全国人民！"乃上疏说："我因统率大军，所以不敢直接前往京师（首都长安）朝觐，而且也不敢久驻渭河北岸，恐怕部落士卒惊扰本地居民。"遂率军东归。奏章到达京师（首都长安），上下才感到安心。**

李克用失去千年难逢的主宰全国的良机！

唐王朝末期，跟东汉王朝末期，简直像一个生产线制造出来的产品。李克用所处的正是当年曹操所处的地位。皇帝是权力魔杖，谁抓住这个魔杖，谁就能控制国家。但不是每个抓住魔杖的人，都有能力运用魔杖，没有五百年的修炼，就拿不动孙悟空的金箍棒，勉强去拿，徒使自己筋断骨折。李傕、郭汜虽然把刘协完全掌握，却无法挥舞，必须有曹操那种智能和力量，才能发挥功能。李克用只要渡过渭河，往南再走几步，李晔就完全落入手心，野心家寤寐以求的“挟天子以令诸侯”局面，就会出现。从今以后，一切都是“皇帝旨意”和“中央命令”。以李克用的兵力，李茂贞等不是对手，而最大的敌人朱全忠，不过东汉王朝的袁绍、马超、韩遂。试回忆 890 年脓包统帅张濬讨伐李克用之役，如果把张濬换成李克用，把李克用换成朱全忠，就可看出魔杖的威力。朱全忠灭后，杨行密、王建都不是重要角色。

东汉王朝末期，军阀林立，猛将如云，谋士如雨，而唐王朝末期，军阀们则只有猛将，而没有谋士，朱全忠的敬翔，不过一个得宠的文书员，李克用的盖寓，不过一个弄臣。既缺尊严，更缺前瞻，偶尔出点排难解纷小主意的知识分子，并不都属智囊！

道家有句话：“气数已尽。”含有绝望的哀伤！事实上，气数就是人才。九世纪中期至十世纪末叶，一百五十年间，所以成为大黑暗时代，主要原因就是人才已尽，并且越到后来越严重。最后，全国只剩下十几条毒虫，在那里称帝称王，像朱全忠始终是一个匪徒，李克用始终是一个酋长，即令有王猛、诸葛亮，他们又如何得到！即令得到，也早被诛杀！

我们不仅叹息李克用这个人失去一次良机而已，也叹息生在那个群驴时代的智士，是何等悲哀！

屠杀宦官

宣武战区（总部设汴州【河南开封】）司令官（节度使）朱全忠（朱温）、宰相崔胤，一同登殿晋见唐帝（二十二任昭宗）李晔，崔胤奏报说："唐王朝刚建立的时候，天下太平，宦官从不掌握军队，也从不参与政治。八世纪四十年代（九任帝李隆基在位）以来，宦官的势力逐渐扩张。八世纪九十年代（十二任帝李适在位）稍后，把禁军羽林军分为左、右神策军，以便调迁护卫，才命宦官主持，只限于二千人，作为固定编制。但也自此参与机密，侵犯政府权力，上下勾结，一起违法乱纪。大则煽动军阀，危害帝国；小则出卖官爵，贪赃枉法，伤害政府。皇家衰弱混乱，都由于此，如果不能斩草除根，灾祸终不能停止。我建议把掌握军政大权的宦官，全数罢黜。他们的业务，完全缴回政府。各战区道的监军宦官，也全部召唤回宫！"李晔同意。当天，朱全忠命军队把包括第五可范在内数百名宦官，驱逐到宦官管理总署（内侍省），全部屠杀，喊冤呼痛的声音，传到宫外。出使到各地的，李晔下诏由各所在地政府逮捕，就地处死，只留穿黄色官服（七品至六品）年幼体弱的小宦官三十人，以供洒扫。再下诏命成德战区（总部设镇州【河北正定】）司令官（节度使）王镕，遴选五十名宦官，只供传送命令，只因北方风土敦厚，人性朴实谨慎。李晔怜悯第五可范等并没有犯罪，竟遭杀身之祸，特别撰写祭文哀悼。从此之后，皇帝的旨意诏令，都派宫女出入送达。左右神策军和内外八基地禁卫军，全部归属六军。李晔命崔胤兼管六军十二卫（兼判六军十二卫事）。

中国历史上第二次宦官时代，在朱全忠无情的屠杀下结束，司马光长篇大论地追述前因后果，并提到第一次宦官时代若干重要事迹，作出两项结论：第一，天下不可以没有宦官，因为它在公元前二十三世纪便开始设置，圣人对他们的职掌，有明确的规定。第二，因为彻底消灭宦官，唐王朝才亡，孔丘曾警告过，对恶人如太过严厉，会激起大乱。纵是铁石心肠，我们对这两项结论，也无法同意。宦官和妇女缠脚，是中华传统文化中两大邪恶。妇女缠脚属另一范围，而宦官这种违反人格尊严的制度，司马光竟宣称它是圣人允许的，绝不可以废除，使人失声尖叫。因为宦官完全是有权有钱大爷拥有太多小老婆的副产品。一个人有一个小老婆，还可以紧紧看管，如果跟以乱伦丑闻名震史册的李隆基一样，有两万个小老婆，就必须依靠宦官。于是，人人都痛恨宦官，却没有谁敢提出根绝宦官的有效方法——取消小老婆制度，任何一位可敬的所谓大儒，在这上都闭口无言。我们看到的全是挑水救火的慷慨激昂镜头，却看不到有谁挺身而出，关闭汽油龙头，把那个开汽油龙头的恶棍逮捕归案。

司马光认为把宦官赶尽杀绝，致使唐王朝灭亡，犹如污垢跟衣裳同时烧毁，蛀虫跟木头一起砍掉。我们对“除恶务尽”，并不赞成，因为那绝不可能，只不过徒埋杀机。但质疑的是，即令不屠宦官，唐王朝难道就会不亡？唐王朝覆灭的原因很多，跟杀尽不杀尽宦官无关，左右神策军仍然健在，他们岂能阻止李晔不被裹胁东迁？如果认为崔胤不召唤朱全忠，唐王朝的寿命可能延长，我完全同意。但如果认为宦官不灭，唐王朝的寿命有可能延长，就毫无根据，靠宦官手里那星点禁卫士卒，欺压小民绰绰有余，岂能挡住朱全忠奔驰沙场的野战劲旅。

司马光的评论，对致命的宦官问题，所提出的解决方法，跟解决其他政治问题一样，充满一厢情愿的幻想，虽然他知道君王信任宦官是不可免的，但他仍然坚持只要君王不信任宦官，便再没有宦官之祸！历史对当权者没有教训功能，所以当权者才会不断重复地犯同一错误。对汉唐宦官时代的斑斑血迹，司马光写下长篇大论，是一项专为帝王设计出来的消灭宦官流弊的企划案。十一世纪以后，直到明清王朝，《资治通鉴》成为帝王必读课程之一，可是，第三次宦官时代，照样仍于十六世纪明王朝出现。只有我们千万小民读者，借着历史，凝视国人面对未来的轨道，充满哀伤悲戚。

博昌屠城

903年，宣武战区（总部汴州）将领朱友宁，进攻博昌（山东博兴），一月有余，不能攻克。战区司令官（节度使）朱全忠（朱温）大怒，派礼宾官（客将）刘捍前往督战（胡三省注：现在【十三世纪】，“府”“州”“军”都设有礼宾官。唐王朝末年，各战区已设有此职，往往升迁到高位，威望不轻）。刘捍到达后，朱友宁驱赶平民十余万人，背着木头石块，牵着牛马骡驴，前往城南挖掘泥土，修筑攻城假山。完工之后，朱友宁把平民、畜牲、木头、石块，一同推挤到壕沟之中，立即用土填满压平，呼痛喊冤的声音，数十里以外都听得清楚。霎时间，城池陷落，全城被屠。

中国人，你的名字是苦难！

田頵愤怒

> **宁国战区(总部设宣州【安徽宣州】)司令官(节度使)田頵，击破冯弘铎(参考902年6月)，前往广陵(江苏扬州)晋见杨行密(杨行愍，淮南【总部扬州】司令官)致谢，并请求把池(安徽贵池)、歙(安徽歙县)二州，回归自己管辖(池、歙原是宣歙道【宁国战区前身】的属州)，杨行密(杨行愍)不肯。而杨行密(杨行愍)左右人士，甚至最低级的监狱看守员(狱吏)，都向田頵索取贿赂。田頵冒火说："看守员知是我就要下狱，是不是！"辞别时，指着广陵(江苏扬州)南门说："我不会再来。"**

杨行密从一介平民进入统治阶级，是九世纪末叶军阀群中最能自律的首领之一，想不到只十有余年，就拥有一个可观的贪官污吏系统，连一个小小监狱看守员，都敢毫无忌惮地伸手向地位权势跟杨行密相等，当初一块在泥塘中打滚、生死与共、情如兄弟，而现在又位居上将的田頵要钱。不知淮南千万小民，又如何活命?

周隐愚昧

淮南战区（总部扬州）司令官（节度使）杨行密的长子、宣州道（道政府设宣州【安徽宣州】）行政长官（观察使）杨渥（音 wò【卧】），一向没有好的名声，战区总部的官员，对他都很轻视。905年，杨行密卧病，命军事执行官（节度判官）周隐召唤杨渥。周隐性情愚昧朴实，反对说："长公子最容易听信谗言，喜欢玩球，又喜欢饮酒，不是保护家族的人。其他儿子们，年纪还小，没有能力驾驭各路兵将。庐州（安徽合肥）州长刘威，当大王尚是平民的时候，就追随左右，绝不会辜负大王，不如派他暂时主管总部军政大事，等公子们长大成人，再交给他们。"杨行密呆在那里，不再说话。总部警备队左翼指挥官（左牙指挥使）徐温、右翼指挥官（右牙指挥使）张颢（音 hào【浩】），警告杨行密说："大王一辈子冒着箭林石雨，几万次出生入死，不过是为子孙建立基业，怎么可以送到别人之手！"杨行密说："我死也瞑目。"

周隐的话说得太早，早了一千年，甚至直到一千年后的二十世纪，他这番话也可能招来灾难。一项条件完全不具备的理念和建议，不应贸然实行，燕王姬哙让位给子之，就是一个例证（参考公元前314年）。十世纪的中国，如果传贤不传子，犹如二十世纪的文明世界，忽然有位总统传子不传贤一样，一定天下大乱。而且，没有任何可以使人信服的保证，保证刘威不屠杀杨家后裔。

昧于时代的特质，而乱出新鲜主意，正是一个典型的"天下本无事，庸人自扰之"的庸人。

李克宁事件

新继承晋王（首府设太原）王位的李存勖，在王府大庭摆设筵席，大宴各军将领，伏兵突起，就在座位上逮捕叔父李克宁、堂兄李存颢。李存勖痛哭流涕数落李克宁说："侄儿一开始就把官爵让给叔父，是叔父自己拒绝。而今，大事已定，为什么又用这种阴谋，忍心把我们母子交到仇人之手！"李克宁说："这都是野心小人煽风点火，事到如此，我还能说什么。"当天，斩李克宁及李存颢。

政治上，一个人一旦成为抬轿夫锁定的目标，当作荣华富贵的资源，他想不被抬上轿，都不可能。古语云："树欲静而风不止。"用以哀伤父母早逝。实际上被抬上轿的人，也有同感，"本无意于坐轿，而抬轿夫非抬不可"，结果他就只好上轿。抬轿夫暂时没有当老大的能力，所以希望别人当老大后，他当老二、老三。他们有四项法宝，一旦祭出，被抬的"金主"，就一定会乖乖上轿。这法宝其实也很简单，只要告诉老大：一、国家人民需要你；二、我们誓死效忠你；三、机不可失，上天眷顾你；最后一招是：如果你不识抬举，仍不肯上轿，莫怪俺弟兄们翻脸无情。

历史上也有过拒绝上轿的人，最激烈的是西蜀国王谯纵，他曾向一群抬轿夫下跪叩头，投水自杀（参考 405 年 2 月），但在四箭齐发之下，仍不得不踉跄上轿。六世纪的李克宁和二十世纪的袁世凯亦然，折腾了一阵，仍在一群抬轿夫指挥棒下，轻移莲步，扭扭捏捏，坐上花轿。似乎只有一位英雄人物，拒绝成功，那就是曹操，他斥责劝他当皇帝的孙权说："这小子想叫我坐到火炉上！"（参考 219 年 12 月。）一个人如果把抬轿专家跟烧火炉专家看成一丘之貉，不要使欲望随便升级，不要太偏离正常的航道，不要一见轿屁股就先发痒，世界上自会减少很多丑剧、悲剧、闹剧。

沧州吃人

909年，后梁（首都洛阳城）刘守光（卢龙【总部幽州】司令官）围攻沧州（河北沧州东南），很久不能攻克（围沧州，参考909年5月），把刘守文押到城下让守城军观看，守军仍拒绝投降。城里粮食吃完，人民用菜和泥做成饼的模样吞食，军队士卒格杀平民吞食，驴马互相吃对方的鬃毛、尾毛。军事执行官（节度判官）吕兖挑选身体瘦弱的平民男女，喂他们曲面，然后投进锅里煮熟，充作军粮，供应官兵下肚，称“屠宰场”（宰杀务）。

中国人，你的名字是苦难！

人渣刘仁恭父子

914 年，晋王（二任）李存勖，用铁链拴住刘仁恭父子，命刘仁恭父子走到军队前面。晋军高奏凯歌，回到晋阳（山西太原），呈献皇家祖庙，亲自到刑场监斩刘守光。刘守光魂飞天外，大叫说：“我虽死不恨，可是，叫我不投降的，是李小喜，他反而先投降。”（参考 913 年 11 月。）李存勖唤来李小喜当面对质，李小喜目露凶光，斥责他过去誓死效忠的领袖说：“你对父母兄弟那种禽兽行为，难道也是我教你？”李存勖看到李小喜这种悖逆态度，大怒，命先斩李小喜。刘守光乞求说：“我擅长骑马射箭，大王如果建立霸业，为什么不留我为你效力！”他的皇后妻子李女士和祝女士斥责他说：“帝王大业，已到今天这种地步，纵然活命，又有什么意义！”伸长脖子，接受利刀。刘守光却到死都哭号喊叫，哀求饶命。既斩刘守光，李存勖命战区副司令官（节度副使）卢汝弼等，押解身戴脚镣手铐的刘仁恭到代州（山西代县），在李克用墓前，刀刺刘仁恭心脏出血，然后斩首。

刘仁恭、刘守光父子，不过两个人渣。是人渣使社会堕落，还是社会堕落使人渣浮出台面，课题严肃。不过，至少，从刘仁恭父子身上，可以发现：时代的沸腾潮流，确实可以把人渣推到富贵的高位。刘仁恭背叛恩主李克用，刘守光背叛老爹刘仁恭，自有他们充足的理由，认为是一种壮士断腕的抉择。后来战无不胜、攻无不克，以致全国人民都在脸上刺字：“一心事主。”更可宣称他们天纵英明，决策正确，拥有充分的民意基础。然而，最精彩的镜头却是，父子被俘，从幽州（北京）押解晋阳（山西太原），长途跋涉千余华里，沿途村民像看猴戏一样，看了个够，把昨天还是皇帝陛下的刘守光，叫作“刘黑子”，刘守光却没有一丝一毫羞愧。无耻的程度，即令在人渣罐中，也属绝品。他用铁刷刷人脸时，何等英雄气概，面对自己死亡，却怕得屎尿齐流，竟想对手会因他跳跟哀求，而饶他一命。自卑与怯懦的人，常有过人的狠毒；而有过人狠毒的人，也常是自卑与怯懦之辈，又得一证明。

大黑暗时代，人渣大批出笼，记不胜记。不过，奇妙的是，刘姓父子二人，落到谁手都比落到李存勖手好。上帝有时心血来潮，也会用它的大能，安排一个极端讽刺的场景，硬生生使刘姓父子，落到李存勖之手，给积恶之辈一个大快人心的淋漓报复。命运之磨是看不见的，但它永不停息地在磨，这是历史的功能。

毛文锡力阻决坝

前蜀帝国（首都成都）三峡，建有拦江水坝，有人建议前蜀帝（一任高祖）王建说：趁着夏秋之季，长江水涨，把水坝决开，使大水淹没江陵（湖北江陵）。毛文锡劝阻说："高季昌（荆南【总部江陵府】司令官）不过一个人不肯归附而已，他辖区里的平民，犯了什么罪！陛下正用恩德感动天下，怎么忍心使邻国平民，去喂鱼虾！"王建才停止。

毛文锡先生，请接受我们小民一拜。

王建皇宫大火

前蜀（首都成都府）皇宫失火。前蜀帝（一任高祖）王建自从夺取成都（四川成都）到手（参考891年8月，迄今二十五年），所积蓄的金银珍宝，都储存百尺楼，在这场大火中全成灰烬。各军总指挥官（诸军都指挥使）兼最高立法长（兼中书令）王宗侃（田师侃）等，率禁卫部队，打算进宫救火，王建下令紧闭宫门，不准进入。以至第二天凌晨，大火仍在燃烧，王建才在义兴门接见文武百官，命有关官员把皇家祖庙的祖先牌位收集在一起，并派人到全城各地巡查。吩咐已毕，转身回宫，仍紧闭宫门。将领宰相等分别呈献篷帐及酒菜。

帝王和独裁者最大而又永远无法克服的困难是：他不知道什么时候会变生肘腋。王建提供一个榜样，一场大火就使他现出原形，看他惊骇失措的反应，显示他内心的空虚，已没有可信赖的亲人。

凡认为杀人整人是一种快乐的人，同时也会有被杀被整的恐惧，这大概是文化有机体的一种平衡。

刘山人受鞭打

晋王(首府太原)李存勖,正妻卫国夫人韩女士、次妻燕国夫人伊女士、三妻魏国夫人刘女士,以刘女士最受宠爱。刘女士的老爹是成安(河北成安)人,以算卦医病维生,自称刘山人。刘女士幼年时,晋军将领袁建丰把她抢到手,送进王宫,她狡滑凶悍,淫荡嫉妒,陪伴李存勖住在魏州(河北大名)。老爹刘山人听到女儿已享荣华富贵,亲到魏州行宫求见。李存勖召唤袁建丰指认,袁建丰说:"当初得到夫人的时候,有位黄胡子老汉保护她,就是这个人。"李存勖遂告诉刘女士,刘女士正跟其他大小老婆争宠,互相夸耀自己的出身门第,老爹的出现暴露她的家世卑贱寒微,使她恼羞成怒,咆哮说:"我离开家乡时多少有点记忆(《北梦琐言》记载,刘女士被掳时,年五六岁),老爹惨遭不幸,死在乱兵之手,我守着尸首哭他,然后才离开,现在哪里冒出这个乡下糟老头,胆敢到这里胡说八道!"下令把刘山人拉到宫门外,一顿鞭打。

刘山人身上每一鞭都是一声哀号,声声呼女,使人心碎。当他扶伤回到破屋故居,重见那些知道他此行的亲友们的惊骇目光,恐怕已流不下眼泪,流下的将是心头鲜血。他最大的困惑应该是他不明白,他日夜思念,被军人从怀中抢走的小女儿,为什么不认亲爹?

当忘恩负义的行为被视为稀松平常,甚至还受很多人赞扬鼓励时,这个社会就会受到天谴,而且是无情的天谴!

刘知俊

前蜀帝（一任高祖）王建命刘知俊当总征剿司令（都招讨使），可是所统御的将领都是王建的老部属、帝国的老功臣，都不太听他的命令，而且忌妒他以一个降将却高高在上，所以不能在战场上取得胜利。唐文扆再在中间不断谗言，王建也畏惧刘知俊的才干，曾经对他的亲信说：“我年纪已老，刘知俊不是听你们话的人。”逮捕刘知俊，诬称他叛变，绑到市场斩首。

从王建畏惧刘知俊这件事观察，刘知俊诚是一位勇将，他之一叛朱全忠，再叛李茂贞，只不过为了保护家人性命，却想不到，终于不明不白，死于同是军阀的王建之手！

杨刘之战

918 年，晋王李存勖自魏州（河北大名）前往杨刘（山东东阿东北古黄河南岸）亲自率领大军，带头蹚水渡河，其他各军紧随于后，官兵一手拉起铠甲，一手举起刀枪，结成战斗序列前进。而河水忽然下落，仅只有淹到膝盖。后梁匡国战区（总部设许州【河南许昌】）司令官（节度使）、北方军团督战官（北面行营排阵使）谢彦章，率部队在黄河南岸迎战。晋军无法登陆，稍稍后撤，后梁军追击，直到中流。晋军战鼓凄厉，齐声呐喊，突然反攻，谢彦章不能支持，又退回南岸。晋军趁胜尾随登陆，后梁军大败，死伤惨重，无法计算，黄河变成血水，谢彦章仅逃出一命。

所有传统史书，包括《通鉴》在内，从来只记死亡人数，不记受伤人数。死者已无知觉，善后工作不过埋葬，而伤者怎么抢救，怎么治疗，医生何在，药品是否有备，所有史册都没有这方面的记载。一场战役下来，死人一千，伤者当有一万（参考 947 年 10 月 25 日邺都之战），哀号声、求救声，遍布战场，可是对救护组织和行动，却找不到任何资料。

伤兵的命运使人忧心，史书只偶尔承认除了“亡”外，还有“伤”在，杨刘之役，属少数偶尔之一。但是像砍掉双腿，或刺盲双眼，将如何护理看顾？将领们会不会嫌他成为累赘，而下令遗弃，甚至诛杀？希望历史学家，有一天揭开这项悲惨的人权内幕。

王延彬

最初，闽王（首都福州【福建福州】）王审知，用唐王朝皇帝名义，加授他的侄儿、泉州（福建泉州）州长王延彬遥兼平卢战区（总部设青州【山东青州】）司令官（空头官衔。此时青州属后梁【首都开封府】）。王延彬治理泉州（福建泉州）十七年，官民都安居乐业。后来，王延彬得到一只白鹿和一枝紫色灵芝，佛教和尚浩源认为那是帝王的预兆，王延彬遂开始骄傲放纵，并且派密使从海路向后梁政府（首都开封府）进贡，请求任命自己当泉州战区（总部设泉州【福建泉州】）司令官（节度使）。事情发觉，王审知诛杀浩源跟他的同党，免除王延彬所有官职，送回家宅。

一个小人物，竟会因一只白鹿和一枝紫灵芝，就神魂颠倒，大发其疯，使我们对那些虽拥有如雷掌声，手握大权，而仍能自我克制，敦厚谦卑的人，生出无比钦敬。

王镕传子

赵王（首府镇州）王镕，诛杀李弘规、李蔼全族（参考 920 年 12 月）之后，把大权交给儿子王昭祚。

独裁者的悲哀是，他终于发现：砍杀了一辈子，敌人仍潜伏在身边肘下，宝座仍没有想象中那么稳固，于是茫茫众生，他只敢信任两种人：一是自己可以绝对掌握的特务，一是自己的亲生儿子。最好不过的，当然是儿子兼特务，或特务兼儿子。

刘鄩一步百计

最初，后梁（首都开封府）刘鄩跟朱友谦（朱简）结为姻亲。刘鄩受命讨伐朱友谦（朱简）时（参考920年6月），率军抵达陕州（河南三门峡），先派人送信给朱友谦（朱简），分析利害祸福，要他反正回归；等待一月有余，朱友谦（朱简）仍不接受，刘鄩才发动攻击。尹皓（感化【总部华州】司令官）、段凝（段明远。皇家田园管理官【庄宅使】）一向忌妒刘鄩，因此向后梁帝（三任）朱友贞打小报告陷害说："刘鄩故意逗留不进，培养盗寇壮大，等候晋军增援！"朱友贞相信。刘鄩大败而回，声称有病，请求辞职，解除军权。朱友贞批准，命他到西都洛阳诊疗，然后，密令西都洛阳留守长官张宗奭（张全义）动手谋杀。刘鄩遂饮毒酒而死（年六十四岁）。

一个人一旦被公认为诡计多端，他就再也无法施展诡计，终会身陷险境。因为他的品格受到广泛质疑：谁晓得他的信誓旦旦，是真是假？天下事变化无穷，一个人的脑力激荡，有其极限，最后必然招架不住、照顾不周。大事业成功，要靠高度智慧和正确方向，"一步百计"不过一连串小聪明、小动作而已。使车辆开动的是汽油，机油当然重要，没有机油车辆便寸步难行，但确实有些人，相信仅仅靠机油，就可使车辆奔驰如飞。

刘鄩先生属于这类人物，看看兖州之役（参考903年正月及十月），他阁下一举手、一投足，都使人击掌赞叹，但在受到晋军几次硬碰硬重创之后，竟成了白痴，最后请求退休。尤其可惊，他难道不知道在那个军阀混战的时代，绝不可失去兵权？只不过是在众目睽睽，看他还有什么把戏可变的警觉戒备之下，智穷力竭。

李存进战死

镇州（河北正定）变军首领张处瑾派老弟张处球，乘晋军统帅李存进没有防备的时候，率七千人突袭东垣渡（镇州南滹沱河渡口）。晋军骑兵部队正向镇州城前进，却两不相遇。镇州变军杀进李存进营门，李存进惊骇失措，仓促间率十余人在桥上格斗，镇州变军被击后退，而晋军骑兵回击，前后夹攻，镇州变军几乎死完，但李存进也被杀。

当时，河东战区（总部太原府）兵力最强，成德战区（总部镇州）军队，一向被视为懦弱胆怯，可是一场夺城之战下来，却连连格杀河东（总部太原府）名将，前有史建瑭、阎宝，后有李嗣昭、李存进。无他，哀兵必胜。镇州（河北正定）在王姓军阀割据下，所受迫害长达百年之久，人民敢怒而不敢言，怨恨深入骨髓，一旦张文礼崛起，诛杀末代军阀王镕，正是人性恢复、全民振奋之时，而李存勖却强伸所谓“正义”，要杀“弑君之贼”。则王都也是弑君之贼，为什么不但不杀，反而结成儿女亲家？“正义”到了哪里？

镇州（河北正定）亡于无粮，如果有粮，那支抗暴武力，将有更辉煌的战果。

开封围城

923 年，后唐大军突袭后梁首都开封府。后梁帝（三任）朱友贞登建国楼（皇城南门），挑选他最亲信的人，厚厚赏赐，叫他们改穿贫苦小民的衣服，携带密装诏书的蜡丸，前去催促段凝立即回师。然而，这些最亲信的人告辞后，全都逃亡，躲藏起来，不再露面。有人建议朱友贞逃往洛阳，召集各地军队，继续作战，后唐即令夺到首都，势不能久留，有人建议投靠前线段凝大营。控鹤特别营指挥官（控鹤都指挥使）皇甫麟说："段凝本来不是大将材料，官职来自皇家对他的宠幸（段凝因他的妹妹受朱全忠疼爱，而他又供应精美食物，才获得擢升，参考 911 年 11 月），当此危急存亡之际，希望他能随机应变、反败为胜，恐怕很难。而且，段凝听到王彦章战败，心胆都裂，怎么知道他仍对陛下效忠？"赵岩说："事情到了今天这个地步，下了建国楼，谁敢保证谁还有忠心？"朱友贞才打消此意。再召见宰相们讨论，郑珏建议携带传国御玺，前往后唐军营诈降，以纾解灾难。朱友贞说："今天当然不敢珍惜传国御玺，只是如果这样做，能不能解决问题？"郑珏低头沉吟了半天，最后只好说："恐怕不能！"左右侍从都缩起脖子暗笑。朱友贞日夜哭泣，不知道做什么才好，把传国御玺放到卧房里，忽然遗失，已被亲信偷走迎接后唐大军。

什么样的帝王，用什么样的臣僚；什么样的领袖，用什么样的干部；什么样的董事长、总经理，用什么样的主管；什么样的主管，用什么样的职员。

龙用龙、凤用凤，猪用猪、驴用驴，蛆用蛆、虫用虫、老鼠用耗子、耗子用老鼠，读《通鉴》每读到一个王朝或一个政权覆亡之际，猪驴共舞、蛆虫互挤的丑态时，都不禁捶胸叹息，叹息这种场面，为什么总是一演再演，三演四演，甚至百演千演，万篇一律，没有丝毫变化。

郭崇韬整顿官场

自唐王朝末年，天下大乱，官宦世家，凋零破落，有的过于穷困，往往把任官令（告身）卖给亲属，辈分遂陷于混乱，发生叔父向侄儿下跪叩头、舅父向甥儿下跪叩头等奇怪现象，等候任命的官员中，冒名顶替的更多。后唐帝国（首都洛阳）参谋总部指挥官（枢密使）郭崇韬打算革除这项弊端，命国务院文官部（吏部）严加考核。当时参加李存勖南郊祭祀天神大典的官员多达一千两百人，而审核通过，获得任官资格留任的，才数十人，任官令（告身）被注销的十分之九，这些候补官员，有的绝望地在道路上悲哭哀号，有的则在旅店里活活饿死。

中国知识分子所以惜官如命，原因在此，悲哀也在此。因为他除了当官，其他什么事都不会，为了活命，和活命后的荣华富贵，任何侮辱都必须逆来顺受，没有了官，不但没有了荣华富贵，甚至也没有了命，这种卑屈是一种破坏正常社会生态的病毒，暴君恶棍从其中得到充分营养，千百年来，当官的人格，遂一泻千里，受不到尊重。

李存勖死于众叛亲离

926年，后唐帝（一任庄宗）李存勖，集结大军，准备东征叛军，骑兵在宣仁门外结阵，步兵在五凤门外结阵。随从骑兵常备队指挥官（从马直指挥使）郭从谦，不知道睦王李存乂已被处死（参考925年12月），打算拥护他发动兵变，于是率领部队在营中挥动武器，呐喊暴动，跟“黄甲两军”（不懂）进攻兴教门（宫城南面三门最西门）。李存勖正在吃饭，得到兵变消息，率领各亲王及禁卫骑兵反击，把变军逐出兴教门。这时，华洋步骑兵司令（蕃汉马步使）朱守殷，率骑兵正在城外，李存勖派宦官传话，命他急行进城协防，联合削平变兵，可是朱守殷却不肯来，反而率军北上到邙山树林下休息。变军得以反攻，纵火焚烧兴教门，翻城进去，那些割发流泪、誓言死忠的官员将领，都脱下铠甲，趁人不注意时，溜走逃生，（胡三省注：“李绍荣【元行钦】一定在此时遁走。”）只编制外总指挥官（散员都指挥使）李彦卿及禁卫军官何福进、王全斌等十余人，竭力战斗。霎时之间，李存勖被流箭射中，皇家鹰坊管理员（鹰坊人）宦官善友（善，姓），搀扶李存勖从门楼下城，到绛霄殿廊下，拔出箭头。李存勖觉得胸口烦闷、口干舌渴，想喝口水，刘皇后（刘山人之女）并不亲自前来看望，只派宦官送来一碗酪浆（酸奶），一会儿工夫，李存勖逝世（年四十二岁）。

我在大学念书的时候，有位女同学，面目姣好，而腿部较粗，男生们就赠给她一个绰号：“半截美女！”现在回想起来，诚是恶谑！但进入社会之后，发现可被这样称呼的半截人，竟举目皆是，政治上的半截人尤多。李存勖便是一个浓缩的典型，他血战二十年，无论哪方面表现，都是一个出类拔萃的英明首领，简直跟李世民大帝一模一样，包括身经百战，没有一根毫发受伤在内。然而他的勋业太短，只不过保持了两年六个月，就国破身死。攻陷开封（参考923年10月）应该是一个转折点，把他转折成一个“半截英雄”。

没有权力制衡的宝座，像一个长满毒牙的巨大蛇口，任何人坐下去，毒牙都会插进他的屁股，射出剧毒。历史上只有一位帝王逃脱此难，就是李世民大帝，只因他对杨广的下场有一种恐惧，这恐惧转化成为自我克制，使他小心翼翼，不重蹈覆辙。然而即令如此，当权十余年之后，恐惧渐减，制衡作用也渐轻，他已有肆虐的危险倾向。李存勖不过一条粗汉，在一个有约束（包括娘亲的约束）的环境中，他可以成为英雄，但一旦约束解除，便完全忘了奋战的目标，也忘了对国家和对部属们所作的承诺及感谢，最后，更忘了他自己是谁，以致出现“以十指取天下”的轻佻镜头，迅速成为戏子宦官手中的电动玩偶；好像二十年血战，只是为了几个戏子宦官的利益。戏子宦官把李存勖紧握在手，四下挥舞，为自己报仇雪恨。李存勖的严重食言，造成历史上少见的激烈回应，没有人再听他过去其效如神的那一套温声软语，像指派汴州军队前往汴州小动作，反而成为笑柄。

限制首领人物的权力，固是为了人民，同时也是为了首领。李存勖在位时，如果有一种力量能够排除戏子宦官干政，他的皇帝宝座恐怕不想坐都不可能，而小民也不致于受那么多痛苦。

安重诲谋杀亲王

李存勖死后，变军首领李嗣源进入洛阳，称“监国”，下令全国各地寻找逃亡失踪的李存勖家所有亲王。通王李存确、雅王李存纪躲藏乡下农家，有人向参谋总部指挥官（枢密使）安重诲告密。安重诲跟李绍真（霍彦威）商量说：“殿下既然已监督国政，主持先帝（一任庄宗李存勖）丧事，对各亲王应该早做一次清理，统一人心。殿下生性仁慈，不可以使他知道。”于是秘密派出杀手，到农家把他们刺死。一个多月后，李嗣源才听到消息，痛切地责备安重诲，哀伤很久。

抬轿的往往比坐轿的更狠！

小宦官时代

李存勖既死，树倒猢孙散，有几百名宦官逃到深山茂林里躲藏，有的更剃光头发，出家去当和尚，共有七十多人逃亡到晋阳（山西太原）。后唐帝（二任明宗）李嗣源下诏，命北都（山西太原）指挥官（指挥使）李从温把他们全部诛杀。

第二次宦官时代结束不过二十年，大屠杀呼冤号痛的声音，仍在耳际，一个小型宦官时代竟紧接来临。现在，短短四年的灾难，也在呼冤号痛声音中结束，再一次说明历史的教训功能，微乎其微。人类的行为在社会的恶质环境中，会不断地重犯过去的错误。只有优良的民主政治制度才可能扼阻社会恶质的形成，且也只有全民都有高品质的人权观念，才能建立优良的民主政治制度！

王德妃

后唐帝（二任明宗）李嗣源的小老婆王德妃（花见羞），最初得以入宫，出于参谋总部指挥官（枢密使）安重诲的推荐，所以对安重诲十分感激。李嗣源性情节俭朴实，但坐在宝座上的日子一久（其实不过五年而已），生活也逐渐奢侈，安重诲总是规劝。王德妃（花见羞）用国库里的绸缎制成地毯，安重诲又恳切地劝阻，并举出刘皇后（刘山人之女）的下场，作为鉴戒，王德妃遂对安重诲怀恨在心。

孔丘说："君子爱人以德，小人爱人以姑息。"这是从施的一方而言，如果从受的一方，则君子希望人用"德"相待，小人希望人用"姑息"相待。王德妃距刘皇后不远，不过仅只四年，刘皇后的所作所为，王德妃都亲耳听见，亲眼看到，却不能从中吸取教训，反而恨别人提及，可看出她的智商远低于她的容貌。

一个人强烈而急躁的私欲，会造成盲点，看不到应该看到的东西——即令一根针扎到眼睛里，也毫无感觉，他只看到他想看到的，和立刻可以满足他私欲的东西。于是盲点不断扩大，转化成为意识形态，提供为盲点辩护的理论基础。而这正是周围清醒的人无力感的主要原因。

耶律突欲南奔

契丹帝国（首都临潢府【内蒙古巴林左旗】）东丹王耶律突欲，因不能继承老爹帝位（参考 926 年 9 月），忧郁怨愤。930 年，终于率亲信部属四十人，乘船纵渡渤海南下，投奔中国，在登州（山东蓬莱）上岸。

司马光曰："《实录》上说：'耶律阿保机的妻子命耶律德光前去勃海，代替耶律突欲，命耶律突欲回西楼，打算立他当契丹皇帝。但耶律德光既手握军权，不准备前往勃海，遂自称契丹皇帝，阴谋杀害耶律突欲，娘亲无法阻止。耶律突欲恐惧，遂航海投奔中国。'按耶律德光后来进入汴州，还悬赏逮捕谋害耶律突欲的凶手（参考 947 年正月），岂有在国内时反而想谋害他的道理！"

耶律德光是不是曾经计划谋害老哥，我们不知道，但司马光根据他后来缉拿谋害老哥的凶手上，就判断绝无此事，简直天真得出奇。世界上多少谋杀，虽自己亲自动刀，照样处决凶手。政治事件，必须从政治切入，只依靠桌面上的一点小动作，粗糙推理，就很容易滑进主导者设计的陷阱，永不能发现真相。

朱弘昭

后唐（首都洛阳），凤翔战区（总部设凤翔府【陕西凤翔】）司令官（节度使）朱弘昭，用尽心机谄媚参谋总部指挥官（枢密使）安重诲，所以一连串出任一级战区司令官。931 年，唐帝（二任明宗）李嗣源，命安重诲往前方督战，路过凤翔（陕西凤翔），朱弘昭亲自出来迎接，在马前下跪叩头，当晚就接到自己家中下榻，并请到后堂卧房，朱弘昭的妻子儿女也环绕着安重诲下跪叩头，端上酒菜，十分恭敬谨慎。安重诲对朱弘昭流泪说："奸人一再诬告陷害，几乎难逃一死，幸靠领袖明察秋毫，才保住全家。"安重诲告辞后，朱弘昭立即奏报说："安重诲满肚子牢骚怨恨，对陛下口出恶言，不应该允许他到前线大营，恐怕夺取石敬瑭的军权。"同时写信给石敬瑭说："安重诲行动乖张，如果抵达前方，恐怕将士们猜疑惊骇，还没有作战，就自行崩溃，最好迎头阻拦。"石敬瑭大为恐惧，上疏说："安重诲如到前线，恐怕军心有变，最好命他急行回京（首都洛阳城）！"宫廷事务总监（宣徽使）孟汉琼从西方回到中央，也向李嗣源指控安重诲罪恶过失。李嗣源下诏命安重诲折返。

胡三省曰："朱弘昭昔日之言（劝李嗣源不可抛弃安重诲，参考 928 年 3 月），是知道安重诲所受的宠爱还没有衰退。今日之言，是确定安重诲的权柄已经失去。小人的心肠，随着现实而反复，使人畏惧。"

官场友谊，发展到朱弘昭身上，可谓登峰造极，功力无与伦比。变化之大，反复之快，使人拍案叫绝。

我宁可一辈子孤独而死，也求上帝保佑，不要交上朱弘昭这种朋友。

安重诲

931 年，后唐帝（二任明宗）李嗣源，决定诛杀安重诲，下诏说："离间孟知祥（西川【总部成都府】司令官）、董璋（东川【总部梓州】司令官）、钱镠（吴越【首都杭州】国王）跟中央的感情。"并诬陷说："安重诲打算亲自率军进攻南吴（首都扬州），借以掌握军权（边彦温诬告的正是如此，参考 930 年 8 月），更派忠心侍卫把两个儿子暗中接回战区。"于是，连同两个儿子，一并处死。

安重诲含冤而死，并死于酷刑，夫妇同被剥去衣服，裸尸数日，血流盈庭，下场可哀。然而仅就《通鉴》记载，只不过五年之间，自马延（参考 926 年 6 月）以下，安重诲杀宰相任圜（参考 927 年 10 月）、杀皇子李从璨（参考 926 年 6 月），又企图谋害大将康福（参考 926 年 10 月），接着逼反战区司令官董璋、孟知祥（参考 929 年 11 月）。他所致力的，几乎全在为自己复仇泄愤，甚至不惜策动国防军叛变，为的是要诬陷另一皇子李从珂（参考 930 年 4 月），只因十多年前打过一架，自己挨了几拳，李从珂虽然道歉，安重诲仍不肯罢休。

安重诲被称赞为干练之才，但是，睚眦必报，胸襟如豆，把干练大量用到复自己之仇，泄自己之愤上，他制造的灾祸百倍于他的贡献。使人想到唐王朝的李德裕，二人简直是一个模子浇出来的下流货色。

刘昫受部属冷落

后唐（首都河南府）国务院左最高执行长（左仆射）、副监督长（门下侍郎）、二级实质宰相（同平章事）李愚，被免除兼职，只专任国务院左最高执行长（左仆射）本职。国务院文官部长（吏部尚书）兼副监督长（门下侍郎）、二级实质宰相、主管中央财政三单位（判三司）刘昫，也被免除兼职，专任国务院右最高执行长（右仆射）本职。中央财政三单位管理总监署（三司）官员们听到刘昫被免除宰相的消息，互相庆贺，没有一个人伴送刘昫返回私宅（唐王朝时，主管离职，交出印信后，惯例都由部属陪同还家，表示敬爱怀恩）。

不知其人，固可观其友，但亦可观其敌，看看反对他的是些什么样的人。如果只是些赃官、文痞、特务之类，正可烘托出他的灿烂。

石敬瑭儿皇帝

后晋帝（一任高祖）石敬瑭命国务院左最高执行长（左仆射）刘昫当“呈献皇帝（耶律德光）尊号特使（册礼使）”、宰相（同平章事）冯道当“呈献太后（述律平）尊号特使（册礼使）”，在喝道卫士严肃整齐的仪队和盛大的车队前呼后拥下，前往辽帝国（首都临潢府）举行呈献大典。耶律德光大为高兴。石敬瑭事奉辽帝国（首都临潢府）小心翼翼，十分恭敬，呈递奏章，自己称“臣”，而称耶律德光为“父皇帝”。每次辽国使节抵达后晋（首都河南府【河南洛阳】）时，石敬瑭都特地在别殿接受诏书。每年除依照当年约定进贡金银绸缎三十万外，喜事的庆贺、丧事的祭悼、节日的馈赠，所呈献的财物，更是繁多，奇异的珍宝，跟供观赏用的器物，在路上络绎不断。不仅如此，对应天太后述律平（石敬瑭呈献给述律太后的绰号是：广德至仁昭烈崇简应天皇太后）、元帅太子耶律李胡（一任帝耶律阿保机的第三子）、卫王耶律宛（耶律李胡的次子）、中央政府南院大王（南院夷离瑾）、中央政府北院大王（北院夷离瑾），以及当权的高阶层官员，如韩延徽、赵延寿（刘延寿）等，都一一致送贿赂。然而，只要有一点不称心如意，辽国就派人前来责备，石敬瑭总是低声下气，说尽卑微的话道歉。但后晋（首都河南府）使节到了辽国（首都临潢府），辽国官员却倨骄傲慢，口出恶言。使节回来，把情况奏报石敬瑭，无论政府官员跟乡野平民，都认为是一种羞辱。可是石敬瑭对辽国（首都临潢府）的态度，更加谨慎，没有一点不耐烦的反应。因此，石敬瑭在位期间（936 年至 942 年），跟辽帝国之间，没有发生过争执。然而，进贡的金银绸缎，不过几个县的田赋租税，还往往借口民穷财困，满不了三十万数目。后来，耶律德光屡次阻止石敬瑭称“臣”，只称“儿皇帝”，像父子一家人就好。

938 年时，耶律德光三十七岁，石敬瑭四十七岁。称“臣”无话可说，国衰力弱，不能不屈，而四十七岁的壮汉却以儿子自居，亲热地喊三十七岁的年轻小伙子作老爹，不能不说是世界级的无耻之徒。大黑暗时代最大的生态变异，就是为了夺取政治上的利益，无耻之徒特别茂盛。石敬瑭不过是最顶尖的一位，同样无耻的还有赵德钧、赵延寿、杨光远，抢着去当卖国贼、当儿皇帝，竟然还当不上。读史读到这里，身为一个中国人，深感羞愧。

林省邹

后晋（首都稍后迁开封府）使节卢损（参考938年11月），抵达长乐府（福建福州），闽帝国（首都长乐府）皇帝（二任康宗）王继鹏，声称有病，拒绝接见，命老弟王继恭负责招待。派国务院教育部教育司副司长（礼部员外郎）郑元弼，携带王继恭的奏章，随卢损到开封（河南开封）进贡。王继鹏不理睬卢损，闽国（首都福州）知识分子林省邹私下告诉卢损说："我们的领袖不事奉君王，不爱护亲属，不怜惜人民，不尊敬神灵，不和睦邻居，不礼待宾客，怎么能够长治久安！我势将改穿袈裟，向北逃亡，跟你在上国（中原）相会。"

知识分子的无奈和无力感，是国家治乱、强弱，甚至兴亡的温度计。

安重荣

后晋（首都开封府）成德战区（总部设镇州【河北正定】）司令官（节度使）安重荣（最先投降石敬瑭的后唐官员之一，参考936年5月），士卒出身，性情粗鲁莽撞，仗恃自己作战勇敢，态度傲慢，动作凶暴，常对人说：“帝王这玩意儿，只要兵强马壮，谁都可以干！”

安重荣是中国历史上，敢于公开揭穿专制政治奥秘——强权的第一人。这奥秘也正是使中国一直陷于苦难的原因。必须有一天，民主代替强权，中国才能有新的生命。

范延光死于财

后晋（首都开封府）太子太师（太子三师之一）退休的范延光，请求回河阳（河南孟州）宅，后晋帝（一任高祖）石敬瑭批准。范延光携带大量贵重财富随行，西京（洛阳）留守长官兼河阳战区（总部设孟州【河南孟州】）司令官（节度使）杨光远，对他的财富垂涎三尺，而且考虑到子孙的安全（杨光远是讨伐范延光的统帅，参考937年6月），上疏说："范延光是一个叛徒，不在汴（河南开封）、洛（河南洛阳）住家，却迁到外地，恐怕他会逃往敌国，应该早日把他铲除。"石敬瑭不允许。杨光远又请指定范延光定居西京（洛阳），石敬瑭同意。于是，就在范延光迁到洛阳后不久，杨光远派他的儿子杨承贵，率武装部队包围他的家宅，强逼他自杀。范延光哀号说："天子在上，赏赐我不死铁券，承诺永不杀我，你们父子怎么可以这样？"杨承贵把钢刀架到范延光脖子上，驱赶他爬上马背，一直挟持到黄河浮桥，把他推到河里淹死。杨光远上疏说：范延光自动投河而死。石敬瑭知道事情真相是什么，但畏惧杨光远的强悍，不敢追究。只为范延光停止朝见，追赠他太师（三师之一）官衔。

胡三省曰："财富之招祸，往往如此，秘琼因财富而杀董温琪全家，范延光也因财富而杀秘琼，杨光远也因财富而杀范延光，最后杨光远也难以逃脱，财富害人，已到这种地步。"

官场中最卑鄙恶毒的手段之一，就是把对手交给他的仇人处置或审判，杨光远一直要求诛杀范延光，石敬瑭并不是不知道，他满可命范延光仍继续留在大梁（河南开封），不这样做，反而把范延光全家强行移住正是杨光远的辖区洛阳。石敬瑭对凶手不采取行动，除了不敢外，事实上，他担心的恐怕还是杨光远不肯下手。

范延光这个蠢材应该死，但不应该这样死。

刘岩这个人

南汉帝国（首都兴王府【广东广州】）皇帝（一任高祖）刘岩这个人，口舌伶俐，明察秋毫，擅长使用权术，喜欢吹牛，认为自己很了不起，讥讽建都中原的五代皇帝为“洛州州长”。岭南（五岭以南）是珍宝奇货聚集的地方，所以生活穷极奢华。刘岩的皇宫金殿，都用黄金、宝玉、珍珠、翡翠等作为装饰。而他使用的刑罚，尤其残酷狠毒，有：水灌鼻孔、割掉舌头、砍下四肢、挖肉刮骨、火烧炭烤、抛到大锅里煮、关在竹笼里蒸等，各种骇人听闻的酷刑。有时在水池中放很多毒蛇，把囚犯投进去，称之为“水牢”。宰相（同平章事）杨洞潜一再劝阻，刘岩都不接受。刘岩到了晚年，更是猜疑忌恨，认为知识分子都为子孙打算，不肯全心全意效忠，所以专门信任宦官，因此，南汉（首都兴王府）的宦官特别地多。

知识分子固然都为子孙打算，但为子孙打算跟效忠并不冲突，而且相辅相成。宦官固不必照顾子孙，却不等于他就忠心耿耿。而最近一次的小宦官时代，刘岩还亲眼看到宦官造成的灾难，竟然仍产生这种结论，世界上就是有这样的一种人，下愚不移。

赵延寿

后晋政府（首都开封府）平卢（总部青州）司令官（节度使）杨光远派骑兵突击淄州（山东淄博），劫持州长翟进宗，押返青州（山东青州）。中央调杨承祚（杨光远子）当登州（山东文登）州长，让他省亲方便。杨光远越发骄傲，秘密报告辽国，认为后晋帝（二任）石重贵辜负恩德，违背盟誓，国境之内，又有饥荒，公私都陷困苦，如果趁着这个机会发动攻击，一次行动就能把对手消灭。身在辽国的赵延寿，也劝辽帝（二任太宗）耶律德光出军。耶律德光集结山后（阴山以北）及卢龙战区（总部设幽州【北京】）野战军（全是新近被并入辽国的中华人），共五万人，由赵延寿率领，命他全权经营中国，说："你如果能够夺到手，我就封你当中国皇帝！"又时常指着赵延寿对中华人说："这就是你们领袖！"赵延寿深信不疑，因此为辽国（首都临潢府）竭尽全力，筹划征服中国的策略。

943年，赵延寿应是全世界最乐不可支的人，因为他已明确地取得外国主子的支持，覆亡他的祖国，而且好事迫在眉睫。

"强行搜括"

后晋政府（首都开封）因恒州（镇州，河北正定）、定州（河北定州），民间正陷惨重饥馑，特别免除强行搜括。但顺国战区（历时百年的"成德战区"改"顺国战区"，总部设恒州【镇州】）司令官（节度使）杜重威奏报说：军队粮食不够，请依照其他各州办法，允许搜括。晋帝（二任）石重贵批准。

二十世纪四十年代中叶，抗日战争胶着，河南省大旱成灾，我亲眼看到政府官员闯进农家，把藏在破瓦罐里的数掬玉米搜出来，全部抄走。农民一家四口，一语不发，丈夫挑起竹担，前面箩筐坐着婴儿，后面箩筐放着菜刀锅碗和一些破袄破被，憔悴不成人形的妻子，则手牵七八岁孩童，反手锁上早已空无一物的屋门（仍留下一丝眷恋，盼再返故乡，最使人落泪），依依上路，步步回首，向一千公里外，目标荒凉的新疆逃难。枯干的面颊上，两眼茫然，身上没有分文，他们自己也不知道能走多远，更不知道饿死何方。孩子何辜？然而，他们没有一句抱怨，流一滴眼泪。

中国人，你为什么这么卑贱？你为什么不发怒？

杨光远下场

后晋（首都开封府）中央讨伐军统帅李守贞（泰宁【总部兖州】司令官）包围青州（山东青州），已经很久（自 944 年 5 月至 12 月），城里粮食吃完，居民一半以上饿死。可是辽国（首都临潢府）救兵始终不来（辽国最后一次援军，被薛可言击退），变军首领杨光远遥向北方下跪，用头叩地，哀号说：“皇上，皇上（耶律德光），你耽误了光远！”

杨光远之叩头哀号镜头，可列入吉尼斯世界纪录。卖国贼狼狈下场时，求告主子的丑态，跃然纸上！古今中外，全都一样。既可耻，又可悲。

沈斌忠烈

辽军自恒州（河北正定）撤退，经过祁州（河北无极）城下时，由老弱残兵驱赶一群牛羊，缓缓而行，州长下邳（江苏睢宁古邳镇）人沈斌出军攻击，辽军的精锐骑兵突然出现，夺取城门，守城军队被隔城外，无法回城。赵延寿知道守军已没有多余的兵力，于是率辽军猛烈攻城，沈斌在城楼固守，赵延寿向他呼喊说："沈州长，你是我的老友，俗语说：'面对祸害，选择最轻的！'为什么不早早投降！"沈斌说："你们父子一时迷失，身陷蛮虏（赵延寿跟老爹赵德钧投敌，参考936年闰十一月），怎么忍心引导成群狗羊，残害祖国？不但毫不惭愧，反而得意洋洋，面有骄色，为什么会这个样子！等到宝弓折断，羽箭用完，我宁愿为国一死，也不会效法你的卖国行径。"第二天，城池陷落，沈斌自杀。

沈斌恐怕到死都不会明白赵延寿为什么"不但毫不惭愧，反而得意洋洋、面有骄色"。其实他应该明白的，那正是人渣的嘴脸！赵延寿没有乘机讲出一篇掷地有金石声的大道理，已是很客气的了。

张彦泽赤心为主

后晋（首都开封府）宫门管理官（合门使）高勋，向辽帝（二任太宗）耶律德光控诉张彦泽屠杀他的家人（参考 946 年 12 月 17 日），耶律德光对张彦泽在京城（首都开封府）大肆抢劫的暴行，也十分愤怒，遂逮捕张彦泽，连同他派的总辅导官（都监）傅住儿，一起用铁链锁住手臂。耶律德光询问文武百官的意见说："应不应该处死？"大家异口同声回答："应该处死！"居民也纷纷写状控诉张彦泽所犯的罪恶。张彦泽、傅住儿被押解到京师（首都开封府）北城斩首，耶律德光命高勋监刑。张彦泽从前所诛杀的官员们的子孙，都身披重孝，手扶哀杖，在刑场哭号，向他百般辱骂，用哀杖把他打倒在地。高勋命砍断双腕，脱下手铐，剜出他的心脏，用来祭祀亡魂，街市小民争着敲破他的头骨，掏出脑髓，一块一块割下他身上的肉吞吃。

在社会秩序及内省道德的约束下，无耻之徒制造出来的灾难，往往可以控制。一旦社会秩序混乱，内省道德丧失，无耻之徒害人害己的程度，就会升级。张彦泽在对张式的肆酷上，显示他良知的煞车已完全失灵。财富和权力越大，下坡的车速也越快，最后虽然祭出"赤心为主"奇招，也无法不栽入深谷。多少年来，每当有人上演"赤心为主"节目时，都不禁让人想起他们的祖师爷张彦泽，也想起耶律德光。耶律德光至少做了一件使我们尊敬的事，他不因张彦泽曾干过"赤心为主"勾当，就跳进张彦泽的圈套，受他摆布，包庇他的罪行！

景延广

辽军押解景延广回国，从开封（河南开封）出发。住宿陈桥（开封市东北二十公里），夜晚，景延广等待看守他的卫兵稍不留意，自己双手扼住咽喉，气绝而死（年五十六岁）。

看见景延广的名字，就看见一个帝国的灭亡和一个统治家族被押解到酷寒的冰天雪地，永远从地球上消失的场景；也听见华北大平原上万马奔腾、排山倒海的两国大军，短兵冲锋，浴血肉搏，震动大地的杀声号声。千载以下，伏案执笔，觉得壮士仍在呐喊、老弱仍在哭泣！冤有头、债有主，一切灾难来自景延广，他大言不惭地横挑强邻，只不过为了他个人的政治野心。

景延广反对中国向辽国称臣，义正词严，事实上它仅是一纸包装。帝国已经垂危，景延广所努力的却是为自己搜括粮食；战争已经爆发，景延广宣称的十万横磨剑，并没有丝毫准备；敌军已经压境，景延广更没有殉国的念头，唯一的念头只有逃跑；被逮捕时，景延广的豪气全无，等到一一拆穿谎言，正需要再一次义正词严时，他却用脸碰地，以至最后自杀；景延广并不是不肯投降，不过惧怕辽国对他动用酷刑。总之，景延广心目中只有自己的利益。

景延广是一个比张彦泽更可怖的人物，张彦泽的包装"赤心为主"亮相时，大家都知道那不过是骗人骗己的小把戏，哑然失笑，而景延广的包装"为国争格""民族大义"亮相时，却引起不少爱国人士的共鸣。大多数人能拆穿张彦泽的包装，却很难不迷失在景延广的包装之中。我们必须有一种警觉，不管你什么包装，只要是大言不惭地横挑强邻，都是一个危险陷阱。

卖国贼的悲哀

辽帝（二任太宗）耶律德光所经过的中国城乡村镇，全成一片废墟，举目荒凉，对华洋官员说："把中国破坏成这个样子，都是燕王（赵延寿）的罪行。"也回头对张砺说："你也出了不少力。"

中国五千年历史，至少有一点是非常明显的：当奸细、当卖国贼，没有一个人有好下场。不一定非家破人亡，也不一定非像秦桧那样长跪，而是，即令他再为主子卖命，在主子眼中，他仍是一个奸细、一个卖国贼，无法得到尊敬。

李仁达最后一叛

吴越（首都杭州）威武（总部福州）司令官（节度使）李仁达跟中央驻军司令鲍修让不和睦，阴谋袭杀鲍修让，再投降南唐（首都江宁府）。鲍修让发觉，率军攻击总部。当天，斩李仁达，屠灭他们全族。

刘袭曾警告刘牢之，说："有一件事绝对不可以做的，就是叛变。你几年前叛王恭，近些日子叛司马元显，现在又要叛桓玄。一个人一连三次谋反，怎么还能立足天地之间？"（参考 402 年 3 月。）而李仁达却更破纪录，自 945 年起，两年之间，叛王继昌、叛卓严明、叛南唐、叛吴越，把叛变当作儿戏，无他，只是太相信自己的智慧谋略。

石重贵母子

后晋李太后（后唐晋国长公主）身在建州（辽宁朝阳西南），卧病床榻，没有医生，也没有药品，跟亡国之君石重贵仰首望天，号啕大哭，指名咒骂杜重威、李守贞说：“我死也饶不了你们！”不久，李太后逝世。直到本世纪（十世纪）五十年代末期，中华人有从辽国（首都临潢府）回来内地的，说：“石重贵跟冯皇后还活得很好，但他的侍从死的死、逃的逃，已超过一半。”

石重贵的亡国生涯，引人唏嘘。然而，使我们感到兴趣的是，几乎每一则记载，从石重贵初过中度桥（参考 947 年正月），到李太后逝世建州（辽宁朝阳西南），母子们只对杜重威、李守贞痛恨入骨，从没有一个字检讨到自己。真正制定横挑强邻决策的“爱国英雄”景延广，石重贵母子对他也没有半句话谴责！而且，包括杜重威、李守贞在内的一群官场混混，没有一个来自外层空间，全是石重贵母子亲自任命，而又宠信不疑的，母子俩并没有半句话责备自己用人不当。国事危急，桑维翰紧急求见，石重贵却镇定如常，专心调鹰（参考 946 年 12 月），他也从不懊悔。

一个平庸的人物，失败之后，并不是不会检讨，而只是，检讨的结果一定都是别人的错，自己反而成了受害的白雪公主。石重贵母子不过一个榜样。

王章反知识

> **后汉帝国（首都开封府【河南开封】）中央财政三单位管理总监（三司使）、宰相王章，征收赋税的手段，刻薄竣急。旧有制度，民间缴纳田赋，每斛之外，多缴二升，称“雀鼠耗”，王章下令多缴二斗，称“省耗”。过去，八十钱称“一串”（唐王朝盛时，一万钱“一串”，末期以降，八十钱“一串”），现在，王章下令：平民向政府缴钱时八十钱一串，政府发给平民时，七十七钱一串，称“省陌”。严禁贩卖私盐、私矾、私酒，即令贩卖一粒盐、一块矾、一滴酒，一律斩首。人人愁苦怨恨。王章尤其不喜欢文官，常说：“这些垃圾，握着手教他打算盘，他都弄不清楚，有什么用！”文官应领的粮食，王章全用军队不肯要的发给，承办人已经提高它们的价格，王章更加提高。**

知识贫乏的人，不一定反知识，但反知识的人，却一定知识贫乏。王章、史弘肇不过历史上千万见证人中的两个见证。有人说：知识丰富的人也会同样反知识，不过这种人只是看起来知识丰富，或者在他那个范围窄狭的茶杯世界里，略能折腾几下而已。前者心里充满对知识的嫉妒，反知识只是狐狸反酸葡萄；后者则一直恐惧别人吸收太多知识后，拆穿他的肤浅，对威权不再驯服，就大大地妨碍了他的英明领导。

郑珙醉死

后汉（首都太原府）国务院教育部副部长（礼部侍郎）、二级实质宰相（同平章事）郑珙，在辽国（首都临潢府）逝世。（《晋阳见闻录》：郑珙到达辽国上京，辽帝恩礼周厚。郑珙很能喝酒，但挡不住恶意的猛灌，等到宴会结束，只好用轿子把他抬回，一夜之间，两肋溃烂，死在篷帐之中，把尸首抬返后汉。）

宴会上常有一种人，总是逼迫不会喝酒的人勉强喝酒，或逼迫已经喝醉了的人继续喝酒，自己则在一旁愉快地观察对方的痛苦之状，暗中欣喜，美其名为“敬”。实际上他唯一的目的只是要对方公开丢丑，或预期对方酒醉后闯下一点什么大祸。

我一向不能喝酒，所以每逢这种场面，宁可翻脸绝交，也绝不沾唇。有人担心这样会丧失很多友情。不然，凡逼迫别人喝酒的人，只不过酒肉之交，其中找不出英雄豪杰，绝对不是朋友，朋友绝不让朋友丢丑，甚至丢命。

马家班倾覆

南唐（首都江宁府）远征军统帅边镐，催促南楚（首都长沙府）亡国之君马希崇率领他的家族移住京师（首都江宁府），马姓家族聚集一起，相对哭泣，打算用重贿收买边镐，请边镐上疏请求仍准他们马姓家族留在长沙（湖南长沙）。边镐轻蔑地笑一下说："我们国家（南唐）跟你们马姓家族，世代仇敌，前后长达六十年（马殷最初追随孙儒攻杨行密，参考887年11月，迄今六十五年），我们从来没有图谋你们的念头。而今，你们兄弟关起门来窝里斗，穷途末路，向我们投降，如果再有三心二意，恐怕发生意料之外的灾难。"马希崇张口结舌，无法回答。马家全族跟文武部属一千余人，一面号啕大哭、一面上船，送行的人也号啕大哭，哭声震动山谷。

南楚之亡、马家之覆，可以浓缩成一部卡通。这个坚强的王国，没有人能使它瓦解，除非自己人在内部先下毒手。早在928年，眼光锐敏的许德勋就指出"马驹争槽"危机，做出预言。试看马希广、马希萼、马希崇等坐轿大爷，以及刘彦瑫、李弘皋、许可琼等抬轿大爷，一个个眉飞色舞、慷慨高歌，各有各的凛然大义，不要说退一步，就是连往旁边让一步都不行，宁可以死，也不团结。于是，把一个钢铁江山生生砸碎，然后死的死、散的散，只留下一片声震山谷的哭声，供后人凭吊。这时候如果像电影那样可以倒带，时光流转到当年，恐怕没有人愿意重演。

南楚马家不过一颗沙粒，从沙粒看世界，凡灭亡之国、倾覆之家，似乎都是这种模式。历史教训，人们永不会接受，但冷静旁观者的许德勋，根据政治生态法则，远在二十五年之前，就看出那列隆隆震耳的权力火车，奔向何方。

冯道

954 年，后周帝国（首都开封府【河南开封】）太师（三师之一）、最高立法长（中书令）、瀛王冯道逝世（七十三岁）。冯道少年时就以孝顺父母、言行谨慎，闻名远近。后唐一任帝李存勖时，官位才开始擢升，逐渐显赫，以后一连几个王朝，离不开大将、宰相、三公、三师等高位，为人清廉、节俭、宽厚、达观，外人看不出他的喜怒哀乐，他有智慧，言谈幽默，随波逐流，随着形势转变，以求容身之地。曾经撰写《长乐老叙》，自述他在历代王朝中所享受的荣耀，当时的人都推崇他的人品道德，和宽宏的度量。

欧阳修及司马光二位儒家学派大师，对冯道所作的抨击，态度和措辞，都十分严厉，甚至诟骂冯道是奸臣中的奸臣。显示他们卫道心切，对知识分子的堕落，有无比的痛心。但也暴露了一项事实：中国传统社会这个酱缸，在十世纪末叶，已经沉淀完成，礼教已长成巨兽，开始吃人。

冯道本不是一个圆融的人，只因在一次向刘守光犯颜直谏时，几乎遭到杀身之祸（参考 911 年 11 月），使他学到官场中的适应技术，从此不再重蹈覆辙。但是，根据欧阳修笔下记载，在跟辽国皇帝一番对话中，他曾拯救了千万中国人的生命。《五代史·冯道传》，耶律德光尝问冯道说："天下人民，如何拯救？"冯道用谚语回答说："此时佛出也救不得，惟皇帝救得。"人们都认为辽国所以没有杀光中国人，全赖冯道这一段话。后来，在跟西征统帅郭威一番对话中，冯道曾提出削平三个叛变战区的谋略，使灾难缩短（参考 948 年 8 月）；而最后一次在跟现任皇帝郭荣（柴荣）一番对话中，他似乎忘了刘守光所给他的教训，再度直言顶撞，企图阻止战争。然而，这些救国救民的事迹，在欧阳修、司马光眼中，不过一些"小善"而已，不值得一顾，只因为他失去了"大节"，曾经效忠过五个政权的皇帝，和八个异姓的君王。

且看欧阳修、司马光对大节的诠释："明智的知识分子，当国家政治上轨道的时候，就出来做官。当国家政治黑暗的时候，就辞职隐居。"（邦有道则见，邦无道则隐。）这可真正是天下最伟大的一条机灵虫，为了保全自己，而把国家看成旅店，比冯道的算盘打得还精。别人千辛万苦把国家治好，大儒出来做现成的官，等到把国家治成了黑暗一片之后，大儒却拔腿去山上充当高士，丢下小民承受悲苦。当冯道在做他的"小善"，向辽国皇帝为同胞的生命求情时，"大节"凛然的明智知识分子，却躲到山林里，下下棋、吃吃茶，讥讽讥讽救人千万的人"大节"已亏、根本是奸臣中的奸臣。冯道只因为没有专在一人一姓之下为奴，便被颠倒到如此地步，传统社会是什么地方出了毛病，值得沉思。

大节建立在忠心之上，忠心应可分为四等，最高层次的是神性的忠，忠于以全体人类幸福为依归的理念和责任。其次是人性的忠，追求正义、公平，这是大多数人逗留的阶层，以各人的性情和品格，决定自己的位置，而终极的目标是忠于事。人性的忠堕落异化，遂成为第三层次的狗性的忠，只忠于特定的人，诸如"领袖""帝王"之类，黑社会头目最喜欢这种人物。这种人物最大的特征是：当主人把它绑住，准备宰杀它时，它还欢天喜地地舔主人的手。狗性的忠继续堕落异化，则成为最低层次的狼性的忠，只忠于有权的大爷，谁的权大就忠于谁。谁能给他官做就忠于谁。历史上每当狼忠大行其道的时候，一定会有惊心动魄的场面，使人汗流浃背。

欧阳修、司马光二位极力赞扬的只是第三层次的狗性的忠，认为女子忠于一个男人，男子忠于一人一姓，才是最高贵的大节，但他无法掩饰他的破绽，当他庄严地斥责冯道："把君王看作旅舍里来往经过的旅客，早上还是仇敌，晚上就成了君臣，改一副面孔、变一种言辞，一点都不觉得羞愧。"简直是在诟骂他自己，以及他所属的宋王朝开国帝王和所有的开国元勋，包括欧阳修、司马光二位的老爹。司马光在《资治通鉴》后周帝国篇幅中，自955年起，赵匡胤三字忽然不见，而毫无预警地冒出了"太祖皇帝"，读者根本不知道"太祖皇帝"是谁。后周帝国的"太祖皇帝"应是郭荣，可是他却不是郭荣，而是当时不过尚是后周帝国一个将领的赵匡胤！岂不正是"换一副面孔、变一种言辞，一点都不觉得羞愧"？而且还没有到晚上，司马光就迫不及待地先换面孔、先变言辞！问题是，提倡狗性的忠，虽然漏洞百出，却是官场中第一门学问，它可以使主子对自己欢天喜地舔手的可掬媚态，产生深刻印象，因而给他一个官做，或升他一个官做。

现代文明需要的是神性的忠，这当然不容易做到，但我们至少应有一种追求人性的忠的冲动，才是与日月并明的大节。欧阳修、司马光提倡的“大节”，不过是酱缸里的虫蛆之节。狗忠是产生可怕的所谓“英明领袖”的温床，而狼忠必然同时孕育在这个温床之中！中国人如果继续堕落，不提升自己的效忠层次，不幸地再忠错了对象、尽错了节，将使中国这个列车，加速冲向万丈深渊。

刘仁赡夫妻杀子

后周（首都开封府）大军包围南唐（首都江宁府【江苏南京】）的寿州（安徽寿县），寿州守将刘仁赡建议由边镐代替守城，而由自己率领部众出城决战。南唐齐王李景达不准，刘仁赡忧虑愤怒，终于病倒。他最小的儿子刘崇谏利用黑夜，乘快艇北渡淮河投奔后周军，被巡逻官员擒获，刘仁赡下令腰斩，左右都不敢抢救，总监军官（监军使）周廷构到中门痛哭哀求，刘仁赡仍然不准，周廷构又向刘仁赡的妻子求情，刘夫人说："我并不是不爱崇谏，然而军法大公无私，名节不可有亏。如果宽恕他，刘家就是一个不忠之家，我们夫妇还有什么面目再见各位将士！"催促行刑，然后再为儿子办理丧事。将士们都感动得流泪。

刘崇谏叛父叛国，处死就可以了，为什么非腰斩不可？腰斩痛苦，百倍斩首。刘仁赡夫妻对亲生儿子，竟使用这种最残忍的酷刑，显然地不是为了尽忠，而只是为表态。这种父母，使人作呕。

恶爹

> **后周（首都开封府）前忠武战区（总部许州）参谋长（司马）韩伦，是皇家侍卫亲军骑兵总指挥官（侍卫马军都指挥使）韩令坤的老爹。韩令坤遥兼镇安战区（总部陈州）司令官（节度使），而韩伦定居陈州（河南淮阳），干涉政府行政，贪赃枉法，成为政府及人民的一种灾难。因为犯一项大罪，被人控告，韩令坤为老爹屡次向南周帝（二任世宗）郭荣（柴荣）哭泣求情。郭荣（柴荣）下诏赦免韩伦一死，流窜沙门岛（山东蓬莱西北小岛）。韩伦后来遇到大赦，得以回家，定居洛阳，结交宫廷膳食部长（光禄卿）退休的柴守礼（郭荣【柴荣】的生父），以及当时宰相、大将王溥、王晏、王彦超的老爹们，仗恃儿子的势力，想干什么坏事就干什么坏事，人人畏惧，称他们为"十大阿父"。郭荣（柴荣）既是当今皇帝，遂没有一个人敢指摘柴守礼。郭荣（柴荣）则一直把他当作母舅尊敬，给他很优厚的待遇，但从来没有让他前去大梁（首都开封府所在城）。柴守礼曾经因一件小事，忿怒之下杀了一个人，主管官员不敢查问。郭荣（柴荣）得到报告，也不追究。**

权势之家的子弟，仗恃父兄官大钱多，在社会上横行霸道，世人称他们为"恶少"——邪恶少年，固使人痛恨，但较之仗着子侄官大钱多，在社会上横行霸道的"恶爹"，诚小巫见大巫，因为父亲可以管教犯罪的儿子，儿子却难以管教犯罪的父亲。

儿子官越大、钱越多，恶爹的犯罪程度就会越高。韩令坤的恶爹杀人，总算流窜沙门岛（山东蓬莱西北小岛），郭荣（柴荣）的恶爹杀人，却一点事也没有。现代人类因医药进步，饮食改进，寿命逐渐延长，老人看到子侄攀登高位可能性也越增加。我们的社会，如果不先行预防，总有一天，恶爹满街，那才是一桩大祸。

王祚展示优越

后周政府（首都开封府）任命前华州（陕西华县）州长王祚，当颍州（安徽阜阳）民兵司令（团练使）。王祚，是现任宰相王溥的老爹。王溥虽然已是宰相，可是，每当王祚有朋友来访的时候，总是叫王溥穿上宰相穿的一品官服，站在身旁招待伺候，客人们必须不断尴尬地起立致敬，王祚就说："这是我家的猪狗，不必为他欠身！"

世界上确实有些智商奇异的人，借着侮辱甚至伤害他最亲近的人，来展示自己的优越，王祚就是这种老浑球。

李起的舌头

后蜀帝国（首都成都府【四川成都】）皇帝（二任）孟昶（孟仁赞），任命李昊遥兼武信战区（总部遂州）司令官（节度使）。立法院初级立法官（右补阙）李起上疏抨击说："查遍先例，宰相从没有人遥兼战区司令官（节度使）的。"孟昶说："李昊家人口太多、开销太大，只是为了多给他一份薪俸而已。"李起，是邛州（四川邛崃）人，性情直爽。李昊曾经劝告他说："以你的才干，只要能保持沉默，至少可当到皇家文学侍从官（翰林学士）。"李起说："等我没有了舌头，才不讲话。"

我们对李起先生有无限慕思，在此致敬。看到有些政客，为了做官，不但不要脸，甚至还不要命，更觉得高品质人类的可贵。

自宋宰相无座位

依照传统惯例，遇到讨论国家大事时，皇帝一定请宰相落座，从容发言，还由宦官端上茶水，然后退出。唐王朝跟五代时代，仍然沿用。可是宋王朝建立，范质等当宰相，了解自己是后周时代的臣属，不得不特别谨慎谦卑，而对赵匡胤的英明睿智，心存畏惧，往往不能畅所欲言，乃建议遇到大事时，项目条陈（札子），听候批示，赵匡胤接受。从此，坐在椅子上跟皇帝讨论国家大事的礼仪，就被废除。

赵匡胤“英明”，宰相畏惧，不能畅所欲言，有这个可能；不能畅所欲言，要求改用条陈，也有这个可能。但绝不至于把宰相吓得连屁股都不敢坐，而只敢用腿站；更不至于吓得坐着说不出话，站着反而口若悬河。事情的真相是：他们只不过想坐而没有板凳可坐而已。

《见闻近录》记载说：“传统习惯，宰相奏报事情时，坐在金殿上讨论，赵匡胤登极的第二天，宰相提出议政，赵匡胤说：‘我眼睛看不清楚，请把文件拿近一点。’宰相们拿到他跟前，赵匡胤早暗中派宦官把他们的座位撤掉。宰相站在那里奏报事情，从这个时候开始。”这段记载，才能解释这种转变。宋王朝是有名的知识分子的乐园，实际上仅只不轻易屠杀知识分子而已，以后连皇家教师给皇帝上课时，也得站着讲，学生反而坐着听。一度发生过失败的抗争：十一世纪中叶，宰相王安石认为儒家学派一向提倡尊师重道，皇家教师最好有个座位。这建议立刻引起酱缸蛆刘攽、吕诲等奴性大发，认为王安石竟敢轻视皇帝的尊贵，不知道上下之礼及君臣之分，应该严惩。到了元明，越发堕落，宰相不但没有座位，不但要站着奏事，还要跪着奏事，更还要当廷被扒下裤子棍打屁股，号哭震天，中国人的尊严就更一扫而空。